U0874500

23 years

轻松过关是起点，也是支点
是事业，更是使命！

## 1998-2020
## 轻松过关成长史

**2020** **再跃…**

2020年"天猫双11"，东奥登顶教育行业榜首
成为淘宝教育行业历史
首个销量破亿的品牌

**2016-2019** **驰名**

连续4年荣获"天猫双11"图书考试行业销售冠军
职业资格考试领域成交额冠军

**2001-2007** **成名**

2001年《轻一》发行过千万册，考生几乎人手一本
2007年东奥网校上线，书、课受百万学员热追

**1998** **诞生**

东奥诞生
"轻松过关"品牌图书面世

## 这本书是如何诞生的？

**因为严苛，所以出色**

**150天**
**围绕真题，初稿编撰**

从上考季结束之日起，名师围绕真题，重新梳理考点，开启为期150余天的初稿撰写。

**300人**
**校对、探讨、修订**

每份初稿，都会由300多人的教研团队帮助著书名师反复校对、探讨、修订。

**6小时/题**
**夜以继日，融入变化**

新考纲与教材下发后，教研团队逐字对比变化；名师夜以继日将新变化融入书稿；编写一道紧扣新大纲的优质题目，甚至会花费名师6小时以上的时间。

**3+3流程**
**严格3审3校**

融入最新考纲内容的书稿，将由教务团队经历严格的三审三校流程，终成定稿、印制出版。

来自编者的阅读指南

## 这本《轻一》如何助您倍速通关?

- **2021新趋势**

  2020年考试多项选择题、判断题得分规则改变后，考题**实质性难度提高**。这要求考生不仅学会，还要学透。

- **三重创新，更轻松**

  2021新书，我们从**框架搭建、“坑点”总结、记忆加速**等三方面着力创新，助您轻松过关!

### 一览众山小 框架搭建

名师通过分析考纲和考点，提炼出每章“考点框架”，以★标出难易度和重要程度，帮您搭建每章“一览众山小”的思维高度。

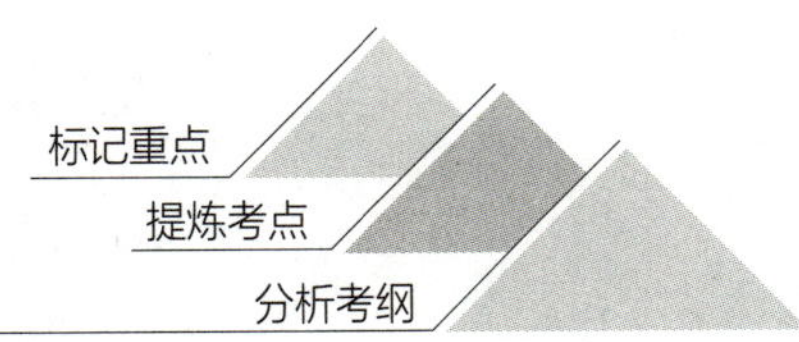


### 敌在明我在暗 “坑点”总结

名师通过对历年考题的深度研究，提炼出考核要点和命题坑点，助您完美避坑，从而占据“敌明我暗”的心理优势!

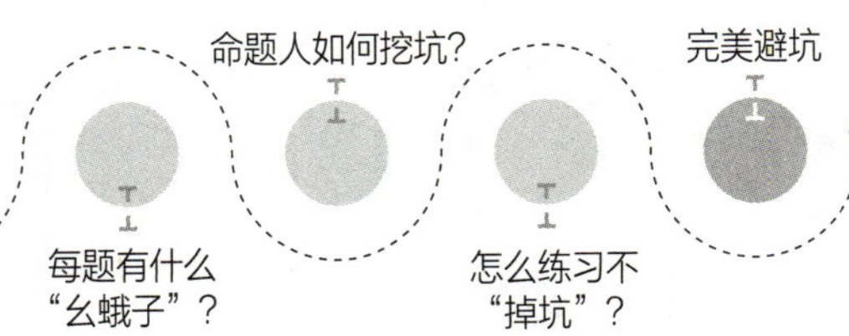


### 记忆工具包 记忆加速

会计考试，千难万难，记住最难。本书为帮您增强记忆点，全方位铺设口诀、漫画、生活案例等各类记忆工具。更新增考点清单(附录)，助您自我梳理与检查，加速记忆。

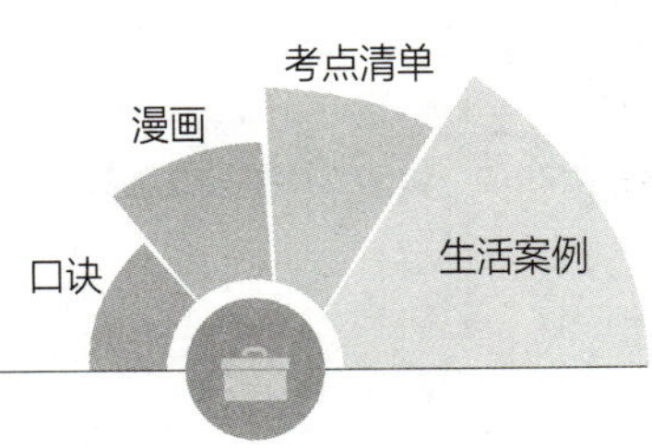

# 轻松过关®1

23年,因为懂得备考艰辛，

我们从未停止创新。

尽情读她吧！

立即开启您的“轻松过关”之旅……

2021年会计专业技术资格考试

应试指导及全真模拟测试

# 经济法基础

（上册）

---

黄洁洵 编著

东奥会计在线 组编

北京科学技术出版社

**图书在版编目（CIP）数据**

2021年会计专业技术资格考试应试指导及全真模拟测试. 经济法基础 ：上下册 / 黄洁洵编著 ；东奥会计在线组编. —北京：北京科学技术出版社，2020.11（2021.3重印）

（轻松过关.1）

ISBN 978-7-5714-1074-2

Ⅰ.①2… Ⅱ.①黄… ②东… Ⅲ.①经济法—中国—资格考试—自学参考资料 Ⅳ.①F23

中国版本图书馆CIP数据核字（2020）第144171号

**责任编辑**：王　藏
**责任校对**：贾　荣
**装帧设计**：韩文静
**责任印制**：张　良
**出 版 人**：曾庆宇
**出版发行**：北京科学技术出版社
**社　　址**：北京西直门南大街16号
**邮政编码**：100035
**电　　话**：0431-87635566（编辑部）
010-66135495（总编室）
**网　　址**：www.bkydw.cn
**印　　刷**：三河市鑫鑫科达彩色印刷包装有限公司
**开　　本**：787mm×1092mm　1/16
**字　　数**：800千字
**印　　张**：42
**版　　次**：2020年11月第1版
**印　　次**：2021年3月第2次印刷

ISBN 978-7-5714-1074-2

**定　价：96.00元（上下册）**

# 编委会

（按姓氏笔画排序）


主　编：黄洁洵

编著者：卢　玮　　兰　飞　　刘　畅

刘红梅　　陈　然

# 目录

## 上册

## 第一部分　复习指导



## 第二部分　考点精讲及强化训练

## 下册

## 第三部分　全真模拟测试题及参考答案

# 第一部分

# 复习指导

# 复习指导

## 2021 年的重要考试政策

### 一、 初级会计资格考试简介

全国会计专业技术资格考试包括初级资格、中级资格和高级资格三个级别，初级会计资格考试是全国会计专业技术资格考试的入门级别考试，由财政部会计资格评价中心（http：//kzp. mof. gov. cn/）负责组织。

### 二、 考试科目和考试制度

1. 初级会计资格考试包括 2 个考试科目：《初级会计实务》《经济法基础》。

2. 参加初级会计资格考试的人员，应当在一个考试年度内通过全部科目的考试，才可取得初级资格证书。

### 三、 2021 年的考试形式、 时间、 时长

| 考试形式 | 考试日期 | 考试时间及科目 | 考试时长 |
| --- | --- | --- | --- |
| 无纸化考试<br>（俗称“机考”） | 5 月 15 日 ~19 日<br>5 月 22 日 ~23 日 | 8：30–11：30<br>初级会计实务<br>经济法基础 | 初级会计实务：105 分钟<br>经济法基础：75 分钟 |
| | | 14：30–17：30<br>初级会计实务<br>经济法基础 | |

1. 初级会计资格考试实行“机考”，考生 2 个考试科目的全部试题都应当在考试组织部门指定考场指定位置的计算机上作答。通常，在考前一周财政部会计资格评价中心会发布“全国会计专业技术资格无纸化考试操作说明、答题演示、模拟答题系统”，请考生届时关注。

2. 2021 年的初级会计资格考试将从 2021 年 5 月 15 日上午开始，上午一批下午一批，共计 14 个批次考试，各批次考试的试题不重复。

3. 您具体在哪一个批次参加考试，由您自己的准考证告知，准考证打印时间关注 4 月初您报考所在地省级考试管理机构的公告。

4. 初级会计资格考试实行2 个考试科目连续考试的制度，例如，被安排在 2021 年 5 月 16 日上午参加考试的考生，按照要求进入考场、登录考试系统后考试系统会随机弹出一套考卷，也许是初级会计实务的考卷，也可能是经济法基础的考卷，考生答完这套考卷并交卷后，不得离开考场，考试系统会继续弹出另一套考卷，考生继续作答，两个科目全部交卷完毕，考试才正式结束，考生才可以离开考场。

5. 经济法基础的考试时长为75 分钟，这是最长的作答时间，考生可以提前交卷，但是两个科目考试时间不得混用，也就是说，一个科目提前交卷并不延长另一科目的考试时长。

## 四、 2021年考试的题型题量及得分规则（预计）

| 题型 | 题量及分值 | 得分规则 |
| --- | --- | --- |
| 单项选择题 | 2分/小题×23小题=46分 | 在每小题的4个备选项中选择1个最符合题意的选项，错选、不选均不得分 |
| 多项选择题 | 2分/小题×10小题=20分 | 在每小题的4个备选项中至少选择2个答案；全部选对得满分，少选得相应分值，多选、错选、不选均不得分 |
| 判断题 | 1分/小题×10小题=10分 | 判断每小题的表述是否正确；每小题答题正确得1分，错答、不答均不得分，也不扣分 |
| 不定项选择题 | 2分/小题×4小题/大题×3大题=24分 | 在每小题的4个备选项中选择1~4个符合题意的选项；每小题全部选对得满分，少选得相应分值，多选、错选、不选均不得分 |

1. 上表是根据2020年考试情况作出的预计，2021年考试的题型题量和得分规则财政部会计资格评价中心会在2021年4月底正式公告，题型有专门的公告文件，题量和得分规则在“全国会计专业技术资格无纸化考试操作说明、答题演示、模拟答题系统”中可以确认。请考生届时关注。

2. 按照2020年考试情况，判断题不再实行倒扣分制，即错答、不答不得分但也不倒扣分。

3. 区分多项选择题和不定项选择题的得分规则

（1）多项选择题至少选择2个选项，不定项选择题可以只选择1个选项，但两种题型均可4个选项全选。

（2）两种题型均实行“少选但不错选得相应分值”的得分规则，例如，标准答案为ABC，如果考生选择ABC可得2分，如果考生选择AB、AC、BC，虽然没有选齐全部应选项（少选），但并没有把错项D项选上（不错选），可得相应分值（少选但不错选，每个选项可以得几分，官方未作出说明），如果考生选择ABCD、AD、ABD等，只要考生的选择中出现D项（错选），则不能得分。

4. 不定项选择题俗称“大题”，题目通常以一个案例带4个选择题的形式出现，每套考卷3个案例（3道大题）。

## 五、 关于“资格”和“结果”

1. “资格”

2020年12月1日至12月25日，为2021年度初级会计资格考试报名系统开通时间，各省级考试管理机构于2020年11月6日前公布本地区2021年初级会计资格考试报名时间、报名方式等考试相关事项。请考生先确认清楚自己是否已经报名成功（报名并缴费），如果等见到圣诞老公公才想起报名的事情来，那恐怕您连参加考试的“资格”都没有了……

2. “结果”

初级会计资格考试成绩将于2021年6月15日前在“全国会计资格评价网”上公布，愿您顺利收获“盛夏的果实”。

# 2021 年《经济法基础》 的考试大纲

## 一、 使用 2021 年考试大纲

根据“财政部会计资格评价中心公告第8号”，2021年初级会计资格考试将使用2021年初级会计资格考试大纲。请注意，不论是2021年新报考的考生，还是2020年受“新冠”疫情影响被并入2021年考试的考生，均使用2021年考试大纲参加2021年考试。

## 二、 2021 年考试大纲的基本框架及各章节的考试地位

| | 章节 | 在 2020 年 5 套典型考卷中的平均分值 | 在 2020 年 18 个批次考试中涉及的大题数量 |
|---|---|---|---|
| 非税法部分 | 第 1 章　总论 | 7 分 | 0 |
| | 第 2 章　会计法律制度 | 8 分 | 3 个 |
| | 第 3 章　支付结算法律制度 | 14 分 | 8 个 |
| | 第 8 章　劳动合同与社会保险法律制度 | 14 分 | 7 个 |
| 税法部分 | 第 4 章　增值税、消费税法律制度 | 22 分 | 18 个 |
| | 第 5 章　企业所得税、个人所得税法律制度 | 21 分 | 18 个 |
| | 第 6 章　其他税收法律制度 | 11 分 | 在个别大题中涉及 1 小题 |
| | 第 7 章　税收征收管理法律制度 | 3 分 | 0 |

## 三、 2021 年各章节考点的变动情况

| 章节 | 变动幅度 | 具体变动 |
|---|---|---|
| 第 1 章 | ★ | 新增“国税地税机构合并后，实行以国家税务总局为主与省（区、市）人民政府双重领导管理体制” |
| 第 2 章 | ★ | 明确财务会计报告上法定主体应当“签名并盖章”，而不是“签名或盖章” |
| 第 3 章 | ★ | 银行承兑汇票的承兑手续费率不再固定为 0.5‰，而是实行市场调节价 |
| 第 4 章 | ★ | 新增“2020 年小规模纳税人减免增值税”的优惠政策 |
| 第 5 章 | ★ | 新增“对在一个纳税年度内首次取得工资、薪金所得的居民个人预扣预缴个人所得税时累计减除费用的计算方法” |
| 第 6 章 | ★★ | （1）根据《契税法》，全面修订了“契税法律制度”<br>（2）根据《资源税法》，全面修订了“资源税法律制度”<br>（3）根据《城市维护建设税法》，全面修订了“城市维护建设税法律制度” |
| 第 7 章 | ★ | 调整了“发票的适用范围” |
| 第 8 章 | ★ | （1）调整了“失业登记的流程”<br>（2）新增“延长大龄失业人员领取失业保险金期限” |

# 《经济法基础》的复习方法

## 一、复习态度

1. 世上无难事，只要肯付出

初级会计资格考试是财税职业“入门”级别考试，考试难度不高，只要找对方向、方法，认真、踏实地复习就可以稳稳地通过考试。每年的初级考试大军中，有大一的新生、有带娃的“宝妈”、有年逾40的哥哥姐姐，有的专业基础很弱，有的精力非常有限，但是他们认定目标、坚定而踏实地付出，最终顺利地在盛夏收获属于自己的果实，您可以扫描“一、复习态度”标题右侧的二维码，走进他们的故事里，获得力量。

2.《经济法基础》不靠背，主要靠理解

在《经济法基础》的全部章节中，除第1章外，都是“技术规范”，尤其是第3、4、5、6、8章。对财税职业人员来说，《经济法基础》是专业课，而非公共课。

也许，在您以往参加的其他考试中，法律类科目属于公共课，主要靠考前的记忆背诵，但这次不同了，在《经济法基础》的考试中，纯粹烦琐的、纯粹考验记忆力的内容，考题多数选择了在已知条件中提供，并没有要求考生把过多的时间、精力花费在记忆背诵上，决定您能否通过《经济法基础》考试的考点几乎都是理解性考点，请一定给《经济法基础》留足充分的完成考点理解的复习时间。

## 二、复习深度

2018年，国家取消了会计从业资格考试，初级会计资格考试成为了财税职业专业能力甄别的第一道栅栏，职业所需的基本法律知识一次性铺陈在这道栅栏前，如果不明确考查要求，一头扎进“法海”里，要么浪费了无数精力却不得要点，要么直接被淹没、不战而退。因此，复习过程中，根据考试命题要求，把握好复习深度非常重要。

本书第二部分每一章节均详细介绍了章节的考试情况，每一个考点均按照考点在考试中的重要程度进行了星级标识。“★★★”考点，考生应当充分关注，理解并在习题中应用；“★★”考点，考生应多加熟悉，通常应用要求不高；“★”考点，即使有的内容篇幅较长，考生也只需有所了解即可。

另外，《经济法基础》全卷均为客观题，且题目已知条件提供的信息非常充分，机械记忆背诵的内容并不多，在复习过程中一定要区分哪些是需要记忆的内容，哪些是题目已知条件会提供的内容，避免浪费不必要的精力。本书第二部分在具体考点阐述中，对某些内容庞杂但考生并不需要死记硬背的内容进行了充分的提示，请考生注意阅读并结合【例题】中已知条件的提供情况进行复习。

## 三、复习顺序

《经济法基础》共8个章节，第4、5、6、7章是税法部分，其他章节是非税法部分。复习时可以按照章节顺序依次展开复习，也可以先复习税法部分再复习其他章节。

税法部分分值高、理解应用型考点多，需要更多时间理解、习题演练，但一旦真正掌握，遗忘率比较低，另外税法部分的复习并不以第1、2、3章的复习为基础，直接从税法部分开始复习基本没有障碍。

非税法部分记忆性考点明显比税法部分多，题目应用程度不高，许多内容在简单理解的基础上加强记忆即可解决，比较适合短期突击，安排在后顺序学习可以更好地保持记忆直到上考场。

## 四、复习进程

复习进程图

1. 预习阶段

在匹配2021年考试大纲的辅导书、辅导课程上市之前，都属于预习阶段，不过，您现在阅读的正是匹配2021年考试大纲的“轻松过关1”，所以，您的预习阶段已经宣告结束，不论预习到哪个程度，真正的基础复习阶段已经拉开帷幕。**请考生辨识清楚2020年的复习资料和2021年的复习资料，要通过2021年的考试，使用2021年的复习资料更准确、更高效**。

2. 基础+强化阶段

《经济法基础》的基础阶段和强化阶段比较难区分：

（1）考题难度、应用性不高，没有必要过分提高，充分的基础复习足以应对过关；

（2）除了增值税是税法学习的基础外，《经济法基础》各章节之间并不互为基础，为了减少遗忘，建议时间较为充裕的考生每一章节/税种的基础复习完成后，及时进行强化习题演练，即基础阶段和强化阶段对复习时间非常紧张的考生而言是依次进行的，而对复习时间比较充分的考生而言是交织进行的。

3. 冲刺阶段

初级会计资格考试相对简单，在考前20天左右开始全力冲刺复习比较适当，冲刺阶段的复习主要是全面回顾考点、加强记忆，通过模拟测试题掌握临场答题策略、技巧，同时查漏补缺。

## 五、复习资源

1. 在基础复习阶段，您需要一份全面、详实的考点讲解

（1）**全面**。自2018年取消会计从业资格考试以来，初级会计资格考试每年都有≥14个批次的考试，每个批次的考题不重复，因此，初级会计资格考试的考试题库考点覆盖面非常广，是“题海”。事实上，《经济法基础》的考题并不难，通过考试的主要难度在于考点覆盖面广，要求考生“知道的足够多”。所以，一份全面的基础阶段复习资料非常必要。

（2）**详细**。法律规定言简意赅，但是层次、内涵丰富，且考题的进攻角度又五花八门，在基础阶段的学习中，应当致力于清晰把握法律规定之间的关系、法律规定内部的层次、掌握识别和应对“进攻”的技巧。所以，一份详细剖析考点层次、考题进攻角度的基础阶段复习资料非常必要。

（3）**实际**。如前文所述，初级考试只是入门级别的考试，难度并不大，复习资料必须切合初级考试的实际，把考点讲成中级、甚至CPA考试深度，把习题编到中级、甚至CPA考试难度，是揠苗助长的行为，带偏复习方向、浪费考生的时间精力。所以，一份切合初级考试实际的基础阶段复习资料非常必要。

2. 在强化复习阶段，您需要一个恰当的题库

（1）此“题库”非彼“题库”

初级会计资格考试是一个严肃的全国统

一考试，每年考试题库都是由财政部会计资格评价中心组织命题专家重新编写，请勿信“把这个题库的题做了就过了”的谣言！只有真正掌握重要考点才可以保证过关。

（2）选择与“初级”考试难度相当的题库

同一个法律规定，在初级、中级、CPA 中均予考查，但是考查难度和要求是完全不同的，如果未加甄别，选用了难度过高的题库，难免出现揠苗助长、欲速不达的悲惨结局。

（3）选择匹配 2021 年考试的题库

《经济法基础》的内容每年变化比较大，尤其是税法部分，因此，题库必须严格按照 2021 年考试大纲进行更新，使用未充分更新、未充分匹配当年考试的题库，肯定得“中毒”。

本书包含 3 大题库（经典例题库、同步强化习题库、模拟测试题库），每个题库中的题目都是高标准严选出来的，难度与初级考试难度相当，完全匹配 2021 年初级考试，请您放心使用！如果您在“刷题”方面有更多的需求，也可以利用“轻松过关 2”，轻 2 习题的编写、选用执行标准与本书相同。有关轻 2 的更多信息，您可以扫描“五、复习资源”标题右侧二维码了解。

3. 冲刺阶段复习，您需要靠谱的总结

靠谱的总结往往体现为一份全面而又重点突出的串讲类讲义和几套充分体现命题思路、趋势的模拟测试题。本书第 2 部分编写时考虑了冲刺阶段的复习需要，提供了大量的综述表，请充分利用；而第 3 部分则提供了两套模拟测试卷，并上传云端方便考生熟悉机考技巧。略有遗憾的是，本书主要考虑满足基础阶段、强化阶段的复习需求，对冲刺阶段的满足功能体现较弱，欢迎大家关注东奥会计在线的其他冲刺阶段辅导书籍（轻松过关 3、轻松过关 4）。

4. 书课结合更高效

虽然我们竭尽全力让书籍更生动、更立体，但始终无法彻底改变书籍静态、纸面反馈考点和习题的先天缺陷，为此，我们为本书配套了高清网络视频课程，考生可以扫码试听、了解。本书及配套课程的具体使用方法如下：

| 本书内容 | | 用途 | 配套课程 |
| --- | --- | --- | --- |
| 第一部分　复习指导 | | 介绍考试政策、考试大纲及复习方法 | “东奥会计在线”黄洁洵基础班前言 |
| 第二部分<br>考点精讲及<br>强化训练 | 各章考情分析 | 明确各章在考试中的地位 | “东奥会计在线”黄洁洵基础班各章节的课程 |
| | 各章考点框架 | 梳理考点间的逻辑关系，建立知识体系 | |
| | 各章考点剖析 | 精析、理解考点，是全书的精华所在 | |
| | 经典大题精析 | 大题往往跨考点，综合性较强，本部分供考生提高综合应用能力、实现大题突破时使用 | “东奥会计在线”黄洁洵习题班 |
| | 各章同步强化练习题 | 用于提高、巩固阶段的复习，可以在每章复习完毕后使用，也可以在全书复习完毕后使用 | |
| 第三部分　全真模拟测试题及参考答案 | | 提供了 2 套考点互不重复的模拟测试题，供冲刺复习阶段查漏补缺 | 部分题目在“东奥会计在线”黄洁洵模考班中讲解 |

# 第二部分

# 考点精讲及强化训练

# 图书使用秘籍　助力“码上”通关

## 神奇的二维码

我们在每章【单元标题】旁分别设置了二维码，
每个二维码对应了相关章节名师的视频讲解。

## 扫码免费听课

使用【会计云课堂App】扫描二维码，即可免费观看名师详解视频，
哪里不会扫哪里，这是一本会讲课的书。

1 下载安装
【会计云课堂APP】

2
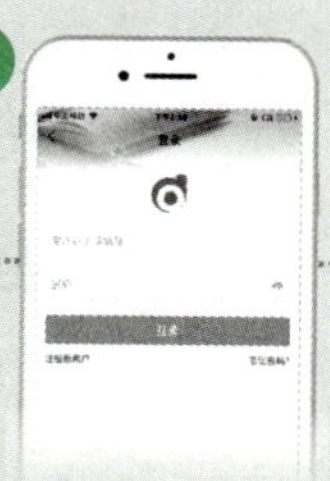

注册／登录
东奥个人账户

3
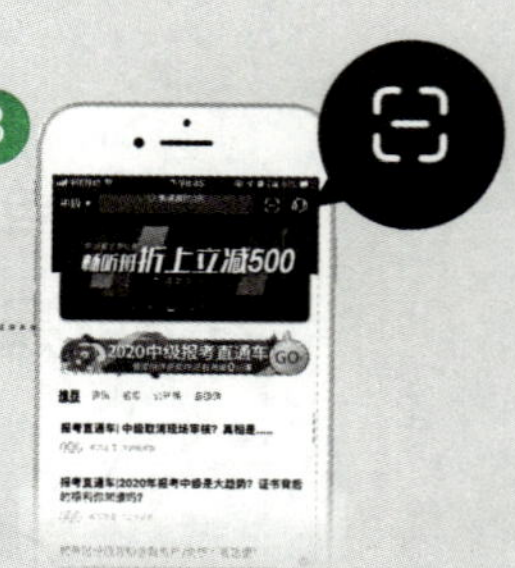


点击首页右上角
的“扫一扫”即可听课

**为帮助您更好的利用本书，高效备考，科学做题，避免误区，在正式开始知识点学习前，建议您先阅读本书第一部分“复习指导”。**

# 第一章 总 论

## 考情分析

根据考生们的回忆，本章在每套考卷中的分值为5~9分，通常不涉及大题。复习以理解基础上的要点整理和反复巩固、记忆为主。

**2020年典型考卷题型题量分析表**

| | 卷1 | | 卷2 | | 卷3 | | 卷4 | | 卷5 | |
|---|---|---|---|---|---|---|---|---|---|---|
| | 题量 | 分值 | 题量 | 分值 | 题量 | 分值 | 题量 | 分值 | 题量 | 分值 |
| 单项选择题 | 2 | 4 | 2 | 4 | 1 | 2 | 1 | 2 | 3 | 6 |
| 多项选择题 | 1 | 2 | 1 | 2 | 1 | 2 | 2 | 4 | 0 | 0 |
| 判断题 | 1 | 1 | 3 | 3 | 1 | 1 | 1 | 1 | 2 | 2 |
| 不定项选择题 | 0 | 0 | 0 | 0 | 0 | 0 | 0 | 0 | 0 | 0 |
| 合计 | 4 | 7 | 6 | 9 | 3 | 5 | 4 | 7 | 5 | 8 |

2021年本章新增“国税地税机构合并后，实行以国家税务总局为主与省（区、市）人民政府双重领导管理体制”。

## 考点框架

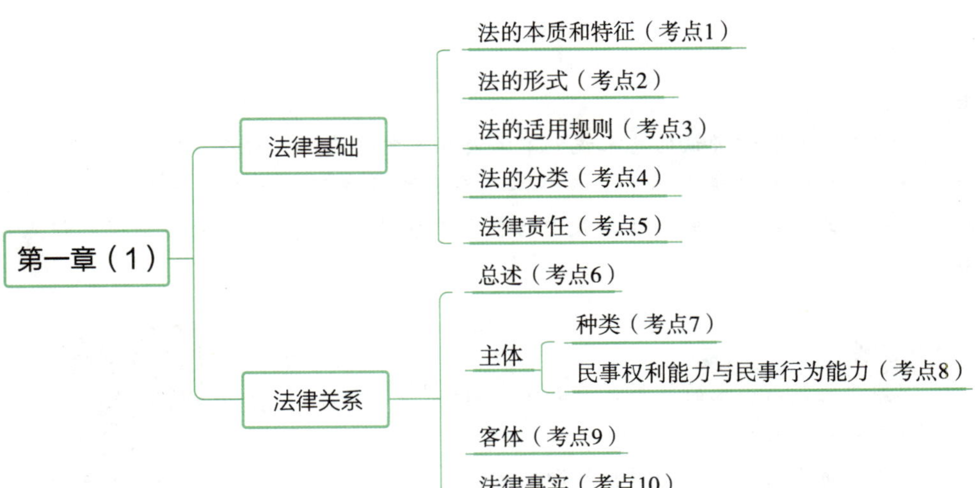

- 第一章（2）
  - 争议的解决
    - 民事争议
      - 解决途径的选择（考点11）
      - 仲裁（考点12–14）
      - 民事诉讼（考点15、16）
      - 诉讼时效（考点17）
    - 行政争议
      - 解决途径的选择（考点18）
      - 行政复议（考点19–23）
      - 行政诉讼（考点24–26）

## 考点剖析

### 第 1 单元　法律基础

查看本单元视频
使用"会计云课堂" App/ 微信扫描

#### 01 考点 1 法的本质和特征（★）

| | 要点 | 基本内涵 |
|---|---|---|
| 法的本质 | 法是统治阶级的国家意志的体现 | （1）法所体现的统治阶级意志，是由统治阶级的物质生活条件决定的，是社会客观需要的反映<br>（2）法体现的是统治阶级的整体意志和根本利益，而不是统治阶级每个成员个人意志的简单相加 |
| 法的特征 | 国家意志性 | 法是经过国家制定或认可才得以形成的规范 |
| | 国家强制性 | 法凭借国家强制力的保证而获得普遍遵行的效力 |

续表

| | 要点 | 基本内涵 |
|---|---|---|
| 法的特征 | 规范性 | 法是确定人们在社会关系中的权利和义务的行为规范：<br>（1）具有能为人们提供一个行为模式、标准的属性（概括性）<br>（2）通过规定人们的权利和义务来分配利益，从而影响人们的动机和行为，进而影响社会关系（利益导向性） |
| | 明确公开性和普遍约束性 | 法是明确而普遍适用的规范：<br>（1）明确的内容能使人们预知行为的法律后果（可预测性）<br>（2）对所有社会成员（包括统治阶级和被统治阶级）及其活动都普遍适用 |

## 经典题解

**【例题1·单选题】** 下列关于法的本质与特征的表述中，不正确的是（ ）。

A. 法是由国家制定或认可的规范

B. 法是全社会成员共同意志的体现

C. 法由统治阶级的物质生活条件所决定

D. 法凭借国家强制力的保证获得普遍遵行的效力

**【解析】** 选项B：法是“统治阶级的国家意志”的体现。

**【答案】** B

## 02 考点2 法的形式（★★★）

（一）基本规定

| 形式 | | 制定机关 | 效力等级 |
|---|---|---|---|
| 宪法 | | 全国人民代表大会 | 具有最高法律效力 |
| 法律 | | 全国人民代表大会及其常务委员会 | 仅次于宪法 |
| 行政法规 | | 国务院 | 仅次于宪法和法律 |
| 地方性法规 | | 有地方立法权的地方人民代表大会及其常务委员会 | （1）地位低于宪法、法律、行政法规，不得与它们相抵触<br>（2）效力高于本级和下级地方政府规章 |
| 规章 | 部门规章 | 国务院各部、委员会、中国人民银行、审计署和具有行政管理职能的直属机构 | 根据法律和国务院的行政法规、决定、命令，在本部门的权限范围内制定 |
| | 地方政府规章 | 有地方立法权的地方人民政府 | 根据法律、行政法规和本省、自治区、直辖市的地方性法规制定 |

【提示1】除上表所列外，我国法的形式还包括自治条例和单行条例、特别行政区的法、我国签订和加入的国际条约，但不包括判例，人民法院所作的判决书、最高人民法院指导案例等不能作为我国法的形式。

【提示2】效力层级：（1）宪法>法律>行政法规>地方性法规>本级和下级地方政府规章；（2）宪法>法律>行政法规>部门规章。

（二）重要细节

1. 基本法律与非基本法律

| 形式 | 制定机关 | 修改 |
|---|---|---|
| 基本法律 | 全国人民代表大会 | （1）全国人民代表大会<br>（2）在全国人民代表大会闭会期间，全国人民代表大会常务委员会也有权对其进行部分补充和修改，但不得同其基本原则相抵触 |
| 非基本法律 | 全国人民代表大会常务委员会 | |

2. 对行政权干预公民权的限制

（1）没有法律或者国务院的行政法规、决定、命令的依据，部门规章不得设定减损公民、法人和其他组织权利或者增加其义务的规范，不得增加本部门的权力或者减少本部门的法定职责。

（2）没有法律、行政法规、地方性法规的依据，地方政府规章不得设定减损公民、法人和其他组织权利或者增加其义务的规范。

## 经典题解

**【例题2·单选题】**下列规范性文件中，法律效力最高的是（　　）。

A. 全国人民代表大会发布的《中华人民共和国民法典》

B. 财政部发布的《会计基础工作规范》

C. 国务院发布的《中华人民共和国企业所得税法实施条例》

D. 北京市人民代表大会发布的《北京市制定地方性法规条例》

**【解析】**（1）选项A属于基本法律，选项B属于部门规章，选项C属于行政法规，选项D属于地方性法规；（2）效力层级：选项A>选项C>选项B、选项D。

**【答案】**A

**【例题3·判断题】**最高人民法院所作的判决书，也是法的形式之一。（　　）

**【解析】**我国的法律形式主要表现为以宪法为核心的各种制定法，我国不实行判例制度，最高人民法院所作的判决书只是一种非规范性法律文件，不能作为法的形式。

**【答案】**×

## 03 考点3 法的适用规则（★）

| | 冲突类型 | 解决机制 |
|---|---|---|
| 基本适用规则 | 下位法（效力等级低的法）与上位法（效力等级高的法）冲突 | 上位法优于下位法 |
| | 同一机关制定的法的形式，但特别规定与一般规定不一致 | 特别法优于一般法 |
| | 同一机关制定的法的形式，但新的规定与旧的规定不一致 | 新法优于旧法 |

续表

| | 冲突类型 | 解决机制 |
|---|---|---|
| 新的一般规定与旧的特别规定不一致 | 法律之间对同一事项的新的一般规定与旧的特别规定不一致，不能确定如何适用 | 由全国人民代表大会常务委员会裁决 |
| | 行政法规之间对同一事项的新的一般规定与旧的特别规定不一致，不能确定如何适用 | 由国务院裁决 |
| | 同一机关制定的地方性法规（或者规章）新的一般规定与旧的特别规定不一致 | 由制定机关裁决 |
| 同一位阶的法对同一事项的规定不一致 | 地方性法规与部门规章之间对同一事项的规定不一致，不能确定如何适用 | 由国务院提出意见：<br>（1）认为应当适用地方性法规的，应当决定在该地方适用地方性法规的规定<br>（2）认为应当适用部门规章的，应当提请全国人民代表大会常务委员会裁决 |
| | 部门规章之间、部门规章与地方政府规章之间对同一事项的规定不一致 | 由国务院裁决 |
| | 国务院根据全国人大及其常委会授权制定的行政法规与法律不一致，不能确定如何适用 | 由全国人民代表大会常务委员会裁决 |

## 经典题解

**【例题4·多选题】** 下列关于规范性法律文件适用原则的表述中，正确的有（　　）。

A. 行政法规之间对同一事项的新的一般规定与旧的特别规定不一致，不能确定如何适用时，由国务院裁决

B. 根据授权制定的行政法规与法律不一致，不能确定如何适用时，由全国人民代表大会常务委员会裁决

C. 部门规章与地方政府规章之间对同一事项的规定不一致时，由国务院裁决

D. 法律之间对同一事项的新的一般规定与旧的特别规定不一致，不能确定如何适用时，由全国人民代表大会常务委员会裁决

**【答案】** ABCD

## 04 考点4 法的分类（★）

| 标准 | 分类 |
|---|---|
| 法的内容、效力和制定程序 | 根本法和普通法 |
| 法的空间效力、时间效力或对人的效力 | 一般法和特别法 |
| 法的内容 | 实体法和程序法 |
| 法的主体、调整对象和渊源 | 国际法和国内法 |
| 法律运用的目的 | 公法和私法 |
| 法的创制方式和发布形式 | 成文法和不成文法 |

## 经典题解

【例题5·单选题】下列对法所作的分类中，以法的创制方式和发布形式为依据进行分类的是(　　)。

A. 成文法和不成文法

B. 根本法和普通法

C. 实体法和程序法

D. 一般法和特别法

【答案】A

## 05 考点5 法律责任(★★★)

<table>
<tr><th>责任类别</th><th>特点</th><th colspan="2">具体形式</th></tr>
<tr><td>民事责任</td><td>可以由当事人主动承担</td><td colspan="2">停止侵害，排除妨碍，消除危险，返还财产，恢复原状，修理、重作、更换，继续履行，赔偿损失，支付违约金，消除影响、恢复名誉，赔礼道歉</td></tr>
<tr><td rowspan="2">行政责任</td><td rowspan="2">由国家行政机关或者法律、法规授权组织依法给予</td><td>行政处罚<br>(针对外部相对人)</td><td>(1)行政处罚形式通常包括警告，罚款，没收违法所得、没收非法财物，责令停产停业，暂扣或吊销许可证、暂扣或者吊销执照，行政拘留和法律、行政法规规定的其他行政处罚<br>(2)税务行政处罚的具体形式包括罚款、没收财物和违法所得、停止出口退税权</td></tr>
<tr><td>行政处分<br>(针对内部相对人)</td><td>警告、记过、记大过、降级、撤职、开除(共6类)</td></tr>
<tr><td rowspan="9">刑事责任</td><td rowspan="9">应当由国家审判机关(法院)依照刑事法律给予</td><td rowspan="5">主刑</td><td>管制(期限通常为3个月以上2年以下)</td></tr>
<tr><td>拘役(期限通常为1个月以上6个月以下)</td></tr>
<tr><td>有期徒刑(期限通常为6个月以上15年以下)</td></tr>
<tr><td>无期徒刑</td></tr>
<tr><td>死刑(包括死刑立即执行和死刑缓期2年执行)</td></tr>
<tr><td rowspan="4">附加刑(可与主刑一起适用，也可以独立适用)</td><td>罚金</td></tr>
<tr><td>剥夺政治权利</td></tr>
<tr><td>没收财产</td></tr>
<tr><td>驱逐出境(适用于外国人)</td></tr>
</table>

【提示】请仔细辨别：(1)支付违约金属于民事责任，罚款属于行政责任，罚金属于刑事责任；(2)没收违法所得属于行政责任，没收财产属于刑事责任；(3)行政拘留属于行政责任，拘役属于刑事责任。

## 经典题解

【例题6·单选题】因生产的腊肠所含“氯霉素”严重超标，甲公司被市场监督管理局责令停产停业。甲公司承担的该项法律责任属于( )。

A. 刑事责任　　B. 行政处分

C. 民事责任　　D. 行政处罚

【答案】D

【例题7·多选题】某行政机关工作人员赵某因犯罪被人民法院判处有期徒刑，并处罚金和没收财产，后被该行政机关开除。赵某承担的法律责任中，属于刑事责任的有( )。

A. 没收财产　　B. 罚金

C. 有期徒刑　　D. 开除

【解析】选项D：属于行政责任——行政处分。

【答案】ABC

【例题8·单选题】下列法律责任形式中，属于民事责任的是( )。

A. 恢复原状　　B. 吊销营业执照

C. 剥夺政治权利　　D. 没收违法所得

【解析】(1) 选项BD：属于行政责任——行政处罚；(2) 选项C：属于刑事责任——附加刑。

【答案】A

【例题9·多选题】下列法律责任形式中，属于行政责任的有( )。

A. 没收违法所得　　B. 吊销许可证

C. 剥夺政治权利　　D. 恢复原状

【解析】(1) 选项C：属于刑事责任——附加刑；(2) 选项D：属于民事责任。

【答案】AB

【例题10·单选题】下列法律责任形式中，属于行政处罚的是( )。

A. 记过　　B. 罚款

C. 降级　　D. 开除

【解析】选项ACD：属于行政“处分”。

【答案】B

【例题11·多选题】下列法律责任形式中，属于刑事责任的有( )。

A. 记过　　B. 赔礼道歉

C. 拘役　　D. 罚金

【解析】(1) 选项A：属于行政责任——行政处分；(2) 选项B：属于民事责任；(3) 选项CD：均属于刑事责任，选项C属于主刑，选项D属于附加刑。

【答案】CD

【例题12·多选题】下列刑事责任形式中，属于主刑的有( )。

A. 拘役　　B. 驱逐出境

C. 无期徒刑　　D. 罚金

【解析】选项BD：属于附加刑。

【答案】AC

【例题13·判断题】附加刑可以同主刑一起适用，还可以单独适用。( )

【解析】附加刑可以附加于主刑之后作为主刑的补充，同主刑一起适用；也可以独立适用。

【答案】√

【例题14·单选题】纳税人因逃税涉嫌犯罪，有权判定该纳税人应承担刑事责任的机关是( )。

A. 税务局

B. 市场监督管理局

C. 人民法院

D. 人民政府

【解析】(1) 选项C：“刑事”责任只能由国家审判机关（人民法院）判处；(2) 选项ABD：均属于行政机关，有权要求相对人承担“行政”责任。

【答案】C

【例题15·多选题】根据税收征收管理法律制度的规定，税务机关的下列具体行政行为中，属于行政处罚的有(　　)。

A. 确认适用税率

B. 确认纳税期限

C. 没收财物和违法所得

D. 停止出口退税权

【解析】(1) 选项CD：税务机关作出的税务行政处罚行为包括：罚款，没收财物和违法所得，停止出口退税权；(2) 选项AB：属于税务机关作出的征税行为（何谓“征税行为”请参考本章考点18）。

【答案】CD

## 第2单元　法律关系

查看本单元视频

使用“会计云课堂”App/微信扫描

### 06 考点6 法律关系（总述）（★）

| 基本概念 | | 释义 |
|---|---|---|
| 法律关系 | | 指**被法律规范所调整**的权利与义务关系<br>【提示】仅受道德规范调整的（例如，恋爱中的“山盟海誓”）不属于法律关系 |
| 法律关系的三要素 | 主体 | 指参加法律关系，依法享有权利和承担义务的当事人 |
| | 客体 | 指法律关系主体的权利和义务所指向的对象 |
| | 内容 | 指法律关系主体所享有的权利和承担的义务 |
| 法律事实 | | 是法律关系发生、变更和消灭的直接原因 |

**【案例】**(1) 王某拥有一台电脑，在这个所有权法律关系中：①主体是所有权人王某和所有权人以外的其他人；②客体是电脑；③内容是王某拥有自由支配这台电脑的权利，王某以外的其他人负有尊重王某对该电脑的所有权的义务。(2) 因受雷击，王某的电脑化为灰烬，“雷击”不仅使得电脑毁灭，同时也使得王某对电脑的所有权消灭，即“雷击”是引起上述所有权法律关系消灭的法律事实。

### 经典题解

**【例题16·单选题】**甲公司和乙公司签订购买100台设备的买卖合同，总价款为100万元。该法律关系的主体是(　　)。

A. 甲公司和乙公司

B. 100台设备

C. 100万元价款

D. 买卖合同

**【答案】**A

**【例题17·单选题】**甲公司与乙公司签订租赁合同，约定甲公司承租乙公司一台精密仪器，租期1个月，租金15万元。引起该租赁法律关系发生的法律事实是(　　)。

A. 租赁的精密仪器

B. 甲公司和乙公司

C. 15万元租金

D. 签订租赁合同的行为

**【解析】**租赁合同的签订，在甲公司与乙公司之间建立了租赁法律关系，属于引起法律关系产生的法律行为。

**【答案】**D

【例题18·多选题】下列各项中，属于法律关系构成要素的有(　　)。

A. 主体　　B. 内容

C. 客体　　D. 法律事件

【解析】(1) 选项ABC：法律关系由主体、内容和客体三个要素构成；(2) 选项D：法律事件属于法律事实，是法律关系发生、变更和消灭的原因，但并非法律关系的构成要素。

【答案】ABC

## 07 考点7 法律关系主体的种类（★★★）

| 基本分类 | | | 具体内涵 |
|---|---|---|---|
| 自然人 | | | 包括中国公民、外国公民和无国籍人<br>【提示】税法上的"个人"，包括个体工商户（也称为商自然人）和其他个人 |
| 组织 | 法人组织 | 营利法人 | 包括有限责任公司、股份有限公司和其他企业法人等 |
| | | 非营利法人 | 包括事业单位、社会团体、基金会、社会服务机构等 |
| | | 特别法人 | 包括机关法人、农村集体经济组织法人、城镇农村的合作经济组织法人、基层群众性自治组织法人 |
| | 非法人组织 | | 包括个人独资企业、合伙企业、不具有法人资格的专业服务机构等 |
| 国家 | | | 在特殊情况下，国家可以作为一个整体成为法律关系主体 |

### 经典题解

【例题19·多选题】下列选项中，可以作为法律关系主体的有(　　)。

A. 个人独资企业　　B. 股份有限公司

C. 自然人　　D. 个体工商户

【解析】法律关系主体包括：(1) 自然人（选项CD）；(2) 法人和非法人组织（选项AB）；(3) 国家。

【答案】ABCD

【例题20·判断题】合伙企业具有法人资格。(　　)

【解析】合伙企业属于非法人组织。

【答案】×

【例题21·单选题】下列主体中，属于非法人组织的是(　　)。

A. 基金会　　B. 有限责任公司

C. 事业单位　　D. 合伙企业

【解析】(1) 选项AC：属于非营利法人；(2) 选项B：属于营利法人。

【答案】D

【例题22·多选题】下列各项中，可以成为法律关系主体的有(　　)。

A. 甲农民专业合作社

B. 乙市财政局

C. 智能机器人"阿丙"

D. 大学生小丁

【解析】(1) 选项AB：属于特别法人；(2) 选项C：可以成为法律关系的客体，目前尚不能成为法律关系的主体（不能享有法律权利、不承担法律义务）；(3) 选项D：属于自然人。

【答案】ABD

## 08 考点8 法律关系主体的民事权利能力与民事行为能力（★★★）

<table>
<tr><th></th><th>民事权利能力</th><th colspan="2">民事行为能力</th></tr>
<tr><td>法人</td><td colspan="3">自法人成立时同时产生，至法人终止时同时消灭</td></tr>
<tr><td rowspan="7">自然人</td><td rowspan="7">从出生时起至死亡时止</td><td rowspan="2">完全民事行为能力</td><td>18周岁以上的自然人</td></tr>
<tr><td>16周岁以上的未成年人，以自己的劳动收入为主要生活来源的，视为完全民事行为能力人</td></tr>
<tr><td rowspan="2">限制民事行为能力</td><td>8周岁以上的未成年人</td></tr>
<tr><td>不能完全辨认自己行为的成年人</td></tr>
<tr><td rowspan="3">无民事行为能力</td><td>不满8周岁的未成年人</td></tr>
<tr><td>8周岁以上的未成年人，不能辨认自己行为的</td></tr>
<tr><td>不能辨认自己行为的成年人</td></tr>
</table>

【提示1】“以上”“以下”包括本数，“以上”是“≥”，“以下”是“≤”；“不满”则不包括本数，是“<”。因此，正好=8周岁的未成年人属于限制民事行为能力人。

【提示2】“不能完全辨认”自己行为的成年人，属于限制民事行为能力人；“不能辨认”自己行为是完全不能辨认，属于无民事行为能力人。

【提示3】“视为完全民事行为能力人”应当同时符合以下2个条件：(1) 16周岁以上的未成年人；(2) 以自己的劳动收入为主要生活来源。即17周岁的未成年人，如果仍在上高中，属于限制民事行为能力人，而如果已经成为汽车修理店的工人，则视为完全民事行为能力人。

【提示4】只要是活人，100%具有民事权利能力；但是否具有民事行为能力则取决于两个因素：(1) 年龄；(2) 精神状态。

### 经典题解

**【例题23·多选题】**下列关于自然人民事行为能力的说法中，正确的有（　　）。

A. 年满18周岁的自然人是完全民事行为能力人

B. 不能辨认自己行为的成年人是限制民事行为能力人

C. 8周岁以下的自然人是无民事行为能力人

D. 16周岁以上的未成年人，但以自己的劳动收入为主要生活来源的，视为完全民事行为能力人

**【解析】**(1) 选项B：不能辨认自己行为的成年人，是无民事行为能力人；(2) 选项C：“以上”“以下”包括本数，“8周岁以下”是≤8周岁的意思，而=8周岁的未成年人属于限制民事行为能力人，正确的表述应当为“不满8周岁的未成年人是无民事行为能力人”。

**【答案】**AD

**【例题24·多选题】**下列自然人中，属于限制民事行为能力人的有（　　）。

A. 赵某，13周岁，系大学少年班在校大学生

B. 钱某，20周岁，有精神障碍，不能辨认自己的行为

C. 孙某，7周岁，不能辨认自己的行为

D. 李某，15周岁，系省排球队专业运动员

**【解析】**（1）7周岁，只可能是无民事行为能力人，排除选项C；（2）20周岁，通常是完全民事行为能力人，但不能辨认自己行为，应界定为无民事行为能力人，排除选项B；（3）13周岁、15周岁，不可能被视为完全民事行为能力人，精神状态无异常，属于限制民事行为能力人。

**【答案】** AD

**【例题25·单选题】** 下列自然人中，属于无民事行为能力人的是(　　)。

A. 15周岁的小周，先天腿部残疾

B. 70周岁的老吴，已经不能完全辨认自己的行为

C. 8周岁的小郑，智力超常，多次在国际大赛中获奖

D. 20周岁的小王，先天智障，不能辨认自己的行为

**【解析】**（1）选项ABCD所涉年龄均不小于8周岁，应当重点关注的是选项C，正好=8周岁的小郑属于限制民事行为能力人；（2）从精神状态角度界定无民事行为能力人的关键词是"不能辨认"，直接锁定选项D为应选项；（3）选项AC中"先天腿部残疾""智力超常"均不是民事行为能力界定的相关因素。

**【答案】** D

**【例题26·单选题】** 下列公民中，视为完全民事行为能力人的是(　　)。

A. 赵某，9周岁，系某小学学生

B. 钱某，13周岁，系某初级中学学生

C. 孙某，15周岁，系某高级中学学生

D. 李某，17周岁，系某餐馆服务员，以自己劳动收入为主要生活来源

**【解析】**（1）"视为"二字极为关键，它们提示考生题目考查的是16周岁以上不满18周岁的年龄区段，看透这一点，此题可以立即锁定选项D；（2）选项ABC：均属于限制民事行为能力人。

**【答案】** D

## 09 考点9 法律关系的客体（★★）

| 类别 | | | 具体阐述 |
|---|---|---|---|
| 物 | 分类1 | 自然物 | 如土地、矿藏、水流、森林等 |
| | | 人造物 | 如建筑、机器、各种产品等 |
| | | 货币及有价证券 | —— |
| | 分类2 | 有体物 | 可以是固定形态的，也可以是没有固定形态的（如天然气、电力等） |
| | | 无体物 | 如权利、数据信息、网络虚拟财产 |
| 人身、人格 | | | （1）人的整体只能是法律关系的主体，不能作为法律关系的客体<br>（2）当人的头发、血液、骨髓、精子和其他器官从身体中分离出去，成为与身体相分离的外部之物时，在某些情况下也可视为法律上的"物"，成为法律关系的客体 |
| 精神产品 | | | （1）也称智力成果，如作品，发明、实用新型、外观设计，商标等<br>（2）精神产品是一种精神形态的客体，是一种思想或者技术方案，不是物，但通常有物质载体（如书籍、图册、录音、录像等） |
| 行为 | | | 生产经营行为、经济管理行为、完成一定工作的行为、提供一定劳务的行为等 |

## 经典题解

【例题27·多选题】下列各项中，属于法律关系的客体的有(　　)。

A. 有价证券　　B. 库存商品

C. 提供劳务行为　　D. 智力成果

【答案】ABCD

【例题28·多选题】下列各项中，属于法律关系的客体有(　　)。

A. 法人　　B. 发明

C. 行为　　D. 人体器官

【解析】选项A：属于法律关系的主体。

【答案】BCD

## 10 考点10 法律事实（★★）

| | 核心特征 | 细化阐述 | |
|---|---|---|---|
| 法律事件 | 不以当事人的主观意志为转移 | 绝对事件 | 如地震、洪水、台风、生老病死等（自然现象） |
| | | 相对事件 | 如爆发战争、重大政策的改变等（社会现象） |
| 法律行为 | 以法律关系主体意志为转移 | 根据行为是否符合法律规范的要求分类 | 合法行为 |
| | | | 违法行为 |
| | | 根据行为的表现形式不同分类 | 积极行为（又称作为，如签发支票） |
| | | | 消极行为（又称不作为，如竞业限制） |
| | | 根据行为是否通过意思表示分类 | 意思表示行为（如签订合同） |
| | | | 非表示行为（如拾得遗失物、发现埋藏物） |
| | | 根据主体意思表示的形式分类 | 单方行为（如遗嘱、行政命令） |
| | | | 多方行为（如合同行为） |
| | | 根据行为是否需要特定形式或实质要件分类 | 要式行为（如票据行为） |
| | | | 非要式行为（如口头订立的合同） |
| | | 根据主体实际参与行为的状态分类 | 自主行为 |
| | | | 代理行为 |

## 经典题解

【例题29·单选题】下列法律事实中，属于法律事件的是(　　)。

A. 火山喷发　　B. 书立遗嘱

C. 赠与房屋　　D. 登记结婚

【解析】选项BCD：属于法律行为。

【答案】A

【例题30·多选题】下列各项中，属于法律行为的有(　　)。

A. 税务登记　　B. 签发支票

C. 爆发战争　　D. 收养孤儿

【解析】选项C：属于法律事件。

【答案】ABD

【例题31·多选题】下列各项中，能够引起法律关系发生、变更和消灭的法律事实有(　　)。

A. 自然灾害　　B. 公民死亡

C. 签订合同　　D. 提起诉讼

【解析】不论是法律事件，还是法律行为均属于法律事实：(1)选项AB：属于法律事件；(2)选项CD：属于法律行为。

【答案】ABCD

【例题32·单选题】根据行为是否需要特定形式或实质要件，法律行为可以分为(　　)。

A. 单方行为和多方行为

B. 积极行为和消极行为

C. 要式行为和非要式行为

D. 自主行为和代理行为

【解析】(1)选项A：属于根据主体意思表示的形式所作的分类；(2)选项B：属于根据行为的表现形式不同所作的分类；(3)选项D：属于根据主体实际参与行为的状态所作的分类。

【答案】C

## 第3单元　民事争议的解决途径



### 11 考点11 民事争议解决途径的选择(★★★)

(一)是否属于民事争议？

仲裁和民事诉讼适用于解决自然人、法人、其他组织之间发生的经济纠纷；行政复议和行政诉讼适用于解决行政管理相对人和行政机关之间发生的经济纠纷。

(二)仲裁和民事诉讼的关系：或裁或审

1. 当事人采用仲裁方式解决纠纷，应当双方自愿达成仲裁协议；没有仲裁协议，一方申请仲裁的，仲裁委员会不予受理(自愿原则)。

2. 裁后不得再裁或再诉

仲裁实行一裁终局制度，即仲裁庭作出的仲裁裁决为终局裁决；裁决作出后，当事人就同一纠纷再申请仲裁或者向人民法院起诉的，仲裁委员会或者人民法院不予受理。

#### 经典题解

【例题33·单选题】甲公司长期拖欠乙公司货款，双方发生纠纷，期间一直未约定纠纷的解决方式，为解决该纠纷，乙公司可采取的法律途径是(　　)。

A. 提起行政诉讼　　B. 提请仲裁

C. 提起民事诉讼　　D. 申请行政复议

【解析】(1)本案属于民事纠纷，排除选项AD；(2)当事人之间一直未约定纠纷解决方式(说明当事人之间不存在仲裁协议)，排除选项B。

【答案】C

【例题34·多选题】根据《仲裁法》的规定，下列关于一裁终局原则的表述中，正确的有(　　)。

A. 仲裁裁决作出后，当事人就同一纠纷向人民法院起诉的，人民法院不予受理

B. 仲裁裁决作出后，当事人可就同一纠纷向原仲裁委员会申请复议

C. 仲裁裁决作出后，当事人可就同一纠纷向司法行政机关申请复议

D. 仲裁裁决作出后，当事人就同一纠纷再申请仲裁的，仲裁委员会不予受理

【解析】仲裁，一裁终局，裁后不得就同一纠纷再裁或再诉。

【答案】AD

## 12 考点12 仲裁协议（★★★）

1. 仲裁的适用范围

（1）平等主体的公民、法人和其他组织之间发生的合同纠纷和其他财产权益纠纷，可以仲裁。

（2）下列纠纷不能通过经济仲裁程序解决，就下列纠纷约定仲裁的，仲裁协议无效：

①关于婚姻、收养、监护、扶养、继承纠纷（属于人身关系纠纷）；

②依法应当由行政机关处理的行政争议（属于行政争议）；

③劳动争议的仲裁（适用劳动争议仲裁程序）；

④农业集体经济组织内部的农业承包合同纠纷的仲裁（适用专门的农村土地承包经营纠纷调解仲裁程序）。

2. 仲裁协议的形式

（1）仲裁协议应当以书面形式订立，口头达成仲裁的意思表示无效。

（2）仲裁协议包括合同中订立的仲裁条款和以其他书面方式在纠纷发生前或者纠纷发生后达成的请求仲裁的协议。

3. 仲裁协议应当具有下列内容：

（1）请求仲裁的意思表示；

（2）仲裁事项；

（3）选定的仲裁委员会。

【提示】仲裁协议对仲裁事项或者仲裁委员会没有约定或者约定不明确的，当事人可以补充协议；达不成补充协议的，仲裁协议无效。

4. 仲裁协议的独立性

仲裁协议独立存在，合同的变更、解除、终止或无效，不影响仲裁协议的效力。

5. 仲裁协议效力争议的解决

（1）当事人对仲裁协议的效力有异议的，可以请求仲裁委员会作出决定或者请求人民法院作出裁定。一方请求仲裁委员会作出决定，另一方请求人民法院作出裁定的，由人民法院裁定。

（2）当事人对仲裁协议的效力有异议的，应当在仲裁庭首次开庭前提出。

6. 隐瞒仲裁协议起诉

当事人达成仲裁协议，一方向人民法院起诉未声明有仲裁协议，人民法院受理后，另一方在首次开庭前提交仲裁协议的，人民法院应当驳回起诉，但仲裁协议无效的除外；另一方在首次开庭前未对人民法院受理该案提出异议的，视为放弃仲裁协议，人民法院应当继续审理。

### 经典题解

【例题35·多选题】下列纠纷中，可以适用《仲裁法》解决的有（　　）。

A. 郑某与王某的股权转让纠纷

B. 赵某与钱某的租赁合同纠纷

C. 周某与吴某的遗产继承纠纷

D. 孙某与李某的监护权纠纷

【解析】选项CD：属于人身关系纠纷，不适用《仲裁法》。

【答案】AB

【例题36·多选题】根据《仲裁法》的规定，下列关于仲裁协议效力的表述中，正确的有（　　）。

A. 合同的变更、解除、终止或者无效，不影响仲裁协议的效力

B. 当事人口头达成的仲裁协议有效

C. 仲裁协议对仲裁事项或者仲裁委员会没有约定或者约定不明确，当事人又达不成补充协议的，仲裁协议无效

D. 当事人对仲裁协议的效力有异议的，可以请求人民法院作出裁定

【解析】选项B：仲裁协议应当以书面形式订立，口头达成仲裁的意思表示无效。

【答案】ACD

【例题37·多选题】根据《仲裁法》的规定，下列关于仲裁协议的表述中，正确的有（　　）。

A. 合同的变更、解除、终止或者无效，不影响仲裁协议的效力

B. 仲裁协议应当以书面形式订立

C. 仲裁协议可以在纠纷发生后达成

D. 仲裁协议由当事人自愿达成

**【解析】**（1）选项 A：考查仲裁协议的独立性；（2）选项 BC：考查仲裁协议的形式；（3）选项 D：考查仲裁的自愿原则。

**【答案】** ABCD

**【例题 38 · 多选题】** 根据《仲裁法》的规定，下列各项中，属于仲裁协议必备内容的有（　　）。

A. 仲裁事项

B. 选定的仲裁委员会

C. 选定的仲裁员

D. 请求仲裁的意思表示

**【解析】** 选项 BC：注意区分“仲裁委员会”“仲裁庭”和“仲裁员”三个概念。例如，甲公司就其与乙公司的商事纠纷向北京仲裁委员会申请仲裁；甲公司从仲裁员名册选定张某为仲裁员，乙公司则选定王某为仲裁员，双方共同选定李某为首席仲裁员；张某、王某和李某组成处理本案的仲裁庭。

**【答案】** ABD

**【例题 39 · 单选题】** 甲、乙因买卖货物发生合同纠纷，甲向法院提起诉讼。开庭审理时，乙提出双方签有仲裁协议，应通过仲裁方式解决。对该案件的下列处理方式中，符合法律规定的是（　　）。

A. 仲裁协议有效，法院驳回甲的起诉

B. 仲裁协议无效，法院继续审理

C. 由甲、乙协商确定纠纷的解决方式

D. 视为甲、乙已放弃仲裁协议，法院继续审理

**【解析】** 当事人未能在首次开庭前提出异议，应视为放弃仲裁协议，法院继续审理即可。

**【答案】** D

## 13 考点 13 独立仲裁（★★）

1. 仲裁委员会

（1）仲裁委员会不按行政区划层层设立；

（2）仲裁委员会独立于行政机关，与行政机关没有隶属关系；

（3）仲裁委员会之间相互独立，没有隶属关系；

（4）仲裁不实行级别管辖和地域管辖，仲裁委员会由当事人协议选定。

2. 仲裁庭的组成

（1）当事人约定由 3 名仲裁员组成仲裁庭的，应当各自选定或者各自委托仲裁委员会主任指定 1 名仲裁员，第 3 名仲裁员由当事人共同选定或者共同委托仲裁委员会主任指定；第 3 名仲裁员是首席仲裁员。

（2）当事人约定由 1 名仲裁员成立仲裁庭的，应当由当事人共同选定或者共同委托仲裁委员会主任指定。

3. 仲裁员的回避

仲裁员有下列情况之一的，必须回避，当事人也有权提出仲裁员回避申请：

（1）是本案当事人或者当事人、代理人的近亲属；

（2）与本案有利害关系；

（3）与本案当事人、代理人有其他关系，可能影响公正仲裁的；

（4）私自会见当事人、代理人，或者接受当事人、代理人的请客送礼的。

### 经典题解

**【例题 40 · 判断题】** 仲裁委员会按行政区划层层设立。（　　）

**【解析】** 仲裁委员会不按行政区划层层设立。

**【答案】** ×

【例题 41 · 判断题】经济纠纷案件当事人只能向纠纷发生地仲裁机构提请仲裁。(　　)

【解析】仲裁不实行级别管辖和地域管辖，仲裁委员会由当事人协议选定。

【答案】×

## 14 考点 14 仲裁程序（★★）

1. 开庭

仲裁应当开庭进行；当事人协议不开庭的，仲裁庭可以根据仲裁申请书、答辩书及其他材料作出裁决。

2. 不公开

仲裁不公开进行；当事人协议公开的，可以公开进行；但涉及国家秘密的除外。

3. 裁决的作出

（1）仲裁裁决应当按照多数仲裁员的意见作出；仲裁庭不能形成多数意见时，裁决应当按照首席仲裁员的意见作出。

（2）裁决书自作出之日起发生法律效力。

4. 仲裁中的和解与调解

| | 特征 | 结果 | 一方当事人不履行时，另一方当事人的救济措施 |
|---|---|---|---|
| 和解 | 当事人可以自行和解 | 请求仲裁庭根据和解协议作出裁决书 | 向人民法院申请强制执行 |
| | | 撤回仲裁申请 | 根据仲裁协议（再次）申请仲裁 |
| 调解 | 仲裁庭在作出裁决前，可以先行调解 | 仲裁庭制作调解书（双方当事人签收生效） | 签收前反悔，仲裁庭及时裁决 |
| | | | 向人民法院申请强制执行，因为调解书与裁决书具有同等的法律效力 |
| | | 仲裁庭制作裁决书（作出生效） | 向人民法院申请强制执行 |

### 经典题解

【例题 42 · 多选题】根据《仲裁法》的规定，下列关于仲裁制度的表述中，正确的有(　　)。

A. 仲裁应当公开开庭进行

B. 仲裁委员会独立于行政机关

C. 仲裁实行一裁终局原则

D. 仲裁协议应当以书面形式订立

【解析】选项 A：仲裁原则上开庭但不公开。

【答案】BCD

【例题 43 · 多选题】根据《仲裁法》的规定，下列关于仲裁制度的表述中，正确的有(　　)。

A. 仲裁裁决对双方当事人都具有约束力

B. 仲裁实行一裁终局

C. 仲裁实行级别管辖和地域管辖

D. 平等主体之间发生的合同纠纷和其他财产权益纠纷，可以仲裁

【解析】(1) 选项 A：仲裁裁决对双方当事人都有约束力，当事人应当履行裁决；一方不履行的，另一方当事人可以依法向人民法院申请强制执行。(2) 选项 C：仲裁不实行级别管辖和地域管辖，仲裁委员会由当事人协议选定。

【答案】ABD

【例题 44 · 多选题】下列关于仲裁审理的表述中，符合仲裁法律制度规定的有(　　)。

A. 除当事人协议不开庭外，仲裁开庭进行

B. 仲裁员不实行回避制度

C. 当事人可以自行和解

D. 仲裁庭在作出裁决前，可以先行调解

【解析】选项 B：仲裁程序与诉讼程序中均规定了回避制度。

【答案】ACD

【例题 45 · 多选题】甲、乙因合同纠纷申请仲裁，仲裁庭对案件裁决未能形成一致意见，关于该案件仲裁裁决的下列表述中，符合法律规定的有（　　）。

A. 应当按照多数仲裁员的意见作出裁决

B. 应当由仲裁庭达成一致意见作出裁决

C. 仲裁庭不能形成多数意见时，按照首席仲裁员的意见作出裁决

D. 仲裁庭不能形成一致意见时，提请仲裁委员会作出裁决

【解析】仲裁裁决应当按照多数仲裁员的意见作出；仲裁庭不能形成多数意见时，裁决应当按照首席仲裁员的意见作出。

【答案】AC

## 15 考点 15 民事诉讼程序（★）

（一）民事诉讼的适用范围

公民之间、法人之间、其他组织之间以及他们相互之间因财产关系和人身关系发生纠纷，可以提起民事诉讼。适用于《民事诉讼法》的案件主要有：

1. 民事案件。其具体包括：

（1）房屋产权争议案件、合同纠纷案件、侵犯著作权案件、侵犯名誉权案件等。

（2）离婚案件、追索扶养费案件、财产继承案件、解除收养关系案件等。

（3）因污染引起的侵权案件、因不正当竞争行为引起的损害赔偿案件等。

2. 商事案件：票据案件、股东权益纠纷案件、保险合同纠纷案件、海商案件等。

3. 劳动争议案件：劳动合同纠纷案件等。

【提示】劳动争议仲裁和《仲裁法》规定的仲裁是两种不同的仲裁程序，但劳动诉讼属于民事诉讼中的一种。

4. 非诉案件，主要包括：

（1）适用特别程序审理的案件，如选民资格案件、宣告失踪或宣告死亡案件、认定公民无民事行为能力或限制行为能力案件等；

（2）适用督促程序审理的案件；

（3）适用公示催告程序审理的案件。

### 经典题解

【例题 46 · 多选题】下列案件中，适用《民事诉讼法》的有（　　）。

A. 名誉权纠纷案件

B. 因票据纠纷提起诉讼的案件

C. 因税收征纳争议提起诉讼的案件

D. 因劳动合同纠纷提起诉讼的案件

【解析】（1）选项 C：属于行政争议，不适用《民事诉讼法》；（2）选项 D：因劳动争议提起的诉讼属于民事诉讼。

【答案】ABD

【例题 47 · 多选题】下列各项中，属于适用特别程序审理的民事案件的有（　　）。

A. 选民资格案件

B. 宣告失踪案件

C. 认定公民无民事行为能力案件

D. 公示催告程序案件

【解析】选项 D：属于非诉案件，但不属于适用特别程序审理的案件。

【答案】ABC

（二）审判制度

1. 合议制度

合议制下，由 3 名以上审判人员组成审判组织；独任制下，由 1 名审判员独立地对案件进行审理和裁判。

2. 回避制度

（1）回避对象：审判人员、书记员、翻译人员、鉴定人、勘验人。

（2）回避情形

①回避对象是本案的当事人或者当事人、诉讼代理人的近亲属；

②回避对象与本案有利害关系；

③回避对象与本案当事人、诉讼代理人有其他关系，可能影响对案件公正审理；

④回避对象接受当事人、诉讼代理人请客送礼或者违反规定会见当事人、诉讼代理人。

3. 公开审判制度

（1）公开审判包括审判过程公开和审判结果公开两项内容，但不论案件是否公开审理，一律公开宣告判决。

（2）不公开审理的情形

①应当不公开

除涉及国家秘密、个人隐私或者法律另有规定的外，法院审理民事案件，应当公开进行。

②经当事人申请可以不公开

离婚案件、涉及商业秘密的案件，当事人申请不公开审理的，可以不公开审理。

【相关链接】仲裁不公开进行；当事人协议公开的，可以公开进行；但涉及国家秘密的除外。

## 经典题解

【例题48·多选题】根据民事诉讼法律制度的规定，下列关于公开审判制度的表述中，正确的有（　　）。

A. 涉及商业秘密的民事案件，当事人申请不公开审理的，可以不公开审理

B. 不论民事案件是否公开审理，一律公开宣告判决

C. 涉及国家秘密的民事案件应当不公开审理

D. 涉及个人隐私的民事案件应当不公开审理

【解析】（1）选项A：离婚案件、涉及商业秘密的案件，当事人申请不公开审理的，可以不公开审理；（2）选项B：公开审判包括审判过程公开和审判结果公开两项内容，不论案件是否公开审理，一律公开宣告判决；（3）选项CD：法院审理民事案件，除涉及国家秘密、个人隐私或者法律另有规定的以外，应当公开进行。

【答案】ABCD

4. 两审终审制度

（1）基本规定

①当事人不服地方人民法院第一审民事判决的，有权在判决书送达之日起15日内向上一级法院提起上诉。

②超过上诉期没有上诉的，该第一审民事判决发生法律效力。

③在上诉期内向上一级法院提起上诉的，进行第二审；二审法院的判决是终审判决。

（2）审判监督程序

对终审裁判，当事人不得上诉；如果发现确有错误，可以通过审判监督程序予以纠正。

## 经典题解

【例题49·单选题】根据民事诉讼法律制度的规定，当事人不服人民法院第一审判决的，有权在判决书送达之日起一定期间内向上一级人民法院提起上诉。该期间是（　　）。

A. 5日　　B. 10日

C. 15日　　D. 30日

【解析】当事人不服地方人民法院第一审判决的，有权在判决书送达之日起15日内向上一级法院提起上诉。

【答案】C

## 16 考点 16 民事诉讼的地域管辖（★★★）

<table>
<tr><th colspan="2">类型</th><th>管辖规则</th></tr>
<tr><td colspan="2">一般管辖规则</td><td>“原告就被告”：由被告住所地法院管辖；被告住所地与经常居住地不一致的，由经常居住地人民法院管辖</td></tr>
<tr><td rowspan="3">专属管辖</td><td>因不动产纠纷提起的诉讼</td><td>不动产所在地法院</td></tr>
<tr><td>因港口作业中发生纠纷提起的诉讼</td><td>港口所在地法院</td></tr>
<tr><td>因继承遗产纠纷提起的诉讼</td><td>（1）被继承人死亡时住所地法院<br>（2）主要遗产所在地法院</td></tr>
<tr><td>协议管辖</td><td>合同或者其他财产权益纠纷</td><td>当事人可以书面协议选择被告住所地、合同履行地、合同签订地、原告住所地、标的物所在地等与争议有实际联系的地点的人民法院管辖，但不得违反《民事诉讼法》对级别管辖和专属管辖的规定</td></tr>
<tr><td rowspan="5">特殊地域管辖</td><td>合同纠纷</td><td>（1）被告住所地法院<br>（2）合同履行地法院</td></tr>
<tr><td>保险合同纠纷</td><td>（1）被告住所地法院<br>（2）保险标的物所在地法院</td></tr>
<tr><td>票据纠纷</td><td>（1）被告住所地法院<br>（2）票据支付地法院</td></tr>
<tr><td>公司设立、确认股东资格、分配利润、解散等纠纷</td><td>公司住所地法院</td></tr>
<tr><td>侵权行为</td><td>（1）被告住所地法院<br>（2）侵权行为地法院，包括：<br>①侵权行为实施地法院<br>②侵权结果发生地法院</td></tr>
<tr><td colspan="2" rowspan="2">共同管辖和选择管辖</td><td>两个以上法院都有管辖权的诉讼，原告可以向其中一个法院起诉</td></tr>
<tr><td>原告向两个以上有管辖权的法院起诉的，由最先立案的法院管辖</td></tr>
</table>

### 经典题解

**【例题 50·判断题】** 因票据纠纷提起的民事诉讼，由原告住所地人民法院管辖。（ ）

**【答案】** ×

**【例题 51·判断题】** 民事诉讼中，被告住所地与经常居住地不一致的，由被告住所地人民法院管辖。（ ）

**【解析】** 民事诉讼中，被告住所地与经常居住地不一致的，由“经常居住地”人民法院管辖。

**【答案】** ×

**【例题52·单选题】**根据民事诉讼法律制度的规定，下列法院中，对因港口作业纠纷提起的诉讼享有管辖权的是(　　)。

A. 原告与被告协议选择的人民法院

B. 港口所在地人民法院

C. 被告住所地人民法院

D. 原告住所地人民法院

**【解析】**因港口作业中发生纠纷提起的诉讼，由港口所在地人民法院专属管辖。

**【答案】**B

**【例题53·判断题】**因不动产纠纷提起的民事诉讼，由不动产所有权人住所地人民法院管辖。(　　)

**【答案】**×

**【例题54·判断题】**因确认股东资格纠纷提起的民事诉讼，由公司住所地人民法院管辖。(　　)

**【答案】**√

**【例题55·多选题】**甲企业得知竞争对手乙企业在P地将实施重大并购计划，于是到乙企业设在Q地的分部窃取到乙企业的内部机密文件，随之采取相应对策，使乙企业在P地的并购计划“流产”，遭受重大损失。乙企业经过调查掌握了甲企业的侵权证据，拟向法院提起诉讼，其可以选择提起诉讼的法院有(　　)。

A. 甲企业住所地法院

B. 乙企业住所地法院

C. P地法院

D. Q地法院

**【解析】**因侵权行为提起的诉讼，由侵权行为地（包括侵权行为实施地、侵权结果发生地）或者被告住所地法院管辖。在本题中，乙企业可以选择向甲企业住所地（被告住所地）、P地（侵权结果发生地）、Q地（侵权行为实施地）人民法院起诉。

**【答案】**ACD

**【例题56·判断题】**如果两个以上的法院对某一民事诉讼案件均有管辖权，原告可以向其中一个法院起诉；原告向两个以上有管辖权的法院起诉的，由最先立案的法院管辖。(　　)

**【答案】**√

**仲裁VS民事诉讼（综述）**

| | | 仲裁 | 民事诉讼 |
|---|---|---|---|
| 提起的前提条件 | | 存在有效仲裁协议 | 没有仲裁协议<br>仲裁协议无效<br>放弃仲裁协议 |
| 适用范围 | 人身关系纠纷 | × | √ |
| | 劳动争议 | × | √ |
| | 行政争议 | × | × |
| | 农村土地承包经营纠纷 | × | √ |
| 审级制度 | | 一裁终局 | 两审终审 |
| 管辖 | | 由当事人协议选定仲裁委员会，不适用级别或地域管辖 | 严格的级别和地域管辖制度 |

续表

| | 仲裁 | 民事诉讼 |
|---|---|---|
| 是否公开审理 | 原则上不公开审理 | 原则上公开审理 |
| 是否开庭审理 | √ | √ |
| 强制执行机关 | 人民法院 | |

## 17 考点17 诉讼时效（★★）

（一）诉讼时效的基本理论

1. 诉讼时效期间是指权利人请求法院或仲裁机关保护其民事权利的法定期间。

2. 诉讼时效抗辩

（1）主动抗辩

诉讼时效期间届满的，义务人可以提出诉讼时效抗辩，人民法院不得主动适用诉讼时效的规定。

【提示】权利人在诉讼时效期间届满后起诉的，人民法院予以受理，但在诉讼中，义务人可以诉讼时效期间已经届满为由提出抗辩。如果义务人诉讼时效期间已经经过，法院将驳回权利人的诉讼请求；如果义务人未提出抗辩，法院必须“装聋作哑”，不得主动适用诉讼时效的规定。

（2）不得反悔

诉讼时效期间届满后，义务人同意履行的，不得以诉讼时效期间届满为由抗辩；义务人已自愿履行的，不得请求返还。

3. 诉讼时效的期间、计算方法以及中止、中断的事由由法律规定，当事人约定无效。

4. 下列请求权不适用诉讼时效的规定：

（1）请求停止侵害、排除妨碍、消除危险；

（2）不动产物权和登记的动产物权的权利人请求返还财产；

（3）请求支付抚养费、赡养费或者扶养费；

（4）依法不适用诉讼时效的其他请求权。

（二）诉讼时效期间的确定

| | 起算点 | 长度 |
|---|---|---|
| 普通诉讼时效期间 | 自权利人知道或者应当知道权利受到损害以及义务人之日起<br>【提示】既知道权利受到损害，又知道义务人时，普通诉讼时效期间才起算 | 3年 |
| 最长诉讼时效期间 | 自权利受到损害之日起 | 20年 |

【案例】2017年12月1日，刘某被人用木棍从背后击伤，现场未查获肇事者：（1）由于刘某只知道权利被侵害，而不知肇事者（赔偿义务人）是谁，普通诉讼时效期间不起算，但最长诉讼时效期间起算（2017年12月1日~2037年12月1日）；（2）假定刘某2018年1月15日得知肇事者为赵某，则如未发生诉讼时效中止或中断，刘某应最晚于2021年1月15日前提起诉讼（自2018年1月15日起3年）；（3）假定刘某至2040年10月1日才得知肇事者为赵某，则20年的最长诉讼时效期间已经经过，人民法院不再保护。

（三）诉讼时效期间中止和中断

| | 发生原因（事由） | 发生时间 | 效果 |
|---|---|---|---|
| 中止 | （1）不可抗力<br>（2）无民事行为能力人或者限制民事行为能力人没有法定代理人，或者法定代理人死亡、丧失民事行为能力、丧失代理权<br>（3）继承开始后未确定继承人或者遗产管理人<br>（4）权利人被义务人或者其他人控制<br>（5）其他导致权利人不能行使请求权的障碍 | 诉讼时效期间的最后 6 个月内 | （1）诉讼时效期间暂停计算<br>（2）自中止时效的原因消除之日起满 6 个月，诉讼时效期间届满 |
| 中断 | （1）权利人向义务人提出履行请求<br>（2）义务人同意履行义务<br>（3）权利人提起诉讼或者申请仲裁<br>（4）与提起诉讼或者申请仲裁具有同等效力的其他情形 | 诉讼时效进行中 | （1）已经经过的诉讼时效期间清零<br>（2）从中断、有关程序终结时起，诉讼时效期间重新计算 |

## 经典题解

**【例题 57 · 单选题】**根据民事法律制度的规定，向人民法院请求保护民事权利的诉讼时效期间为（　　），法律另有规定的，依照其规定。

A. 2 年　　B. 3 年

C. 1 年　　D. 5 年

**【解析】**本题考查的是“普通诉讼时效期间”。

**【答案】**B

**【例题 58 · 单选题】**根据民事法律制度的规定，对始终不知道自己权利受到损害的当事人，其最长诉讼时效期间是（　　）。

A. 3 年　　B. 5 年

C. 20 年　　D. 30 年

**【解析】**本题考查的是“最长诉讼时效期间”。

**【答案】**C

**【例题 59 · 单选题】**根据民事法律制度的规定，下列请求权中，适用诉讼时效的是（　　）。

A. 人身损害赔偿请求权

B. 排除妨碍请求权

C. 扶养费支付请求权

D. 停止侵害请求权

**【解析】**选项 AC：请求支付“抚养费、赡养费或者扶养费”（仅限于此“人身三费”）不适用诉讼时效，人身损害赔偿请求权、劳动报酬支付请求权等均可依法适用诉讼时效。

**【答案】**A

**【例题 60 · 单选题】**根据民事法律制度的规定，在诉讼时效期间的一定期间内，因不可抗力或者其他障碍致使权利人不能行使请求权的，诉讼时效期间暂停计算，该期间为（　　）。

A. 最初 1 个月　　B. 最初 3 个月

C. 最后 6 个月　　D. 最后 9 个月

**【答案】**C

**【例题 61 · 单选题】**根据民事法律制度的规定，下列情形中，能够引起诉讼时效中止的是（　　）。

A. 权利人申请仲裁的

B. 权利人向义务人提出履行请求的

C. 不可抗力

D. 义务人同意履行义务的

【解析】选项ABD：属于诉讼时效中断事由。

【答案】C

【例题62·多选题】根据民事法律制度的规定，在诉讼时效期间的最后6个月内，因特定情形不能行使请求权的，诉讼时效中止。下列各项中，属于该特定情形的有（ ）。

A. 无民事行为能力人没有法定代理人

B. 权利人向义务人提出履行请求

C. 继承开始后未确定继承人

D. 权利人提起诉讼或者申请仲裁

【解析】选项BD：属于诉讼时效中断事由。

【答案】AC

## 第4单元 行政争议的解决途径



### 18 考点18 行政争议解决途径的选择（★★★）

【提示1】行政争议的核心特征是争议的一方当事人是行政主体。

【提示2】行政复议和行政诉讼的核心区别是解决纠纷的裁判员不同：行政复议一般是上级行政机关当"裁判员"，行政诉讼是法院当"裁判员"。

图1-1 行政复议与行政诉讼的优劣

1. 一般案件：或议或诉

（1）除另有规定外，对属于人民法院受案范围的行政案件，公民、法人或者其他组织可以先向行政机关申请复议，对复议决定不服的，再向人民法院提起诉讼；也可以直接向人民法院提起诉讼。

（2）先申请复议的，在法定行政复议期限内，不得向人民法院提起诉讼。（"已经议暂不诉"）

（3）公民、法人或者其他组织向人民法院提起行政诉讼，人民法院已经依法受理的，不得申请行政复议。（"已经诉不得议"）

2. 征税行为：先议后诉（复议前置）

（1）什么是征税行为？

①税务机关作出的确认纳税主体、征税对象、征税范围、减税、免税及退税、抵扣税款、适用税率、计税依据、纳税环节、纳税期限、纳税地点以及税款征收方式等具体行政行为；（不包括确认纳税担保）

②税务机关作出的征收税款、加收滞纳

金的决定；

③扣缴义务人、受税务机关委托的单位和个人作出的代扣代缴、代收代缴、代征行为等。（不包括代开发票）

（2）对税务机关作出的征税行为不服的，应当先向复议机关申请行政复议，对行政复议决定不服的，可以再向人民法院提起行政诉讼。

## 经典题解

**【例题 63 · 判断题】** 纳税人对税务机关作出的征税行为不服的，可以直接向人民法院提起行政诉讼。（　　）

**【解析】** 申请人对税务机关作出的征税行为不服，必须先提出行政复议申请，对行政复议决定不服的，可向人民法院提起行政诉讼（先议后诉）。

**【答案】** ×

**【例题 64 · 单选题】** 根据税收征收管理法律制度的规定，下列关于纳税人对税务机关作出的征税行为不服时的救济措施的表述中，正确的是（　　）。

A. 只能向复议机关申请行政复议，不能向人民法院提起行政诉讼

B. 应当先向复议机关申请行政复议，对行政复议决定不服的，可以再向人民法院提起行政诉讼

C. 可以向复议机关申请行政复议，也可以直接向人民法院提起行政诉讼

D. 可以向复议机关申请行政复议，但对行政复议决定不服的，不能再向人民法院提起行政诉讼

**【解析】** 对"征税行为"不服，"先议后诉"。

**【答案】** B

**【例题 65 · 单选题】** 根据税收征收管理法律制度的规定，纳税人对税务机关的下列行政行为不服时，可以申请行政复议或者提起行政诉讼的是（　　）。

A. 确认纳税主体

B. 确定计税依据

C. 加收滞纳金

D. 没收财物和违法所得

**【解析】** 选项 ABC：属于征税行为，应当先向复议机关申请行政复议。

**【答案】** D

**【例题 66 · 多选题】** 根据税收征收管理法律制度的规定，纳税人对税务机关的下列行政行为不服，可以直接起诉的有（　　）。

A. 税务机关加收滞纳金的行为

B. 税务机关将纳税人纳税信用等级由 A 级降为 B 级

C. 税务机关扣押、查封纳税人的财产

D. 纳税人依照法律规定提供了纳税担保，税务机关不依法确认纳税担保

**【解析】** 选项 A：税务机关加收滞纳金的行为属于征税行为，应当先向复议机关申请行政复议。

**【答案】** BCD

## 19 考点 19 行政复议的受案范围（★★★）

1. 基本规定

| 公民、法人或者其他组织"不服"的对象 | 能否申请行政复议 |
| --- | --- |
| 具体行政行为（例如，行政主体对特定的外部相对人作出的行政处罚决定） | √ |

续表

| 公民、法人或者其他组织“不服”的对象 | | 能否申请行政复议 |
|---|---|---|
| 抽象行政行为（针对不特定对象） | 具体行政行为所依据的“规定”：<br>（1）国务院部门的规定<br>（2）县级以上地方各级人民政府及其工作部门的规定<br>（3）乡、镇人民政府的规定 | 在对具体行政行为申请行政复议时，可以一并向行政复议机关提出对所依据的相关规定的审查申请 |
| | 法律、法规、规章 | × |
| 内部行政行为（行政处分、人事处理决定） | | × |
| 行政主体作出的并非行使行政管理职权的行为 | | × |

## 经典题解

**【例题67·单选题】** 下列各项中，属于行政复议范围的是（　　）。

A. 赵某对市场监督管理局暂扣其营业执照的决定不服而引起的纠纷

B. 钱某对税务局将其调职到其他单位的决定不服而引起的纠纷

C. 孙某对交通局解除劳动合同的决定不服而引起的纠纷

D. 李某对环保局给予其撤职处分决定不服而引起的纠纷

**【解析】**（1）选项BD：属于对行政主体作出的内部行政行为不服，不能申请行政复议，也不能提起行政诉讼；（2）选项C：劳动合同纠纷属于民事争议，不适用行政复议和行政诉讼。

**【答案】** A

2.《税务行政复议规则》的规定

（1）申请人对税务机关下列具体行政行为不服，可以提出行政复议申请：

①征税行为（“先议后诉”）；

②行政许可、行政审批行为；

③发票管理行为，包括发售、收缴、代开发票等；

④税收保全措施、强制执行措施；

⑤行政处罚行为，包括罚款、没收财物和违法所得、停止出口退税权；

⑥税务机关不依法履行法定职责的行为，主要包括不依法开具、出具完税凭证，不依法予以行政赔偿，不依法予以行政奖励；

⑦资格认定行为；

⑧不依法确认纳税担保行为；

⑨政府信息公开工作中的具体行政行为；

⑩纳税信用等级评定行为；

⑪税务机关通知出入境管理机关阻止出境行为；

⑫税务机关作出的其他具体行政行为。

（2）申请人认为税务机关的具体行政行为所依据的下列规定不合法，对具体行政行为申请行政复议时，可以一并向行政复议机关提出对有关规定（不含规章）的审查申请：

①国家税务总局和国务院其他部门的规定；

②其他各级税务机关的规定；

③地方各级人民政府的规定；

④地方人民政府工作部门的规定。

## 经典题解

**【例题68·多选题】** 根据税收征收管理法律制度的规定，税务机关的下列行为中，属于税务行政复议范围的有（　　）。

A. 纳税信用等级评定行为

B. 加收滞纳金

C. 不依法确认纳税担保行为

D. 发票管理行为

【解析】选项ABCD：均为税务机关作出的具体行政行为，均属于行政复议受案范围。

【答案】ABCD

【例题69·多选题】下列纠纷中，当事人可以向行政复议机关申请行政复议的有（　　）。

A. 赵某对公安机关作出的给予其行政拘留决定不服引起的纠纷

B. 钱某对所任职的税务局作出的免除其职务的决定不服引起的纠纷

C. 甲公司对行政机关作出的查封其财产的行政强制措施决定不服引起的纠纷

D. 乙公司对市场监督管理局作出的吊销其餐饮服务许可证决定不服引起的纠纷

【解析】选项B：属于对行政主体作出的内部行政行为不服，不能申请行政复议，也不能提起行政诉讼。

【答案】ACD

## 20 考点20 行政复议的管辖（★★★）

1. 基本规定

【提示】甲企业对A市B县人民政府作出的行政处罚决定不服，向A市人民政府申请行政复议：（1）甲企业是申请人；（2）B县人民政府是被申请人；（3）A市人民政府是行政复议机关。

| | 被申请人 | 行政复议机关 |
|---|---|---|
| 一个上级 | 地方各级人民政府（不包括省级） | 上一级人民政府 |
| | （1）实行垂直领导的行政机关（例如，海关、金融）<br>（2）国家安全机关<br>【提示】2018年的国务院机构改革方案将省级和省级以下国税地税机构合并，合并后实行以国家税务总局为主与省（区、市）人民政府双重领导管理体制（不属于单纯的垂直领导体制）（2021年新增） | 上一级主管部门 |
| | 计划单列市（如青岛市）税务局 | 国家税务总局 |
| | （1）税务所（分局）<br>（2）各级税务局的稽查局 | 所属税务局 |
| | 其他地方各级税务局* | 上一级税务局 |
| 两个上级 | 县级以上地方各级人民政府工作部门 | （1）该部门的本级人民政府<br>（2）上一级主管部门 |

* 在2018年国务院机构改革方案出台后修正的《税务行政复议规则》将原来的“对各级国家税务局的具体行政行为不服的，向其上一级国家税务局申请行政复议”“对各级地方税务局的具体行政行为不服的，可以选择向其上一级地方税务局或者该税务局的本级人民政府申请行政复议”统一修改为“对各级税务局的具体行政行为不服的，向其上一级税务局申请行政复议”。从上述修订历程看，税务行政复议管辖机关的确定应按“一个上级”的情况处理。

续表

| | 被申请人 | 行政复议机关 | |
|---|---|---|---|
| “自己反省” | 国务院部门（包括但不限于国家税务总局） | 作出该具体行政行为的国务院部门 | 对行政复议决定不服的，可以向人民法院提起行政诉讼，也可以向国务院申请最终裁决 |
| | 省级人民政府 | 作出该具体行政行为的省级人民政府 | |

## 经典题解

**【例题 70 · 单选题】** 甲公司对A省B市税务局稽查局作出的具体行政行为不服，拟申请行政复议。下列各项中，符合复议管辖规定的是(　　)。

A. 甲公司应向B市税务局稽查局申请行政复议

B. 甲公司应向A省税务局申请行政复议

C. 甲公司应向A省税务局稽查局申请行政复议

D. 甲公司应向B市税务局申请行政复议

**【解析】** 对各级税务局的稽查局作出的具体行政行为不服的，向其“所属税务局”（B市税务局）申请行政复议。

**【答案】** D

**【例题 71 · 单选题】** 甲公司对青岛市（计划单列市）税务局作出的行政处罚决定不服申请行政复议。下列机关中，有权受理该申请的是(　　)。

A. 国家税务总局

B. A省人民政府

C. A省税务局

D. B市人民政府

**【解析】** 对计划单列市税务局作出的具体行政行为不服的，向国家税务总局申请行政复议。

**【答案】** A

**【例题 72 · 判断题】** 对省级地方人民政府工作部门作出的具体行政行为不服的，只能向省级地方人民政府申请行政复议。(　　)

**【解析】** 对县级以上地方各级人民政府工作部门的具体行政行为不服的，由申请人选择，可以向该部门的本级人民政府申请行政复议，也可以向上一级主管部门申请行政复议。

**【答案】** ×

2. 税务行政复议管辖的几个细化规定

（1）对两个以上税务机关以共同的名义作出的具体行政行为不服的，向共同上一级税务机关申请行政复议。

（2）对税务机关与其他行政机关以共同的名义作出的具体行政行为不服的，向其共同上一级行政机关申请行政复议。

（3）对被撤销的税务机关在撤销以前所作出的具体行政行为不服的，向继续行使其职权的税务机关的上一级税务机关申请行政复议。

（4）对税务机关作出逾期不缴纳罚款加处罚款的决定不服的，向作出行政处罚决定的税务机关申请行政复议；但对已处罚款和加处罚款都不服的，一并向作出行政处罚决定的税务机关的上一级税务机关申请行政复议。

## 21 考点 21 行政复议的申请（★）

1. 时间

公民、法人或者其他组织认为具体行政行为侵犯其合法权益的，可以自知道该具体行政行为之日起60 日内提出行政复议申请；但是法律规定的申请期限超过 60 日的除外。

2. 形式：可以书面申请，也可以口头申请。

3. 费用：行政复议机关受理行政复议申请，不得向申请人收取任何费用。

4. 行政复议参加人：包括申请人、被申请人和第三人（不包括行政复议机关）。

5. 申请复议的前提条件

（1）公民、法人或者其他组织向人民法院提起行政诉讼，人民法院已经依法受理的，不得申请行政复议。

（2）申请人对征税行为不服申请税务行政复议的，必须依照税务机关根据法律、行政法规确定的税额、期限，先行缴纳或者解缴税款及滞纳金，或者提供相应的担保，方可在实际缴清税款和滞纳金后或者所提供的担保得到作出具体行政行为的税务机关确认之日起 60 日内提出行政复议申请。

（3）申请人对税务机关作出逾期不缴纳罚款加处罚款的决定不服的，应当先缴纳罚款和加处罚款，再申请行政复议。

6. 行政复议期间具体行政行为不停止执行。但是，有下列情形之一的，可以停止执行：

（1）被申请人认为需要停止执行的；

（2）行政复议机关认为需要停止执行的；

（3）申请人申请停止执行，行政复议机关认为其要求合理，决定停止执行的；

（4）法律规定停止执行的。

### 经典题解

【例题 73·单选题】根据税收征收管理法律制度的规定，申请人可以在知道税务机关作出具体行政行为之日起一定期限内提出行政复议申请。该期限通常为(　　)。

A. 90 日　　B. 30 日

C. 15 日　　D. 60 日

【解析】在《经济法基础》考试范围内，行政复议的申请时限为：知道+60 日。

【答案】D

【例题 74·多选题】行政复议期间具体行政行为不停止执行，但有法定情形的，可以停止执行。下列各项中，属于可以停止执行的法定情形的有(　　)。

A. 复议机关认为需要停止执行

B. 申请人认为需要停止执行

C. 被申请人认为需要停止执行

D. 法律规定停止执行

【解析】选项 B：申请人只有权申请，是否停止执行取决于行政复议机关的决定。

【答案】ACD

【例题 75·单选题】根据行政复议法律制度的规定，下列各项中，不属于行政复议参加人的是(　　)。

A. 申请人　　B. 被申请人

C. 第三人　　D. 行政复议机关

【解析】行政复议参加人包括申请人、被申请人和第三人（不包括行政复议机关）。

【答案】D

【例题 76·判断题】申请人对税务机关作出逾期不缴纳罚款加处罚款的决定不服的，应当先行缴纳罚款和加处罚款，再申请行政复议。(　　)

【答案】√

【例题77·判断题】行政复议机关受理复议申请收取行政复议费，由申请人先行预交。（ ）

【解析】行政复议机关受理行政复议申请，不得向申请人收取任何费用。

【答案】×

## 22 考点22 行政复议的审查（★）

1. 行政复议的举证责任，由被申请人承担。

2. 行政复议原则上采取书面审查（不开庭）的方法。

3. 行政复议机构审理行政复议案件，应当由2名以上行政复议工作人员参加。

4. 听证程序

（1）对重大、复杂的案件，申请人提出要求或者行政复议机构认为必要时，可以采取听证的方式审理。

（2）听证应当公开举行，但是涉及国家秘密、商业秘密或者个人隐私的除外。

（3）听证主持人由行政复议机构指定。

（4）听证应当制作笔录，申请人、被申请人和第三人应当确认听证笔录内容。

5. 审查范围

行政复议机关应当全面审查被申请人的具体行政行为所依据的事实证据、法律程序、法律依据和设定的权利义务内容的合法性、适当性。

6. 行政复议申请的撤回

（1）申请人在行政复议决定作出以前撤回行政复议申请的，经行政复议机构同意，可以撤回。

（2）申请人撤回行政复议申请的，不得再以同一事实和理由提出行政复议申请；但申请人能够证明撤回行政复议申请违背其真实意思表示的除外。

7. 被申请人改变原具体行政行为

行政复议期间被申请人改变原具体行政行为的，不影响行政复议案件的审理，但申请人依法撤回行政复议申请的除外。

### 经典题解

【例题78·判断题】行政复议的举证责任，由申请人承担。（ ）

【答案】×

【例题79·单选题】根据税收征收管理法律制度的规定，下列关于税务行政复议审查的表述中，不正确的是（ ）。

A. 对重大案件，申请人提出要求或者行政复议机构认为必要时，可以采取听证的方式审理

B. 对国家税务总局的具体行政行为不服申请行政复议的案件，由国务院提出书面答复

C. 行政复议机构审理行政复议案件，应当由2名以上行政复议工作人员参加

D. 行政复议原则上采用书面审查的办法

【解析】选项B：对国家税务总局的具体行政行为不服的，向国家税务总局申请行政复议；对行政复议决定不服，申请人可以向人民法院提起行政诉讼，也可以向国务院申请裁决，国务院的裁决为最终裁决。

【答案】B

## 23 考点23 行政复议决定（★★）

1. 决定期限：60日+30日

（1）行政复议机关应当自受理申请之日起60日内作出行政复议决定；但是法律规定的行政复议期限少于60日的除外。

（2）情况复杂，不能在规定期限内作出行政复议决定的，经行政复议机关负责人批准，可以适当延长，并告知申请人和被申请人；但延长期限最多不超过30日。

2. 决定类型

| 决定类型 | | 适用情形 |
| --- | --- | --- |
| 主决定 | 决定维持 | 具体行政行为认定事实清楚，证据确凿，适用依据正确，程序合法，内容适当 |
| | 决定在一定期限内履行 | 被申请人不履行法定职责 |
| | 决定撤销、变更或者确认违法 | （1）主要事实不清、证据不足的<br>（2）适用依据错误的<br>（3）违反法定程序的<br>（4）超越或者滥用职权的<br>（5）具体行政行为明显不当的 |
| 从决定 | 责令被申请人在一定期限内重新作出具体行政行为 | （1）决定撤销或确认违法的，可以责令被申请人在一定期限内重新作出具体行政行为<br>（2）被申请人原则上不得以同一事实和理由作出与原具体行政行为相同或者基本相同的具体行政行为 |

3. 依据不合法

行政复议机关审查被申请人的具体行政行为时，认为其依据不合法：

（1）本机关有权处理的，应当在30日内依法处理。

（2）本机关无权处理的，应当在7日内按照法定程序逐级转送有权处理的国家机关依法处理。

（3）处理期间，中止对具体行政行为的审查。

4. 生效

行政复议决定书一经送达，即发生法律效力。

## 经典题解

【例题80·多选题】根据税收征收管理法律制度的规定，税务行政复议机构认为被审查的具体行政行为符合法定情形时，可以决定撤销、变更或者确认该具体行政行为违法，该法定情形有（　　）。

A. 主要事实不清，证据不足的

B. 适用依据错误的

C. 滥用职权的

D. 违反法定程序的

【答案】ABCD

【例题81·判断题】行政复议决定书一经送达，即发生法律效力。（　　）

【答案】√

【例题82·单选题】根据税收征收管理法律制度的规定，下列关于税务行政复议决定的表述中，不正确的是（　　）。

A. 复议机关应当自受理申请之日起180日内作出行政复议决定

B. 具体行政行为认定事实清楚，证据确凿，适用依据正确，程序合法，内容适当的，行政复议机构作出维持的复议决定

C. 具体行政行为适用依据错误的，行政复议机构作出撤销、变更该具体行政行为或者确认该具体行政行为违法的复议决定

D. 被申请人不履行法定职责的，行政复议机构作出要求被申请人在一定期限内履行的复议决定

【解析】选项A：行政复议机关应当自受理申请之日起60日内作出行政复议决定；但是法律规定的行政复议期限少于60日的除外。

【答案】A

【例题83·单选题】根据税务行政复议法律制度的规定，下列关于税务行政复议决定的表述中，不正确的是（　　）。

A. 被申请人不履行法定职责的，决定其在一定期限内履行

B. 行政复议决定书一经行政复议机关负责人签字，即发生法律效力

C. 决定撤销原具体行政行为的，可以责令被申请人在一定期限内重新作出具体行政行为

D. 复议机关应当自受理申请之日起60日内作出行政复议决定，情况复杂的，经批准可以适当延长

**【解析】**（1）选项B：行政复议决定书一经送达，即发生法律效力。（2）选项D：复议机关应当自受理申请之日起60日内作出行政复议决定；情况复杂，不能在规定期限内作出行政复议决定的，经复议机关负责人批准，可以适当延长，并告知申请人和被申请人；但延长期限最多不超过30日。

**【答案】** B

## 24 考点24 行政诉讼的受案范围（★★）

1. 公民、法人或者其他组织认为行政行为侵犯其人身权、财产权等合法权益的，可以依法向人民法院提起行政诉讼。

【提示】只要行政行为侵害公民、法人或者其他组织的合法权益，又不在明确列举的"不受理案件"范围内的，即可诉。

2. 法院不受理公民、法人或者其他组织对下列事项提起的诉讼：

（1）国防、外交等国家行为；

（2）行政法规、规章或者行政机关制定、发布的具有普遍约束力的决定、命令；（抽象行政行为）

（3）行政机关对行政机关工作人员的奖惩、任免等决定；（内部行政行为）

（4）法律规定由行政机关最终裁决的具体行政行为。

3. 附带审查

公民、法人或者其他组织认为行政行为所依据的国务院部门和地方人民政府及其部门制定的规范性文件（不含规章）不合法，在对行政行为提起诉讼时，可以一并请求对该规范性文件进行审查。

### 经典题解

**【例题84·多选题】** 下列争议中，属于人民法院行政诉讼受理范围的有（　　）。

A. 周某对所任职的行政机关人事任命的决定不服引起的争议

B. 吴某对税务机关作出的阻止其出境的决定不服引起的争议

C. 郑某对公安机关作出的对其行政拘留的处罚决定不服引起的争议

D. 王某对市场监督管理部门作出的对其罚款的决定不服引起的争议

**【解析】** 选项A：属于对内部行政行为不服，不可议不可诉。

**【答案】** BCD

**【例题85·多选题】** 根据行政诉讼法律制度的规定，下列情形中，公民可以提起行政诉讼的有（　　）。

A. 赵某认为某行政机关违法限制其人身自由

B. 钱某认为其所在行政机关对其作出不适当任免决定

C. 孙某认为某行政机关没有依法发给其抚恤金

D. 李某认为某行政法规规定不合理

**【解析】**（1）选项B：属于内部行政行为，不可议不可诉；（2）选项D："行政法规""不合理"——连附带审查都不可以。

**【答案】** AC

## 25 考点25 行政诉讼的管辖（★）

1. 级别管辖

中级人民法院管辖下列第一审行政案件：

（1）对国务院部门或者县级以上地方人

民政府所作的行政行为提起诉讼的案件；

【提示】对 A 市甲县人民政府作出的罚款决定不服：（1）可以向 A 市人民政府申请行政复议；（2）可以向 A 市中级人民法院提起行政诉讼。

（2）海关处理的案件；

（3）本辖区内重大、复杂的案件；

（4）其他法律规定由中级人民法院管辖的案件。

2. 地域管辖

（1）一般情况

行政案件由最初作出行政行为的行政机关所在地人民法院管辖；经复议的案件，也可以由复议机关所在地人民法院管辖。

（2）对限制人身自由的行政强制措施不服提起的诉讼，由被告所在地或者原告所在地人民法院管辖。

（3）因不动产提起的行政诉讼，由不动产所在地人民法院管辖。

### 经典题解

【例题 86 · 判断题】对限制人身自由的行政强制措施不服提起的行政诉讼，由被告所在地或者原告所在地人民法院管辖。（　　）

【答案】√

【例题 87 · 多选题】根据行政诉讼法律制度的规定，下列关于行政诉讼地域管辖的表述中，正确的有（　　）。

A. 经过行政复议的行政诉讼案件，可由行政复议机关所在地人民法院管辖

B. 因不动产提起的行政诉讼案件，由不动产所在地人民法院管辖

C. 对限制人身自由的行政强制措施不服提起的行政诉讼案件，由被告所在地或者原告所在地人民法院管辖

D. 对责令停产停业的行政处罚不服直接提起行政诉讼的案件，由作出该行政行为的行政机关所在地人民法院管辖

【答案】ABCD

【例题 88 · 单选题】根据行政诉讼法律制度的规定，海关处理的第一审行政案件，应当由（　　）管辖。

A. 基层人民法院　　B. 中级人民法院

C. 高级人民法院　　D. 最高人民法院

【答案】B

## 26 考点 26 行政诉讼程序（★）

1. 起诉期限

（1）议后再诉：自收到行政复议决定书或复议期满之日起15 日内起诉；法律另有规定的除外。

（2）直接起诉

①公民、法人或者其他组织直接向人民法院提起诉讼的，应当自知道或者应当知道作出行政行为之日起6 个月内提出；法律另有规定的除外。

②保护时限

因不动产提起诉讼的案件自行政行为作出之日起超过 20 年，其他案件自行政行为作出之日起超过 5 年提起诉讼的，人民法院不予受理。

【提示】公民、法人或者其他组织因不可抗力或者其他不属于其自身的原因耽误起诉期限的，被耽误的时间不计算在起诉期限内。公民、法人或者其他组织因上述情形以外的其他特殊情况耽误起诉期限的，在障碍消除后 10 日内，可以申请延长期限，是否准许由人民法院决定。

2. 人民法院审理行政案件，不适用调解，但下列案件可以调解：

（1）行政赔偿、补偿案件；

（2）行政机关行使法律、法规规定的自由裁量权的案件。

3. 上诉期

（1）当事人不服人民法院第一审行政判决的，有权在判决书送达之日起**15日内**向上一级人民法院提起上诉。

（2）当事人不服人民法院第一审裁定的，有权在裁定书送达之日起**10日内**向上一级人民法院提起上诉。

## 经典题解

**【例题89·判断题】**行政赔偿、补偿以及行政机关行使法律、法规规定的自由裁量权的行政诉讼案件可以调解。（　　）

**【答案】**√

**扫一扫　“码”上做题**

本部分习题均配备二维码，使用“微信”或“会计云课堂”App扫一扫左侧二维码，即可在线做题并获取详尽的答案解析、解题思路点拨等超值服务，助您轻松过关。

312989

**【“会计云课堂”App安装二维码详见封底页】**

## 同步强化练习题

### 一、单项选择题

1. 下列规范性文件中，属于行政法规的是（　　）。
   A. 国务院发布的《企业财务会计报告条例》
   B. 全国人民代表大会通过的《中华人民共和国刑法》
   C. 中国人民银行发布的《支付结算办法》
   D. 全国人民代表大会常务委员会通过的《中华人民共和国会计法》

2. 下列法的形式中，效力等级最低的是（　　）。
   A. 宪法　　B. 地方性法规
   C. 行政法规　　D. 法律

3. 下列对法所作的分类中，以法的空间效力、时间效力或对人的效力进行分类的是（　　）。
   A. 成文法和不成文法
   B. 根本法和普通法
   C. 一般法和特别法
   D. 实体法和程序法

4. 下列法律责任形式中，属于民事责任的是（　　）。
   A. 暂扣许可证　　B. 拘役
   C. 继续履行　　D. 没收非法财物

5. 下列法律责任形式中，属于行政责任的是（　　）。
   A. 吊销许可证　　B. 管制
   C. 剥夺政治权利　　D. 驱逐出境

6. 下列选项中，属于主刑的是（　　）。
   A. 驱逐出境　　B. 拘役
   C. 没收财产　　D. 罚金

7. 下列各项中，不属于法律关系主体的是（　　）。
   A. 甲个人独资企业
   B. 乙有限责任公司
   C. 自然人丙
   D. 智能机器人“丁丁”

8. 下列各项中，属于法律行为的是（　　）。
   A. 爆发战争　　B. 发生地震
   C. 签订合同　　D. 瓜熟蒂落

9. 根据《仲裁法》的规定，下列关于仲裁协议的表述中，正确的是（　　）。

A. 仲裁协议对仲裁委员会没有约定，当事人又达不成补充协议的，仲裁协议无效

B. 仲裁协议可以书面形式订立，也可以口头形式订立

C. 没有仲裁协议，一方申请仲裁的，仲裁委员会应当受理

D. 当事人对仲裁协议的效力有异议的，只能请求仲裁委员会作出决定

10. 甲、乙发生合同纠纷，继而对双方事先签订的仲裁协议效力发生争议。甲提请丙仲裁委员会确认仲裁协议有效，乙提请丁法院确认仲裁协议无效。关于确定该仲裁协议效力的下列表述中，符合法律规定的是(　　)。

A. 应根据甲、乙提请确认仲裁协议效力的时间先后来确定由丙仲裁委员会决定或丁法院裁定

B. 应由丙仲裁委员会对仲裁协议的效力作出决定

C. 应由丁法院对仲裁协议的效力作出裁定

D. 该仲裁协议自然失效

11. 甲、乙公司因技术转让合同的履行产生纠纷，甲公司向某人民法院提起诉讼，法院受理该案件。已知该案件涉及商业秘密，下列关于该案件是否公开审理的表述中，正确的是(　　)。

A. 该案件应当公开审理

B. 该案件不应当公开审理

C. 由双方当事人协商后决定是否公开审理

D. 当事人申请不公开审理的，可以不公开审理

12. 甲、乙因某不动产发生纠纷，甲欲通过诉讼方式解决。其选择诉讼管辖法院的下列表述中，符合法律规定的是(　　)。

A. 甲只能向甲住所地法院提起诉讼

B. 甲只能向乙住所地法院提起诉讼

C. 甲只能向该不动产所在地法院提起诉讼

D. 甲可以选择向乙住所地或该不动产所在地法院提起诉讼

13. 王某租赁张某一套住房，租赁期间为 2020 年 11 月 1 日至 12 月 31 日，约定 2020 年 11 月 30 日之前支付房租，但王某一直未付房租，张某也未催要。根据民事法律制度的规定，张某向法院提起诉讼要求王某支付房租的诉讼时效期间是(　　)。

A. 自 2020 年 11 月 30 日起至 2021 年 11 月 30 日

B. 自 2020 年 12 月 31 日起至 2021 年 12 月 31 日

C. 自 2020 年 11 月 30 日起至 2023 年 11 月 30 日

D. 自 2020 年 12 月 31 日起至 2023 年 12 月 31 日

14. 根据税收征收管理法律制度的规定，纳税人对税务机关的下列具体行政行为不服时，应当先申请行政复议，对行政复议决定不服的，可以再向人民法院提起行政诉讼的是(　　)。

A. 代开发票　　B. 资格认定

C. 税款征收　　D. 税收保全

15. 下列情形中，当事人不能申请行政复议的是(　　)。

A. 甲公司不服市环保局对其作出的罚款决定

B. 乙公司不服市市场监督管理局对其作出的责令停产停业决定

C. 王某不服所任职的市教育局对其作出的降级决定

D. 赵某不服市公安局对其作出的行政拘留决定

16. 某市税务局稽查局在税务检查中发现甲公司存在滞后确认产品销售收入的情况，遂作出要求甲公司补缴税款的税务处理决定。甲公司不服，申请行政复议。下列各项中，有权受理该申请的是(　　)。

A. 该市税务局

B. 该市人民政府

C. 所在省税务局

D. 所在省人民政府

17. 根据行政诉讼法律制度的规定，公民对下列事项提起行政诉讼，法院不予受理的是（ ）。

A. 赵某对卫生行政主管部门吊销其卫生许可证的行政处罚不服的

B. 钱某认为税务机关违法要求其提供纳税担保

C. 孙某对公安机关作出的罚款处罚不服的

D. 李某对其任职的财政部门给予的任免决定不服的

18. 公民、法人或者其他组织直接向人民法院提起行政诉讼的，应当在法定期限内提出。根据行政诉讼法律制度的规定，该法定期限为（ ）。

A. 自被诉行政行为作出之日起 3 个月

B. 自被诉行政行为作出之日起 6 个月

C. 自知道或应当知道作出行政行为之日起 3 个月

D. 自知道或应当知道作出行政行为之日起 6 个月

## 二、多项选择题

1. 下列规范性文件中，属于规章的有（ ）。

A. 国务院发布的《企业财务会计报告条例》

B. 上海市人民政府发布的《上海市旅馆业管理办法》

C. 财政部发布的《关于加强行政事业单位固定资产管理的通知》

D. 北京市人大常委会发布的《北京市河湖保护管理条例》

2. 下列行政责任形式中，属于行政处罚的有（ ）。

A. 撤职　　B. 行政拘留

C. 没收非法财物　　D. 开除

3. 赵某、钱某、孙某合伙购买房屋，与房地产开发商签订买卖合同，下列各项中，属于该法律关系主体的有（ ）。

A. 房地产开发商　　B. 赵某

C. 钱某　　D. 孙某

4. 下列各项中，属于法人的有（ ）。

A. 北京大学

B. 中华人民共和国最高人民法院

C. 中国人民保险集团股份有限公司

D. 中国注册会计师协会

5. 精神产品可以成为法律关系的客体，下列各项中，属于精神产品的有（ ）。

A. 作品　　B. 实用新型

C. 发明　　D. 商标

6. 下列关于自然人民事行为能力的表述中，正确的有（ ）。

A. 14 周岁的周某，以自己的劳动收入为主要生活来源，视为完全民事行为能力人

B. 7 周岁的吴某，不能完全辨认自己的行为，是限制民事行为能力人

C. 18 周岁的郑某，能够完全辨认自己的行为，是完全民事行为能力人

D. 20 周岁的王某，不能辨认自己的行为，是无民事行为能力人

7. 下列法律事实中，属于法律行为的有（ ）。

A. 爆发洪水　　B. 台风登陆

C. 书立遗嘱　　D. 买卖房屋

8. 下列争议解决方式中，适用于解决平等民事主体当事人之间发生的经济纠纷的有（ ）。

A. 仲裁　　B. 民事诉讼

C. 行政复议　　D. 行政诉讼

9. 下列纠纷中，当事人可以提请仲裁的有（ ）。

A. 甲公司与乙公司的货物保管纠纷

B. 赵某与丙公司的商品房买卖纠纷

C. 钱某和孙某的继承纠纷

D. 李某和周某的离婚纠纷

10. 根据《仲裁法》的规定，下列关于仲裁协议的表述中，正确的有（ ）。

A. 当事人对仲裁协议的效力有异议，应当在仲裁庭首次开庭前提出

B. 当事人双方没有订立仲裁协议，一方申请仲裁的，仲裁委员会不予受理

C. 合同的变更、解除、终止或无效，不影响仲裁协议的效力

D. 仲裁协议可以采用书面形式，也可以采用口头形式

11. 根据《仲裁法》的规定，下列各项中，正确的有(　　)。

A. 仲裁实行级别管辖和地域管辖

B. 仲裁实行一裁终局制度

C. 仲裁采用自愿原则

D. 仲裁机构独立仲裁

12. 根据民事诉讼法律制度的规定，下列法院中，对因票据纠纷享有管辖权的人民法院有(　　)。

A. 出票人所在地人民法院

B. 持票人所在地人民法院

C. 票据支付地人民法院

D. 被告住所地人民法院

13. 根据民事诉讼法律制度的规定，对因侵权行为提起的民事诉讼案件，享有管辖权的法院有(　　)。

A. 侵权结果发生地法院

B. 被告住所地法院

C. 原告住所地法院

D. 侵权行为实施地法院

14. 根据民事法律制度的规定，关于诉讼时效期间中止和中断的下列表述中，正确的有(　　)。

A. 权利人提起诉讼是引起诉讼时效期间中断的原因之一

B. 义务人同意履行义务是引起诉讼时效期间中止的原因之一

C. 自中止时效的原因消除之日起满6个月，诉讼时效期间届满

D. 诉讼时效中断，从中断、有关程序终结时起，诉讼时效期间重新计算

15. 下列各项中，属于诉讼时效中断事由的有(　　)。

A. 法定代理人死亡

B. 权利人提起诉讼

C. 权利人向义务人提出履行请求

D. 义务人同意履行义务

16. 根据税收征收管理法律制度的规定，税务机关作出的下列行政行为中，纳税人不服时可以选择申请税务行政复议或者直接提起行政诉讼的有(　　)。

A. 加收滞纳金

B. 罚款

C. 没收财物和违法所得

D. 征收税款

17. 根据税收征收管理法律制度的规定，纳税人对税务机关的下列行政行为不服时，可以申请行政复议的有(　　)。

A. 罚款

B. 确认适用税率

C. 加收滞纳金

D. 依法制定税收优惠政策

18. 根据行政复议法律制度的规定，下列各项中，属于行政复议范围的有(　　)。

A. 公民对行政机关作出限制其人身自由的行政强制措施决定不服的

B. 企业对行政机关作出责令其停产停业的行政处罚决定不服的

C. 社会团体对行政机关作出中止其有关资质证书的决定不服的

D. 行政机关工作人员对本单位给予其行政处分的决定不服的

19. 根据税收征收管理法律制度的规定，行政复议机构决定撤销、变更或者确认被申请人具体行政行为违法的情形有(　　)。

A. 被申请人的具体行政行为明显不当的

B. 被申请人的具体行政行为证据不足的

C. 被申请人的具体行政行为超越职权的

D. 被申请人的具体行政行为适用依据错误的

## 三、判断题

1. 法凭借国家强制力的保证而获得普遍遵行的效力。(　　)

2. 国务院制定和发布的规范性文件都是法律。（　）
3. 在我国，最高人民法院的指导案例也是法的形式之一。（　）
4. 部门规章之间、部门规章与地方政府规章之间对同一事项的规定不一致时，由国务院裁决。（　）
5. 精神产品是一种精神形态的客体，是一种思想或者技术方案，不是物，但通常有物质载体。（　）
6. 法律事实是法律关系发生、变更、消灭的直接原因。（　）
7. 买卖合同当事人发生纠纷，没有仲裁协议，一方申请仲裁的，仲裁委员会应予受理。（　）
8. 当事人申请仲裁，必须按照级别管辖和地域管辖的规定选择仲裁委员会。（　）
9. 仲裁庭不能形成多数意见时，裁决应当由仲裁委员会主任作出。（　）
10. 民事案件不论是否公开审理，一律公开宣告判决。（　）
11. 对终审民事判决，当事人不得上诉。（　）
12. 因确认股东资格纠纷提起的民事诉讼，由公司住所地人民法院管辖。（　）
13. 公民、法人或者其他组织向人民法院提起行政诉讼，人民法院已经受理的，不得申请行政复议。（　）
14. 纳税人对税务机关作出的逾期不缴纳罚款加处罚款决定不服的，申请行政复议前应先缴纳罚款和加处罚款。（　）
15. 对国家税务总局作出的具体行政行为不服的，向国务院申请行政复议。（　）
16. 对县级以上地方各级人民政府工作部门的具体行政行为不服的，可以向该部门的本级人民政府申请行政复议，也可以向上一级主管部门申请行政复议。（　）
17. 行政复议的举证责任，由申请人承担。（　）
18. 行政复议期间具体行政行为一律停止执行。（　）
19. 税务行政复议决定自作出之日起发生法律效力。（　）
20. 申请人申请行政复议，可以书面申请，也可以口头申请。（　）
21. 行政复议机关受理行政复议申请，可以向申请人收取行政复议费用。（　）
22. 人民法院审理行政案件，均应由当事人双方进行调解，促其达成调解协议。（　）
23. 经过行政复议的行政诉讼案件，均由行政复议机关所在地人民法院管辖。（　）

## 同步强化练习题参考答案及解析

“扫码看解析”

使用“微信”或“会计云课堂”App扫右方二维码，对答案、看解析、掌握解题思路，开启轻松过关之旅。

### 一、单项选择题

1. 【答案】A

**解析**：（1）选项BD：属于法律；其中选项B属于基本法律，选项D属于非基本法律。（2）选项C：属于部门规章。

2. 【答案】B

**解析**：法的效力等级：宪法>法律>行政法规>地方性法规>本级和下级地方政府规章。

3.【答案】C

解析：（1）选项 A：属于根据法的创制方式和发布形式所作的分类；（2）选项 B：属于根据法的内容、效力和制定程序所作的分类；（3）选项 D：属于根据法的内容所作的分类。

4.【答案】C

解析：（1）选项 AD：属于行政责任中的行政处罚；（2）选项 B：属于刑事责任中的主刑。

5.【答案】A

解析：选项 BCD：属于刑事责任，选项 B 属于主刑，选项 CD 属于附加刑。

6.【答案】B

解析：（1）附加刑：罚金、剥夺政治权利、没收财产、驱逐出境；（2）主刑：管制、拘役、有期徒刑、无期徒刑、死刑。

7.【答案】D

解析：法律关系的主体限于自然人、组织和国家，机器人不属于法律关系的主体（或者，机器人不能享有法律权利、承担法律义务，不属于法律关系的主体）。

8.【答案】C

解析：选项 ABD：属于法律事件。

9.【答案】A

解析：（1）选项 B：口头达成仲裁的意思表示无效。（2）选项 C：没有仲裁协议，一方申请仲裁的，仲裁委员会不予受理。（3）选项 D：当事人对仲裁协议的效力有异议的，可以请求仲裁委员会作出决定或者请求人民法院作出裁定；一方请求仲裁委员会作出决定，另一方请求人民法院作出裁定的，由人民法院裁定。

10.【答案】C

解析：当事人对仲裁协议的效力有异议的，可以请求仲裁委员会作出决定或者请求人民法院作出裁定；一方请求仲裁委员会作出决定，另一方请求人民法院作出裁定的，由人民法院裁定。

11.【答案】D

解析：本案是涉及商业秘密的案件，属于经当事人申请可以不公开审理的民事案件；如果改为涉及国家秘密，则应当不公开审理。

12.【答案】C

解析：因不动产纠纷提起的诉讼，由不动产所在地法院管辖。

13.【答案】C

解析：（1）至 2020 年 11 月 30 日王某未支付房租时，张某即“知道或者应当知道权利受到损害以及义务人”，诉讼时效期间起算；（2）一般纠纷适用 3 年的普通诉讼时效。

14.【答案】C

解析：（1）选项 C：属于征税行为，应当“先议后诉”；（2）选项 ABD：不属于征税行为，“或议或诉”。

15.【答案】C

解析：选项 C：属于内部行政行为，不能申请行政复议，也不能提起行政诉讼。

16.【答案】A

解析：对税务所（分局）、各级税务局的稽查局作出的具体行政行为不服的，向其所属税务局申请行政复议。

17.【答案】D

解析：选项 D：属于内部行政行为，不可议不可诉。

18.【答案】D

解析：（1）直接起诉：自知道或应当知道作出行政行为之日起 6 个月内；（2）议后再诉：自收到行政复议决定书或复议期满之日起 15 日内。

## 二、多项选择题

1.【答案】BC

解析：（1）选项 A：属于行政法规；（2）选项 BC：规章包括部门规章和地方政府规章，选项 B 属于地方政府规章，选项 C 属于部门规章；（3）选项

D：属于地方性法规。

2. 【答案】BC

**解析**：选项 AD：属于行政处分。

3. 【答案】ABCD

**解析**：赵某、钱某、孙某是买方，房地产开发商是卖方，均为该法律关系的主体。

4. 【答案】ABCD

**解析**：法人包括营利法人（选项 C）、非营利法人（选项 AD）、特别法人（选项 B）。

5. 【答案】ABCD

**解析**：选项 ABCD：均属于精神产品（智力成果）。

6. 【答案】CD

**解析**：（1）选项 A：如欲"视为完全民事行为能力人"应当同时满足 2 个条件：①16 周岁≤年龄<18 周岁（周某的年龄未落入该区间）；②以自己的劳动收入为主要生活来源。（2）选项 B：不足 8 周岁的吴某，不论精神状态如何，均只能界定为无民事行为能力人。（3）选项 C：①年龄≥18 周岁；②能够完全辨认自己行为；郑某属于完全民事行为能力人。（4）选项 D："不能辨认"自己行为的人，不论年龄几何，只能是无民事行为能力人。

7. 【答案】CD

**解析**：选项 AB：属于法律事件中的自然现象。

8. 【答案】AB

**解析**：（1）仲裁与民事诉讼适用于解决平等民事主体的当事人之间发生的经济纠纷；（2）行政复议与行政诉讼适用于解决行政管理相对人和行政机关之间发生的经济纠纷。

9. 【答案】AB

**解析**：婚姻（选项 D）、收养、监护、扶养、继承（选项 C）纠纷以及依法应当由行政机关处理的行政争议不能提请仲裁。

10. 【答案】ABC

**解析**：选项 D：仲裁协议应当以书面形式订立，口头达成仲裁的意思表示无效。

11. 【答案】BCD

**解析**：选项 A：仲裁不实行级别管辖和地域管辖，当事人应当在仲裁协议中约定仲裁委员会。

12. 【答案】CD

**解析**：因票据纠纷提起的诉讼，由票据支付地或者被告住所地的人民法院管辖。

13. 【答案】ABD

**解析**：因侵权行为提起的民事诉讼，由侵权行为地（包括侵权行为实施地、侵权结果发生地）或者被告住所地的人民法院管辖。

14. 【答案】ACD

**解析**：选项 B：义务人同意履行义务是引起诉讼时效期间"中断"的原因之一。

15. 【答案】BCD

**解析**：选项 A：属于诉讼时效中止事由。

16. 【答案】BC

**解析**：（1）本题考查"或议或诉"；（2）选项 AD：属于税务机关作出的征税行为，应当"先议后诉"。

17. 【答案】ABC

**解析**：（1）本题考查行政复议的受案范围；（2）选项 ABC：不论征税行为，还是税务机关作出的其他具体行政行为，纳税人不服时，均可直接申请行政复议；（3）选项 D：属于抽象行政行为，只能考虑依法附带审查，不单独适用行政复议和行政诉讼。

18. 【答案】ABC

**解析**：选项 D：属于对内部行政行为不服，不可议不可诉。

19. 【答案】ABCD

**解析**：具体行政行为有下列情形之一的，行政复议机关应决定予以撤销、变更或者确认其违法：①主要事实不清、证据不足的（选项B）；②适用依据错误的（选项D）；③违反法定程序的；④超越或者滥用职权的（选项C）；⑤具体行政行为明显不当的（选项A）。

## 三、判断题

1.【答案】√

**解析**：法凭借国家强制力的保证而获得普遍遵行的效力，具有国家强制性。

2.【答案】×

**解析**：国务院在法定职权范围内为实施宪法和法律而制定、发布的规范性文件属于“行政法规”。

3.【答案】×

**解析**：我国不实行判例制度，最高人民法院所作的判决书、指导案例只是一种非规范性法律文件，不能作为法的形式。

4.【答案】√

5.【答案】√

6.【答案】√

7.【答案】×

**解析**：当事人采用仲裁方式解决纠纷，应当双方自愿达成仲裁协议；没有仲裁协议，一方申请仲裁的，仲裁委员会不予受理。

8.【答案】×

**解析**：仲裁不实行级别管辖和地域管辖，仲裁委员会由当事人协议选定。

9.【答案】×

**解析**：仲裁庭不能形成多数意见时，裁决应当按照“首席仲裁员”的意见作出。

10.【答案】√

**解析**：公开审判包括审判过程公开和审判结果公开两项内容，但不论案件是否公开审理，一律公开宣告判决（过程存在不公开的可能性，结果一定公开）。

11.【答案】√

**解析**：对终审判决，当事人不得上诉；如果发现确有错误，可以通过审判监督程序（也称“再审程序”）予以纠正。

12.【答案】√

**解析**：因公司设立、确认股东资格、分配利润、解散等纠纷提起的诉讼，由公司住所地人民法院管辖。

13.【答案】√

14.【答案】√

15.【答案】×

**解析**：对国家税务总局作出的具体行政行为不服的，向“国家税务总局”申请行政复议；对其“行政复议决定”不服，申请人可以向人民法院提起行政诉讼，也可以向国务院申请裁决；国务院的裁决为最终裁决。

16.【答案】√

17.【答案】×

**解析**：行政复议的举证责任，由“被申请人”承担。

18.【答案】×

**解析**：除法定可以停止执行的情形外，行政复议期间具体行政行为不停止执行。

19.【答案】×

**解析**：行政复议决定书一经“送达”，即发生法律效力。

20.【答案】√

21.【答案】×

**解析**：行政复议机关受理行政复议申请，不得向申请人收取任何费用。

22.【答案】×

**解析**：人民法院审理行政案件，不适用调解，但下列案件可以调解：（1）行政赔偿、补偿案件；（2）行政机关行使法律、法规规定的自由裁量权的案件。

23.【答案】×

**解析**：行政案件由最初作出行政行为的行政机关所在地人民法院管辖；经复议的案件，也可以由行政复议机关所在地人民法院管辖。

# 第二章 会计法律制度

## 考情分析

本章是2018年教材全新增加的一章，根据考生们的回忆，在每套考卷中的分值约为8分，可以涉及大题。在2020年18个批次的考试中，有3个批次的考生遇到了本章的大题。由于本章与初级会计实务重合的内容较多，考生也可以选择学完初级会计实务后再来复习本章。

**2020年典型考卷题型题量分析表**

| | 卷1 | | 卷2 | | 卷3 | | 卷4 | | 卷5 | |
|---|---|---|---|---|---|---|---|---|---|---|
| | 题量 | 分值 | 题量 | 分值 | 题量 | 分值 | 题量 | 分值 | 题量 | 分值 |
| 单项选择题 | 2 | 4 | 0 | 0 | 2 | 4 | 2 | 4 | 0 | 0 |
| 多项选择题 | 1 | 2 | 0 | 0 | 1 | 2 | 1 | 2 | 0 | 0 |
| 判断题 | 2 | 2 | 0 | 0 | 2 | 2 | 2 | 2 | 0 | 0 |
| 不定项选择题 | 0 | 0 | 4 | 8 | 0 | 0 | 0 | 0 | 4 | 8 |
| 合计 | 5 | 8 | 4 | 8 | 5 | 8 | 5 | 8 | 4 | 8 |

2021年本章考点的主要变化为：明确对外提供的财务会计报告上法定主体应当“签名并盖章”，而不是“签名或盖章”。

## 考点框架

- 第二章（1）
  - 会计“人”
    - 会计工作管理体制（考点1）
    - 会计机构与代理记账（考点2、3）
    - 会计工作岗位的设置、会计人员的任职与会计工作交接（考点4–6）
  - 会计“事”（1）
    - 会计核算
      - 什么是会计核算（考点7）
      - 会计核算的基本要求（考点8）
      - 会计核算的具体要求（考点9–14）

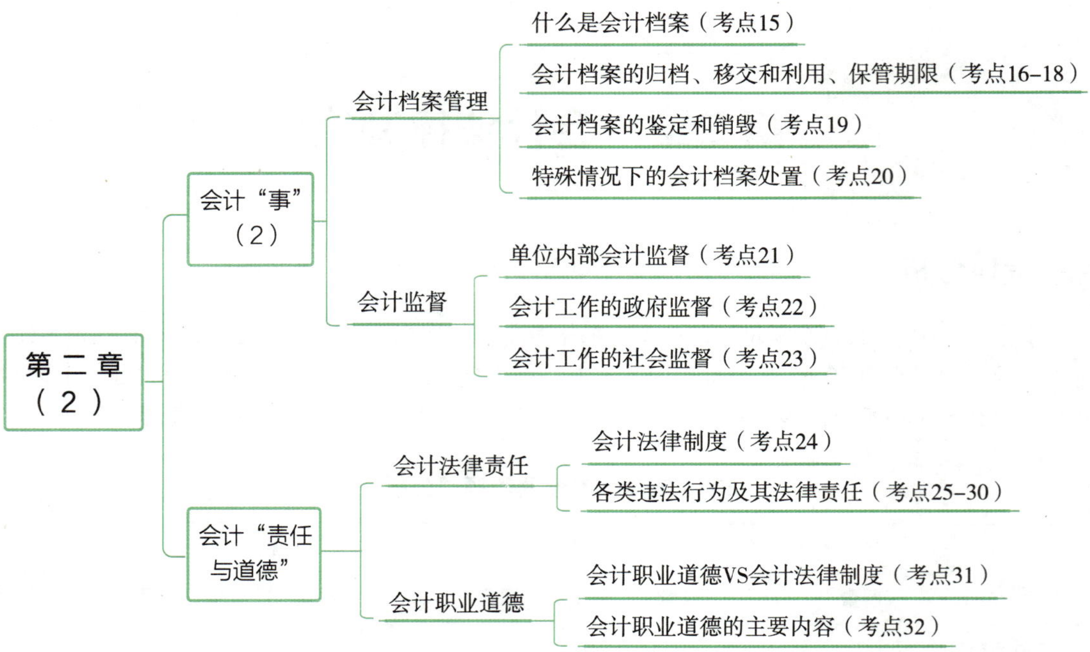


## 考点剖析

### 第1单元　会计“人”

查看本单元视频
使用“会计云课堂”App/微信扫描

#### 01 考点1 会计工作管理体制（★★）

1. 会计工作的行政管理

国务院财政部门主管全国的会计工作。县级以上地方各级人民政府财政部门管理本行政区域内的会计工作。

【提示】我国的"财政部门"具体包括：(1) 国务院财政部门（财政部）；(2) 省级以上人民政府财政部门派出机构（例如，财政部驻北京市财政监察专员办事处）；(3) 县级以上人民政府财政部门（例如，北京市财政局、大兴区财政局）。

## 经典题解

【例题1·判断题】县级以上地方各级人民政府财政部门管理本行政区域内的会计工作。( )

【答案】√

【例题2·多选题】会计工作的政府监督，主要是指财政部门代表国家对各单位和单位中相关人员的会计行为实施的监督检查，以及对发现的违法会计行为实施行政处罚。这里所说的财政部门包括( )。

A. 国务院财政部门

B. 县级以上人民政府财政部门

C. 省级以上人民政府财政部门派出机构

D. 县级以上人民政府财政部门派出机构

【解析】会计工作政府监督中的"财政部门"是指国务院财政部门、省级以上人民政府财政部门派出机构和县级以上人民政府财政部门。

【答案】ABC

2. 单位内部的会计工作管理

(1) 单位负责人（单位领导人）对本单位的会计工作和会计资料的真实性、完整性负责。

【提示】单位负责人是指单位法定代表人或者法律、行政法规规定代表单位行使职权的主要负责人。

(2) 单位负责人应当保证会计机构、会计人员依法履行职责，不得授意、指使、强令会计机构、会计人员违法办理会计事项。

## 经典题解

【例题3·判断题】单位负责人对本单位的会计工作和会计资料的真实性、完整性负责。( )

【答案】√

## 02 考点2 会计机构（★★）

各单位应当根据会计业务的需要（三选一）：

1. 设置会计机构；

2. 在有关机构中设置会计人员并指定会计主管人员（例如，在单位行政办公室中设1名会计，并指定办公室主任为会计主管人员）；

3. 既无条件设立会计机构，又无条件在有关机构中设置会计人员并指定会计主管人员（简称"两无"单位）的，应当委托经批准从事会计代理记账业务的中介机构代理记账。

图2-1 "两无"单位

## 03 考点 3 代理记账（★★★）

1. 代理记账机构

（1）会计师事务所及其分所可以依法从事代理记账业务。

（2）除会计师事务所以外的机构从事代理记账业务，应当经县级以上人民政府财政部门批准，领取由财政部统一规定样式的代理记账许可证书。

2. 代理记账机构可以接受委托办理下列业务：

（1）根据委托人提供的原始凭证和其他相关资料，按照国家统一的会计制度的规定进行会计核算，包括审核原始凭证、填制记账凭证、登记会计账簿、编制财务会计报告等；

（2）对外提供财务会计报告；

（3）向税务机关提供税务资料；

（4）委托人委托的其他会计业务。

3. 委托人的义务

（1）对本单位发生的经济业务事项，应当填制或者取得符合国家统一的会计制度规定的原始凭证；

（2）应当配备专人负责日常货币收支和保管；

（3）及时向代理记账机构提供真实、完整的原始凭证和其他相关资料；

（4）对于代理记账机构退回的，要求按照国家统一的会计制度规定进行更正、补充的原始凭证，应当及时予以更正、补充。

4. 代理记账机构及其从业人员的义务

（1）遵守有关法律、法规和国家统一的会计制度的规定，按照委托合同办理代理记账业务；

（2）对在执行业务中知悉的商业秘密予以保密；

（3）对委托人要求其作出不当的会计处理，提供不实的会计资料，以及其他不符合法律、法规和国家统一的会计制度行为的，予以拒绝；

（4）对委托人提出的有关会计处理相关问题予以解释。

5. 财务会计报告的签章

代理记账机构为委托人编制的财务会计报告，经代理记账机构负责人和委托人负责人签名并盖章后，按照有关法律、法规和国家统一的会计制度的规定对外提供。

### 经典题解

**【例题 4 · 单选题】** 根据会计法律制度的规定，下列各项中，不属于代理记账业务范围的是（　　）。

A. 出具审计报告

B. 填制记账凭证

C. 编制财务会计报告

D. 登记会计账簿

**【答案】** A

**【例题 5 · 判断题】** 代理记账机构可以接受委托人的委托对外提供财务会计报告。（　　）

**【答案】** √

## 04 考点 4 会计工作岗位的设置（★★★）

1. 各单位应当根据会计业务需要设置会计工作岗位。

2. 会计工作岗位的主要种类

（1）会计机构负责人或者会计主管人员；

（2）出纳；

（3）财产物资核算；

（4）工资核算；

（5）成本费用核算；

（6）财务成果核算；

（7）资金核算；

（8）往来结算；

（9）总账报表；

（10）稽核；

（11）档案管理。

【提示】①会计机构中对正式移交之前的会计档案进行保管的工作岗位属于会计岗位；②档案管理部门中对正式移交之后的会计档案进行保管的会计档案管理岗位，不再属于会计岗位。

3. 会计工作岗位的设置

（1）会计工作岗位，可以一人一岗、一人多岗或者一岗多人，并应当有计划地进行轮换。

（2）出纳人员不得兼任（兼管）稽核、会计档案保管和收入、支出、费用、债权债务账目（4类）的登记工作。

【提示】出纳人员不得兼任的岗位仅限于上述列举的项目，不在列举范围内的可以兼任，例如，出纳人员可以兼任固定资产、无形资产明细账目的登记工作。

## 经典题解

**【例题6·多选题】**下列各项工作中，出纳不得兼任的有（　　）。

A. 会计档案保管

B. 稽核

C. 收入、费用账目的登记工作

D. 债权债务账目的登记工作

**【答案】**ABCD

4. 会计人员回避制度

<table>
<tr><td>适用主体</td><td colspan="2">国家机关、国有企业、事业单位（不包括私营企业）任用会计人员应当实行回避制度</td></tr>
<tr><td rowspan="2">需要考虑回避的岗位</td><td>单位领导人的直系亲属不得担任本单位的会计机构负责人、会计主管人员</td><td rowspan="2">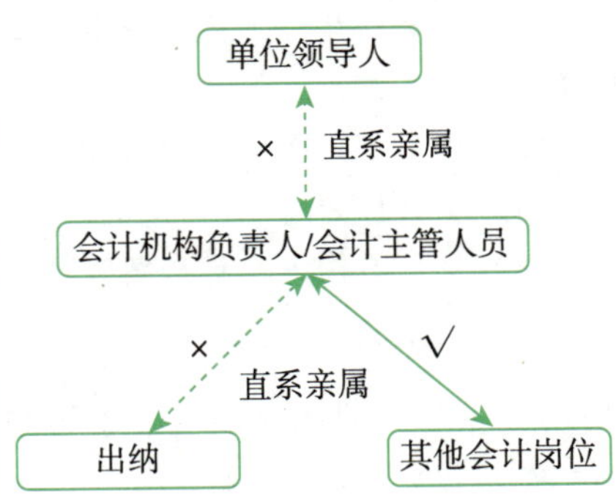
</td></tr>
<tr><td>会计机构负责人、会计主管人员的直系亲属不得在本单位会计机构中担任出纳工作</td></tr>
<tr><td>需要回避的直系亲属</td><td colspan="2">夫妻关系、直系血亲关系、三代以内旁系血亲以及配偶亲关系</td></tr>
</table>

## 经典题解

**【例题7·单选题】**按照规定，（　　）任用会计人员应当实行回避制度。

A. 国家机关、国有企业、事业单位

B. 国家机关、国有企业、企事业单位

C. 国有企业、企事业单位、外资企业

D. 国有企业、事业单位、外资企业

**【答案】**A

**【例题8·多选题】**下列关于会计人员回避制度的表述中，正确的有（　　）。

A. 单位负责人的直系血亲不得担任本单位的会计机构负责人

B. 单位负责人的配偶亲不得担任本单位的出纳工作

C. 会计机构负责人的直系血亲不得担任本单位的出纳工作

D. 会计机构负责人的配偶亲不得担任本单位的出纳工作

**【解析】**4个选项分别涉及到的“直系血亲”“配偶亲”都属于需要回避的直系亲属，因此，本题考查的是“岗位”：（1）单位领导人与会计机构负责人、会计主管人员之间回避，选项A正确，选项B错误；(2)会计机构负责人、会计主管人员与出纳之间回避，选项CD正确。

【答案】ACD

## 05 考点5 会计人员的任职(★★★)

1. 会计人员的范围

会计人员包括从事下列具体会计工作的人员：

(1)出纳；

(2)稽核；

(3)资产、负债和所有者权益(净资产)的核算；

(4)收入、费用(支出)的核算；

(5)财务成果(政府预算执行结果)的核算；

(6)财务会计报告(决算报告)编制；

(7)会计监督；

(8)会计机构内会计档案管理；

(9)其他会计工作。

【提示】担任单位会计机构负责人(会计主管人员)、总会计师的人员，属于会计人员。

2. 会计人员从事会计工作，应当符合下列要求：

(1)遵守《会计法》和国家统一的会计制度等法律法规；

(2)具备良好的职业道德；

(3)按照国家有关规定参加继续教育；

(4)具备从事会计工作所需要的专业能力(具有会计类专业知识，基本掌握会计基础知识和业务技能，能够独立处理基本会计业务)。

3. 会计工作的禁入规定

(1)终身禁入

因有提供虚假财务会计报告，做假账，隐匿或者故意销毁会计凭证、会计账簿、财务会计报告，贪污、挪用公款，职务侵占等与会计职务有关的违法行为被依法追究刑事责任的人员，不得再从事会计工作。

(2)5年禁入

①因伪造、变造会计凭证、会计账簿，编制虚假财务会计报告，隐匿或者故意销毁依法应当保存的会计凭证、会计账簿、财务会计报告，尚不构成犯罪的，5年内不得从事会计工作。

②会计人员具有违反国家统一的会计制度的一般违法行为，情节严重的，5年内不得从事会计工作。

4. 会计机构负责人或会计主管人员

担任单位会计机构负责人(会计主管人员)的，应当具备会计师以上专业技术职务资格或者从事会计工作3年以上经历。

【提示】(1)“会计师以上”“从事会计工作3年以上”，二者符合其一即可；(2)跟学历没有必然联系。

### 经典题解

【例题9·单选题】下列人员中，可以担任企业会计机构负责人的是(　　)。

A. 取得中级会计专业技术资格并从事会计工作1年的赵某

B. 中专毕业并从事会计工作1年6个月的钱某

C. 研究生毕业并从事会计工作1年6个月的孙某

D. 取得初级会计专业技术资格并从事会计工作半年的李某

【解析】选项A：中级会计专业技术资格对应的会计专业职务名称即为“会计师”(参考下文)。

【答案】A

5. 总会计师

(1)国有的和国有资产占控股地位或者主导地位的大、中型企业必须设置总会计师。

（2）总会计师是主管本单位会计工作的行政领导，是单位行政领导成员，协助单位主要行政领导人工作，直接对单位主要行政领导人负责。

（3）总会计师组织领导本单位的财务管理、成本管理、预算管理、会计核算和会计监督等方面的工作，参与本单位重要经济问题的分析和决策。

## 经典题解

**【例题10·单选题】** 根据会计法律制度的规定，下列各项工作中，不属于总会计师组织领导本单位会计工作职责的是（ ）。

A. 预算管理　　B. 财务管理

C. 成本管理　　D. 产品质量管理

**【答案】** D

**【例题11·多选题】** 根据会计法律制度的规定，下列关于总会计师的表述中，正确的有（ ）。

A. 直接对单位主要行政领导人负责

B. 是主管本单位会计工作的行政领导

C. 是单位会计机构负责人

D. 是单位内部审计机构负责人

**【答案】** AB

6. 会计专业职务（会计职称）与会计专业技术资格

| 技术资格 | 考试制度 | 职务级别 | | 职务名称 |
|---|---|---|---|---|
| 初级资格 | 全国统一考试 | 初级职务 | | 助理会计师 |
| 中级资格 | | 中级职务 | | 会计师 |
| 高级资格 | 考试与评审相结合 | 高级职务 | 副高级 | 高级会计师 |
| | | | 正高级 | 正高级会计师 |

## 经典题解

**【例题12·单选题】** 下列各项中，不属于会计专业职务的是（ ）。

A. 高级会计师　　B. 助理会计师

C. 会计师　　D. 总会计师

**【答案】** D

7. 会计专业技术人员继续教育

（1）开始参加继续教育的时间

①具有会计专业技术资格的人员应当自取得会计专业技术资格的次年开始参加继续教育，并在规定时间内取得规定学分。

②不具有会计专业技术资格但从事会计工作的人员应当自从事会计工作的次年开始参加继续教育，并在规定时间内取得规定学分。

（2）学分制

会计专业技术人员参加继续教育实行学分制管理，每年参加继续教育取得的学分不少于90学分。其中，专业科目一般不少于总学分的2/3。

## 06 考点6 会计工作交接（★★★）

1. 基本规定

| | | |
|---|---|---|
| 是否需要办理会计工作交接? | 彻底“走人” | 会计人员工作调动或者因故离职，必须将本人所经管的会计工作全部移交给接替人员，没有办清交接手续的，不得调动或者离职 |
| | “休息”和“恢复” | （1）会计人员临时离职或者因病不能工作且需要接替或者代理的，会计机构负责人（会计主管人员）或者单位领导人必须指定有关人员接替或者代理，并办理交接手续<br>（2）临时离职或者因病不能工作的会计人员恢复工作的，应当与接替或者代理人员办理交接手续 |
| | 单位“没了” | 单位撤销时，必须留有必要的会计人员，会同有关人员办理清理工作，编制决算，未移交前，不得离职 |
| 监交 | 一般会计人员办理交接手续 | 会计机构负责人（会计主管人员）监交 |
| | 会计机构负责人（会计主管人员）办理交接手续 | 单位负责人监交（必要时，主管单位可以派人会同监交） |
| 逐项移交 | 移交人员在办理移交时，要按移交清册逐项移交；接替人员要逐项核对点收 | |
| 移交清册 | 签章 | 交接完毕后，交接双方和监交人要在移交清册上签名或者盖章 |
| | 一式三份 | 移交清册一般应当填制一式三份，交接双方各执一份，存档一份 |
| 责任 | 移交人员 | （1）移交人员对所移交的会计凭证、会计账簿、会计报表和其他有关资料的合法性、真实性承担法律责任<br>（2）移交人员因病或者其他特殊原因不能亲自办理移交的，经单位领导人批准，可由移交人员委托他人代办移交，但委托人应当承担对所移交的会计凭证、会计账簿、会计报表和其他有关资料的合法性、真实性的法律责任 |
| | 接替人员 | （1）接替人员应当认真接管移交工作，并继续办理移交的未了事项<br>（2）接替人员应当继续使用移交的会计账簿，不得自行另立新账，以保持会计记录的连续性 |

2. 会计工作移交前的准备工作

会计人员办理移交手续前，必须及时做好以下工作：

（1）已经受理的经济业务尚未填制会计凭证的，应当填制完毕。

（2）尚未登记的账目，应当登记完毕，并在最后一笔余额后加盖经办人员印章。

（3）整理应该移交的各项资料，对未了事项写出书面材料。

（4）编制移交清册，列明应当移交的会计凭证、会计账簿、会计报表、印章、现金、有价证券、支票簿、发票、文件、其他会计资料和物品等内容；实行会计电算化的单位，从事该项工作的移交人员还应当在移交清册中列明会计软件及密码、会计软件数据磁盘（磁带等）及有关资料、实物等内容。

3. 接替人员的逐项核对点收要求

（1）现金、有价证券要根据会计账簿有

关记录进行点交。库存现金、有价证券必须与会计账簿记录保持一致。不一致时，移交人员必须限期查清。

（2）会计凭证、会计账簿、会计报表和其他会计资料必须完整无缺。如有短缺，必须查清原因，并在移交清册中注明，由移交人员负责。

（3）银行存款账户余额要与银行对账单核对，如不一致，应当编制银行存款余额调节表调节相符，各种财产物资和债权债务的明细账户余额要与总账有关账户余额核对相符；必要时，要抽查个别账户的余额，与实物核对相符，或者与往来单位、个人核对清楚。

（4）移交人员经管的票据、印章和其他实物等，必须交接清楚；移交人员从事会计电算化工作的，要对有关电子数据在实际操作状态下进行交接。

（5）会计机构负责人（会计主管人员）移交时，还必须将全部财务会计工作、重大财务收支和会计人员的情况等，向接替人员详细介绍。对需要移交的遗留问题，应当写出书面材料。

### 经典题解

**【例题13·多选题】** 根据会计法律制度的规定，下列关于会计工作交接的表述中，正确的有（　　）。

A. 会计人员办理交接手续的，无须监交

B. 会计人员没有办清交接手续的，不得离职

C. 移交人员因病不能亲自办理移交的，经单位领导人批准，可由移交人员委托他人代办移交

D. 移交人员在办理移交时，要按移交清册逐项移交

**【解析】** 选项A：一般会计人员办理交接手续，由会计机构负责人（会计主管人员）监交；会计机构负责人（会计主管人员）办理交接手续，由单位负责人监交，必要时主管单位可以派人会同监交。

**【答案】** BCD

## 第2单元　会计核算

查看本单元视频
使用“会计云课堂”App/微信扫描

### 07 考点7 什么是会计核算（★★）

1. 概念

会计核算，是以货币为主要计量单位，运用专门的会计方法，对生产经营活动或预算执行过程及其结果进行连续、系统、全面的记录、计算、分析，定期编制并提供财务会计报告和其他会计资料，为经营决策和宏观经济管理提供依据的一项会计活动。

2. 会计核算的主要内容

| 主要内容 | 具体内涵 |
| --- | --- |
| （1）款项和有价证券的收付 | 款项的收付，主要包括货币资金的收入、转存、付出、结存等 |
| | 有价证券的收付，主要包括：<br>①有价证券的购入、无偿取得、债务重组取得<br>②有价证券的有偿转让、抵债、对外投资、捐赠<br>③有价证券的利息和股利、溢价与折价的摊销<br>④有价证券的期末结存、减值 |

续表

<table>
<tr><th>主要内容</th><th colspan="2">具体内涵</th></tr>
<tr><td>（2）财物的收发、增减和使用</td><td colspan="2">包括存货、固定资产、投资、无形资产等的购入、自行建造、无偿取得、债务重组取得、融资租入、接受捐赠、出售、转让、抵债、无偿调出、捐赠、减值</td></tr>
<tr><td rowspan="2">（3）债权债务的发生和结算</td><td colspan="2">债权的发生和结算，主要包括债权的收回及孳息、债务重组、债权减值</td></tr>
<tr><td colspan="2">债务的发生和结算，主要包括债权人变更、债务的偿还及孳息、债务重组及免偿</td></tr>
<tr><td>（4）资本、基金的增减</td><td colspan="2">主要包括实收资本（股本）、资本公积、盈余公积、基金等的增减变动。如：<br>①实收资本（股本）的取得和企业增资、减资<br>②资本公积的形成、转增资本<br>③基金的提取、转入、使用和给付</td></tr>
<tr><td rowspan="7">（5）收入、支出、费用、成本的计算</td><td rowspan="4">收入的计算</td><td>主营业务收入，如商品销售收入、提供劳务收入、让渡资产使用权收入</td></tr>
<tr><td>其他业务收入，如材料销售收入，代购、代销、代加工、代管、代修收入，出租收入</td></tr>
<tr><td>营业外收入，如投资收益，补贴收入，固定资产盘盈、处置固定资产净收益、出售无形资产收益、罚款收益</td></tr>
<tr><td>以前年度损益调整等的确认与结转</td></tr>
<tr><td rowspan="3">支出、费用、成本的计算</td><td>生产成本的汇集、分配与结转</td></tr>
<tr><td>销售费用、管理费用和财务费用等的汇集与结转</td></tr>
<tr><td>税金及附加、出售无形资产损失、债务重组损失、计提的固定资产减值准备、捐赠支出等的确认与结转</td></tr>
<tr><td rowspan="4">（6）财务成果的计算和处理</td><td colspan="2">将收入和相配比的成本、费用、支出转入本年利润，计算利润总额</td></tr>
<tr><td colspan="2">将所得税转入本年利润，计算净利润</td></tr>
<tr><td colspan="2">年终结转本年利润</td></tr>
<tr><td colspan="2">所得税的计提、缴纳、返还和余额结转，递延税款的余额调整</td></tr>
<tr><td colspan="3">（7）需要办理会计手续、进行会计核算的其他事项<br>【提示】不涉及特定主体资金运动、经济利益交换的事项，例如，制订投资计划、合同的签订与审核，不属于会计核算的内容</td></tr>
</table>

## 经典题解

**【例题 14 · 单选题】**根据会计法律制度的规定，下列各项中，不属于会计核算内容的是（　　）。

A. 递延税款的余额调整　　B. 货物买卖合同的审核

C. 有价证券溢价的摊销　　D. 资本公积的增减变动

**【答案】**B

## 08 考点8 会计核算的基本要求（★★）

1. 依法建账

（1）各单位都应当按照《会计法》和国家统一的会计制度规定设置会计账册，进行会计核算。

（2）各单位发生的各项经济业务事项应当统一进行会计核算，不得违反规定私设会计账簿进行登记、核算。

2. 根据实际发生的经济业务进行会计核算

各单位必须根据实际发生的经济业务事项进行会计核算，填制会计凭证，登记会计账簿，编制财务会计报告。

3. 保证会计资料的真实和完整

任何单位不得以虚假的经济业务事项或者资料进行会计核算。任何单位和个人不得伪造、变造会计凭证、会计账簿及其他会计资料，不得提供虚假的财务会计报告。

【提示1】伪造会计资料，包括伪造会计凭证和会计账簿，是以虚假的经济业务为前提来编制会计凭证和会计账簿，旨在以假充真。

【提示2】变造会计资料，包括变造会计凭证和会计账簿，是用涂改、挖补等手段来改变会计凭证和会计账簿的真实内容，以歪曲事实真相。

4. 正确采用会计处理方法

各单位的会计核算应当按照规定的会计处理方法进行，保证会计指标的口径一致、相互可比和会计处理方法的前后各期一致，不得随意变更；确有必要变更的，应当按照国家统一的会计制度的规定变更，并将变更的原因、情况及影响在财务会计报告中说明。

5. 正确使用会计记录文字

（1）会计记录的文字应当使用中文。

（2）在民族自治地方，会计记录可以同时使用当地通用的一种民族文字。

（3）在中国境内的外商投资企业、外国企业和其他外国组织的会计记录可以同时使用一种外国文字。

6. 使用电子计算机进行会计核算必须符合法律规定

使用电子计算机进行会计核算的（会计电算化），其软件及其生成的会计凭证、会计账簿、财务会计报告和其他会计资料，必须符合国家统一的会计制度的规定。

## 09 考点9 会计年度（★★）

1. 我国是以公历年度为会计年度，即以每年公历的1月1日起至12月31日止为一个会计年度。

2. 每一个会计年度还可以按照公历日期具体划分为半年度、季度、月度。

### 经典题解

**【例题15·判断题】**我国会计年度为每年公历的1月1日起至12月31日止。（ ）

**【答案】**√

## 10 考点10 记账本位币（★★★）

1. 会计核算原则上以人民币为记账本位币。

2. 业务收支以人民币以外的货币为主的单位，可以选定其中一种货币作为记账本位币，但是编报的财务会计报告应当折算为人民币。

## 11 考点11 会计凭证（★★★）

1. 会计凭证，是指具有一定格式、用以记录经济业务事项发生和完成情况，明确经济责任，并作为记账凭证的书面证明，是会计核算的重要会计资料。会计凭证按其来源和用途，分为原始凭证和记账凭证两种。

2. 原始凭证

<table>
<tr><td>什么是原始凭证</td><td colspan="3">原始凭证，又称单据，是指在经济业务发生时，由业务经办人员直接取得或者填制，用以表明某项经济业务已经发生或完成情况并明确有关经济责任的一种原始凭据，如发票</td></tr>
<tr><td>原始凭证的来源</td><td colspan="3">原始凭证是会计核算的原始依据，来源于实际发生的经济业务事项</td></tr>
<tr><td rowspan="2">原始凭证的种类</td><td colspan="3">既有来自单位外部的，也有单位自制的（参考图 2-2）</td></tr>
<tr><td colspan="3">既有国家统一印制的具有固定格式的发票（通用凭证），也有由发生经济业务事项双方认可并自行填制的凭据（专用凭证）等</td></tr>
<tr><td rowspan="2">原始凭证的审核</td><td rowspan="2">会计机构、会计人员必须按照国家统一的会计制度的规定对原始凭证进行审核</td><td>对不真实、不合法的原始凭证</td><td>有权不予接受，并向单位负责人报告</td></tr>
<tr><td>对记载不准确、不完整的原始凭证</td><td>予以退回，并要求按照国家统一的会计制度的规定更正、补充</td></tr>
<tr><td rowspan="3">原始凭证的更改</td><td colspan="3">原始凭证记载的各项内容均不得涂改</td></tr>
<tr><td>原始凭证金额有错误的</td><td colspan="2">应当由出具单位重开，不得在原始凭证上更正</td></tr>
<tr><td>原始凭证上除金额以外的其他事项有错误的</td><td colspan="2">应当由出具单位重开或者更正，更正处应当加盖出具单位印章</td></tr>
<tr><td>原始凭证必须具备的内容</td><td colspan="3">（1）凭证的名称<br>（2）填制凭证的日期<br>（3）填制凭证单位名称或者填制人姓名<br>（4）经办人员的签名或者盖章<br>（5）接受凭证单位名称<br>（6）经济业务内容<br>（7）数量、单价和金额</td></tr>
<tr><td rowspan="4">原始凭证的填制要求</td><td>签章</td><td colspan="2">（1）从外单位取得的原始凭证，必须盖有填制单位的公章<br>（2）从个人取得的原始凭证，必须有填制人员的签名或者盖章<br>（3）自制原始凭证必须有经办单位领导人或者其指定的人员签名或者盖章<br>（4）对外开出的原始凭证，必须加盖本单位公章</td></tr>
<tr><td>金额</td><td colspan="2">凡填有大写和小写金额的原始凭证，大写与小写金额必须相符</td></tr>
<tr><td>联次</td><td colspan="2">一式多联的原始凭证，应当注明各联的用途，只能以一联作为报销凭证</td></tr>
<tr><td>证明</td><td colspan="2">（1）购买实物的原始凭证，必须有验收证明<br>（2）支付款项的原始凭证，必须有收款单位和收款人的收款证明<br>（3）发生销货退回的，除填制退货发票外，还必须有退货验收证明。退款时，必须取得对方的收款收据或者汇款银行的凭证，不得以退货发票代替收据<br>（4）经上级有关部门批准的经济业务，应当将批准文件作为原始凭证附件。如果批准文件需要单独归档的，应当在凭证上注明批准机关名称、日期和文件字号</td></tr>
</table>

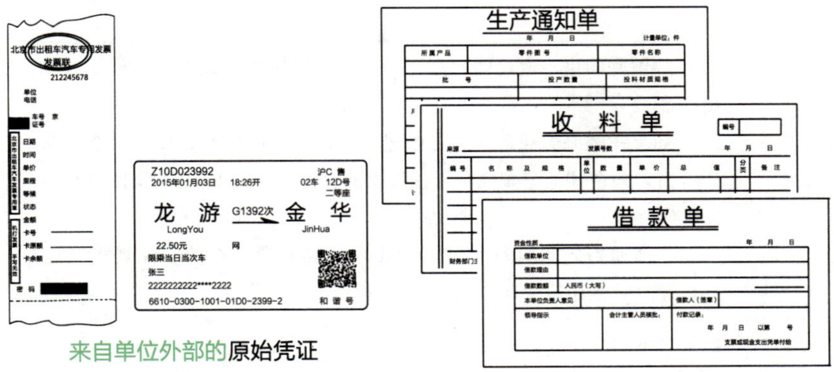

来自单位外部的原始凭证

单位自制的原始凭证

图 2-2　来自单位外部的原始凭证和单位自制的原始凭证

3. 记账凭证

| 什么是记账凭证 | 记账凭证，亦称传票，是指对经济业务事项按其性质加以归类，确定会计分录，并据以登记会计账簿的凭证。它具有分类归纳原始凭证和满足登记会计账簿需要的作用 |
|---|---|
| 分类 | 记账凭证可以分为收款凭证、付款凭证和转账凭证，也可以使用通用记账凭证（参考图 2-3） |
| 记账凭证的填制依据 | 记账凭证应当根据审核无误的原始凭证及有关资料编制 |
| 记账凭证必须具备的内容 | （1）填制凭证的日期<br>（2）凭证编号<br>（3）经济业务摘要<br>（4）会计科目<br>（5）金额<br>（6）所附原始凭证张数<br>（7）填制凭证人员、稽核人员、记账人员、会计机构负责人（会计主管人员）签名或者盖章；收款和付款记账凭证还应当由出纳人员签名或者盖章；实行会计电算化的单位，打印出的机制记账凭证要加盖制单人员、审核人员、记账人员及会计机构负责人（会计主管人员）印章或者签字<br>【提示】以自制的原始凭证或者原始凭证汇总表代替记账凭证的，也必须具备记账凭证应有的项目 |
| 记账凭证的编号 | 填制记账凭证时，应当对记账凭证进行连续编号。一笔经济业务需要填制两张以上记账凭证的，可以采用分数编号法编号（如转字 $4\frac{1}{3}$号） |
| 记账凭证的汇总填制 | 记账凭证可以根据每一张原始凭证填制，或者根据若干张同类原始凭证汇总填制，也可以根据原始凭证汇总表填制。但不得将不同内容和类别的原始凭证汇总填制在一张记账凭证上 |

续表

| | |
|---|---|
| 原始凭证的附列 | （1）除结账和更正错误的记账凭证可以不附原始凭证外，其他记账凭证必须附有原始凭证<br>（2）如果一张原始凭证涉及几张记账凭证，可以把原始凭证附在一张主要的记账凭证后面，并在其他记账凭证上注明附有该原始凭证的记账凭证的编号或者附原始凭证复印件<br>（3）一张原始凭证所列支出需要几个单位共同负担的，应当将其他单位负担的部分，开给对方原始凭证分割单，进行结算 |
| 记账凭证的重新填制 | 如果在填制记账凭证时发生错误，应当重新填制：<br>（1）已经登记入账的记账凭证，在当年内发现填写错误时，可以用红字填写一张与原内容相同的记账凭证，在摘要栏注明“注销某月某日某号凭证”字样，同时再用蓝字重新填制一张正确的记账凭证，注明“订正某月某日某号凭证”字样。如果会计科目没有错误，只是金额错误，也可以将正确数字与错误数字之间的差额，另编一张调整的记账凭证，调增金额用蓝字，调减金额用红字<br>（2）发现以前年度记账凭证有错误的，应当用蓝字填制一张更正的记账凭证 |

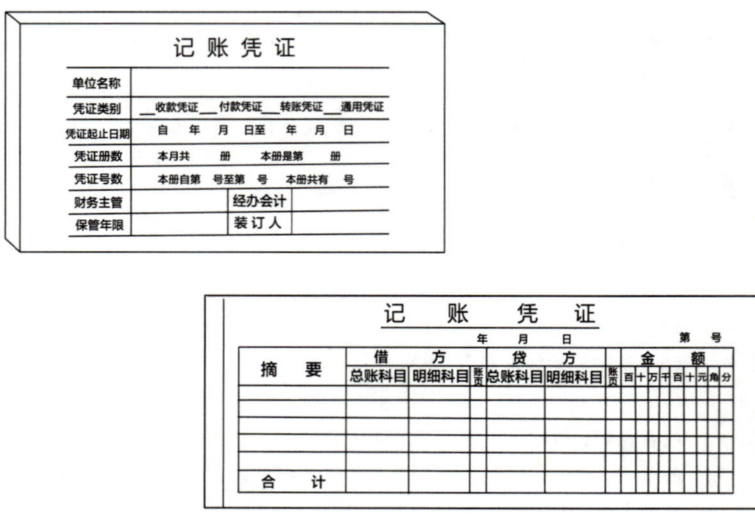


图2-3 通用记账凭证

4. 会计凭证的保管

| | |
|---|---|
| 基本要求 | 会计凭证登记完毕后，应当按照分类和编号顺序保管，不得散乱丢失 |
| 原始凭证的处理 | （1）记账凭证应当连同所附的原始凭证或者原始凭证汇总表，按照编号顺序，折叠整齐，按期装订成册，并加具封面，注明单位名称、年度、月份和起讫日期、凭证种类、起讫号码，由装订人在装订线封签外签名或者盖章<br>（2）对于数量过多的原始凭证，可以单独装订保管，在封面上注明记账凭证日期、编号、种类，同时在记账凭证上注明“附件另订”和原始凭证名称及编号<br>（3）各种经济合同、存出保证金收据以及涉外文件等重要原始凭证，应当另编目录，单独登记保管，并在有关的记账凭证和原始凭证上相互注明日期和编号 |

续表

| | |
|---|---|
| 原始凭证的外借与复制 | (1) 原始凭证不得外借，其他单位如因特殊原因需要使用原始凭证时，经本单位会计机构负责人、会计主管人员批准，可以复制<br>(2) 向外单位提供的原始凭证复制件，应当在专设的登记簿上登记，并由提供人员和收取人员共同签名或者盖章 |
| 原始凭证的遗失处理 | (1) 从外单位取得的原始凭证如有遗失，应当取得原开出单位盖有公章的证明，并注明原来凭证的号码、金额和内容等，由经办单位会计机构负责人、会计主管人员和单位领导人批准后，才能代作原始凭证<br>(2) 如果确实无法取得证明的，如火车、轮船、飞机票等凭证，由当事人写出详细情况，由经办单位会计机构负责人、会计主管人员和单位领导人批准后，代作原始凭证 |

### 经典题解

**【例题 16 · 判断题】** 原始凭证记载的各项内容均不得涂改。(　　)

**【解析】** 原始凭证记载的各项内容均不得"涂改"，"更改"则需要依法进行。

**【答案】** √

**【例题 17 · 判断题】** 不同内容和类别的原始凭证可以汇总填制在一张记账凭证上。(　　)

**【解析】** 记账凭证可以根据每一张原始凭证填制，或者根据若干张"同类"原始凭证汇总填制，也可以根据原始凭证汇总表填制，但不得将不同内容和类别的原始凭证汇总填制在一张记账凭证上。

**【答案】** ×

## 12 考点 12 会计账簿（★★★）

1. 会计账簿的种类、用途和形式

| 种类 | 用途 | 形式 |
|---|---|---|
| 总账<br>（也称总分类账） | 根据会计科目开设的账簿，用于分类登记单位的全部经济业务事项，提供资产、负债、所有者权益、费用、成本、收入等"总括核算"的资料 | 总账一般有订本账和活页账两种 |
| 明细账<br>（也称明细分类账） | 根据总账科目所属的明细科目设置的，用于分类登记某一类经济业务事项，提供有关明细核算资料 | 明细账通常使用活页账 |
| 日记账 | 是一种特殊的"序时"明细账，它是按照经济业务事项发生的时间先后顺序，逐日逐笔地进行登记的账簿 | (1) 包括现金日记账和银行存款日记账<br>(2) 现金日记账和银行存款日记账必须采用订本式账簿，不得用银行对账单或者其他方法代替日记账 |
| 其他辅助账簿<br>（也称备查账簿） | 为"备忘备查"而设置 | 主要包括各种租借设备、物资的辅助登记或有关应收、应付款项的备查簿，担保、抵押备查簿等 |

**图 2-4　会计账簿**

2. 启用会计账簿的基本要求

（1）封面：启用会计账簿时，应当在账簿封面上写明单位名称和账簿名称。

（2）扉页

①在账簿扉页上应当附启用表，内容包括启用日期、账簿页数、记账人员和会计机构负责人、会计主管人员姓名，并加盖名章和单位公章。

②记账人员或者会计机构负责人、会计主管人员调动工作时，应当注明交接日期、接办人员或者监交人员姓名，并由交接双方人员签名或者盖章。

（3）账页编号

①启用订本式账簿，应当从第一页到最后一页顺序编定页数，不得跳页、缺号。

②使用活页式账页，应当按账户顺序编号，并须定期装订成册。装订后再按实际使用的账页顺序编定页码。另加目录，记明每个账户的名称和页次。

3. 登记会计账簿的基本要求

（1）登记会计账簿时，应当将会计凭证日期、编号、业务内容摘要、金额和其他有关资料逐项记入账内，做到数字准确、摘要清楚、登记及时、字迹工整。

（2）登记完毕后，要在记账凭证上签名或者盖章，并注明已经登账的符号，表示已经记账。

（3）账簿中书写的文字和数字上面要留有适当空格，不要写满格；一般应占格距的1/2。

（4）登记账簿要用蓝黑墨水或者碳素墨水书写，不得使用圆珠笔（银行的复写账簿除外）或者铅笔书写。但下列情况，可以用红色墨水记账：

①按照红字冲账的记账凭证，冲销错误记录；

②在不设借贷等栏的多栏式账页中，登记减少数；

③在三栏式账户的余额栏前，如未印明余额方向的，在余额栏内登记负数余额；

④根据国家统一会计制度的规定可以用红字登记的其他会计记录。

（5）各种账簿按页次顺序连续登记，不得跳行、隔页。如果发生跳行、隔页，应当将空行、空页划线注销，或者注明“此行空白”“此页空白”字样，并由记账人员签名或者盖章。

（6）凡需要结出余额的账户，结出余额后，应当在“借或贷”等栏内写明“借”或者“贷”等字样。没有余额的账户，应当在“借或贷”等栏内写“平”字，并在余额栏内用“θ”表示。现金日记账和银行存款日记账必须逐日结出余额。

（7）结计要求

①每一账页登记完毕结转下页时，应当结出本页合计数及余额，写在本页最后一行和下页第一行有关栏内，并在摘要栏内注明“过次页”和“承前页”字样；也可以将本页合计数及金额只写在下页第一行有关栏内，

并在摘要栏内注明“承前页”字样。

②对需要结计本月发生额的账户，结计“过次页”的本页合计数应当为自本月初起至本页末止的发生额合计数；对需要结计本年累计发生额的账户，结计“过次页”的本页合计数应当为自年初起至本页末止的累计数；对既不需要结计本月发生额也不需要结计本年累计发生额的账户，可以只将每页末的余额结转次页。

（8）实行会计电算化的单位，用计算机打印的会计账簿必须连续编号，经审核无误后装订成册，并由记账人员和会计机构负责人、会计主管人员签字或者盖章。

4. 账簿记录错误的更正

账簿记录发生错误，不准涂改、挖补、刮擦或者用药水消除字迹，不准重新抄写，必须按照下列方法进行更正：

（1）登记账簿时发生错误，应当将错误的文字或者数字划红线注销，但必须使原有字迹仍可辨认；然后在划线上方填写正确的文字或者数字，并由记账人员在更正处盖章。

【提示】对于错误的数字，应当全部划红线更正，不得只更正其中的错误数字；对于文字错误，可只划去错误的部分。

（2）由于记账凭证错误而使账簿记录发生错误，应当按更正的记账凭证登记账簿。

5. 结账

（1）各单位应当按照规定定期结账。结账前，必须将本期内所发生的各项经济业务全部登记入账。结账时，应当结出每个账户的期末余额。

（2）年度终了结账时，所有总账账户都应当结出全年发生额和年末余额。年度终了，要把各账户的余额结转到下一会计年度，并在摘要栏注明“结转下年”字样；在下一会计年度新建有关会计账簿的第一行余额栏内填写上年结转的余额，并在摘要栏注明“上年结转”字样。

## 经典题解

**【例题18·多选题】**下列各项中，属于会计账簿的有（　　）。

A. 备查簿　　B. 日记账

C. 总账　　D. 明细账

**【答案】**ABCD

**【例题19·多选题】**根据会计法律制度的规定，下列关于登记会计账簿基本要求的表述中，正确的有（　　）。

A. 在不设借贷等栏的多栏式账页中，登记增加数，不登记减少数

B. 会计账簿按页次顺序连续登记，不得跳行、隔页

C. 账簿中书写的文字和数字上面要留有适当空格，不要写满格；一般应占格距的1/2

D. 按照红字冲账的记账凭证，冲销错误记录时，可以用红色墨水记账

**【解析】**选项A：在不设借贷等栏的多栏式账页中，登记减少数时可以使用红色墨水。

**【答案】**BCD

## 13 考点13 财务会计报告（★★★）

1. 企业财务会计报告的构成

（1）企业财务会计报告按编制时间分为年度、半年度、季度和月度财务会计报告。

（2）年度、半年度财务会计报告应当包括：

①会计报表；

②会计报表附注；

③财务情况说明书。

【提示】会计报表应当包括资产负债表、利润表、现金流量表及相关附表。

（3）季度、月度财务会计报告通常仅指会计报表（至少应当包括资产负债表和利润表，国家统一的会计制度规定季度、月度财

务会计报告需要编制会计报表附注的，从其规定）。

## 经典题解

【例题 20·单选题】根据会计法律制度的规定，下列各项中，不属于企业财务会计报告组成部分的是（　　）。

A. 年度财务预算

B. 财务情况说明书

C. 会计报表附注

D. 会计报表

【解析】注意区分财务会计“报告”和财务会计“报表”。

【答案】A

【例题 21·多选题】根据会计法律制度的规定，下列各项中，属于会计报表的有（　　）。

A. 现金流量表　　B. 利润表

C. 资产负债表　　D. 审计报告

【解析】选项 D：审计报告，是注册会计师根据审计准则的规定，在执行审计工作的基础上，“对被审计单位财务报表发表审计意见”的书面文件。

【答案】ABC

2. 对外提供企业财务会计报告的要求

（1）企业应当依照法律、行政法规和国家统一的会计制度关于财务会计报告的编制要求、提供对象和提供期限的规定，及时对外提供财务会计报告。

（2）向不同的会计资料使用者提供的财务会计报告，其编制依据应当一致。

（3）有关法律、行政法规规定会计报表、会计报表附注和财务情况说明书须经注册会计师审计的，注册会计师及其所在的会计师事务所出具的审计报告应当随同财务会计报告一并提供。

（4）对外报送的财务会计报告，应当依次编写页码，加具封面，装订成册，加盖公章。封面上应当注明：单位名称，单位地址，财务报告所属年度、季度、月度，送出日期，并由单位负责人、主管会计工作的负责人（设置总会计师的单位为总会计师）、会计机构负责人（会计主管人员）签名并盖章。（2021 年重大调整）

【相关链接】代理记账机构为委托人编制的财务会计报告，经代理记账机构负责人和委托人负责人签名并盖章后，按照有关法律、法规和国家统一的会计制度的规定对外提供。

（5）国有企业、国有控股的或者占主导地位的企业，应当至少每年一次向本企业的职工代表大会公布财务会计报告。

（6）接受企业财务会计报告的组织或者个人，在企业财务会计报告未正式对外披露前，应当对其内容保密。

## 经典题解

【例题 22·判断题】国有企业应当至少每两年一次向本企业的职工代表大会公布财务会计报告。（　　）

【答案】×

## 14 考点 14 账务核对与财产清查（★★）

1. 账务核对（对账）

各单位应当定期对会计账簿记录的有关数字与库存实物、货币资金、有价证券、往来单位或者个人等进行相互核对，保证账证相符、账账相符、账实相符。对账工作每年至少进行一次。

2. 财产清查

（1）财产清查制度是通过定期或不定期、全面或部分地对各项财产物资进行实地盘点和对库存现金、银行存款、债权债务进行清查核实的一种制度。

（2）在编制年度财务会计报告之前，必须进行财产清查，并对账实不符等问题根据国家统一的会计制度的规定进行会计处理，以保证财务会计报告反映的会计信息真实、完整。

### 经典题解

【例题 23 · 判断题】会计账簿记录与记账凭证记录核对属于账账核对。(　　)

【解析】属于“账证”核对。

【答案】×

【例题 24 · 单选题】根据会计法律制度的规定，下列关于账务核对的表述中，不正确的是(　　)。

A. 保证会计账簿记录与实物及款项的实有数额相符

B. 保证会计账簿记录与年度财务预算相符

C. 保证会计账簿之间相对应的记录相符

D. 保证会计账簿记录与会计凭证的有关内容相符

【解析】（1）选项 A：属于账实相符；（2）选项 C：属于账账相符；（3）选项 D：属于账证相符。

【答案】B

## 第 3 单元　会计档案管理



### 15 考点 15 什么是会计档案（★★）

1. 会计档案是指单位在进行会计核算等过程中接收或形成的，记录和反映单位经济业务事项的，具有保存价值的文字、图表等各种形式的会计资料。会计档案包括通过计算机等电子设备形成、传输和存储的电子会计档案。

2. 各单位的预算、计划、制度等文件材料属于文书档案，不属于会计档案。

### 经典题解

【例题 25 · 多选题】根据会计法律制度的规定，下列各项中，属于会计档案的有(　　)。

A. 原始凭证　　B. 记账凭证

C. 会计账簿　　D. 年度预算

【解析】选项 D：各单位的预算、计划、制度等文件材料属于文书档案，不属于会计档案。

【答案】ABC

### 16 考点 16 会计档案的归档（★★）

1. 下列会计资料应当进行归档：

（1）会计凭证，包括原始凭证、记账凭证；

（2）会计账簿，包括总账、明细账、日记账、固定资产卡片及其他辅助性账簿；

（3）财务会计报告，包括月度、季度、半年度财务会计报告和年度财务会计报告；

（4）其他会计资料，包括银行存款余额调节表、银行对账单、纳税申报表、会计档案移交清册、会计档案保管清册、会计档案销毁清册、会计档案鉴定意见书及其他具有保存价值的会计资料。

2. 电子会计档案

（1）电子会计档案的基本归档要求

①形成的电子会计资料来源真实有效，由计算机等电子设备形成和传输；

②使用的会计核算系统能够准确、完整、有效接收和读取电子会计资料，能够输出符合国家标准归档格式的会计凭证、会计账簿、财务会计报表等会计资料，设定了经办、审核、审批等必要的审签程序；

③使用的电子档案管理系统能够有效接收、管理、利用电子会计档案，符合电子档案的长期保管要求，并建立了电子会计档案与相关联的其他纸质会计档案的检索关系；

④采取有效措施，防止电子会计档案被篡改；

⑤建立电子会计档案备份制度，能够有效防范自然灾害、意外事故和人为破坏的影响；

⑥形成的电子会计资料不属于具有永久保存价值或者其他重要保存价值的会计档案。

（2）仅以电子形式保存，形成电子会计档案

①单位内部形成的、属于归档范围的电子会计资料，符合电子会计档案基本归档要求的，可仅以电子形式保存，形成电子会计档案。

②单位从外部接收的电子会计资料，符合电子会计档案基本归档要求、附有符合《中华人民共和国电子签名法》规定的电子签名的，可仅以电子形式归档保存，形成电子会计档案。

3. 归档责任人

单位的会计机构或会计人员所属机构按照归档范围和归档要求，负责定期将应当归档的会计资料整理立卷，编制会计档案保管清册。

4. 归档时间

（1）当年形成的会计档案，在会计年度终了后，可由单位会计管理机构临时保管 1 年，再移交单位档案管理机构保管。

（2）因工作需要确需推迟移交的，应当经单位档案管理机构同意，但单位会计管理机构临时保管会计档案最长不超过 3 年。

**【相关链接】** 出纳人员不得兼任（兼管）稽核、会计档案保管和收入、支出、费用、债权债务账目的登记工作。

## 经典题解

**【例题 26 · 单选题】** 根据会计法律制度的规定，单位会计管理机构临时保管会计档案最长不得超过一定期限，该期限为（　　）。

A. 4 年　　B. 2 年

C. 5 年　　D. 3 年

**【答案】** D

## 17 考点 17 会计档案的移交和利用（★★★）

1. 单位会计管理机构在办理会计档案移交时，应当编制会计档案移交清册，并按照国家档案管理的有关规定办理移交手续。

2. 纸质会计档案移交时应当保持原卷的封装。

3. 电子会计档案的移交

（1）电子会计档案移交时应当将电子会计档案及其元数据一并移交，且文件格式应当符合国家档案管理的有关规定。

（2）特殊格式的电子会计档案应当与其读取平台一并移交。

（3）单位档案管理机构接收电子会计档案时，应当对电子会计档案的准确性、完整性、可用性、安全性进行检测，符合要求的才能接收。

4. 会计档案的利用

（1）单位应当严格按照相关制度利用会计档案，在进行会计档案查阅、复制、借出时履行登记手续，严禁篡改和损坏。

（2）会计档案借用单位应当妥善保管和利用借入的会计档案，确保借入会计档案的安全完整，并在规定时间内归还。

## 经典题解

**【例题 27 · 多选题】** 单位档案管理机构在接收电子会计档案时，应当对电子档案进行检测。下列各项中，属于应检测的内容有（　　）。

A. 安全性　　B. 准确性

C. 可用性　　D. 完整性

**【答案】** ABCD

## 18 考点 18 会计档案的（最低）保管期限（★★）

1. 会计档案的保管期限分为永久、定期（一般分为 10 年和 30 年）两类；会计档案的保管期限，从会计年度终了后的第一天算起。

2. 会计档案的内容和保管期限的具体规定（以企业和其他组织为例）

| 会计档案的类别 | 会计档案的内容 | 保管期限 |
|---|---|---|
| 会计凭证 | 原始凭证 | 30 年 |
| | 记账凭证 | 30 年 |
| 会计账簿 | 总账 | 30 年 |
| | 明细账 | 30 年 |
| | 日记账 | 30 年 |
| | 固定资产卡片 | 固定资产报废清理后保管 5 年 |
| | 其他辅助性账簿 | 30 年 |
| 财务会计报告 | 月度、季度、半年度财务会计报告 | 10 年 |
| | 年度财务会计报告 | 永久 |
| 其他会计资料 | 银行存款余额调节表 | 10 年 |
| | 银行对账单 | 10 年 |
| | 纳税申报表 | 10 年 |
| | 会计档案移交清册 | 30 年 |
| | 会计档案保管清册 | 永久 |
| | 会计档案销毁清册 | 永久 |
| | 会计档案鉴定意见书 | 永久 |

### 经典题解

**【例题 28 · 多选题】** 根据会计法律制度的规定，企业和其他组织的下列会计档案中，应永久保管的有(　　)。

A. 年度财务报告

B. 纳税申报表

C. 半年度财务报告

D. 会计档案销毁清册

**【解析】** 选项 BC：最低保管期限为 10 年。(属于定期保管)

**【答案】** AD

**【例题 29 · 单选题】** 根据会计法律制度的规定，下列企业会计档案中，最低保管期限为 10 年的是(　　)。

A. 原始凭证

B. 日记账

C. 总账

D. 银行对账单

**【解析】** 选项 ABC：最低保管期限为 30 年。

**【答案】** D

## 19 考点19 会计档案的鉴定和销毁（★★★）

1. 会计档案的鉴定

（1）单位应当定期对已到保管期限的会计档案进行鉴定，并形成会计档案鉴定意见书。经鉴定，仍需继续保存的会计档案，应当重新划定保管期限；对保管期满，确无保存价值的会计档案，可以销毁。

（2）会计档案鉴定工作应当由单位档案管理机构牵头，组织单位会计、审计、纪检监察等机构或人员共同进行。

2. 不得销毁的会计档案

（1）保管期满但未结清的债权债务会计凭证和涉及其他未了事项的会计凭证不得销毁，纸质会计档案应当单独抽出立卷，电子会计档案单独转存，保管到未了事项完结时为止。

（2）单独抽出立卷或转存的会计档案，应当在会计档案鉴定意见书、会计档案销毁清册和会计档案保管清册中列明。

3. 会计档案的销毁清册

<table>
<tr><th>事项</th><th colspan="2">具体规定</th></tr>
<tr><td>编制</td><td colspan="2">由单位档案管理机构编制</td></tr>
<tr><td>签署意见</td><td colspan="2">下列人员应当在会计档案销毁清册上签署意见：<br>（1）单位负责人<br>（2）档案管理机构负责人、会计管理机构负责人<br>（3）档案管理机构经办人、会计管理机构经办人</td></tr>
<tr><td rowspan="3">监销人</td><td>纸质会计档案</td><td>单位档案管理机构、会计管理机构共同派员监销</td></tr>
<tr><td>电子会计档案</td><td>单位档案管理机构、会计管理机构和信息系统管理机构共同派员监销</td></tr>
<tr><td colspan="2">监销人在会计档案销毁前，应当按照会计档案销毁清册所列内容进行清点核对；在会计档案销毁后，应当在会计档案销毁清册上签名或者盖章</td></tr>
</table>

### 经典题解

**【例题30·单选题】** 根据会计法律制度的规定，下列机构中，属于单位会计档案鉴定工作牵头机构的是（　　）。

A. 审计机构　　B. 纪检监察机构

C. 档案管理机构　　D. 会计机构

**【答案】** C

**【例题31·判断题】** 会计档案销毁之后，监销人应该在销毁清册上签名和盖章。（　　）

**【解析】** 没有要求签名“和”盖章，只需要签名“或者”盖章。

**【答案】** ×

## 20 考点20 特殊情况下的会计档案处置（★★）

1. 单位分立

（1）单位分立后原单位存续的，其会计档案应当由分立后的存续方统一保管，其他方可以查阅、复制与其业务相关的会计档案。

（2）单位分立后原单位解散的，其会计档案应当经各方协商后由其中一方代管或按照国家档案管理的有关规定处置，各方可以查阅、复制与其业务相关的会计档案。

（3）单位分立中未结清的会计事项所涉及的会计凭证，应当单独抽出由业务相关方保存，并按照规定办理交接手续。

2. 业务移交

单位因业务移交其他单位办理所涉及的会计档案，应当由原单位保管，承接业务单位可以查阅、复制与其业务相关的会计档案。对其中未结清的会计事项所涉及的会计凭证，应当单独抽出由承接业务单位保存，并按照规定办理交接手续。

3. 单位合并

（1）单位合并后原各单位解散或者一方存续其他方解散的，原各单位的会计档案应当由合并后的单位统一保管。

（2）单位合并后原各单位仍存续的，其会计档案仍应当由原各单位保管。

4. 建设单位项目建设的会计档案的交接

建设单位在项目建设期间形成的会计档案，需要移交给建设项目接受单位的，应当在办理竣工财务决算后及时移交，并按照规定办理交接手续。

5. 单位之间交接会计档案

（1）移交会计档案的单位，应当编制会计档案移交清册。

（2）交接会计档案时，交接双方应当按照会计档案移交清册所列内容逐项交接，并由交接双方的单位有关负责人负责监督。

（3）交接完毕后，交接双方经办人和监督人应当在会计档案移交清册上签名或盖章。

（4）电子会计档案应当与其元数据一并移交，特殊格式的电子会计档案应当与其读取平台一并移交。档案接受单位应当对保存电子会计档案的载体及其技术环境进行检验，确保所接收电子会计档案的准确、完整、可用和安全。

### 经典题解

**【例题 32 · 单选题】** 单位之间会计档案交接完毕后，交接双方的（ ）应当在会计档案移交清册上签名或者盖章。

A. 经办人

B. 监交人

C. 会计机构负责人

D. 经办人和监督人

**【答案】** D

**【例题 33 · 判断题】** 单位合并后一方存续其他方解散的，各单位的会计档案应由存续方统一保管。（ ）

**【答案】** √

**【例题 34 · 多选题】** 单位之间交接会计档案时，交接双方应当办理会计档案交接手续，包括（ ）。

A. 电子会计档案应当与其元数据一并移交

B. 单位有关负责人负责监督

C. 交接双方经办人和监督人应当在会计档案移交清册上签名或盖章

D. 档案接受单位应当对保存电子会计档案的载体及其技术环境进行检验

**【答案】** ABCD

## 第 4 单元 会计监督

查看本单元视频

使用"会计云课堂" App/ 微信扫描

### 21 考点 21 单位内部会计监督（★★）

1. 主体与对象

单位内部会计监督是指各单位的会计机构、会计人员（监督主体）按照规定通过会计手段对本单位经济活动（监督对象）的合法性、合理性和有效性进行监督。

**【提示】** 除单位内部会计监督外，单位内部还有许多具有监督职能的机构，例如纪检部门、监事会，这些机构实施的监督行为属于单位内部机构对单位有关活动的监督，也是一种"内部监督"（大概念），但不属于单位"内部会计监督"（小概念，主体和对象特定）。

### 经典题解

**【例题35·判断题】**单位内部会计监督的对象是本单位的经济活动。（　　）

**【答案】**√

**【例题36·多选题】**下列各项中，属于公司内部会计监督主体的有（　　）。

A. 公司债权人　　B. 公司纪检部门

C. 公司会计机构　　D. 公司会计人员

**【答案】**CD

2. 单位内部会计监督制度应当符合下列要求：

（1）记账人员与经济业务事项和会计事项的审批人员、经办人员、财物保管人员的职责权限应当明确，并相互分离、相互制约；

（2）重大对外投资、资产处置、资金调度和其他重要经济业务事项的决策和执行的相互监督、相互制约程序应当明确；

（3）财产清查的范围、期限和组织程序应当明确；

（4）对会计资料定期进行内部审计的办法和程序应当明确。

3. 发现问题的处理

（1）会计机构、会计人员发现会计账簿记录与实物、款项及有关资料不相符的，按照国家统一的会计制度的规定有权自行处理的，应当及时处理；无权自行处理的，应当立即向单位负责人报告，请求查明原因，作出处理。

（2）单位负责人应当保证会计机构、会计人员依法履行职责，不得授意、指使、强令会计机构、会计人员违法办理会计事项。

4. 不相容职务分离控制

不相容职务分离控制是企业内部控制措施之一，要求企业全面系统地分析、梳理业务流程中所涉及的不相容职务，实施相应的分离措施，形成各司其职、各负其责、相互制约的工作机制。不相容职务是指那些如果由一个人担任，既可能发生错误舞弊行为，又可能掩盖其错误和舞弊行为的职务。主要包括：

（1）授权批准与业务经办；

（2）业务经办与会计记录；

（3）会计记录与财产保管；

（4）业务经办与稽核检查；

（5）授权批准与监督检查。

### 经典题解

**【例题37·多选题】**根据会计法律制度的规定，下列职务中，属于不相容职务的有（　　）。

A. 业务经办与稽核检查

B. 会计记录与财产保管

C. 授权批准与监督检查

D. 业务经办与会计记录

**【答案】**ABCD

## 22 考点22 会计工作的政府监督（★★）

1. 主体

（1）会计工作的政府监督主要是指财政部门代表国家对各单位和单位中相关人员的会计行为实施的监督检查，以及对发现的违法会计行为实施的行政处罚。

（2）除财政部门外，审计、税务、人民银行、证券监管、保险监管等部门依照有关法律、行政法规规定的职责和权限，可以对有关单位的会计资料实施监督检查。

2. 财政部门的会计监督

（1）主要内容

①是否依法设置会计账簿；

②会计凭证、会计账簿、财务会计报告和其他会计资料是否真实、完整；

③会计核算是否符合《会计法》和国家统一的会计制度的规定；

④从事会计工作的人员是否具备专业能

力、遵守职业道德。

（2）账户查询权

财政部门在对各单位会计凭证、会计账簿、财务会计报告和其他会计资料真实性、完整性实施监督，发现重大违法嫌疑时，国务院财政部门及其派出机构可以向与被监督单位有经济业务往来的单位和被监督单位开立账户的金融机构查询有关情况，有关单位和金融机构应予以支持。

（3）保密义务

依法对有关单位的会计资料实施监督检查的部门及其工作人员对在监督检查中知悉的国家秘密和商业秘密负有保密的义务。

### 经典题解

**【例题 38 · 单选题】** 根据会计法律制度的规定，下列行为中，属于会计工作政府监督的是（　　）。

A. 个人检举会计违法行为

B. 会计师事务所对单位经济活动进行审计

C. 单位内部会计机构审核本单位会计账簿

D. 财政部门对各单位的会计工作进行监督检查

**【解析】**（1）选项 AB：属于会计工作的社会监督；（2）选项 C：属于单位内部会计监督。

**【答案】** D

## 23 考点 23 会计工作的社会监督（★★）

1. 会计工作社会监督的类型

（1）会计工作的社会监督主要是指由注册会计师及其所在的会计师事务所等中介机构接受委托，依法对单位的经济活动进行审计，出具审计报告，发表审计意见的一种监督制度。

（2）任何单位和个人对违反《会计法》和国家统一的会计制度规定的行为，有权检举，这也属于会计工作社会监督的范畴。

### 经典题解

**【例题 39 · 单选题】** 对某市甲公司实施的下列会计监督中，属于社会监督的是（　　）。

A. 市财政局对甲公司开展会计信息质量检查

B. 甲公司的纪检部门检查本公司会计账簿

C. 市税务局对甲公司开展增值税专项税务检查

D. 乙会计师事务所接受委托审计甲公司的年度财务会计报告

**【解析】**（1）选项 AC：属于政府监督；（2）选项 B：属于单位内部机构对单位有关活动的监督。

**【答案】** D

2. 审计报告

（1）审计报告，是指注册会计师根据审计准则的规定，在执行审计工作的基础上，对被审计单位财务报表发表审计意见的书面文件。

（2）真实性

①法律、行政法规规定须经注册会计师进行审计的单位，应当向受委托的会计师事务所如实提供会计凭证、会计账簿、财务会计报告和其他会计资料以及有关情况。

②任何单位或者个人不得以任何方式要求或者示意注册会计师及其所在的会计师事务所出具不实或者不当的审计报告。

（3）审计报告意见类型

- 标准审计报告：无保留意见审计报告
- 非标准审计报告
  - 带强调事项段或其他事项段的无保留意见的审计报告
  - 非无保留意见的审计报告
    - 保留意见的审计报告
    - 否定意见的审计报告
    - 无法表示意见的审计报告

# 第5单元　会计法律责任

查看本单元视频
使用“会计云课堂”App/微信扫描

## 24 考点24 会计法律制度（★）

1. 会计法律制度的主要构成

（1）法律：《会计法》；

（2）行政法规：《总会计师条例》《企业财务会计报告条例》；

（3）部门规章：《会计人员管理办法》《代理记账管理办法》《会计档案管理办法》《会计专业技术人员继续教育规定》《会计基础工作规范》《企业会计准则》及其解释等。

2. 会计法律制度的适用范围

（1）**国家机关、社会团体、公司、企业、事业单位和其他组织**办理会计事务必须依照《会计法》规定。

（2）国家统一的会计制度

国家实行统一的会计制度。国家统一的会计制度，是指国务院财政部门根据《会计法》制定的关于会计核算、会计监督、会计机构和会计人员以及会计工作管理的制度。

## 25 考点25 违反国家统一会计制度的行为及责任（★★）

1. 违反国家统一会计制度行为包括：

（1）不依法设置会计账簿的；

（2）私设会计账簿的；

（3）未按照规定填制、取得原始凭证或者填制、取得的原始凭证不符合规定的；

（4）以未经审核的会计凭证为依据登记会计账簿或者登记会计账簿不符合规定的；

（5）随意变更会计处理方法的；

（6）向不同的会计资料使用者提供的财务会计报告编制依据不一致的；

（7）未按照规定使用会计记录文字或者记账本位币的；

（8）未按照规定保管会计资料，致使会计资料毁损、灭失的；

（9）未按照规定建立并实施单位内部会计监督制度或者拒绝依法实施的监督或者不如实提供有关会计资料及有关情况的；

（10）任用会计人员不符合《会计法》规定的。

2. 违反《会计法》规定，实施上述“违反国家统一会计制度行为”的：

（1）由县级以上人民政府财政部门责令限期改正，可以对单位并处**3000元以上5万元以下**的罚款；对其直接负责的主管人员和其他直接责任人员，可以处**2000元以上2万元以下**的罚款；属于国家工作人员的，还应当由其所在单位或者有关单位依法给予行政处分。

（2）构成犯罪的，依法追究刑事责任。

（3）会计人员有上述所列行为之一，情节严重的，**5年内不得从事会计工作**。

## 26 考点 26 伪造、变造、编制虚假行为及责任（★★★）

伪造、变造会计凭证、会计账簿，编制虚假财务会计报告：

1. 构成犯罪的，依法追究刑事责任。

2. 尚不构成犯罪的：

（1）由县级以上人民政府财政部门予以通报，可以对单位并处5000元以上10万元以下的罚款；

（2）对其直接负责的主管人员和其他直接责任人员，可以处3000元以上5万元以下的罚款；

（3）属于国家工作人员的，还应当由其所在单位或者有关单位依法给予撤职直至开除的行政处分；

（4）其中的会计人员，5年内不得从事会计工作。

### 经典题解

**【例题40·单选题】**根据会计法律制度的规定，对于尚不构成犯罪的伪造、变造会计凭证行为，需要承担的行政罚款，下列说法正确的是（　　）。

A. 对单位罚款3000元以上50000元以下

B. 对个人罚款3000元以上50000元以下

C. 对单位罚款5000元以上50000元以下

D. 对个人罚款5000元以上100000元以下

**【答案】**B

**【例题41·单选题】**伪造、变造会计凭证、会计账簿，尚不构成犯罪的，会计人员（　　）内不得从事会计工作。

A. 5年　　B. 10年

C. 15年　　D. 20年

**【答案】**A

## 27 考点 27 隐匿或者故意销毁行为及责任（★★★）

隐匿或者故意销毁依法应当保存的会计凭证、会计账簿、财务会计报告：

1. 构成犯罪的，依法追究刑事责任

隐匿或者故意销毁依法应当保存的会计凭证、会计账簿、财务会计报告，情节严重的，处5年以下有期徒刑或者拘役，并处或者单处2万元以上20万元以下罚金。单位犯罪的，对单位判处罚金，并对其直接负责的主管人员和其他直接责任人员，依照规定处罚。

2. 尚不构成犯罪的

（1）由县级以上人民政府财政部门予以通报，可以对单位并处5000元以上10万元以下的罚款；

（2）对其直接负责的主管人员和其他直接责任人员，可以处3000元以上5万元以下的罚款；

（3）属于国家工作人员的，还应当由其所在单位或者有关单位依法给予撤职直至开除的行政处分；

（4）其中的会计人员，5年内不得从事会计工作。

### 经典题解

**【例题42·多选题】**根据会计法律制度的规定，下列情形中，属于违法行为的有（　　）。

A. 指使会计人员编制虚假财务会计报告

B. 变造会计账簿

C. 隐匿依法应当保存的会计凭证

D. 拒绝接收金额记载错误的原始凭证

**【解析】**选项D：会计机构、会计人员必须按照国家统一的会计制度的规定对原始凭证进行审核，对不真实、不合法的原始凭证有权不予接受，并向单位负责人报告；对记载不准确、不完整的原始凭证予以退回，并要求按照国家统一的会计制度的规定更正、补充（原始凭证金额有错误的，应当由出具单位重开，不得在原始凭证上更正）。

【答案】ABC

## 28 考点28 终身禁入（★★）

因有提供虚假财务会计报告，做假账，隐匿或者故意销毁会计凭证、会计账簿、财务会计报告，贪污，挪用公款，职务侵占等与会计职务有关的违法行为被依法追究刑事责任的人员，不得再从事会计工作。

### 经典题解

**【例题43·判断题】**因故意销毁会计凭证被依法追究刑事责任的会计人员，不得再从事会计工作。（ ）

【答案】√

## 29 考点29 授意、指使、强令行为及责任（★）

授意、指使、强令会计机构、会计人员及其他人员伪造、变造会计凭证、会计账簿，编制虚假财务会计报告或者隐匿、故意销毁依法应当保存的会计凭证、会计账簿、财务会计报告：

1. 构成犯罪的，依法追究刑事责任。

2. 尚不构成犯罪的：

（1）可以处5000元以上5万元以下的罚款；

（2）属于国家工作人员的，还应当由其所在单位或者有关单位依法给予降级、撤职、开除的行政处分。

## 30 考点30 打击、报复行为及责任（★）

单位负责人对依法履行职责、抵制违反《会计法》规定行为的会计人员以降级、撤职、调离工作岗位、解聘或者开除等方式实行打击报复：

1. 构成犯罪的，依法追究刑事责任

公司、企业、事业单位、机关、团体的领导人，对依法履行职责、抵制违反《会计法》行为的会计人员实行打击报复，情节恶劣的，处3年以下有期徒刑或者拘役。

2. 尚不构成犯罪的，由其所在单位或者有关单位依法给予行政处分。

3. 对受打击报复的会计人员，应当恢复其名誉和原有职务、级别。

**【趣味小口诀】***

| | 罚款幅度 | 口诀及配图 |
|---|---|---|
| 违反国家统一会计制度的行为 | 对单位：3000元~5万元 |  |
| | 对个人：2000元~2万元 |  |

* 口诀由2019年初级学员@JP鲫鱼豆腐汤提供。

| | 罚款幅度 | 口诀及配图 |
|---|---|---|
| 伪造、变造、编制虚假，隐匿或者故意销毁 | 对单位：5000 元 ~ 10 万元<br>对个人：3000 元 ~ 5 万元 |  |
| 授意、指使、强令 | 仅对个人：5000 元 ~ 5 万元 |  |
| 打击、报复 | 无罚款 | |

图 2-5　罚款额度

## 第 6 单元　会计职业道德

查看本单元视频
使用"会计云课堂"App/ 微信扫描

### 31 考点 31 会计职业道德 VS 会计法律制度（★）

| | | 会计职业道德 | 会计法律制度 |
|---|---|---|---|
| 区别 | 性质不同 | 依靠会计从业人员的自觉性，具有很强的自律性 | 通过国家行政权力强制执行，具有很强的他律性 |
| | 作用范围不同 | 不仅调整会计人员的外在行为，还调整会计人员内在的精神世界 | 侧重于调整会计人员的外在行为和结果的合法化，具有较强的客观性 |
| | 表现形式不同 | 出自于会计人员的职业生活和职业实践，其表现形式既有成文的规范，也有不成文的规范 | 通过一定的程序由国家立法部门或行政管理部门制定、颁布的，其表现形式是具体的、明确的、正式形成文字的成文规定 |
| | 实施保障机制不同 | 主要依靠道德教育、社会舆论、传统习俗和道德评价来实现 | 依靠国家强制力保证其贯彻执行 |
| | 评价标准不同 | 以道德评价为标准 | 以法律规定为评价标准 |
| 联系 | | （1）会计职业道德与会计法律制度在内容上相互渗透、相互吸收<br>（2）会计职业道德与会计法律制度在作用上相互补充、相互协调<br>（3）会计职业道德是对会计法律制度的重要补充，会计法律制度是对会计职业道德的最低要求 | |

## 经典题解

【例题 44 · 判断题】会计的职业道德是对会计法律制度的最低要求。（　　）

【解析】会计法律制度是对会计职业道德的最低要求。

【答案】×

## 32 考点 32 会计职业道德的主要内容（★）

| 主要内容 | 对会计人员的具体要求 |
|---|---|
| 爱岗敬业 | （1）正确认识会计职业，树立职业荣誉感<br>（2）热爱会计工作，敬重会计职业<br>（3）安心工作，任劳任怨<br>（4）严肃认真，一丝不苟<br>（5）忠于职守，尽职尽责 |
| 诚实守信 | （1）做老实人，说老实话，办老实事，不搞虚假<br>（2）保密守信，不为利益所诱惑<br>（3）执业谨慎，信誉至上 |
| 廉洁自律 | （1）树立正确的人生观和价值观<br>（2）公私分明、不贪不占<br>（3）遵纪守法，一身正气 |
| 客观公正 | （1）端正态度，依法办事<br>（2）实事求是，不偏不倚<br>（3）如实反映，保持应有的独立性 |
| 坚持准则 | （1）熟悉国家法律、法规和国家统一的会计制度，始终坚持按法律、法规和国家统一的会计制度的要求进行会计核算，实施会计监督<br>（2）在实际工作中，应当以准则作为自己的行动指南，在发生道德冲突时，应坚持准则，维护国家利益、社会公众利益和正常的经济秩序<br>【提示】此处的“准则”应作广义理解，包括国家法律、法规和国家统一的会计制度 |
| 提高技能 | （1）具有不断提高会计专业技能的意识和愿望<br>（2）具有勤学苦练的精神和科学的学习方法，刻苦钻研，不断进取，提高业务水平 |
| 参与管理 | 在做好本职工作的同时，努力钻研业务，全面熟悉本单位经营活动和业务流程，主动提出合理化建议，积极参与管理，使管理活动更有针对性和实效性 |
| 强化服务 | 树立服务意识，提高服务质量，努力维护和提升会计职业的良好社会形象 |

## 经典题解

【例题 45·多选题】根据会计法律制度的规定，下列各项中，属于会计职业道德内容的有(　　)。

A. 爱岗敬业

B. 客观公正

C. 强化服务

D. 参与管理

【答案】ABCD

## 经典大题精析

【例题 46·不定项选择题】

赵某等人拟成立甲公司，主要从事欧盟地区货物贸易，业务收支以欧元为主。公司筹备会在讨论公司章程时议定：选择欧元作为记账本位币，编报的财务会计报告折算为人民币；会计记录文字同时使用中文和法文；会计年度确定为公历 1 月 1 日起至 12 月 31 日止。

2019 年 6 月，甲公司成立，赵某为法定代表人，钱某为会计机构负责人。2019 年 10 月，甲公司向乙公司出售了 10 台进口的精密仪器，12 月乙公司因年报审计需要使用甲公司留存的该批仪器的原始凭证。甲公司安排会计人员孙某办理此事。

2020 年 1 月，孙某因病住院，甲公司安排会计人员李某接替孙某工作。孙某委托会计人员周某代办交接手续。

2020 年 3 月，丙会计师事务所接受甲公司委托，对 2019 年度财务会计报告进行审计并出具了审计报告。随后，甲公司将 2019 年度财务会计报告对外提供。

要求：

根据上述资料，不考虑其他因素，分析回答下列小题。

1. 甲公司筹备会议定的下列事项中，符合法律规定的是(　　)。

A. 同时使用中文和法文作为会计记录文字

B. 会计年度确定为公历 1 月 1 日起至 12 月 31 日止

C. 选择欧元作为记账本位币

D. 编报的财务会计报告以人民币折算

2. 对乙公司使用原始凭证的要求，甲公司拟采取的下列措施中，正确的是(　　)。

A. 经赵某批准后，直接将原始凭证借给乙公司

B. 经孙某签字后，向乙公司提供该原始凭证的复制件

C. 原始凭证不外借

D. 在专设登记簿上登记后，将原始凭证借给乙公司

3. 关于李某接替孙某工作的下列表述中，正确的是(　　)。

A. 李某接替孙某工作后应另立新账

B. 双方交接工作应由钱某负责监交

C. 孙某委托周某代办交接手续须经赵某批准

D. 孙某应当对移交的会计资料真实性和合法性承担法律责任

4. 关于甲公司对外提供 2019 年度财务会计报告的下列表述中，正确的是(　　)。

A. 法律规定须经注册会计师审计的，审计报告应当随同财务会计报告一并提供

B. 财务会计报告应当依次编写页码，加具封面，装订成册，加盖公章

C. 财务会计报告应包括会计报表、会计报表附注和财务情况说明书

D. 向不同会计资料使用者提供的财务会计报告，其编制依据应当一致

【例题 47·不定项选择题】

2020 年 9 月，甲公司会计机构负责人周某因故离职，甲公司聘用吴某担任会计机构负责人，与周某交接会计工作。

吴某任职后，发现公司会计人员郑某负责出纳和会计档案保管；王某负责财产物资核算和成本费用核算；赵某负责财务成果核算和总账报表编制；钱某负责往来核算和稽核。吴某依照企业内部控制要求对相关人员进行了岗位调整，并向单位负责人李某进行了汇报。

2020 年 12 月 10 日，王某依据职责对下列原始凭证进行了审核，并作出了相应处理：

| 序号 | 凭证类型 | 开具单位 | 项目 | 审核情况 |
| --- | --- | --- | --- | --- |
| 1 | 增值税专用发票 | 乙公司 | 购进办公用打印纸 | 金额错误 |
| 2 | 领料单 | 甲公司 1 号仓库 | 领用原材料 | 记载内容不准确 |
| 3 | 火车票 | 中国国家铁路集团有限公司 | 交通费 | 审核无误 |
| 4 | 入库单 | 甲公司 2 号仓库 | 产品入库 | 记载内容不完整 |

要求：

根据上述资料，不考虑其他因素，分析回答下列小题。

1. 关于周某和吴某工作交接的下列表述中，正确的是(　　)。

A. 周某和吴某交接工作应由李某监交

B. 周某、吴某和监交人应在移交清册上签名或者盖章

C. 周某对需要移交的遗留问题，应当写出书面材料

D. 吴某应按移交清册逐项核对点收

2. 吴某的下列资历中，符合会计机构负责人任职资格要求的是(　　)。

A. 具有 2 年会计工作经历

B. 具有经济师专业技术职务资格

C. 具有税务师职业资格

D. 具有会计师专业技术职务资格

3. 甲公司会计人员的下列岗位设置中，吴某应予以调整的是(　　)。

A. 郑某兼任出纳和会计档案保管

B. 王某兼任财产物资核算和成本费用核算

C. 赵某兼任财务成果核算和总账报表编制

D. 钱某兼任往来核算和稽核

4. 王某对原始凭证作出的下列处理措施中，正确的是(　　)。

A. 将 1 号凭证退回经办人，要求乙公司重开

B. 对 2 号凭证予以接受，对不准确的项目自行更正，并在更正处加盖印章

C. 对 3 号凭证予以受理

D. 将 4 号凭证退回经办人，要求补充

【例题 48·不定项选择题】

2019 年年底，甲公司会计机构负责人周某按照公司董事长吴某的要求，让会计人员郑某通过伪造原始凭证、变造会计账簿等手段少列收入以少缴税款。郑某对此拒绝，周某另安排会计人员王某完成上述工作并编制了虚假财务会计报告。

周某将郑某一事报告吴某后，吴某要求对郑某作出处理，甲公司遂以不服从工作安排为由将郑某调离会计工作岗位，指定出纳人员赵某兼管郑某的全部工作，包括营业收入明细账、固定资产明细账、无形资产明细账的登记和会计档案保管，双方办理了工作交接。

郑某认为公司将其调离会计工作岗位是对其实行打击报复，于是向当地财政部

门和税务机关举报甲公司。财政部门和税务机关调查后认定甲公司存在会计违法行为和逃税行为，分别进行了处罚。

要求：

根据上述资料，不考虑其他因素，分析回答下列小题。

1. 甲公司的下列行为中，属于违反会计法律制度的是(　　)。

A. 变造会计账簿

B. 伪造原始凭证

C. 编制虚假财务会计报告

D. 以不服从工作安排为由将郑某调离会计工作岗位

2. 郑某的下列工作中，不得由赵某兼管的是(　　)。

A. 营业收入明细账的登记

B. 固定资产明细账的登记

C. 无形资产明细账的登记

D. 会计档案保管

3. 关于郑某和赵某工作交接的下列表述中，正确的是(　　)。

A. 移交清册仅需郑某和赵某签名或盖章

B. 赵某应按照移交清册逐项核对点收

C. 赵某应当继续使用移交的会计账簿，不得自行另立新账

D. 应由周某负责监交

4. 对甲公司及相关责任人的违法行为，财政部门和税务机关可采取的处罚措施是(　　)。

A. 财政部门对甲公司的违法行为予以通报

B. 税务机关对甲公司处以罚款

C. 税务机关向甲公司追缴少缴的税款

D. 财政部门对甲公司及相关责任人处以罚款

【例题 49·不定项选择题】

2020 年 10 月，甲公司会计机构负责人组织会计人员对纸质及电子会计资料进行整理，移交给甲公司档案管理机构。随后，甲公司档案管理机构负责人组织相关机构对已经到保管期限的会计档案进行鉴定，对确无保存价值可以销毁的会计档案，由档案管理员编制会计档案销毁清册，经相关人员签署意见后销毁。

要求：

根据上述资料，不考虑其他因素，分析回答下列小题。

1. 甲公司下列会计资料中，应当按照会计档案归档的是(　　)。

A. 纳税申报表

B. 财务会计报表

C. 年度财务会计报告

D. 银行对账单

2. 关于甲公司会计机构移交会计档案的下列表述中，正确的是(　　)。

A. 纸质会计档案移交时应当拆封整理重新封装

B. 接收电子会计档案时，应当对其准确性、完整性、可用性、安全性进行检测

C. 电子会计档案移交时应当将电子会计档案及其元数据一并移交

D. 应当编制会计档案移交清册

3. 关于甲公司对会计档案鉴定的下列表述中，正确的是(　　)。

A. 会计档案鉴定工作应当由单位会计机构牵头

B. 会计档案鉴定工作由会计、审计、纪检监察、档案管理等机构或人员共同进行

C. 应当定期对已到保管期限的会计档案进行鉴定

D. 鉴定后认为仍需继续保存的会计档案，应当重新划定保存期限

4. 除档案管理机构经办人外，还应当在会计档案销毁清册上签署意见的是(　　)。

A. 法定代表人

B. 档案管理机构负责人

C. 会计管理机构经办人

D. 会计管理机构负责人

【例题 50·不定项选择题】

2020 年 1 月，甲公司一批会计档案保管

期满，其中有尚未结清的债权债务会计凭证。甲公司档案管理机构请会计机构负责人赵某及相关人员在会计档案销毁清册上签署意见，将该批会计档案全部销毁。9 月，出纳钱某调离，与接替其工作的孙某办理了会计工作交接。12 月，为完成利润指标，会计机构负责人赵某采取虚增收入等方法，调整了财务会计报告（尚不构成犯罪），并经法定代表人李某同意，向乙公司提供了未经审计的财务会计报告。

要求：

根据上述资料，不考虑其他因素，分析回答下列小题。

1. 关于甲公司销毁会计档案的下列表述中，正确的是(　　)。

   A. 档案管理机构负责人应在会计档案销毁清册上签署意见

   B. 法定代表人李某应在会计档案销毁清册上签署意见

   C. 会计机构负责人赵某不应在会计档案销毁清册上签署意见

   D. 保管期满但未结清的债权债务会计凭证不得销毁

2. 下列关于会计人员钱某与孙某交接会计工作的表述中，正确的是(　　)。

   A. 钱某与孙某应按移交清册逐项移交，核对点收

   B. 应由会计机构负责人赵某监交

   C. 移交完毕，钱某与孙某以及监交人应在移交清册上签名或盖章

   D. 移交完毕，孙某可自行另立新账进行会计记录

3. 关于甲公司向乙公司提供财务会计报告的下列表述中，正确的是(　　)。

   A. 财务会计报告经注册会计师审计后才能对乙公司提供

   B. 会计机构负责人赵某应在财务会计报告上签名并盖章

   C. 主管会计工作的负责人应在财务会计报告上签名并盖章

   D. 法定代表人李某应在财务会计报告上签名并盖章

4. 关于会计机构负责人赵某采取虚增营业收入等方法调整财务会计报告行为性质及法律后果的下列表述中，正确的是(　　)。

   A. 可对赵某处以罚款

   B. 该行为属于编制虚假财务会计报告

   C. 赵某 5 年之内不得从事会计工作

   D. 可对赵某处以行政拘留

## 经典大题精析参考答案及解析

“扫码看解析”

使用“微信”或“会计云课堂”App 扫右方二维码，对答案、看解析、掌握解题思路，开启轻松过关之旅。

【例题 46 · 不定项选择题】

1. 【答案】ABCD

   **解析**：（1）选项 A：会计记录的文字应当使用中文，在中国境内的外商投资企业、外国企业和其他外国组织的会计记录可以同时使用一种外国文字；（2）选项 B：我国是以公历年度为会计年度，即以每年公历的 1 月 1 日起至 12 月 31 日止为一个会计年度；（3）选项 CD：业务收支以人民币以外的货币为主的单位，可以选

定其中一种货币作为记账本位币，但编报的财务会计报告应当折算为人民币。

2. 【答案】C

解析：（1）选项 AC：原始凭证不得外借，其他单位如因特殊原因需要使用原始凭证时，经本单位会计机构负责人（钱某）、会计主管人员批准，可以复制；（2）选项 BD：向外单位提供的原始凭证“复制件”，应当在专设的登记簿上登记，并由提供人员和收取人员共同签名或者盖章（原件外借肯定不行，提供复制件也需要登记+签章）。

3. 【答案】BCD

解析：（1）选项 A：接替人员应当继续使用移交的会计账簿，不得自行另立新账，以保持会计记录的连续性；（2）选项 B：一般会计人员（孙某）办理交接手续，由会计机构负责人（钱某）监交；（3）选项 CD：移交人员（孙某）因病或者其他特殊原因不能亲自办理移交的，经单位领导人（赵某）批准，可由移交人员委托他人代办移交，但委托人（孙某）应当承担对所移交的会计凭证、会计账簿、会计报表和其他有关资料的合法性、真实性的法律责任。

4. 【答案】ABCD

【例题 47 · 不定项选择题】

1. 【答案】ABCD

解析：（1）选项 A：会计机构负责人（会计主管人员）办理交接手续，由单位负责人监交，必要时，主管单位可以派人会同监交；（2）选项 B：交接完毕后，交接双方和监交人要在移交清册上签名或者盖章；（3）选项 C：会计机构负责人（会计主管人员）移交时，必须将全部财务会计工作、重大财务收支和会计人员的情况等，向接替人员详细介绍。对需要移交的遗留问题，应当写出书面材料；（4）选项 D：移交人员在办理移交时，要按移交清册逐项移交，接替人员要逐项核对点收。

2. 【答案】D

解析：担任单位会计机构负责人（会计主管人员）的，应当具备会计师以上专业技术职务资格“或者”从事会计工作3年以上经历。

3. 【答案】A

解析：选项 A：出纳人员不得兼任（兼管）稽核、会计档案保管和收入、支出、费用、债权债务账目的登记工作。

4. 【答案】ACD

解析：（1）选项 A：原始凭证上除金额以外的其他事项有错误的，应当由出具单位重开或者更正，更正处应当加盖出具单位印章；原始凭证“金额”有错误的，应当由出具单位重开，不得在原始凭证上更正；（2）选项 BD：会计机构、会计人员必须按照国家统一的会计制度的规定对原始凭证进行审核，对记载“不准确、不完整”的原始凭证予以退回，并要求按照国家统一的会计制度的规定更正、补充。

【例题 48 · 不定项选择题】

1. 【答案】ABCD

解析：选项 D：属于单位负责人对依法履行职责、抵制违反《会计法》规定行为的会计人员实行打击报复的行为。

2. 【答案】AD

解析：出纳人员不得兼任（兼管）稽核、会计档案保管和收入、支出、费用、债权债务账目的登记工作。“无形资产明细账、固定资产明细账”不属于收入、支出、费用、债权债务账目，可以由出纳人员负责登记。

3. 【答案】BCD

解析：（1）选项 A：交接完毕后，交接双方和监交人要在移交清册上签名或者盖章；（2）选项 B：移交人员在办理移交时，要按移交清册逐项移交；接替人员要逐项核对点收；（3）选项C：接替人员应当继续使用移交的会计账簿，不得自行另立新账，以保持会计记录的连续性；（4）选项D：一般会计人员办理交接手续，由会计机构负责人（会计主管人员）监交。

4. 【答案】ABCD

解析：（1）选项AD：伪造、变造会计凭证、会计账簿，编制虚假财务会计报告，尚不构成犯罪的，由"县级以上人民政府财政部门"予以通报，可以对单位并处5000元以上10万元以下的"罚款"；对其直接负责的主管人员和其他直接责任人员，可以处3000元以上5万元以下的"罚款"；属于国家工作人员的，还应由其所在单位或者有关单位依法给予撤职直至开除的行政处分；其中的会计人员，5年内不得从事会计工作。构成犯罪的，依法追究刑事责任。（2）选项BC：纳税人采取伪造、变造、隐匿、擅自销毁账簿、记账凭证，或者在账簿上多列支出或者不列、少列收入，或者经税务机关通知申报而拒不申报或者进行虚假的纳税申报的手段，不缴或者少缴应纳税款的，由主管税务机关追缴其不缴或少缴的税款、滞纳金，并处不缴或者少缴的税款50%以上5倍以下的罚款（参考第7章"逃税行为的法律责任"）。

【例题49·不定项选择题】

1. 【答案】ABCD

解析：会计凭证、会计账簿、财务会计报告（选项BC）和其他会计资料，包括银行存款余额调节表、银行对账单（选项D）、纳税申报表（选项A）、会计档案移交清册、会计档案保管清册、会计档案销毁清册、会计档案鉴定意见书及其他具有保存价值的会计资料，均应归档。

2. 【答案】BCD

解析：选项A：纸质会计档案移交时应当保持原卷的封装。

3. 【答案】BCD

解析：（1）选项AB：会计档案鉴定工作应当由单位档案管理机构牵头，组织单位会计、审计、纪检监察等机构或人员共同进行。（2）选项CD：单位应当定期对已到保管期限的会计档案进行鉴定，并形成会计档案鉴定意见书。经鉴定，仍需继续保存的会计档案，应当重新划定保管期限；对保管期满，确无保存价值的会计档案，可以销毁。

4. 【答案】ABCD

解析：单位负责人（选项A）、档案管理机构负责人（选项B）、会计管理机构负责人（选项D）、档案管理机构经办人、会计管理机构经办人（选项C）应当在会计档案销毁清册上签署意见。

【例题50·不定项选择题】

1. 【答案】ABD

解析：（1）选项ABC："单位负责人、档案管理机构负责人、会计管理机构负责人、档案管理机构经办人、会计管理机构经办人"均应在会计档案销毁清册上签署意见。（2）选项D：保管期满但未结清的债权债务会计凭证和涉及其他未了事项的会计凭证不得销毁。

2. 【答案】ABC

解析：（1）选项A：移交人员在办理移交时，要按移交清册逐项移交；接替人员要逐项核对点收。（2）选项B：一般会计人员办理交接手续，由会计机构负责人（会计主管人员）监交。（3）选项C：交接完毕后，交接双方和监交人应当在移交清册上签名或盖章。（4）选项D：接替人员应当继续使用移交的会计账簿，不得自行另立新账，以保持会计记录的连续性。

3. 【答案】BCD

解析：（1）选项A：并非所有公司的财务

会计报告都必须经过审计，有关法律、行政法规规定会计报表、会计报表附注和财务情况说明书须经注册会计师审计的，注册会计师及其所在的会计师事务所出具的审计报告应当随同财务会计报告一并提供。（2）选项 BCD：应由单位负责人（李某）、主管会计工作的负责人、会计机构负责人（赵某）、会计主管人员签名并盖章。

4. 【答案】ABC

**解析：**编制虚假财务会计报告构成犯罪的，依法追究刑事责任；尚不构成犯罪的：（1）由县级以上人民政府财政部门予以通报，可以对单位并处 5000 元以上 10 万元以下的罚款；（2）对其直接负责的主管人员和其他直接责任人员，可以处 3000 元以上 5 万元以下的罚款；（3）属于国家工作人员的，还应当由其所在单位或者有关单位依法给予撤职直至开除的行政处分；（4）其中的会计人员，5 年内不得从事会计工作。

**扫一扫　“码”上做题**

312993

本部分习题均配备二维码，使用“微信”或“会计云课堂”App 扫一扫左侧二维码，即可在线做题并获取详尽的答案解析、解题思路点拨等超值服务，助您轻松过关。

**【“会计云课堂”App 安装二维码详见封底页】**

## 同步强化练习题

### 一、单项选择题

1. 我国会计工作行政管理的主管部门是（　　）。
   A. 财政部门
   B. 市场监督管理部门
   C. 审计监察部门
   D. 税务部门

2. 根据会计法律制度的规定，对本单位会计工作和会计资料的真实性、完整性负责的是（　　）。
   A. 出纳人员
   B. 会计人员
   C. 会计机构负责人
   D. 单位负责人

3. 下列各项中，不属于会计工作岗位的是（　　）。
   A. 出纳岗位
   B. 会计机构中的会计档案保管岗位
   C. 财产物资核算岗位
   D. 仓库保管员岗位

4. 下列会计工作岗位中，出纳可以兼任的是（　　）。
   A. 稽核
   B. 债权债务账目的登记
   C. 固定资产明细账的登记
   D. 会计档案保管

5. 根据会计法律制度的规定，下列各项中，不属于代理记账机构的业务范围的是（　　）。
   A. 根据委托人提供的原始凭证和其他资料，依法进行会计核算
   B. 对外提供财务会计报告
   C. 对外提供审计报告
   D. 向税务机构提供税务资料

6. 一般会计人员办理会计工作交接，由（　　）监交。
   A. 其他会计人员

B. 会计机构负责人

C. 注册会计师

D. 单位内部审计人员

7. 会计工作交接时，接替人员在交接时因疏忽没有发现所接会计资料存在真实性、合法性方面的问题。如事后发现，该问题应由(　　)负责。

A. 接替人和原移交人员共同

B. 移交人员

C. 接替人

D. 会计机构负责人

8. 根据会计法律制度的规定，下列事业单位会计人员任用中，没有违背会计人员回避制度规定的是(　　)。

A. 甲单位法定代表人的妻子担任本单位财务部门经理

B. 乙单位会计科长的女儿担任本部门出纳员

C. 丙单位法定代表人的儿子担任本单位财务部门经理

D. 丁单位财务处处长的同学担任本部门出纳员

9. 根据《总会计师条例》规定，总会计师是(　　)。

A. 单位负责人

B. 会计机构负责人

C. 会计专业技术资格

D. 单位行政领导成员

10. 根据会计法律制度的规定，原始凭证的金额有错误时，应当采取的正确做法是(　　)。

A. 由出具单位重开

B. 由出具单位更正并加盖出具单位印章

C. 由接受单位更正并加盖接受单位印章

D. 由经办人员更正并加盖经办人员印章

11. 根据会计法律制度的规定，伪造会计凭证、会计账簿及其他会计资料，是指(　　)。

A. 用涂改、挖补等手段来改变会计凭证、会计账簿等的真实内容，歪曲事实真相的行为

B. 以虚假的经济业务事项为前提编造不真实的会计凭证、会计账簿和其他会计资料的行为

C. 通过编造虚假的会计凭证、会计账簿及其他会计资料或直接篡改财务会计报告上的数据，使财务会计报告不真实、不完整地反映财务状况和经营成果，借以误导、欺骗会计资料使用者的行为

D. 对会计凭证、会计账簿等的错误内容进行更正，并在更正处签章的行为

12. 根据会计法律制度的规定，下列各项中，不属于企业财务会计报告组成部分的是(　　)。

A. 审计报告

B. 财务情况说明书

C. 会计报表

D. 会计报表附注

13. 会计档案的鉴定工作应由(　　)牵头组织进行。

A. 单位档案管理机构

B. 单位会计管理机构

C. 单位审计机构

D. 单位纪检监察机构

14. 根据会计法律制度的要求，下列各项会计档案需要定期保管的是(　　)。

A. 原始凭证

B. 会计档案鉴定意见书

C. 会计档案保管清册

D. 年度财务会计报告

15. 在我国，单位内部会计监督的主体一般是指(　　)。

A. 财政、税务、审计机关

B. 注册会计师及会计师事务所

C. 本单位的会计机构和会计人员

D. 本单位的纪检机构及其人员

16. 甲公司拟采购一批重要的原材料，根据会计法律制度的规定，下列人员可以担任此次采购任务的采购人员的是(　　)。

A. 授权采购的王经理

B. 负责会计记录的小李

C. 业务部的小张

D. 稽核检查员小赵

17. 对甲公司实施的下列会计监督中，属于社会监督的是(　　)。

A. 财政局对甲公司开展年度会计信息质量检查

B. 会计师事务所对甲公司进行年度财务会计报告审计

C. 甲公司的纪检部门对本公司会计账簿进行监督检查

D. 税务局对甲公司开展企业所得税专项税务稽查

18. 下列有关会计职业道德与会计法律制度关系的表述中，不正确的是(　　)。

A. 在作用上相互补充，相互协调

B. 违反会计法律制度，一定违反会计职业道德

C. 在内容上相互渗透，互相吸收

D. 违反会计职业道德，一定违反会计法律制度

19. 青岛某公司存在伪造、变造会计凭证、会计账簿的行为，青岛市财政局发现后应根据行为性质，视情节轻重，对该公司直接负责的主管人员和其他直接责任人员处以(　　)的罚款。

A. 3000 元以上 5 万元以下

B. 5000 元以上 3 万元以下

C. 2000 元以上 2 万元以下

D. 3000 元以上 3 万元以下

20. 某公司为获得一项工程合同，拟向工程发包的有关人员支付好处费 10 万元。公司市场部人员持公司董事长的批示到财务部领取该笔款项时，财务部经理小王认为该项支出不符合有关规定，但考虑到公司主要领导已作了同意的批示，遂支付了此款项。对小王做法的下列认定中，正确的是(　　)。

A. 小王违反了爱岗敬业的会计职业道德要求

B. 小王违反了参与管理的会计职业道德要求

C. 小王违反了提高技能的会计职业道德要求

D. 小王违反了坚持准则的会计职业道德要求

## 二、 多项选择题

1. 甲公司的下列人员中，属于会计人员的有(　　)。

A. 会计机构负责人刘某

B. 出纳员王某

C. 总会计师张某

D. 总经理赵某

2. 会计人员工作交接完毕后，在移交清册上签名或盖章的人员中包括(　　)。

A. 监交人员

B. 交出方

C. 接受方

D. 单位会计档案管理人员

3. 会计人员办理移交手续前，应当做好的工作有(　　)。

A. 已经受理的经济业务尚未填制会计凭证的，应当填制完毕

B. 尚未登记的账目，应当登记完毕，并在最后一笔余额后加盖经办人员印章

C. 整理应该移交的各项资料，对未了事项写出书面材料

D. 编制移交清册

4. 根据会计法律制度的规定，下列各项中，属于会计核算主要内容的有(　　)。

A. 固定资产盘盈

B. 货币资金收入

C. 无形资产购入

D. 合同审核和签订

5. 根据会计法律制度的规定，有关我国会计核算的下列表述中，正确的有(　　)。

A. 各单位会计记录的文字均应当使用中文

B. 各单位采用的会计处理方法，前后各期应当一致，不得随意变更

C. 各单位会计核算均以人民币为记账本位币

D. 各单位均应依据经过审核无误的会计凭证登记会计账簿

6. 有关正确使用会计记录文字，下列表述正确的有（　　）。

A. 民族自治地区的企业，可以只使用当地通用的一种民族文字进行会计记录

B. 在我国境内的外商投资企业，会计记录的文字应当使用中文，可以同时使用一种外国文字

C. 在我国境内的外国企业，可以只使用其本国文字进行会计记录

D. 在我国境内的各类单位，会计记录均应当使用中文

7. 下列各项中，属于原始凭证应当具备的内容的有（　　）。

A. 经济业务内容

B. 接受凭证单位名称

C. 经办人员的签名或者盖章

D. 凭证编号

8. 有关原始凭证的基本要求，下列表述正确的有（　　）。

A. 自制原始凭证必须有经办单位领导人或者其指定的人员签名或者盖章

B. 凡填有大写和小写金额的原始凭证，大写与小写金额必须相符

C. 一式多联的原始凭证，应当注明各联的用途，只能以一联作为报销凭证

D. 退款时，将退货发票作为收据使用

9. 下列人员中，应当在收款凭证上签名或盖章的有（　　）。

A. 填制凭证人员

B. 会计机构负责人

C. 出纳人员

D. 单位负责人

10. 会计机构、会计人员对不真实、不合法的原始凭证有权（　　）。

A. 不予接受

B. 向单位负责人报告

C. 予以接受

D. 予以退回，要求更正、补充

11. 根据会计法律制度的规定，下列各项中，属于会计账簿的有（　　）。

A. 备查账簿　　B. 日记账

C. 明细账　　D. 总账

12. 根据会计法律制度的规定，应当在对外报送的财务会计报告上签名并盖章的有（　　）。

A. 单位负责人（单位领导人）

B. 单位内部审计负责人

C. 总会计师

D. 会计主管人员

13. 根据会计法律制度的规定，下列会计档案中不得销毁的有（　　）。

A. 保管期未满的会计档案

B. 保管期已满的会计档案

C. 保管期满但未结清的债权债务会计凭证

D. 保管期满但仍有未了事项的原始凭证

14. 下列企业会计档案中，最低保管期限为30年的有（　　）。

A. 银行存款余额调节表

B. 总账

C. 会计档案保管清册

D. 记账凭证

15. 下列各项中，有权依法对有关单位的会计资料实施监督检查的有（　　）。

A. 财政部门　　B. 税务部门

C. 商业银行　　D. 证券监管部门

16. 下列涉案会计人员，5 年内不得从事会计工作的有（　　）。

A. 因私设会计账簿且情节严重，被行政处罚的会计人员张某

B. 因伪造会计凭证被行政处罚的会计人员王某

C. 因故意销毁会计账簿被追究刑事责任的会计人员李某

D. 因挪用公款被追究刑事责任的会计人员赵某

17. 下列各项中，属于依照《中华人民共和

国会计法》可对单位并处 5000 元以上 10 万元以下罚款的行为有(　　)。

A. 未按照规定保管会计资料，致使会计资料毁损、灭失的

B. 伪造会计凭证、会计账簿

C. 编制虚假财务会计报告

D. 隐匿或故意销毁依法应当保存的会计凭证、会计账簿、财务会计报告

18. 下列各项中，符合会计职业道德“提高技能”基本要求的有(　　)。

A. 出纳人员向银行工作人员请教辨别假钞的技术

B. 会计主管与单位其他会计人员交流隐瞒业务收入的做法

C. 会计人员积极参加会计职称培训

D. 总会计师通过自学提高会计职业判断能力、精通经济政策

## 三、 判断题

1. 代理记账机构可以接受委托人的委托向税务机关提供税务资料。(　　)
2. 会计工作岗位必须一人一岗。(　　)
3. 从事会计工作 2 年且具有助理会计师专业技术资格人员，可担任单位会计机构负责人。(　　)
4. 会计专业技术人员参加继续教育实行学分制管理，每年参加继续教育取得的学分不少于 90 学分。其中，专业科目一般不少于总学分的 2/3。(　　)
5. 会计人员进行会计工作交接时，移交清册一般应填制一式三份。(　　)
6. 会计工作交接后，原移交人员因会计资料已办理移交而不再对这些会计资料的真实性、完整性负责。(　　)
7. 会计人员办理移交手续前，对已经受理的经济业务尚未填制会计凭证的，应当将有关材料移交给接替人员，由接替人员依法填制。(　　)
8. 以涂改、挖补等手段来改变会计凭证和会计账簿的真实内容，以歪曲事实真相的行为，属于伪造会计资料。(　　)
9. 我国是以公历年度为会计年度，即以每年公历的 1 月 1 日起至 12 月 31 日止为一个会计年度。(　　)
10. 原始凭证是对经济业务事项按其性质加以归类、确定会计分录，并据以登记会计账簿的会计凭证。(　　)
11. 除结账和更正错误的记账凭证可以不附原始凭证外，其他记账凭证必须附有原始凭证。(　　)
12. 如因特殊原因需要外借原始凭证，应当经本单位会计机构负责人、会计主管人员批准。(　　)
13. 会计核算以人民币为记账本位币，业务收支以人民币以外的货币为主的单位，也应当折算成人民币记账。(　　)
14. 登记账簿时发生错误，对于错误的数字，应当全部划红线更正，不得只更正其中的错误数字。(　　)
15. 会计账簿应当按照连续编号的页码顺序登记。(　　)
16. 各单位当年形成的会计档案，必须在会计年度终了后 3 个月内移交单位档案管理机构保管。(　　)
17. 会计档案的保管期限是从会计年度终了后的第一天算起。(　　)
18. 单位应当定期对已到保管期限的会计档案进行鉴定，对保管期已满的会计档案应当按照法定程序全部销毁。(　　)
19. 注册会计师是会计工作政府监督的实施主体。(　　)
20. 甲公司财务人员李某在经理王某的胁迫下，帮助王某设立了账外“小金库”；由于李某的行为是出于无奈和被迫，因此不违反会计职业道德。(　　)

## 四、 不定项选择题

**【案例 1】**

钱桥纺织厂为国有企业，下设办公室、行政科、会计科、档案科等职能科室。

2019年该厂发生了以下事项。

（1）2月，经上级主管单位任命，会计科长张红的丈夫王平担任该厂厂长。同月，张红的侄女张芳到该厂会计科担任出纳工作，张红指定张芳同时兼管会计档案保管工作。

（2）4月，档案科会同会计科对保管期满的会计档案全部进行销毁（其中小部分仍涉及未了事项）。档案科长与会计科长张红共同在会计档案销毁清册上签字，并进行了监销。因厂长王平在外地出差，故未将此事报告厂长。

（3）9月，张芳调到当地一家外贸公司财务部从事成本核算工作，原在档案科工作的钱华接任张芳的出纳工作，张芳调离前与接任的钱华自行办理了会计工作交接手续。

要求：

根据上述资料，不考虑其他因素，分析回答下列小题。

1. 下列人员任职情况，不符合会计法律制度规定的是（　　）。

A. 张红任钱桥纺织厂的会计科长

B. 张芳任钱桥纺织厂的出纳

C. 张芳任出纳人员同时兼管会计档案保管工作

D. 由档案科工作人员钱华接任出纳

2. 钱桥纺织厂会计档案销毁工作中的下列做法，符合会计法律制度的是（　　）。

A. 由档案科会同会计科销毁

B. 将所有保管期满的会计档案全部销毁

C. 由档案科长与会计科长在会计档案销毁清册上签字，并进行监销

D. 未将会计档案销毁事项报告厂长

3. 张芳与钱华办理会计工作交接手续，应由（　　）监交。

A. 张红　　B. 张红、王平

C. 张红、档案科长　　D. 无须监交

4. 下列各项中，属于会计工作岗位的是（　　）。

A. 厂长

B. 会计科长

C. 出纳

D. 档案科保管会计档案的人员

**【案例2】**

2017年2月，甲国有独资公司（以下简称“甲公司”）聘任赵某、钱某担任出纳，赵某兼管固定资产卡片登记，钱某兼管会计档案保管。钱某为会计机构负责人吴某的儿媳。

2017年9月，钱某休产假，按程序将出纳工作交与赵某，将会计档案保管工作交与负责稽核工作的会计人员孙某，并分别办理工作交接手续。

2017年10月，赵某审核原始凭证时发现所收乙公司开具的两张发票存在问题：

（1）W发票金额的大小写不一致；

（2）Y发票商品名称出现错误。

2018年2月，孙某将会计凭证等会计资料整理归档立卷，编制会计档案移交清册，请示吴某将档案移交档案管理部门。

要求：

根据上述资料，不考虑其他因素，分析回答下列小题。

1. 甲公司的下列会计工作岗位设置中，不符合法律规定的是（　　）。

A. 聘用赵某担任公司出纳

B. 钱某兼任会计档案保管工作

C. 赵某兼任固定资产卡片管理工作

D. 聘用钱某担任公司出纳

2. 关于会计人员钱某和赵某、孙某办理工作交接的下列表述中，正确的是（　　）。

A. 移交后赵某应另立新账进行会计记录

B. 每项工作的移交清册一式三份，交接双方各执一份，存档一份

C. 移交清册应由交接双方和监交人签名或盖章

D. 由吴某进行监交

3. 赵某拟对W、Y发票的下列处理方式中，

符合法律制度规定的是( )。

A. 要求乙公司重开 W 发票

B. 要求乙公司就 Y 发票商品名称进行更正并由乙公司在更正处加盖单位印章

C. 在 Y 发票上对记载的商品名称直接更正

D. 要求乙公司重新开具 Y 发票

4. 有关会计档案保管和移交的下列表述中，正确的是( )。

A. 会计档案可由甲公司会计管理机构临时保管 1 年，再移交其档案管理机构保存

B. 会计档案的保管期限是从会计年度终了后的第 1 天算起

C. 甲公司会计管理机构临时保管会计档案最长不超过 3 年

D. 会计档案因工作需要确需推迟移交的，应当经甲公司档案管理机构同意

## 同步强化练习题参考答案及解析

"扫码看解析"

使用"微信"或"会计云课堂"App 扫右方二维码，对答案、看解析、掌握解题思路，开启轻松过关之旅。

### 一、 单项选择题

1. 【答案】A

解析：国务院财政部门主管全国的会计工作，县级以上地方各级人民政府财政部门管理本行政区域内的会计工作。

2. 【答案】D

3. 【答案】D

解析：(1) 选项 B：会计机构中对正式移交之前的会计档案进行保管的工作岗位属于会计工作岗位，但档案管理部门中对正式移交之后的会计档案进行保管的会计档案管理岗位，不再属于会计工作岗位。(2) 选项 CD：财产物资核算属于会计工作岗位，而财产物资的保管本身不属于会计工作岗位。

4. 【答案】C

解析：出纳不得兼任（兼管）稽核、会计档案保管和收入、支出、费用、债权债务账目的登记工作。

5. 【答案】C

解析：选项 C：对外提供审计报告是会计师事务所的业务范围。

6. 【答案】B

7. 【答案】B

解析：移交人员对所移交的会计凭证、会计账簿、会计报表和其他有关资料的合法性、真实性承担法律责任。

8. 【答案】D

解析：(1) 选项 AC：与单位负责人存在夫妻关系（选项 A）、直系血亲关系（选项 C）、三代以内旁系血亲以及配偶亲关系的，不得担任本单位的会计机构负责人、会计主管人员；(2) 选项 BD：与会计机构负责人、会计主管人员存在夫妻关系、直系血亲关系、三代以内旁系血亲以及配偶亲关系的，不得在本单位会计机构中担任出纳工作；选项 B 中"女儿"属于直系血亲，选项 D 中"同学"不属于回避范围。

9. 【答案】D

解析：总会计师是主管本单位会计工作的行政领导，是单位行政领导成员，协助单位主要行政领导人工作，直接对单位主要行政领导人负责。

10. 【答案】A

解析：（1）“金额”错误：只有“重开”一条路；（2）其他记载事项错误：两条路2选1，重开或者由出具单位更正且在更正处加盖出具单位印章。

11. 【答案】B

解析：伪造会计资料，包括伪造会计凭证和会计账簿，是以虚假的经济业务为前提来编制会计凭证和会计账簿，旨在以假充真。

12. 【答案】A

解析：（1）选项BCD：年度、半年度企业财务会计报告包括会计报表（包括资产负债表、利润表、现金流量表及相关附表）、会计报表附注和财务情况说明书。（2）选项A：审计报告，是指注册会计师根据审计准则的规定，在执行审计工作的基础上，对被审计单位财务报表发表审计意见的书面文件。

13. 【答案】A

解析：会计档案鉴定工作由档案管理机构牵头，组织单位会计、审计、纪检监察等机构或人员共同进行。

14. 【答案】A

解析：（1）选项A：应保存30年。（2）选项BCD：应永久保存。

15. 【答案】C

解析：单位内部会计监督是指各单位的会计机构、会计人员（监督主体）依法通过会计手段对本单位经济活动（监督对象）的合法性、合理性和有效性进行监督。

16. 【答案】C

解析：授权批准与业务经办（选项A）、业务经办与会计记录（选项B）、会计记录与财产保管、业务经办与稽核检查（选项D）、授权批准与监督检查等属于不相容职务，应当分离控制。

17. 【答案】B

解析：（1）选项AD：属于会计工作的政府监督；（2）选项C：不属于会计监督，属于单位内部机构对单位有关活动的监督。

18. 【答案】D

解析：选项BD：会计法律制度是对会计职业道德的最低要求，因此，会计职业道德规范的范围大于会计法律制度。

19. 【答案】A

解析：伪造、变造会计凭证、会计账簿，编制虚假财务会计报告，构成犯罪的，依法追究刑事责任。尚不构成犯罪的，由县级以上人民政府财政部门予以通报，可以对单位并处5000元以上10万元以下的罚款；对其直接负责的主管人员和其他直接责任人员，可以处3000元以上5万元以下的罚款；属于国家工作人员的，还应由其所在单位或者有关单位依法给予撤职直至开除的行政处分。

20. 【答案】D

解析：“坚持准则”要求会计人员在实际工作中，应当以准则作为自己的行动指南，在发生道德冲突时，应坚持准则，维护国家利益、社会公众利益和正常的经济秩序；在本题中，小王发现了违法行为，但没有坚持准则，而是屈服于公司主要领导的同意批示，违背“坚持准则”的要求。

## 二、多项选择题

1. 【答案】ABC

解析：（1）选项AC：担任单位会计机构负责人（会计主管人员）、总会计师的人员，属于会计人员；（2）选项B：出纳是常见的会计人员。

2. 【答案】ABC

解析：会计工作交接完毕后，交接双方和监交人在移交清册上签名或盖章。

3. 【答案】ABCD

4. 【答案】ABC

解析：选项D：合同的审核和签订本身不

存在办理会计手续、进行会计核算的问题。

5. 【答案】ABD

解析：选项 C：业务收支以人民币以外的货币为主的单位，可以选定其中一种货币作为记账本位币。

6. 【答案】BD

解析：不论民族自治地区的单位，还是在中国境内的外商投资企业、外国企业等，均应当使用中文作为会计记录文字，不能只使用当地通用的民族文字或外国文字进行会计记录；但可以在使用中文作为会计记录文字的同时，选择当地通用的一种民族文字或者一种外国文字进行会计记录。

7. 【答案】ABC

解析：选项 D：属于记账凭证应当具备的内容。

8. 【答案】ABC

解析：退款时，必须取得对方的收款收据或者汇款银行的凭证，不得以退货发票代替收据。

9. 【答案】ABC

解析：填制凭证人员、稽核人员、记账人员、会计机构负责人、会计主管人员签名或者盖章；收款和付款记账凭证还应当由出纳人员签名或者盖章。

10. 【答案】AB

解析：对不真实、不合法的原始凭证，会计机构、会计人员有权不予接受，并向单位负责人报告。

11. 【答案】ABCD

解析：会计账簿的种类主要有：（1）总账（选项 D）；（2）明细账（选项 C）；（3）日记账（选项 B）；（4）其他辅助账簿，也称备查账簿（选项 A）。

12. 【答案】ACD

解析：单位对外报送的财务会计报告，应由单位负责人、主管会计工作的负责人（设置总会计师的单位为总会计师）、会计机构负责人（会计主管人员）签名并盖章。

13. 【答案】ACD

解析：保管期满但未结清的债权债务会计凭证和涉及其他未了事项的会计凭证不得销毁。

14. 【答案】BD

解析：（1）选项 A：最低保管期限为 10 年；（2）选项 C：应当永久保管。

15. 【答案】ABD

解析：除财政部门外，审计、税务、人民银行、证券监管、保险监管等部门依照有关法律、行政法规规定的职责和权限，可以对有关单位的会计资料实施监督检查。

16. 【答案】AB

解析：选项 CD：因有提供虚假财务会计报告，做假账，隐匿或者故意销毁会计凭证、会计账簿、财务会计报告，贪污，挪用公款，职务侵占等与会计职务有关的违法行为被依法追究刑事责任的人员，不得再从事（永远不得从事）会计工作。

17. 【答案】BCD

解析：选项 A：由县级以上人民政府财政部门责令限期改正，可以对单位并处 3000 元以上 5 万元以下的罚款；对其直接负责的主管人员和其他直接责任人员，可以处 2000 元以上 2 万元以下的罚款；属于国家工作人员的，还应当由其所在单位或者有关单位依法给予行政处分。

18. 【答案】ACD

## 三、判断题

1. 【答案】√

解析：代理记账机构可以接受委托办理下列业务：（1）根据委托人提供的原始凭证和其他资料，按照国家统一的会计制度的规定进行会计核算，包括审核原始凭证、填制记账凭证、登记会计账簿、编制财务会计报告等；（2）对外提供财务会计报告；（3）向税务机关提供税务资料；（4）委托人委托的其他会计业务。

2. 【答案】×

**解析**：会计工作岗位可以一人一岗、一人多岗或者一岗多人。

3. 【答案】×

**解析**：担任单位会计机构负责人（会计主管人员）的，应当具备会计师以上专业技术职务资格或者从事会计工作3 年以上经历。

4. 【答案】√

5. 【答案】√

6. 【答案】×

**解析**：移交人员对所移交的会计凭证、会计账簿、会计报表和其他有关资料的合法性、真实性承担法律责任。

7. 【答案】×

**解析**：会计人员办理移交手续前，已经受理的经济业务尚未填制会计凭证的，应当填制完毕。

8. 【答案】×

**解析**：以涂改、挖补等手段来改变会计凭证和会计账簿的真实内容，以歪曲事实真相的行为，属于变造会计资料。

9. 【答案】√

10. 【答案】×

**解析**：题干表述的是记账凭证的概念。

11. 【答案】√

12. 【答案】×

**解析**：原始凭证不得外借。

13. 【答案】×

**解析**：业务收支以人民币以外的货币为主的单位，可以选定其中一种货币作为记账本位币，但是编报的财务会计报告应当折算为人民币。

14. 【答案】√

**解析**：对于错误的数字，应当全部划红线更正，不得只更正其中的错误数字；对于文字错误，可只划去错误的部分。

15. 【答案】√

16. 【答案】×

**解析**：当年形成的会计档案，在会计年度终了后，可由单位会计管理机构临时保管 1 年，再移交单位档案管理机构保管。

17. 【答案】√

18. 【答案】×

**解析**：单位应当定期对已到保管期限的会计档案进行鉴定，并形成会计档案鉴定意见书。经鉴定，仍需继续保存的会计档案，应当重新划定保管期限；对保管期满，确无保存价值的会计档案，可以销毁。

19. 【答案】×

**解析**：注册会计师是会计工作“社会”监督的实施主体。

20. 【答案】×

**解析**：李某应当对王某的行为予以拒绝并积极揭发，而不是配合，李某的行为不仅违反了会计法律制度，也违反了会计职业道德。

## 四、不定项选择题

**【案例 1】**

1. 【答案】ABC

**解析**：（1）选项 A：张红与钱桥纺织厂的厂长系夫妻关系，不得担任钱桥纺织厂的会计机构负责人、会计主管人员；（2）选项 B：张芳与钱桥纺织厂的会计科长张红系三代以内旁系血亲关系，不得在钱桥纺织厂的会计机构中担任出纳工作；（3）选项 C：出纳不得兼任（兼管）稽核、会计档案保管和收入、支出、费用、债权债务账目的登记工作。

2. 【答案】A

**解析**：（1）选项 A：单位档案管理机构负责组织会计档案销毁工作，并与会计管理机构共同派员监销。（2）选项 B：单位应当定期对已到保管期限的会计档案进行鉴定，并形成会计档案鉴定意见书；经鉴定，仍需继续保存的会计档案，应当重新划定保管期限；对保管期满，确无保存价值的会计档案，可以销毁。(3) 选项CD：单位负责人、档案管理机构负责人、会计管理机构负责人、档案管理机构经办人、会计管理机构经办人在会计档案销毁清册上签署意见。

3. 【答案】A

**解析**：一般会计人员办理交接手续，由单位的会计机构负责人（会计主管人员）监交。

4. 【答案】BC

**解析**：(1) 选项A：属于单位负责人；(2) 选项D：会计机构中对正式移交之前的会计档案进行保管的工作岗位属于会计岗位，但档案管理部门中对正式移交之后的会计档案进行保管的会计档案管理岗位，不再属于会计岗位。

**【案例2】**

1. 【答案】BD

**解析**：(1) 选项AD：在国家机关、国有企业、事业单位中，与会计机构负责人、会计主管人员存在夫妻关系、直系血亲关系、三代以内旁系血亲以及配偶亲（儿媳属于配偶亲）关系的，不得在本单位会计机构中担任出纳工作；(2) 选项BC：出纳人员不得兼任（兼管）稽核、会计档案保管和收入、支出、费用、债权债务账目的登记工作（固定资产卡片不属于收入、支出、费用、债权债务账目）。

2. 【答案】BCD

**解析**：(1) 选项A：接替人员应当继续使用移交的会计账簿，不得自行另立新账，以保持会计记录的连续性；(2) 选项D：一般会计人员办理工作交接，由会计机构负责人（会计主管人员）监交。

3. 【答案】ABD

**解析**：(1) W发票：原始凭证金额有错误的，应当由出具单位重开，不得在原始凭证上更正；(2) Y发票：原始凭证上除金额以外的其他事项有错误的，应当由出具单位重开或者更正，更正处应当加盖出具单位印章。

4. 【答案】ABCD

**解析**：(1) 选项A：当年形成的会计档案，在会计年度终了后，可由单位会计管理机构临时保管1年，再移交单位档案管理机构保管。(2) 选项B：会计档案的保管期限，从会计年度终了后的第一天算起。(3) 选项CD：因工作需要确需推迟移交的，应当经单位档案管理机构同意，但单位会计管理机构临时保管会计档案最长不超过3年。

# 第三章（1）　票据法律制度

## 考情分析

“第三章支付结算法律制度”内容庞杂，往年给考生们带来了巨大的复习障碍，为了使复习更加有序地开展，本书将第三章分为 2 个部分：“票据法律制度”和“其他支付结算法律制度”分别展开介绍。

根据考生们的回忆，“票据法律制度”部分在每套考卷上的分值波动非常大，一般情况下，分值在 7 分左右，可以涉及大题，在 2020 年 18 个批次的考试中，有 6 个批次的大题涉及票据法律制度。

**2020 年典型考卷题型题量分析表**

| | 卷 1 | | 卷 2 | | 卷 3 | | 卷 4 | | 卷 5 | |
|---|---|---|---|---|---|---|---|---|---|---|
| | 题量 | 分值 | 题量 | 分值 | 题量 | 分值 | 题量 | 分值 | 题量 | 分值 |
| 单项选择题 | 0 | 0 | 1 | 2 | 1 | 2 | 0 | 0 | 0 | 0 |
| 多项选择题 | 0 | 0 | 1 | 2 | 0 | 0 | 0 | 0 | 1 | 2 |
| 判断题 | 2 | 2 | 1 | 1 | 0 | 0 | 2 | 2 | 1 | 1 |
| 不定项选择题 | 2 | 4 | 0 | 0 | 4 | 8 | 4 | 8 | 0 | 0 |
| 合计 | 4 | 6 | 3 | 5 | 5 | 10 | 6 | 10 | 2 | 3 |

2021 年“票据法律制度”考点的主要变化为：对银行承兑汇票承兑手续费率进行了重大调整。

## 考点框架

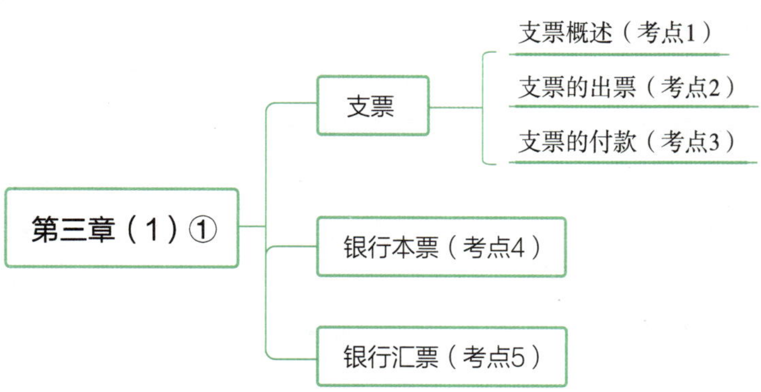

- 第三章（1）②
  - 商业汇票
    - 商业汇票概述（考点6）
    - 4种票据行为
      - 出票（考点7）
      - 背书（考点8）
      - 商业汇票的2个特色行为
        - 承兑（考点9）
        - 贴现（考点10）
      - 保证（考点11）
    - 2种票据权利
      - 提示付款（考点12）
      - 追索（考点13）
  - 票据法总论
    - 票据的分类（考点14）
    - 票据的基本当事人（考点15）
    - 票据的特征与功能（考点16）
    - 票据行为、票据权利与票据责任（考点17）
    - 票据权利的取得（考点18）
    - 票据丧失的补救（考点19）

## 考点剖析

### 第1单元 支 票

查看本单元视频
使用“会计云课堂”App/微信扫描

#### 01 考点1 支票概述（★）

| 概念 | | 支票是指出票人签发的、委托办理支票存款业务的银行在见票时无条件支付确定的金额给收款人或者持票人的票据 |
|---|---|---|
| 基本当事人 | 出票人 | 单位和个人均可使用支票 |
| | 付款人 | 出票人的开户银行 |
| | 收款人 | （1）出票人可以在支票上记载自己为收款人<br>（2）区别于持票人，持票人可以是票面填明的收款人，也可以是经背书转让的被背书人 |
| 种类 | 现金支票 | （1）支票上印有“现金”字样的为现金支票<br>（2）现金支票只能用于支取现金<br>（3）现金支票不得背书转让(何谓“背书”？请参考本章考点8) |
| | 转账支票 | （1）支票上印有“转账”字样的为转账支票<br>（2）转账支票只能用于转账 |
| | 普通支票 | （1）支票上未印有“现金”或“转账”字样的为普通支票<br>（2）普通支票可以用于支取现金，也可以用于转账<br>（3）在普通支票左上角划两条平行线的，为划线支票，划线支票只能用于转账，不得支取现金 |

## 02 考点 2 支票的出票（★★★）

<table>
<tr><td rowspan="2">必须记载的事项</td><td colspan="2">出票行为的必须记载事项不记载的，票据无效</td></tr>
<tr><td colspan="2">表明“支票”的字样；无条件支付的委托；确定的金额；出票日期；付款人名称；出票人签章</td></tr>
<tr><td>授权补记事项</td><td colspan="2">支票的金额、收款人名称，可以由出票人授权补记，未补记前不得背书转让和提示付款<br>【提示】金额是支票出票行为的必须记载事项，而收款人名称不是出票行为的必须记载事项 *</td></tr>
<tr><td rowspan="3">相对记载事项</td><td colspan="2">相对记载事项未记载的，适用法律推定，不影响票据行为的效力</td></tr>
<tr><td>支票上未记载付款地的</td><td>付款人的营业场所为付款地</td></tr>
<tr><td>支票上未记载出票地的</td><td>出票人的营业场所、住所或者经常居住地为出票地</td></tr>
<tr><td rowspan="3">空头支票</td><td colspan="2">出票人签发的支票金额超过其付款时在付款人处实有的存款金额的，为空头支票</td></tr>
<tr><td colspan="2">对空头支票，付款银行有权拒付</td></tr>
<tr><td>法律责任</td><td>单位或个人签发空头支票，不以骗取财物为目的的：<br>（1）由中国人民银行处以票面金额 5%但不低于 1000 元的罚款<br>（2）持票人有权要求出票人赔偿支票金额 2%的赔偿金</td></tr>
<tr><td rowspan="3">预留签章</td><td>出票人为单位的</td><td>财务专用章或者公章加其法定代表人或者其授权的代理人的签名或者盖章</td></tr>
<tr><td>出票人为个人的</td><td>个人本人的签名或者盖章</td></tr>
<tr><td colspan="2">支票的出票人预留银行签章是银行审核支票付款的依据。出票人不得签发与其预留银行签章不符的支票</td></tr>
</table>

### 经典题解

**【例题 1 · 多选题】**根据支付结算法律制度的规定，下列关于支票出票的表述中，正确的有（　　）。

A. 出票人不得在支票上记载自己为收款人

B. 出票人不得签发与其预留银行签章不符的支票

C. 支票上未记载付款行名称的，支票无效

D. 出票人签发的支票金额超过其付款时在付款人处实有的存款金额的，付款银行有权拒付

**【解析】**选项 A：出票人可以在支票上记载自己为收款人。

**【答案】**BCD

---

* 金额和收款人名称均为支票出票时可以授权补记的事项，但金额是支票出票行为的必须记载事项而收款人名称不是，如何理解？答：（1）这是难点而非重点问题，作为初级考生可以直接记忆，足以应对考试；（2）金额既可授权补记，又是出票行为必须记载事项，意味着金额只能由出票人授权的相对人补记，该相对人不能再授权他人补记；（3）收款人名称可以授权补记，但不是出票行为必须记载事项，那就意味着如果支票记载了金额以及其他必须记载事项，只是未记载收款人名称的，出票人可以授权相对人补记，该相对人也可以再授权他人补记，即我国票据法认可支票以纯交付的方式转让，但是收款人名称未记载前，只能纯交付转让，不能背书转让，否则背书不连续。

**【例题2·多选题】**下列事项中，属于支票出票时可以授权补记的有(　　)。

A. 付款人名称

B. 金额

C. 收款人名称

D. 出票日期

**【答案】**BC

**【例题3·单选题】**根据支付结算法律制度的规定，签发票面金额1.8万元的空头支票，不以骗取财物为目的的，应由中国人民银行处以罚款(　　)元。

A. 400　　B. 600

C. 1000　　D. 1500

**【解析】**票面金额为18000元，18000×5% = 900（元），低于1000元，罚款1000元。

**【答案】**C

**【例题4·单选题】**甲公司向乙公司签发金额为300000元的支票用于支付货款，乙公司按期提示付款时被告知甲公司在付款人处实有的存款金额仅为200000元，乙公司有权要求甲公司支付的赔偿金是(　　)元。

A. 200000×5%

B. 200000×2%

C. 300000×5%

D. 300000×2%

**【解析】**单位或者个人签发空头支票，不以骗取财物为目的的，持票人有权要求出票人赔偿“支票金额”（300000元）“2%”的赔偿金。

**【答案】**D

## 03 考点3 支票的付款（★★★）

1. 期限

（1）支票见票即付，提示付款期限自出票日起10日。

（2）支票持票人超过提示付款期限提示付款的，付款人可以不予付款，付款人不予付款的，出票人仍应对持票人承担票据责任（但其他前手不再承担票据责任）。

（3）支票持票人对出票人的票据权利，自出票日起6个月内不行使而消灭。

（4）持票人因超过票据权利时效或者因票据记载事项欠缺而丧失票据权利的，仍享有民事权利，可以请求出票人返还其与未支付的票据金额相当的利益。

**【案例】**2020年2月1日，甲公司向乙公司签发支票支付购货款，乙公司为支付房屋租金将该支票背书转让给丙公司。已知，甲公司的支票账户开户行为P银行。

**【分析】**

（1）丙公司应当于2020年2月11日前向P银行提示付款。

（2）如果丙公司于2020年4月1日持票向P银行提示付款：①属于逾期提示付款；②P银行可以不予付款，但甲公司仍应对丙公司承担票据责任（丙公司可以向甲公司追索票款），而乙公司（出票人以外的其他前手）不再承担票据责任；③P银行没有在支票上签章，不属于票据债务人，如果符合支付条件，P银行代甲公司付款，如果不符合支付条件，P银行拒付后不再承担票据责任。

（3）如果丙公司于2020年8月25日持票向P银行提示付款：①属于逾期提示付款，P银行可以不予付款；②丙公司不能要求P银行、乙公司承担票据责任（理由见上文）；③丙公司也不能要求甲公司承担票据责任，因为已经超过出票日起6个月，丙公司对甲公司的票据权利已经彻底消灭；④由于甲公司拿到了货物，但始终有一笔货款没有付出去，属于不当得利，丙公司虽然不能再对甲公司主张票据权利，但可以要求甲公司返还不当得利。

2. 途径

<table>
<tr><td rowspan="2">转账支票</td><td>持票人委托开户银行收款</td><td>（1）应作委托收款背书（在支票背面背书人签章栏内签章、记载“委托收款”字样、背书日期、在被背书人栏记载开户银行名称）<br>（2）将支票和填制的进账单送交开户银行</td></tr>
<tr><td>持票人直接向付款银行提示付款</td><td>应在支票背面背书人签章栏签章，并将支票和填制的进账单送交出票人开户银行</td></tr>
<tr><td colspan="2">现金支票</td><td>（1）仅限于收款人向付款人提示付款（不得委托收款、不得背书转让）<br>（2）收款人持用于支取现金的支票向付款人提示付款时，应在支票背面“收款人签章”处签章，持票人为个人的，还需交验本人身份证件，并在支票背面注明证件名称、号码及发证机关</td></tr>
</table>

## 经典题解

**【例题 5 · 判断题】**个人为现金支票持票人的，在提示付款时，应当向银行交验本人的有效身份证件。(　　)

**【答案】**√

**【例题 6 · 单选题】**根据支付结算法律制度的规定，下列关于支票提示付款的表述中，正确的是(　　)。

A. 转账支票的提示付款期限为出票日起 6 个月

B. 出票人记载自己为收款人的，提示付款不予受理

C. 支票未记载票据金额的，可以提示付款

D. 现金支票仅限于收款人向付款人提示付款

**【解析】**（1）选项 A：支票的提示付款期限为出票日起 10 日；（2）选项 B：出票人可以在支票上记载自己为收款人；（3）选项 C：支票的金额、收款人名称，可以由出票人授权补记，未补记前不得背书转让和提示付款。

**【答案】**D

**【例题 7 · 不定项选择题】**

2020 年 3 月 18 日，甲公司签发一张转账支票交付给乙公司并授权其补记相关事项。乙公司于 3 月 20 日将该支票背书转让给丙公司，丙公司于 4 月 3 日向甲公司的开户银行 Q 银行提示付款时，Q 银行拒绝付款。丙公司遂行使票据追索权。

要求：

根据上述资料，不考虑其他因素，分析回答下列小题。

1. 下列各项中，属于该支票付款人的是(　　)。

A. 甲公司　　B. 乙公司

C. 丙公司　　D. Q 银行

**【解析】**支票的付款人为出票人的开户银行。

**【答案】**D

2. 下列记载事项中，甲公司可以授权乙公司补记的是(　　)。

A. 付款人名称　　B. 收款人名称

C. 金额　　D. 出票日期

**【解析】**支票的金额、收款人名称，可以授权补记。

**【答案】**BC

3. 关于丙公司行使票据权利的行为，下列表述正确的是(　　)。

A. 丙公司有权向乙公司行使追索权

B. 丙公司有权向 Q 银行行使追索权

C. Q 银行可以拒绝付款

D. 丙公司有权向甲公司行使追索权

【解析】(1) 丙公司未在出票日起10日内（2020年3月28日前）提示付款，属于逾期提示付款；(2) 支票持票人逾期提示付款的，付款银行可以拒绝付款（选项C正确），且持票人丧失对出票人（甲公司）以外前手（乙公司）的追索权（选项A错误，选项D正确）；(3) Q银行是支票上的付款人，未在支票上签章，不属于票据债务人，不被列为追索对象（选项B错误）。

【答案】CD

4. 丙公司向甲公司行使追索权的期限为（　　）。

A. 2020年3月18日起3个月

B. 2020年3月18日起6个月

C. 2020年4月3日起3个月

D. 2020年4月3日起6个月

【解析】(1) 持票人对支票出票人的权利，自出票日起6个月；(2) 如果丙公司未在2020年9月18日前向甲公司行使票据追索权，则其对甲公司的票据追索权消灭，但仍可要求甲公司返还与未支付的票据金额相当的利益（毕竟甲公司有一笔该付的钱没付出去，属于不当得利）。

【答案】B

## 第2单元　银行本票、银行汇票

查看本单元视频

使用“会计云课堂”App/微信扫描

### 04 考点4 银行本票（★）

| | | |
|---|---|---|
| 概念 | 本票是指出票人签发的，承诺自己在见票时无条件支付确定的金额给收款人或者持票人的票据。在我国，本票仅限于银行本票 | |
| 基本当事人 | 出票银行 | |
| | 收款人 | |
| 种类 | 转账银行本票 | 单位和个人均可使用 |
| | 现金银行本票 | (1) 申请人和收款人均为个人方可使用<br>(2) 现金银行本票不得背书转让 |
| 出票 | 申请与受理 | 申请人使用银行本票，应向银行填写“银行本票申请书”；出票银行受理“银行本票申请书”，收妥款项，签发银行本票交给申请人 |
| | 必须记载的事项 | 表明“银行本票”的字样；无条件支付的承诺；确定的金额；出票日期；收款人名称；出票人签章 |
| 付款 | 期限 | 银行本票见票即付，提示付款期限自出票日起最长不超过2个月<br>【提示1】持票人超过提示付款期限不获付款的，在票据权利时效内向出票银行作出说明，并提供本人身份证件或单位证明，可持银行本票向出票银行请求付款<br>【提示2】银行本票的持票人逾期提示付款的，将丧失对出票人以外其他前手的追索权<br>【提示3】银行本票持票人对出票人的票据权利，自出票日起2年内不行使而消灭 |

续表

| 退款 | 主要原因 | 申请人因银行本票超过提示付款期限或其他原因要求退款时，应将银行本票提交到出票银行。申请人为单位的，应出具该单位的证明；申请人为个人的，应出具该本人的身份证件 |
|---|---|---|
| | 退款途径 | （1）出票银行对于在本行开立存款账户的申请人，只能将款项转入原申请人账户<br>（2）对于现金银行本票和未在本行开立存款账户的申请人，才能退付现金 |

## 经典题解

**【例题8·单选题】**根据支付结算法律制度的规定，下列关于银行本票的表述中，正确的是（　　）。

A. 银行本票见票即付，提示付款期限自出票日起最长不超过2个月

B. 超过提示付款期限，持票人向出票银行提示付款的，出票银行不受理

C. 银行本票一律不得用于支取现金

D. 用于转账的银行本票不得背书转让

**【解析】**（1）选项B：持票人超过提示付款期限不获付款的，在票据权利时效内向出票银行作出说明，并提供本人身份证件或单位证明，可持银行本票向出票银行请求付款；（2）选项C：注明“现金”字样的银行本票可以用于支取现金；（3）选项D：“现金”银行本票不得背书转让，但“转账”银行本票可以背书转让。

**【答案】**A

**【例题9·判断题】**甲公司向开户银行Q银行申请签发的本票超过提示付款期限后，甲公司申请退款时，开户银行Q银行只能将款项转入甲公司的账户，不能退付现金。（　　）

**【答案】**√

**【例题10·判断题】**银行本票是由银行出票，持票人向出票银行提示付款的票据。（　　）

**【答案】**√

## 05 考点5 银行汇票（★★）

| 概念 | 银行汇票是基础关系付款方（买方）申请出票银行签发的，由出票银行在见票时按照实际结算金额无条件支付给收款人或者持票人的票据 | |
|---|---|---|
| 种类 | 转账银行汇票 | 单位和个人均可使用 |
| | 现金银行汇票 | （1）申请人和收款人均为个人方可使用<br>（2）现金银行汇票不得背书转让 |
| 出票 | （1）申请人使用银行汇票，应向出票银行填写“银行汇票申请书”，填明收款人名称、汇票金额、申请人名称、申请日期等事项并签章<br>（2）出票银行受理银行汇票申请书，收妥款项后签发银行汇票，并将银行汇票和解讫通知一并交给申请人<br>（3）申请人应将银行汇票和解讫通知一并交付给汇票上记明的收款人 | |

续表

<table>
<tr><td>实际结算金额</td><td colspan="2">收款人应在出票金额以内，根据实际需要的款项办理结算，将实际结算金额和多余金额准确、清晰地填入银行汇票和解讫通知的有关栏内<br>（1）银行汇票的实际结算金额低于出票金额的，其多余金额由出票银行退交申请人<br>（2）未填明实际结算金额和多余金额或实际结算金额超过出票金额的，银行不予受理<br>（3）银行汇票的实际结算金额一经填写不得更改，更改实际结算金额的银行汇票无效<br>（4）银行汇票的背书转让以不超过出票金额的实际结算金额为准，未填写实际结算金额或实际结算金额超过出票金额的银行汇票不得背书转让</td></tr>
<tr><td rowspan="3">付款</td><td>向谁提示付款</td><td>（1）在银行开立存款账户的持票人向开户银行提示付款<br>（2）未在银行开立存款账户的个人持票人，可以向任何一家银行机构提示付款</td></tr>
<tr><td>需要提交的材料</td><td>以单位为例：<br>（1）在汇票背面“持票人向银行提示付款签章”处签章<br>（2）将银行汇票和解讫通知、进账单送交开户行<br>【提示】持票人向银行提示付款时，须同时提交银行汇票和解讫通知，缺少任何一联，银行不予受理</td></tr>
<tr><td>期限</td><td>银行汇票限于见票即付，提示付款期限自出票日起1个月<br>【提示1】持票人超过期限向代理付款银行提示付款却不获付款的，须在票据权利时效内向出票银行作出说明，并提供本人身份证件或单位证明，持银行汇票和解讫通知向出票银行请求付款<br>【提示2】银行汇票持票人逾期提示付款的，将丧失对出票人以外其他前手的追索权<br>【提示3】银行汇票持票人对出票人的票据权利自出票日起2年内不行使而消灭</td></tr>
<tr><td rowspan="3">退款</td><td colspan="2">申请人因银行汇票超过付款提示期限或其他原因要求退款时，应将银行汇票和解讫通知同时提交到出票银行。申请人为单位的，应出具该单位的证明；申请人为个人的，应出具本人的身份证件</td></tr>
<tr><td colspan="2">出票银行对于转账银行汇票的退款，只能转入原申请人账户；对于符合规定填明“现金”字样银行汇票的退款，才能退付现金</td></tr>
<tr><td colspan="2">申请人缺少解讫通知要求退款的，出票银行应于银行汇票提示付款期满1个月后办理</td></tr>
</table>

## 经典题解

**【例题11·单选题】**下列各项中，可以使用现金银行汇票进行结算的是（　　）。

A. 甲公司支付给乙公司的货款30万

B. 孙某向丙公司支付货款25万

C. 丁公司向刘某支付劳务费8万

D. 赵某向张某支付购房款35万

**【解析】**现金银行汇票的“申请人和收款人”应当均为个人。

**【答案】**D

**【例题12·单选题】**根据支付结算法律制度的规定，下列关于银行汇票使用的表述中，正确的是（　　）。

A. 银行汇票不能用于单位款项结算

B. 银行汇票不能用于转账

C. 银行汇票的提示付款期限为自出票日起1个月

D. 银行汇票必须按出票金额付款

**【解析】**（1）选项A：单位和个人各种款项结算，均可使用银行汇票；（2）选项B：银行汇票可以用于转账，填明“现金”字样的银行汇票也可以用于支取现金；（3）选项 D：银行汇票按不超过出票金额的实际结算金额办理结算。

【答案】C

【例题 13·多选题】郑某为向甲公司支付货款，向银行申请签发了一张金额为 80 万元的银行汇票。甲公司受理该汇票应当审查的内容有（　　）。

A. 银行汇票和解讫通知是否齐全

B. 银行汇票是否在提示付款期内

C. 大小写出票金额是否一致

D. 必须记载的事项是否齐全

【解析】收款人受理银行汇票时，应审查下列事项：（1）银行汇票和解讫通知是否齐全（选项 A）、汇票号码和记载的内容是否一致；（2）收款人是否确为本单位或本人；（3）银行汇票是否在提示付款期限内（选项 B）；（4）必须记载的事项是否齐全（选项 D）；（5）出票人签章是否符合规定，大小写出票金额是否一致（选项 C）；（6）出票金额、出票日期、收款人名称是否更改，更改的其他记载事项是否由原记载人签章证明。

【答案】ABCD

【例题 14·判断题】未填写实际结算金额的银行汇票不得背书转让。（　　）

【答案】√

【例题 15·判断题】银行汇票的申请人缺少解讫通知要求退款的，出票银行应于提示付款期满 1 个月后办理。（　　）

【答案】√

【例题 16·不定项选择题】

甲公司申请出票银行（丁银行）签发一张银行汇票，出票日期为 2020 年 4 月 5 日，金额为 80 万元，收款人为乙公司。甲公司交给乙公司时填写实际结算金额为 70 万元。4 月 8 日，乙公司向丙公司购买 80 万元的货物，将该汇票背书转让给丙公司。

要求：

根据上述资料，不考虑其他因素，分析回答下列小题。

1. 签发银行汇票时必须记载的事项包括（　　）。

A. 出票日期

B. 出票银行签章

C. 收款人名称

D. 出票金额

【答案】ABCD

2. 关于多余 10 万元的处理，下列表述正确的是（　　）。

A. 多余 10 万元由乙公司退交甲公司

B. 多余 10 万元由乙公司退交丙公司

C. 多余 10 万元由丁银行退交甲公司

D. 多余 10 万元由丁银行退交丙公司

【解析】银行汇票的实际结算金额低于出票金额的，其多余金额由出票银行（丁银行）退交申请人（甲公司）。

【答案】C

3. 关于乙公司和丙公司之间的货物买卖，下列表述正确的是（　　）。

A. 差 10 万元，可由乙公司向丙公司签发银行本票支付

B. 差 10 万元，可由乙公司向丙公司签发支票支付

C. 该银行汇票应按出票金额 80 万元支付

D. 因实际结算金额低于应付货款，该银行汇票不能用于向丙公司结算货款

【解析】乙公司将该银行汇票背书转让给丙公司时，丙公司取得的票据权利为 70 万元（选项 C 错误），对于不足的 10 万元，由债务人乙公司向债权人丙公司另行支付（选项 D 错误），支付途径可以是签发银行本票或者支票（选项 AB 正确）。

【答案】AB

4. 该银行汇票的提示付款期限截止日期为（　　）。

A. 2020 年 6 月 5 日

B. 2020 年 5 月 5 日

C. 2020 年 4 月 8 日

D. 2020 年 4 月 15 日

【解析】银行汇票的提示付款期限自出票日（2020 年 4 月 5 日）起 1 个月，提示付款期限截止日期为 2020 年 5 月 5 日。

【答案】B

## 第 3 单元　商业汇票

查看本单元视频
使用"会计云课堂" App/ 微信扫描

### 06 考点 6 商业汇票概述（★★）

| | | |
|---|---|---|
| 概念 | 商业汇票是指出票人签发的，委托付款人在指定日期无条件支付确定金额给收款人或者持票人的票据<br>【提示】支票、银行本票、银行汇票均为见票即付的票据（也称即期票据），而商业汇票通常为远期票据* | |
| 基本当事人 | 出票人 | 只能是单位，个人不能使用商业汇票结算 |
| | 收款人 | |
| | 付款人 | 付款人承兑票据后称为"承兑人"，承担到期付款的责任 |
| 分类 1 | 纸质商业汇票 | |
| | 电子商业汇票（指出票人依托上海票据交易所电子商业汇票系统，以数据电文形式制作的，委托付款人在指定日期无条件支付确定的金额给收款人或者持票人的票据） | |
| 分类 2 | 银行承兑汇票 | （1）银行承兑汇票的出票人必须是在承兑银行开立存款账户的法人以及其他组织，并与承兑银行具有真实的委托付款关系，资信状况良好，具有支付汇票金额的可靠资金来源<br>（2）承兑人<br>①纸质：由银行承兑<br>②电子：由银行业金融机构、财务公司承兑 |
| | 商业承兑汇票 | （1）商业承兑汇票的出票人，为在银行开立存款账户的法人以及其他组织，并与付款人具有真实的委托付款关系，具有支付汇票金额的可靠资金来源<br>（2）承兑人<br>①纸质：由银行以外的付款人承兑<br>②电子：由金融机构以外的法人或其他组织承兑 |

* 见票即付的票据，出票后应及时提示付款，只要收款人或持票人依法按期提示付款，付款人将当日足额支付票款（立见真金白银）。远期票据，出票后不能立即提示付款，必须等待到期日，到期日起 10 日内提示付款。

续表

| 分类 3 | 定日付款的商业汇票 | 在汇票上记载具体的到期日 |
|---|---|---|
| | 出票后定期付款的商业汇票 | 到期日自出票日起按月计算，并在汇票上记载 |
| | 见票后定期付款的商业汇票 | （1）到期日自承兑日起按月计算，并在汇票上记载<br>（2）见票后定期付款的汇票，应当在承兑时记载付款日期 |
| | 付款期限（自出票日至到期日）：<br>（1）纸质商业汇票，最长不超过 6 个月<br>（2）电子商业汇票，最长不超过 1 年 | |

## 经典题解

**【例题 17·单选题】** 下列主体中，可以作为电子银行承兑汇票承兑人的是（　　）。

A. 甲财务公司

B. 乙新能源开发公司

C. 丙建筑公司

D. 丁信息服务公司

**【解析】** 电子“银行”承兑汇票由“银行业金融机构、财务公司”承兑。

**【答案】** A

**【例题 18·单选题】** 根据支付结算法律制度的规定，电子承兑汇票付款期限自出票日至到期日不得超过法定期限，该法定期限为（　　）。

A. 3 个月　　B. 1 年

C. 2 年　　D. 6 个月

**【答案】** B

**【例题 19·多选题】** 根据支付结算法律制度的规定，下列票据中，允许个人使用的有（　　）。

A. 支票　　B. 商业承兑汇票

C. 银行本票　　D. 银行汇票

**【解析】**（1）商业汇票个人不能使用；（2）现金银行汇票、现金银行本票则要求申请人和收款人均为个人方可使用；（3）其他票据，单位和个人均可使用。

**【答案】** ACD

## 07　考点 7　商业汇票的出票（★★★）

1. 签发“纸票”还是“电票”？

（1）单张出票金额在100 万元以上的商业汇票原则上应全部通过电子商业汇票办理；

（2）单张出票金额在300 万元以上的商业汇票应全部通过电子商业汇票办理。

2. 由谁签发？

商业承兑汇票可以由（基础关系）付款人签发并承兑，也可以由（基础关系）收款人签发交由付款人承兑。

**【案例】** 甲公司向乙公司购买货物，合同约定购货款价税合计 113 万元，并约定使用定日付款的商业承兑汇票结算。

**【分析】** 该商业承兑汇票的签发和承兑有两种方式：（1）甲公司（基础关系付款人）以其已经从开户行 C 银行购置的票据凭证签发商业承兑汇票，甲公司为出票人和付款人并在票面上作出票人签章和承兑人签章，乙公司为收款人；在该票据上，甲公司和乙公司均为票据的基本当事人。（2）乙公司（基础关系收款人）以其已经从开户行 D 银行购置的票据凭证签发商业承兑汇票，乙公司为出票人和收款人，甲公司为付款人，乙公司在票面上作出票人签章；乙公司应于票据到期日前将票据交付给付款人甲公司提示承兑；甲公司在票面上作承兑签章后将票据交付给乙公司。（3）在上述两种方式中，虽然出票人不同，但承兑人和收款人均分别为购买方甲公司和出售方乙公司，不论哪种方式最终都是由承兑人将款项支付给收款人。

3. 必须记载事项

（1）事项种类

| | 纸质商业汇票 | 本票 | 支票 |
|---|---|---|---|
| 表明“××票”字样 | √ | √ | √ |
| 无条件支付的委托 | √ | √<br>（承诺） | √ |
| 确定的金额 | √ | √ | √<br>（可补记） |
| 出票日期 | √ | √ | √ |
| 付款人名称 | √ | × | √ |
| 收款人名称 | √ | √ | ×<br>（可补记） |
| 出票人签章 | √ | √ | √ |

【提示1】上表出票行为的必须记载事项如未记载，票据无效。

【提示2】电子商业汇票的必须记载事项比纸质商业汇票多了2项：①出票人名称；②票据到期日。

（2）具体要求

<table>
<tr><td>使用合规凭证</td><td colspan="3">单位、个人和银行办理支付结算，必须使用按中国人民银行统一规定印制的票据凭证和结算凭证</td></tr>
<tr><td>对签章的要求</td><td colspan="3">①单位、银行在票据上的签章和单位在结算凭证上的签章，为该单位、银行的盖章加其法定代表人或其授权的代理人的签名或盖章<br>②个人在票据和结算凭证上的签章，应为该个人本人的签名或盖章</td></tr>
<tr><td>收款人名称</td><td colspan="3">单位和银行的名称应当记载全称或者规范化简称</td></tr>
<tr><td>金额</td><td colspan="3">票据和结算凭证金额以中文大写和阿拉伯数码同时记载，二者必须一致，二者不一致的票据无效；二者不一致的结算凭证，银行不予受理</td></tr>
<tr><td rowspan="4">出票日期</td><td colspan="3">票据的出票日期应当使用中文大写</td></tr>
<tr><td rowspan="3">应规范填写</td><td rowspan="2">在其前加“零”</td><td>月为“壹”“贰”和“壹拾”的</td></tr>
<tr><td>日为：<br>①“壹”至“玖”<br>②“壹拾”“贰拾”和“叁拾”</td></tr>
<tr><td>在其前加“壹”</td><td>日为“拾壹”至“拾玖”</td></tr>
</table>

## 经典题解

【例题20·判断题】根据支付结算法律制度的规定，个人在票据和结算凭证上的签章，应为该个人本人的签名或盖章。(　　)

【答案】√

【例题21·判断题】根据支付结算法律制度的规定，票据金额的中文大写与阿拉伯数码记载不一致的，以中文大写为准。(　　)

【解析】票据和结算凭证金额以中文大写和阿拉伯数码同时记载，二者必须一致，二者不一致的票据无效；二者不一致的结算凭证，银行不予受理。

【答案】×

【例题22·判断题】出票人在填写票据出票日期时，“10月30日”应写成“壹拾月零叁拾日”。(　　)

【解析】如果只写“壹拾月”，很容易被变造为“壹拾壹月”或者“壹拾贰月”，应当在其前加“零”。

【答案】×

【例题23·单选题】某票据的出票日期为“2020年7月15日”，其规范写法是(　　)。

A. 贰零贰零年零柒月壹拾伍日

B. 贰零贰零年柒月壹拾伍日

C. 贰零贰零年零柒月拾伍日

D. 贰零贰零年柒月拾伍日

【解析】观察4个备选项发现：(1)在年份的写法上不存在差异，无须关注；(2)在月份的写法上，不加“零”不会导致被轻易变造（改成“壹拾柒月”或“柒拾月”等均为画蛇添足），无须加“零”，排除选项AC；(3)在日期的写法上，如果不加“壹”，很容易被变造为“贰拾伍日”，应当加“壹”，选项D错误，选项B正确。

【答案】B

【例题24·多选题】根据票据法律制度的规定，下列各项中，属于签发银行本票必须记载事项的有(　　)。

A. 出票人签章　　B. 出票日期

C. 收款人名称　　D. 确定的金额

【解析】(1)选项ABD：不论汇票、本票，还是支票，均属于出票行为必须记载的事项，其中，选项D属于支票的可补记事项；(2)选项C：属于汇票、本票出票行为的必须记载事项，但在支票上不属于出票行为必须记载的事项，可以补记。

【答案】ABCD

4. 票据、结算凭证的伪造、变造、更改

| | 行为主体 | 行为手段 |
|---|---|---|
| 伪造 | 无权限人 | 假冒他人或虚构他人名义签章 |
| 变造 | 无权限人 | 以剪接、挖补、覆盖、涂改等手段，对票据上签章以外的记载事项加以改变 |
| 更改 | 原记载人 | (1)出票金额、出票日期、收款人名称不得更改，更改的票据无效；更改的结算凭证，银行不予受理<br>(2)对票据和结算凭证上的其他记载事项，原记载人可以更改，更改时应当由原记载人在更改处签章证明 |

## 经典题解

【例题25·多选题】根据票据法律制度的规定，下列票据出票行为的表述中，正确的有(　　)。

A. 票据的金额以中文大写和阿拉伯数码同时记载，二者必须一致，二者不一致的票据无效

B. 票据上出票金额、收款人名称不得更改

C. 票据的出票日期可以使用阿拉伯数码记载

D. 个人在票据上的签章可以为签名、盖章或者签名加盖章

**【解析】** 选项C：票据的出票日期必须使用中文大写。

**【答案】** ABD

**【例题26·多选题】** 根据票据法律制度的规定，下列属于变造票据行为的有（　　）。

A. 涂改出票金额

B. 虚构他人名义签章

C. 原记载人更改付款人名称并在更改处签章证明

D. 挖补票据，非法改变票据记载事项

**【解析】**（1）选项B：属于票据的伪造；（2）选项C：属于票据的更改。

**【答案】** AD

## 08 考点8 商业汇票的背书（★★★）

1. 背书种类

| 种类 | | 目的 |
|---|---|---|
| 转让背书 | | 转让票据权利（承担保证其后手所得票据承兑和付款的责任） |
| 非转让背书 | 委托收款背书 | 被背书人有权代背书人行使被委托的票据权利，但被背书人不得再背书转让票据权利 |
| | 质押背书 | 为担保债务而在票据上设定质权，被背书人依法实现其质权时，可以行使票据权利 |

2. 记载事项

（1）必须记载事项

①背书人签章

②被背书人名称（可补记）

背书人未记载被背书人名称即将票据交付他人的，持票人在票据被背书人栏内记载自己的名称与背书人记载具有同等法律效力。

③委托收款背书和质押背书还应当记载"委托收款""质押"字样。

（2）相对记载事项——背书日期

背书未记载日期的，视为在票据到期日前背书。

3. 粘单

票据凭证不能满足背书人记载事项的需要，可以加附粘单，粘附于票据凭证上；粘单上的第一记载人，应当在票据和粘单的粘接处签章。

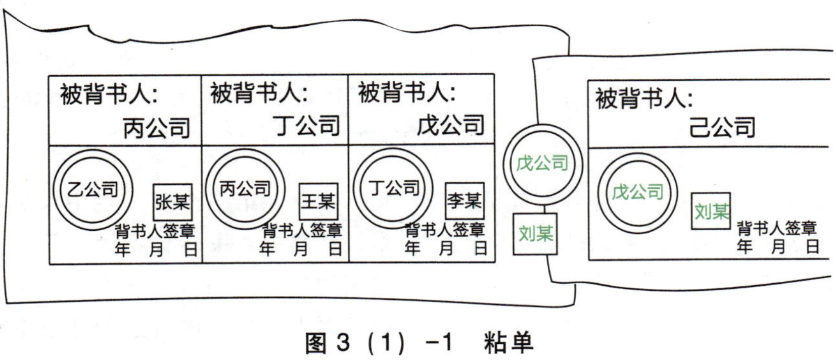


图3（1）-1 粘单

4. 背书连续

（1）所谓“背书连续”，是指票据上第一背书人为票据收款人，最后持票人为最后背书的被背书人，中间的背书人为前手背书的被背书人；即在票据转让中，转让票据的背书人与受让票据的被背书人在票据上的签章依次前后衔接。

（2）以背书转让的票据，背书应当连续；持票人以背书的连续，证明其票据权利；非经背书转让，而以其他合法方式取得票据的，依法举证，证明其票据权利。

【**案例 1**】（假定：甲公司为票据收款人）

| 被背书人：乙公司 | 被背书人：丙公司 | 被背书人：丁公司 | 被背书人：丁公司开户银行 |
|---|---|---|---|
| 甲公司签章 | 乙公司签章 | 丙公司签章 | 丁公司签章<br>委托收款 |

从以上票据背书反映的内容看，收款人甲公司将票据背书转让给乙公司，乙公司又将票据转让给丙公司，丙公司又将票据转让给丁公司，丁公司是该票据的最后持票人，该票据背书连续，最后由持票人丁公司委托自己的开户银行收款，实现票据权利。

【**案例 2**】（假定：甲公司为票据收款人）

| 被背书人：乙公司 | 被背书人：丙公司 | 被背书人：戊公司 | 被背书人：戊公司开户银行 |
|---|---|---|---|
| 甲公司签章 | 乙公司签章 | 丁公司签章 | 戊公司签章<br>委托收款 |

从以上票据背书反映的内容看，收款人甲公司取得票据后背书转让给乙公司，乙公司背书转让给丙公司。但是，第三个背书栏中并没有丙公司的签章，取而代之的是丁公司签章，即第二个背书栏与第三个背书栏之间出现了转让背书之间签章不能依次前后衔接的情况，属于背书不连续，戊公司无法取得票据权利，该票据的票据权利人仍然是丙公司。

【**案例 3**】（假定：甲公司为票据收款人）

| 被背书人：乙公司 | 被背书人：P 银行 | 被背书人：丙公司 | 被背书人：丙公司开户银行 |
|---|---|---|---|
| 甲公司签章 | 乙公司签章<br>质押 | 乙公司签章 | 丙公司签章<br>委托收款 |

从以上票据背书反映的内容看，收款人甲公司取得票据后背书转让给乙公司，乙公司将票据权利质押给 P 银行，后来由于乙公司清偿了相关债务，P 银行将票据退还乙公司，因此，第三个背书栏中，仍由乙公司签章，将票据背书转让给丙公司，丙公司是该票据的最后持票人，该票据背书连续，最后由持票人丙公司向自己的开户银行办理委托

收款，实现票据权利。

5. 附条件背书

背书不得附有条件，背书时附有条件的，所附条件不具有票据上的效力（背书有效）。

【案例】甲公司签发一张汇票给乙公司，A银行承兑。乙公司因向丙公司购买货物，将汇票背书转让给丙公司，并在票据背面注明“验货合格付款”。丙公司收到汇票后将该汇票背书转让给丁公司支付租金。

【分析】（1）“验货合格付款”即为附条件；（2）该条件的记载并不影响丁公司取得票据权利，丁公司向A银行提示付款时，A银行不需要确认丙公司交付乙公司的货物质量是否合格；（3）如果A银行无理拒付，丁公司可以向甲公司、乙公司、丙公司、A银行行使追索权，不论丙公司向乙公司交付的货物质量是否符合要求。

6. 部分背书、多头背书

部分背书是指将票据金额的一部分转让的背书（部分背书）或者将票据金额分别转让给二人以上的背书（多头背书）；部分背书、多头背书属于无效背书。

7. 限制背书

（1）出票人记载“不得转让”的，票据不得背书转让；

（2）背书人在票据上记载“不得转让”字样，其后手再背书转让的，原背书人对后手的被背书人不承担保证责任。（背书有效）

【案例】甲公司签发一张汇票给乙公司，A银行承兑。乙公司将该汇票背书转让给丙公司支付购货款，并在票据上记载了“不得转让”字样。丙公司将汇票进一步背书转让给丁公司支付租金。

【分析】乙公司记载“不得转让”字样，不会导致背书无效，也不会导致票据无效，只是表明乙公司仅向丙公司承担票据责任，不向丙公司之后的其他持票人承担票据责任，不影响票据上其他债务人的票据责任，因此：（1）丁公司依法按期向A银行提示付款，A银行不得以乙公司记载了“不得转让”字样为由拒绝付款；（2）如果A银行无理拒付，丁公司可以向甲公司、丙公司和A银行行使票据追索权，不能向乙公司追索，因为乙公司记载了“不得转让”字样，限制了自己承担票据责任的范围；（3）如果丁公司向丙公司追索，丙公司清偿了相关款项获得票据，丙公司可以向甲公司、乙公司和A银行追索，此时乙公司不得以记载了“不得转让”字样为由拒绝向丙公司承担票据责任（乙公司只向丙公司承担票据责任）。

**背书是否有效（综述）**

| 情形 | 效力 |
|---|---|
| 部分背书、多头背书 | 背书无效 |
| 记载“不得转让”字样的背书 | 背书有效 |
| 附条件背书 | 背书有效 |
| 背书人未签章 | 背书无效 |
| 未记载被背书人名称 | 背书无效，但持票人补记后有效 |
| 未记载背书日期 | 背书有效，视为到期日前背书 |

## 经典题解

**【例题 27 · 单选题】**根据支付结算法律制度的规定，下列关于票据背书效力的表述中，正确的是(　　)。

A. 背书人可以将票据金额的一部分背书转让给被背书人

B. 出票人记载“不得转让”字样的，票据不得背书转让

C. 背书人可以将票据金额分别转让给两个以上的被背书人

D. 背书附有条件的，所附条件具有票据上的效力

**【答案】**B

**【例题 28 · 判断题】**A 公司签发一张商业汇票给 B 公司，B 公司将该汇票背书转让给 C 公司并在票据背面注明“不得转让”字样，此行为属于附条件的背书。(　　)

**【解析】**该行为属于“限制背书”。

**【答案】**×

**【例题 29 · 单选题】**根据票据法律制度的规定，下列关于票据背书效力的表述中，不正确的是(　　)。

A. 背书人在票据上记载“不得转让”字样，其后手再背书转让的，原背书人对后手的被背书人不承担保证责任

B. 背书附有条件的，所附条件不具有票据上的效力

C. 背书人背书转让票据后，即承担保证其后手所得票据承兑和付款的责任

D. 背书未记载日期的，属于无效背书

**【解析】**选项 D：背书未记载日期的，视为在票据到期日前背书。

**【答案】**D

**【例题 30 · 单选题】**A 公司将一张银行汇票背书转让给 B 公司，该汇票需加附粘单，A 公司为粘单上的第一记载人，C 公司为 A 公司的前手，D 公司为汇票记载的收款人。根据票据法律制度的规定，下列公司中，应当在汇票和粘单的粘接处签章的是(　　)。

A. A 公司　　B. B 公司

C. C 公司　　D. D 公司

**【解析】**A 公司为粘单上的第一记载人，应当在票据和粘单的粘接处签章。

**【答案】**A

**【例题 31 · 判断题】**以下为一银行转账支票背面背书签章的示意图，A 公司为支票的收款人。由图可知，该转账支票背书连续，背书有效。(　　)

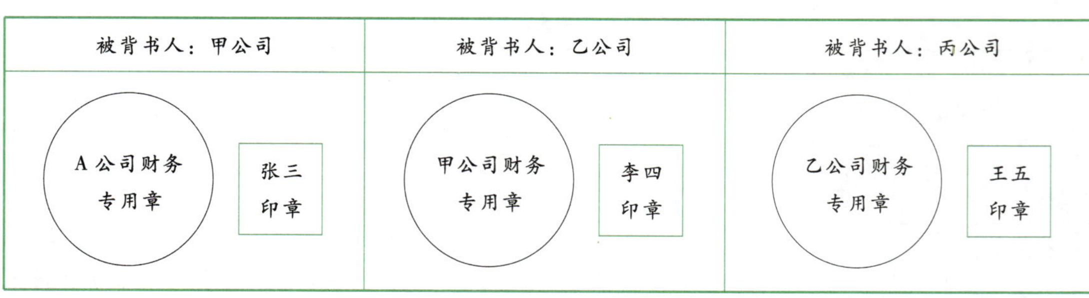


**【解析】**支票收款人 A 公司将支票背书转让给甲公司，甲公司背书转让给乙公司，乙公司背书转让给丙公司，背书连续。

**【答案】**√

**【例题 32 · 多选题】**A 公司将一张银行承兑汇票背书转让给 B 公司，B 公司以质押背书方式向 P 银行取得贷款。贷款到期，B 公司偿还贷款，收回汇票并背书转让给 C 公司。票据到期后，C 公司作成委托收款背书，

委托开户银行Q银行提示付款。根据票据法律制度的规定，下列背书中，属于非转让背书的有（　　）。

A. A公司向B公司的背书

B. B公司向P银行的背书

C. B公司向C公司的背书

D. C公司向Q银行的背书

**【解析】**非转让背书包括委托收款背书和质押背书。

**【答案】**BD

## 09 考点9 商业汇票的承兑（★★★）

1. 提示承兑

（1）提示承兑期限

①见票即付的票据：无须提示承兑；

②定日付款或者出票后定期付款的汇票：到期日前提示承兑；

③见票后定期付款的汇票：自出票之日起1个月内提示承兑。

（2）逾期提示承兑的，丧失对出票人以外其他前手的追索权。

**【解释】**“承兑”，即承诺兑付。见票即付的票据，只要依法按期提示付款，立即可以获得支付，没有要一个承诺的必要，无须提示承兑。

### 经典题解

**【例题33·单选题】**根据票据法律制度的规定，持票人取得的下列票据中，须向付款人提示承兑的是（　　）。

A. A公司向甲银行申请签发的一张银行汇票

B. B公司取得的由乙银行签发的一张银行本票

C. C公司收到的一张见票后定期付款的商业汇票

D. D公司收到的由E公司签发的一张支票

**【解析】**只有远期票据需要提示承兑，银行汇票、银行本票、支票均属于见票即付的“即期票据”，无须提示承兑。

**【答案】**C

**【例题34·单选题】**A公司向B公司签发了一张见票后3个月付款的银行承兑汇票。B公司持该汇票向付款人提示承兑的期限为（　　）。

A. 自出票日起10日内

B. 自出票日起1个月内

C. 自出票日起3个月内

D. 自出票日起6个月内

**【答案】**B

2. 付款人对向其提示承兑的汇票，应当自收到提示承兑的汇票之日起3日内承兑或者拒绝承兑。

3. 记载事项

（1）必须记载事项：“承兑”字样、签章。

（2）相对记载事项：承兑日期，汇票上未记载承兑日期的，应当以收到提示承兑的汇票之日起3日内的最后一日为承兑日期。

（3）附条件承兑

付款人承兑汇票，不能附有条件；承兑附有条件的，视为拒绝承兑。

### 经典题解

**【例题35·判断题】**根据票据法律制度的规定，付款人承兑汇票可以附有条件。（　　）

**【答案】**×

4. 承兑的效力

付款人承兑汇票后，应当承担到期付款的责任。

**【解释】**当出票人委托付款人付款时，付款人并不当然负有替出票人支付票款的义务，只有付款人自己承兑了，成为承兑人，才承担到期付款的责任。

5. 手续费（2021年重大调整）

银行承兑汇票的承兑银行，应按票面金额的一定比例向出票人收取手续费，银行承兑汇票手续费为市场调节价。

【案例】甲公司（开户行：C银行）向乙公司（开户行：D银行）购买货物，合同约定购货款价税合计113万元，并约定使用银行承兑汇票结算。已知，适用的承兑手续费率为0.5‰。

【分析】(1) 甲公司向其开户行C银行提出办理银行承兑汇票的申请，双方签订银行承兑协议。(2) C银行向甲公司出售银行承兑汇票凭证。(3) 甲公司签发银行承兑汇票，出票人为甲公司，收款人为乙公司，付款行为C银行，三者均为该银行承兑汇票的基本当事人，甲公司应在票据上作成出票人签章。(4) 甲公司向C银行交纳承兑手续费（113×0.5‰），并将已经签发的汇票交C银行提示承兑。(5) C银行记载承兑字样并作承兑签章后，甲公司领回已承兑的银行承兑汇票并交付给乙公司。

6. 票据信息登记

(1)“纸票”电子化

①纸质票据贴现前，金融机构办理承兑、质押、保证等业务，应当不晚于业务办理的次一工作日在票据市场基础设施完成相关信息登记工作。

②纸质商业承兑汇票完成承兑后，承兑人开户行应当根据承兑人委托代其进行承兑信息登记。承兑信息未能及时登记的，持票人有权要求承兑人补充登记承兑信息。

③纸质票据票面信息与登记信息不一致的，以纸质票据票面信息为准。

(2) 电子商业汇票

电子商业汇票签发、承兑、质押、保证、贴现等信息应当通过电子商业汇票系统同步传送至票据市场基础设施。

## 10 考点10 商业汇票的贴现（★★★）

1. 什么是贴现？

贴现是指票据持票人在票据未到期前为获得资金融通向银行贴付一定利息而发生的票据转让行为。

【提示1】见票即付的票据无须、也不能办理贴现。

【提示2】贴现的本质是将远期商业汇票转让给银行，本质上是一种票据背书转让行为，贴现银行获得票据的所有权。

2. 办理贴现的条件

(1) 票据未到期；

(2) 票据未记载“不得转让”事项；

(3) 持票人是在银行开立存款账户的企业法人以及其他组织；

(4) 持票人与出票人或者直接前手之间具有真实的商品交易关系。

【提示】电子商业汇票贴现必须记载：贴出人名称、贴入人名称、贴现日期、贴现类型、贴现利率、实付金额、贴出人签章。

3. 登记信息查询

贴现人办理纸质票据贴现时，应当通过票据市场基础设施查询票据承兑信息，并在确认纸质票据必须记载事项与已登记承兑信息一致后，为贴现申请人办理贴现，贴现申请人无须提供合同、发票等资料；信息不存在或者纸质票据必须记载事项与已登记承兑信息不一致的，不得办理贴现。

4. 贴现利息

实付贴现金额按票面金额扣除贴现日至汇票到期日前1日的利息计算；承兑人在异地的纸质商业汇票，贴现的期限以及贴现利息的计算应另加3天的划款日期。

【案例】甲公司向乙公司签发一张银行承兑汇票以支付货款，票面金额为20万元，出票日期为1月10日，到期日为同年4月10日。4月5日，乙公司以该票据向银行办理贴现。已知同期银行年贴现率为3.6%，一年按360天计算。

【分析】（1）贴现日（4月5日）至到期日的前1日（4月9日），共计5天（5日、6日、7日、8日、9日）；（2）如果贴现银行和承兑银行在同一城市，银行实付乙公司贴现金额 = 200000 - 200000 × 3.6% ×（5 ÷ 360）= 199900（元）；（3）如果承兑银行在异地，银行实付乙公司贴现金额 = 200000 - 200000×3.6%×（5+3）÷360 = 199840（元）。

5. 贴现的收款

贴现到期，贴现银行应向付款人收取票款；不获付款的，贴现银行应向其前手追索票款；贴现银行追索票款时可从申请人的存款账户直接收取票款。

## 经典题解

【例题36·单选题】根据票据法律制度的规定，下列票据中，可以办理贴现的是（　　）。

A. 银行本票　　B. 银行承兑汇票

C. 现金支票　　D. 银行汇票

【答案】B

【例题37·多选题】下列各项中，属于电子商业汇票贴现必须记载事项的有（　　）。

A. 贴出人名称　　B. 实付金额

C. 贴出人签章　　D. 贴现利率

【答案】ABCD

【例题38·判断题】根据票据法律制度的规定，在票据市场基础设施上无承兑信息的纸质商业汇票，可以办理票据贴现。（　　）

【答案】×

【例题39·判断题】持票人向银行申请办理商业汇票贴现的，所持有的汇票必须是未到期的。（　　）

【答案】√

【例题40·多选题】下列关于商业汇票贴现的表述中，正确的有（　　）。

A. 贴现是一种非票据转让行为

B. 贴现申请人与出票人或直接前手之间具有真实的商品交易关系

C. 贴现申请人是在银行开立存款账户的企业法人以及其他组织

D. 贴现到期不获付款的，贴现银行可从贴现申请人的存款账户直接收取票款

【解析】选项A：贴现是指票据持票人在票据未到期前为获得现金向银行贴付一定利息而发生的"票据转让行为"。

【答案】BCD

【例题41·单选题】甲公司向乙企业购买一批原材料，开出一张票面金额为60万元的银行承兑汇票。出票日期为4月10日，到期日为同年7月10日。同年6月6日，乙企业持此汇票及有关发票和原材料发运单据复印件向银行办理了贴现。已知同期银行年贴现率为3.6%，一年按360天计算，贴现银行与承兑银行在同一城市。根据票据法律制度的有关规定，银行实付乙企业贴现金额为（　　）元。

A. 581680　　B. 597960

C. 578950　　D. 598960

【解析】实付贴现金额按票面金额扣除贴现日至汇票到期前1日的利息计算。本题中贴现日是6月6日，汇票到期前1日是7月9日，一共是34天。企业从银行取出的金额 = 600000 - 600000 × 3.6% ×（34 ÷ 360）= 597960（元）。

【答案】B

## 11 考点11 商业汇票的保证（★★）

1. 保证人

（1）国家机关、以公益为目的的事业单位、社会团体作为票据保证人的，票据保证无效，但经国务院批准为使用外国政府或者国际经济组织贷款进行转贷，国家机关提供票据保证的除外。

（2）企业法人的职能部门作为票据保证人的，票据保证无效。

（3）企业法人的分支机构在法人书面授权范围内提供的票据保证有效。

2. 票据保证行为的记载事项

（1）必须记载事项："保证"字样、保证人签章

保证人未在票据或者粘单上记载"保证"字样而另行签订保证合同或者保证条款的，不属于票据保证。

（2）相对记载事项

①被保证人名称

保证人在票据或者粘单上未记载"被保证人名称"的，已承兑的票据，承兑人为被保证人；未承兑的票据，出票人为被保证人。

②保证日期

保证人在票据或者粘单上未记载"保证日期"的，出票日期为保证日期。

**未记载各种日期的处理（综述）**

| 情形 | 性质 | 效果 |
| --- | --- | --- |
| 未记载出票日期 | 必须记载事项 | 票据无效 |
| 未记载背书日期 | 相对记载事项 | 视为到期日前背书 |
| 未记载承兑日期 | 相对记载事项 | 以收到提示承兑的汇票之日起3日内的最后一日为承兑日期 |
| 未记载保证日期 | 相对记载事项 | 出票日期为保证日期 |

3. 附条件保证

保证不得附条件，附有条件的，不影响对票据的保证责任（保证有效）。

【相关链接1】背书不得附有条件，背书时附有条件的，所附条件不具有票据上的效力（背书有效）。

【相关链接2】付款人承兑汇票，不能附有条件；承兑附有条件的，视为拒绝承兑。

【相关链接3】出票时应当记载无条件支付的委托（承诺），否则票据无效。

4. 保证责任

（1）保证人对合法取得票据的持票人所享有的票据权利，承担保证责任；但被保证人的债务因票据记载事项欠缺而无效的除外。

（2）保证人应当与被保证人对持票人承担连带责任，票据到期后得不到付款的，持票人有权向保证人请求付款，保证人应当足额付款。

（3）保证人为2人以上的，保证人之间承担连带责任。

5. 保证人的追索权

保证人清偿票据债务后，可以行使持票人对被保证人及其前手的追索权。

## 经典题解

【例题42·多选题】根据票据法律制度的规定，下列关于票据保证的表述中，正确的有（ ）。

A. 票据上未记载保证日期的，被保证人的背书日期为保证日期

B. 保证人未在票据或粘单上记载被保证人名称的已承兑票据，承兑人为被保证人

C. 保证人为两人以上的，保证人之间承担连带责任

D. 保证人清偿票据债务后，可以对被保证人及其前手行使追索权

【答案】BCD

【例题43·多选题】根据票据法律制度的规定，下列事项中，属于汇票任意记载事项的有（ ）。

A. 保证人在汇票上表明"保证"字样

B. 背书人在汇票上记载“不得转让”字样

C. 出票人在汇票上记载“不得转让”字样

D. 承兑人在汇票上签章

【解析】选项AD：属于必须记载事项。

【答案】BC

【例题44·多选题】根据票据法律制度的规定，票据或粘单未记载下列事项的，不影响保证人对票据保证责任承担的有（　　）。

A. 保证人签章

B. 保证日期

C. 被保证人名称

D. “保证”字样

【解析】（1）选项AD：属于票据保证行为的必须记载事项，任何一项未记载的，票据保证行为不成立，保证人无须承担票据保证责任。（2）选项B：未记载保证日期的，出票日期为保证日期。（3）选项C：未记载被保证人名称的，已承兑的汇票，承兑人为被保证人；未承兑的汇票，出票人为被保证人。

【答案】BC

【例题45·多选题】根据票据法律制度的规定，下列关于票据保证责任表述中，正确的有（　　）。

A. 保证人与被保证人对持票人承担连带责任

B. 保证不得附条件，保证附有条件的，保证人不承担票据保证责任

C. 票据到期后得不到付款的，持票人向保证人请求付款，保证人应当足额付款

D. 保证人为两人以上的，保证人之间承担连带责任

【解析】选项B：保证不得附有条件，附有条件的，不影响对票据的保证责任。

【答案】ACD

## 12 考点12 商业汇票的提示付款（★★★）

（一）提示付款的期限

| | | 提示承兑期限 | 提示付款期限 |
|---|---|---|---|
| 商业汇票 | 定日付款的商业汇票 | 到期日前 | 到期日起10日 |
| | 出票后定期付款的商业汇票 | | |
| | 见票后定期付款的商业汇票 | 出票之日起1个月内 | |
| 银行汇票 | | × | 自出票日起1个月 |
| 银行本票 | | × | 自出票日起不得超过2个月 |
| 支票 | | × | 自出票日起10日 |

【提示1】持票人逾期提示付款的，持票人开户银行不予受理（委托收款事项），但在持票人作出说明后，承兑人或者付款人仍应当继续对持票人承担付款责任。

【提示2】逾期提示承兑、逾期提示付款的，将丧失对一般前手的追索权，只能向出票人、承兑人（如果有）追索。

### 经典题解

【例题46·单选题】根据支付结算法律制度的规定，关于票据提示付款期限的下列各项表述中，正确的是（　　）。

A. 支票的提示付款期限是自出票日起3个月

B. 银行汇票的提示付款期限是自出票日起1个月

C. 商业汇票的提示付款期限是自出票日起10日

D. 银行本票的提示付款期限是自出票日起1个月

【答案】B

（二）付款流程

1. 银行承兑汇票

（1）银行承兑汇票的承兑人已于到期日前进行付款确认的，票据市场基础设施应当根据承兑人的委托于提示付款日代承兑人发送指令划付资金至持票人资金账户。

（2）未付款确认

①持票人在提示付款期限内通过票据市场基础设施提示付款的，承兑人应当在提示付款当日应答。

②拒绝付款

（A）承兑人在提示付款当日未作出应答的，视为拒绝付款，票据市场基础设施提供拒绝付款证明并通知持票人。

（B）承兑人存在合法抗辩事由拒绝付款的，应当在提示付款当日出具拒绝付款证明，并通过票据市场基础设施通知持票人。

（3）出票人账户资金不足

银行承兑汇票的出票人于汇票到期日未能足额交存票款时，承兑银行除凭票向持票人无条件付款外，对出票人尚未支付的汇票金额按照每天0.5‰计收利息。

【提示】银行承兑汇票的承兑银行是票据的主债务人，不论出票人账户资金是否足以支付票款，承兑银行均应在持票人依法按期提示付款的当日足额支付票款。

【相关链接】银行承兑汇票的承兑银行，应按票面金额的一定比例向出票人收取手续费，银行承兑汇票手续费为市场调节价。

## 经典题解

【例题47·多选题】甲公司持有一张出票人为乙公司，金额为120万元，到期日为2020年12月12日，承兑人为Q银行的银行承兑汇票。甲公司于12月12日去Q银行提示付款，Q银行发现乙公司账户只有存款100万元。Q银行拟采取的下列做法中，正确的有（　　）。

A. 于2020年12月12日起对乙公司欠款20万元开始计收利息

B. 于2020年12月12日向甲公司付款100万元

C. 于2020年12月12日拒绝付款并出具拒绝付款证明

D. 于2020年12月12日向甲公司付款120万元

【答案】AD

【例题48·单选题】根据票据法律制度的规定，关于银行承兑汇票通过票据市场基础设施提示付款的下列表述中，不正确的是（　　）。

A. 承兑人已于到期日前进行付款确认的，票据市场基础设施应当根据承兑人的委托于提示付款日代承兑人发送指令划付资金至持票人资金账户

B. 承兑人未进行付款确认的，持票人在提示付款期限内提示付款的，承兑人应在提示付款当日应答

C. 承兑人未进行付款确认且存在合法抗辩事由拒绝付款的，须在提示付款当日出具拒绝付款证明，并通过票据市场基础设施通知持票人

D. 承兑人未进行付款确认且在持票人提示付款后未在规定时间内应答的，视为同意付款

【解析】选项D：承兑人未进行付款确认且在提示付款当日未作出应答的，视为“拒绝”付款，票据市场基础设施提供拒绝付款证明并通知持票人。

【答案】D

2. 商业承兑汇票持票人通过票据市场基础设施提示付款

（1）商业承兑汇票的承兑人已于到期前进行付款确认的，承兑人开户行应当根据承兑人委托于提示付款日扣划承兑人账户资金，并将相应款项划付至持票人资金账户。

（2）未付款确认

①持票人在提示付款期限内通过票据市场基础设施提示付款的，承兑人应当委托其开户行应答。

②拒绝付款

（A）承兑人开户行在提示付款当日未作出应答的，视为拒绝付款，票据市场基础设施提供拒绝证明并通知持票人。

（B）承兑人存在合法抗辩事由拒绝付款的，应当委托其开户行出具拒绝付款证明，并通过票据市场基础设施通知持票人。

③商业承兑汇票承兑人在提示付款当日同意付款的：

（A）承兑人账户余额足够支付票款的，承兑人开户行应当代承兑人作出同意付款应答，并于提示付款日向持票人付款。

（B）承兑人账户余额不足以支付票款的，视同承兑人拒绝付款，承兑人开户行应当于提示付款日代承兑人作出拒付应答并说明理由，同时通过票据市场基础设施通知持票人。

3. 商业承兑汇票持票人通过开户行委托收款

（1）商业承兑汇票的付款人开户银行收到通过委托收款寄来的汇票，将汇票留存并通知付款人。

（2）付款人收到开户银行的付款通知，应在当日通知银行付款。付款人在接到通知日的次日起 3 日内未通知银行付款的，视同付款人承诺付款。

（3）付款人提前收到由其承兑的商业汇票，应通知银行于汇票到期日付款，银行应于汇票到期日将票款划给持票人。

（4）付款人存在合法抗辩事由拒绝付款的，应自接到通知的次日起 3 日内，作成拒绝付款证明送交开户银行，银行将拒绝付款证明和商业承兑汇票邮寄持票人开户银行转交持票人。

## 13 考点 13 商业汇票的追索（★★★）

1. 追索的情形

（1）到期后追索

票据到期被拒绝付款的，持票人对背书人、出票人以及票据的其他债务人行使的追索。

（2）到期前追索

在票据到期日前，有下列情况之一的，持票人可以行使追索权：

①汇票被拒绝承兑的；

②承兑人或者付款人死亡、逃匿的；

③承兑人或者付款人被依法宣告破产的；

④承兑人或者付款人因违法被责令终止业务活动的。

2. 追索对象及追索顺序

（1）可以作为追索对象的包括：出票人、背书人、承兑人和保证人。

（2）追索顺序：不分先后，可以同时向多人追索。

①票据债务人对持票人承担连带责任；持票人行使追索权，可以不按照票据债务人的先后顺序，对其中任何一人、数人或者全体行使追索权。

②持票人对票据债务人中的一人或者数人已经进行追索的，对其他票据债务人仍可以行使追索权。

【提示】银行能否作为追索对象：①银行汇票、本票上的“银行”是出票人，持票人被拒绝付款后，仍然可以向出票银行进行追索。②银行承兑汇票上的“银行”，能否列为追索对象关键看票据是否已经承兑，如果该银行已经承兑，则直接可以称为承兑银行，可以将该承兑银行列为追索对象；如果尚未承兑则只能称为付款银行，不得列为追索对象，因为此时的银行尚未成为票据上的债务人。③支票上的“银行”，是支票的付款人，往往是支票出票人的开户银行，由于我国的支票限于见票即付，无须承兑，因此支票上的银行并非支票上的债务人，银行拒绝支付票款的，持票人只能向出票人、前手、保证人进行追索，而不能将付款银行列为追索对象。④商业承兑汇票中，承兑人的开户银行并非汇票上的债务人，不能列为追索对象，持票人应直接将承兑人列为追索对象。

3. 追索金额

（1）持票人行使首次追索权，可以请求被追索人支付下列金额和费用：

①被拒绝付款的票据金额；

②票据金额自到期日或者提示付款日起至清偿日止，按照中国人民银行规定的利率计算的利息；

③取得有关拒绝证明和发出通知书的费用。

（2）持票人行使再追索权，可以请求其他票据债务人支付下列金额和费用：

①已清偿的全部金额；

②前项金额自清偿日起至再追索清偿日止，按照中国人民银行规定的利率计算的利息；

③发出通知书的费用。

4. 追索权的行使程序

（1）取得有关证明

持票人行使追索权时，应当提供相关证明（包括拒绝证明、退票理由书，承兑人或付款人的死亡、逃匿证明，司法文书等）；持票人不能出示相关证明的，将丧失对其前手的追索权，但是承兑人或者付款人仍应当对持票人承担责任。

（2）追索通知

①持票人应当自收到被拒绝承兑或者被拒绝付款的有关证明之日起3日内，将被拒绝事由书面通知其前手；其前手应当自收到通知之日起3日内书面通知其再前手。

②持票人未按照规定期限（3日）发出追索通知的，持票人仍可以行使追索权。因延期通知给其前手或者出票人造成损失的，由其承担该损失的赔偿责任，但所赔偿的金额以汇票金额为限。

## 经典题解

**【例题49·多选题】**根据票据法律制度的规定，下列持票人行使票据追索权出具的证明中，具有法律效力的有（ ）。

A. 法院关于承兑人被依法宣告破产的司法文书

B. 承兑人出具的拒绝付款证明

C. 医院出具的承兑人死亡证明

D. 司法机关出具的承兑人逃匿证明

**【答案】**ABCD

**【例题50·单选题】**根据支付结算法律制度的规定，票据的持票人行使追索权，应当在特定期限内将被拒绝事由书面通知其前手，该期限指的是（ ）。

A. 自收到有关证明之日起5日内

B. 自收到有关证明之日起7日内

C. 自收到有关证明之日起3日内

D. 自收到有关证明之日起10日内

**【答案】**C

5. 票据权利消灭时效（追索权的行使期限）

（1）对出票人或承兑人的权利

①持票人对远期汇票的出票人、承兑人的权利自票据到期日起2年；见票即付的汇票、本票自出票日起2年。

②持票人对支票出票人的权利，自出票日起6个月。

（2）对一般前手（除出票人、承兑人以外的其他前手）的权利

①持票人对一般前手的首次追索权，自被拒绝承兑或者被拒绝付款之日起6个月；

②持票人对一般前手的再追索权，自清偿日或者被提起诉讼之日起3个月。

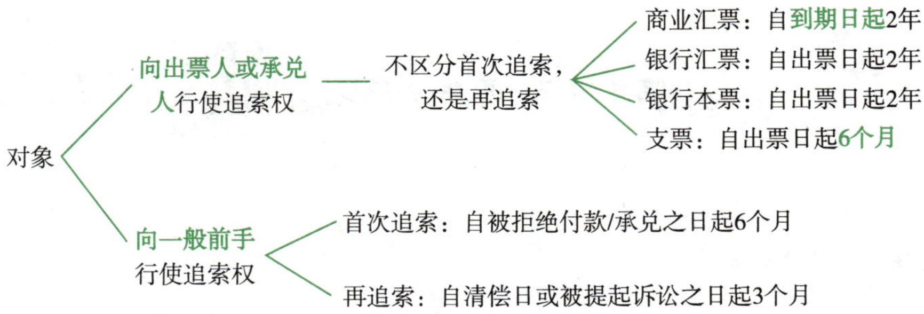


**图 3（1）–2 票据权利消灭时效**

（3）持票人因超过票据权利消灭时效或者票据记载事项欠缺而丧失票据权利的，持票人仍享有民事权利，可以请求出票人或者承兑人返还其与未支付的票据金额相当的利益。

## 经典题解

**【例题 51 · 单选题】** 根据支付结算法律制度的规定，下列关于票据权利时效的表述中，正确的是（　　）。

A. 持票人对银行汇票出票人的权利自出票日起 2 年

B. 持票人对前手的追索权自被拒绝承兑或拒绝付款之日起 2 年

C. 持票人对商业汇票承兑人的权利自到期日起 1 年

D. 持票人对支票出票人的权利，自出票日起 1 年

**【答案】** A

**【例题 52 · 判断题】** 票据被拒绝付款的，持票人只能按票据债务人的顺序对直接前手行使追索权。（　　）

**【解析】** 持票人行使追索权，可以不按照票据债务人的先后顺序，对其中任何一人、数人或者全体行使追索权。

**【答案】** ×

**【例题 53 · 单选题】** 根据支付结算法律制度的规定，关于票据追索权行使的下列表述中，正确的是（　　）。

A. 持票人不得在票据到期前追索

B. 持票人应当向票据的出票人、背书人、承兑人和保证人同时追索

C. 持票人在行使追索权时，应当提供被拒绝承兑或拒绝付款的有关证明

D. 持票人应当按照票据的承兑人、背书人、保证人和出票人的顺序行使追索权

**【解析】**（1）选项 A：追索有期前追索和期后追索两种情况；（2）选项 BD：持票人行使追索权，可以不按照票据债务人的先后顺序，对其中任何一人、数人或者全体行使追索权。

**【答案】** C

**【例题 54 · 多选题】** 根据支付结算法律制度的规定，票据持票人行使首次追索权时，可以请求被追索人支付的金额和费用有（　　）。

A. 因汇票资金到位不及时，给持票人造成的税收滞纳金损失

B. 取得有关拒绝证明和发出通知书的费用

C. 票据金额自到期日或者提示付款日起至清偿日止，按规定的利率计算的利息

D. 被拒绝付款的票据金额

**【解析】** 选项 A：属于间接损失，不得列入追索金额。

**【答案】** BCD

# 第4单元　票据法总论



## 14 考点14 票据的分类（★★）

1. 分类一

- 汇票
  - 银行汇票
  - 商业汇票
    - 银行承兑汇票
    - 商业承兑汇票
- 银行本票
- 支票
  - 现金支票
  - 转账支票
  - 普通支票

2. 分类二

- 即期（见票即付）的票据
  - 银行汇票
  - 银行本票
  - 支票
- 远期商业汇票
  - 定日付款的汇票
  - 出票后定期付款的汇票
  - 见票后定期付款的汇票

### 经典题解

**【例题55·单选题】**根据支付结算法律制度的规定，下列票据中，不属于我国《票据法》所称票据的是(　　)。

A. 本票　　B. 支票

C. 汇票　　D. 股票

**【答案】**D

**【例题56·多选题】**根据支付结算法律制度的规定，下列票据中，出票人是银行的有(　　)。

A. 商业汇票　　B. 银行汇票

C. 本票　　D. 支票

**【解析】**选项AD：均为银行以外的单位或个人出票，商业汇票的付款人有可能是银行（银行承兑汇票），也有可能是银行以外的单位（商业承兑汇票）；而支票的付款人一定是出票人的开户银行。

**【答案】**BC

## 15 考点15 票据的基本当事人（★）

1. 票据的基本当事人是指在票据作成和交付时就已经存在的当事人。

2.

- 基本当事人
  - 汇票、支票：出票人、付款人与收款人
  - 银行本票：出票人与收款人
- 非基本当事人：承兑人、背书人、被背书人、保证人等

## 16 考点 16 票据的特征与功能（★）

| | | |
|---|---|---|
| 特征 | 完全有价证券 | 票据权利与票据本身融为一体、不可分离；票据权利的产生、行使、转让和消灭都离不开票据 |
| | 文义证券 | 票据上的一切票据权利义务必须严格依照票据记载的文义而定 |
| | 无因证券 | 通常情况下，持票人不必证明取得票据的原因，仅以票据文义请求履行票据权利 |
| | 金钱债权证券 | 票据上体现的权利性质是财产权（请求支付一定的金钱） |
| | 要式证券 | 票据的制作、形式、文义都有规定的格式和要求，必须符合《票据法》的规定 |
| | 流通证券 | 票据权利的转让无须通知债务人，通过背书行为直接转让 |
| 功能 | 支付功能 | 票据可以充当支付工具，代替现金使用 |
| | 汇兑功能 | 票据可以代替货币在不同地方之间运送，方便异地之间的支付 |
| | 信用功能 | 票据当事人可以凭借自己的信誉，将未来才能获得的金钱作为现在的金钱来使用（主要指商业汇票，由于是远期票据，可以“空手套白狼”） |
| | 结算功能 | 例如，互相持有对方签发的票据，可以依法抵销 |
| | 融资功能 | 票据的融资功能是通过票据的贴现、转贴现和再贴现实现的 |

## 17 考点 17 票据行为、票据权利与票据责任（★★）

1. 票据行为的种类

（1）票据行为包括 4 种：出票、背书、承兑和保证。

【提示】票据贴现的本质：①背书转让票据；②在票据未到期日前获得资金融通。

（2）票据的记载事项

| 事项种类 | 效力 |
|---|---|
| 必须记载事项 | 如未记载，票据行为无效 |
| 相对记载事项 | 如未记载，由法律另作相应规定予以明确，不影响票据效力 |
| 任意记载事项 | 当事人自行选择是否记载，不记载时不影响票据效力，记载时则产生票据效力（如背书人记载“不得转让”字样） |
| 记载不产生《票据法》上效力的事项 | 可以记载，但记载不具有票据效力（如在备注栏中记载签发票据的原因、相关交易的合同号码） |

2. 票据权利的种类

票据权利包括2种：付款请求权和追索权（包括首次追索权和再追索权）；付款请求权是第一顺序的权利，追索权是第二顺序的权利。

3. 票据责任是指票据债务人向持票人支付票据金额的义务。

（1）汇票的承兑人因承兑而应承担付款义务；（因承兑签章）

（2）银行本票的出票人因出票而承担自己付款的义务；（因出票签章）

（3）支票付款人在与出票人有资金关系时承担付款义务；（支票的付款人不在票面上签章，因此，只有与出票人有资金关系时才代为支付票款；支票付款银行不是票据债务人，只是票据关系人）

（4）汇票、本票、支票的背书人，汇票、支票的出票人、保证人，在票据不获承兑或不获付款时的付款清偿义务。（因背书、出票、保证签章）

## 经典题解

【例题57·多选题】根据票据法律制度的规定，下列各项中，属于票据行为的有（　　）。

A. 背书　　B. 付款

C. 承兑　　D. 保证

【解析】选项B：付款请求权、追索权属于票据权利。

【答案】ACD

【例题58·单选题】A公司持有一张商业汇票，到期委托开户银行向承兑人收取票款。A公司行使的票据权利是（　　）。

A. 付款请求权

B. 利益返还请求权

C. 票据追索权

D. 票据返还请求权

【答案】A

【例题59·多选题】下列主体中，属于应当向持票人承担票据责任的有（　　）。

A. 空头支票出票人的开户行甲银行

B. 不获承兑的汇票出票人A公司

C. 签发银行本票的乙银行

D. 对汇票予以承兑的B公司

【解析】选项A：出票人签发空头支票的，出票人的开户行（该支票的付款行），不承担票据责任。

【答案】BCD

## 18 考点18 票据权利的取得（★）

1. 签发、取得和转让票据，应当遵守诚实信用的原则，具有真实的交易关系和债权债务关系。

2. 票据的取得，应当给付票据双方当事人认可的相对应的代价；但如果是因税收、继承、赠与可以依法无偿取得票据的，则不受给付对价的限制，但是所享有的票据权利不得优于其前手的权利。

3. 取得票据但不享有票据权利的情形

（1）以欺诈、偷盗或者胁迫等手段取得票据的，或者明知有前列情形，出于恶意取得票据的；

（2）持票人因重大过失取得不符合《票据法》规定的票据的。

【案例】甲公司签发支票给乙公司，乙公司受丙公司胁迫将该支票背书转让给丙公司，假定票面形式上不存在影响持票人票据权利的瑕疵。

【分析】（1）丙公司属于恶意持票人，不享有票据权利；（2）如果丙公司将票据背书转让给“知情”的丁公司，丁公司亦属于恶意持票人，不享有票据权利；（3）如果丙公司将支票背书转让给“不知情”的丁公司以支付购货款，则丁公司属于善意持票人，且支付相当对价，可以享有完整的票据权利；（4）如果丙公司将支票背书后赠送给知情/不知情的丁公司，则由于丁公司无对价取得票据，其享有的票据权利不优于前手丙公司，丙公司不享有票据权利则丁公司就不享有票据权利。

4. 持票人对票据债务人行使票据权利，或者保全票据权利，应当在票据当事人的营业场所和营业时间内进行，票据当事人无营业场所的，应当在其住所进行。

5. 票据抗辩

（1）如果存在背书不连续等合理事由，票据债务人可以拒绝履行义务。

（2）票据债务人可以对不履行约定义务的与自己有直接债权债务关系的持票人进行抗辩，不得以自己与出票人或者与持票人的前手之间的抗辩事由，对抗持票人，持票人明知存在抗辩事由而取得票据的除外。

【案例】甲公司和乙公司签订买卖合同，甲公司签发以乙公司为收款人的支票以支付货款，后甲公司发现乙公司交付的货物不符合质量要求，要求乙公司返还支票，但该支票已经由乙公司背书转让给善意的丙公司支付购货款而不能返还。后丙公司按期向银行提示付款被拒绝。

【分析】（1）如果丙公司先向乙公司追索票款，乙公司向其清偿票款、取得票据和拒绝证明后，向甲公司进行追索，甲公司有权以乙公司交付的货物不符合质量要求为由拒绝承担票据责任（乙公司是与甲公司有直接债权债务关系的持票人）。（2）如果丙公司直接向甲公司追索票款，则甲公司不能以乙公司交付的货物不符合质量要求为由拒绝承担票据责任（丙公司与甲公司之间没有直接债权债务关系，且丙公司属于善意持票人，因而甲公司对乙公司的抗辩事由不得用于对抗丙公司）。

### 经典题解

【例题60·单选题】赵某因采购货物签发一张票据给钱某，孙某从钱某处窃取该票据，李某明知孙某系窃取所得但仍受让该票据，并将其赠与不知情的周某，下列取得票据的当事人中，享有票据权利的是（　　）。

A. 钱某　　B. 孙某

C. 李某　　D. 周某

【解析】（1）持票人以欺诈、偷盗或者胁迫等手段取得票据的（孙某），或者明知有上述情形，出于恶意取得票据的（李某），不享有票据权利。（2）因税收、继承、赠与可以依法无偿取得票据的，所享有的票据权利不得优于其前手；在本题中，周某依法无对价取得票据，其是否享有票据权利取决于其前手李某；如前所述，李某系恶意持票人，不享有票据权利，周某相应不享有票据权利。

【答案】A

## 19 考点19 票据丧失的补救（★★）

1. 挂失止付

（1）可以挂失止付的票据

只有确定付款人或代理付款人的票据丧失时才可进行挂失止付，具体包括：

①已承兑的商业汇票；

②支票；

③填明“现金”字样和代理付款人的银行汇票；

④填明“现金”字样的银行本票。

### 经典题解

【例题61·多选题】根据票据法律制度的规定，下列各项中，丧失后可以挂失止付的有（　　）。

A. 未填明代理付款人的银行汇票

B. 已承兑的商业汇票

C. 支票

D. 填明“现金”字样的银行本票

【答案】BCD

（2）非必经措施

挂失止付并不是票据丧失后采取的必经

措施；失票人可以先办理挂失止付，然后在通知挂失止付后的3日内，向票据支付地人民法院申请公示催告（或者提起普通诉讼），也可以在票据丧失后（不办理挂失止付）直接向人民法院申请公示催告或者提起普通诉讼。

（3）暂时的预防措施

①挂失止付只是一种暂时的预防措施；付款人或者代理付款人自收到挂失止付通知书之日起12日内没有收到人民法院的止付通知书的，自第13日起，不再承担止付责任，持票人提示付款时即向持票人付款。

②付款人或者代理付款人在收到挂失止付通知书之前，已经向持票人付款的，不再承担责任。但是，付款人或者代理付款人以恶意或者重大过失付款的除外。

（4）挂失止付通知书

失票人需要挂失止付的，应填写挂失止付通知书并签章。挂失止付通知书应当记载下列事项：

①票据丧失的时间、地点、原因；

②票据的种类、号码、金额、出票日期、付款日期、收款人名称、付款人名称；

③挂失止付人的姓名、营业场所或者住所以及联系方法。

2. 公示催告

（1）申请人

申请公示催告的主体必须是可以背书转让的票据的最后持票人。

（2）人民法院的止付通知

人民法院决定受理公示催告申请，应当同时通知付款人及代理付款人停止支付，并自立案之日起3日内发出公告，催促利害关系人申报权利。付款人或者代理付款人收到人民法院的止付通知后，应当立即停止支付，直至公示催告程序终结。非经发出止付通知的人民法院许可，擅自解付的，不得免除票据责任。

（3）公告期间

①公示催告的期间，国内票据自公告发布之日起60日，涉外票据可以根据具体情况适当延长，但最长不得超过90日。

②在公示催告期间，转让票据权利的行为无效，以公示催告的票据质押、贴现，因质押、贴现而接受该票据的持票人主张票据权利的，人民法院不予支持，但公示催告期间届满以后人民法院作出除权判决以前取得该票据的除外。

（4）申报债权与除权判决

①利害关系人应当在公示催告期间向人民法院申报。

②人民法院收到利害关系人的申报后，应当裁定终结公示催告程序，并通知申请人和支付人。

③公示催告期间届满，没有人申报权利的，人民法院应当根据申请人的申请，作出除权判决，宣告票据无效。判决应当公告，并通知支付人。自判决公告之日起，申请人有权向支付人请求支付。

3. 普通诉讼

普通诉讼，是指以丧失票据的人为原告，以承兑人或出票人为被告，请求法院判决其向失票人付款的诉讼活动。

## 经典题解

**【例题62·多选题】**根据支付结算法律制度的规定，持票人丧失票据后，可以采取特定的措施进行补救，属于该类措施的有（　　）。

A. 民事仲裁　　B. 挂失止付

C. 公示催告　　D. 普通诉讼

**【答案】**BCD

**【例题63·单选题】**根据支付结算法律制度的规定，有权受理失票人公示催告申请的人民法院是（　　）。

A. 票据收款地法院

B. 票据支付地法院

C. 失票人所在地法院

D. 出票人所在地法院

**【答案】**B

## ⑧ 经典大题精析

### 一、支票

【例题 64·不定项选择题】

2019 年 10 月 12 日，A 公司为支付劳务费向王某签发并交付一张金额为 10 万元的现金支票。在提示付款期内，王某向银行提示付款时，A 公司存款余额为 2 万元。

已知，A 公司开户银行为 P 银行，预留 P 银行签章为其财务专用章和法定代表人张某的个人名章。

要求：

根据上述资料，不考虑其他因素，分析回答下列小题。

1. A 公司签发支票必须记载的事项是（　　）。
   A. 出票日期
   B. 出票金额
   C. 加盖财务专用章和张某的个人名章
   D. 付款人 P 银行名称
2. 下列日期中，属于该支票提示付款期限内的是（　　）。
   A. 2019 年 10 月 15 日
   B. 2019 年 10 月 20 日
   C. 2019 年 11 月 10 日
   D. 2019 年 11 月 20 日
3. 王某提示付款应当办理的手续是（　　）。
   A. 在支票上签章
   B. 向 P 银行交验本人身份证件
   C. 在支票背面注明王某的身份证件名称、号码和发证机关
   D. 填制进账单交 P 银行
4. 关于提示付款时 A 公司存款余额为 2 万元的下列表述中，正确的是（　　）。
   A. 该支票为空头支票
   B. P 银行应向王某支付款项 2 万元
   C. 王某有权要求 A 公司给予赔偿
   D. P 银行应拒绝付款并出具拒绝付款证明

【例题 65·不定项选择题】

A 公司开户银行为 P 银行，2019 年 7 月 6 日，工作人员张某携带 A 公司当日签发的一张金额 10 万元、部分记载事项不完整的支票外出采购。7 月 8 日，张某购买货物后将支票交付 B 公司。7 月 10 日，B 公司委托开户银行 Q 银行收取支票款项，当日 P 银行见票时 A 公司存款余额为 7 万元。

要求：

根据上述资料，不考虑其他因素，分析回答下列小题。

1. A 公司签发该支票必须注意的事项是（　　）。
   A. 支票金额的中文大写与阿拉伯数码记载应当一致
   B. 在支票上的签章必须与其预留 P 银行的签章一致
   C. 出票日期必须使用中文大写
   D. 该支票金额不得超过付款时 A 公司在 P 银行实有存款金额
2. 张某交付支票，可授权 B 公司补记的事项是（　　）。
   A. 付款人名称
   B. 收款人名称
   C. 出票日期
   D. 付款日期
3. B 公司委托收款时，在支票背面应记载的事项是（　　）。
   A. 在背书人签章栏签章
   B. “委托收款”字样
   C. 背书日期
   D. 在被背书人栏记载 Q 银行名称
4. 关于该支票提示付款的下列表述中，正确的是（　　）。
   A. A 公司承担保证该支票付款的责任
   B. B 公司办理委托收款时应将支票送交 Q 银行

C. B公司办理委托收款时应填制进账单并送交Q银行

D. P银行见票当日应足额支付票款

【例题66·不定项选择题】

A公司法定代表人为赵某，公司在P银行开立支票存款账户，预留签章为公司单位公章加会计机构负责人韩某的个人名章。2020年1月11日，赵某派业务员李某采购原料，韩某签发一张转账支票交给李某，但支票上未填写金额和收款人名称，李某与B公司签订合同后，将支票交付B公司会计人员王某，王某在支票上填写合同金额10万元，并在收款人栏填写B公司。1月12日，王某持支票到本公司的开户银行Q银行，拟通过委托收款方式向P银行提示付款。

要求：

根据上述资料，不考虑其他因素，分析回答下列小题。

1. 韩某填写支票时，出票日期“2020年1月11日”正确的填写形式是(　　)。

A. 贰零贰零年零壹月零拾壹日

B. 贰零贰零年零壹月壹拾壹日

C. 贰零贰零年壹月零拾壹日

D. 贰零贰零年壹月壹拾壹日

2. 韩某签发支票时，下列拟在支票上的签章中，正确的是(　　)。

A. A公司财务专用章加韩某的个人名章

B. A公司单位公章加赵某的个人名章

C. A公司单位公章加韩某的个人名章

D. A公司财务专用章加赵某的个人名章

3. 下列关于该支票出票及补记行为的表述中，正确的是(　　)。

A. 韩某未填写支票金额，支票无效

B. 王某可以补记收款人为B公司

C. 韩某未填写收款人名称，支票无效

D. 王某可以补记支票金额10万元

4. 王某委托Q银行收取支票款项，应当办理的手续是(　　)。

A. 在支票被背书人栏记载Q银行

B. 在支票背书人签章栏记载“委托收款”字样

C. 填制进账单

D. 在支票上记载背书日期

【例题67·不定项选择题】

A公司的开户银行为P银行。2020年6月1日，A公司委派员工张某携带一张公司签发的出票日期为2020年6月1日、金额和收款人名称均空白的转账支票赴B公司洽谈业务。为支付货款，张某在支票上填写金额20万元、收款人为B公司后将支票交付B公司。当日，为偿还所欠C公司劳务费，B公司将支票背书转让给C公司，在背书栏内记载了“不得转让”。C公司持票到P银行提示付款，被拒绝支付。C公司拟行使追索权以实现票据权利。

要求：

根据上述资料，不考虑其他因素，分析回答下列小题。

1. 下列关于A公司签发支票行为的效力及票据当事人的表述中，符合法律规定的是(　　)。

A. A公司是支票的保证人

B. 因出票时未记载确定的金额，支票无效

C. P银行是支票的付款人

D. 因出票时未记载收款人姓名，支票无效

2. 下列关于B公司将支票背书转让给C公司行为效力的表述中，符合法律规定的是(　　)。

A. 背书附不得转让的条件，票据无效

B. 背书附不得转让的条件，背书无效

C. C公司再背书转让该支票，B公司对C公司及其后手不承担保证责任

D. C公司再背书转让该支票，B公司对C公司的被背书人不承担保证责任

3. 下列关于C公司提示付款的表述中，符合法律规定的是（ ）。
A. C公司可以委托开户银行向P银行提示付款
B. 支票无效，C公司无权提示付款
C. C公司提示付款期限为2020年6月2日起10日
D. C公司提示付款期限为2020年6月1日起10日

4. 下列关于C公司行使票据追索权的表述中，不符合法律规定的是（ ）。
A. C公司不享有票据追索权
B. C公司可以同时对A公司和B公司行使票据追索权
C. C公司应按照先B公司后A公司的顺序行使追索权
D. C公司只能对B公司或A公司其中之一行使追索权

## 二、银行汇票

【例题68·不定项选择题】

2020年8月，A公司在P银行开立基本存款账户。

2020年8月12日，财务人员赵某代理A公司向银行申请签发一张金额为100万元的银行汇票，交与业务员张某到异地B公司采购货物。张某采购货物金额为98万元，与票面金额相差2万元。B公司发货后，张某将银行汇票交付B公司财务人员孙某，孙某审查后填写实际结算金额。

2020年9月10日，孙某持票到本公司开户银行Q银行提示付款。

要求：

根据上述资料，不考虑其他因素，分析回答下列小题。

1. 下列关于赵某代理A公司办理银行汇票申请业务的表述中，正确的是（ ）。
A. 在“银行汇票申请书”上填明收款人为B公司
B. 在“银行汇票申请书”上填明申请人为A公司
C. 在“银行汇票申请书”上的出票金额栏填写“现金”字样
D. 在“银行汇票申请书”上加盖A公司预留P银行签章

2. 下列各项中，属于孙某接受银行汇票后应当审查的事项是（ ）。
A. 出票日期是否更改过
B. 汇票的大小写金额是否一致
C. 银行汇票与解讫通知的汇票号码和记载内容是否一致
D. 汇票上填写的收款人是否为B公司

3. 下列对该汇票实际结算金额的填写表述中，孙某应当采用的是（ ）。
A. 在汇票上不填写实际结算金额，填写多余金额2万元
B. 在汇票上填写实际结算金额为100万元
C. 在汇票上填写实际结算金额为98万元，不填写多余金额
D. 在汇票上填写实际结算金额为98万元，多余金额为2万元

4. 下列关于孙某办理汇票提示付款的表述中，正确的是（ ）。
A. 应填写进账单
B. 应将汇票和解讫通知提交Q银行
C. 应出具B公司营业执照
D. 应在汇票背面加盖B公司预留Q银行签章

## 三、商业汇票

【例题69·不定项选择题】

2018年10月10日，W市A公司签发一张金额为10万元的纸质商业汇票用于支付货款，收款人为B公司。10月11日，A公司向开户银行P银行申请承兑，P银行受理申请。P银行审查相关资料后给予承兑，但未在汇票上记载承兑日期。2019年1月11日，汇票到期，持票人B公司委托开户银行Q银行收取汇票款项。

要求：

根据上述资料，不考虑其他因素，分析回答下列小题。

1. 下列各项中，属于A公司签发汇票时必须记载的事项的是(　　)。
   A. 出票人A公司签章
   B. 收款人名称B公司
   C. 付款人名称P银行
   D. 出票地W市
2. P银行受理申请该汇票的承兑申请时，应当办理的事项是(　　)。
   A. 审查A公司的资格、资信、合同等
   B. 收取承兑手续费
   C. 在票据市场基础设施上登记汇票承兑信息
   D. 向A公司签发收到汇票的回单
3. 该汇票的承兑日期是(　　)。
   A. 2018年10月10日
   B. 2018年10月11日
   C. 2018年10月12日
   D. 2018年10月13日
4. B公司委托Q银行收取汇票款项应当办理的事项是(　　)。
   A. 在委托收款凭证上记载付款人为P银行
   B. 在委托收款凭证上签章
   C. 在委托收款凭证上记载收款人为B公司
   D. 在委托收款凭证上记载确定的金额

【例题70·不定项选择题】

2020年5月3日，A公司为支付工程款，向B公司签发并交付一张银行承兑汇票，出票人为A公司，收款人为B公司，金额为100万元，出票日期为2020年5月3日，出票后6个月付款，该汇票由P银行承兑并收取了手续费，6月1日，B公司将该汇票背书转让给C公司用于支付货款。6月11日，C公司因资金需求在Q银行办理了票据贴现。汇票到期后，Q银行向P银行提示付款。

要求：

根据上述资料，不考虑其他因素，分析回答下列小题。

1. 下列各项中，属于A公司签发该汇票应具备的条件是(　　)。
   A. 在P银行开立有存款账户
   B. 具有支付汇款金额的可靠资金来源
   C. 与P银行具有真实的委托付款关系
   D. 资信状况良好
2. 有关P银行的承兑手续费，下列表述正确的是(　　)。
   A. P银行的承兑手续费率执行市场调节价
   B. P银行的承兑手续费按票面金额的一定比例收取
   C. P银行的承兑手续费向出票人收取
   D. P银行的承兑手续费向持票人收取
3. 下列各项中，属于C公司向Q银行办理贴现应当具备的条件是(　　)。
   A. 汇票上未记载“不得转让”事项
   B. C公司与B公司之间具有真实的商品交易关系
   C. C公司在Q银行开立有存款账户
   D. 汇票未到期
4. Q银行应向P银行提示付款的最后日期是(　　)。
   A. 2020年11月9日
   B. 2020年12月5日
   C. 2020年11月3日
   D. 2020年11月13日

【例题71·不定项选择题】

2020年5月4日，A公司为履行与B公司的货物买卖合同，签发一张商业汇票交付B公司。汇票收款人为B公司，由Q银行承兑，到期日为11月4日。9月9日，B公司财务人员不慎将该汇票丢失，于当日同时申请挂失止付和公示催告。9月10日，法院通知Q银行停止支付并发出公告，公告期间为自公告之日起60日。C公司法定代表人张某捡到该汇票并自行在票据上记载C公司为被背书人。11月5日，C公司向Q银行提示付款。

要求：

根据上述资料，不考虑其他因素，分析回答下列小题。

1. Q银行承兑时必须在汇票上记载的事项是（　　）。

A. Q银行住所

B. “承兑”字样

C. 承兑日期

D. Q银行签章

2. 下列当事人中，属于该汇票债务人的是（　　）。

A. A公司　　B. B公司

C. C公司　　D. Q银行

3. B公司申请挂失止付，挂失止付通知书应记载的事项是（　　）。

A. B公司的名称、营业场所或者住所以及联系方法

B. 该汇票的种类、号码、金额

C. 该汇票丧失的时间、地点、原因

D. 该汇票的出票日期、付款日期、收款人名称、付款人名称

4. 关于该汇票付款责任的下列表述中，正确的是（　　）。

A. C公司是持票人，Q银行应予付款

B. B公司丢失票据，丧失票据权利，Q银行不应向B公司付款

C. B公司是票据权利人，在法院作出除权判决并公告后，Q银行应向B公司付款

D. Q银行应向C公司付款，但需请求法院提前结束公示催告程序

【例题72·不定项选择题】

2020年7月10日，A公司向B公司签发一张金额为50万元，出票后1个月付款的银行承兑汇票，经其开户银行P银行承兑后交付B公司。7月15日，B公司将该票据背书转让给C公司。7月20日，C公司将该票据背书转让给D公司，并在票据上记载“不得转让”字样；7月25日，D公司在票据上记载“只有E公司交货后，该背书转让方发生效力”的字样，将该票据背书转让给E公司。8月12日，E公司向P银行提示付款时，P银行以A公司存款不足为由拒绝付款。

要求：

根据上述资料，不考虑其他因素，分析回答下列小题。

1. 关于该票据当事人的下列表述中，正确的是（　　）。

A. A公司为出票人

B. B公司为收款人

C. E公司为最后一手背书的被背书人

D. P银行为承兑人

2. 下列票据当事人中，C公司应对其承担保证付款责任的是（　　）。

A. D公司　　B. A公司

C. P银行　　D. E公司

3. 关于D公司附条件背书在票据上效力的下列表述中，正确的是（　　）。

A. 所附条件无效，该票据无效

B. 所附条件有效，该背书有效

C. 所附条件无效，该背书有效

D. 所附条件有效，该票据有效

4. 关于该汇票付款的下列表述中，正确的是（　　）。

A. P银行应于8月12日足额支付

B. P银行对A公司尚未支付的汇票金额按照日万分之五计收利息

C. P银行有权以A公司存款不足为由拒绝付款

D. A公司应于8月10日前将票据款足额交付P银行

【例题73·不定项选择题】

2020年2月19日，A公司向B公司签发

了一张出票后2个月付款、金额为20万元的商业汇票，该汇票载明C公司为付款人，D公司在汇票上签章作了保证，但未记载被保证人名称。B公司取得汇票后背书转让给E公司，但未记载背书日期，E公司于2020年3月15日向C公司提示承兑时，C公司以其所欠A公司债务只有15万元为由拒绝承兑。E公司拟行使追索权实现自己的票据权利。

要求：

根据上述资料，不考虑其他因素，分析回答下列小题。

1. 该汇票未记载被保证人名称，被保证人是(　　)。

A. A公司　　B. B公司

C. C公司　　D. E公司

2. B公司背书转让时未记载背书日期的，应视为(　　)。

A. 背书不成立

B. 背书无效

C. 出票日背书

D. 到期日前背书

3. E公司有权向(　　)追索。

A. A公司　　B. B公司

C. C公司　　D. D公司

4. E公司向B公司行使追索权的截止时间为(　　)。

A. 2020年4月19日

B. 2020年8月19日

C. 2020年6月15日

D. 2020年9月15日

## 经典大题精析参考答案及解析

“扫码看解析”

使用“微信”或“会计云课堂”App扫右方二维码，对答案、看解析、掌握解题思路，开启轻松过关之旅。

### 一、支票

**【例题64·不定项选择题】**

1. 【答案】ABCD

**解析：**（1）签发支票必须记载的事项有：表明“支票”的字样；无条件支付的委托；确定的金额；出票日期；付款人名称；出票人签章。（2）出票人为单位的，在支票上的签章为与该单位“在银行预留签章一致”的签章。

2. 【答案】AB

**解析：**支票的提示付款期限自出票日起10日。

3. 【答案】ABC

**解析：**收款人持用于支取现金的支票向付款人提示付款时，应在支票背面“收款人签章”处签章（选项A），持票人为个人的，还需交验本人身份证件（选项B），并在支票背面注明证件名称、号码及发证机关（选项C）。

4. 【答案】ACD

**解析：**（1）选项A：出票人签发的支票金额超过其付款时在付款人处实有的存款金额的，为空头支票；（2）选项BD：由于支票的付款银行不在票据上签章，只是票据关系人（支票属于商业信用），对于空头支票，银行有权拒绝付款并依法出具拒绝付款证明；（3）选项C：单位或个人签发空头支票，不以骗取财物为目的的，由中国人民银行处以票面金额5%但不低于1000元的罚款，持票人有权要求出票人赔偿支票金额2%的赔偿金。

【例题 65·不定项选择题】

1.【答案】ABCD

**解析**：（1）选项 A：票据和结算凭证金额以中文大写和阿拉伯数码同时记载，二者必须一致，二者不一致的票据无效；二者不一致的结算凭证，银行不予受理。（2）选项 B：出票人不得签发与其预留银行签章不符的支票。（3）选项 C：票据的出票日期应当使用中文大写。（4）选项 D：支票的出票人所签发的支票金额不得超过其付款时在付款人处实有的存款金额（否则为空头支票）。

2.【答案】B

**解析**：支票的金额、收款人名称，可以由出票人授权补记，未补记前不得背书转让和提示付款。

3.【答案】ABCD

**解析**：持票人委托开户银行收款时：（1）应作委托收款背书（在支票背面背书人签章栏内签章、记载“委托收款”字样、背书日期、在被背书人栏记载开户银行名称）；（2）将支票和填制的进账单送交开户银行。

4.【答案】ABC

**解析**：选项 D：出票人签发的支票金额超过其付款时在付款人处实有的存款金额的，为空头支票，对空头支票，付款银行有权拒付。

【例题 66·不定项选择题】

1.【答案】B

**解析**：（1）“壹月”前如果不加“零”，很容易被变造为“壹拾壹月”，故应当加“零”，排除选项 CD；（2）“拾壹日”前如果不加“壹”，很容易被变造为“贰拾壹日”，排除选项 A。

2.【答案】C

**解析**：支票上的出票人的签章，出票人为单位的，为与该单位在银行预留签章一致的财务专用章或者公章加其法定代表人或者其授权的代理人的签名或者盖章。在本题中，A 公司预留签章为公司单位公章加会计机构负责人韩某的个人名章，因此，韩某签发支票时，拟在支票上的签章为 A 公司单位公章加韩某的个人名章。

3.【答案】BD

**解析**：支票的金额、收款人名称，可以由出票人授权补记，未补记前不得背书转让和提示付款，只要出票人授权的相对人补记了金额，支票即为有效支票。

4.【答案】ABCD

**解析**：持票人委托开户银行收款时，应作委托收款背书（在支票背面背书人签章栏签章、记载“委托收款”字样、背书日期，在被背书人栏记载开户银行名称），并将支票和填制的进账单送交开户银行。

【例题 67·不定项选择题】

1.【答案】C

**解析**：（1）选项 BD：支票的金额、收款人名称，可以由出票人授权补记；（2）选项 AC：A 公司是支票的出票人，P 银行是支票的付款人。

2.【答案】D

**解析**：背书人在票据上记载“不得转让”字样，背书有效，其后手再背书转让的，原背书人对后手的被背书人不承担保证责任（对其直接后手 C 公司还是需要承担票据责任的）。

3.【答案】AD

**解析**：（1）选项 A：支票持票人可以委托开户银行收款或直接向付款人提示付款；（2）选项 CD：支票的提示付款期限自出票日（2020 年 6 月 1 日）起 10 日。

4.【答案】ACD

**解析**：（1）背书人在票据上记载“不得转让”字样，背书有效（C 公司可以取得票据权利，选项 A 错误），其后手再背书转让的，原背书人对后手的被背书人不承担保证责任（B公司只是对其间接后手不承担票据责任，对其直接后手C公司应承担票据责任，C公司有权向B公司追索）。（2）票据的出票人（A公司）、背书人（B公司）、承兑人和保证人对持票人承担连带责任，因此，持票人可以不按照票据债务人的先后顺序，对其中任何一人、数人或者全体行使追索权（选项B正确，选项CD错误）。

## 二、银行汇票

【例题68·不定项选择题】

1.【答案】ABD

**解析**：（1）选项ABD：申请人使用银行汇票，应向出票银行填写"银行汇票申请书"，填明收款人名称、汇票金额、申请人名称、申请日期等事项并签章，签章为其预留银行的签章；（2）选项C：申请人或收款人为单位的，不得在"银行汇票申请书"上填明"现金"字样。

2.【答案】ABCD

**解析**：收款人受理银行汇票时，应审查下列事项：（1）银行汇票和解讫通知是否齐全、汇票号码和记载的内容是否一致（选项C）；（2）收款人是否确为本单位或本人（选项D）；（3）银行汇票是否在提示付款期限内；（4）必须记载的事项是否齐全；（5）出票人签章是否符合规定，大小写出票金额是否一致（选项B）；（6）出票金额、出票日期、收款人名称是否更改，更改的其他记载事项是否由原记载人签章证明（选项A）。

3.【答案】D

**解析**：收款人应在出票金额以内，根据实际需要的款项办理结算，将"实际结算金额和多余金额"准确、清晰地填入银行汇票和解讫通知的有关栏内。

4.【答案】ABD

**解析**：在银行开立存款账户的持票人向开户银行提示付款时，应在汇票背面"持票人向银行提示付款签章"处签章，签章须与预留银行签章相同，并将银行汇票和解讫通知、进账单送交开户银行。

## 三、商业汇票

【例题69·不定项选择题】

1.【答案】ABC

**解析**：选项D：出票地属于出票行为的相对记载事项。

2.【答案】ABCD

**解析**：（1）选项A：银行承兑汇票的出票人向银行提示承兑时，银行的信贷部门负责按照有关规定和审批程序，对出票人的资格、资信、购销合同和汇票记载的内容进行认真审查，必要时可由出票人提供担保；（2）选项B：银行承兑汇票的承兑银行，按票面金额的一定比例收取手续费，手续费为市场调节价；（3）选项C：纸质票据贴现前，金融机构办理承兑、质押、保证等业务，应当不晚于业务办理的次一工作日在票据市场基础设施完成相关信息登记工作；（4）选项D：付款人收到提示承兑的汇票时，应当签发收到汇票的回单。

3.【答案】D

**解析**：汇票上未记载承兑日期的，应当以收到提示承兑的汇票之日起3日内的最后一日为承兑日期。

4.【答案】ABCD

**解析**：签发委托收款凭证必须记载下列事项：（1）表明"委托收款"的字样；（2）确定的金额；（3）付款人名称；（4）收款人名称；（5）委托收款凭据名称及附寄单证张数；（6）委托日期；（7）收款人签章。

【例题70·不定项选择题】

1.【答案】ABCD

**解析**：银行承兑汇票的出票人必须是在承

兑银行开立存款账户的法人以及其他组织，并与承兑银行具有真实的委托付款关系，资信状况良好，具有支付汇票金额的可靠资金来源。

2. 【答案】ABC

**解析：**银行承兑汇票的承兑银行，应按票面金额的一定比例向出票人（承兑申请人）收取手续费，银行承兑汇票手续费为市场调节价。

3. 【答案】ABCD

**解析：**商业汇票的持票人向银行办理贴现必须具备的条件有：（1）票据未到期（选项 D）；（2）票据未记载“不得转让”事项（选项 A）；（3）持票人是在银行开立存款账户的企业法人以及其他组织（选项 C）；（4）持票人与出票人或者直接前手之间具有真实的商品交易关系（选项 B）。

4. 【答案】D

**解析：**定日付款、出票后定期付款、见票后定期付款的汇票自到期日（2020 年 11 月 3 日）起 10 日内提示付款。

【例题 71 · 不定项选择题】

1. 【答案】BD

**解析：**“承兑”字样、承兑人签章，属于承兑行为的必须记载事项。

2. 【答案】AD

**解析：**（1）票据上并无 C 公司签章，C 公司不属于汇票债务人，选项 C 排除；（2）由于 C 公司属于恶意持票人，不享有票据权利，该汇票的票据权利人仍为 B 公司，选项 B 排除；（3）选项 AD：该汇票上有 A 公司的出票人签章、Q 银行的承兑人签章，A 公司和 Q 银行应当承担票据责任，属于票据债务人。

3. 【答案】ABCD

**解析：**挂失止付通知书应当记载下列事项：（1）票据丧失的时间、地点、原因（选项 C）；（2）票据的种类、号码、金额、出票日期、付款日期、收款人名称、付款人名称（选项 BD）；（3）挂失止付人的姓名、营业场所或者住所以及联系方法（选项 A）。

4. 【答案】C

**解析：**（1）选项 AD：C 公司属于恶意持票人，不享有票据权利，且 C 公司提示付款时尚在该汇票公示催告期间，Q 银行不得付款。（2）选项 BC：如果公示催告期间届满没有利害关系人申报权利的，人民法院可以根据 B 公司的申请作出除权判决并公告、通知 Q 银行；自除权判决公告之日起，B 公司有权要求 Q 银行支付票款。

【例题 72 · 不定项选择题】

1. 【答案】ABCD

2. 【答案】A

**解析：**背书人在汇票上记载“不得转让”字样，其后手再背书转让的，原背书人（C 公司）对后手（D 公司）的被背书人（E 公司）不承担保证责任。

3. 【答案】C

**解析：**背书不得附条件，背书时附有条件的，所附条件不具有票据上的效力（背书有效，所附条件无效）。

4. 【答案】ABD

**解析：**（1）选项 A：该汇票为出票后 1 个月付款，到期日为 2020 年 8 月 10 日，E 公司在付款提示期（到期日起 10 日）内依法提示付款，承兑人 P 银行应于当日足额付款。（2）选项 BCD：银行承兑汇票的出票人应于汇票到期前将票款足额交存其开户银行；未能足额交存的，承兑银行除凭票向持票人无条件付款外，对出票人尚未支付的汇票金额按照每天万分之五计收利息。

【例题 73 · 不定项选择题】

1. 【答案】A

**解析：**保证人在票据或者粘单上未记载

“被保证人名称”的，已承兑的票据，承兑人为被保证人；未承兑的票据，出票人为被保证人。在本题中，C 公司拒绝承兑票据，应以出票人 A 公司为被保证人。

2.【答案】D

解析：背书未记载日期的，视为在票据到期日前背书（不影响背书的效力）。

3.【答案】ABD

解析：持票人可以向票据的出票人（A 公司）、背书人（B 公司）、承兑人和保证人（D 公司）中的任何一人、数人或者全体行使追索权。在本题中，C 公司并未承兑票据，并非承兑人，只是票面上记载的付款人，不是票据债务人，不承担票据责任，E 公司无权向其追索。

4.【答案】D

解析：持票人对出票人、承兑人以外前手的追索权，在被拒绝承兑（2020 年 3 月 15 日）或者被拒绝付款之日起 6 个月内行使。

**扫一扫　“码”上做题**

本部分习题均配备二维码，使用“微信”或“会计云课堂”App 扫一扫左侧二维码，即可在线做题并获取详尽的答案解析、解题思路点拨等超值服务，助您轻松过关。

312997

**【“会计云课堂”App 安装二维码详见封底页】**

## 同步强化练习题

### 一、单项选择题

1. 根据票据法律制度的规定，下列关于银行本票使用的表述中，不正确的是(　　)。

A. 银行本票的出票人在持票人提示见票时，应当承担付款的责任

B. 注明“现金”字样的银行本票可以用于支取现金

C. 银行本票只限于单位使用，个人不得使用

D. 收款人可以将转账银行本票背书转让给被背书人

2. 关于银行汇票出票金额和实际结算金额，下列表述正确的是(　　)。

A. 如果出票金额低于实际结算金额，银行应按出票金额办理结算

B. 如果出票金额高于实际结算金额，银行应按出票金额办理结算

C. 如果出票金额低于实际结算金额，银行应按实际结算金额办理结算

D. 如果出票金额高于实际结算金额，银行应按实际结算金额办理结算

3. 2020 年 8 月 18 日，A 公司向 B 公司签发一张金额为 50 万元、用途为服务费的转账支票，后发现填写有误。该支票记载的下列事项中，可以由原记载人更改的是(　　)。

A. 出票金额

B. 收款人名称

C. 出票日期

D. 用途

4. 某票据的出票日期为“2020 年 1 月 18 日”，其规范写法是(　　)。

A. 贰零贰零年壹月拾捌日

B. 贰零贰零年零壹月拾捌日

C. 贰零贰零年壹月壹拾捌日

D. 贰零贰零年零壹月壹拾捌日

5. 根据票据法律制度的规定，下列票据当事人中，应在票据和粘单的粘接处签章的是（　　）。
A. 粘单上第一手背书的背书人
B. 票据上最后一手背书的背书人
C. 票据上第一手背书的背书人
D. 粘单上第一手背书的被背书人

6. 假定甲公司是票据收款人，下列票据背书的示意图中，背书不正确的是（　　）。

A.

| 被背书人：乙公司 | 被背书人：丙公司 | 被背书人：丁公司 | 被背书人：丁公司开户银行 |
|---|---|---|---|
| 甲公司签章 | 乙公司签章 | 丙公司签章 | 丁公司签章<br>委托收款 |

B.

| 被背书人：乙公司 | 被背书人：丙公司 | 被背书人：戊公司 | 被背书人：戊公司开户银行 |
|---|---|---|---|
| 甲公司签章 | 乙公司签章 | 丁公司签章 | 戊公司签章<br>委托收款 |

C.

| 被背书人：乙公司 | 被背书人：丙公司 | 被背书人：丁公司 | 被背书人：P 银行 |
|---|---|---|---|
| 甲公司签章 | 乙公司签章 | 丙公司签章 | 丁公司签章<br>（贴现） |

D.

| 被背书人：乙公司 | 被背书人：P 银行 | 被背书人：丙公司 | 被背书人：丙公司开户银行 |
|---|---|---|---|
| 甲公司签章 | 乙公司签章<br>质押 | 乙公司签章 | 丙公司签章<br>委托收款 |

7. 根据票据法律制度的规定，下列票据日期中，属于票据必须记载事项的是（　　）。
A. 背书日期　　B. 出票日期
C. 承兑日期　　D. 保证日期

8. 根据支付结算法律制度的规定，下列关于票据提示付款期限的表述中，不正确的是（　　）。
A. 银行汇票的提示付款期限为自出票日起 1 个月
B. 商业汇票的提示付款期限为自出票日起 10 日
C. 银行本票的提示付款期限为自出票日起最长不得超过 2 个月
D. 支票的提示付款期限为自出票日起 10 日

9. 2020 年 12 月 13 日，B 公司持一张汇票向承兑银行 P 银行提示付款，该汇票出票人为 A 公司，金额为 100 万元，到期日为 2020 年 12 月 12 日。经核实，A 公司当日在 P 银行的存款账户余额为 50 万元。关于 P 银行对该汇票处理措施的下列表述中，符合法律规定的是(　　)。

A. P 银行待 A 公司票款足额到账后向 B 公司付款 100 万元

B. P 银行当日向 B 公司付款 100 万元

C. P 银行向 B 公司出具拒绝付款证明，不予付款

D. P 银行当日向 B 公司付款 50 万元

10. 甲公司签发票据给乙公司，付款人为 A 公司，乙公司将该票据背书转让给丙公司。根据支付结算法律制度的规定，下列情形中，持票人丙公司有权行使追索权的是(　　)。

A. A 公司拒绝承兑

B. 甲公司被依法宣告破产

C. 乙公司被吊销营业执照

D. A 公司的法定代表人死亡

11. 根据票据法律制度的规定，持票人行使首次追索权的金额不包括(　　)。

A. 被拒绝付款的票据金额

B. 取得有关拒绝证明和发出通知书的费用

C. 票据金额自到期日或者提示付款日起至清偿日止，按中国人民银行规定的利率计算的利息

D. 持票人聘请律师辅助行使追索权所支付的律师费

12. 根据票据法律制度的规定，企业以未到期的汇票向银行申请贴现，体现了票据的(　　)功能。

A. 支付功能　　B. 汇兑功能

C. 融资功能　　D. 信用功能

13. 根据支付结算法律制度的规定，下列票据当事人的签章中，不符合规定的是(　　)。

A. 出票人甲公司的签章为甲公司盖章加其法定代表人签名

B. 承兑人乙银行的签章为乙银行盖章

C. 背书人张某的签章为张某的签名

D. 保证人王某的签章为王某的私章

14. 根据支付结算法律制度的规定，下列行为中，属于伪造票据的是(　　)。

A. 挖补票据金额

B. 覆盖票据到期日

C. 涂改票据收款人名称

D. 假冒票据签章

## 二、多项选择题

1. 根据票据法律制度的规定，下列各项中，属于支票的种类有(　　)。

A. 现金支票　　B. 普通支票

C. 转账支票　　D. 划线支票

2. 根据支付结算法律制度的规定，关于支票的下列表述中，正确的有(　　)。

A. 支票基本当事人包括出票人、付款人、收款人

B. 支票金额和收款人名称可以由出票人授权补记

C. 出票人不得在支票上记载自己为收款人

D. 支票的付款人是出票人的开户银行

3. 根据票据法律制度的规定，下列关于填写票据的表述中，正确的有(　　)。

A. 金额以中文大写和阿拉伯数码同时记载，二者必须一致

B. 收款人名称不得记载规范化简称

C. 收款人名称填写错误时由原记载人更改，并在更改处签章证明

D. 出票日期必须使用中文大写

4. 银行工作人员在审查某票据时，发现该票据存在下列瑕疵，其中导致票据无效的有(　　)。

A. 票据出票日期为“贰零壹肆年壹月贰拾伍日”

B. 票据金额阿拉伯数码为“￥100 万元”，中文大写为“人民币壹拾万元”

C. 票据上收款人名称使用收款人单位的规范化简称

D. 出票人更改过收款人名称，并在更改处签章

5. 根据支付结算法律制度的规定，下列表述正确的有（　　）。

A. 商业汇票出票人在票面上记载附条件支付委托的，所附条件不影响票据的效力

B. 商业汇票的背书人附条件背书的，所附条件不影响背书行为的效力

C. 商业汇票的保证人附条件保证的，所附条件不影响票据保证行为的效力

D. 商业汇票的付款人附条件承兑的，所附条件不影响承兑行为的效力

6. 根据票据法律制度的规定，下列关于票据背书表述中，正确的有（　　）。

A. 背书连续的，最后持票人是最后背书的被背书人

B. 以背书转让的票据，持票人以背书的衔接证明其票据连续

C. 背书连续的，中间的背书人为前手背书的被背书人

D. 背书连续的，第一个背书人是票据的收款人

7. 根据支付结算法律制度的规定，下列各项中，属于商业汇票持票人向银行办理贴现必须具备的条件有（　　）。

A. 票据未到期

B. 持票人与出票人或者直接前手之间具有真实的商品交易关系

C. 持票人是在银行开立存款账户的企业法人或者其他组织

D. 票据未记载“不得转让”事项

8. 根据票据法律制度的规定，下列关于商业汇票提示承兑期限的表述中，符合规定的有（　　）。

A. 商业汇票的提示承兑期限，为自汇票到期日起10日内

B. 定日付款的商业汇票，持票人应该在汇票到期日前提示承兑

C. 出票后定期付款的商业汇票，提示承兑期限为自出票日起1个月内

D. 见票后定期付款的商业汇票，持票人应该自出票日起1个月内提示承兑

9. 根据票据法律制度的规定，下列关于票据权利时效的表述中，正确的有（　　）。

A. 持票人对一般前手的追索权自被拒绝承兑或者拒绝付款之日起6个月

B. 持票人对商业汇票承兑人的权利自票据到期日起6个月

C. 持票人对银行汇票出票人的权利自出票日起6个月

D. 持票人对支票出票人的权利自出票日起6个月

10. 根据票据法律制度的规定，关于票据追索权行使的下列表述中，正确的有（　　）。

A. 持票人收到拒绝证明后，应当将被拒绝事由书面通知其前手

B. 汇票被拒绝承兑的，持票人可以行使追索权

C. 持票人可以对出票人、背书人、承兑人和保证人中的任何一人、数人或全体行使追索权

D. 持票人不能出示拒绝证明或退票理由书的，丧失对全部票据债务人的追索权

11. 根据票据法律制度的规定，下列票据中，属于见票即付的有（　　）。

A. 现金支票　　B. 银行汇票

C. 银行承兑汇票　　D. 商业承兑汇票

12. 下列各项中，体现票据“完全有价证券”特征的有（　　）。

A. 交付证券　　B. 提示证券

C. 设权证券　　D. 缴回证券

13. 根据票据法律制度的规定，下列各项中，属于票据行为的有（　　）。

A. 出票　　B. 背书

C. 承兑　　D. 追索

14. 根据票据法律制度的规定，下列关于商业汇票出票的表述中，正确的有（　　）。

A. 商业承兑汇票可以由付款人签发
B. 签发银行承兑汇票必须记载付款人名称
C. 银行承兑汇票应由承兑银行签发
D. 商业承兑汇票可以由收款人签发

15. 根据票据法律制度的规定，下列关于票据签章当事人的表述中，正确的有(　　)。
A. 签发票据，由出票人签章
B. 转让票据，由被背书人签章
C. 承兑票据，由承兑人签章
D. 保证票据，由保证人签章

16. 下列票据中，出票人为银行的有(　　)。
A. 银行汇票
B. 现金支票
C. 商业汇票
D. 银行本票

17. 根据支付结算法律制度的规定，下列情形中，票据持有人不得享有票据权利的有(　　)。
A. 以欺诈、偷盗、胁迫等手段取得票据的
B. 明知前手以欺诈、偷盗、胁迫等手段取得票据而出于恶意取得票据的
C. 因重大过失取得不符合《票据法》规定的票据
D. 自合法取得票据的前手处因继承取得票据的

18. 根据票据法律制度的规定，下列选项所述票据丢失后，可以挂失止付的有(　　)。
A. 未承兑的商业汇票
B. 转账支票
C. 现金支票
D. 填明“现金”字样的银行本票

## 三、判断题

1. 普通支票既可以用于支取现金，也可以用于转账。(　　)

2. 单位或者个人签发空头支票或者签发与其预留的签章不符的支票，不以骗取财物为目的的，由中国人民银行处以票面金额2%的罚款。(　　)

3. 银行汇票的背书转让以不超过出票金额的实际结算金额为准；未填写实际结算金额或者实际结算金额超过出票金额的银行汇票不得背书转让。(　　)

4. 如果银行汇票未填明实际结算金额和多余金额或者实际结算金额超过出票金额，银行不予受理。(　　)

5. 结算凭证金额以中文大写和阿拉伯数码同时记载，二者必须一致，二者不一致的，银行不予受理。(　　)

6. 背书人未记载被背书人名称即将票据交付他人的，持票人在票据被背书人栏内记载自己的名称与背书人记载具有同等法律效力。(　　)

7. 银行承兑汇票的出票人于汇票到期日未能足额交存票款的，承兑银行可以向持票人拒绝付款。(　　)

8. 甲公司拟向乙公司签发一张金额为500万元的商业汇票，甲公司应当签发电子商业汇票。(　　)

9. 银行承兑汇票由承兑银行签发。(　　)

10. 持票人对票据债务人行使票据权利，或者保全票据权利，应当在票据当事人的营业场所和营业时间内进行，票据当事人无营业场所的，应当在其住所进行。(　　)

## 四、不定项选择题

【案例1】

2020年6月9日，A公司签发一张出票后定期付款的银行承兑汇票，付款期限为2个月，收款人为B公司，金额为40万元。A公司开户银行P银行承兑了该汇票。7月10日，C公司作为保证人在票据上记载有关事项并签章，但未记载“被保证人名称”。8月12日，B公司通过其开户银行Q银行委托收款。

已知，适用的承兑手续费率（市场调节价）为0.5‰。

要求：

根据上述资料，不考虑其他因素，分析回答下列小题。

1. 下列各项中，属于该汇票出票行为必须记载的事项是（　　）。
A. B公司名称
B. 金额40万元
C. P银行名称
D. A公司签章

2. 该汇票被保证人是（　　）。
A. A公司　　B. B公司
C. P银行　　D. Q银行

3. 下列关于P银行收取该汇票承兑手续费的表述中，正确的是（　　）。
A. 应向A公司收取200元手续费
B. 应向B公司收取200元手续费
C. 应向C公司收取200元手续费
D. 免收承兑手续费

4. 下列关于该汇票付款的表述中，正确的是（　　）。
A. A公司应于8月9日前将票款足额交存P银行
B. B公司应最迟于8月9日前通过Q银行向P银行提示付款
C. C公司应于7月10日将票款足额交存P银行
D. P银行应于见票当日足额付款

【案例2】

2020年7月8日，A公司为支付50万元货款向B公司签发并承兑一张定日付款的商业汇票，汇票到期日为2021年1月8日，B公司将该商业汇票背书转让给C公司，并记载“不得转让”字样。C公司再次将该汇票转让给D公司，D公司将汇票背书转让给E公司。E公司在提示付款期限内向A公司提示付款遭到拒绝，遂向前手发起追索。

要求：

根据上述资料，不考虑其他因素，分析回答下列小题。

1. 下列A公司签发并承兑商业汇票的记载事项中，必须记载的是（　　）。
A. 付款人A公司签章
B. 票据金额50万元
C. 出票日期“贰零贰零年柒月零捌日”
D. 收款人B公司

2. 关于B公司记载“不得转让”字样的法律效力，下列表述正确的是（　　）。
A. C公司向D公司转让票据的行为无效
B. “不得转让”字样的记载不具有票据法上的效力
C. B公司对D公司不负保证责任
D. B公司对E公司不负保证责任

3. E公司应自2021年1月8日起一定期限内向A公司提示付款，该期限为（　　）。
A. 7日　　B. 3日
C. 10日　　D. 15日

4. 下列关于E公司行使追索权的表述中，正确的是（　　）。
A. E公司可以向A公司追索
B. E公司可以向B公司追索
C. E公司可以向C公司追索
D. E公司可以向D公司追索

【案例3】

2020年1月10日，A公司向B公司签发一张转账支票，P银行为付款人，A公司在该支票上记载了“违约金10万元”的字样。A公司在该支票上并未记载收款人名称，但授权B公司补记。B公司在支票上补记自己为收款人后，将该支票背书转让给C公司。C公司于2020年7月20日向P银行提示付款。

要求：

根据上述资料，不考虑其他因素，分析回答下列小题。

1. 该支票在未补记收款人名称前，（　　）。
A. 支票无效
B. 不得交付给收款人

C. 不得背书转让

D. 不得提示付款

2. 该支票的票据权利最终归属于(　　)。

A. A 公司　　B. P 银行

C. B 公司　　D. C 公司

3. A 公司在该支票上记载的“违约金 10 万元”字样属于(　　)。

A. 任意记载事项

B. 相对记载事项

C. 必须记载事项

D. 记载不产生票据法上效力的事项

4. 关于 C 公司于 2020 年 7 月 20 日向 P 银行提示付款的行为，下列表述正确的是(　　)。

A. P 银行应当付款

B. P 银行可以拒绝付款

C. C 公司将丧失票据权利和民事权利

D. C 公司将丧失票据权利，但仍享有民事权利

【案例 4】

2017 年 9 月 30 日，王女士以个人名义给父亲王老汉开具 1 万元现金支票一张，用途栏写明“生日快乐”，并注明付款日期为王老汉生日当天。

要求：

根据上述资料，不考虑其他因素，分析回答下列小题。

1. 有关王女士在支票上的签章，下列说法中正确的是(　　)。

A. 王女士预留银行的签名

B. 王女士预留银行的盖章

C. 王女士所在单位的财务专用章加王女士预留银行的签名

D. 王女士所在单位的公章加王女士预留银行的盖章

2. 有关王女士在用途栏书写“生日快乐”的法律后果，下列说法中正确的是(　　)。

A. 银行应予拒付，因为用途栏书写不规范

B. 银行不应拒付，因为用途栏记载事项属于票据上的其他记载事项

C. 用途栏记载事项属于必须记载事项，书写不规范导致该支票无效

D. 用途栏记载事项属于相对记载事项，书写不规范并不会导致该票据无效

3. 有关王老汉向银行提示付款，下列说法中正确的是(　　)。

A. 王老汉应自出票日起 10 日内向银行提示付款

B. 王老汉只能在生日当天向银行提示付款

C. 王老汉向银行提示付款时应在支票背面收款人签章处签章

D. 王老汉向银行提示付款时应交验本人身份证

4. 有关王老汉持有的现金支票，下列说法中正确的是(　　)。

A. 王老汉可以委托银行收款

B. 只能由王老汉向银行提示付款，不能委托银行收款

C. 可以不提示付款，留存作为纪念，银行将向王老汉计付利息

D. 可以背书转让给好朋友

## 同步强化练习题参考答案及解析

“扫码看解析”

使用“微信”或“会计云课堂”App扫右方二维码，对答案、看解析、掌握解题思路，开启轻松过关之旅。

### 一、单项选择题

1. 【答案】C

解析：选项C：转账银行本票，单位和个人均可使用。

2. 【答案】D

解析：（1）选项AC：实际结算金额超过出票金额的，银行不予受理；（2）选项BD：银行汇票的实际结算金额低于出票金额的，银行按照实际结算金额办理结算，其多余金额由出票银行退交申请人。

3. 【答案】D

解析：（1）票据上的出票金额、出票日期、收款人名称不得更改，更改的票据无效；（2）票据上的其他记载事项，原记载人可以更改，更改时应当由原记载人在更改处签章证明。

4. 【答案】D

解析：（1）月为“壹”“贰”和“壹拾”的，应当在其前加“零”，排除选项AC；（2）日为“拾壹”至“拾玖”的，应当在其前加“壹”，选项D正确。

5. 【答案】A

解析：粘单上的第一记载人，应当在票据和粘单的粘接处签章。

6. 【答案】B

解析：选项B：丙公司、丁公司之间没有转让背书，转让背书的签章无法依次前后衔接，属于背书不连续。

7. 【答案】B

解析：选项ACD均属于相对记载事项，如未记载，由法律予以规定，不影响票据行为的效力。（1）选项A：背书未记载日期的，视为在票据到期日前背书；（2）选项C：汇票上未记载承兑日期的，应当以收到提示承兑的汇票之日起3日内的最后一日为承兑日期；（3）选项D：保证人在票据或者粘单上未记载“保证日期”的，出票日期为保证日期。

8. 【答案】B

解析：（1）远期商业汇票的提示付款期限，自到期日起10日内；（2）是到期日起算，还是出票日起算，关键看是即期票据，还是远期票据，选项ACD均为即期票据，自出票日起算。

9. 【答案】B

解析：（1）票据性质：出票人为A公司、承兑人是P银行，属于银行承兑汇票；（2）银行承兑汇票的出票人于汇票到期日未能足额交存票款时，承兑银行仍应凭票向持票人无条件付款，但对出票人尚未支付的汇票金额按照每天0.5‰计收利息。

10. 【答案】A

解析：（1）选项B：承兑人或付款人被依法宣告破产的，才可以行使追索权，甲公司是出票人；（2）选项C：承兑人或付款人因违法被责令终止业务活动的，才可以行使追索权，乙公司只是一个背书人；（3）选项D：承兑人或者付款人死亡的，才可以行使追索权，付款人的法定代表人死亡的，不影响付款人自身的存在。

11. 【答案】D

解析：持票人行使首次追索权，可以请

求被追索人支付的金额和费用仅限于选项ABC，共3项。

12.【答案】C

解析：票据的融资功能是通过票据的贴现、转贴现和再贴现实现的。

13.【答案】B

解析：（1）选项AB：单位、银行在票据上的签章，为该单位、银行的盖章加其法定代表人或其授权代理人的签名或者盖章；（2）选项CD：个人在票据上的签章，为该个人本人的签名或者盖章。

14.【答案】D

解析：选项ABC：属于票据的变造行为。

## 二、多项选择题

1.【答案】ABC

解析：支票分为现金支票、转账支票、普通支票三种。在普通支票左上角划两条平行线的，为划线支票，划线支票只能用于转账，不得支取现金。

2.【答案】ABD

解析：选项C：出票人可以记载自己为收款人签发支票。

3.【答案】AD

解析：（1）选项B：单位和银行（收款人）的名称应当记载全称或者规范化简称。（2）选项C：“出票金额、出票日期、收款人名称”不得更改，更改的票据无效；票据上其他记载事项，原记载人可以更改，更改时应当由原记载人在更改处签章证明。

4.【答案】BD

解析：（1）选项A：票据填写不规范，很可能导致票据被变造，但并不直接导致票据无效；（2）选项B：票据金额以中文大写和阿拉伯数码同时记载，二者必须一致；二者不一致的票据无效；（3）选项C：单位和银行的名称应当记载全称或者规范化简称；（4）选项D：出票金额、出票日期、收款人名称不得更改，更改的票据无效；更改的结算凭证，银行不予受理。

5.【答案】BC

解析：（1）选项A：商业汇票出票时必须记载无条件支付，否则票据无效；（2）选项D：商业汇票的付款人附条件承兑的，视为拒绝承兑。

6.【答案】ABCD

解析：所谓“背书连续”，是指票据上第一背书人为票据收款人（选项D），最后持票人为最后背书的被背书人（选项A），中间的背书人为前手背书的被背书人（前一个转让背书的被背书人是后一个转让背书的背书人）（选项C）；即在票据转让中，转让票据的背书人与受让票据的被背书人在票据上的签章依次前后衔接（选项B）。

7.【答案】ABCD

8.【答案】BD

解析：（1）选项A：远期商业汇票的“提示付款”期限，为自汇票到期日起10日内；（2）选项BC：定日付款、出票后定期付款的商业汇票，持票人应该在汇票到期日前向付款人提示承兑；（3）选项D：见票后定期付款的商业汇票，持票人应该自出票日起1个月内提示承兑。

9.【答案】AD

解析：（1）选项B：持票人对商业汇票承兑人的权利自票据到期日起2年；（2）选项C：持票人对银行汇票出票人的权利自出票日起2年。

10.【答案】ABC

解析：选项D：持票人不能出示拒绝证明、退票理由书或者未按照规定期限提供其他合法证明的，丧失对其前手的追索权。但是，承兑人或者付款人仍应当对持票人承担责任。

11. 【答案】AB

解析：在我国，银行汇票、支票（不论是普通支票、现金支票，还是转账支票）和本票均为见票即付；商业汇票（包括银行承兑汇票、商业承兑汇票）可以是见票即付票据，也可以是远期票据（附设到期日）。

12. 【答案】ABCD

解析：票据是完全有价证券，这一特征可以通过票据的“设权证券”“提示证券”“交付证券”“缴回证券”等特征来体现。

13. 【答案】ABC

解析：（1）票据行为包括出票、背书、承兑和保证4种；（2）票据权利包括付款请求权和追索权2种。

14. 【答案】ABD

解析：（1）选项AD：商业承兑汇票不论由基础关系付款方签发，还是由基础关系收款方签发都可以，关键在于应当由基础关系付款方承兑，以基础关系收款方为票据上的收款人，才能实现资金由基础关系付款方向基础关系收款方流动；（2）选项B：付款人名称是商业汇票出票行为的必须记载事项；（3）选项C：银行承兑汇票应由在承兑银行开立存款账户的存款人签发，银行是票面上记载的付款人，承兑后成为该票据的承兑人。

15. 【答案】ACD

解析：选项B：票据转让时，由背书人签章。

16. 【答案】AD

解析：（1）选项B：支票由在银行开立支票存款账户的单位或个人签发；（2）选项C：商业汇票的出票人为在银行开立存款账户的法人以及其他组织。

17. 【答案】ABC

解析：取得票据但不享有票据权利的情形：（1）以欺诈、偷盗或者胁迫等手段取得票据的，或者明知有上述情形，出于恶意取得票据的；（2）持票人因重大过失取得不合法的票据的。

18. 【答案】BCD

解析：选项A：“已承兑”的商业汇票方可办理挂失止付。

## 三、判断题

1. 【答案】√

解析：支票上未印有“现金”或“转账”字样的为普通支票，普通支票可以用于支取现金，也可以用于转账。

2. 【答案】×

解析：单位或者个人签发空头支票或者签发与其预留的签章不符的支票，不以骗取财物为目的的，由中国人民银行处以票面金额5%但不低于1000元的“罚款”；持票人有权要求出票人赔偿支票金额2%的“赔偿金”。

3. 【答案】√

4. 【答案】√

5. 【答案】√

6. 【答案】√

7. 【答案】×

解析：银行承兑汇票的出票人于汇票到期日未能足额交存票款时，承兑银行仍应向持票人无条件付款，但对出票人尚未支付的汇票金额按照每天0.5‰计收利息。

8. 【答案】√

解析：单张出票金额在300万元以上的商业汇票应全部通过电子商业汇票办理。

9. 【答案】×

解析：银行承兑汇票由出票人签发，付款银行承兑。

10. 【答案】√

## 四、不定项选择题

【案例1】

1. 【答案】ABCD

解析：签发纸质商业汇票时必须记载的事

项：（1）表明“商业承兑汇票”（或“银行承兑汇票”）的字样；（2）无条件支付的委托；（3）确定的金额（选项B）；（4）付款人名称（选项C）；（5）收款人名称（选项A）；（6）出票日期；（7）出票人签章（选项D）。

2. 【答案】C

**解析：**保证人在票据或者粘单上未记载“被保证人名称”的，已承兑的票据，承兑人为被保证人；未承兑的票据，出票人为被保证人。

3. 【答案】A

**解析：**（1）向出票人收取；（2）已知条件告知，适用的承兑手续费率为0.5‰，手续费＝400000×0.5‰＝200（元）。

4. 【答案】AD

**解析：**（1）选项AC：银行承兑汇票的出票人（A公司）应于汇票到期（2020年8月9日）前将票款足额交存其开户银行；如未能如期足额交存票款，承兑人仍应依法向持票人支付票款，对出票人尚未支付的汇票金额按每天0.5‰计收利息。（2）选项B：出票后定期付款的银行承兑汇票，提示付款期限为到期日起10日内，本题票据到期日是2020年8月9日，B公司最晚可于2020年8月19日提示付款。（3）选项D：持票人依照规定提示付款的，付款人必须在当日足额付款。

**【案例2】**

1. 【答案】ABCD

**解析：**（1）选项A：汇票出票时应当记载“付款人名称”，而非付款人“签章”，但由于本题涉及的商业汇票由A公司“签发并承兑”，A公司完成了出票人签章和承兑人签章后才能算“签发并承兑”，因此，本题汇票递交B公司时票面上已经有承兑人签章，而承兑人属于付款人中的一种，因此，“A公司签发并承兑商业汇票”时“付款人A公司签章”也是必须记载的。（2）选项BCD：均属于汇票出票行为的必须记载事项。

2. 【答案】CD

**解析：**背书人在票据上记载“不得转让”字样，其后手再背书转让的，原背书人对后手的被背书人不承担保证责任。

3. 【答案】C

**解析：**定日付款、出票后定期付款、见票后定期付款的汇票，自到期日（2021年1月8日）起10日内提示付款。

4. 【答案】ACD

**解析：**E公司可以向在票面上签章的前手A公司、C公司、D公司追索，但不能向记载了“不得转让”字样的B公司追索（参考本题第2小题解析）。

**【案例3】**

1. 【答案】CD

**解析：**支票的金额、收款人名称，可以授权补记；未补记前，不得背书转让和提示付款。

2. 【答案】D

**解析：**C公司是最后一个转让背书的被背书人，是该支票的持票人，享有票据权利。

3. 【答案】D

**解析：**票据上的记载事项分为必须记载事项、相对记载事项、任意记载事项（如记载“不得转让”字样）和记载不产生票据法上效力的事项（如签发支票的原因、相关交易的合同号码）。

4. 【答案】BD

**解析：**（1）选项AB：支票的持票人应当自出票日起10日提示付款，持票人未按照规定期限提示付款的，付款人不予付款，但出票人仍应当对持票人承担票据责任。（2）选项CD：支票的持票人对出票人的“票据权利”，自出票之日起6个月不行使而消灭；持票人因超过票据权利时效或者因票据记载事项欠缺而丧失票据权利的，仍享有民事权利，可以请求出票人返还其与未支付的票据金额相当的利益。

【案例 4】

1. 【答案】AB

解析：（1）个人在票据和结算凭证上的签章，应为该个人本人的签名或盖章；（2）支票的出票人在票据上的签章，应为其预留银行的签章。

2. 【答案】B

解析：王女士在用途栏书写“生日快乐”属于票据上的其他记载事项（或称非法定记载事项），记载不具有票据效力，银行不负审查责任。

3. 【答案】ACD

解析：（1）选项 AB：支票为见票即付票据，提示付款的期限为自出票日起 10 日；（2）选项 CD：收款人持用于支取现金的支票向付款人提示付款时，应在支票背面收款人签章处签章，持票人为个人的，还需交验本人身份证件，并在支票背面注明证件名称、号码及发证机关。

4. 【答案】B

解析：（1）选项 AB：支票持票人可以委托开户银行收款或直接向付款人提示付款，用于支取现金的支票仅限于收款人向付款人提示付款。（2）选项 C：支票应当自出票日起 10 日内提示付款，逾期提示付款的，丧失对出票人以外其他前手的追索权；而持票人对支票出票人的票据权利，自出票日起 6 个月不行使而消灭。（3）选项 D：用于支取现金的支票不能背书转让。

# 第三章（2）　其他支付结算法律制度

## 考情分析

根据考生们的回忆，“其他支付结算法律制度”在每套考卷上的分值波动非常大，但总体上看，分值并不显著低于“票据法律制度”，请一定给予必要的重视。

“其他支付结算法律制度”在每套考卷上的分值通常在 6 分左右，可以涉及大题，在 2020 年 18 个批次的考试中，有 3 个批次涉及“其他支付结算法律制度”的大题。

**2020 年典型考卷题型题量分析表**

| | 卷 1 | | 卷 2 | | 卷 3 | | 卷 4 | | 卷 5 | |
|---|---|---|---|---|---|---|---|---|---|---|
| | 题量 | 分值 | 题量 | 分值 | 题量 | 分值 | 题量 | 分值 | 题量 | 分值 |
| 单项选择题 | 2 | 4 | 2 | 4 | 1 | 2 | 2 | 4 | 3 | 6 |
| 多项选择题 | 0 | 0 | 1 | 2 | 0 | 0 | 0 | 0 | 2 | 4 |
| 判断题 | 0 | 0 | 1 | 1 | 2 | 2 | 0 | 0 | 1 | 1 |
| 不定项选择题 | 2 | 4 | 0 | 0 | 0 | 0 | 0 | 0 | 0 | 0 |
| 合计 | 4 | 8 | 4 | 7 | 3 | 4 | 2 | 4 | 6 | 11 |

2021 年“其他支付结算法律制度”部分的考点无实质变化。

## 考点框架

- 第三章（2）①
  - 银行结算账户
    - 支付结算概述（考点1）
    - 银行结算账户（总则）
      - 概念和种类（考点2）
      - 开立要求（考点3）
      - 变更和撤销（考点4）
    - 银行结算账户（分则）
      - 单位银行结算账户开立和使用的具体规定（考点5）
      - 预算单位零余额账户（考点6）
      - 个人银行结算账户（考点7）
      - 异地银行结算账户（考点8）
      - 银行结算账户的管理（考点9）

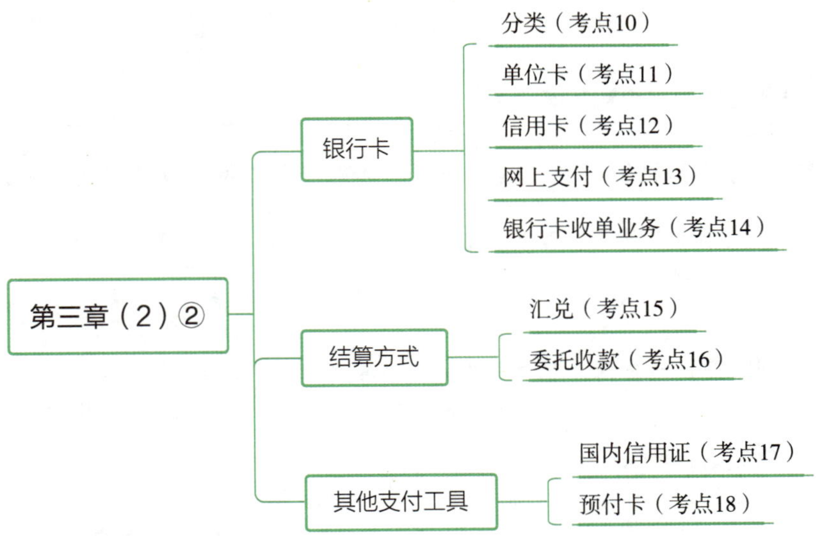


## 考点剖析

### 第 1 单元　银行结算账户



#### 01 考点 1 支付结算概述（★）

1. 未经中国人民银行批准的非银行金融机构和其他单位不得作为中介机构办理支付结算业务。

2. 主要支付工具

（1）传统的人民币非现金支付工具主要包括"三票一卡"和结算方式。"三票一卡"是指三种票据（汇票、本票和支票）和银行卡，结算方式包括汇兑、托收承付和委托收款。

（2）我国目前已形成了以票据和银行卡为主体、以电子支付为发展方向的非现金支付工具体系。

3. 办理支付结算的原则

（1）恪守信用、履约付款原则

在办理支付结算业务时，诚实守信就是要做到按照合同规定及时付款，不得无故拖延或者拒绝支付。

（2）谁的钱进谁的账、由谁支配原则

除法律法规另有规定外，银行无权在未经存款人授权或委托的情况下，擅自动用存款人在银行账户里的资金。

（3）银行不垫款原则

①银行是办理支付结算业务的中介机构，应按照付款人的委托，将资金支付给付款人指定的收款人，或者按照收款人的委托，将归收款人所有的资金转账收入到收款人的账户中。

②付款人账户内没有资金或资金不足，或者收款人应收的款项由于付款人的原因不能收回时，银行的中介职责可以不履行，因为银行没有为存款人垫付资金的义务，银行与存款人另有约定除外。

【提示】当银行扮演支付结算"中介机构"角色时，应当不垫款；但当银行扮演支付结算"当事人"角色时（例如，银行承兑汇票的承兑银行），应当依法承担责任。

## 02 考点2 银行结算账户的概念和种类（★）

1. 银行结算账户是指银行为存款人开立的办理资金收付结算的活期存款账户。

【提示】银行“储蓄”账户，可以是定期存款账户，但银行“结算”账户是活期存款账户。

### 经典题解

**【例题1·判断题】**银行结算账户分为活期存款账户和定期存款账户两类。（　　）

**【答案】**×

2. 基本类型

（1）概览

- 按存款人不同
  - 单位银行结算账户——按用途不同
    - 基本存款账户
    - 一般存款账户
    - 专用存款账户
    - 临时存款账户
  - 个人银行结算账户

（2）单位还是个人？

①存款人凭个人身份证件以自然人名称开立的银行结算账户为个人银行结算账户。

②个体工商户凭营业执照以字号或经营者姓名开立的银行结算账户纳入单位银行结算账户管理。

（3）预算单位零余额账户

预算单位未开立基本存款账户，或者原基本存款账户在国库集中支付改革后已按照财政部门的要求撤销的，经同级财政部门批准，预算单位零余额账户作为基本存款账户管理。除上述情况外，预算单位零余额账户作为专用存款账户管理。

（4）异地银行结算账户是存款人在其注册地或住所地行政区域之外（跨省、市、县）开立的银行结算账户。

【提示】其根据存款人、用途的不同，可以是单位的异地基本存款账户、异地一般存款账户、异地专用存款账户、异地临时存款账户，也可以是异地个人银行结算账户。

### 经典题解

**【例题2·多选题】**根据支付结算法律制度的规定，下列单位银行结算账户中，属于按用途分类的有（　　）。

A. 一般存款账户

B. 预算单位零余额账户

C. 专用存款账户

D. 基本存款账户

**【解析】**选项B与选项ACD最大的不同在于“主体”，预算单位零余额账户是“预算单位”开立的。

**【答案】**ACD

## 03 考点3 银行结算账户的开立要求（★★★）

（一）基本规定

1. 备案制与核准制

（1）企业银行结算账户的开立实行备案制（另有规定除外）。

【提示】此处的“企业”是指在境内设立的企业法人、非法人企业和个体工商户。

（2）仍实行核准制的账户

①预算单位专用存款账户；

②合格境外机构投资者在境内从事证券投资开立的人民币特殊账户和人民币结算资金账户；

③企业以外的其他单位开立的基本存款账户、临时存款账户（验资账户除外）。

## 经典题解

**【例题 3·单选题】**下列存款人于 2020 年 11 月在银行开立基本存款账户，其中，无须核发开户许可证的是（ ）。

A. 甲市场监督管理局

B. 乙公司

C. 丙市人民医院

D. 丁居民委员会

**【解析】**（1）“企业”银行结算账户的开立实行备案制，不再核发开户许可证；（2）选项 AD 属于特别法人，选项 C 属于事业单位，其开立基本存款账户仍实行核准制。

**【答案】**B

2. 开户基本流程

| 备案制<br>（先开户后备案） | 核准制<br>（先核准后开户） |
| --- | --- |
| 存款人向商业银行（开户行）申请开户 | 存款人向商业银行（开户行）申请开户 |
| ↓ | ↓ |
| 开户行审核符合相关账户开立条件，办理开户手续 | 开户行向中国人民银行当地分支行报送有关材料 |
| ↓ | ↓ |
| 开户行开户后通过账户管理系统向中国人民银行当地分支行报备 | 中国人民银行当地分支行核准开户并核发开户许可证 |
| ↓ | ↓ |
| 基本存款账户备案完成，账户管理系统生成基本存款账户编号 | 开户行办理开户手续 |

3. 开始办理付款业务的时间

（1）企业银行结算账户自开立之日即可办理收付款业务（另有规定除外）。

（2）企业以外的其他单位开立单位银行结算账户，自开立之日起 3 个工作日后，方可使用该账户办理付款业务，但注册验资的临时存款账户转为基本存款账户和因借款转存开立的一般存款账户除外。

## 经典题解

**【例题 4·判断题】**企业银行结算账户自开立之日即可办理收付款业务。（ ）

**【答案】**√

（二）申请开立企业银行结算账户的具体细节

1. 填写开户申请书

开立单位银行结算账户时，应填写“开立单位银行结算账户申请书”，并加盖单位公章和法定代表人（单位负责人）或其授权代理人的签名或者盖章。

2. 申请开户

企业申请开立银行结算账户，应当按规定提交开户申请书，出具下列开户证明文件，并对开户申请书所列事项及相关开户证明文件的真实、有效性负责：

（1）营业执照；

（2）法定代表人或单位负责人有效身份证件；

（3）法定代表人或单位负责人授权他人办理的，还应出具法定代表人或单位负责人的授权书以及被授权人的有效身份证件；

（4）《人民币银行结算账户管理办法》等规定的其他开户证明文件。

【提示1】持有基本存款账户编号的企业申请开立一般存款账户、专用存款账户、临时存款账户时，应当提供基本存款账户编号。

【提示2】（1）存款人申请开立一般存款账户时还应当提供借款合同等有关证明；（2）存款人申请开立专用存款账户还应当根据不同类型的专项资金提供主管部门批文等法定的开户证明文件；（3）存款人申请开立临时存款账户还应当根据不同类型的临时存款账户提供驻在地主管部门同意设立临时机构的批文、临时经营地市场监督管理部门的批文等法定的开户证明文件。

3. 签订银行结算账户管理协议

（1）开立银行结算账户时，银行应与存款人签订银行结算账户管理协议，明确双方的权利与义务。企业申请开立基本存款账户的，银行应当向企业法定代表人或单位负责人核实企业开户意愿，并留存相关工作记录。核实开户意愿，可采取面对面、视频等方式，具体方式由银行根据客户风险程度选择。

（2）存在下列异常情况之一的，银行应当与其法定代表人或者单位负责人面签银行结算账户管理协议，并留存视频、音频资料等，开户初期原则上不开通非柜面业务，待后续了解后再审慎开通：

①法定代表人或者单位负责人对单位经营规模及业务背景等情况不清楚的单位；

②注册地和经营地均在异地的单位。

（3）银行在为存款人开通非柜面转账业务时，双方应签订协议，约定非柜面渠道向非同名银行账户和支付账户转账的日累计限额、笔数和年累计限额等，超出限额和笔数的，应当到银行柜面办理。

4. 预留签章

（1）银行应建立存款人预留签章卡片，并将签章式样和有关证明文件的原件或复印件留存归档。

（2）存款人为单位的，其预留签章为该单位的公章或财务专用章加其法定代表人（单位负责人）或其授权的代理人的签名或者盖章。

（3）存款人为个人的，其预留签章为该个人的签名或者盖章。

（4）存款人在申请开立单位银行结算账户时，其申请开立的银行结算账户的账户名称、出具的开户证明文件上记载的存款人名称以及预留银行签章中公章或财务专用章的名称应保持一致，但下列情况除外：

①因注册验资开立的临时存款账户，其账户名称为市场监督管理机构核发的“企业名称预先核准通知书”或政府有关部门批文中注明的名称，其预留银行签章中公章或财务专用章的名称应是存款人与银行在银行结算账户管理协议中约定的出资人名称；

②预留银行签章中公章或财务专用章的名称依法可使用简称的，账户名称应与其保持一致；

③没有字号的个体工商户开立的银行结算账户，其预留签章中公章或财务专用章应是“个体户”字样加营业执照上载明的经营者的签字或盖章。

## 经典题解

【例题5·多选题】根据支付结算法律制度的规定，下列关于开立企业银行结算账户办理事项的表述中，正确的有(　　)。

A. 银行为企业开通非柜面转账业务，应当约定通过非柜面渠道向非同名银行账户转账的日累计限额

B. 注册地和经营地均在异地的企业申请开户，法定代表人可授权他人代理签订银行结算账户管理协议

C. 企业预留银行的签章可以为其财务专用章加其法定代表人的签名

D. 银企双方应当签订银行结算账户管理协议，明确双方的权利与义务

**【解析】** 选项 B：注册地和经营地均在异地，应当“面签”。

**【答案】** ACD

**【例题 6 · 判断题】** 没有字号的个体工商户开立银行结算账户，其预留银行签章中公章或财务专用章应是“个体户”字样加营业执照上载明的经营者的签字或盖章。(　　)

**【答案】** √

## 04 考点 4 企业银行结算账户的变更和撤销（★★★）

（一）企业银行结算账户的变更

1. 需要变更的情形

（1）银行发现企业名称、法定代表人或者单位负责人发生变更的，应当及时通知企业办理变更手续；企业自通知送达之日起在合理期限内仍未办理变更手续，且未提出合理理由的，银行有权采取措施适当控制账户交易。

（2）企业营业执照、法定代表人或者单位负责人有效身份证件列明有效期限的，银行应当于到期日前提示企业及时更新，有效期到期后，在合理期限内企业仍未更新，且未提出合理理由的，银行应当按规定中止其办理业务。

2. 5 个工作日内提出变更申请

（1）存款人更改名称，但不改变开户银行及账号的，应于5 个工作日内向开户银行提出银行结算账户的变更申请，并出具有关部门的证明文件。

**【提示】** 如果存款人拟改变开户银行及账号，不属于银行结算账户的变更，应先在原开户行申请撤销账户，而后在新开户行申请开立新账户。

（2）单位的法定代表人或主要负责人、住址以及其他开户资料发生变更时，应于5 个工作日内书面通知开户银行并提供有关证明。

3. 备案类结算账户的变更和撤销应通过账户管理系统向中国人民银行当地分支行报备。

（二）企业银行结算账户的撤销

1. 应当撤销账户的情形

（1）被撤并、解散、宣告破产或关闭的；

（2）注销、被吊销营业执照的；

（3）因迁址需要变更开户银行的；

（4）其他原因需要撤销银行结算账户的。

**【提示 1】** 存款人有以上第（1）项、第（2）项情形的，应于 5 个工作日内向开户银行提出撤销银行结算账户的申请。

**【提示 2】** 存款人因以上第（3）项、第（4）项情形撤销基本存款账户后，需要重新开立基本存款账户的，应在撤销其原基本存款账户后 10 日内申请重新开立基本存款账户。

2. 存款人撤销银行结算账户，必须与开户银行核对银行结算账户存款余额，交回各种重要空白票据及结算凭证和开户许可证（如果有），银行核对无误后方可办理销户手续。

3. 撤销银行结算账户时，应先撤销一般存款账户、专用存款账户、临时存款账户，将账户资金转入基本存款账户后，方可办理基本存款账户的撤销。企业因转户原因撤销基本存款账户的，银行还应打印“已开立银行结算账户清单”并交付企业。

4. 存款人尚未清偿其开户银行债务的，不得申请撤销该银行结算账户。

5. 对于按规定应撤销而未办理销户手续的单位银行结算账户，银行通知该单位银行结算账户的存款人自发出通知之日起30日内办理销户手续，逾期视同自愿销户，未划转款项列入久悬未取专户管理。

## 经典题解

【例题7·判断题】存款人未清偿其开户银行债务的，也可以撤销该银行结算账户。(　　)

【答案】×

【例题8·单选题】甲公司因长期经营不善被宣告破产，撤销在银行开立的结算账户时，其应当最后撤销的是(　　)。

A. 临时存款账户

B. 专用存款账户

C. 一般存款账户

D. 基本存款账户

【解析】撤销银行结算账户时，应先撤销一般存款账户、专用存款账户、临时存款账户，将账户资金转入基本存款账户后，方可办理基本存款账户的撤销。

【答案】D

## 05 考点5 单位银行结算账户开立和使用的具体规定(★★)

| | 适用范围 | 能否取现 | 数量限制 | 主要开户条件 |
|---|---|---|---|---|
| 基本存款账户 | (1) 存款人的主办账户<br>(2) 存款人日常经营活动的资金收付及其工资、奖金和现金的支取，应通过基本存款账户办理 | 现金收付均可办理 | 一个单位只能开立一个基本存款账户 | 下列存款人可以申请开立基本存款账户：<br>(1) 企业法人<br>(2) 非法人企业<br>(3) 机关、事业单位<br>(4) 团级（含）以上军队、武警部队及分散执勤的支（分）队<br>(5) 社会团体<br>(6) 民办非企业组织<br>(7) 异地常设机构<br>(8) 外国驻华机构<br>(9) 个体工商户<br>(10) 居民委员会、村民委员会、社区委员会<br>(11) 单位设立的独立核算的附属机构（如食堂、招待所、幼儿园）<br>(12) 其他组织（如业主委员会、村民小组等） |
| 一般存款账户 | 用于办理存款人借款转存、借款归还和其他结算的资金收付 | 可以办理现金缴存，但不得办理现金支取 | 无数量限制 | 已经开立基本存款账户 |

续表

|  | 适用范围 | 能否取现 | 数量限制 | 主要开户条件 |
|---|---|---|---|---|
| 专用存款账户 | 适用于下列资金的专项管理和使用：基本建设资金，更新改造资金，粮、棉、油收购资金，证券交易结算资金，期货交易保证金，信托基金，政策性房地产开发资金，单位银行卡备用金，住房基金，社会保障基金，收入汇缴资金，业务支出资金，党、团、工会设在单位的组织机构经费，其他需要专项管理和使用的资金 | （1）证券交易结算资金、期货交易保证金和信托基金专用存款账户不得支取现金<br>（2）单位银行卡账户资金（备用金）必须由其基本存款账户转账存入，该账户不得办理现金收付业务<br>（3）基本建设资金、更新改造资金、政策性房地产开发资金账户需要支取现金的，应在开户时报中国人民银行当地分支行批准<br>（4）收入汇缴账户除向其基本存款账户或预算外资金财政专用存款户划缴款项外，只收不付，不得支取现金<br>（5）业务支出账户除从其基本存款账户拨入款项外，只付不收，其现金支取必须按照国家现金管理的规定办理 | 无数量限制 | （1）已经开立基本存款账户<br>（2）获得与专项资金有关的主管部门批文、监管机构证明 |
| 临时存款账户 | 适用于：<br>（1）设立临时机构<br>（2）异地临时经营活动<br>（3）注册（增资）验资<br>（4）军队、武警单位承担基本建设或者异地执行作战、演习、抢险救灾、应对突发事件等临时任务 | 用于验资的临时存款账户，在验资期间只收不付<br>【提示】其他临时存款账户支取现金依法办理 | 无数量限制 | （1）有效期最长不得超过2年<br>（2）因异地临时经营活动、增资验资开立临时存款账户的，应当已经开立了基本存款账户，外国及我国港、澳、台地区建筑施工及安装单位除外 |

## 经典题解

【例题9·单选题】根据支付结算法律制度的规定，下列业务中，一般存款账户不得办理的是（　　）。

A. 现金缴存　　B. 借款归还

C. 现金支取　　D. 借款转存

【解析】一般存款账户用于办理存款人借款转存（选项D）、借款归还（选项B）和其他结算的资金收付，可以办理现金缴存（选项A），但不得办理现金支取（选项C）。

【答案】C

【例题10·单选题】根据支付结算法律制度的规定，关于存款人基本存款账户的下列表述中，不正确的是（　　）。

A. 撤销银行结算账户时应先撤销基本存款账户

B. 一个单位只能开立一个基本存款账户

C. 基本存款账户是存款人的主办账户

D. 存款人日常经营活动的资金收付应通过基本存款账户办理

**【解析】** 选项A：撤销银行结算账户时，应先撤销一般存款账户、专用存款账户、临时存款账户，将账户资金转入基本存款账户后，方可办理基本存款账户的撤销。

**【答案】** A

**【例题11·单选题】** 下列首次申请开立单位银行结算账户的存款人中，不应开立基本存款账户的是(　　)。

A. 甲电影公司临时摄制组

B. 乙公司

C. 丙学校

D. 丁居民委员会

**【解析】** 选项A：可以申请开立临时存款账户。

**【答案】** A

**【例题12·判断题】** 一个单位可以根据实际需要在银行开立两个基本存款账户。(　　)

**【解析】** 基本存款账户是存款人的主办账户，一个单位只能开立"一个"基本存款账户。

**【答案】** ×

**【例题13·单选题】** 根据支付结算法律制度的规定，下列各项中，属于存款人在开立一般存款账户之前必须开立的账户是(　　)。

A. 基本存款账户

B. 单位银行卡账户

C. 专用存款账户

D. 临时存款账户

**【解析】** 存款人申请开立一般存款账户应当向银行出具开立基本存款账户的证明文件、基本存款账户开户许可证或企业基本存款账户编号和借款合同或者其他有关证明。

**【答案】** A

**【例题14·单选题】** 根据支付结算法律制度的规定，临时存款账户的有效期最长不得超过一定期限，该期限为(　　)。

| A. 1年 | B. 2年 |
|---|---|
| C. 5年 | D. 10年 |

**【答案】** B

## 06 考点6 预算单位零余额账户（★）

1. 预算单位使用财政性资金，应当按照规定的程序和要求，向财政部门提出设立零余额账户的申请，财政部门同意预算单位开设零余额账户后通知代理银行。

**【相关链接】** 预算单位未开立基本存款账户，或者原基本存款账户在国库集中支付改革后按照财政部门的要求撤销的，经同级财政部门批准，预算单位零余额账户作为基本存款账户管理。除上述情况外，预算单位零余额账户作为专用存款账户管理。

2. 一个基层预算单位开设一个零余额账户。

3. 使用要求

（1）预算单位零余额账户用于财政授权支付；

（2）可以办理转账、提取现金等结算业务；

（3）资金划拨

①可以向本单位按账户管理规定保留的相应账户划拨工会经费、住房公积金及提租补贴，以及财政部门批准的特殊款项；

②不得违反规定向本单位其他账户和上级主管单位、所属下级单位账户划拨资金。

### 经典题解

**【例题15·单选题】** 根据支付结算法律制度的规定，下列各项业务中，不得通过预算单位零余额账户办理的是(　　)。

A. 划拨本单位工会经费

B. 向所属下级单位账户划拨资金

C. 转账

D. 提取现金

**【答案】** B

**【例题 16·单选题】** 未在银行开立账户的P市园林绿化局经批准在Q银行开立了预算单位零余额账户。该零余额账户应按（ ）管理。

A. 基本存款账户　　B. 一般存款账户

C. 临时存款账户　　D. 专用存款账户

**【解析】**（1）预算单位未开立基本存款账户（P市园林绿化局未在银行开立任何账户），或者原基本存款账户在国库集中支付改革后已按照财政部门的要求撤销的，经同级财政部门批准，预算单位零余额账户作为“基本存款账户”管理；（2）除上述情况外，预算单位零余额账户作为“专用存款账户”管理。

**【答案】** A

**【例题 17·单选题】** 根据支付结算法律制度的规定，预算单位应向（ ）申请开立零余额账户。

A. 中国人民银行　　B. 财政部门

C. 上级主管部门　　D. 社保部门

**【答案】** B

## 07 考点7 个人银行结算账户（★）

1. 分类管理

| | | Ⅰ类户 | Ⅱ类户 | Ⅲ类户 |
|---|---|---|---|---|
| 开立渠道 | 银行柜面 | √ | √ | √ |
| | 自助机具 | √（经银行工作人员现场核验） | √（可以绑定Ⅰ类户或者信用卡账户进行身份验证，不得绑定非银行支付机构开立的支付账户进行身份验证） | |
| | 网上银行和手机银行等电子渠道 | × | | |
| 功能 | 存款 | √ | √ | 账户余额不得超过2000元 |
| | 购买投资理财产品等金融产品 | √ | √ | × |
| | 消费和缴费支付 | √ | 限额 | 限额 |
| | 向非绑定账户转出资金 | √ | 限额 | 限额 |
| | 取出现金 | √ | 限额 | × |
| | 存入现金 | √ | 限额 | × |
| | 非绑定账户资金转入 | √ | 限额 | 限额 |
| | 配发银行卡实体卡片 | √ | √ | × |

### 经典题解

【例题 18 · 判断题】通过手机银行等电子渠道受理开户申请的，银行可为开户申请人开立Ⅰ类账户。(　　)

【解析】通过网上银行和手机银行等电子渠道受理银行账户开户申请的，银行可为开户申请人开立“Ⅱ类户或Ⅲ类户”。

【答案】×

【例题 19 · 单选题】根据支付结算法律制度的规定，下列关于个人银行结算账户管理的表述中，不正确的是(　　)。

A. 银行可以通过Ⅱ类银行账户为存款人提供单笔无限额的存取现金服务

B. 银行可以通过Ⅲ类银行账户为存款人提供限定金额的消费和缴费支付服务

C. 银行可以通过Ⅰ类银行账户为存款人提供购买投资理财产品服务

D. 银行可以通过Ⅱ类银行账户为存款人提供购买投资理财产品服务

【答案】A

2. 开户证明文件

根据个人银行账户实名制的要求，存款人申请开立个人银行结算账户时，应向银行出具本人有效身份证件，银行通过有效身份证件仍无法准确判断开户申请人身份的，应要求其出具辅助身份证明材料。

【提示】有效身份证件包括：(1) 在中华人民共和国境内已登记常住户口的中国公民为居民身份证；不满 16 周岁的，可以使用居民身份证或户口簿。(2) 香港、澳门特别行政区居民为港澳居民往来内地通行证、港澳居民居住证。(3) 台湾地区居民为台湾居民来往大陆通行证、台湾居民居住证。(4) 国外的中国公民为中国护照。(5) 外国公民为护照或者外国人永久居留证（外国边民，按照边贸结算的有关规定办理）。

### 经典题解

【例题 20 · 单选题】根据个人银行结算账户实名制的要求，下列人员出具的证件、证明材料中，不属于在境内银行申请开立个人银行账户的有效身份证件的是(　　)。

A. 15 周岁的学生赵某出具的户口簿

B. 定居美国的钱某出具的中国护照

C. 20 周岁的孙某出具的机动车驾驶证

D. 25 周岁的李某出具的居民身份证

【解析】选项 C：属于辅助身份证明材料。

【答案】C

3. 所在单位代理开户

(1) 存款人开立代发工资、教育、社会保障（如社保、医保、军保）、公共管理（如公共事业、拆迁、捐助、助农扶农）等特殊用途个人银行账户时，可由所在单位代理办理。

(2) 单位代理个人开立银行账户的，应提供单位证明材料、被代理人有效身份证件的复印件或影印件。

(3) 单位代理开立的个人银行账户，在被代理人持本人有效身份证件到开户银行办理身份确认、密码设（重）置等激活手续前，该银行账户只收不付。

### 经典题解

【例题 21 · 判断题】新入学的大学生开立用于缴纳学费的个人银行结算账户，可由所在大学代理办理。(　　)

【答案】√

4. 使用要求

(1) 下列款项（个人的合法收入）可以转入个人银行结算账户：

①工资、奖金收入；

②稿费、演出费等劳务收入；

③债券、期货、信托等投资的本金和收益；

④个人债权或产权转让收益；

⑤个人贷款转存；

⑥证券交易结算资金和期货交易保证金；

⑦继承、赠与款项；

⑧保险理赔、保费退还等款项；

⑨纳税退还；

⑩农、副、矿产品销售收入。

（2）单位向个人银行结算账户付款的特殊要求

①单位从其银行结算账户支付给个人银行结算账户的款项，每笔超过5万元（不包含5万元）的，应向其开户银行提供相应的付款依据。付款单位若在付款用途栏或备注栏注明事由，可不再另行出具付款依据，但付款单位应对支付款项事由的真实性、合法性负责。

②当个人持出票人为单位的支票向开户银行委托收款，将款项转入其个人银行结算账户的，或者个人持申请人为单位的银行汇票和银行本票向开户银行提示付款，将款项转入其个人银行结算账户的，个人应当出具有关收款依据。存款人应对其提供的收款依据或付款依据的真实性、合法性负责。

### 经典题解

**【例题22·多选题】**根据支付结算法律制度的规定，下列资金中，可以转入个人人民币卡账户的有（　　）。

A. 个人合法的劳务报酬

B. 个人合法的投资回报

C. 工资性款项

D. 单位的款项

**【解析】**个人人民币卡账户的资金以其持有的现金存入或以其工资性款项、“属于个人”的合法的劳务报酬、投资回报等收入转账存入。

**【答案】**ABC

## 08 考点8 异地银行结算账户（★）

1. 存款人应在注册地或者住所地开立银行结算账户，符合异地开户条件的，也可以在异地开立银行结算账户。

2. 适用范围

（1）营业执照注册地与经营地不在同一行政区域（跨省、市、县）需要开立基本存款账户的；

（2）办理异地借款和其他结算需要开立一般存款账户的；

（3）存款人因附属的非独立核算单位或派出机构发生的收入汇缴或业务支出需要开立专用存款账户的；

（4）异地临时经营活动需要开立临时存款账户的；

（5）自然人根据需要在异地开立个人银行结算账户的。

## 09 考点9 银行结算账户的管理（★）

1. 银行结算账户的实名制管理

存款人应以实名开立银行结算账户，应依法使用银行结算账户办理结算业务，不得出租、出借银行结算账户，不得利用银行结算账户套取银行信用或进行洗钱活动。

2. 存款人申请临时存款账户展期，变更、撤销单位银行结算账户以及补（换）发开户许可证时，可由法定代表人或单位负责人直接办理，也可授权他人办理。

3. 存款人预留银行签章的管理

（1）单位遗失预留公章或财务专用章的，应向开户银行出具书面申请、开户许可证（如果有）、营业执照等相关证明文件；更换预留公章或财务专用章时，应向开户银行出具书面申请、原预留公章或财务专用章等相关证明文件。

**【提示】**单位存款人申请更换预留公章或财务专用章但无法提供原预留公章或财务专用章的，应向开户银行出具原印鉴卡片、开户许可证（如果有）、营业执照、司法部门的证明等相关证明文件。

（2）单位存款人申请变更预留公章或财务专用章，可由法定代表人或单位负责人直接办理，也可授权他人办理。

（3）单位存款人申请更换预留个人签章，可由法定代表人或单位负责人直接办理，也可授权他人办理。

4. 银行结算账户的存款人应与银行按规定核对账务。存款人收到对账单或对账信息后，应及时核对账务并在规定期限内向银行发出对账回单或确认信息。

### 经典题解

**【例题23·多选题】**根据支付结算法律制度的规定，下列银行结算账户中，可以支取现金的有（　　）。

A. 因设立临时机构开立的临时存款账户

B. 收入汇缴专用存款账户

C. 一般存款账户

D. Ⅰ类个人银行结算账户

**【解析】**不得办理现金支取的账户有：（1）一般存款账户；（2）证券交易结算资金、期货交易保证金和信托基金专用存款账户；（3）单位银行卡账户；（4）收入汇缴账户；（5）验资账户；（6）Ⅲ类个人银行账户。

**【答案】**AD

## 第2单元　银行卡

查看本单元视频
使用“会计云课堂”App/微信扫描

### 10 考点10 银行卡的分类（★）

1. 基本分类

<table>
<tr><th>分类标准</th><th colspan="3">类别</th></tr>
<tr><td rowspan="5">是否具有透支功能</td><td rowspan="3">借记卡</td><td>转账卡（含储蓄卡）</td><td rowspan="3">不能透支</td></tr>
<tr><td>专用卡</td></tr>
<tr><td>储值卡</td></tr>
<tr><td rowspan="2">信用卡</td><td>贷记卡</td><td>先透支，后还款</td></tr>
<tr><td>准贷记卡</td><td>先存入备用金，备用金不足支付时可以透支</td></tr>
<tr><td>币种不同</td><td colspan="3">人民币卡和外币卡</td></tr>
<tr><td>发行对象不同</td><td colspan="3">单位卡（商务卡）和个人卡</td></tr>
<tr><td>信息载体不同</td><td colspan="3">磁条卡和芯片（IC）卡</td></tr>
</table>

2. 联名（认同）卡

联名（认同）卡是商业银行与营利性机构/非营利性机构合作发行的银行卡附属产品，其所依附的银行卡品种必须是经批准的品种，并应当遵守相应品种的业务章程或管理办法。

## 经典题解

【例题24·单选题】根据支付结算法律制度的规定，下列关于银行卡分类的表述中，不正确的是（ ）。

A. 按是否具有透支功能分为信用卡和贷记卡

B. 按发行对象分为单位卡和个人卡

C. 按币种分为人民币卡和外币卡

D. 按信息载体分为磁条卡和芯片卡

【解析】（1）贷记卡就是一种信用卡；（2）按是否具有透支功能，银行卡分为信用卡和借记卡。

【答案】A

## 11 考点11 单位卡（★）

1. 单位人民币卡账户

（1）单位人民币卡账户的资金一律由基本存款账户转账存入，不得存取现金，不得将销货收入存入单位卡账户。

（2）销户时，单位人民币卡账户的资金应当转入其基本存款账户，不得提取现金。

（3）单位人民币卡可以办理商品交易和劳务供应款项的结算，但（办理商品交易和劳务供应款项结算时）不得透支。

2. 单位外币卡账户

（1）单位外币卡账户的资金应从其单位的外汇账户转账存入，不得在境内存取外币现钞。

（2）销户时，单位外币卡账户的资金应当转回其相应的外汇账户，不得提取现金。

## 经典题解

【例题25·单选题】根据支付结算法律制度的规定，下列关于银行卡账户管理的表述中，正确的是（ ）。

A. 单位人民币卡账户内资金可由其一般存款账户转入

B. 单位外币卡账户可以在境内存取外币现钞

C. 单位款项不得转入个人卡账户存储

D. 单位人民币卡账户可以存取现金

【答案】C

【例题26·单选题】根据支付结算法律制度的规定，下列关于单位人民币卡账户使用的表述中，正确的是（ ）。

A. 可支取现金

B. 可转存销货收入

C. 可办理商品交易和劳务供应款项的结算

D. 可存入现金

【答案】C

## 12 考点12 信用卡（★★★）

1. 信用卡的申领条件

（1）发卡银行可根据申请人的资信程度，要求其提供担保，担保的方式可采用保证、抵押或质押。

（2）个人申请贷记卡需年满18周岁，有固定职业和稳定收入，是工作单位和户口在常住地的城乡居民。

2. 注销与清户

（1）持卡人在还清全部交易款项、透支本息和有关费用后，可申请办理销户。

（2）发卡行受理注销申请之日起45日后，被注销信用卡账户方能清户。

3. 信用卡预借现金业务

（1）信用卡预借现金业务包括现金提取、现金转账和现金充值。

【提示1】现金提取，是指持卡人通过柜面和自动柜员机（ATM机）等自助机具，以现钞形式获得信用卡预借现金额度内资金。

【提示2】现金转账，是指持卡人将信用卡预借现金额度内资金划转到本人银行结算账户。

【提示3】现金充值，是指持卡人将信用

卡预借现金额度内资金划转到本人在非银行支付机构开立的支付账户。

（2）ATM机提现限额

①持卡人通过ATM机等自助机具办理现金提取业务，每卡每日累计不得超过人民币1万元。

【提示】发卡银行应当对借记卡持卡人在自动柜员机（ATM机）取款设定交易上限，每卡每日累计提款不得超过2万元人民币。

②持卡人通过柜面办理现金提取业务，通过各类渠道办理现金转账业务的每卡每日限额，由发卡机构与持卡人通过协议约定。

③发卡机构可自主确定是否提供现金充值服务，并与持卡人协议约定每卡每日限额。

（3）发卡机构不得将持卡人信用卡预借现金额度内资金划转至其他信用卡，以及非持卡人的银行结算账户或支付账户。

## 经典题解

【例题27·多选题】根据支付结算法律制度的规定，下列业务中，信用卡持卡人使用预借现金额度内资金不得办理的有(　　)。

A. 划转到他人的银行结算账户

B. 在银行柜面提取现金

C. 在银行ATM机上提取现金

D. 划转到其他信用卡

【解析】（1）选项BC：属于预借现金——现金提取；（2）选项AD：发卡机构不得将持卡人信用卡预借现金额度内资金划转至其他信用卡，以及非持卡人的银行结算账户或支付账户。

【答案】AD

【例题28·单选题】根据支付结算法律制度的规定，关于银行卡持卡人提取现金的下列表述中，不正确的是(　　)。

A. 贷记卡持卡人与发卡机构协议约定通过银行柜面提取现金限额

B. 借记卡持卡人不得通过银行柜面办理提取现金业务

C. 贷记卡持卡人在ATM机等自助机具每卡每日累计提取现金不得超过1万元人民币

D. 借记卡持卡人在ATM机等自助机具每卡每日累计提取现金不得超过2万元人民币

【解析】选项B：贷记卡、借记卡持卡人提取现金，均既可通过银行柜面办理（贷记卡可以有限额、借记卡无限额），也可在ATM机等自助机具上提取（贷记卡、借记卡均有限额）。

【答案】B

4. 免息还款期和最低还款额

（1）贷记卡持卡人非现金交易可享受免息还款期和最低还款额待遇。

【提示】准贷记卡透支、贷记卡持卡人“透支取现”不享受上述待遇。

（2）银行记账日到发卡银行规定的到期还款日之间为免息还款期，持卡人在到期还款日前偿还所使用全部银行款项有困难的，可按照发卡银行规定的最低还款额还款。

（3）持卡人透支消费享受免息还款期和最低还款额待遇的条件和标准等，由发卡机构自主确定。

5. 透支利率

（1）对信用卡透支利率实行上限和下限管理，透支利率上限为日利率万分之五，透支利率下限为日利率万分之五的0.7倍。

（2）发卡机构调整信用卡利率标准的，应至少提前45个自然日按照约定方式通知持卡人。持卡人有权在新利率标准生效之日前选择销户，并按照已签订的协议偿还相关款项。

6. 计结息方式

信用卡透支的计结息方式，以及对信用卡溢缴款是否计付利息及其利率标准，由发卡机构自主确定。

7. 违约金和服务费用

（1）取消信用卡滞纳金，对于持卡人违约逾期未还款的行为，发卡机构应与持卡人通过协议约定是否收取违约金，以及相关收取方式和标准。

（2）发卡机构向持卡人提供超过授信额度用卡服务的，不得收取超限费。

（3）发卡机构对向持卡人收取的违约金和年费、取现手续费、货币兑换费等服务费用不得计收利息。

8. 发卡机构的提示义务

发卡机构应在信用卡协议中以显著方式提示信用卡利率标准和计结息方式、免息还款期和最低还款额待遇的条件和标准，以及向持卡人收取违约金的详细情形和收取标准等与持卡人有重大利害关系的事项，确保持卡人充分知悉并确认接受。其中，对于信用卡利率标准，应注明日利率和年利率。

## 经典题解

**【例题 29 · 判断题】** 发卡机构调整信用卡利率可不通知持卡人。（　　）

**【解析】** 发卡机构调整信用卡利率标准的，应“至少提前 45 个自然日”按照约定方式通知持卡人。

**【答案】** ×

**【例题 30 · 单选题】** 根据支付结算法律制度的规定，下列信用卡的相关款项中，发卡机构可向持卡人计收利息的是（　　）。

A. 货币兑换费　　B. 取现手续费

C. 透支的款项　　D. 违约金

**【解析】**（1）选项 C：对信用卡透支利率实行上限和下限管理，透支利率上限为日利率万分之五，透支利率下限为日利率万分之五的 0.7 倍；（2）发卡机构对向持卡人收取的违约金（选项 D）和年费、取现手续费（选项 B）、货币兑换费（选项 A）等服务费用不得计收利息。

**【答案】** C

**【例题 31 · 多选题】** 张女士在 M 银行申请一张信用卡，关于该信用卡计息和收费的下列表述中，符合法律规定的有（　　）。

A. 若张女士欠缴信用卡年费，M 银行可对该欠费计收利息

B. M 银行应在信用卡协议中以显著方式提示信用卡利率标准和计结息方式，并经张女士确认接受

C. M 银行确定的信用卡透支利率可为日利率万分之五

D. 若 M 银行要调整信用卡利率，应至少提前 45 个自然日按照约定方式通知张女士

**【解析】**（1）选项 A：发卡机构对向持卡人收取的违约金和年费、取现手续费、货币兑换费等服务费用不得计收利息；（2）选项 B：发卡机构应在信用卡协议中以显著方式提示信用卡利率标准和计结息方式、免息还款期和最低还款额待遇的条件和标准，以及向持卡人收取违约金的详细情形和收取标准等与持卡人有重大利害关系的事项，确保持卡人充分知悉并确认接受；（3）选项 C：对信用卡透支利率实行上限和下限管理，透支利率上限为日利率万分之五，透支利率下限为日利率万分之五的 0.7 倍；（4）选项 D：发卡机构调整信用卡利率标准的，应至少提前 45 个自然日按照约定方式通知持卡人。

**【答案】** BCD

9. 信用卡诈骗

（1）有下列情形之一，进行信用卡诈骗活动，数额较大，应当追究刑事责任：

①使用伪造的信用卡；

②使用以虚假的身份证明骗领的信用卡的；

③使用作废的信用卡的；

④冒用他人信用卡的；

⑤恶意透支的。

（2）发卡银行通过下列途径追偿透支款项和诈骗款项：

①扣减持卡人保证金、依法处理抵押物和质物；

②向保证人追索透支款项；

③通过司法机关的诉讼程序进行追偿。

### 经典题解

【例题32·多选题】下列利用信用卡进行诈骗活动的情形中，数额较大应追究刑事责任的有( )。

A. 恶意透支的

B. 冒用他人信用卡的

C. 使用以虚假身份证明骗领的信用卡的

D. 使用伪造的信用卡的

【答案】ABCD

## 13 考点13 网上支付（★）

1. 网上支付的主要方式有网上银行和第三方支付。

2. 网上银行的主要业务功能

（1）企业网上银行的主要业务功能

①账户信息查询；

②支付指令；

③B2B（BusinesstoBusiness）网上支付；

④批量支付。

（2）个人网上银行的主要业务功能

①账户信息查询；

②人民币转账业务；

③银证转账业务；

④外汇买卖业务；

⑤账户管理业务；

⑥B2C（BusinesstoCustomer）网上支付。

3. 第三方支付

（1）第三方支付，是指**非金融机构**作为收、付款人的支付中介所提供的网络支付、预付卡发行与受理、银行卡收单以及中国人民银行确定的其他支付服务。

（2）第三方支付的开户要求

①支付机构为个人开立支付账户的，**同一个人在同一家支付机构只能开立一个Ⅲ类账户**。

②支付机构为单位开立支付账户，应当依法要求单位提供相关证明文件，并自主或者委托合作机构以面对面方式核实客户身份，或者以非面对面方式通过至少3个合法安全的外部渠道对单位基本信息进行多重交叉验证。

③支付机构在为单位和个人开立支付账户时，应当与单位和个人签订协议，约定支付账户与支付账户、支付账户与银行账户之间的**日累计转账限额和笔数**，超出限额和笔数的，不得再办理转账业务。

（3）第三方支付的种类

①第三方支付方式包括线上支付方式（例如通过第三方支付平台实现的互联网在线支付）和线下支付方式（包括POS机刷卡支付、拉卡拉等自助终端支付、电话支付、手机近端支付、电视支付等）。

②行业分类

| 模式 | 典型代表 | 是否负有担保功能 |
|---|---|---|
| 金融型支付企业 | 银联商务、快钱、易宝支付、汇付天下、拉卡拉等 | × |
| 互联网支付企业 | 支付宝、财付通等 | √ |

（4）第三方平台结算支付模式的资金划拨是在平台内部进行的，此时划拨的是虚拟的资金，真正的实体资金还需要通过实际支付层来完成。

### 经典题解

【例题33·判断题】非银行支付机构不得为单位开立支付账户。（ ）

【答案】×

【例题 34 · 单选题】根据支付结算法律制度的规定，下列属于线上支付的是（　　）。

A. 网上银行支付

B. 固定电话支付

C. 电视支付

D. POS 机刷卡支付

【解析】选项 BCD：属于线下支付。

【答案】A

【例题 35 · 单选题】下列各项中，不属于个人网上银行具体业务功能的是（　　）。

A. 个人账户余额查询

B. 信用卡的购物明细查询

C. B2C 网上支付

D. B2B 网上支付

【解析】选项 D："B2C 网上支付"属于个人网上银行的业务功能，"B2B 网上支付"属于企业网上银行的业务功能。

【答案】D

## 14 考点 14 银行卡收单业务（★★★）

1. 银行卡收单业务，是持卡人在银行签约商户处刷卡消费，银行将持卡人刷卡消费的资金在规定周期内结算给商户，并从中扣取一定比例的手续费。

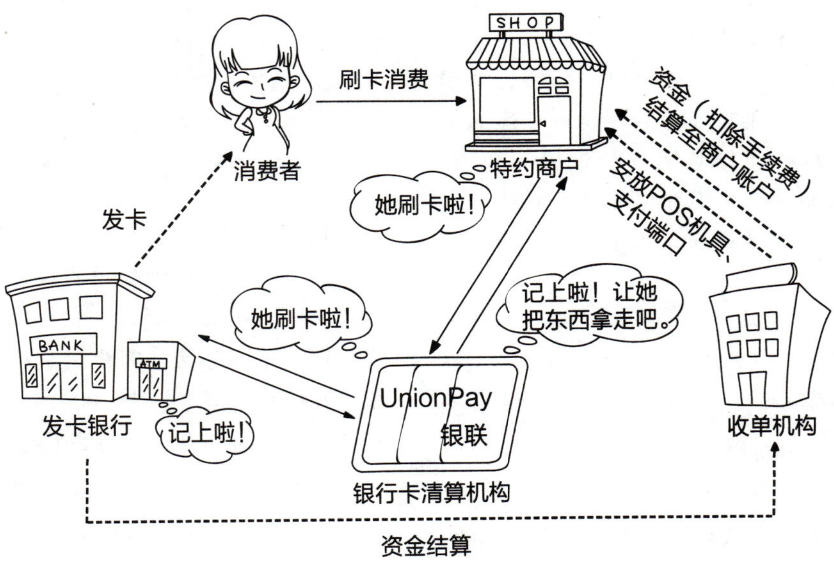


图 3（2）-1

【提示】"中国银联"，即中国银联股份有限公司，是由中国人民银行批准设立的银行卡清算机构。

2. 银行卡收单机构

（1）从事银行卡收单业务的银行业金融机构（例如，各大银行）；

（2）获得银行卡收单业务许可、为实体特约商户提供银行卡受理并完成资金结算服务的支付机构（例如，快钱、拉卡拉）；

（3）获得网络支付业务许可、为网络特约商户提供银行卡受理并完成资金结算服务的支付机构（例如，支付宝、财付通）。

3. 特约商户

特约商户，是指与收单机构签订银行卡受理协议、按约定受理银行卡并委托收单机构为其完成交易资金结算的企事业单位、个体工商户或其他组织，以及按照国家市场监督管理机构有关规定，开展网络商品交易等经营活动的自然人，包括实体特约商户（通过实体经营场所提供商品或服务的特约商户）和网络特约商户（基于公共网络信息系统提供商品或服务的特约商户）。

4. 重要管理规则

（1）收单机构应当对特约商户实行实名制管理

收单机构应严格审核特约商户的营业执照等证明文件，以及法定代表人或负责人有效身份证件等申请材料。特约商户为自然人的，收单机构应当审核其有效身份证件。特约商户使用单位银行结算账户作为收单银行结算账户的，收单机构还应当审核其合法拥有该账户的证明文件。

（2）银行卡受理协议

收单机构应当与特约商户签订银行卡受理协议，就可受理的银行卡种类、开通的交易类型、收单银行结算账户的设置和变更、资金结算周期、结算手续费标准、差错和纠纷处置等事项，明确双方的权利、义务和违约责任。

（3）结算账户

①特约商户的收单银行结算账户应当为其同名单位银行结算账户，或其指定的、与其存在合法资金管理关系的单位银行结算账户。

②特约商户为个体工商户和自然人的，可使用其同名个人银行结算账户作为收单银行结算账户。

（4）收单机构应当对实体特约商户收单业务进行本地化经营和管理，通过在特约商户及其分支机构所在省（自治区、直辖市）域内的收单机构或其分支机构提供收单服务，不得跨省（自治区、直辖市）域开展收单业务。

（5）风险评级

收单机构应建立对实体特约商户、网络特约商户分别进行风险评级制度，对于风险等级较高的特约商户，收单机构应当对其开通的受理卡种和交易类型进行限制，并采取强化交易监测、设置交易限额、延迟结算、增加检查频率、建立特约商户风险准备金等措施。

（6）风险事件

收单机构发现特约商户发生疑似银行卡套现、洗钱、欺诈、移机、留存或泄露持卡人账户信息等风险事件的，应当对特约商户采取的措施包括但不限于：

①延迟资金结算；

②暂停银行卡交易；

③收回受理终端（关闭网络支付接口）。

（7）资金结算

收单机构应按协议约定及时将交易资金结算到特约商户的收单银行结算账户，资金结算时限最迟不得超过持卡人确认可直接向特约商户付款的支付指令生效日后30个自然日，因涉嫌违法违规等风险交易需延迟结算的除外。

5. 结算收费

收单机构向商户收取的收单服务费由收单机构与商户协商确定具体费率。

**【案例】**A银行在甲商户布放了POS机具，双方签订银行卡受理协议，约定A银行按照交易金额的1.25%、单笔80元封顶的标准收取收单服务费。客户王某持B银行的借记卡在甲商户刷卡消费5000元。已知，A银行和B银行通过中国银联进行资金清算。

**【分析】**（1）A银行是收单行，B银行是发卡行，中国银联是银行卡清算机构；（2）本次交易过程中，王某借记卡内资金减少5000元，A银行按照约定向甲商户收取收单服务费 = 5000×1.25% = 62.5（元），甲商户实际到账资金 = 5000－62.5 = 4937.5（元）；（3）甲商户承担的62.5元收单服务费由A银行、B银行、中国银联进一步瓜分。

## 经典题解

**【例题36·多选题】**根据支付结算法律制度的规定，关于银行卡收单业务的下列表述中，正确的有（　　）。

A. 特约商户为个体工商户或自然人的，

可以使用其同名个人银行结算账户作为收单银行结算账户

B. 收单机构向特约商户收取的收单服务费由收单机构与特约商户协商确定具体费率

C. 收单机构应当对实体特约商户收单业务进行本地化经营和管理，不得跨省（自治区、直辖市）域开展收单业务

D. 特约商户使用单位银行结算账户作为收单银行结算账户的，收单机构应当审核其合法拥有该账户的证明文件

【答案】ABCD

## 第3单元 结算方式和其他支付工具

查看本单元视频
使用“会计云课堂”App/微信扫描

### 15 考点15 汇兑（★）

1. 汇兑是汇款人委托银行将其款项支付给收款人的结算方式。

2. 适用范围

（1）汇兑分为信汇、电汇两种。

（2）单位和个人各种款项的结算，均可使用汇兑结算方式。

3. 签发汇兑凭证必须记载下列事项：

（1）表明“信汇”或“电汇”的字样；

（2）无条件支付的委托；

（3）确定的金额；

（4）收款人名称（在银行开立存款账户的，必须记载其账号）；

（5）汇款人名称（在银行开立存款账户的，必须记载其账号）；

（6）汇入地点、汇入行名称；

（7）汇出地点、汇出行名称；

（8）委托日期；

（9）汇款人签章。

4. 汇款回单与收账通知

| | 汇款回单 | 收账通知 |
|---|---|---|
| 使用情形 | 汇出银行受理汇款人签发的汇兑凭证，经审查无误后，应及时向汇入银行办理汇款，并向汇款人签发汇款回单 | 汇入银行对开立存款账户的收款人，应将汇入款项直接转入收款人账户，并向其发出收账通知 |
| 功能 | 只能作为汇出银行受理汇款的依据，不能作为该笔汇款已转入收款人账户的证明 | 是银行将款项确已收入收款人账户的凭据 |

5. 汇款人对汇出银行尚未汇出的款项可以申请撤销。

#### 经典题解

【例题37·多选题】根据支付结算法律制度的规定，关于汇兑结算方式的下列表述中，正确的有（　　）。

A. 汇款人在银行开立存款账户的，在汇兑凭证上必须记载其账号

B. 汇款人对汇出银行尚未汇出的款项不得申请撤销

C. 单位和个人的款项结算，均可使用

D. 收款人在银行开立存款账户的，在汇兑凭证上必须记载其账号

【答案】ACD

【例题38·多选题】根据支付结算法律制度的规定，下列关于办理汇兑业务的表述中，正确的有（ ）。

A. 汇款回单可以作为该笔汇款已转入收款人账户的证明

B. 汇兑凭证记载的汇款人、收款人在银行开立存款账户的，必须记载其账号

C. 汇款回单是汇出银行受理汇款的依据

D. 收账通知是银行将款项确已转入收款人账户的凭据

【答案】BCD

## 16 考点16 委托收款（★）

1. 委托收款是收款人委托银行向付款人收取款项的结算方式。

2. 适用范围

（1）委托收款在同城、异地均可以使用。

（2）单位和个人凭已经承兑的商业汇票、债券、存单等付款人债务证明办理款项的结算，均可以使用委托收款结算方式。

3. 签发委托收款凭证

（1）签发委托收款凭证必须记载下列事项：

①表明“委托收款”的字样；

②确定的金额；

③付款人名称；

④收款人名称；

⑤委托收款凭据名称及附寄单证张数；

⑥委托日期；

⑦收款人签章。

（2）“开户行”的记载（欠缺记载，银行不受理）

①委托收款以银行以外的单位为付款人的，委托收款凭证必须记载付款人开户银行名称；

②以银行以外的单位或在银行开立存款账户的个人为收款人的，委托收款凭证必须记载收款人开户银行名称；

③未在银行开立存款账户的个人为收款人的，委托收款凭证必须记载被委托银行名称。

4. 付款

（1）以银行为付款人的，银行应当在当日将款项主动支付给收款人。

（2）以单位为付款人

①付款人应于接到银行通知的当日书面通知银行付款；付款人未在接到通知日的次日起3日内通知银行付款的，视同付款人同意付款，银行应于付款人接到通知日的次日起第4日上午开始营业时，将款项划给收款人。

②银行在办理划款时，付款人存款账户不足支付的，应通过被委托银行向收款人发出未付款项通知书。

（3）付款人（包括银行和单位）审查有关债务证明后，对收款人委托收取的款项需要拒绝付款的，可以办理拒绝付款，但应当按照规定出具拒绝证明。

### 经典题解

【例题39·单选题】2020年4月22日，甲公司持一张到期银行承兑汇票到M银行办理委托收款，该汇票由N银行承兑，甲公司在委托收款凭证上可以不记载的事项是（ ）。

A. 收款人甲公司　　B. 付款人N银行

C. 委托日期　　D. 甲公司地址

【答案】D

【例题40·多选题】根据支付结算法律制度的规定，下列关于委托收款结算方式的表述中，正确的有（ ）。

A. 以银行以外的单位为付款人的，委托收款凭证必须记载付款人开户银行名称

B. 银行在为单位办理划款时，付款人存款账户不足支付的，应通知付款人交足存款

C. 单位凭已承兑的商业汇票办理款项结算，可以使用委托收款结算方式

D. 委托收款仅限于异地使用

【解析】（1）选项B：银行在办理划款

时，付款人存款账户不足支付的，应通过被委托银行向收款人发出未付款项通知书；（2）选项D：委托收款在同城、异地均可以使用。

【答案】AC

【例题41·判断题】委托收款以单位为付款人的，银行收到委托收款凭证及债务证明，审查无误后应于当日将款项主动支付给收款人。（ ）

【解析】在委托收款中，受托收款的银行扮演的是“中介”的角色，并不是债务人，是否支付款项取决于债务人的表态。

【答案】×

## 17 考点17 国内信用证（★★）

1. 基本流程

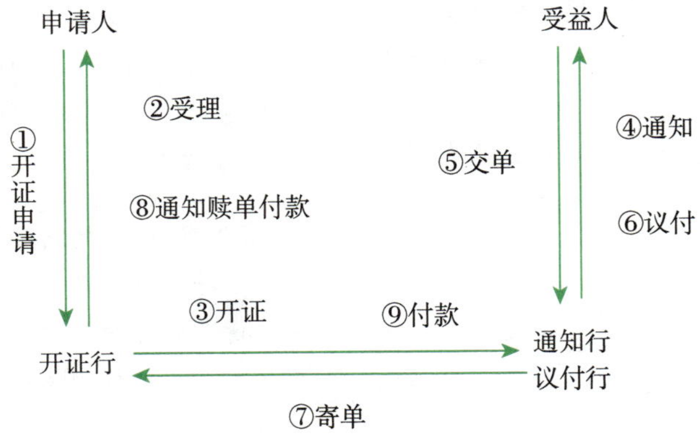


图3（2）-2

2. 性质

我国信用证为以人民币计价、不可撤销的跟单信用证。

3. 适用范围

（1）信用证结算适用于银行为国内企事业单位之间货物和服务贸易提供的结算服务。

（2）信用证只限于转账结算，不得支取现金。

（3）信用证按付款期限分为即期信用证和远期信用证，远期信用证付款期限最长不超过1年。

4. 开证

（1）开证行可要求申请人交存一定数额的保证金，并可根据申请人资信情况要求其提供抵押、质押、保证等合法有效的担保。

（2）开立信用证可以采用信开和电开方式。

（3）信用证应使用中文开立。

5. 保兑

保兑是指保兑行根据开证行的授权或要求，在开证行承诺之外作出的对相符交单付款、确认到期付款或议付的确定承诺。

6. 修改

开证申请人需对已开立的信用证内容修改的，应向开证行提出修改申请，明确修改的内容。

7. 通知

（1）通知行，是指应开证行的要求向受益人通知信用证的银行。

（2）通知行可由开证申请人指定，如开证申请人没有指定，开证行有权指定通知行。

（3）通知行可自行决定是否通知，通知行同意通知的，应于收到信用证次日起3个营业日内通知受益人。

8. 转让

（1）转让是由转让行应第一受益人的要

求，将可转让信用证的部分或者全部转为可由第二受益人兑用。

（2）可转让信用证只能转让一次。

9. 议付

（1）议付，是指可议付信用证项下单证相符或在开证行或保兑行已确认到期付款的情况下，议付行在收到开证行或保兑行付款前购买单据、取得信用证项下索款权利，向受益人预付或同意预付资金的行为。

（2）信用证未明示可议付，任何银行不得办理议付。

（3）议付行将注明付款提示的交单面函（寄单通知书）及单据寄开证行或保兑行索偿资金。

（4）议付行议付时，必须与受益人书面约定是否有追索权。

10. 寄单索款

受益人委托交单行（通常就是通知行）交单，交单行应在收单次日起5个营业日内对其审核相符的单据寄单并附寄一份交单面函（寄单通知书）。

11. 付款

若受益人提交了相符单据或开证行已发出付款承诺，即使申请人交存的保证金及其存款账户余额不足支付，开证行仍应在规定的时间内付款。

12. 注销

开证行、保兑行、议付行未在信用证有效期内收到单据的，开证行可在信用证逾有效期1个月后予以注销。

### 经典题解

【例题42·单选题】根据支付结算法律制度的规定，下列关于国内信用证的表述中，正确的是（　　）。

A. 可支取现金

B. 以人民币计价、不可撤销

C. 可转让信用证允许多次转让

D. 付款期限最长不超过6个月

【解析】（1）选项A：信用证只限于转账结算，不得支取现金；（2）选项C：可转让信用证可以部分或全部转让，但只能转让“一次”；（3）选项D：远期信用证付款期限最长不超过“1年”。

【答案】B

【例题43·判断题】若信用证受益人提交了相符单据或开证行已发出付款承诺，即使申请人交存的保证金和其存款账户余额不足支付，开证行仍应在规定的付款时间内进行付款。（　　）

【答案】√

【例题44·单选题】根据支付结算法律制度的规定，下列结算方式中，仅适用于单位之间款项结算的是（　　）。

A. 电汇　　B. 信汇

C. 委托收款　　D. 国内信用证

【解析】商业汇票、国内信用证，均属于个人不得使用的结算方式。

【答案】D

## 18 考点18 预付卡（★★）

1. 多用途预付卡与单用途预付卡

| | 多用途预付卡 | 单用途预付卡 |
|---|---|---|
| 发行主体 | 专营发卡机构（取得《支付业务许可证》的支付机构） | 商业企业 |
| 使用范围 | 可跨地区、跨行业、跨法人使用 | 只在本企业或同一品牌连锁商业企业购买商品、服务 |

【提示】本考点所述“预付卡”为多用途预付卡。

## 经典题解

**【例题45·多选题】**下列关于多用途预付卡的表述中，正确的有（ ）。

A. 多用途预付卡由专营发卡机构发行

B. 多用途预付卡可以跨地区使用

C. 多用途预付卡可以跨行业使用

D. 多用途预付卡可以跨法人使用

**【答案】**ABCD

2. 记名预付卡与不记名预付卡

| | 记名预付卡 | 不记名预付卡 |
|---|---|---|
| 资金限额 | 单张记名预付卡资金限额不得超过5000元 | 单张不记名预付卡资金限额不得超过1000元 |
| 挂失 | 可挂失 | 不挂失 |
| 赎回 | （1）可赎回<br>（2）在购卡3个月后办理<br>（3）赎回时，持卡人应当出示预付卡及持卡人和购卡人的有效身份证件；他人代理赎回的，应当同时出示代理人和被代理人的有效身份证件<br>（4）单位购买的记名预付卡，只能由单位办理赎回 | 不赎回（另有规定除外） |
| 有效期 | 不得设置有效期 | （1）有效期不得低于3年<br>（2）超过有效期尚有资金余额的预付卡，可通过延期、激活、换卡等方式继续使用 |

3. 购买与充值

（1）实名制购买

①个人或单位购买记名预付卡或一次性购买不记名预付卡1万元以上的，应当使用实名并向发卡机构提供有效身份证件。

②发卡机构应当识别购卡人、单位经办人的身份，核对有效身份证件，登记身份基本信息，并留存有效身份证件的复印件或影印件。代理他人购买预付卡的，发卡机构应当采取合理方式确认代理关系，核对代理人和被代理人的有效身份证件，登记代理人和被代理人的身份基本信息，并留存代理人和被代理人的有效身份证件的复印件或影印件。

③使用实名购买预付卡的，发卡机构应当登记购卡人姓名或单位名称、单位经办人姓名、有效身份证件名称和号码、联系方式、购卡数量、购卡日期、购卡总金额、预付卡卡号及金额等信息。

（2）不得透支

①预付卡以人民币计价，不具有透支功能；

②购卡人不得使用信用卡购买预付卡；

③预付卡只能通过现金或银行转账方式进行充值，不得使用信用卡为预付卡充值。

（3）现金使用限制

①单位一次性购买预付卡5000元以上，个人一次性购买预付卡5万元以上的，应当通过银行转账等非现金结算方式购买，不得使用现金；

②一次性充值金额5000元以上的，不得使用现金。

4. 使用

预付卡在发卡机构拓展、签约的特约商户中使用：

（1）不得用于或变相用于提取现金；

（2）不得用于购买、交换非本发卡机构发行的预付卡、单一行业卡及其他商业预付卡或向其充值；

（3）卡内资金不得向银行账户或向非本发卡机构开立的网络支付账户转移。

5. 对发卡机构的要求

（1）应为取得《支付业务许可证》的支付机构。

（2）要严格按照核准的业务类型和业务覆盖范围从事预付卡业务。

（3）发卡机构要采取有效措施加强对购卡人和持卡人信息的保护，确保信息安全，防止信息泄露和滥用，未经购卡人和持卡人同意，不得用于与购卡人和持卡人的预付卡业务无关的目的。

（4）发卡机构要严格发票管理，依法开具发票。

（5）发卡机构接受的、客户用于未来支付需要的预付卡资金，不属于发卡机构的自有财产，发卡机构不得挪用、挤占。

（6）发卡机构对客户备付金需100%集中交存中国人民银行。

## 经典题解

**【例题46·判断题】**单位一次性购买1万元以上的不记名预付卡，应当使用实名。（　　）

**【解析】**不论单位还是个人，购买记名预付卡或一次性购买不记名预付卡1万元以上的，应当使用实名并向发卡机构提供有效身份证件。

**【答案】**√

**【例题47·多选题】**根据支付结算法律制度的规定，关于预付卡的下列表述中，正确的有（　　）。

A. 单张记名预付卡资金限额不得超过5000元

B. 个人购买记名预付卡可不使用实名

C. 预付卡以人民币计价，不具有透支功能

D. 单张不记名预付卡资金限额不得超过1000元

**【解析】**选项B：购买记名预付卡，不论单位还是个人，均应实名。

**【答案】**ACD

**【例题48·单选题】**下列在发卡机构一次性购买预付卡的情形中，符合法律规定的是（　　）。

A. 赵某未出示有效身份证件购买不记名预付卡5000元

B. 钱某使用现金购买记名预付卡60000元

C. 孙某使用POS机刷信用卡购买记名预付卡30000元

D. 李某借用王某的身份证购买不记名预付卡20000元

**【解析】**（1）选项AD：一次性购买不记名预付卡1万元以上的，应当使用实名并向发卡机构提供有效身份证件；（2）选项B：个人一次性购买预付卡5万元以上的，应当通过银行转账等非现金结算方式购买，不得使用现金；（3）选项C：购卡人不得使用信用卡购买预付卡。

**【答案】**A

**【例题49·单选题】**根据支付结算法律制度的规定，下列关于预付卡使用的表述中，正确的是（　　）。

A. 可在发卡机构签约的特约商户中使用

B. 可向银行账户转移卡内资金

C. 可用于提取现金

D. 可用于购买非本发卡机构发行的预付卡

**【答案】**A

【例题50·单选题】根据支付结算法律制度的规定，下列关于记名预付卡的表述中，正确的是（　　）。

A. 不得设置有效期

B. 不可赎回

C. 卡内资金无限额

D. 不可挂失

【解析】（1）选项ABD：记名预付卡可挂失、可赎回，不得设置有效期。（2）选项C：单张记名预付卡资金限额不得超过5000元。

【答案】A

【例题51·多选题】根据支付结算法律制度的规定，下列关于预付卡发卡机构的表述中，正确的有（　　）。

A. 应防止泄露购卡人和持卡人的信息

B. 应将客户备付金存放在商业银行

C. 必须取得《支付业务许可证》

D. 应按规定开具发票

【解析】选项B：发卡机构对客户备付金需100%集中交存“中国人民银行”（而非商业银行）。

【答案】ACD

## ⑧ 经典大题精析

【例题52·不定项选择题】

甲公司，主要从事日用品网络销售业务。2018年2月2日，甲公司因办理日常结算需要，在M银行开立了基本存款账户。2019年1月5日，甲公司因贷款需要，在N银行开立了一般存款账户。2020年3月16日，甲公司因经营不善停业，注销了营业执照，拟撤销银行结算账户。

已知：甲公司只有上述两个银行结算账户。

要求：

根据上述资料，不考虑其他因素，分析回答下列小题。

1. 下列关于甲公司在M银行开立的基本存款账户的表述中，正确的是（　　）。

A. 甲公司申请开立该账户时应出具企业法人营业执照

B. 甲公司可以通过该账户发放工资

C. 该账户是甲公司的主办账户

D. 甲公司可以自主选择另一家银行再开立一个基本存款账户

2. 下列业务中，属于甲公司在N银行开立的一般存款账户可以办理的是（　　）。

A. 缴存现金

B. 转存借款

C. 支取现金

D. 归还借款

3. 甲公司应在2020年3月16日起的一定期限内向银行提出撤销银行结算账户的申请，该期限为（　　）。

A. 5个工作日

B. 10个工作日

C. 20个工作日

D. 15个工作日

4. 下列关于甲公司撤销基本存款账户的表述中，正确的是（　　）。

A. 应将各种重要空白结算凭证、票据交回银行

B. 应先撤销在N银行开立的一般存款账户

C. 应与M银行核对账户存款余额

D. 应清偿在N银行的债务，并将在N银行的账户资金转入基本存款账户

【例题53·不定项选择题】

2020年2月1日，甲房地产开发公司（以下简称“甲公司”）依法成立，董某为法定代表人，王某为财务人员。2月3日，王某携带资料到P银行申请开立了基本存款账户。2月15日，甲公司在Q

银行申请开立了政策性房地产开发资金专户。2月20日，甲公司签发一张金额为360万元、由P银行承兑的电子商业汇票交付乙公司。乙公司因急需资金，于3月6日向M银行申请办理了汇票贴现。

要求：

根据上述资料，不考虑其他因素，分析回答下列小题。

1. 关于甲公司在P银行开立账户的下列表述中，正确的是（　　）。

A. 甲公司应填制开立银行结算账户申请书

B. P银行应报经当地中国人民银行分支机构核准

C. 该账户2020年2月3日不能办理对外付款业务

D. 甲公司与P银行应签订银行结算账户管理协议

2. 关于甲公司在Q银行开立账户的下列表述中，正确的是（　　）。

A. 甲公司应向Q银行出具主管部门批文

B. 甲公司应向Q银行出具基本存款账户开户许可证

C. Q银行应向中国人民银行当地分支机构备案

D. 该账户支取现金应在开户时报经中国人民银行当地分支机构批准

3. P银行承兑该汇票应当办理的手续是（　　）。

A. 审查甲公司的资格与资信

B. 与甲公司签订承兑协议

C. 收取甲公司承兑手续费

D. 对汇票真实交易关系进行审核

4. 乙公司到M银行办理贴现必须记载的事项是（　　）。

A. 贴出人乙公司签章

B. 实付金额

C. 贴现利率

D. 贴入人M银行名称

【例题54·不定项选择题】

2020年10月，甲公司法定代表人张某在P银行为本公司开立了基本存款账户，同时本人在P银行申领一张借记卡。2020年11月，甲公司在Q银行开立单位人民币卡账户并转入资金。2020年12月，甲公司发生4笔业务，收到现金货款2万元、支付原材料采购款5万元、支付劳务费5万元、提取周转现金1万元。

已知：各账户存款余额充足。

要求：

根据上述资料，不考虑其他因素，分析回答下列小题。

1. 张某在P银行申请开立甲公司基本存款账户的下列事项中，正确的是（　　）。

A. 代表甲公司与P银行签订银行结算账户管理协议

B. 填写开户申请书

C. 在开户申请书上加盖甲公司公章

D. 向P银行出具甲公司营业执照

2. 甲公司通过P银行存款账户可以办理的业务是（　　）。

A. 存入现金货款2万元

B. 支付原材料采购款5万元

C. 支付劳务费5万元

D. 提取周转现金1万元

3. 张某使用其个人借记卡可以办理的业务是（　　）。

A. 在ATM机上一次性提取现金5万元

B. 购买P银行理财产品10万元

C. 存入甲公司的现金货款2万元

D. 在商场刷卡消费1万元

4. 下列关于甲公司Q银行账户的表述中，正确的是（　　）。

A. 可以从甲公司P银行存款账户转入资金10万元

B. 可以存入现金货款2万元

C. 可以转账支付劳务费5万元

D. 可以提取周转现金1万元

【例题 55·不定项选择题】

2020 年 5 月 15 日，甲公司在 P 银行开立主办账户，并与其签订协议开通网上银行业务。7 月 28 日，因借款 100 万元，在 Q 银行又开立一个银行结算账户。8 月 10 日，甲公司一次性购买金额 2 万元的预付卡。9 月拟发生 3 笔业务，从 Q 银行提取现金 2 万元，向 Q 银行缴存现金 3 万元，偿还 Q 银行借款利息 1 万元。

已知，甲公司各银行结算账户余额充足。

要求：

根据上述资料，不考虑其他因素，分析回答下列小题。

1. 关于甲公司在 P 银行申请开立的主办账户，下列说法正确的是(　　)。

A. 该账户是甲公司的基本存款账户

B. 甲公司日常转账结算和现金收付可以通过该账户办理

C. 甲公司申请开立该账户时，应当向 P 银行提供营业执照

D. 甲公司与 P 银行应当签订账户管理协议

2. 甲公司开通网上银行业务后，可以通过网上银行办理的业务是(　　)。

A. 账户信息查询

B. B2B 网上支付

C. 批量支付

D. B2C 网上支付

3. 甲公司在 Q 银行开立的银行结算账户可以办理的业务是(　　)。

A. 提取现金 2 万元

B. 存放借款 100 万元

C. 偿还借款利息 1 万元

D. 缴存现金 3 万元

4. 甲公司购买预付卡，可以采用的方式是(　　)。

A. 通过 P 银行网上银行汇款

B. 现金支付

C. 签发 P 银行转账支票

D. 在 P 银行柜台汇款

【例题 56·不定项选择题】

2017 年 1 月，赵某为方便投资理财、网上购物等需求到 P 银行办理一张借记卡并开通网上银行业务，存入存款 20 万元。2018 年 2 月，赵某在 P 银行申请一张信用卡用于日常生活消费。

2018 年 8 月，因女儿王某（15 周岁）即将到外地上大学，为便利其学习生活，赵某拟为王某申办一张贷记卡，到 Q 银行办理相关事宜。

2020 年 3 月，赵某的信用卡丢失，因担心被盗用，遂申请销户。

要求：

根据上述资料，不考虑其他因素，分析回答下列小题。

1. 赵某通过网上银行可能办理的业务是(　　)。

A. 向赵某的银行结算账户转款

B. 向赵某的股票投资账户转款

C. 在某个网站购物向商家支付货款

D. 为赵某的信用卡还款

2. 赵某使用其信用卡可以办理的业务是(　　)。

A. 通过银行柜面在限额内提取现金

B. 将该卡预借现金额度内的资金划转到赵某本人的银行结算账户

C. 通过 ATM 机等自助机具在限额内提取现金

D. 将该卡预借现金额度内的资金划转到他人的银行结算账户

3. 关于赵某为女儿王某申办贷记卡的下列表述中，符合法律规定的是(　　)。

A. 赵某可以自己的名义办一张贷记卡交由王某使用

B. 王某申办贷记卡需要父母提供担保

C. 赵某出示本人和王某的身份证即可为王某办理贷记卡

D. 王某不符合贷记卡申领条件，不能申领

4. 关于赵某信用卡销户有关事项的下列表述中，符合法律规定的是(　　)。

A. 赵某须还清该卡的全部透支本息

B. 赵某须还清该卡的全部交易款项

C. 赵某须还清该卡的有关费用

D. P 银行受理注销申请之日起 45 日后，被注销信用卡账户方能清户

【例题 57·不定项选择题】

某汽车销售公司甲公司因业务发展需要向开户银行 P 银行申请加入银行卡特约商户，P 银行在对其提交的申请资料审查后，双方于 2019 年 6 月 9 日签订银行卡受理协议，约定 P 银行按照交易金额的 1.25%、单笔 80 元封顶的标准收取收单服务费。

2020 年 6 月 12 日，客户赵某在甲公司通过 P 银行布放的 POS 机用 2 张带有银联标识的信用卡分别刷卡消费 80000 元和 2000 元。

2020 年 8 月，P 银行根据评级制度进行风险评级，认定甲公司为风险等级较高的特约商户。2020 年 9 月，P 银行发现甲公司发生风险事件，遂采取相应措施。

要求：

根据上述资料，不考虑其他因素，分析回答下列小题。

1. P 银行与甲公司签订的银行卡受理协议，应包括的内容是(　　)。

A. 资金结算周期

B. 开通的交易类型

C. 收单银行结算账户的设置与变更

D. 可受理的银行卡种类

2. 甲公司通过 POS 机收取赵某的 82000 元款项，实际到账金额应是(　　)。

A. 82000 元

B. 82000×（1-1.25%）= 80975（元）

C.（80000-80）+2000×（1-1.25%）= 81895（元）

D. 82000-80 = 81920（元）

3. 2020 年 8 月，针对甲公司风险等级较高，P 银行有权采取的措施是(　　)。

A. 设置交易限额

B. 暂停银行卡交易

C. 延迟结算

D. 建立特约商户风险准备金

4. 甲公司的下列行为中，属于银行卡特约商户风险事件的是(　　)。

A. 移机

B. 银行卡套现

C. 留存持卡人账户信息

D. 洗钱

【例题 58·不定项选择题】

2018 年 11 月 11 日，孙某为购物消费便利，到甲支付机构一次性购买一张记名预付卡和若干张不记名预付卡，共计金额 10 万元。购卡后，孙某在生活中广泛使用。2020 年 5 月，孙某因被派驻国外工作，将剩余不记名预付卡交由妻子刘某使用，同时委托妻子刘某将记名预付卡代理自己赎回。

要求：

根据上述资料，不考虑其他因素，分析回答下列小题。

1. 甲支付机构向孙某出售预付卡时，下列信息中，应当登记的是(　　)。

A. 孙某的身份证名称和号码

B. 孙某的联系方式

C. 购卡总金额

D. 预付卡卡号

2. 孙某本次购买预付卡，下列拟使用的资金结算方式中，正确的是(　　)。

A. 借记卡刷 POS 机 10 万元

B. 现金支付 10 万元

C. 手机银行转账 10 万元

D. 信用卡刷 POS 机 10 万元

3. 下列各项中，孙某可以使用记名预付卡办理的是(　　)。

A. 将卡内资金转入第三方支付账户

B. 在甲支付机构签约的特约商户中购物消费

C. 购买交通卡

D. 在商场购买预付卡

4. 刘某为孙某代理赎回预付卡时，下列各项中，必须出示的是（ ）。

A. 孙某的记名预付卡

B. 刘某与孙某的结婚证件

C. 刘某的有效身份证件

D. 孙某的有效身份证件

## 经典大题精析参考答案及解析

“扫码看解析”

使用“微信”或“会计云课堂”App扫右方二维码，对答案、看解析、掌握解题思路，开启轻松过关之旅。

**【例题52·不定项选择题】**

1. **【答案】ABC**

**解析：**（1）选项A：企业法人开立基本存款账户应当按规定提交开户申请书，并出具下列开户证明文件：①企业法人营业执照；②法定代表人或单位负责人有效身份证件；③法定代表人或单位负责人授权他人办理的，还应出具法定代表人或单位负责人的授权书以及被授权人的有效身份证件。（2）选项B：存款人日常经营活动的资金收付及其工资、奖金和现金的支取，应通过基本存款账户办理。（3）选项CD：基本存款账户是存款人的主办账户，一个单位只能开立一个基本存款账户。

2. **【答案】ABD**

**解析：**（1）选项BD：一般存款账户用于办理存款人借款转存、借款归还和其他结算的资金收付；（2）选项AC：一般存款账户可以办理现金缴存，但不得办理现金支取。

3. **【答案】A**

**解析：**存款人被撤并、解散、宣告破产或关闭，注销、被吊销营业执照的，应于“5个工作日内”向开户银行提出撤销银行结算账户的申请。

4. **【答案】ABCD**

**解析：**（1）选项AC：存款人撤销银行结算账户，必须与开户银行核对银行结算账户存款余额，交回各种重要空白票据及结算凭证和开户许可证（如果有），银行核对无误后方可办理销户手续。（2）选项BD：撤销银行结算账户时，应先撤销一般存款账户、专用存款账户、临时存款账户，将账户资金转入基本存款账户后，方可办理基本存款账户的撤销。

**【例题53·不定项选择题】**

1. **【答案】AD**

**解析：**（1）选项A：开立单位银行结算账户时，应填写“开立单位银行结算账户申请书”，并加盖单位公章和法定代表人（单位负责人）或其授权代理人的签名或者盖章；（2）选项B：企业开立基本存款账户、临时存款账户、一般存款账户、专用存款账户，个人开立个人银行结算账户，实行备案制；（3）选项C：企业银行结算账户，自“开立之日”即可办理收付款业务；（4）选项D：开立银行结算账户时，银行应与存款人签订银行结算账户管理协议，明确双方的权利与义务。

2. **【答案】ACD**

**解析：**（1）选项A：基本建设资金、更新改造资金、政策性房地产开发资金、住房基金、社会保障基金，应出具主管部门批文；（2）选项B：持有基本存款账户编号的企业申请开立一般存款账户、专用存款账户、临时存款账户时，应当向银行提供基本存款账户编号；（3）选项 C：企业开立基本存款账户、临时存款账户、一般存款账户、专用存款账户，个人开立个人银行结算账户，实行备案制；（4）选项 D：基本建设资金、更新改造资金、政策性房地产开发资金账户需要支取现金的，应在开户时报中国人民银行当地分支行批准。

3.【答案】ABCD

**解析：**（1）选项 BC：承兑银行应与出票人签订承兑协议、按票面金额的一定比例向出票人收取手续费。（2）选项 AD：银行承兑汇票的出票人或持票人向银行提示承兑时，银行的信贷部门负责按照有关规定和审批程序，对出票人的资格、资信、购销合同和汇票记载的内容进行认真审核，必要时可由出票人提供担保。对资信良好的企业申请电子商业汇票承兑的，金融机构可通过审查合同、发票等材料的影印件，企业电子签名的方式，对电子商业汇票的真实交易关系和债权债务关系进行在线审核。对电子商务企业申请电子商业汇票承兑的，金融机构可通过审查电子订单或电子发票的方式，对电子商业汇票的真实交易关系和债权债务关系进行在线审核。

4.【答案】ABCD

**解析：**电子商业汇票贴现必须记载：贴出人名称、贴入人名称（选项 D）、贴现日期、贴现类型、贴现利率（选项 C）、实付金额（选项 B）、贴出人签章（选项 A）。

【例题 54·不定项选择题】

1.【答案】ABCD

**解析：**（1）选项 A：开立银行结算账户时，银行应与存款人签订银行结算账户管理协议，明确双方的权利与义务；（2）选项 BC：开立单位银行结算账户时，应填写“开立单位银行结算账户申请书”，并加盖单位公章和法定代表人（单位负责人）或其授权代理人的签名或者盖章；（3）选项 D：企业法人申请开立基本存款账户，应出具企业法人营业执照。

2.【答案】ABCD

**解析：**存款人日常经营活动的资金收付及其工资、奖金和现金的支取，应通过基本存款账户办理。

3.【答案】BD

**解析：**（1）选项 A：发卡银行应当对借记卡持卡人在 ATM 机等自助机具取款设定交易上限，每卡每日累计提款不得超过 2 万元人民币。（2）选项 C：严禁将单位的款项转入个人卡账户存储。（3）选项 BD：借记卡的主要功能包括消费、存取款、转账、代收付、外汇买卖、投资理财、网上支付等。

4.【答案】AC

**解析：**（1）选项 ABD：单位人民币卡账户的资金一律从基本存款账户转账存入（选项 A 正确），不得存取现金（选项 D 错误），不得将销货收入存入单位卡账户（选项 B 错误）；（2）选项 C：单位人民币卡可办理商品交易和劳务供应款项的结算。

【例题 55·不定项选择题】

1.【答案】ABCD

**解析：**选项 AB：基本存款账户是存款人的主办账户，一个单位只能开立一个基本存款账户，存款人日常经营活动的资金收付及其工资、奖金和现金的支取，应通过基本存款账户办理。

2.【答案】ABC

**解析：**（1）企业网上银行的主要业务功能包括账户信息查询、支付指令、B2B 网上支付和批量支付；（2）B2C 网上支付属于个人网上银行的主要功能之一。

3.【答案】BCD

**解析：**（1）甲公司因借款在 Q 银行开立的银行结算账户，属于一般存款账户；（2）选项 BC：一般存款账户用于办理存款人借款转存、借款归还和其他结算的资金收付；（3）选项 AD：一般存款账户可以办理现金缴存，但不得办理现金支取。

4. 【答案】ACD

**解析：**单位一次性购买预付卡 5000 元以上的，应当通过银行转账等非现金结算方式购买，不得使用现金。

【例题 56 · 不定项选择题】

1. 【答案】ABCD

**解析：**个人网上银行的主要业务功能有：（1）账户信息查询；（2）人民币转账业务（选项 AD 正确）；（3）银证转账业务（选项 B 正确）；（4）外汇买卖业务；（5）账户管理业务；（6）B2C 网上支付（选项 C 正确）。

2. 【答案】ABC

**解析：**（1）选项 AC：属于信用卡预借现金业务——现金提取；（2）选项 BD：属于信用卡预借现金业务——现金转账（只能将信用卡预借现金额度内资金划转到本人银行结算账户）。

3. 【答案】D

**解析：**（1）选项 A：银行卡及其账户只限经发卡银行批准的持卡人本人使用，不得出租和转借；（2）选项 BCD：自然人应年满 18 周岁方可申请个人贷记卡，王某未满 18 周岁，不能申领。

4. 【答案】ABCD

**解析：**（1）选项 ABC：持卡人在还清全部交易款项、透支本息和有关费用后，可申请办理销户；（2）选项 D：发卡行受理注销申请之日起45 日后，被注销信用卡账户方能清户。

【例题 57 · 不定项选择题】

1. 【答案】ABCD

**解析：**收单机构应当与特约商户签订银行卡受理协议，就可受理的银行卡种类（选项 D）、开通的交易类型（选项 B）、收单银行结算账户的设置和变更（选项 C）、资金结算周期（选项 A）、结算手续费标准、差错和纠纷处置等事项，明确双方的权利、义务和违约责任。

2. 【答案】C

**解析：**P 银行按照交易金额的 1.25%、单笔 80 元封顶的标准收取收单服务费；其中，80000×1.25%>80，应按 80 元收取收单服务费；2000×1.25% = 25（元），应按 25 元收取收单服务费；故扣除服务费后的实际到账金额为（80000 - 80）+2000×（1-1.25%）= 81895（元）。

3. 【答案】ACD

**解析：**收单机构应建立对实体特约商户、网络特约商户分别进行风险评级制度，对于风险等级较高的特约商户，收单机构应当对其开通的受理卡种和交易类型进行限制，并采取强化交易监测、设置交易限额（选项 A）、延迟结算（选项 C）、增加检查频率、建立特约商户风险准备金（选项 D）等措施。

4. 【答案】ABCD

**解析：**收单机构发现特约商户发生疑似银行卡套现、洗钱、欺诈、移机、留存或泄露持卡人账户信息等风险事件的，应当对特约商户采取延迟资金结算、暂停银行卡交易或收回受理终端（关闭网络支付接口）等措施，并承担因未采取措施导致的风险损失责任；涉嫌违法犯罪活动的，应当及时向公安机关报案。

【例题 58 · 不定项选择题】

1. 【答案】ABCD

**解析：**使用实名购买预付卡的，发卡机构应当登记购卡人姓名或单位名称、单位经办人姓名、有效身份证件名称和号码（选项 A）、联系方式（选项 B）、购卡数量、购卡日期、购卡总金额（选项 C）、预付卡卡号（选项 D）及金额等信息。

2. 【答案】AC

**解析：**（1）选项 ABC：个人一次性购买

预付卡5万元以上，应当通过银行转账等非现金结算方式购买，不得使用现金；（2）选项D：购卡人不得使用信用卡购买预付卡。

3. 【答案】B

**解析：**预付卡在发卡机构拓展、签约的特约商户中使用，不得用于或变相用于提取现金，不得用于购买、交换非本发卡机构发行的预付卡（选项C）、单一行业卡及其他商业预付卡（选项D）或向其充值，卡内资金不得向银行账户或非本发卡机构开立的网络支付账户（选项A）转移。

4. 【答案】ACD

**解析：**赎回预付卡时，持卡人应当出示预付卡及持卡人和购卡人（孙某）的有效身份证件。由他人代理赎回的，应当同时出示代理人（刘某）和被代理人（孙某）的有效身份证件。

**扫一扫 “码”上做题**

313001

本部分习题均配备二维码，使用“微信”或“会计云课堂”App扫一扫左侧二维码，即可在线做题并获取详尽的答案解析、解题思路点拨等超值服务，助您轻松过关。

**【“会计云课堂”App安装二维码详见封底页】**

## 同步强化练习题

### 一、单项选择题

1. 根据支付结算法律制度的规定，银行没有为存款人垫付资金的义务。这体现了支付结算的(    )原则。

A. 银行不垫款原则

B. 恪守信用原则

C. 履约付款原则

D. 谁的钱进谁的账、由谁支配原则

2. 根据支付结算法律制度的规定，关于基本存款账户的下列表述中，不正确的是(    )。

A. 基本存款账户可以办理现金支取业务

B. 一个单位只能开立一个基本存款账户

C. 单位设立的独立核算的附属机构不得开立基本存款账户

D. 基本存款账户是存款人的主办账户

3. 某电视剧制作单位临时到外地拍摄，其在外地设立的摄制组可以开立的账户为(    )。

A. 专用存款账户

B. 基本存款账户

C. 一般存款账户

D. 临时存款账户

4. 根据支付结算法律制度的规定，下列关于预算单位零余额账户使用的表述中，正确的是(    )。

A. 不得支取现金

B. 可以向所属下级单位账户划拨资金

C. 可以向上级主管单位账户划拨资金

D. 可以向本单位按账户管理规定保留的相应账户划拨工会经费

5. 根据支付结算法律制度的规定，存款人更改名称，但不改变开户银行及账号的，应于一定期限向其开户银行提出银行结算账户的变更申请，该期限是(    )。

A. 5个工作日内

B. 3个工作日内

C. 3日内

D. 5日内

6. 根据支付结算法律制度的规定，下列存款人，不得开立基本存款账户的是（ ）。
A. 临时机构
B. 非法人企业
C. 异地常设机构
D. 单位设立的独立核算的附属机构

7. 甲公司成立后在某银行申请开立了一个用于办理日常转账结算和现金收付的账户，该账户的性质属于（ ）。
A. 基本存款账户
B. 一般存款账户
C. 专用存款账户
D. 临时存款账户

8. 根据支付结算法律制度的规定，临时存款账户的有效期最长不得超过（ ）。
A. 6个月
B. 1年
C. 2年
D. 3年

9. 根据支付结算法律制度的规定，下列各项中，属于存款人对其特定用途资金进行专项管理和使用而开立的银行结算账户的是（ ）。
A. 一般存款账户
B. 专用存款账户
C. 基本存款账户
D. 临时存款账户

10. 下列银行结算账户中，不能支取现金的是（ ）。
A. 党、团、工会经费专用存款账户
B. 个人银行结算账户（Ⅰ类户）
C. 预算单位零余额账户
D. 单位银行卡账户

11. 根据支付结算法律制度的规定，关于银行结算账户管理的下列表述中，不正确的是（ ）。
A. 存款人可以出借银行结算账户
B. 存款人应当以实名开立银行结算账户
C. 存款人不得利用银行结算账户洗钱
D. 存款人不得出租银行结算账户

12. 根据支付结算法律制度的规定，下列支付工具中，可以透支的是（ ）。
A. 储值卡
B. 信用卡
C. 预付卡
D. 储蓄卡

13. 根据支付结算法律制度的规定，关于信用卡计息和收费的下列表述中，正确的是（ ）。
A. 发卡机构向信用卡持卡人按约定收取的违约金，不计收利息
B. 发卡机构向信用卡持卡人提供超过授信额度用卡的，应收取超限费
C. 发卡机构向信用卡持卡人收取的取现手续费，计收利息
D. 发卡机构向信用卡持卡人收取的年费，计收利息

14. 根据支付结算法律制度的规定，关于信用卡透支利率及利息管理的下列表述中，不正确的是（ ）。
A. 透支的计结息方式由发卡机构自主确定
B. 透支的利率标准由发卡机构与申请人协商确定
C. 透支利率实行下限管理
D. 透支利率实行上限管理

15. 消费者在超市购物，消费总金额314.25元，通过支付宝扫码方式使用中信银行信用卡结账。根据支付结算法律制度的规定，下列说法正确的是（ ）。
A. 支付宝属于银行卡清算机构
B. 支付宝属于第三方支付机构
C. 支付宝属于网上银行
D. 消费者应支付收单结算手续费

16. 根据支付结算法律制度的规定，下列以汇兑方式结算的款项中，汇款人可以申请撤销的是（ ）。
A. 汇出银行已经汇出的款项
B. 汇入银行已发出收账通知的款项
C. 收款人拒绝接受的款项
D. 汇出银行尚未汇出的款项

17. 根据支付结算法律制度的规定，关于国内信用证的下列表述中，正确的是(　　)。
A. 可用于支取现金
B. 开证申请人可以是个人
C. 付款期限最长不超过 6 个月
D. 国内信用证为以人民币计价、不可撤销的跟单信用证

18. 根据支付结算法律制度的规定，下列关于预付卡的表述中，正确的是(　　)。
A. 记名预付卡的有效期最长为 3 年
B. 单张记名预付卡的资金限额不得超过 1000 元
C. 购卡人可以使用信用卡购买预付卡
D. 预付卡以人民币计价，不具有透支功能

## 二、 多项选择题

1. 根据支付结算法律制度的规定，下列各项中，属于单位、个人在社会经济活动中使用的人民币非现金支付工具的有(　　)。
A. 本票　　B. 汇票
C. 股票　　D. 支票

2. 下列主体申请开立基本存款账户，实行备案制的有(　　)。
A. 甲个体工商户
B. 乙拳击研究会
C. 丙职业技术学院
D. 丁有限责任公司

3. 下列可开立基本存款账户的有(　　)。
A. 甲公司
B. 乙大学
C. 丙会计师事务所
D. 丁个体工商户

4. 根据支付结算法律制度的规定，下列账户中，可以支取现金的有(　　)。
A. 基本存款账户
B. 一般存款账户
C. 为异地临时经营活动开立的临时存款账户
D. 单位人民币卡账户

5. 根据支付结算法律制度的规定，下列款项中，可以转入个人银行结算账户的有(　　)。
A. 工资、奖金收入
B. 继承、赠与款项
C. 农、副、矿产品销售收入
D. 个人贷款转存

6. 甲公司因新进一批员工遂向 A 银行申请为该批新员工开立医疗保险个人银行账户。根据支付结算法律制度的规定，下列说法正确的有(　　)。
A. 应该由员工个人向 A 银行申请开立，甲公司无权代为开立
B. 甲公司向 A 银行提供单位证明材料、该批员工有效身份证件的复印件或影印件，可以代理该批员工开立
C. 甲公司为该批员工开立账户后，该账户即可用于存取款、转账支付等用途
D. 在员工个人持本人有效身份证件到开户银行办理身份确认、密码设（重）置等激活手续前，该银行账户只收不付

7. 根据支付结算法律制度的规定，关于单位存款人申请变更预留银行的单位财务专用章的下列表述中，正确的有(　　)。
A. 需提供原预留的单位财务专用章
B. 需提供单位书面申请
C. 需重新开立单位存款账户
D. 可由法定代表人直接办理，也可授权他人办理

8. 根据支付结算法律制度的规定，下列银行卡中，可以透支的有(　　)。
A. 专用卡　　B. 贷记卡
C. 转账卡　　D. 准贷记卡

9. 根据《银行卡业务管理办法》的规定，下列关于单位人民币卡结算使用的表述中，不符合规定的有(　　)。
A. 单位人民币卡账户的资金可以与其他存款账户自由转账
B. 单位人民币卡账户销户时，其资金余额可以提取现金

C. 单位人民币卡可以办理商品和劳务结算

D. 不得将销货收入直接存入单位人民币卡账户

10. 根据支付结算法律制度的规定，行为人从事下列银行信用卡诈骗活动，达到一定金额需要承担刑事责任的有（ ）。

A. 使用伪造的信用卡

B. 使用作废的信用卡

C. 冒用他人信用卡

D. 恶意透支信用卡

11. 根据支付结算法律制度的规定，下列各项中，属于发卡银行追偿透支款项和诈骗款项的途径有（ ）。

A. 向保证人追索透支款项

B. 依法处理抵押物和质物

C. 通过司法机关的诉讼程序进行追偿

D. 冻结持卡人银行账户

12. 根据支付结算法律制度的规定，下列事项中，签发汇兑凭证必须记载的有（ ）。

A. 委托日期　　B. 收款人名称

C. 汇款人签章　　D. 确定的金额

13. 关于国内信用证的性质，下列各项中，正确的有（ ）。

A. 可以外币计价的信用证

B. 应以人民币计价的信用证

C. 不可撤销的跟单信用证

D. 可撤销的跟单信用证

14. 张某使用现金购买了 30000 元的记名预付卡，使用现金充值了 2000 元的不记名预付卡。根据支付结算法律制度的规定，下列说法正确的有（ ）。

A. 张某可以使用信用卡购买预付卡

B. 记名预付卡张某应实名购买

C. 张某可以现金购买 30000 元的记名预付卡

D. 张某可以现金充值 2000 元的不记名预付卡

15. 根据支付结算法律制度的规定，下列关于预付卡使用的表述中，正确的有（ ）。

A. 记名预付卡可挂失，可赎回

B. 有资金余额但超过有效期的预付卡可通过延期、激活、换卡等方式继续使用

C. 记名预付卡不得设置有效期

D. 不记名预付卡有效期可设置为 2 年

16. 根据支付结算法律制度的规定，关于预付卡的使用规范，下列表述正确的有（ ）。

A. 记名预付卡单张限额为 5000 元

B. 不记名预付卡单张限额为 1000 元

C. 预付卡不可以透支

D. 预付卡可以使用外币

## 三、 判断题

1. 非银行金融机构作为支付中介机构办理支付业务需经中国人民银行批准。（ ）

2. 财政部门为实行财政国库集中支付的预算单位在商业银行开设的零余额账户按基本存款账户或专用存款账户管理。（ ）

3. 撤销银行结算账户时，应先撤销基本存款账户，然后再撤销一般存款账户、专用存款账户和临时存款账户。（ ）

4. 个人可以通过开立的 I 类银行账户存取现金。（ ）

5. 银行结算账户的存款人收到银行对账单或对账信息后，应及时核对账务并在规定期限内向银行发出对账回单或确认信息。（ ）

6. 借记卡具有透支功能。（ ）

7. 单位人民币卡账户可以支取现金。（ ）

8. 单位外币卡账户可以在境内存取外币现钞。（ ）

9. 银行卡的发行机构对向持卡人收取的年费不得计收利息。（ ）

10. 信用卡持卡人通过 ATM 机等自助机具办理现金提取业务，每卡每日累计不得超过人民币 2 万元。（ ）

11. 汇出银行向汇款人签发的汇款回单是银行将款项确已转入收款人账户的凭据。（ ）

12. 委托收款以单位为付款人的，银行应于当日将款项主动支付给收款人。（　　）

13. 委托收款以银行为付款人的，银行应于当日将款项主动支付给收款人。（　　）

14. 国内信用证结算方式只适用于转账结算，不得支取现金。（　　）

15. 国内信用证可以支取现金。（　　）

16. 信用证到期不获付款的，议付行一律有权向受益人追索。（　　）

17. 信用证受益人提交了相符单据，但申请人交存的保证金及其存款账户余额不足支付的，开证行有权拒绝付款。（　　）

18. 多用途预付卡可以使用信用卡进行充值。（　　）

## 四、 不定项选择题

**【案例 1】**

甲公司于 2015 年 1 月 1 日成立，王某为其法定代表人。为了日常结算，甲公司在 P 银行申请开立基本存款账户；之后在 Q 银行申请开立一般存款账户。2020 年 10 月，甲公司因被吊销营业执照，而需撤销基本存款账户。

要求：

根据上述资料，不考虑其他因素，分析回答下列小题。

1. 甲公司申请开立基本存款账户需要提供的开户证明文件是（　　）。

A. 法定代表人身份证件

B. 政府主管部门的批文

C. 企业法人营业执照

D. 政府财政部门批文

2. 甲公司开立基本存款账户可以预留的签章是（　　）。

A. 甲公司公章和王某签名

B. 甲公司合同专用章和王某签名

C. 甲公司财务专用章和王某盖章

D. 甲公司业务章加王某盖章

3. 甲公司在 Q 银行开立的一般存款账户，可以用于（　　）。

A. 借款转存　　B. 借款归还

C. 其他结算　　D. 现金支取

4. 甲公司撤销基本存款账户需要办理的手续是（　　）。

A. 先将在 Q 银行开立的一般存款账户撤销

B. 将在 Q 银行开立的一般存款账户的账户资金转入基本存款账户

C. 交回各种重要空白票据及结算凭证

D. 与开户银行核对银行结算账户存款余额

**【案例 2】**

Q 宝通是获得网络支付业务许可、为网络特约商户提供银行卡受理并完成资金结算服务的支付机构。甲公司主要经营家居建材，因网店业务发展需要向 Q 宝通申请加入其特约商户，双方签订银行卡受理协议，约定 Q 宝通按照交易金额的 0.5%、单笔 30 元封顶的标准收取结算手续费，信用卡、借记卡均可受理，交易款项 Q 宝通应于持卡人相关支付指令生效日后 7 天内结算至甲公司在 R 银行开立的基本存款账户。

2020 年 11 月初，王某持 P 银行发放的信用卡在甲公司网店通过 Q 宝通支付端口刷卡消费两次，金额分别为 50000 元和 5000 元。

11 月底，王某又持该信用卡在 P 银行安放于甲公司实体店的 ATM 机上成功透支取款 10000 元；同时，在该 ATM 机上通过现金转账通道向其本人账户透支转账 2000 元。

12 月中旬，P 银行通过电邮通知王某，由于其信用情况发生变化，自 2021 年 1 月 1 日起将提高其信用卡透支利率，由原来的日透支利率万分之四调整为万分之四点五。

要求：

根据上述资料，不考虑其他因素，分析回答下列小题。

1. 甲公司和Q宝通在银行卡受理协议中的下列约定中，符合法律规定的是（　　）。
   A. 按照交易金额的0.5%、单笔30元封顶的标准收取结算手续费
   B. 信用卡、借记卡均可受理
   C. 交易款项Q宝通应于持卡人相关支付指令生效日后7天内结算
   D. 交易款项Q宝通结算至甲公司在R银行开立的基本存款账户
2. 甲公司通过Q宝通提供的支付端口收取王某的55000元款项，实际到账金额应为（　　）。
   A. 55000元
   B. 55000×（1-0.5%）=54725（元）
   C. 55000-30=54970（元）
   D. （50000-30）+5000×（1-0.5%）=54945（元）
3. 王某的下列用卡行为中，可以享受免息还款期和最低还款额待遇的是（　　）。
   A. 在Q宝通支付端口透支消费50000元
   B. 在Q宝通支付端口透支消费5000元
   C. 在ATM机上透支取款10000元
   D. 在ATM机上透支转账2000元
4. 有关P银行对王某提高透支利率的行为，下列说法不正确的是（　　）。
   A. P银行不能通过电邮通知，而应当通过王某到柜台办理确认手续
   B. 调整之后P银行对王某执行的透支利率不符合法律规定
   C. P银行调整透支利率应当至少提前30个工作日通知王某
   D. 王某在按照新利率偿还全部透支款项后，有权销户

**【案例3】**

张某因支付需要，2020年5月，向P银行申请开立了个人银行结算账户，并办理一张借记卡，同时开通了网上银行业务。2020年10月，张某在Q第三方支付机构申请开立了账户并绑定其在P银行开立的个人银行结算账户。

要求：

根据上述资料，不考虑其他因素，分析回答下列小题。

1. 关于张某申请开立个人银行结算账户的下列表述中，正确的是（　　）。
   A. 张某不得授权他人代理
   B. 张某不得通过自助柜员机申请开户
   C. 张某需出具个人的自然人身份证
   D. 张某可以申请开立Ⅰ类银行结算账户
2. 下列各项中，属于张某通过其开通的网上银行可以办理的是（　　）。
   A. 查询该借记卡中的账户余额
   B. 向他人名下的银行卡转账
   C. 向自己名下的其他银行账户转账
   D. 支付网上购物货款
3. 关于张某在Q第三方支付机构开立账户的下列表述中，正确的是（　　）。
   A. 该账户属于Ⅲ类户
   B. 该账户属于Ⅱ类户
   C. 该账户属于一般存款账户
   D. 该账户属于Ⅰ类户
4. 关于张某办理的借记卡，下列表述正确的是（　　）。
   A. 不可透支
   B. 不得出租和转借
   C. 在ATM机每日累计提款不得超过2万元
   D. 银行应对该卡账户内的存款计付利息

**【案例4】**

甲公司成立于2020年6月20日，主要从事日用品零售业务，法定代表人为李某。7月5日，甲公司财务人员张某持有关资料到Q银行开立基本存款账户。8月1日，甲公司从乙公司购进一批价值260万元的货物，采用支票方式付款。9月5日，甲公司向P银行申请贷款，P银行审查符合贷款条件后向其发放贷款300万元。

要求：

根据上述资料，不考虑其他因素，分析回答下列小题。

1. 下列各项中，属于甲公司到Q银行开立基本存款账户应提供的证明文件是(　　)。

A. 政府主管部门对该公司成立的批文原件

B. 营业执照

C. 法定代表人身份证件

D. 财政部门同意开户的证明

2. 甲公司向乙公司签发支票，其在支票上的下列签章中，不符合支付结算法律制度规定的是(　　)。

A. 甲公司的财务专用章加李某的签名或盖章

B. 甲公司的业务专用章加李某的签名或盖章

C. 由张某在支票上签名

D. 甲公司的业务专用章加张某的签名或盖章

3. 下列各项中，甲公司向乙公司签发支票时可以暂不记载的是(　　)。

A. 出票人甲公司签章

B. 收款人乙公司

C. 支票金额260万元

D. 付款人Q银行

4. 甲公司从P银行贷款时开立的银行结算账户属于(　　)。

A. 基本存款账户　　B. 一般存款账户

C. 专用存款账户　　D. 临时存款账户

## 同步强化练习题参考答案及解析

“扫码看解析”

使用“微信”或“会计云课堂”App扫右方二维码，对答案、看解析、掌握解题思路，开启轻松过关之旅。

### 一、单项选择题

1. 【答案】A

2. 【答案】C

解析：(1)选项ABD：基本存款账户是存款人的主办账户，一个单位只能开立一个基本存款账户；存款人的日常经营活动的资金收付及其工资、奖金和现金支取，应通过基本存款账户办理。(2)选项C：单位设立的独立核算的附属机构，包括食堂、招待所、幼儿园，可以申请开立基本存款账户。

3. 【答案】D

解析：该电视剧制作单位在外地临时设立摄制组属于“设立临时机构”，可以开立临时存款账户。

4. 【答案】D

解析：(1)选项A：预算单位零余额账户用于财政授权支付，可以办理转账、提取现金等结算业务；(2)选项BCD：预算单位零余额账户可以向本单位按账户管理规定保留的相应账户划拨工会经费、住房公积金及提租补贴，以及财政部门批准的特殊款项，不得违反规定向本单位其他账户和上级主管单位及所属下级单位账户划拨资金。

5. 【答案】A

6. 【答案】A

解析：选项A：基本存款账户用于满足“日常”结算的需要；设立临时机构，可以申请开立临时存款账户。

7. 【答案】A

**解析**：（1）抓住题干中的第一个关键词“日常”，排除选项 CD；（2）抓住题干中的第二个关键词“现金收付”——既能收现，又能取现，排除选项 B。

8. 【答案】C

9. 【答案】B

10. 【答案】D

**解析**：不得办理现金支取的账户有：（1）一般存款账户；（2）证券交易结算资金、期货交易保证金和信托基金专用存款账户；（3）单位银行卡账户；（4）收入汇缴账户；（5）验资账户；（6）Ⅲ类个人银行账户。

11. 【答案】A

**解析**：存款人应当按照账户管理规定使用银行结算账户办理结算业务，不得出租、出借银行结算账户，不得利用银行结算账户套取银行信用或进行洗钱活动。

12. 【答案】B

**解析**：（1）选项 C：预付卡不具有透支功能，选项 C 排除；（2）选项 ABD：信用卡有透支功能，借记卡无透支功能，选项 AD 均属于借记卡，不具有透支功能。

13. 【答案】A

**解析**：（1）选项 ACD：发卡机构向信用卡持卡人收取的违约金和年费、取现手续费、货币兑换费等服务费用不得计收利息；（2）选项 B：发卡机构向信用卡持卡人提供超过授信额度用卡服务的，不得收取超限费。

14. 【答案】B

**解析**：（1）选项 A：信用卡透支的计结息方式，以及对信用卡溢缴款是否计付利息及其利率标准，由发卡机构自主确定。（2）选项 BCD：对信用卡透支利率实行上限和下限管理，透支利率上限为日利率万分之五，下限为日利率万分之五的 0.7 倍。

15. 【答案】B

**解析**：支付宝属于第三方支付机构，该业务属于收单业务，交易手续费应向“商户”（而非消费者）收取。

16. 【答案】D

**解析**：汇款人对汇出银行“尚未汇出”的款项可以申请撤销。

17. 【答案】D

**解析**：（1）选项 A：信用证只限于转账结算，不得支取现金；（2）选项 B：信用证结算适用于银行为“国内企事业单位之间”货物和服务贸易提供的结算服务；（3）选项 C：远期信用证付款期限最长不超过 1 年。

18. 【答案】D

**解析**：（1）选项 A：记名预付卡不得设置有效期，不记名预付卡有效期不得低于 3 年；（2）选项 B：单张记名预付卡资金限额不得超过 5000 元，单张不记名预付卡资金限额不得超过 1000 元；（3）选项 C：购卡人不得使用信用卡购买预付卡、不得使用信用卡为预付卡充值。

## 二、多项选择题

1. 【答案】ABD

**解析**：传统的人民币非现金支付工具主要包括“三票一卡”和结算方式：（1）“三票一卡”包括汇票、本票、支票和银行卡（选项 ABD）；（2）结算方式包括汇兑、托收承付和委托收款。

2. 【答案】AD

**解析**：企业法人（选项 D）、非法人企业和个体工商户（选项 A）开立单位银行结算账户实行备案制，其他单位（选项 BC）申请开立基本存款账户仍实行核准制。

3. 【答案】ABCD

**解析**：下列存款人，可以申请开立基本存款账户：（1）企业法人（选项 A）；（2）非法人企业（选项 C）；（3）机关、事业单位（选项 B）；（4）团级（含）以上军队、武警部队及分散执勤的支（分）队；（5）社会团体；（6）民办非企业组织；（7）异地常设机构；（8）外国驻华机构；（9）个体工商户（选项D）；（10）居民委员会、村民委员会、社区委员会；（11）单位设立的独立核算的附属机构（如食堂、招待所、幼儿园）；（12）其他组织（如业主委员会、村民小组等）。

4. 【答案】AC

**解析**：不得办理现金支取的账户有：（1）一般存款账户；（2）证券交易结算资金、期货交易保证金和信托基金专用存款账户；（3）单位银行卡账户；（4）收入汇缴账户；（5）验资账户；（6）Ⅲ类个人银行账户。

5. 【答案】ABCD

**解析**：个人的合法收入，均可转入个人银行结算账户。

6. 【答案】BD

**解析**：（1）选项A：存款人开立代发工资、教育、社会保障（如社保、医保、军保）、公共管理（如公共事业、拆迁、捐助、助农扶农）等特殊用途个人银行账户时，可由所在单位代理办理；（2）选项B：单位代理个人开立银行账户的，应提供单位证明材料、被代理人有效身份证件的复印件或影印件；（3）选项CD：单位代理开立的个人银行账户，在被代理人持本人有效身份证件到开户银行办理身份确认、密码设（重）置等激活手续前，该银行账户只收不付。

7. 【答案】ABD

**解析**：（1）选项AB：更换预留公章或财务专用章时，应向开户银行出具书面申请、原预留公章或财务专用章等相关证明文件。（2）选项C：允许依法申请变更，即无须重新开户。（3）选项D：单位存款人申请变更预留公章或财务专用章，可由法定代表人或单位负责人直接办理，也可授权他人办理。

8. 【答案】BD

**解析**：选项AC：均属于借记卡，不能透支。

9. 【答案】AB

**解析**：（1）选项A：单位人民币卡账户的资金一律从其基本存款账户转账存入；（2）选项B：单位人民币卡账户在销户时，其资金余额应当转入基本存款账户，不得提取现金。

10. 【答案】ABCD

**解析**：可能涉及刑事责任的信用卡诈骗活动包括：（1）使用伪造的信用卡，或者使用以虚假的身份证明骗领的信用卡的；（2）使用作废的信用卡的；（3）冒用他人信用卡的；（4）恶意透支的。

11. 【答案】ABC

**解析**：发卡银行通过下列途径追偿透支款项和诈骗款项：（1）扣减持卡人保证金、依法处理抵押物和质物；（2）向保证人追索透支款项；（3）通过司法机关的诉讼程序进行追偿。

12. 【答案】ABCD

**解析**：签发汇兑凭证必须记载下列事项：（1）表明“信汇”或“电汇”的字样；（2）无条件支付的委托；（3）确定的金额（选项D）；（4）收款人名称（选项B）；（5）汇款人名称；（6）汇入地点、汇入行名称；（7）汇出地点、汇出行名称；（8）委托日期（选项A）；（9）汇款人签章（选项C）。

13. 【答案】BC

**解析**：国内信用证是以人民币计价的，不可撤销的跟单信用证。

14. 【答案】BCD

**解析**：（1）选项A：购卡人不得使用信用卡购买预付卡；（2）选项B：个人或单位购买记名预付卡或一次性购买不记名预付卡1万元以上的，应当使用实名并向发卡机构提供有效身份证件；

（3）选项C：个人一次性购买预付卡5万元以上的，应当通过银行转账等非现金结算方式购买，不得使用现金；（4）选项D：预付卡一次性充值金额5000元以上的，不得使用现金。

15.【答案】ABC

**解析**：选项D：不记名预付卡有效期不得低于3年。

16.【答案】ABC

**解析**：（1）选项AB：单张记名预付卡资金限额不得超过5000元，单张不记名预付卡资金限额不得超过1000元；（2）选项CD：预付卡以人民币计价，不具有透支功能。

## 三、判断题

1.【答案】√

2.【答案】√

3.【答案】×

**解析**：撤销银行结算账户时，应先撤销一般存款账户、专用存款账户、临时存款账户，将账户资金转入基本存款账户后，方可办理基本存款账户的撤销。

4.【答案】√

5.【答案】√

6.【答案】×

**解析**：借记卡不具有透支功能，贷记卡具有透支功能。

7.【答案】×

**解析**：单位人民币卡账户的资金一律从其基本存款账户转账存入，不得存取现金，不得将销货收入存入单位卡账户。

8.【答案】×

**解析**：单位外币卡账户的资金应从其单位的外汇账户转账存入，不得在境内存取外币现钞。

9.【答案】√

**解析**：发卡机构对向持卡人收取的违约金和年费、取现手续费、货币兑换费等服务费用不得计收利息。

10.【答案】×

**解析**：信用卡持卡人通过ATM机等自助机具办理现金提取业务，每卡每日累计不得超过人民币1万元。

11.【答案】×

**解析**：（1）汇款回单只能作为汇出银行受理汇款的依据，不能作为该笔汇款已经转入收款人账户的证明。（2）收账通知是银行将款项确已收入收款人账户的凭据。

12.【答案】×

**解析**：（1）委托收款以“银行”为付款人的，银行应当在当日将款项主动支付给收款人；（2）以“单位”为付款人的，银行应当及时通知付款人，需要将有关债务证明交给付款人的应交给付款人，付款人应于接到通知的当日书面通知银行付款，付款人未在接到通知的次日起3日内通知银行付款的，视同付款人同意付款。

13.【答案】√

14.【答案】√

15.【答案】×

**解析**：国内信用证只限于转账结算，不得支取现金。

16.【答案】×

**解析**：议付行议付时，必须与受益人书面约定是否有追索权：（1）若约定有追索权，到期不获付款，议付行可向受益人追索；（2）若约定无追索权，到期不获付款，议付行不得向受益人追索，议付行与受益人约定的例外情况或受益人存在信用证欺诈的情形除外。

17.【答案】×

**解析**：若受益人提交了相符单据或开证行已发出付款承诺，即使申请人交存的保证金及其存款账户余额不足支付，开证行仍应在规定的时间内付款。

18.【答案】×

**解析**：预付卡只能通过现金或银行转账

方式进行充值，不得使用信用卡为预付卡充值。

## 四、不定项选择题

【案例1】

1. 【答案】AC

解析：企业法人申请开立基本存款账户的，应当提供：(1) 企业法人营业执照；(2) 法定代表人身份证件；(3) 法定代表人授权书、代办人员身份证件（如果委托办理）。

2. 【答案】AC

解析：存款人为单位的，其预留签章为该单位的公章或财务专用章加其法定代表人（单位负责人）或其授权的代理人的签名或者盖章。

3. 【答案】ABC

解析：(1) 一般存款账户用于办理存款人借款转存、借款归还和其他结算的资金收付；(2) 一般存款账户可以办理现金缴存，但不得办理现金支取。

4. 【答案】ABCD

解析：(1) 选项AB：撤销银行结算账户时，应先撤销一般存款账户、专用存款账户、临时存款账户，将账户资金转入基本存款账户后，方可办理基本存款账户的撤销；(2) 选项CD：存款人撤销银行结算账户，必须与开户银行核对银行结算账户存款余额，交回各种重要空白票据及结算凭证和开户许可证（如果有），银行核对无误后方可办理销户手续。

【案例2】

1. 【答案】ABCD

解析：(1) 选项A：收单机构向商户收取的收单服务费，由收单机构与商户协商确定具体费率；(2) 选项B：可受理的银行卡种类由收单机构和特约商户在银行卡受理协议中约定；(3) 选项CD：收单机构应按协议约定及时将交易资金结算到特约商户的收单银行结算账户，资金结算时限最迟不得超过持卡人确认可直接向特约商户付款的支付指令生效日后30个自然日，因涉嫌违法违规等风险交易需延迟结算的除外。

2. 【答案】D

解析：(1) 甲公司的实际到账金额=王某透支消费金额-Q宝通收取的收单服务费。(2) 按照甲公司和Q宝通的约定，收单服务费为交易金额的0.5%、单笔30元封顶；在本题中，50000×0.5%>30，应按30元收取收单服务费；而5000×0.5%=25（元），应按25元收取收单服务费；甲公司的实际到账金额=55000-30-25=54945（元）。

3. 【答案】AB

解析：贷记卡持卡人非现金交易可享受免息还款期和最低还款额待遇，持卡人透支消费享受免息还款期和最低还款额待遇的条件和标准等，由发卡机构自主确定。

4. 【答案】ABCD

解析：(1) 选项ACD：发卡机构调整信用卡利率标准的，应至少提前45个自然日按照约定方式（如果电邮为王某和P银行约定的通知方式，可以电邮通知）通知持卡人。持卡人有权在新利率标准生效之日前选择销户，并按照已签订的协议偿还相关款项。(2) 选项B：对信用卡的透支利率实行上限和下限管理，透支利率上限为日利率万分之五，透支利率下限为日利率万分之五的0.7倍。

【案例3】

1. 【答案】CD

解析：(1) 选项A：开户申请人开立个人银行账户或者办理其他个人银行账户业务，原则上应当由开户申请人本人亲自办理；符合条件的，可以由他人代理办理。他人代理开立个人银行账户的，代理人应出具代理人、被代理人的有效身份证件以及合法的委托书等。银行认为有必要的，应要求代理人出具证明代理关系的公证书。（2）选项B：即使张某申请开立的是Ⅰ类银行结算账户，也可以通过自助机具办理，只是需要银行工作人员现场核验。

2. 【答案】ABCD

**解析**：个人网上银行的主要业务功能有：（1）账户信息查询（选项A）；（2）人民币转账业务（选项BC，Ⅱ类户、Ⅲ类户应在限额内转账）；（3）银证转账业务；（4）外汇买卖业务；（5）账户管理业务；（6）B2C（Business to Customer）网上支付（选项D）。

3. 【答案】A

**解析**：支付机构为个人开立支付账户的，同一个人在同一家支付机构只能开立一个Ⅲ类账户。

4. 【答案】ABCD

**解析**：（1）选项AD：借记卡无透支功能，账户内存款依法计付利息；贷记卡可透支，滥缴款是否计息及其利率标准，由发卡机构自主确定。（2）选项B：银行卡及其账户只限经发卡银行批准的持卡人本人使用，不得出租和转借。（3）选项C：发卡银行应当对借记卡持卡人在自动柜员机（ATM机）取款设定交易上限，每卡每日累计提款不得超过2万元人民币；信用卡持卡人通过ATM机等自助机具办理现金提取业务，每卡每日累计不得超过人民币1万元。

【案例4】

1. 【答案】BC

**解析**：企业申请开立银行结算账户，应当按规定提交开户申请书，出具下列开户证明文件，并对开户申请书所列事项及相关开户证明文件的真实、有效性负责：（1）营业执照；（2）法定代表人或单位负责人有效身份证件；（3）法定代表人或单位负责人授权他人办理的，还应出具法定代表人或单位负责人的授权书以及被授权人的有效身份证件（本题由财务人员张某办理开户事项，应当提交李某的授权书以及张某的有效身份证件）；（4）《人民币银行结算账户管理办法》等规定的其他开户证明文件（甲公司的主营业务中并无需要主管部门批准的业务，选项A不选；甲公司是一般企业，不使用财政性资金，选项D不选）。

2. 【答案】BCD

**解析**：单位在票据上的签章，应为该单位的盖章（公章或财务专用章）加其法定代表人或其授权的代理人的签名或盖章。在本题中，选项BD使用了业务专用章，不符合规定；而选项C仅有授权代理人的签名没有单位盖章，也不符合规定。

3. 【答案】BC

**解析**：支票的金额、收款人名称均为支票出票行为的可授权补记事项。

4. 【答案】B

**解析**：一般存款账户是存款人因借款或其他结算需要，在基本存款账户开户银行以外的银行营业机构开立的银行结算账户。

# 第四章（1）　增值税法律制度

## 考情分析

根据考生们的回忆，增值税法律制度在每套考卷上的分值约为 14 分，肯定涉及大题。在 2020 年 18 个批次的考试中，每个批次都有增值税相关的大题，其中，11 个批次单独考查增值税，其他 7 个批次与消费税相结合出题。

**2020 年典型考卷题型题量分析表**

| | 卷 1 | | 卷 2 | | 卷 3 | | 卷 4 | | 卷 5 | |
|---|---|---|---|---|---|---|---|---|---|---|
| | 题量 | 分值 | 题量 | 分值 | 题量 | 分值 | 题量 | 分值 | 题量 | 分值 |
| 单项选择题 | 2 | 4 | 2 | 4 | 3 | 6 | 3 | 6 | 3 | 6 |
| 多项选择题 | 1 | 2 | 1 | 2 | 1 | 2 | 1 | 2 | 1 | 2 |
| 判断题 | 1 | 1 | 1 | 1 | 1 | 1 | 0 | 0 | 1 | 1 |
| 不定项选择题 | 4 | 8 | 4 | 8 | 1 | 2 | 3 | 6 | 1 | 2 |
| 合计 | 8 | 15 | 8 | 15 | 6 | 11 | 7 | 14 | 6 | 11 |

2021 年“增值税法律制度”部分的考点主要变化为：新增“2020 年小规模纳税人减免增值税”的优惠政策。

## 考点框架

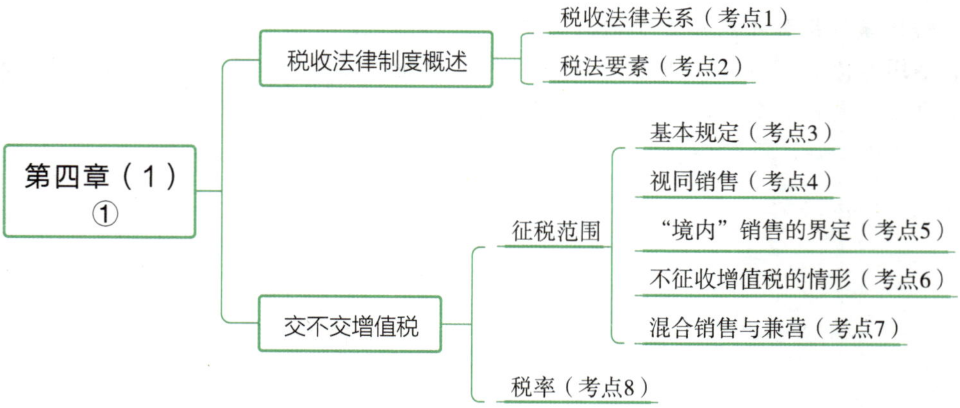

- 第四章（1）②
  - 交多少增值税
    - 应纳税额计算的基本要素
      - 纳税人（考点9）
      - 计算方法（总述）（考点10）
      - 纳税义务发生时间（考点11）
      - 销售额的确定（考点12–15）
    - 一般纳税人的进项税额
      - 能否抵扣进项税额（考点16）
      - 抵扣多少进项税额（考点17）
      - 进项税额的扣减、转增与留抵（考点18–20）
    - 应纳税额计算的具体应用
      - 一般计税方法应用举例（考点21）
      - 简易计税方法（考点22、23）
      - 进口货物应纳增值税的计算（考点24）
  - 税收优惠
    - 《条例》及实施细则规定的免税项目（考点25）
    - “营改增”相关的主要免税项目（考点26）
    - 零税率（考点27）
    - 税收优惠有关管理规定（考点28）
  - 征收管理
    - 纳税地点（考点29）
    - 纳税期限（考点30）
    - 增值税专用发票管理（考点31）

## 考点剖析

### 第 1 单元 税收法律制度概述

查看本单元视频
使用“会计云课堂”App/微信扫描

#### 01 考点 1 税收法律关系（★★）

<table>
<tr><td rowspan="3">主体</td><td rowspan="2">征税主体</td><td>海关</td><td>（1）海关，其主要负责下列税收的征收和管理：<br>①关税<br>②船舶吨税<br>（2）进口环节的增值税、消费税由海关代征</td></tr>
<tr><td>国家各级税务机关</td><td>除由海关征收和委托海关代征的税种外，其他税种由税务机关负责征收和管理</td></tr>
<tr><td>纳税主体</td><td colspan="2">（1）履行纳税义务的人，包括法人、自然人和其他组织<br>（2）我国采取属地兼属人原则，即在华的外国企业、组织、外籍人、无国籍人等凡在中国境内有所得来源的，都是我国税收法律关系的主体</td></tr>
</table>

续表

| 客体 | 指主体的权利、义务所共同指向的对象，即征税对象 |
|---|---|
| 内容 | 指主体所享受的权利和所应承担的义务 |

## 经典题解

【例题1·单选题】下列税种中，由海关负责征收和管理的是(　　)。

A. 关税　　B. 车船税

C. 环境保护税　　D. 资源税

【答案】A

【例题2·多选题】根据税收征收管理法律制度的规定，下列各项中，属于税收法律关系主体的有(　　)。

A. 征税对象　　B. 纳税人

C. 海关　　D. 税务机关

【答案】BCD

## 02 考点2 税法要素（★）

| 税法要素 | 要点 |
|---|---|
| 纳税义务人 | 依法直接负有纳税义务的法人、自然人和其他组织 |
| 扣缴义务人 | 税法规定的，在其经营活动中负有代扣税款并向国库缴纳义务的单位 |
| 征税对象 | (1) 也称课税对象，是税收法律关系的客体<br>(2) 不同的征税对象是区别不同税种的重要标志 |
| 税目 | 是征税对象的具体化 |
| 税率 | (1) 比例税率<br>(2) 累进税率<br>①全额累进税率（我国不采用）<br>②超额累进税率<br>③超率累进税率<br>(3) 定额税率 |
| 计税依据 | (1) 从价计征：以计税金额为计税依据<br>(2) 从量计征：以征税对象的重量、体积、数量等为计税依据 |
| 纳税环节 | 主要是指税法规定的征税对象在从生产到消费的流转过程中应当缴纳税款的环节 |
| 纳税期限 | 包括纳税义务发生时间、纳税期限、缴库期限 |
| 纳税地点 | 是指税法规定的纳税人以及代征、代扣、代缴义务人的具体申报缴纳税收的地方 |

续表

| 税法要素 | 要点 |
| --- | --- |
| 税收优惠 | （1）减税和免税<br>（2）起征点<br>征税对象的数额没有达到规定起征点的不征税；达到或超过起征点的，就其全部数额征税<br>（3）免征额<br>对纳税对象中的一部分给予减免，只就减除后的剩余部分计征税款 |
| 法律责任 | 税法中的法律责任包括行政责任和刑事责任 |

## 经典题解

**【例题3·多选题】** 下列各项中，属于税法要素的有（　　）。

A. 计税依据

B. 税收优惠

C. 纳税人

D. 税率

**【答案】** ABCD

**【例题4·单选题】** 区别不同税种的重要标志是（　　）。

A. 纳税人　　B. 税目

C. 税率　　D. 征税对象

**【答案】** D

**【例题5·单选题】** 根据税收法律制度的规定，下列各项中，适用超率累进税率的是（　　）。

A. 印花税

B. 城镇土地使用税

C. 个人所得税

D. 土地增值税

**【解析】**（1）选项A：在印花税中，“权利、许可证照”实行定额税率，其他税目实行比例税率。（2）选项B：城镇土地使用税采用定额税率。（3）选项C：居民个人综合所得、经营所得等实行超额累进税率；利息、股息、红利所得，财产租赁所得，财产转让所得和偶然所得实行比例税率。（本题与第5、6章的内容密切相关，考生可以复习完第5、6章后再思考本题）

**【答案】** D

## 第2单元　增值税的征税范围与税率

查看本单元视频
使用“会计云课堂” App/ 微信扫描

### 03 考点3 增值税征税范围的基本规定（★★★）

1. 基本范围及要义

| 征税范围 | 要义 |
| --- | --- |
| 销售、进口货物 | （1）货物：指有形动产，包括电力、热力、气体在内<br>（2）销售：有偿转让。不论从购买方取得货币，还是取得货物、其他经济利益，均属于有偿<br>（3）进口：申报进入中国海关境内 |

续表

| 征税范围 | | 要义 |
| --- | --- | --- |
| 销售无形资产 | | 无形资产，分为：<br>（1）技术（包括专利技术和非专利技术）、商标、著作权、商誉<br>（2）自然资源使用权，包括土地使用权、海域使用权、探矿权、采矿权、取水权和其他自然资源使用权<br>（3）其他权益性无形资产，包括基础设施资产经营权（例如，高速公路经营权）、公共事业特许权、配额、经营权（包括特许经营权、连锁经营权、其他经营权）、经销权、分销权、代理权、会员权、席位权、网络游戏虚拟道具、域名、名称权、肖像权、冠名权、转会费等 |
| 销售不动产 | | （1）不动产，分为：<br>①建筑物<br>②构筑物，包括道路、桥梁、隧道、水坝等建造物<br>（2）在转让建筑物、构筑物时一并转让其所占土地的使用权的，按照销售不动产缴纳增值税 |
| 销售加工、修理修配劳务 | | （1）加工，是指受托加工货物，即委托方提供原料及主要材料，受托方按照委托方的要求，制造货物并收取加工费的业务<br>（2）修理修配，是指受托对损伤和丧失功能的货物进行修复，使其恢复原状和功能的业务 |
| 销售服务 | 交通运输服务 | （1）包括陆路运输服务、水路运输服务、航空运输服务和管道运输服务<br>（2）出租车公司向使用本公司自有出租车的出租车司机收取的管理费用，按照陆路运输服务缴纳增值税<br>（3）无运输工具承运业务，按照交通运输服务缴纳增值税 |
| | 邮政服务 | 指中国邮政集团公司及其所属邮政企业提供邮件寄递、邮政汇兑和机要通信等邮政基本服务的业务活动：<br>（1）邮政普遍服务，是指函件、包裹等邮件寄递，以及邮票发行、报刊发行和邮政汇兑等业务活动<br>（2）邮政特殊服务，是指义务兵平常信函、机要通信、盲人读物和革命烈士遗物的寄递等业务活动<br>（3）其他邮政服务，是指邮册等邮品销售、邮政代理等业务活动 |
| | 电信服务 | 可以分为：<br>（1）基础电信服务（例如，语音通话服务）<br>（2）增值电信服务（例如，短信服务、卫星电视信号落地转接服务） |
| | 建筑服务 | 可以分为：<br>（1）工程服务<br>（2）安装服务（例如，安装电梯；固定电话、有线电视、宽带、水、电、燃气、暖气等经营者向用户收取的安装费、初装费、开户费、扩容费以及类似收费，按照安装服务缴纳增值税）<br>（3）修缮服务（修缮对象应为建筑物、构筑物）<br>（4）装饰服务（装饰对象应为建筑物、构筑物）<br>（5）其他建筑服务，如钻井（打井）、拆除建筑物或者构筑物、平整土地、园林绿化等 |

续表

<table>
<tr><th colspan="2">征税范围</th><th>要义</th></tr>
<tr><td rowspan="3">销售服务</td><td>金融服务</td><td>可以分为：<br>（1）贷款服务，指各种占用、拆借资金取得的收入，包括金融商品持有期间（含到期）利息（保本收益、报酬、资金占用费、补偿金等）收入、信用卡透支利息收入、买入返售金融商品利息收入、融资融券收取的利息收入，以及融资性售后回租、押汇、罚息、票据贴现、转贷等业务取得的利息及利息性质的收入<br>（2）直接收费金融服务，包括提供货币兑换、账户管理、电子银行、信用卡、信用证、财务担保、资产管理、信托管理、基金管理、金融交易场所（平台）管理、资金结算、资金清算、金融支付等服务<br>（3）保险服务，包括人身保险服务和财产保险服务<br>（4）金融商品转让，指转让外汇、有价证券、非货物期货和其他金融商品所有权的业务活动</td></tr>
<tr><td>现代服务</td><td>可以分为：<br>（1）研发和技术服务<br>（2）信息技术服务<br>（3）文化创意服务（例如，设计服务、广告服务、会议展览服务）<br>（4）物流辅助服务（例如，装卸搬运服务、仓储服务、收派服务）<br>（5）租赁服务（包括不动产、动产融资租赁服务和不动产、动产经营租赁服务）<br>（6）鉴证咨询服务（包括认证服务、鉴证服务和咨询服务；翻译服务和市场调查服务属于咨询服务）<br>（7）广播影视服务<br>（8）商务辅助服务（例如，物业管理服务、经纪代理服务）<br>（9）其他现代服务</td></tr>
<tr><td>生活服务</td><td>可以分为：<br>（1）文化体育服务<br>（2）教育医疗服务<br>（3）旅游娱乐服务<br>（4）餐饮住宿服务<br>（5）居民日常服务（例如，家政、婚庆、美容美发）<br>（6）其他生活服务</td></tr>
</table>

2. 具体业务适用税目辨析

<table>
<tr><th></th><th colspan="2">业务</th><th>税目界定</th></tr>
<tr><td rowspan="2">交通运输服务<br>VS<br>物流辅助服务</td><td rowspan="2">货运企业销售多种服务，单独开展、分别核算的</td><td>货运服务</td><td>交通运输服务</td></tr>
<tr><td>装卸搬运服务、仓储服务、收派服务</td><td>现代服务——物流辅助服务</td></tr>
</table>

续表

| | 业务 | 税目界定 |
|---|---|---|
| 各种“租” | 水路运输的程租、期租业务 | 交通运输服务 |
| | 航空运输的湿租业务 | |
| | 融资性售后回租 | 金融服务——贷款服务 |
| | 以货币资金投资收取的固定利润或者保底利润 | |
| | 将飞机、车辆等有形动产的广告位出租给其他单位或者个人用于发布广告 | 现代服务——租赁服务（有形动产经营租赁） |
| | （1）将建筑物、构筑物等不动产的广告位出租给其他单位或者个人用于发布广告<br>（2）车辆停放服务、道路通行服务（包括过路费、过桥费、过闸费等）等 | 现代服务——租赁服务（不动产经营租赁） |

## 经典题解

**【例题6·单选题】**根据增值税法律制度的规定，下列项目应按照“租赁服务”缴纳增值税的是(　　)。

A. 水路运输中的程租服务

B. 水路运输中的期租服务

C. 融资性售后回租

D. 飞机广告位出租

**【解析】**（1）选项AB：属于“交通运输服务”；（2）选项C：属于“金融服务——贷款服务”；（3）选项D：属于有形动产经营租赁。

**【答案】**D

**【例题7·多选题】**根据增值税法律制度的规定，下列各项中，应按照“金融服务”税目计算缴纳增值税的有(　　)。

A. 转让有价证券

B. 融资性售后回租

C. 货币兑换服务

D. 财产保险服务

**【解析】**（1）选项A：属于“金融商品转让”；（2）选项B：属于“贷款服务”；（3）选项C：属于“直接收费金融服务”；（4）选项D：属于“保险服务”。

**【答案】**ABCD

**【例题8·判断题】**以货币资金投资收取的固定利润或者保底利润，应按照“租赁服务”税目计缴增值税。(　　)

**【解析】**按照“金融服务——贷款服务”计缴增值税。

**【答案】**×

**【例题9·单选题】**根据增值税法律制度的规定，下列各项中，应按照“销售建筑服务”税目计缴增值税的是(　　)。

A. 平整土地

B. 出售单身公寓

C. 出租办公楼

D. 转让土地使用权

**【解析】**（1）选项B：属于“销售不动产”；（2）选项C：属于“销售现代服务——租赁服务”（不动产经营租赁）；（3）选项D：属于“销售无形资产”。

**【答案】**A

**【例题10·单选题】**根据增值税法律制度的规定，下列各项中，应按照“销售生活服务”税目计缴增值税的是(　　)。

A. 文化创意服务　　B. 道路通行服务

C. 广播影视服务　　D. 旅游娱乐服务

【解析】选项ABC：属于“现代服务”。

【答案】D

【例题11·单选题】根据增值税法律制度的规定，下列行为中，应按照“销售不动产”税目计缴增值税的是（　　）。

A. 将商场外墙广告位出租给其他单位用于发布广告

B. 销售底商（建筑物底层商铺）

C. 转让高速公路经营权

D. 转让国有土地使用权

【解析】（1）选项A：属于“现代服务——租赁服务”（不动产经营租赁）；（2）选项CD：属于“销售无形资产”。

【答案】B

【例题12·判断题】根据增值税法律制度的规定，卫星电视信号落地转接服务，属于增值电信服务。（　　）

【答案】√

## 04 考点4 视同销售（★★★）

| | 业务 | | 是否视同销售 |
|---|---|---|---|
| 视同销售货物 | 代销业务 | 纳税人将货物交付其他单位或者个人代销 | √ |
| | | 纳税人销售代销货物 | √ |
| | 设有两个以上机构并实行统一核算的纳税人，将货物从一个机构移送其他机构用于销售 | 相关机构设在同一县（市） | × |
| | | 跨县（市） | √ |
| | 纳税人将自产或者委托加工的货物 | 用于集体福利或个人消费 | √ |
| | | （1）作为投资，提供给其他单位或个体工商户 | √ |
| | 纳税人将购进的货物 | （2）分配给股东或投资者<br>（3）无偿赠送给其他单位或个人 | √ |
| | | 用于集体福利或个人消费 | × |
| 视同销售服务、无形资产、不动产 | 纳税人向其他单位或者个人无偿提供服务、无偿转让无形资产或者不动产 | 用于公益事业 | × |
| | | 以社会公众为对象 | × |
| | | 其他情形 | √ |

### 经典题解

【例题13·单选题】根据增值税法律制度的规定，下列行为中，属于视同销售货物行为的是（　　）。

A. 甲商贸公司将外购的矿泉水用于交际应酬

B. 乙超市将外购的洗衣粉作为集体福利发给员工

C. 丙玩具厂将自产的玩具无偿赠送给养老院

D. 丁服装厂将外购的面料用于生产服装

【解析】（1）选项AB：将购进的货物用于集体福利、个人消费（纳税人的交际应酬消费属于个人消费）的，不视同销售货物；（2）选项 C：将自产、委托加工或者购进的货物无偿赠送给其他单位或者个人，视同销售货物；（3）选项 D：属于采购原材料的行为，如果取得了合法的扣税凭证，对应的进项税额可以抵扣。

**【答案】** C

**【例题 14 · 多选题】** 甲公司为增值税一般纳税人，主要从事房地产开发与销售业务，其发生的下列业务中，应缴纳增值税的有(　　)。

A. 将 400 平方米自建底商用于抵偿债务

B. 将 200 平方米自建底商无偿赠送给关联企业

C. 将 600 平方米自建底商用于出租

D. 将 100 平方米自建底商转为办公自用

**【解析】**（1）选项 A："抵债"属于特殊的销售行为，甲公司将其开发建设的底商用于抵债，按照"销售不动产"计缴增值税。（2）选项 B：甲公司将底商无偿赠送"关联企业"（既非公益事业，亦非社会公众），应视同销售不动产，缴纳增值税。（3）选项 C：按照"销售不动产租赁服务"计缴增值税。（4）选项 D：不属于"销售"行为，也不属于"视同销售"行为，不需要缴纳增值税。

**【答案】** ABC

## 05 考点 5 增值税"境内"销售的界定（★）

<table>
<tr><th>情形</th><th colspan="2">界定</th></tr>
<tr><td>在中国境内销售货物</td><td colspan="2">指销售货物的起运地或者所在地在境内</td></tr>
<tr><td>在中国境内销售加工、修理修配劳务</td><td colspan="2">指销售的应税劳务发生地在境内</td></tr>
<tr><td rowspan="3">在境内销售服务、无形资产或者不动产</td><td colspan="2">指所销售或者租赁的不动产在境内</td></tr>
<tr><td colspan="2">指所销售自然资源使用权的自然资源在境内</td></tr>
<tr><td>指所销售的其他服务或者无形资产的销售方或者购买方在境内</td><td>下列情形虽然购买方是境内单位或个人，但不属于在境内销售服务或者无形资产：<br>（1）境外单位或者个人向境内单位或者个人销售完全在境外发生的服务<br>（2）境外单位或者个人向境内单位或者个人销售完全在境外使用的无形资产<br>（3）境外单位或者个人向境内单位或者个人出租完全在境外使用的有形动产</td></tr>
</table>

### 经典题解

**【例题 15 · 单选题】** 根据增值税法律制度的规定，下列各项中，属于在境内销售服务、无形资产或者不动产的是(　　)。

A. 境外甲公司为中国游客提供从境外 A 地到境外 B 地的运输服务

B. 境外乙公司将其境外房屋出租给中国留学生

C. 境外丙公司将其境外的办公大楼出售给中国境内企业

D. 境外丁公司将其在中国境内使用的经销权转让给中国境内企业

【解析】（1）选项A：境外单位或者个人向境内单位或者个人销售完全在境外发生的服务，不属于在境内销售服务；（2）选项BC：所销售或者租赁的“不动产在境内”，才属于在境内。

【答案】D

## 06 考点6 不征收增值税的情形（★★）

| | |
|---|---|
| 非营业活动 | 单位或者个体工商户聘用的员工为本单位或者雇主提供加工、修理修配劳务，不缴纳增值税 |
| | 单位或者个体工商户聘用的员工为本单位或者雇主提供取得工资的服务，不缴纳增值税 |
| | 单位或者个体工商户为聘用的员工提供服务，不缴纳增值税 |
| | 行政单位收取的同时满足以下条件的政府性基金或者行政事业性收费，不缴纳增值税：<br>（1）由国务院或者财政部批准设立的政府性基金，由国务院或者省级人民政府及其财政、价格主管部门批准设立的行政事业性收费<br>（2）收取时开具省级以上（含省级）财政部门监（印）制的财政票据<br>（3）所收款项全额上缴财政 |
| 特殊业务 | 根据国家指令无偿提供的铁路运输服务、航空运输服务，属于《营业税改征增值税试点实施办法》规定的用于公益事业的服务，不征收增值税 |
| | 存款利息，不征收增值税 |
| | 被保险人获得的保险赔付，不征收增值税 |
| | 房地产主管部门或者其指定机构、公积金管理中心、开发企业以及物业管理单位代收的住宅专项维修资金，不征收增值税 |
| | 在资产重组过程中，通过合并、分立、出售、置换等方式，将全部或者部分实物资产以及与其相关联的债权、负债和劳动力一并转让给其他单位和个人，其中涉及的货物、不动产、土地使用权转让行为，不征收增值税 |

### 经典题解

【例题16·多选题】根据增值税法律制度的规定，下列行为中，属于视同销售服务或无形资产的有（　　）。

A. 单位向客户无偿转让专利技术使用权

B. 单位向客户无偿提供运输服务

C. 单位向本单位员工无偿提供餐饮服务

D. 单位向本单位员工无偿提供房屋装饰服务

【解析】（1）“视同销售服务、无形资产或者不动产”与“非营业活动”中的部分内容都可以披上无偿的外衣，“向其他单位或者个人”还是“向本单位员工”需要注意区分。（2）选项CD：属于非营业活动，不缴纳增值税。

【答案】AB

【例题17·单选题】根据增值税法律制度的规定，下列各项中，应征收增值税的是（　　）。

A. 开发企业代收的住宅专项维修资金

B. 商业银行提供直接收费金融服务收取的手续费

C. 存款人取得的存款利息

D. 被保险人获得的保险赔付

【解析】选项B：按照“金融服务——直接收费金融服务”缴纳增值税。

【答案】B

【例题18·判断题】根据国家指令无偿提供用于公益事业的铁路运输服务，应征收增值税。( )

【解析】根据国家指令无偿提供的铁路运输服务、航空运输服务，不征收增值税。

【答案】×

## 07 考点7 混合销售与兼营（★）

1. 基本规定

| | 关键界定标准 | 税务处理 |
|---|---|---|
| 混合销售 | 在同一项销售行为中同时存在货物和服务的混合，二者有从属关系 | 按纳税人经营主业缴纳增值税，销售额为货物销售额与服务销售额的合计 |
| 兼营 | 同一纳税主体，既销售货物、加工修理修配劳务，又销售服务、无形资产、不动产，各类业务并无必然的从属关系（可以同时发生，也可以不同时发生） | （1）分别核算：分别适用税率或征收率<br>（2）未分别核算：从高适用税率或从高适用征收率 |

【案例1】甲公司为增值税一般纳税人，主要从事货物销售，2020年10月销售货物同时提供运输服务，取得含增值税货物销售款113000元、含税运费1130元。

【分析】（1）甲公司的运输业务并未单独开展，而是从属于货物销售行为发生，应认定甲公司发生了销售货物与提供交通运输服务的混合销售行为；（2）甲公司的主业为货物销售，其本月收取的上述款项应全部按销售货物缴纳增值税；（3）假定甲公司销售的货物适用13%税率，则甲公司上述业务应计算的销项税额＝（113000＋1130）÷（1＋13%）×13%＝13130（元）。

【案例2】甲商场为增值税一般纳税人，分设商品销售部、餐饮部和货运部（取得货物运输经营资质）。2019年10月，商品销售部取得不含增值税销售额100万元，餐饮部取得不含增值税餐饮收入60万元，货运部取得不含增值税货物运输收入40万元。

【分析】（1）甲商场的商品销售、餐饮服务和货物运输服务并非捆绑发生、没有从属关系（小王从甲商场买根钢笔，不在商场吃饭也不需要运输；小李不在商场买任何东西，只在商场吃饭也是可以的），属于兼营行为；（2）已知甲商场销售的所有商品均适用13%增值税税率，餐饮服务的增值税税率为6%，交通运输服务的增值税税率为9%，甲商场对适用不同税率的各项业务均已分别核算，则甲商场上述业务应计算的销项税额＝100×13%＋60×6%＋40×9%＝20.2（万元）。

2. 纳税人销售活动板房、机器设备、钢结构件等自产货物的同时提供建筑、安装服务，不属于混合销售，应分别核算货物和建筑服务的销售额，分别适用不同的税率或者征收率。

### 经典题解

【例题19·单选题】增值税纳税人发生的下列业务中，应当分别核算销售额，分别适用税率或征收率的是( )。

A. 美容院向其提供美容服务的顾客销售美容产品

B. 餐馆提供餐饮服务的同时销售酒水、饮料

C. 家电商城销售冰箱同时提供运输服务运送冰箱上门

D. 建筑公司销售自产的钢结构件同时提供安装服务

【解析】选项 ABC：均属于混合销售行为，应按纳税人的经营主业缴纳增值税。

【答案】D

## 08 考点 8 增值税的税率（★）

| | 业务 | 税率 |
|---|---|---|
| 基本税率 | 销售或者进口货物（税法规定适用低税率的除外） | 13% |
| | 销售加工、修理修配劳务 | |
| | 销售有形动产租赁服务 | |
| 低税率 1 | （1）粮食等农产品（各种植物、动物的初级产品）、食用植物油、食用盐<br>（2）自来水、暖气、冷气、热水、煤气、石油液化气、天然气、二甲醚、沼气、居民用煤炭制品<br>（3）图书、报纸、杂志、音像制品、电子出版物<br>（4）饲料、化肥、农药、农机、农膜<br>（5）国务院规定的其他货物 | 9% |
| | 交通运输、邮政、基础电信、建筑、不动产租赁服务，销售不动产，转让土地使用权 | |
| 低税率 2 | 除适用上述基本税率和低税率 1 以外的其他征税项目 | 6% |

【提示】按照初级《经济法基础》的考试习惯，如遇计算性题目，税率、征收率（下文将逐步学到）会在已知条件中告知，考生不需要死记硬背。

# 第 3 单元 增值税应纳税额计算的基本要素

查看本单元视频

使用"会计云课堂"App/微信扫描

## 09 考点 9 增值税的纳税人（★）

1. 根据纳税人的经营规模以及会计核算健全程度的不同，增值税的纳税人可以分为一般纳税人和小规模纳税人：

| 经营规模 | 具体情形 | 纳税人类型 |
|---|---|---|
| 年应征增值税销售额 500 万元及以下 | 会计核算健全，能够提供准确税务资料 | 可以登记成为一般纳税人 |
| | 不能满足上述条件 | 小规模纳税人 |

续表

| 经营规模 | 具体情形 | 纳税人类型 |
| --- | --- | --- |
| 年应征增值税销售额超过 500 万元 | 个体工商户以外的其他个人 | 小规模纳税人 |
| | 一般情况 | 应当向税务机关办理一般纳税人登记 |

2. 征税办法及发票使用

| | | 一般纳税人 | 小规模纳税人 |
| --- | --- | --- | --- |
| 征税办法 | | 通常采用一般计税方法 | 只能采用简易计税方法 |
| 发票使用 | 能否开具增值税专用发票 | 可以依法开具增值税专用发票 | 小规模纳税人（其他个人除外）发生增值税应税行为，需要开具增值税专用发票的，可以自愿使用增值税发票管理系统自行开具 |
| | 票面税额 | 票面“金额”×税率 | 票面“金额”×征收率 |

3. 扣缴义务人

中华人民共和国境外单位或者个人在境内销售劳务，在境内未设有经营机构的，以其境内代理人为扣缴义务人；在境内没有代理人的，以购买方为增值税扣缴义务人。

## 经典题解

【例题 20·判断题】除个体工商户以外的其他个人不属于增值税一般纳税人。(　　)

【答案】√

## 10 考点 10 增值税应纳税额的计算方法（总述）（★★★）

1. 一般计税方法

当期应纳税额＝当期销项税额－当期准予抵扣的进项税额

当期销项税额＝不含增值税销售额×适用税率

＝含增值税销售额÷（1＋适用税率）×适用税率

2. 简易计税方法

当期应纳税额＝不含增值税销售额×征收率

＝含增值税销售额÷（1+征收率）×征收率

3. 进口环节增值税（不区分一般纳税人、小规模纳税人）

（1）进口非应税消费品

应纳税额＝组成计税价格×税率

＝（关税完税价格＋关税税额）×税率

（2）进口应税消费品

应纳税额＝组成计税价格×税率

＝（关税完税价格＋关税税额＋消费税税额）×税率

4. 扣缴计税方法

境外单位或者个人在境内发生应税行为，在境内未设有经营机构的，扣缴义务人按照下列公式计算应扣缴税额：

应扣缴税额＝购买方支付的价款÷（1+税率）×税率

## 11 考点11 增值税纳税义务发生时间（★★★）

<table>
<tr><th></th><th colspan="2">业务</th><th>纳税义务发生时间</th></tr>
<tr><td rowspan="2">基本规定</td><td colspan="3">纳税人发生应税行为，其纳税义务发生时间通常为收讫销售款项或者取得索取销售款项凭据的当天</td></tr>
<tr><td colspan="3">先开具发票的，为开具发票的当天</td></tr>
<tr><td rowspan="11">“收讫销售款项或者取得索取销售款项凭据的当天”，按照销售结算方式的不同，具体为：</td><td colspan="2">采取直接收款方式销售货物</td><td>不论货物是否发出，均为收到销售款或取得索取销售款凭据的当天</td></tr>
<tr><td colspan="2">采取托收承付和委托银行收款方式销售货物</td><td>发出货物并办妥托收手续的当天</td></tr>
<tr><td colspan="2">采取赊销和分期收款方式销售货物</td><td>书面合同约定的收款日期当天<br>（无书面合同的或者书面合同没有约定收款日期的，为货物发出的当天）</td></tr>
<tr><td rowspan="2">预收款</td><td>采取预收货款方式销售货物</td><td>货物发出的当天<br>（但生产销售生产工期超过12个月的大型机械设备、船舶、飞机等货物，为收到预收款或书面合同约定的收款日期的当天）</td></tr>
<tr><td>销售租赁服务采取预收款方式</td><td>收到预收款的当天</td></tr>
<tr><td colspan="2">委托其他纳税人代销货物</td><td>最早发生的下列时间之一：<br>（1）收到代销单位的代销清单当天<br>（2）收到全部或者部分货款当天<br>（3）发出代销货物满180天的当天</td></tr>
<tr><td colspan="2">发生视同销售货物行为（委托他人代销货物、销售代销货物除外）</td><td>货物移送的当天</td></tr>
<tr><td colspan="2">发生视同销售应税服务、无形资产或者不动产情形</td><td>应税服务、无形资产转让完成的当天或者不动产权属变更的当天</td></tr>
<tr><td colspan="2">从事金融商品转让</td><td>金融商品所有权转移的当天</td></tr>
<tr><td colspan="2">进口货物</td><td>报关进口的当天</td></tr>
</table>

### 经典题解

**【例题21·单选题】**2020年8月甲企业采用直接收款方式销售货物给乙公司，9日签订合同，15日开具发票，20日发出货物，28日收到货款。甲企业该笔业务的增值税纳税义务发生时间为（　　）。

A. 8月9日　　B. 8月15日

C. 8月20日　　D. 8月28日

**【解析】**甲企业于8月15日先开具发票，其增值税纳税义务发生时间应为2020年8月15日。

**【答案】**B

【例题22·单选题】2020年9月5日，甲公司与乙超市签订一份房屋租赁合同，10月25日收到乙超市预付的一年房租，11月3日将房屋交付乙超市使用，11月5日向乙超市开具了发票。甲公司该笔业务的增值税纳税义务发生时间是(　　)。

A. 10月25日　　B. 11月5日

C. 9月5日　　D. 11月3日

【解析】甲公司于10月25日收到房租，增值税纳税义务发生，如果甲公司为一般纳税人，一年不含增值税房租为24000元，销售不动产租赁服务的增值税税率为9%，则销项税额=24000×9%=2160（元）。

【答案】A

【例题23·单选题】甲食品厂为增值税一般纳税人，2020年9月采取分期收款方式销售饮料，含税总价款113000元，合同约定分2个月收取货款，本月应收取含税价款56500元。已知，增值税税率为13%。甲食品厂当月销售饮料增值税销项税额的下列计算列式中，正确的是(　　)。

A. 56500×13%

B. 56500÷（1+13%）×13%

C. 113000÷（1+13%）×13%

D. 113000×13%

【解析】（1）本月发生纳税义务的是合同约定本月应收款项56500元，排除选项CD。（2）题目明确交代“56500元”为含税价款，应当作价税分离处理，选项B正确，选项A错误。

【答案】B

【例题24·单选题】根据增值税法律制度的规定，下列关于增值税纳税义务发生时间的表述中，不正确的是(　　)。

A. 进口货物，为报关进口的当天

B. 提供租赁服务采取预收款方式的，为收到预收款的当天

C. 采取托收承付和委托银行收款方式销售货物，为收到银行款项的当天

D. 从事金融商品转让的，为金融商品所有权转移的当天

【解析】选项C：纳税人采取托收承付和委托银行收款方式销售货物，为“发出货物并办妥托收手续”的当天。

【答案】C

## 12 考点12 销售额确定的一般规则（★★★）

销售额，通常是指纳税人销售货物、劳务、服务、无形资产或者不动产向购买方收取的全部价款和价外费用，但不包括收取的增值税税额。

1. 价外费用

（1）价外费用，包括价外向购买方收取的手续费、补贴、基金、集资费、返还利润、奖励费、违约金、滞纳金、延期付款利息、赔偿金、代收款项、代垫款项、包装费、包装物租金、储备费、优质费、运输装卸费以及其他各种性质的价外收费。

（2）除另有规定外，价外费用无论其会计制度如何核算，均应（价税分离后）并入销售额计算增值税。

（3）下列项目不包括在销售额内：

①受托加工应征消费税的消费品所代收代缴的消费税。

②同时符合以下条件代为收取的政府性基金或者行政事业性收费：由国务院或者财政部批准设立的政府性基金，由国务院或者省级人民政府及其财政、价格主管部门批准设立的行政事业性收费；收取时开具省级以上财政部门印制的财政票据；所收款项全额上缴财政。

③销售货物的同时代办保险等而向购买方收取的保险费，以及向购买方收取的代购买方缴纳的车辆购置税、车辆牌照费。

④以委托方名义开具发票代委托方收取的款项。

## 经典题解

**【例题 25 · 单选题】**根据增值税法律制度的规定，下列各项中，应并入销售额计算销项税额的是（　　）。

A. 以委托方名义开具发票代委托方收取的款项

B. 销售货物向购买方收取的价款之外的优质费

C. 受托加工应征消费税的消费品所代收代缴的消费税

D. 销售货物的同时代办保险而向购买方收取的保险费

**【解析】**选项 B：属于价外费用，价税分离后并入销售额。

**【答案】**B

2. 增值税的计税销售额应当是不含增值税的销售额；如果题目给出的金额含增值税，应当换算成不含增值税的销售额。

（1）如何换算？

不含增值税销售额＝含增值税销售额÷（1+适用税率或者征收率）

（2）如何判断题目给出的金额是否含税？

①题目通常会明确交代是否含税，请考生认真阅读题干；

②价外费用属于含税收入；

③商业企业零售价通常为含税价；

④增值税专用发票上“金额”栏内注明的金额（考试中称为“增值税专用发票上注明的金额”）为不含税金额；

⑤需要并入销售额一并缴纳增值税的包装物押金，属于含税收入。

## 经典题解

**【例题 26 · 单选题】**甲商场为增值税一般纳税人，2020 年 7 月销售货物取得含增值税销售额 101.7 万元，销售设计服务取得含增值税销售额 25.6 万元。已知，销售货物增值税税率为 13%，销售设计服务增值税税率为 6%。计算甲商场当月增值税销项税额的下列算式中，正确的是（　　）。

A. 101.7÷（1+13%）×13%+25.6÷（1+6%）×6%

B. 101.7÷（1+13%）×13%+25.6×6%

C. 101.7×13%+25.6×6%

D. 101.7×13%+25.6÷（1+6%）×6%

**【解析】**题目给定的 2 个销售额均为含税销售额，均需要价税分离。

**【答案】**A

**【例题 27 · 单选题】**甲公司为增值税一般纳税人，2020 年 5 月提供设计服务取得含增值税价款 636 万元，另收取违约金 21.2 万元。已知，增值税税率为 6%，计算甲公司当月该笔业务增值税销项税额的下列算式中，正确的是（　　）。

A. [636+21.2÷（1+6%）]×6%

B. 636÷（1+6%）×6%

C. 636×6%

D. （636+21.2）÷（1+6%）×6%

**【解析】**（1）提供设计服务收取的违约金属于价外费用，应当依法计税，选项 BC 错误；（2）“636 万元”题目明确交代为含税价，价外费用亦为含税价，均应作价税分离，选项 A 错误，选项 D 正确。

**【答案】**D

## 13 考点 13 核定销售额（★★★）

1. 需要核定销售额的情形

（1）纳税人发生视同销售行为，无销售额的。

（2）纳税人发生应税销售行为的价格明显偏低并无正当理由的，由税务机关核定其销售额。

2. 核定销售额的方法

税务机关有权按照下列顺序核定销售额：

（1）按纳税人最近时期销售同类货物、

劳务、服务、无形资产或者不动产的平均销售价格确定；

（2）按其他纳税人最近时期销售同类货物、劳务、服务、无形资产或者不动产的平均销售价格确定（在题目中也可以体现为市场价）；

（3）按组成计税价格确定。

【提示】必须先"找价"（同类价），实在无价可用再"组价"。

3. 组成计税价格

（1）非应税消费品

组成计税价格＝成本×（1+成本利润率）

（2）应税消费品

组成计税价格＝成本×（1＋成本利润率）+消费税税额

【提示】应税消费品"组成计税价格"的相关内容参考本书第275页考点11。

## 经典题解

【例题28·单选题】甲公司为增值税一般纳税人，2020年12月将新研制的产品1000件赠送给顾客试用，生产成本为100元/件，无同类产品销售价格。已知，增值税税率为13%，成本利润率为10%。计算甲公司当月该笔业务增值税销项税额的下列算式中，正确的是（　　）。

A. 1000×100×（1+10%）×13%

B. 1000×100×13%

C. 1000×100×（1＋10%）÷（1＋13%）×13%

D. 1000×100÷（1+13%）×13%

【解析】（1）将自产货物用于无偿赠送，视同销售货物，应当于移送时确认销项税额；（2）由于无同类货物销售价格，应组成计税价格计算；（3）组成计税价格不含增值税，不必价税分离。

【答案】A

【例题29·单选题】甲服装厂为增值税一般纳税人，2020年10月将120件自产服装发给职工作为福利。该批服装成本为950元/件，甲服装厂同类服装含增值税单价1356元/件。已知，增值税税率为13%。计算甲服装厂当月该笔业务增值税销项税额的下列算式中，正确的是（　　）。

A. 120×1356×13%

B. 120×1356÷（1+13%）×13%

C. 120×950×13%

D. 120×950÷（1+13%）×13%

【解析】（1）将自产货物用作集体福利，应视同销售货物，核定销售额计算增值税销项税额。（2）由于甲服装厂存在同类服装的价格，应当使用"同类价"计算，不需要组成计税价格，选项CD错误；而题目交代的"1356元/件"为含税价，应作价税分离，选项B正确，选项A错误。

【答案】B

## 14　考点14　特殊销售方式下货物销售额的确定（★★★）

1. 商业折扣（折扣方式销售）

| 发票开具情况 | 计税销售额 |
|---|---|
| 销售额和折扣额在同一张发票（的"金额"栏）分别注明 | "不含增值税折后价"，即按折扣后的销售额征收增值税 |
| 将折扣额在同一张发票的备注栏注明 | "不含增值税的原价"，即折扣额不得冲减销售额 |
| 将折扣额另开发票 | （同上） |

【提示】按照初级考试的习惯，题目谈到“在同一张发票上分别注明”，意即“在同一张发票的金额栏内分别注明”。

## 经典题解

【例题 30·单选题】A 洗衣机生产企业是增值税一般纳税人，2020 年 10 月向某商场销售 1000 台 A 型洗衣机，出厂不含增值税单价为 3800 元/台，由于商场采购量大，给予其 9% 的商业折扣，并将销售额和折扣额在同一张发票（的金额栏）分别注明。已知，增值税税率为 13%。A 洗衣机生产企业当月该笔业务增值税销项税额的下列计算列式中，正确的是（　　）。

A. 3800×1000×13%

B. 3800×1000×（1-9%）×13%

C. 3800×1000×(1-9%)÷(1+13%)×13%

D. 3800×1000÷（1+13%）×13%

【解析】（1）“3800 元/台”是不含增值税单价，不需要价税分离，选项 CD 排除；（2）由于销售额和折扣额在同一张发票（的金额栏）分别注明，按折扣后的销售额（3800×1000×91%）征收增值税；（3）如果题目改为“将折扣额另开发票”，则销项税额＝3800×1000×13%，应选 A 选项。

【答案】B

2. 以旧换新

| 货物类型 | 计税销售额 |
|---|---|
| 金银首饰 | “不含增值税的差价”，即销售方实际收取的不含增值税的全部价款 |
| 其他货物 | “不含增值税的新货价”，即新货物的同期（不含增值税）销售价格 |

## 经典题解

【例题 31·单选题】甲手机专卖店为增值税一般纳税人，2019 年 10 月采取以旧换新方式销售某型号手机 150 部，该型号新手机的同期含税销售单价为 3164 元，旧手机的收购单价为 226 元，已知增值税税率为 13%，甲手机专卖店当月该业务增值税销项税额的下列计算列式中，正确的是（　　）。

A. （3164-226）×150×13%

B. （3164 - 226）× 150 ÷（1 + 13%）×13%

C. 3164×150×13%

D. 3164×150÷（1+13%）×13%

【解析】（1）本题销售的货物是“手机”，属于金银首饰以外的其他货物，以“不含增值税的新货价”为计税销售额，选项 AB 排除；（2）题目明确交代“3164 元”为含增值税价，应价税分离，选项 C 错误，选项 D 正确。

【答案】D

【例题 32·单选题】甲首饰店为增值税一般纳税人。2020 年 9 月采取“以旧换新”方式销售一批金项链。该批金项链含增值税价款为 135600 元，换回的旧项链作价 120000 元，甲首饰店实际收取差价款 15600 元。已知增值税税率为 13%。甲首饰店当月该笔业务增值税销项税额的下列计算中，正确的是（　　）。

A. 135600÷（1+13%）×13%

B. 120000÷（1+13%）×13%

C. 135600×13%

D. 15600÷（1+13%）×13%

【解析】本题销售的是金银首饰，以“不含增值税的差价”为计税销售额，只有选项 D 选用了差价“15600 元”，并对其作了价税分离。

【答案】D

3. 包装物押金

| 所包装产品类型 | 核算情形 | 时点 | 税务处理 |
|---|---|---|---|
| 非酒类产品、啤酒、黄酒 | 单独记账核算 | 收取时 | 不作销售处理 |
| | | 按约定期限退还且不超过1年 | 自始至终不作销售处理 |
| | | 超过1年或超过合同约定期限未退（逾期未退时） | 价税分离后并入销售额 |
| | 不单独记账核算 | 收取时 | 价税分离后并入销售额 |
| | | 其他时点 | 不再重复处理 |
| 其他酒（如白酒、红酒、药酒等） | 不论是否返还，也不论会计上如何核算 | 收取时 | 价税分离后并入销售额 |
| | | 其他时点 | 不再重复处理 |

【提示】请区分包装物押金和包装费、包装物租金！销售货物同时收取的包装费、包装物租金属于价外费用，应价税分离后并入销售额计征增值税。

## 经典题解

【例题 33 · 单选题】甲酒厂为增值税一般纳税人，2020 年 10 月销售啤酒取得含增值税价款 791000 元，另收取包装物押金 28250 元。已知，增值税税率为 13%，计算甲酒厂当月销售啤酒增值税销项税额的下列算式中，正确的是(　　)。

A. 791000÷（1+13%）×13%

B. （791000+28250）×13%

C. 791000×13%

D. （791000+28250）÷（1+13%）×13%

【解析】非酒类产品、啤酒、黄酒的单独记账核算的包装物押金：(1) 收取时不作销售处理；(2) 逾期未退时：价税分离后并入销售额作销售处理。本题“28250 元”为收取时。

【答案】A

【例题 34 · 单选题】2020 年 9 月，甲公司（增值税一般纳税人）销售产品取得含增值税价款 113000 元，另收取包装物租金 5780 元。已知增值税税率为 13%，甲公司当月该笔业务增值税销项税额的下列计算中，正确的是(　　)。

A. 113000÷（1+13%）×13%

B. （113000+5780）÷（1+13%）×13%

C. 113000×13%

D. （113000+5780）×13%

【解析】本题是销售货物的同时收取包装物租金，属于价外费用，应价税分离后并入销售额。

【答案】B

【例题 35 · 多选题】根据增值税法律制度的规定，纳税人销售下列酒类产品同时收取的包装物押金，无论是否返还均应并入当期销售额计缴增值税的有(　　)。

A. 啤酒　　B. 白酒

C. 黄酒　　D. 红酒

【解析】对销售酒类产品（啤酒、黄酒除外）而收取的包装物押金，无论押金是否返还及会计上如何核算，均应在收取时并入酒类产品销售额征收增值税。

【答案】BD

4. 其他特殊销售业务

<table>
<tr><th>业务类型</th><th colspan="2">税务处理规则</th></tr>
<tr><td>采取还本销售方式销售货物</td><td colspan="2">销售额就是货物的销售价格，不得减除还本支出</td></tr>
<tr><td>以物易物</td><td colspan="2">双方均应作购销处理：<br>（1）以各自发出的货物核算销售额并计算销项税额<br>（2）以各自收到的货物按规定核算购货额并依法抵扣进项税额</td></tr>
<tr><td rowspan="2">直销</td><td>直销企业先将货物销售给直销员，直销员再将货物销售给消费者的</td><td>直销企业的销售额为其向直销员收取的全部价款和价外费用</td></tr>
<tr><td>直销企业通过直销员向消费者销售货物，直接向消费者收取货款的</td><td>直销企业的销售额为其向消费者收取的全部价款和价外费用</td></tr>
<tr><td>一般纳税人发生应税行为，开具增值税专用发票后，发生销售退回或折让、开票有误等情形</td><td colspan="2">应按国家税务总局的规定开具红字增值税专用发票。未按规定开具红字增值税专用发票的，不得扣减销项税额或者销售额</td></tr>
</table>

## 15 考点 15 特殊行业的销售额（★★★）

<table>
<tr><th>类型</th><th>业务种类</th><th>销售额的确定</th></tr>
<tr><td rowspan="2">全额计税</td><td>贷款服务</td><td>以提供贷款服务取得的全部利息及利息性质的收入为销售额<br>【提示】不得减除支付的存款利息、转贷利息等，没有任何减除</td></tr>
<tr><td>直接收费金融服务</td><td>以提供直接收费金融服务收取的手续费、佣金、酬金、管理费、服务费、经手费、开户费、过户费、结算费、转托管费等各类费用为销售额</td></tr>
<tr><td rowspan="2">差额计税</td><td>金融商品转让</td><td>（1）按照卖出价扣除买入价后的余额为销售额<br>（2）转让金融商品出现的正负差，按盈亏相抵后的余额为销售额。若相抵后出现负差，可结转下一纳税期与下期转让金融商品销售额相抵，但年末时仍出现负差的，不得转入下一个会计年度<br>（3）金融商品的买入价，可以选择按照加权平均法或者移动加权平均法进行核算，选择后 36 个月内不得变更<br>（4）金融商品转让，不得开具增值税专用发票</td></tr>
<tr><td>经纪代理服务</td><td>（1）以取得的全部价款和价外费用，扣除向委托方收取并代为支付的政府性基金或者行政事业性收费后的余额为销售额<br>（2）向委托方收取的政府性基金或者行政事业性收费，不得开具增值税专用发票</td></tr>
</table>

续表

| 类型 | 业务种类 | 销售额的确定 |
|---|---|---|
| 差额计税 | 航空运输企业 | 销售额不包括代收的机场建设费和代售其他航空运输企业客票而代收转付的价款 |
| | 一般纳税人提供客运场站服务 | 以其取得的全部价款和价外费用，扣除支付给承运方运费后的余额为销售额 |
| | 旅游服务（选择差额计税的） | （1）可以选择以取得的全部价款和价外费用，扣除向旅游服务购买方收取并支付给其他单位或者个人的住宿费、餐饮费、交通费、签证费、门票费和支付给其他接团旅游企业的旅游费用后的余额为销售额<br>（2）选择上述办法计算销售额的纳税人，向旅游服务购买方收取并支付的上述费用，不得开具增值税专用发票，可以开具普通发票 |
| | 纳税人提供建筑服务适用简易计税方法的 | 以取得的全部价款和价外费用扣除支付的分包款后的余额为销售额 |
| | 房地产开发企业中的一般纳税人销售其开发的房地产项目（选择简易计税方法的房地产老项目除外） | 以取得的全部价款和价外费用，扣除受让土地时向政府部门支付的土地价款后的余额为销售额 |

## 经典题解

**【例题36·单选题】**甲商业银行W分行为增值税一般纳税人，2020年第三季度取得含增值税贷款利息收入6360万元，支付存款利息1590万元；取得含增值税转贷利息收入530万元，支付转贷利息500万元。计算甲商业银行W分行第三季度贷款及转贷业务增值税销项税额的下列算式中，正确的是（　　）。

A.（6360－1590＋530－500）÷（1＋6%）×6%

B.（6360－1590＋530）÷（1＋6%）×6%

C.（6360＋530）÷（1＋6%）×6%

D.（6360＋530－500）÷（1＋6%）×6%

**【解析】**贷款服务，以提供贷款服务取得的全部利息及利息性质的收入为销售额，即“全额计税”，并无可以减除的支出项目，因此，题目提及的“存款利息”支出、“转贷利息”支出，均不得从收入中减除。

**【答案】**C

**【例题37·单选题】**甲公司为增值税一般纳税人，2020年10月转让金融商品卖出价为106万元，所转让金融商品买入价为90.1万元，上一纳税期转让金融商品出现负差5.25万元。已知，增值税税率为6%。计算甲公司当月金融商品转让增值税销项税额的下列算式中，正确的是（　　）。

A. 106÷（1+6%）×6%

B.（106-90.1-5.25）÷（1+6%）×6%

C.（106-90.1）×6%

D. 106×6%

**【解析】**（1）金融商品转让应以卖出价减买入价差额计税，排除选项AD。（2）转让金融商品的负差可以结转下一纳税期，但不得转入下一会计年度；在本题中，10月份的上一纳税期属于本年内纳税期，负差可以结转至10月份与10月份的销售额相抵，因此，选项B正确，选项C错误。(3) 有考生纠结于本题的金额是否含税，解题时应结合题目选项判断，本题选项并未提供不对“106-90.1-5.25”作价税分离处理的选择；如果提供了不对“106-90.1-5.25”作价税分离处理的相关选项，题目理应明确交代“106万元”“90.1万元”和“5.25万元”是否含税。

**【答案】** B

**【例题38·单选题】** 根据增值税法律制度的规定，下列关于金融商品转让税务处理的表述中，正确的是（　　）。

A. 金融商品转让，可以开具增值税专用发票

B. 转让金融商品年末出现负差时，可以转入下一个会计年度

C. 金融商品转让，按照卖出价扣除买入价后的余额为销售额

D. 金融商品的买入价按照后进先出法进行核算

**【答案】** C

## 第4单元　一般纳税人的进项税额

查看本单元视频

使用“会计云课堂”App/微信扫描

### 16 考点16 能否抵扣进项税额？（★★★）

1. 是否取得了合法扣税凭证？

(1) 纳税人取得的增值税扣税凭证不符合法律、行政法规或者国务院税务主管部门有关规定的，其进项税额不得从销项税额中抵扣。

(2) 合法扣税凭证的种类

①增值税专用发票（含税控机动车销售统一发票）；

②海关进口增值税专用缴款书；

③农产品收购发票；

④农产品销售发票；

⑤代扣代缴税款的完税凭证；

⑥符合规定的国内旅客运输发票（详见本章考点17）。

**【提示】** 从销售方取得增值税普通发票的通常不得抵扣进项税额，另有规定除外。

#### 经典题解

**【例题39·多选题】** 根据增值税法律制度的规定，一般纳税人购进货物、服务取得的下列合法凭证中，属于增值税扣税凭证的有（　　）。

A. 农产品收购发票

B. 增值税专用发票

C. 注明旅客身份信息的国内航空运输电子客票行程单

D. 海关进口增值税专用缴款书

**【答案】** ABCD

2. 是否用于可抵扣用途？

(1) 用于不产生销项税额的项目

①用于简易计税方法计税项目、免征增值税项目、集体福利或者个人消费（包括纳税人的交际应酬消费）的购进货物、加工修理修配劳务、服务、无形资产和不动产，不得抵扣进项税额。其中涉及固定资产、无形资产（不包括其他权益性无形资产）、不动产的，仅指专用于上述项目的固定资产、无形资产、不动产；如果既用于上述项目，又用于可抵扣项目的，该进项税额准予全部抵扣。

②纳税人租入固定资产、不动产，既用于一般计税方法计税项目，又用于简易计税方法计税项目、免征增值税项目、集体福利

或者个人消费的，其进项税额准予从销项税额中全额抵扣。

③适用一般计税方法的纳税人，兼营简易计税方法计税项目、免征增值税项目而无法划分不得抵扣的进项税额，按照下列公式计算不得抵扣的进项税额：

不得抵扣的进项税额＝当期无法划分的全部进项税额×（当期简易计税方法计税项目销售额+免征增值税项目销售额）÷当期全部销售额

【案例】甲公司（一般纳税人）本月购进一批原材料用于生产药品并全部销售，其中A药品属于免税药品，不含增值税销售额为100万元；其他药品均为应税药品，不含增值税销售额为300万元。已知，甲公司本月购进的该批原材料取得了增值税专用发票，票面上注明的税额为48万元，但甲公司无法划分用于生产免税药品的原材料金额。

【分析】甲公司本月不得抵扣的进项税额＝48×（100÷400）＝12（万元）。

**“专用于”VS“混（兼）用于”（综述）**

| 购进项目 | 用途 | 进项税额处理 |
| --- | --- | --- |
| 购进生产用钢材 | 专用于免税产品生产 | 不得抵扣进项税额 |
| | 既用于生产应税产品，又用于生产免税产品 | 能分别核算的，用于免税产品生产的钢材对应的进项税额不得抵扣 |
| | | 不能分别核算导致无法划分不得抵扣的进项税额的，不得抵扣的进项税额＝当期无法划分的全部进项税额×免征增值税项目销售额÷当期全部销售额 |
| 购进或者租入大型供暖设备 | 专用于职工宿舍供暖 | 不得抵扣进项税额 |
| | 既用于生产供热，又用于职工宿舍供暖 | 对应的进项税额可以依法全部抵扣 |
| 购进或者租入房屋作为礼堂 | 专用于职工娱乐活动 | 不得抵扣进项税额 |
| | 既用于大型办公会议，又用于职工娱乐活动 | 对应的进项税额可以依法全部抵扣 |

## 经典题解

【例题40·多选题】甲公司采购了5台空调，均取得了增值税专用发票，分别用于下列用途，其中准予抵扣进项税额的有（　　）。

A. 职工宿舍

B. 办公大楼

C. 仓库

D. 生产车间

【解析】选项A：属于购进货物专用于集体福利，对应的进项税额不得抵扣。

【答案】BCD

**视同销售货物与不得抵扣进项税额（综述）**

| 货物来源 | 用途 | 是否视同销售货物 | 销项税额的处理 | 进项税额的处理 |
| --- | --- | --- | --- | --- |
| 自产、委托加工的货物 | 用于集体福利、个人消费 | 视同销售货物 | （1）货物移送当期确认销项税额<br>（2）核定销售额（纳税人的同类平均价——市场价——组成计税价格） | 对应的进项税额可以依法抵扣 |
| | 用于投资、分配、赠送 | | | |
| 购进的货物 | 用于投资、分配、赠送 | | | |
| | 用于集体福利、个人消费 | 不视同销售货物 | 不确认销项税额 | 对应的进项税额亦不得抵扣 |

（2）非正常损失

①非正常损失的购进货物，以及相关的加工修理修配劳务和交通运输服务，不得抵扣进项税额；

②非正常损失的在产品、产成品所耗用的购进货物（不包括固定资产）、加工修理修配劳务和交通运输服务，不得抵扣进项税额；

③非正常损失的不动产，以及该不动产所耗用的购进货物、设计服务和建筑服务，不得抵扣进项税额；

④非正常损失的不动产在建工程（包括新建、改建、扩建、修缮、装饰不动产）所耗用的购进货物、设计服务和建筑服务，不得抵扣进项税额。

【提示】非正常损失，是指因管理不善造成货物被盗、丢失、霉烂变质的损失，以及因违反法律法规造成货物或不动产被依法没收、销毁、拆除的情形。如果是因不可抗力（如自然灾害）毁损或者发生合理损耗，对应的进项税额可以依法抵扣。

## 经典题解

**【例题41·单选题】**甲医药企业向农民收购金银花一批并直接对外销售，向农民开具农产品收购发票注明买价1.2万元，该批金银花在运输途中遭遇暴雨，毁损了70%。已知，购进金银花适用的扣除率为9%。根据增值税法律制度的规定，甲医药企业上述业务可以抵扣的进项税额为（　　）。

A. 1.2×9%

B. 1.2×9%×（1-70%）

C. 1.2÷（1+9%）×9%

D. 1.2÷（1+9%）×9%×（1-70%）

**【解析】**（1）购进农产品开具农产品收购发票的，直接以“买价”（无须价税分离）×扣除率计算进项税额，选项CD错误；（2）因暴雨损失属于因不可抗力损失（而非因管理不善损失），进项税额可以抵扣，选项A正确，选项B错误；（3）如果该批金银花在运输途中因管理不善损毁70%，则甲医药企业可以抵扣的进项税额＝1.2×9%×（1-70%）。

**【答案】**A

（3）不得抵扣进项税额的其他特殊规定

①购进的贷款服务、餐饮服务、居民日常服务和娱乐服务，不得抵扣进项税额。

②纳税人接受贷款服务向贷款方支付的与该笔贷款直接相关的投融资顾问费、手续费、咨询费等费用，不得抵扣进项税额。

【小口诀】

【提示】并非购进任何生活服务都不得抵扣进项税额，只有购进“餐饮服务、居民日常服务、娱乐服务”不得抵扣进项税额。例如，员工出差住宿费支出对应的进项税额，可以依法抵扣。

## 经典题解

【例题42·多选题】根据增值税法律制度的规定，企业下列项目的进项税额不得从销项税额中抵扣的有（　　）。

A. 外购货物用于个人消费

B. 生产应税产品购入的原材料

C. 因管理不善变质的库存购进商品

D. 因管理不善被盗的产成品所耗用的购进原材料

【解析】（1）选项A：购进货物用于简易计税方法计税项目、免征增值税项目、集体福利或者个人消费的，不得抵扣进项税额；（2）选项CD：因“管理不善”造成的损失属于非正常损失，对应的进项税额不得抵扣。

【答案】ACD

【例题43·多选题】根据增值税法律制度的规定，一般纳税人购进的下列服务中，不得抵扣进项税额的有（　　）。

A. 娱乐服务

B. 美发服务

C. 贷款服务

D. 餐饮服务

【解析】纳税人购进贷款服务、餐饮服务、娱乐服务、居民日常服务（家政、婚庆、美容美发、沐浴、摄影扩印等均属于居民日常服务），不得抵扣进项税额。

【答案】ABCD

【例题44·多选题】根据增值税法律制度的规定，下列各项中，购进货物的进项税额准予从销项税额中抵扣的有（　　）。

A. 将购进的货物无偿赠送给客户

B. 将购进的货物作为投资提供给联营单位

C. 将购进的货物用于本单位集体福利

D. 将购进的货物分配给股东

【解析】（1）选项ABD：一般纳税人将购进的货物用于“投资、分配、赠送”，应视同销售货物计算销项税额，其对应的进项税额准予抵扣。（2）选项C：购进货物用于简易计税方法计税项目、免征增值税项目、集体福利或者个人消费的，不属于视同销售货物的情形，同时不得抵扣进项税额。

【答案】ABD

【例题45·多选题】甲公司是增值税一般纳税人，其2019年发生的下列进项税额中，准予全部从销项税额中抵扣的有（　　）。

A. 购进生产用液晶面板，取得增值税专用发票注明税额250000元

B. 购进劳保用品，取得增值税普通发票注明税额200元

C. 购进一辆销售部门和职工食堂混用的货车，取得税控机动车销售统一发票注明税额78000元

D. 组织职工夏季旅游，支付住宿费，取得增值税专用发票注明税额1500元

【解析】（1）选项B：购进劳保用品，由于取得的是增值税“普通”发票，其进项税额不得抵扣；（2）选项C：购进固定资产兼用于生产经营和集体福利，其进项税额可以全部抵扣；（3）选项D：购进住宿服务用于集体福利不得抵扣进项税额。

【答案】AC

## 17 考点 17 抵扣多少进项税额？（★★★）

1. 按凭证上注明的税额抵扣

（1）基本规定

纳税人购进货物、劳务、服务、无形资产或者不动产，取得增值税专用发票（含税控机动车销售统一发票）、海关进口增值税专用缴款书、代扣代缴税款的完税凭证的，除另有规定外，按凭证上注明的增值税税额，从销项税额中抵扣。

（2）购进固定资产进项税额处理的历史沿革

①自 2009 年 1 月 1 日起，增值税一般纳税人外购的用于生产经营的固定资产（有形动产，作为纳税人自用消费品的汽车、摩托车、游艇除外），其进项税额可以抵扣。

②自 2013 年 8 月 1 日起，纳税人购进应征消费税的汽车、摩托车、游艇自用，可以抵扣购进时的增值税进项税额。

③2016 年 5 月 1 日后取得并在会计制度上按固定资产核算的不动产，以及 2016 年 5 月 1 日后取得的不动产在建工程，其进项税额应按照有关规定分 2 年从销项税额中抵扣，第一年抵扣比例为 60%，第二年抵扣比例为 40%。

④自 2019 年 4 月 1 日起，纳税人取得不动产或者不动产在建工程的进项税额不再分 2 年抵扣。

【提示】取得的不动产，包括以直接购买、接受捐赠、接受投资入股、自建以及抵债等各种形式取得不动产。

2. 计算抵扣 1——购进农产品

（1）购进农产品用于“深加工”之外的用途：

①购进农产品取得一般纳税人开具的增值税专用发票或者海关进口增值税专用缴款书的，以增值税专用发票或者海关进口增值税专用缴款书上注明的增值税额为进项税额。（按凭证上注明的税额抵扣）

②购进农产品从按照简易计税方法依据 3% 征收率计算缴纳增值税的小规模纳税人取得增值税专用发票的，以增值税专用发票上注明的金额和 9% 的扣除率计算进项税额。（计算抵扣）

③购进农产品取得农产品销售发票或开具收购发票的，以农产品销售发票或收购发票上注明的农产品买价和 9% 的扣除率计算进项税额。（计算抵扣）

（2）购进用于生产或者委托加工 13% 税率货物（深加工）的农产品：按 10% 扣除率计算进项税额。（计算抵扣）

**购进农产品进项税额处理（综述）**

| | 取得（开具）扣税凭证 | 准予抵扣的进项税额 |
|---|---|---|
| 购进农产品用于生产或者委托加工 13% 税率货物 | （1）农产品收购发票<br>（2）农产品销售发票 | 买价×10% |
| | （1）增值税专用发票（不论一般纳税人开具，还是小规模纳税人开具）<br>（2）海关进口增值税专用缴款书 | 票面金额×10% |
| 购进农产品用于其他用途（例如，直接销售、用于餐饮服务） | （1）农产品收购发票<br>（2）农产品销售发票 | 买价×9% |
| | （1）增值税专用发票（不论一般纳税人开具，还是小规模纳税人开具）<br>（2）海关进口增值税专用缴款书 | 票面金额×9% |

## 经典题解

【例题 46·单选题】甲厂为增值税一般纳税人，2020 年 10 月购进一批农产品，农产品收购发票注明买价 100000 元，当月全部用于生产小麦面粉。已知，农产品扣除率为 9%。计算甲厂当月该笔业务准予抵扣进项税额的下列算式中，正确的是(　　)。

A. 100000÷（1-9%）×9%

B. 100000×9%

C. 100000×（1-9%）×9%

D. 100000÷（1+9%）×9%

【解析】农产品计算抵扣进项税额公式：进项税额=买价×扣除率。

【答案】B

3. 计算抵扣 2——购进国内旅客运输服务

| 购进国内旅客运输服务取得的合法扣税凭证 | 准予抵扣的进项税额 |
| --- | --- |
| 增值税专用发票 | 按票面注明的税额抵扣 |
| 增值税电子普通发票 | 按票面注明的税额抵扣 |
| 注明旅客身份信息的航空运输电子客票行程单 | 计算抵扣，进项税额=（票价+燃油附加费）÷（1+9%）×9% |
| 注明旅客身份信息的铁路车票 | 计算抵扣，进项税额=票面金额÷（1+9%）×9% |
| 注明旅客身份信息的公路、水路等其他客票 | 计算抵扣，进项税额=票面金额÷（1+3%）×3% |

【提示】上述所称“国内旅客运输服务”，限于与本单位签订了劳动合同的员工，以及本单位作为用工单位接受的劳务派遣员工发生的国内旅客运输服务。

## 经典题解

【例题 47·多选题】甲企业购进国内旅客运输服务，取得了下列凭证，其中属于可以抵扣进项税额的合法扣税凭证的有(　　)。

A. 未注明旅客身份信息的增值税电子普通发票

B. 未注明旅客身份信息的航空运输电子客票行程单

C. 注明旅客身份信息的铁路车票

D. 注明旅客身份信息的水路客票

【解析】购进国内旅客运输服务取得增值税专用发票、增值税电子普通发票的，不要求注明旅客身份信息；但取得航空运输电子客票行程单、铁路车票、公路水路客票的，应当注明旅客身份信息方可作为合法扣税凭证。

【答案】ACD

## 18 考点 18 扣减进项税额（★）

1. 已抵扣进项税额的货物改变用途（进项税额转出）

（1）已抵扣进项税额的购进货物（不含固定资产），如果事后改变用途，用于简易计税项目、免税项目、集体福利、个人消费或者发生非正常损失，应当将该进项税额从当期进项税额中扣减。

【案例】甲企业为增值税一般纳税人，2020 年 8 月外购一批涂料拟用于销售，取得增值税专用发票注明价款 100 万元，增值税税额 13 万元，当月依法抵扣了该项进项税额。2020 年 9 月，甲企业将该批涂料中的

50%用于职工食堂装修，甲企业应当转出的进项税额 = 13×50% = 6.5（万元）。

（2）已抵扣进项税额的固定资产或者无形资产，发生税法规定的不得从销项税额中抵扣情形的，按照下列公式计算不得抵扣的进项税额：

不得抵扣的进项税额 = 固定资产、无形资产净值×适用税率

【提示1】固定资产、无形资产净值，是指纳税人根据财务会计制度计提折旧或摊销后的余额。

【提示2】由于原来用于可以抵扣进项税额的用途，该固定资产、无形资产的净值中不含增值税，无须作价税分离。

## 经典题解

**【例题48·单选题】** 甲公司是增值税一般纳税人，2020年7月将销售部门使用的一批电脑作为职工福利发放。该批电脑购进时取得了增值税专用发票并依法抵扣了进项税额，增值税专用发票上注明的价款为11.3万元。已知，该批电脑已经计提折旧1万元，电脑适用增值税税率为13%。根据增值税法律制度的规定，甲公司2020年7月应当转出的进项税额为（　　）。

A. 11.3×13%

B. （11.3－1）×13%

C. 11.3÷（1+13%）×13%

D. （11.3－1）÷（1+13%）×13%

**【解析】**（1）用“净值”算，所以应减除折旧1万元，选项AC错误；（2）该批电脑原用于销售部门，进项税额也抵扣了，其成本11.3万元、净值（11.3－1）万元均不含增值税，不需要作价税分离，选项B正确，选项D错误；（3）增值税专用发票上注明的“价款” = 增值税专用发票上注明的“金额”，均不含增值税。

**【答案】** B

（3）已抵扣进项税额的不动产，发生非正常损失，或者改变用途，专用于简易计税方法计税项目、免征增值税项目、集体福利或者个人消费的，按照下列公式计算不得抵扣的进项税额，并从当期进项税额中扣减：

不得抵扣的进项税额 = 已抵扣进项税额×不动产净值率

不动产净值率 = （不动产净值÷不动产原值）×100%

**【案例】** 甲公司是增值税一般纳税人，2020年7月将销售部门使用的一处房产转作职工宿舍。该房产原值为500万元，现净值400万元，购进时依法抵扣了进项税额25万元。

**【分析】** 甲公司2020年7月就上述业务应转出进项税额 = 25×（400÷500） = 20（万元）。

2. 纳税人适用一般计税方法计税的，因销售折让、中止或者退回而退还给购买方的增值税额，应当从当期的销项税额中扣减；因销售折让、中止或者退回而收回的增值税额，应当从当期的进项税额中扣减。

## 19 考点19 转增进项税额（★）

1. 按照税法规定不得抵扣且未抵扣进项税额的固定资产或者无形资产，发生用途改变，用于允许抵扣进项税额的应税项目，可在用途改变的次月按照下列公式，依据合法有效的增值税扣税凭证，计算可以抵扣的进项税额：

可以抵扣的进项税额 = 固定资产、无形资产净值÷（1+适用税率）×适用税率

**【案例】** 甲公司是增值税一般纳税人，2020年9月将职工健身房里的一批电脑改用于生产车间，该批电脑购进时取得了增值税专用发票注明价款为10万元、增值税税额为1.3万元。已知，截至2020年9月，甲公司

为该批电脑计提的符合规定的折旧额为1.13万元，电脑的增值税税率为13%。

【分析】甲公司将用于不得抵扣用途（集体福利）的外购电脑改为可以抵扣用途（生产车间），在改变用途的次月（10月）就上述业务可以抵扣的进项税额＝（11.3－1.13）÷（1+13%）×13%＝1.17（万元）。

2. 按照规定不得抵扣进项税额的不动产，发生改变用途，用于允许抵扣进项税额项目的，按照下列公式在改变用途的次月计算可抵扣进项税额：

可抵扣进项税额＝增值税扣税凭证注明或计算的进项税额×不动产净值率

## 20 考点20 上期留抵税额（★）

除另有规定外，当期销项税额小于当期进项税额，不足抵扣时，其不足抵扣部分可以结转下期继续抵扣。

### 经典题解

【例题49·单选题】甲厂为增值税一般纳税人，2019年9月销售化学制品取得含增值税价款226万元，当月发生的可抵扣的进项税额5.1万元，上月月末留抵的进项税额2万元。已知，增值税税率为13%。甲厂当月应缴纳增值税税额为(　　)。

A. 226÷（1+13%）×13%－2

B. 226÷（1+13%）×13%－5.1

C. 226×13%－5.1

D. 226÷（1+13%）×13%－5.1－2

【解析】（1）题目明确交代"226万元"为含增值税销售额，必须作价税分离，选项C排除；（2）可以从本月销项税额中减除的既包括本月可抵扣的"5.1万元"，也包括上期留抵的"2万元"，因此，选项AB错误，选项D正确。

【答案】D

# 第5单元　增值税应纳税额计算的具体应用

查看本单元视频

使用"会计云课堂"App/微信扫描

## 21 考点21 一般计税方法下应纳税额的计算（应用举例）（★★★）

增值税一般纳税人通常采用"一般计税方法"计算增值税应纳税额，计算公式为：

应纳税额＝当期销项税额－当期可以抵扣的进项税额

当期销项税额＝不含增值税销售额×适用税率

＝含增值税销售额÷（1+适用税率）×适用税率

【提示1】计算当期销项税额时：

（1）必须关注纳税义务发生时间，如果业务发生在本月，但按税法规定纳税义务是以后月份发生的，本月不应就该项业务计算销项税额；

（2）必须判断题目给出的金额是否含增值税，如果含增值税应当先进行价税分离；

（3）必须查找题目已知条件，准确确定适用税率。

【提示2】计算当期准予抵扣的进项税额时，应考虑：

（1）是否已经取得合法扣税凭证；

（2）是否发生不得抵扣进项税额的情形或者是否存在应当作进项税额转出的情形；

（3）是凭票面税额抵扣的情形，还是计算抵扣的情形；

（4）是否存在上期留抵税额。

【案例1】甲公司为增值税一般纳税人，主要生产和销售洗衣机，2020年9月有关经济业务如下：（已知增值税税率为13%）

（1）购进一批原材料，取得增值税专用发票注明的金额为50万元，增值税为6.5万元；支付相关运费，取得增值税普通发票注明的金额为2万元，增值税为0.18万元。

【分析】购进原材料，取得增值税专用发票，可以抵扣的进项税额为票面注明的6.5万元；支付运费取得的是增值税普通发票，不得抵扣进项税额。

（2）接受股东投资转入材料一批，取得增值税专用发票注明的金额为100万元，增值税为13万元。

【分析】接受材料投资的本质是购进材料（以股权支付购买价款），取得增值税专用发票，可以抵扣的进项税额为票面注明的13万元。

（3）购进国内旅客运输服务，取得注明员工身份信息的航空运输电子客票行程单，票价共计21800元；取得公路客票，票面金额共计3090元，其中有309元的客票没有注明员工身份信息。

【分析】①未注明旅客身份信息的公路、水路客票，不属于合法扣税凭证，相关进项税额不得抵扣。②取得注明旅客身份信息的航空运输电子客票行程单的，进项税额=（票价+燃油附加费）÷（1+9%）×9%；取得注明旅客身份信息的公路、水路等其他客票的，进项税额=票面金额÷（1+3%）×3%。因此，甲公司本月购进国内旅客运输服务准予抵扣的进项税额=21800÷（1+9%）×9%+（3090-309）÷（1+3%）×3%=1881（元）。

（4）销售洗衣机一批，取得不含税销售额200万元，另外收取包装物租金1.13万元。

【分析】销售产品同时在价外收取的包装物租金属于价外费用，销项税额=［200+1.13÷（1+13%）］×13%=26.13（万元）。

（5）采取以旧换新方式销售产品，新产品含税售价为7.91万元，旧产品作价2万元。

【分析】洗衣机属于金银首饰以外的其他货物，以不含增值税的新货价为计税销售额，销项税额=7.91÷（1+13%）×13%=0.91（万元）。

（6）因仓库管理不善，上月购进的一批原材料全部毁损，该批原材料的采购成本为10万元（进项税额已抵扣）。

【分析】购进的原材料因管理不善全部毁损，已抵扣的进项税额应当转出，转出的进项税额=10×13%=1.3（万元）。

【综上所述】

当期销项税额=26.13+0.91=27.04（万元）；

当期准予抵扣的进项税额=6.5+13+1881÷10000-1.3=18.39（万元）；

应纳增值税=27.04-18.39=8.65（万元）。

【案例2】A银行为增值税一般纳税人，2020年第3季度发生的有关经济业务如下：（已知，销售金融服务适用的增值税税率为6%）

（1）购进5台ATM机，取得增值税专用发票注明的金额为50万元，增值税为6.5万元。

【分析】购进经营用设备，取得增值税专用发票，可以抵扣的进项税额为票面注明的6.5万元。

（2）租入一处底商作为营业部，取得增值税专用发票注明的金额为100万元，增值税为5万元。

【分析】购进不动产经营租赁服务，取得增值税专用发票，可以抵扣的进项税额为票面注明的5万元。

（3）对公业务收取结算手续费（含税）31.8万元、账户管理费（含税）26.5万元。

【分析】收取的结算手续费和账户管理费属于"金融服务——直接收费金融服务"，销项税额=31.8÷（1+6%）×6%+26.5÷（1+6%）×6%=3.3（万元）。

（4）办理贷款业务，取得利息收入（含税）1.59 亿元。

【分析】收取利息收入，属于"金融服务——贷款服务"，销项税额=1.59÷（1+6%）×6%×10000=900（万元）。

（5）吸收存款 5 亿元。

【分析】吸收存款不属于增值税征税范围。

【综上所述】

（1）进项税额=6.5+5=11.5（万元）；

（2）销项税额=3.3+900=903.3（万元）；

（3）该银行第 3 季度应纳增值税税额=903.3-11.5=891.8（万元）。

## 22 考点 22 一般纳税人采用简易计税方法的情形（★）

1. 简易计税方法的计税公式

当期应纳税额=不含增值税销售额×征收率
=含增值税销售额÷（1+征收率）×征收率

2. 5%征收率

（1）一般纳税人转让其 2016 年 4 月 30 日前取得的不动产，选择简易方法计税的，按照 5%的征收率征收增值税。

（2）房地产开发企业（一般纳税人）销售自行开发的 2016 年 4 月 30 日前开工建设的房地产项目（老项目），选择简易计税方法计税的，按照 5%的征收率征收增值税。

【相关链接】房地产开发企业中的一般纳税人销售其开发的房地产项目（选择简易计税方法的房地产老项目除外），以取得的全部价款和价外费用，扣除受让土地时向政府部门支付的土地价款后的余额为销售额。

【小口诀】"房企卖房一般余"。*

（3）一般纳税人出租其 2016 年 4 月 30 日前取得的不动产，选择简易计税方法计税的，按照 5%的征收率征收增值税。

（4）纳税人提供劳务派遣服务，选择差额纳税的，按照 5%的征收率征收增值税。

【案例 1】甲企业主要从事洗衣机生产和销售，是增值税的一般纳税人，2020 年 10 月将其于 2015 年 1 月 1 日自建的办公楼对外转让，取得全部含税转让价为 5250 万元。已知，甲企业选择简易办法计税，征收率为 5%。本案甲企业的应纳税额=5250÷（1+5%）×5%=250（万元）。

【案例 2】甲企业主要从事洗衣机生产和销售，是增值税的一般纳税人，2020 年 10 月将其 2017 年 1 月 1 日购进的办公楼对外转让，取得全部含税转让价为 5450 万元。已知，增值税税率为 9%。本案甲企业应确认的销项税额=5450÷（1+9%）×9%=450（万元）。

* 在初级《经济法基础》的考查范围内，企业卖房：（1）小规模纳税人只能简易办法计税，而一般纳税人如果简易办法计税，题目已知条件将明确交代"选择简易办法计税"，在简易办法下，全额计税，应纳增值税税额=全部价款和价外费用÷（1+5%）×5%。（2）如果卖房的企业是一般纳税人，而题目已知条件又没有交代"选择简易办法计税"，则使用一般计税方法计税，此时该口诀派上用场，即如果该企业为房地产企业，余额计税，销项税额=（全部价款和价外费用-受让土地时向政府部门支付的土地价款）÷（1+9%）×9%；如果该企业不是房地产企业，全额计税，销项税额=全部价款和价外费用÷（1+9%）×9%。（3）关于卖房的增值税处理，还有很多更为深入、细致的规定，您不妨在考 CPA 的时候再解决。

### 3. 3%征收率减按 2%征收

一般纳税人销售自己使用过的物品或销售旧货，相关增值税处理如下：

<table>
<tr><th colspan="3">销售对象的具体情况</th><th>计税公式</th></tr>
<tr><td rowspan="3">自己使用过的物品</td><td rowspan="2">固定资产<br>（不动产除外）</td><td>按规定不得抵扣且未抵扣过进项税</td><td>应缴纳的增值税＝含税售价÷（1+3%）×2%</td></tr>
<tr><td>按规定可以抵扣进项税</td><td rowspan="2">销项税额＝含税售价÷（1+适用税率）×适用税率</td></tr>
<tr><td colspan="2">固定资产以外的其他物品</td></tr>
<tr><td colspan="3">旧货</td><td>应缴纳的增值税＝含税售价÷（1+3%）×2%</td></tr>
</table>

**【案例 1】**甲企业为增值税一般纳税人，2020 年 10 月对外转让一台职工食堂使用的冰柜（2016 年 5 月专为职工食堂使用而购进），含税转让价格为 4120 元。已知，一般纳税人销售自己使用过的属于《增值税暂行条例》规定不得抵扣且未抵扣进项税额的不动产以外的其他固定资产，按照简易办法依照 3%征收率减按 2%征收。

**【分析】**由于该冰柜专为职工食堂使用而购进，购进时按照规定不得抵扣且未抵扣进项税额，因此，本次售出冰柜甲企业应纳增值税＝4120÷（1+3%）×2%＝80（元）。

**【案例 2】**甲企业为增值税一般纳税人，2020 年 10 月对外转让一台其使用过的、作为固定资产核算的生产设备；该设备为甲企业于 2012 年 11 月购进，含税转让价格为 45200 元。已知，增值税税率为 13%。

**【分析】**（1）由于设备购进于 2009 年 1 月 1 日以后，按购进时的规定可以抵扣进项税额，因此，应确认销项税额＝45200÷（1+13%）×13%＝5200（元）；（2）如果设备于 2008 年 12 月 31 日前购进，则按购进时的规定不得抵扣进项税额，因此，本次售出生产设备甲企业应纳增值税＝45200÷（1+3%）×2%＝877.67（元）。

**【案例 3】**甲企业为增值税一般纳税人，2020 年 10 月将自己使用过的一箱打印纸出售，含税售价为 90.4 元。已知，增值税税率为 13%。

**【分析】**（1）打印纸属于纳税人自己使用过的、除固定资产以外的其他物品；（2）甲企业应确认的销项税额＝90.4÷（1+13%）×13%＝10.4（元）。

**【案例 4】**甲企业专营二手物品购销业务，是增值税一般纳税人，2020 年 9 月将其收购的一批二手电脑转让给乙企业，含税转让价格为 41200 元。

**【分析】**（1）甲企业销售该批二手电脑属于销售旧货（甲企业并不自用，纯粹二手物品经营）；（2）甲企业该笔业务应缴纳的增值税＝41200÷（1+3%）×2%＝800（元）。

### 4. 可选择按 3%征收率征收

（1）一般纳税人销售自产的下列货物，可以选择按照简易办法依照 3%征收率计算缴纳增值税：

①县级及县级以下小型水力发电单位生产的电力；

②建筑用和生产建筑材料所用的砂、土、石料；

③以自己采掘的砂、土、石料或其他矿物连续生产的砖、瓦、石灰（不含粘土实心砖、瓦）；

④用微生物、微生物代谢产物、动物毒素、人或动物的血液或组织制成的生物制品；

⑤自来水；

⑥商品混凝土（仅限于以水泥为原料生产的水泥混凝土）。

（2）建筑企业一般纳税人提供建筑服务属于老项目（《建筑工程施工许可证》注明的合同开工日期在 2016 年 4 月 30 日前）的，可以选择简易办法依照 3%征收率计算缴纳增值税。

【相关链接】纳税人提供建筑服务适用简易计税方法的，以取得的全部价款和价外费用扣除支付的分包款后的余额为销售额。

【小口诀】“建筑阿三简易余”。*

（3）一般纳税人发生下列应税行为可以选择适用简易计税方法计税，包括但不限于：

①公共交通运输服务，包括轮客渡、公交客运、地铁、城市轻轨、出租车、长途客运、班车。

②电影放映服务、仓储服务、装卸搬运服务、收派服务和文化体育服务。

（4）一般纳税人发生财政部和国家税务总局规定的特定应税行为，可以选择适用简易计税方法计税，但一经选择，36 个月内不得变更。

5. 应当按照 3%征收率征收

一般纳税人销售货物属于下列情形之一的，暂按简易办法依照 3%征收率计算缴纳增值税：

（1）寄售商店代销寄售物品（包括居民个人寄售的物品在内）；

（2）典当业销售死当物品。

## 经典题解

【例题 50·判断题】增值税一般纳税人提供长途客运服务，可选择适用简易计税方法计缴增值税。（　　）

【解析】长途客运属于“公共交通运输服务”，一般纳税人可以选择简易计税方法计税。

【答案】√

【例题 51·多选题】根据增值税法律制度的规定，一般纳税人提供的下列服务中，可以选择适用简易计税方法的有（　　）。

A. 装卸搬运服务　　B. 仓储服务

C. 电影放映服务　　D. 文化体育服务

【解析】一般纳税人可以按照税法规定选择简易计税方法计税的应税行为包括但不限于：（1）公共交通运输服务；（2）电影放映服务（选项 C）、仓储服务（选项 B）、装卸搬运服务（选项 A）、收派服务和文化体育服务（选项 D）。

【答案】ABCD

【例题 52·多选题】根据增值税法律制度的规定，一般纳税人销售的下列货物中，可以选择按照简易计税方法计算增值税的有（　　）。

A. 自来水厂销售自产的自来水

B. 县级以下小型水力发电站生产的电力

C. 大型商超销售的食用植物油

D. 煤气公司销售的煤气

【答案】AB

【案例】北京市某公司为增值税一般纳税人，专门从事认证服务。2020 年 9 月发生如下业务：

（1）16 日，取得某项认证服务收入价税合计为 106 万元。

（2）18 日，购进一台经营用设备，取得增值税专用发票注明金额 20 万元，增值税为 2.6 万元；支付运输费用，取得增值税专用发票注明金额为 1 万元，增值税为 0.09 万元。

（3）20 日，支付广告服务费，取得增值税专用发票注明金额 5 万元，增值税为 0.3 万元。

（4）28 日，销售 2009 年 1 月 1 日以前购进的一台固定资产，售价 0.206 万元。

* （1）“建筑阿三”：建筑服务如果使用征收率，征收率为 3%。（2）“简易余”：如果销售建筑服务的是小规模纳税人，应当简易办法计税；如果是一般纳税人，且题目已知条件交代“选择简易办法计税”，余额计税，应纳税额 =（全部价款和价外费用 - 支付的分包款）÷（1+3%）×3%。

已知，认证服务适用的增值税税率为6%；一般纳税人销售自己使用过的属于《增值税暂行条例》规定不得抵扣且未抵扣进项税额的不动产以外的其他固定资产，按照简易办法依照3%征收率减按2%征收增值税。

【分析】

（1）该公司当月应纳税额由两部分组成：一部分是按一般计税方法计算的应纳税额；另一部分是按简易计税方法计算的应纳税额。

（2）按一般计税方法计算的部分：当期销项税额=106÷（1+6%）×6%=6（万元）；当期进项税额=2.6+0.09+0.3=2.99（万元）；因此，按一般计税方法计算的应纳税额=6-2.99=3.01（万元）。

（3）按简易计税方法计算部分的应纳税额=0.206÷（1+3%）×2%=0.004（万元）。

（4）该公司本月应纳增值税税额=3.01+0.004=3.014（万元）。

## 23 考点23 小规模纳税人应纳增值税的计算（★★）

1. 一般业务

小规模纳税人应按照不含税销售额和征收率计算应纳税额，且不得抵扣进项税额。

【提示】小规模纳税人的一般业务适用征收率为3%；2020年，为了减轻“新冠”疫情给小规模纳税人带来的影响，针对该项征收率进行了减免，具体为：自2020年3月1日至12月31日，对湖北省增值税小规模纳税人，适用3%征收率的应税销售收入，免征增值税；除湖北省外，其他省、自治区、直辖市的增值税小规模纳税人，适用3%征收率的应税销售收入，减按1%征收率征收增值税。（2021年新增）

应纳税额=不含税销售额×征收率

=含税销售额÷（1+征收率）×征收率

### 经典题解

【例题53·单选题】甲便利店为增值税小规模纳税人，2020年第4季度零售商品取得收入1010000元；将一批外购商品无偿赠送给物业公司用于社区活动，该批商品的含税价格808元。已知，该小规模纳税人上述业务减按1%征收率征收增值税。计算甲便利店第4季度应缴纳增值税税额的下列算式中，正确的是（　　）。

A. ［1010000+808÷（1+1%）］×1%

B. （1010000+808）×1%

C. ［1010000÷（1+1%）+808］×1%

D. （1010000+808）÷（1+1%）×1%

【解析】(1)商业企业的零售价属于含增值税价，甲便利店零售商品取得的1010000元收入应价税分离；(2)将外购的货物用于赠送，应视同销售货物；(3)甲便利店是小规模纳税人。因此，甲便利店第4季度应缴纳的增值税税额=(1010000+808)÷(1+1%)×1%=10008(元)；(4)如果上题已知条件中交代“适用3%征收率”，则应缴纳的增值税税额=(1010000+808)÷(1+3%)×3%。

【答案】D

2. 小规模纳税人销售自己使用过的物品或销售旧货

<table>
<tr><th colspan="2">情形</th><th>税务处理</th></tr>
<tr><td colspan="2">其他个人销售自己使用过的物品</td><td>免征增值税</td></tr>
<tr><td rowspan="3">其他小规模纳税人</td><td>销售自己使用过的设备等固定资产（不动产除外）</td><td rowspan="2">应缴纳的增值税=含税售价÷（1+3%）×2%<br>（注：此处政策表达为“依照3%征收率减按2%征收”，而非直接减按2%征收）</td></tr>
<tr><td>销售旧货</td></tr>
<tr><td>销售自己使用过的固定资产以外的其他物品</td><td>应缴纳的增值税=含税售价÷（1+3%）×3%</td></tr>
</table>

【案例】甲公司为增值税小规模纳税人，2019年5月份销售一批下脚料，取得含税收入309万元。

【分析】（1）甲公司就该“销售自己使用过的固定资产以外的其他物品”业务应缴纳的增值税税额＝309÷（1+3%）×3%＝9（万元）。（2）如果甲公司是湖北以外地区的小规模纳税人，该业务又发生在2020年3月1日至12月31日期间，则应缴纳的增值税税额＝309÷（1+1%）×1%＝3.06（万元）。（3）到底÷（1+3%）×3%，还是÷（1+1%）×1%，初级考生看清已知条件的交代即可。

3. 5%征收率

（1）小规模纳税人转让其取得的不动产，按照5%的征收率征收增值税。

（2）小规模纳税人出租其取得的不动产（不含个人出租住房），按照5%的征收率征收增值税。

（3）房地产开发企业（小规模纳税人）销售自行开发的房地产项目，按照5%的征收率征收增值税。

4. 个人将购买的住房对外销售

| 购置时间 | 地区 | 住房性质 | 税务处理 |
| --- | --- | --- | --- |
| 个人将购买不足2年的住房对外销售 | 不区分地区 | 不区分住房性质 | 按5%征收率全额缴纳增值税 |
| 个人将购买2年以上（含2年）的住房对外销售 | 北京、上海、广州、深圳 | 非普通住房 | 以销售收入减去购买住房价款后的差额，按照5%征收率缴纳增值税 |
| | | 普通住房 | 免征增值税 |
| | 其他地区 | 不区分住房性质 | 免征增值税 |

5. 小微企业免税规定

（1）小规模纳税人发生增值税应税销售行为，合计月销售额未超过10万元（以1个季度为1个纳税期的，季度销售额未超过30万元）的，免征增值税。

（2）小规模纳税人发生增值税应税销售行为，合计月销售额超过10万元，但扣除本期发生的销售不动产的销售额后未超过10万元的，其销售货物、劳务、服务、无形资产取得的销售额免征增值税。

6. 因销售中止或折让等退还的销售额

纳税人适用简易计税方法计税的，因销售折让、中止或者退回而退还给购买方的销售额，应当从当期销售额中扣减。扣减当期销售额后仍有余额造成多缴的税款，可以从以后的应纳税额中扣减。

## 经典题解

【例题54·单选题】甲设计公司为增值税小规模纳税人，2020年6月提供设计服务取得含增值税价款202000元；因服务中止，退还给客户含增值税价款11110元。已知，该小规模纳税人减按1%征收率征收增值税。甲设计公司当月应缴纳增值税税额的下列计算中，正确的是（　　）。

A. 202000÷（1+1%）×1%

B. 202000×1%

C. （202000−11110）÷（1+1%）×1%

D. （202000−11110）×1%

【解析】甲设计公司当月应缴纳的增值税＝（202000－11110）÷（1＋1%）×1%＝1890（元）。

【答案】C

## 24 考点 24 进口货物应纳增值税的计算（★★）

纳税人进口货物，除另有规定外，无论是一般纳税人还是小规模纳税人，均应按照组成计税价格和规定的税率计算应纳税额，不允许抵扣发生在境外的任何税金。

1. 进口非应税消费品

应纳税额＝组成计税价格×税率

＝（关税完税价格＋关税税额）×增值税税率

2. 进口应税消费品

应纳税额＝组成计税价格×税率

＝（关税完税价格＋关税税额＋消费税税额）×增值税税率

【提示】进口应税消费品“组成计税价格”的相关内容参考本书第 279 页考点 13。

### 经典题解

【例题 55 · 单选题】甲公司为增值税一般纳税人，2020 年 9 月进口货物一批，海关审定的关税完税价格为 226 万元。已知，增值税税率为 13%，关税税率为 10%。计算甲公司当月该笔业务应缴纳增值税税额的下列算式中，正确的是（　　）。

A. 226÷（1+13%）×13%

B. 226×（1+10%）÷（1+13%）×13%

C. 226×13%

D. 226×（1+10%）×13%

【解析】（1）甲公司当月该笔业务应缴纳增值税税额＝关税完税价格×（1＋关税税率）×增值税税率；（2）进口货物直接按组成计税价格计算增值税，不存在价税分离的问题，“226 万元”看起来很像一个含税价，但的确不是，它是“关税完税价格”。

【答案】D

【案例】甲公司是增值税一般纳税人，9 月从国外进口一批原材料，海关审定的关税完税价格为 100 万元，缴纳关税 10 万元，按 13%税率向海关缴纳了进口环节增值税，并取得了海关进口增值税专用缴款书。该批原材料当月加工成产品后全部在国内销售，取得不含税销售收入 200 万元，同时支付运输费，取得的增值税专用发票上注明的运费金额为 8 万元，增值税税额为 0.72 万元。

【分析】（1）进口原材料的应纳增值税税额＝（100＋10）×13%＝14.3（万元）；（2）允许抵扣的增值税进项税额＝14.3＋0.72＝15.02（万元）；（3）国内销售应纳增值税税额＝200×13%－15.02＝10.98（万元）。

# 第 6 单元　增值税的税收优惠

查看本单元视频

使用“会计云课堂”App/微信扫描

## 25 考点 25 《增值税暂行条例》及其实施细则规定的免税项目（★★）

1. 农业生产者销售的自产农产品；
2. 避孕药品和用具；
3. 古旧图书；
4. 直接用于科学研究、科学试验和教学的进口仪器、设备；
5. 外国政府、国际组织无偿援助的进口物资和设备；
6. 由残疾人的组织直接进口供残疾人专用的物品；
7. 其他个人销售的自己使用过的物品。

### 经典题解

【例题 56 · 多选题】根据增值税法律制

度的规定，下列各项中属于增值税免税项目的有(　　)。

A. 除个体工商户以外的其他个人销售自己使用过的物品

B. 古旧图书

C. 直接用于科学研究的进口仪器

D. 农业生产者销售自产农产品

【答案】ABCD

【例题57·单选题】根据增值税法律制度的规定，下列各项中，免征增值税的是(　　)。

A. 商店销售水果糖

B. 木材加工厂销售原木

C. 粮店销售面粉

D. 农民销售自产粮食

【解析】(1)选项A：属于常规的货物销售行为，应依法缴纳增值税。(2)选项BCD：农业生产者销售自产的农产品免征增值税，选项B是加工者销售，不符合免税规定；选项C是零售者销售，不符合免税规定。

【答案】D

【例题58·判断题】私营企业进口残疾人专用的物品免征增值税。(　　)

【解析】由残疾人的组织直接进口供残疾人专用的物品免征增值税。

【答案】×

## 26 考点26 “营改增”相关的主要免税项目(★★)

1. 托儿所、幼儿园提供的保育和教育服务。

2. 养老机构提供的养老服务。

3. 残疾人福利机构提供的育养服务。

4. 婚姻介绍服务。

5. 殡葬服务。

6. 残疾人员本人为社会提供的服务。

7. 医疗机构提供的医疗服务。

8. 从事学历教育的学校(不包括职业培训机构)提供的教育服务。

9. 学生勤工俭学提供的服务。

10. 农业机耕、排灌、病虫害防治、植物保护、农牧保险以及相关技术培训业务，家禽、牲畜、水生动物的配种和疾病防治。

11. 纪念馆、博物馆、文化馆、文物保护单位管理机构、美术馆、展览馆、书画院、图书馆在自己的场所提供文化体育服务取得的第一道门票收入。

12. 寺院、宫观、清真寺和教堂举办文化、宗教活动的门票收入。

13. 行政单位之外的其他单位收取的符合规定的政府性基金和行政事业性收费。

14. 个人转让著作权。

15. 个人销售自建自用住房。

16. 金融同业往来利息收入。

17. 纳税人提供技术转让、技术开发和与之相关的技术咨询、技术服务。

18. 政府举办的从事学历教育的高等、中等和初等学校(不含下属单位)，举办进修班、培训班取得的全部归该学校所有的收入。

19. 家政服务企业由员工制家政服务员提供家政服务取得的收入。

20. 福利彩票、体育彩票的发行收入。

21. 将土地使用权转让给农业生产者用于农业生产。

22. 涉及家庭财产分割的个人无偿转让不动产、土地使用权。

23. 土地所有者出让土地使用权和土地使用者将土地使用权归还给土地所有者。

24. 提供社区养老、托育、家政等服务取得的收入。

### 经典题解

【例题59·多选题】根据增值税法律制度的规定，下列各项中，免征增值税的有(　　)。

A. 体育彩票发行单位发行体育彩票取得的收入

B. 在校大学生勤工俭学提供服务取得的收入

C. 养老机构提供养老服务取得的收入

D. 幼儿园提供保育服务取得的收入

**【答案】** ABCD

**【例题60·单选题】** 根据增值税法律制度的规定，下列各项中，不属于增值税免税项目的是（　　）。

A. 学生勤工俭学提供的服务

B. 养老机构提供的养老服务

C. 企业进口玩具汽车

D. 个人转让著作权

**【解析】** 选项C：不存在相关免税规定。

**【答案】** C

**【例题61·判断题】** 财会培训机构开办考前培训班取得的收入，免征增值税。（　　）

**【解析】** 从事学历教育的学校（不包括财会培训机构）提供的教育服务，免征增值税。

**【答案】** ×

**【例题62·判断题】** 个人销售自建自用住房，应缴纳增值税。（　　）

**【解析】** 个人销售自建自用住房，免征增值税。

**【答案】** ×

**【例题63·多选题】** 根据增值税法律制度的规定，下列各项中，免征增值税的有（　　）。

A. 婚姻介绍所提供婚姻介绍服务

B. 电信公司提供语音通话服务

C. 科研机构进口直接用于科学研究的设备

D. 医疗机构提供医疗服务

**【解析】** 选项B：无相关免税规定，应按"电信服务——基础电信服务"缴纳增值税。

**【答案】** ACD

## 27 考点27 零税率（★）

1. 纳税人出口货物，适用增值税零税率，但国务院另有规定的除外。

2. 中华人民共和国境内的单位和个人销售的下列服务和无形资产，适用增值税零税率：

（1）国际运输服务。

（2）航天运输服务。

（3）向境外单位提供的完全在境外消费的下列服务：

①研发服务；

②合同能源管理服务；

③设计服务；

④广播影视节目（作品）的制作和发行服务；

⑤软件服务；

⑥电路设计及测试服务；

⑦信息系统服务；

⑧业务流程管理服务；

⑨离岸服务外包业务；

⑩转让技术。

（4）国务院规定的其他服务。

**【提示】** 零税率VS免税：零税率**不同于免税**。以货物为例，出口货物免税仅指在出口环节不征增值税；零税率是指对出口货物除了在出口环节不征增值税外，还要对该货物在出口前已经缴纳的增值税进行退税，使该出口货物在出口时完全不含增值税税款，从而以无税状态进入国际市场。

## 28 考点28 税收优惠有关的管理规定（★）

1. 纳税人兼营免税、减税项目的，应当分别核算免税、减税项目的销售额；**未分别核算销售额的，不得免税、减税。**

2. 纳税人发生应税行为适用免税规定

的，可以放弃免税，依照有关规定缴纳增值税；纳税人放弃免税后，36 个月内不得再申请免税。

## 经典题解

【例题 64 · 单选题】根据增值税法律制度的规定，纳税人销售货物或者应税劳务适用免税规定的，可以放弃免税，但放弃免税后，一定期限内不得再申请免税。该期限为（　　）。

A. 42 个月　　B. 36 个月

C. 24 个月　　D. 48 个月

【解析】纳税人发生应税行为适用免税规定的，可以放弃免税，依照有关规定缴纳增值税；纳税人放弃免税后，36 个月内不得再申请免税。

【答案】B

# 第 7 单元　增值税的征收管理

查看本单元视频
使用"会计云课堂"App/微信扫描

## 29 考点 29 纳税地点（★）

1. 固定业户

（1）固定业户应当向其机构所在地税务机关申报纳税。

（2）固定业户到外县（市）销售货物或者劳务，应当向其机构所在地的税务机关报告外出经营事项，并向其机构所在地的税务机关申报纳税；未报告的，应当向销售地或者劳务发生地的税务机关申报纳税；未向销售地或者劳务发生地的税务机关申报纳税的，由其机构所在地的税务机关补征税款。

2. 非固定业户销售货物或者劳务，应当向销售地或者劳务发生地的税务机关申报纳税；未向销售地或者劳务发生地的税务机关申报纳税的，由其机构所在地或者居住地的税务机关补征税款。

3. 其他个人提供建筑服务，销售或者租赁不动产，转让自然资源使用权，应向建筑服务发生地、不动产所在地、自然资源所在地税务机关申报纳税。

4. 进口货物，应当向报关地海关申报纳税。

5. 扣缴义务人应当向其机构所在地或者居住地的税务机关申报缴纳其扣缴的税款。

## 经典题解

【例题 65 · 单选题】根据增值税法律制度的规定，下列关于增值税纳税地点的表述中，不正确的是（　　）。

A. 固定业户应当向其机构所在地的税务机关申报纳税

B. 非固定业户销售货物或者应税劳务，应当向其机构所在地或其居住地的税务机关申报纳税

C. 进口货物，应当向报关地海关申报纳税

D. 扣缴义务人应当向其机构所在地或其居住地的税务机关申报缴纳其扣缴的税款

【答案】B

【例题 66 · 多选题】根据增值税法律制度的规定，下列关于固定业户纳税人纳税地点的表述中，不正确的有（　　）。

A. 销售商标使用权，应当向商标使用权购买方所在地税务机关申报纳税

B. 销售采矿权，应当向矿产所在地税务机关申报纳税

C. 销售设计服务，应当向设计服务发生地税务机关申报纳税

D. 销售咨询服务，应当向机构所在地税务机关申报纳税

【解析】固定业户应当向其"机构所在

地”税务机关申报纳税。

【答案】ABC

## 30 考点30 纳税期限（★）

1. 增值税的纳税期限分别为1日、3日、5日、10日、15日、1个月或者1个季度。

【提示】以1个季度为纳税期限的规定适用于小规模纳税人、银行、财务公司、信托投资公司、信用社（不包括保险公司），以及财政部和国家税务总局规定的其他纳税人。

2. 纳税人以1个月或者1个季度为1个纳税期的，自期满之日起15日内申报纳税。

3. 以1日、3日、5日、10日或者15日为1个纳税期的，自期满之日起5日内预缴税款，于次月1日起15日内申报纳税并结清上月应纳税款。

## 31 考点31 增值税专用发票管理（★★★）

1. 增值税专用发票的基本联次及用途

（1）发票联，作为购买方核算采购成本和增值税进项税额的记账凭证；

（2）抵扣联，作为购买方报送税务机关认证和留存备查的扣税凭证；

（3）记账联，作为销售方核算销售收入和增值税销项税额的记账凭证。

### 经典题解

【例题67·单选题】根据增值税法律制度的规定，下列关于增值税专用发票记账联用途的表述中，正确的是（　　）。

A. 作为购买方报送税务机关认证和留存备查的扣税凭证

B. 作为销售方核算销售收入和增值税销项税额的记账凭证

C. 作为购买方核算采购成本的记账凭证

D. 作为购买方核算增值税进项税额的记账凭证

【解析】（1）增值税专用发票记账联，作为销售方核算销售收入和增值税销项税额的记账凭证。（2）其他：①发票联，作为购买方核算采购成本和增值税进项税额的记账凭证；②抵扣联，作为购买方报送税务机关认证和留存备查的扣税凭证；③其他联次用途，由一般纳税人自行确定。

【答案】B

2. 不得开具增值税专用发票的情形

（1）商业企业一般纳税人零售的烟、酒、食品、服装、鞋帽（不含劳保专用部分）、化妆品等消费品；

（2）应税销售行为的购买方为消费者个人的；

（3）发生应税销售行为适用免税规定的。

【相关链接1】金融商品转让，不得开具增值税专用发票。

【相关链接2】从事经纪代理服务，向委托方收取的政府性基金或者行政事业性收费，不得开具增值税专用发票。

【相关链接3】选择差额计税方法计算销售额的纳税人，提供旅游服务向旅游服务购买方收取并支付给其他单位或个人的可以从全部价款和价外费用中扣除的费用，不得开具增值税专用发票。

【提示】（1）并未禁止向消费者个人以外的其他小规模纳税人开具增值税专用发票；（2）小规模纳税人（其他个人除外）发生增值税应税行为，需要开具增值税专用发票的，可以自愿使用增值税发票管理系统自行开具。

### 经典题解

【例题68·多选题】根据增值税法律制度的规定，一般纳税人发生的下列业务中，不得开具增值税专用发票的有（　　）。

A. 酒店向消费者个人提供餐饮服务

B. 商场向消费者个人销售家用电器

C. 装修公司向一般纳税人提供装修服务

D. 律师事务所向消费者个人提供咨询服务

【解析】选项ABD均向消费者个人销售，不得开具增值税专用发票。

【答案】ABD

【例题69·单选题】根据增值税法律制度的规定，一般纳税人的下列行为中，允许开具增值税专用发票的是(　　)。

A. 汽车租赁公司向租赁者个人出租车辆

B. 装修公司向消费者个人提供装修服务

C. 专利代理公司向一般纳税人提供专利代理服务

D. 超市向一般纳税人零售饮料

【答案】C

【例题70·单选题】根据增值税法律制度的规定，一般纳税人发生的下列业务中，允许开具增值税专用发票的是(　　)。

A. 房地产开发企业向消费者个人销售房屋

B. 百货公司向小规模纳税人零售食品

C. 超市向消费者个人销售啤酒

D. 会计师事务所向一般纳税人提供咨询服务

【解析】(1) 选项AC：应税销售行为的购买方为消费者个人，不得开具增值税专用发票；(2) 选项B：商业企业一般纳税人零售烟、酒、食品、服装、鞋帽（不包括劳保专用部分）、化妆品等消费品的，不得开具增值税专用发票。

【答案】D

【例题71·多选题】根据增值税法律制度的规定，商业企业一般纳税人零售的下列货物中，不能开具增值税专用发票的有(　　)。

A. 红酒　　　　B. 卷烟

C. 劳保鞋　　　D. 食品

【解析】商业企业一般纳税人零售的劳保用品可以开具增值税专用发票。

【答案】ABD

## 经典大题精析

【例题72·不定项选择题】

甲企业为增值税的一般纳税人，主要从事大客车的生产和销售业务，2020年12月经营情况如下：

(1) 对外销售A型大客车200辆，每辆客车的含税售价为33.9万元，同时收取手续费2万元。

(2) 购进一处生产车间，取得增值税专用发票，注明价款800万元。

(3) 采用以旧换新方式销售B型大客车100辆，每辆旧客车含税作价5万元，实际每辆收款17.8万元（含税）。

(4) 将自产的大客车50辆作为投资提供给与本单位有经济来往的M公司；外购礼盒发放给职工作为春节礼物；为N汽车有限公司代销90辆大客车；外购一批物资无偿赠送给养老院。

已知：销售货物增值税税率为13%；购进生产车间取得的增值税专用发票上注明增值税税率为9%；取得的增值税专用发票均符合抵扣规定。

要求：

根据上述资料，不考虑其他因素，分析回答下列小题。

1. 计算甲企业当月对外销售A型大客车增值税销项税额的下列算式中，正确的是(　　)。

A. (33.9×200+2) ÷ (1+13%) ×13%

B. ［（33.9×200）÷（1+13%）+2］×13%

C. （33.9×200+2）×13%

D. 33.9×200×13%

2. 计算甲企业当月购入生产车间可抵扣进项税额的下列算式中，正确的是（　　）。

A. 800×9%

B. 800÷（1+9%）×9%

C. 800×13%

D. 800÷（1+13%）×13%

3. 计算甲企业当月以旧换新销售B型大客车增值税销项税额的下列算式中，正确的是（　　）。

A. 100×17.8×13%

B. （17.8+5）÷（1+13%）×100×13%

C. （17.8+5）×100×13%

D. 100×17.8÷（1+13%）×13%

4. 甲企业发生的下列业务中，应当视同销售货物的是（　　）。

A. 将自产的大客车作为投资提供给与本单位有经济往来的M公司

B. 外购礼盒发放给职工作为春节礼物

C. 为N汽车有限公司代销大客车

D. 外购一批物资无偿赠送给养老院

**【例题73·不定项选择题】**

甲企业为增值税一般纳税人，主要从事设备制造和销售业务。2019年10月有关经营情况如下：

（1）购入原材料取得增值税专用发票注明税额45万元；进口检测仪器取得海关进口增值税专用缴款书注明税额26万元。

（2）报销销售人员国内差旅费，取得网约车费增值税电子普通发票注明税额0.1万元；取得住宿费增值税普通发票注明税额0.5万元；取得注明销售人员身份信息的铁路车票，票面金额合计10.9万元；取得注明销售人员身份信息的公路客票，票面金额合计5.15万元。

（3）采取分期收款方式销售A型设备一台，含增值税价款216万元，合同约定当月收取50%价款，次年4月再收取50%价款；采取预收货款方式销售B型设备一台，设备生产工期18个月，合同约定本月应预收含增值税价款960.5万元，甲公司当月实际收到该笔预收款。

（4）支付境外乙公司专利技术使用费，合同约定含增值税价款106万元，乙公司在境内未设有经营机构且无代理人。

已知：销售货物增值税税率为13%；销售无形资产增值税税率为6%；铁路旅客运输服务按照9%计算进项税额；公路旅客运输服务按照3%计算进项税额；取得的扣税凭证均符合抵扣规定。

要求：

根据上述资料，不考虑其他因素，分析回答下列小题。

1. 甲企业当月下列进项税额中，准予从销项税额中抵扣的是（　　）。

A. 原材料的进项税额45万元

B. 检测仪器的进项税额26万元

C. 网约车费的进项税额0.1万元

D. 住宿费的进项税额0.5万元

2. 计算甲企业当月铁路车票和公路客票准予抵扣进项税额的下列算式中，正确的是（　　）。

A. 10.9÷（1+9%）×9%+5.15×3%

B. 10.9÷（1+9%）×9%+5.15÷（1+3%）×3%

C. 10.9×9%+5.15×3%

D. 10.9×9%+5.15÷（1+3%）×3%

3. 计算甲企业当月销售设备增值税销项税额的下列算式中，正确的是（　　）。

A. （216×50%+960.5）÷（1+13%）×13%

B. 960.5×13%

C. （216+960.5）÷（1+13%）×13%

D. 216÷（1+13%）×13%

4. 计算甲企业支付专利技术使用费应代扣代缴增值税税额的下列算式中，正确的是(　　)。

A. 106×6%

B. 106÷（1+6%）×6%

C. 106÷（1-6%）×（1+6%）×6%

D. 106÷（1-6%）×6%

【例题74·不定项选择题】

甲银行为增值税一般纳税人，2020年第二季度经营情况如下：

(1) 提供贷款服务取得含增值税利息收入6360万元，支付存款利息3000万元，提供直接收费金融服务取得含增值税销售额1272万元。

(2) 发生金融商品转让业务，金融商品卖出价2289.6万元，相关金融商品买入价2120万元；第一季度金融商品转让出现负差60万元。

(3) 购进ATM机一批，取得增值税专用发票注明税额100万元；购进打印纸，取得增值税专用发票注明税额10万元；购进办公用小汽车一辆，取得增值税专用发票注明税额5万元；购进用于职工福利的货物一批，取得增值税专用发票注明税额0.45万元。

(4) 销售自己使用过的一批办公设备，取得含增值税销售额10.3万元；该批办公设备2003年购入，按固定资产核算。

已知：金融服务增值税税率为6%；销售自己使用过的依法不得抵扣且未抵扣进项税额的固定资产，按照简易办法依照3%征收率减按2%征收增值税。

要求：

根据上述资料，不考虑其他因素，分析回答下列小题。

1. 计算甲银行第二季度贷款服务和直接收费金融服务增值税销项税额的下列算式中，正确的是(　　)。

A. （6360+1272）×6%

B. （6360+1272）÷（1+6%）×6%

C. （6360-3000+1272）÷（1+6%）×6%

D. （6360 - 3000）÷（1 + 6%）×6% + 1272×6%

2. 计算甲银行第二季度金融商品转让增值税销项税额的下列算式中，正确的是(　　)。

A. （2289.6-60）÷（1+6%）×6%

B. （2289.6-2120-60）÷（1+6%）×6%

C. （2289.6-2120）×6%

D. 2289.6÷（1+6%）×6%

3. 甲银行的下列进项税额中，准予从销项税额中抵扣的是(　　)。

A. 购进ATM机的进项税额100万元

B. 购进打印纸的进项税额10万元

C. 购进办公用小汽车的进项税额5万元

D. 购进用于职工福利的货物的进项税额0.45万元

4. 计算甲银行销售自己使用过的办公设备应缴纳增值税税额的下列算式中，正确的是(　　)。

A. 10.3÷（1+2%）×2%

B. 10.3×2%

C. 10.3÷（1+3%）×2%

D. 10.3÷（1+2%）×3%

【例题75·不定项选择题】

甲建筑公司为增值税一般纳税人，主要从事建筑工程施工及活动板房的生产和安装业务。2020年10月有关经营情况如下：

(1) 承建的A酒店项目当月竣工结算，取得含增值税工程款2180万元，另取得奖励款21.8万元。A酒店项目适用一般计税方法计税。

(2) 承建的B住宅项目当月竣工结算，取得含增值税工程款5665万元；支付含增值税分包款1030万元，取得增值税普通发票注明税额30万元。B住宅项目选择简易计税方法计税。

(3) 购进A酒店项目用原材料，取得增

值税专用发票注明税额 100 万元。

(4) 支付 B 住宅项目的劳务派遣服务费，取得增值税专用发票注明税额 0.5 万元。

(5) 进口专用设备共用于 A 酒店项目和 B 住宅项目，取得海关进口增值税专用缴款书注明税额 60 万元。

(6) 销售自产活动板房同时提供安装服务，取得活动板房含增值税价款 169.5 万元、安装服务含增值税价款 21.8 万元。

已知：销售货物增值税税率为 13%，销售建筑服务增值税税率为 9%、增值税征收率为 3%，取得的扣税凭证均符合抵扣规定。

要求：

根据上述资料，不考虑其他因素，分析回答下列小题。

1. 计算甲建筑公司当月 A 酒店项目增值税销项税额的下列算式中，正确的是(　　)。

A. （2180+21.8）×9%

B. （2180+21.8）÷（1+9%）×9%

C. 2180×9%

D. 2180÷（1+9%）×9%

2. 计算甲建筑公司当月 B 住宅项目应缴纳增值税税额的下列算式中，正确的是(　　)。

A. （5665－1030）÷（1+3%）×3%

B. （5665－1030）×3%

C. 5665×3%

D. 5665÷（1+3%）×3%

3. 甲建筑公司的下列进项税额中，准予从销项税额中抵扣的是(　　)。

A. 支付分包款的进项税额 30 万元

B. 购进 A 酒店项目用原材料的进项税额 100 万元

C. 支付 B 住宅项目劳务派遣服务费的进项税额 0.5 万元

D. 进口专用设备的进项税额 60 万元

4. 计算甲建筑公司当月销售自产活动板房同时提供安装服务增值税销项税额的下列算式中，正确的是(　　)。

A. （169.5+21.8）÷（1+9%）×9%

B. 169.5÷（1+13%）×13%+21.8÷（1+9%）×9%

C. （169.5+21.8）÷（1+13%）×13%

D. 169.5÷（1+13%）×13%

**【例题 76·不定项选择题】**

甲房地产开发公司为增值税一般纳税人，主要从事房地产开发业务。2020 年 12 月有关经营情况如下：

(1) 销售所开发的商品住宅项目，取得含增值税价款 16000 万元。该商品住宅项目所用土地系甲房地产开发公司于 2018 年从政府部门受让取得，本月所售商品住宅项目允许扣除的土地价款为 4350 万元。

(2) 所开发的 5 层办公楼竣工交付，两层办公自用，一层对外出租，一层用于抵偿债务，一层对外投资。

(3) 从金融机构取得贷款，向该金融机构支付该笔贷款融资顾问费取得增值税专用发票注明税额 5 万元，向担保公司支付担保费取得增值税专用发票注明税额 5.4 万元，向信用评级机构支付评级费取得增值税普通发票注明税额 0.6 万元，向会计师事务所支付审计费取得增值税专用发票注明税额 6 万元。

(4) 将一批 5 月购入的原用于管理部门的电脑转用于职工福利部门，原值 15.43 万元、净值 11.3 万元，该批电脑购入时计入固定资产，已抵扣进项税额。

已知：销售货物增值税税率为 13%；销售不动产增值税税率为 9%。取得的扣税凭证均符合抵扣规定。

要求：

根据上述资料，不考虑其他因素，分析回答下列小题。

1. 计算当月甲房地产开发公司销售商品住宅增值税销项税额的下列算式中，正确的是(　　)。

A. 16000×9%

B. 16000÷（1+9%）×9%

C. （16000−4350）÷（1+9%）×9%

D. （16000−4350）×9%

2. 甲房地产开发公司竣工交付的下列办公楼楼层中，应缴纳增值税的是(　　)。

A. 办公自用的楼层

B. 对外出租的楼层

C. 用于抵偿债务的楼层

D. 对外投资的楼层

3. 甲房地产开发公司的下列进项税额中，准予从销项税额中抵扣的是(　　)。

A. 融资顾问费的进项税额5万元

B. 担保费的进项税额5.4万元

C. 评级费的进项税额0.6万元

D. 审计费的进项税额6万元

4. 甲房地产开发公司电脑改变用途后，计算不得抵扣进项税额的下列算式中，正确的是(　　)。

A. 11.3÷（1+13%）×13%

B. 11.3×13%

C. 15.43×13%

D. 15.43÷（1+13%）×13%

**【例题77·不定项选择题】**

甲电信公司为增值税一般纳税人，主要提供各类电信服务及手机销售业务。2020年10月有关经营情况如下：

（1）提供语音通话服务，取得不含增值税收入50000000元；提供短信服务，取得不含增值税收入30000元；提供卫星电视信号落地转接服务，取得不含增值税收入7000000元；为客户开通宽带收取开户费，取得不含增值税收入400000元。

（2）采取折扣方式向乙公司销售X型手机100部，该X型手机含增值税单价2825元/部，甲电信公司给予乙公司10%的折扣，并将销售额和折扣额在同一张发票（的金额栏）上分别注明。

（3）采取以旧换新方式向消费者销售Y型手机200部，该Y型手机含增值税单价3390元/部，换回的旧手机作价237.3元/部，甲电信公司实际收取差价款3152.7元/部。

（4）支付本公司办公用房租金，取得增值税专用发票注明税额20000元；购进打印纸一批，取得增值税专用发票注明税额900元；购进用于员工节日福利的货物，取得增值税专用发票注明税额2210元；支付外出就餐费，取得增值税普通发票注明税额1200元。

已知：销售货物增值税税率为13%。取得的增值税扣税凭证均符合抵扣规定。

要求：

根据上述资料，不考虑其他因素，分析回答下列小题。

1. 甲电信公司的下列收入中，应按照“增值电信服务”税目计缴增值税的是(　　)。

A. 提供语音通话服务的收入50000000元

B. 提供短信服务的收入30000元

C. 提供卫星电视信号落地转接服务的收入7000000元

D. 宽带开户费收入400000元

2. 计算甲电信公司当月采取折扣方式向乙公司销售X型手机增值税销项税额的下列算式中，正确的是(　　)。

A. 100×2825÷（1+13%）×13%

B. 100×2825÷（1+13%）×（1−10%）×13%

C. 100×2825×（1−10%）×13%

D. 100×2825×13%

3. 计算甲电信公司当月采取以旧换新方式向消费者销售Y型手机增值税销项税额的下列算式中，正确的是(　　)。

A. 200×3390×13%

B. 200×3152.7×13%

C. 200×3390÷（1+13%）×13%

D. 200×3152.7÷（1+13%）×13%

4. 计算甲电信公司允许抵扣增值税进项税额的下列算式中，正确的是(　　)。

A. 900+2210

B. 20000+2210+1200

C. 20000+900+2210+1200

D. 20000+900

**【例题 78·不定项选择题】**

甲旅游公司为增值税一般纳税人，主要从事旅游服务，2019 年 10 月有关经营情况如下：

（1）提供旅游服务取得的含增值税收入 720.8 万元，替游客向其他单位支付交通费 53 万元、住宿费 25.44 万元、门票费 25 万元；并支付本单位导游工资 3.18 万元。

（2）将本年购入办公楼对外出租，每月含增值税租金 10 万元，本月一次性收取 3 个月的含增值税租金 30 万元。

（3）购进职工通勤用班车，取得增值税专用发票注明税额 5.6 万元。

（4）购进广告服务，取得增值税专用发票注明税额 0.8 万元。

（5）购进电信服务，取得增值税专用发票注明税额 0.18 万元。

（6）购进会议展览服务，取得增值税专用发票注明税额 2.4 万元。

已知：旅游服务增值税税率为 6%，不动产租赁服务增值税税率为 9%；甲旅游公司提供旅游服务选择差额计税方法计缴增值税。

要求：

根据上述资料，不考虑其他因素，分析回答下列小题。

1. 甲旅游公司的下列支出中，在计算当月旅游服务增值税销售额时，准予扣除的是（　　）。

A. 交通费 53 万元

B. 住宿费 25.44 万元

C. 门票费 25 万元

D. 导游工资 3.18 万元

2. 计算甲旅游公司当月提供旅游服务增值税销项税额的下列算式中，正确的是（　　）。

A. （720.8−25.44−25）×6%

B. （720.8 − 53 − 25.44 − 25）÷（1 + 6%）×6%

C. （720.8−53−3.18）×6%

D. （720.8−53−25.44−25−3.18）÷（1+6%）×6%

3. 计算甲旅游公司当月出租办公楼增值税销项税额的下列算式中，正确的是（　　）。

A. 30÷（1+9%）×9%

B. 10×9%

C. 10÷（1+9%）×9%

D. 30×9%

4. 甲旅游公司的下列进项税额中，准予从销项税额中抵扣的是（　　）。

A. 购进职工通勤用班车所支付的进项税额 5.6 万元

B. 购进广告服务所支付的进项税额 0.8 万元

C. 购进电信服务所支付的进项税额 0.18 万元

D. 购进会议展览服务所支付的进项税额 2.4 万元

**【例题 79·不定项选择题】**

甲酒店为增值税一般纳税人，主要从事餐饮住宿等服务。2019 年 12 月有关经营情况如下：

（1）酒店餐饮部和客房部提供餐饮住宿服务，取得含增值税销售额 742000 元，为答谢长期合作伙伴乙公司，甲酒店为乙公司员工提供一次免费晚宴，同类晚宴的平均含增值税价格为 2850 元。

（2）酒店美容部提供美容服务取得含增值税销售额 28620 元。

（3）酒店停车场提供车辆停放服务取得含增值税销售额 100000 元。

（4）酒店电梯广告位出租取得含增值税销售额 118000 元。

（5）酒店商品部销售商品取得含增值税销售额 200000 元，另收取包装费 1130 元。

（6）购进客房用品，取得增值税专用发

票，注明税额7500元；向农户购进自产农产品用于餐饮服务，农产品收购发票注明买价30430元；购进用于销售的各类商品，取得增值税专用发票注明税额4940元。

(7) 上期留抵税额3500元。

已知：生活服务增值税税率为6%，销售货物增值税税率为13%，农产品扣除率为9%。

要求：

根据上述资料，不考虑其他因素，分析回答下列小题。

1. 计算甲酒店当月销售餐饮和住宿服务增值税销项税额的下列算式中，正确的是(　　)。

A. (742000+2850) ×6%

B. (742000+2850) ÷ (1+6%) ×6%

C. 742000÷ (1+6%) ×6%

D. 742000×6%

2. 甲酒店当月取得的下列销售额中，应该按照“现代服务”税目计算增值税的是(　　)。

A. 餐饮住宿服务取得的销售额742000元

B. 美容服务取得的销售额28620元

C. 车辆停放服务取得的销售额100000元

D. 广告位出租取得的销售额118000元

3. 计算甲酒店当月销售商品增值税销项税额的下列算式中，正确的是(　　)。

A. (200000+1130) ÷ (1+13%) ×13%

B. 200000×13%+1130÷ (1+13%) ×13%

C. (200000+1130) ×13%

D. 200000÷ (1+13%) ×13%+1130×13%

4. 下列各项中，属于甲酒店当月准予抵扣的进项税额的是(　　)。

A. 购进客房用品所支付的进项税额7500元

B. 向农户购进自产农产品按买价30430元乘以扣除率9%计算的进项税额

C. 购进用于销售的各类商品所支付的进项税额4940元

D. 上期留抵税额3500元

【例题80·不定项选择题】

甲公司为增值税一般纳税人，主要从事货物运输服务，2020年8月有关经济业务如下：

(1) 购进办公用小汽车1部，取得增值税专用发票上注明的税额为34000元；购进货车用柴油，取得增值税专用发票上注明的税额为45000元。

(2) 购进职工宿舍用货物，取得增值税专用发票上注明的税额为9000元。

(3) 提供货物运输服务，取得含增值税价款1308000元，同时收取保价费2180元。

(4) 提供货物装卸搬运服务，取得含增值税价款31800元，因损坏所搬运货物，向客户支付赔偿款6200元。

(5) 提供货物仓储服务，取得含增值税价款106000元，另外收取货物逾期保管费21200元。

已知：交通运输服务增值税税率为9%，物流辅助服务增值税税率为6%，上期留抵增值税税额7800元。

要求：

根据上述资料，不考虑其他因素，分析回答下列小题。

1. 甲公司下列增值税进项税额中，准予抵扣的是(　　)。

A. 购进小汽车的进项税额34000元

B. 购进柴油的进项税额45000元

C. 购进职工宿舍用货物的进项税额9000元

D. 上期留抵的增值税税额7800元

2. 甲公司当月提供货物运输服务增值税销项税额的下列计算中，正确的是(　　)。

A. (1308000+2180) ×9%

B. 1308000×9%

C. (1308000+2180) ÷ (1+9%) ×9%

D. 1308000÷ (1+9%) ×9%

3. 甲公司当月提供货物装卸搬运服务增值税销项税额的下列计算中，正确的是(　　)。

A. （31800-6200）×6%

B. 31800×6%

C. 31800÷（1+6%）×6%

D. （31800-6200）÷（1+6%）×6%

4. 甲公司当月提供货物仓储服务增值税销项税额的下列计算中，正确的是(　　)。

A. 106000×（1+6%）×6%

B. 106000×6%

C. （106000+21200）×6%

D. （106000+21200）÷（1+6%）×6%

**【例题 81·不定项选择题】**

甲航空公司为增值税一般纳税人，主要提供国内、国际运输服务。2020 年 9 月有关经营情况如下：

（1）提供国内旅客运输服务取得含增值税收入 8510 万元，特价机票改签、变更费 390.5 万元。

（2）代收转付航空意外保险费 150 万元，代收机场建设费（民航发展基金）214 万元，代收转付其他航空公司客票款 198 万元。

（3）出租飞机广告位取得含增值税收入 254.23 万元，同时收取延期付款违约金 4.52 万元。

已知：交通运输服务增值税税率为 9%，有形动产租赁服务增值税税率为 13%。

要求：

根据上述资料，不考虑其他因素，分析回答下列小题。

1. 甲航空公司提供的下列服务中，适用增值税零税率的是(　　)。

A. 提供国内旅客运输服务取得的收入

B. 提供国内货物运输服务取得的收入

C. 提供国际旅客运输服务取得的收入

D. 提供国际货物运输服务取得的收入

2. 甲航空公司当月取得的下列款项中，应计入销售额计缴增值税的是(　　)。

A. 特价机票改签、变更费 390.5 万元

B. 代收转付航空意外保险费 150 万元

C. 代收机场建设费（民航发展基金）214 万元

D. 代收转付其他航空公司客票款 198 万元

3. 计算甲航空公司当月提供国内旅客运输服务增值税销项税额的下列算式中，正确的是(　　)。

A. （8510+390.5）÷（1+9%）×9%

B. （8510+150+214+198）×9%

C. （8510+214+198）÷（1+9%）×9%

D. （8510+390.5+150+214）×9%

4. 计算甲航空公司当月提供飞机广告位出租服务增值税销项税额的下列算式中，正确的是(　　)。

A. 254.23×13%

B. （254.23+4.52）÷（1+13%）×13%

C. 254.23÷（1+13%）×13%

D. （254.23+4.52）×13%

**【例题 82·不定项选择题】**

甲制药厂为增值税一般纳税人，主要生产和销售降压药、降糖药及免税药。2020 年 9 月有关经济业务如下：

（1）购进降压药原料，取得的增值税专用发票上注明的税额为 100 万元；支付其运输费取得的增值税专用发票上注明的税额为 1.5 万元。

（2）购进免税药原料，取得的增值税专用发票上注明的税额为 48 万元；支付其运输费取得的增值税专用发票上注明的税额为 0.8 万元。

（3）销售降压药 800 箱，取得含增值税价款 960 万元，没收逾期未退还包装箱押金 22.6 万元。

（4）将 10 箱自产的新型降压药赠送给某医院临床使用，成本 3.2 万元/箱，无同类药品销售价格。

（5）销售降糖药 400 箱，其中 300 箱不含增值税单价为 1.4 万元/箱，100 箱不含增值税单价为 1.5 万元/箱。

已知：降压药、降糖药增值税税率为13%，成本利润率为10%。

要求：

根据上述资料，不考虑其他因素，分析回答下列小题。

1. 甲制药厂下列增值税进项税额中，准予抵扣的是(　　)。

A. 购进降压药原料运输费的进项税额 1.5 万元

B. 购进降压药原料的进项税额 100 万元

C. 购进免税药原料的进项税额 48 万元

D. 购进免税药原料运输费的进项税额 0.8 万元

2. 甲制药厂当月销售降压药增值税销项税额的下列计算列式中，正确的是(　　)。

A. （960+22.6）×13%

B. （960+22.6）÷（1+13%）×13%

C. 960×13%

D. ［960+22.6÷（1+13%）］×13%

3. 甲制药厂当月赠送新型降压药增值税销项税额的下列计算列式中，正确的是(　　)。

A. 10×3.2÷（1+13%）×13%

B. 10×3.2×（1+10%）÷（1+13%）×13%

C. 10×3.2×（1+10%）×13%

D. 10×3.2×13%

4. 甲制药厂当月销售降糖药增值税销项税额的下列计算列式中，正确的是(　　)。

A. （1.4×300+100×1.5）×13%

B. （1.4×300+100×1.5）÷（1+13%）×13%

C. 1.4×400×13%

D. 1.5×400×13%

## 经典大题精析参考答案及解析

“扫码看解析”

使用“微信”或“会计云课堂”App 扫右方二维码，对答案、看解析、掌握解题思路，开启轻松过关之旅。

【例题 72·不定项选择题】

1. 【答案】A

**解析：**（1）销售货物同时收取的手续费属于价外费用，应当依法计税，选项 D 未考虑价外费用，错误；（2）价外费用属于含税收入，“33.9 万元”题目亦明确交代为含税收入，均应价税分离，选项 B 手续费未作价税分离，选项 C 均未作价税分离，错误。

2. 【答案】A

**解析：**（1）已知条件已经交代适用 9%增值税税率，选项 CD 错误；（2）增值税专用发票上注明的价款为不含增值税价款，无须价税分离，选项 B 错误。

3. 【答案】B

**解析：**（1）客车不属于金银首饰，应以不含增值税的新货价为计税销售额，新车单价 = 旧货作价 + 实际收取的差价款 = 5 + 17.8，选项 AD 直接以差价款计税，错误；（2）“5 万元”“17.8 万元”均为含税价，应当价税分离，选项 B 正确，选项 C 错误。

4. 【答案】ACD

**解析：**（1）选项 AD：不论自产的货物，还是外购的货物，用于“投分送”（投资、分配、赠送），均视同销售货物。（2）选项 B：将“外购”的货物用于集体福利、个人消费，不视同销售货物；但将

"自产"的货物用于集体福利、个人消费，视同销售货物。(3) 选项C：销售代销的货物，视同销售货物。

【例题73·不定项选择题】

1.【答案】ABC

解析：选项D：取得增值税"普通"发票，其进项税额不得抵扣。

2.【答案】B

解析：(1) 取得注明旅客身份信息的铁路车票的，计算抵扣进项税额［计算公式：铁路旅客运输进项税额=票面金额÷(1+9%)×9%］；(2) 取得注明旅客身份信息的公路、水路等其他客票的，计算抵扣进项税额［计算公式：公路、水路等其他旅客运输进项税额=票面金额÷(1+3%)×3%］。

3.【答案】A

解析：(1) 纳税人采取赊销和分期收款方式销售货物，增值税纳税义务发生时间为书面合同约定的收款日期当天，无书面合同的或者书面合同没有约定收款日期的，为货物发出的当天；在本题中，分期收款方式销售A型设备约定了收款日期，应以不含增值税的本月应收金额为计税销售额。(2) 采取预收货款方式销售货物，增值税纳税义务发生时间为货物发出的当天，但生产销售生产工期超过12个月的大型机械设备、船舶、飞机等货物，为收到预收款或书面合同约定的收款日期的当天；在本题中，B型设备的生产工期为18个月，纳税义务发生时间应为收到预收款的当天或书面合同约定的收款日期的当天。

4.【答案】B

解析：境外单位或者个人在境内发生应税行为，在境内未设有经营机构的，扣缴义务人按照下列公式计算应扣缴税额：应扣缴税额=购买方支付的价款÷(1+税率)×税率。

【例题74·不定项选择题】

1.【答案】B

解析：(1) 贷款服务、直接收费金融服务，均全额计税，支付的存款利息不得减除，排除选项CD；(2) 题目明确交代"6360万元""1272万元"均为含增值税价，应价税分离，选项A未进行价税分离，错误。

2.【答案】B

解析：(1) 金融商品转让，按照卖出价扣除买入价后的余额为销售额，排除选项AD。(2) 转让金融商品出现的正负差，按盈亏相抵后的余额为销售额；若相抵后出现负差，可结转下一纳税期与下期转让金融商品销售额相抵（选项B正确，选项C错误），但年末时仍出现负差的，不得转入下一个会计年度。

3.【答案】ABC

解析：选项D：购进货物用于集体福利、个人消费的，对应的进项税额不得抵扣。

4.【答案】C

解析：甲银行该业务应缴纳的增值税=含税售价÷(1+3%)×2%=10.3÷(1+3%)×2%=0.2(万元)。

【例题75·不定项选择题】

1.【答案】B

解析：(1)"奖励款21.8万元"属于价外费用，应计税，排除选项CD；(2)"2180万元"题目明确交代为含增值税价，价外费用"21.8万元"也是含税金额，均应作价税分离，选项A错误，选项B正确。

2.【答案】A

解析：(1) 纳税人提供建筑服务适用简易计税方法的，以取得的全部价款和价外费用"扣除支付的分包款后的余额"为销售额，选项CD排除；(2) 题目明确交代"5665万元"和"1030万元"均为含税金额，其差额应价税分离，选项A正确，选项B错误。

3. 【答案】BD

**解析：**（1）选项 A：支付分包款取得的是增值税普通发票，不属于增值税的合法扣税凭证，不得抵扣进项税额；另外，这里同时属于外购服务用于简易计税方法项目，不得抵扣进项税额。（2）选项 C：由于该劳务派遣服务用于简易计税方法项目，不得抵扣进项税额。（3）选项 D：进口的专用设备兼（混）用于一般计税方法项目和简易计税方法项目，其进项税额可以全部抵扣。

4. 【答案】B

**解析：**纳税人销售活动板房、机器设备、钢结构件等自产货物的同时提供建筑、安装服务，不属于混合销售，应"分别核算"货物和建筑服务的销售额，"分别适用"不同的税率或者征收率。

【例题 76 · 不定项选择题】

1. 【答案】C

**解析：**（1）"房企卖房一般余"*，应余额计税，选项 AB 错误；（2）"16000 万元"题目明确为含增值税价款，应当价税分离，选项 C 正确，选项 D 错误。

2. 【答案】BCD

**解析：**（1）选项 A：办公自用时不需要缴纳增值税，未来如果出售，出售时考虑计税即可；（2）选项 B：按照"销售现代服务——租赁服务"缴纳增值税；（3）选项 C：抵偿债务是特殊销售方式，应按照"销售不动产"缴纳增值税；（4）选项 D：视同销售不动产缴纳增值税。

3. 【答案】BD

**解析：**（1）选项 A：纳税人接受贷款服务向贷款方支付的与该笔贷款直接相关的投融资顾问费、手续费、咨询费等费用，不得抵扣进项税额；（2）选项 C：取得的是增值税"普通"发票，不属于合法扣税凭证，不得抵扣进项税额。

4. 【答案】B

**解析：**已抵扣进项税额的固定资产或者无形资产，发生税法规定的不得从销项税额中抵扣情形的，按照下列公式计算不得抵扣的进项税额：不得抵扣的进项税额 = 固定资产、无形资产净值**×适用税率。

【例题 77 · 不定项选择题】

1. 【答案】BC

**解析：**（1）选项 A：属于基础电信服务；（2）选项 D：固定电话、有线电视、宽带、水、电、燃气、暖气等经营者向用户收取的安装费、初装费、开户费、扩容费以及类似收费，按照"建筑服务——安装服务"缴纳增值税。

2. 【答案】B

**解析：**（1）因为乙公司购买量大而给予的折扣，属于商业折扣。（2）由于销售额和折扣额在同一张发票（的"金额"栏内）注明，应以不含增值税的折后价为计税销售额；选项 CD 未作价税分离，错误；选项 A 未减除折扣额，错误。

3. 【答案】C

**解析：**手机不属于金银首饰，应以不含增值税的新货价为计税销售额。选项 BD 以差价计税，错误；选项 A 未价税分离，错误。

4. 【答案】D

**解析：**（1）购进货物用于集体福利（员工节日福利），不得抵扣进项税额，"2210 元"不得抵扣，选项 ABC 错误；（2）购进的贷款服务、餐饮服务、居民日常服务和娱乐服务，不得抵扣进项税额，"支付外出就餐费"不论取得何种发票均不得抵扣进项税额。

---

* 房地产开发企业中的一般纳税人销售其开发的房地产项目（选择简易计税方法的房地产老项目除外），以取得的全部价款和价外费用，扣除受让土地时向政府部门支付的土地价款后的余额为销售额。

** 由于原用于可抵扣用途，净值不含增值税，不必价税分离。

【例题 78·不定项选择题】

1. 【答案】ABC

解析：纳税人提供旅游服务，可以选择以取得的全部价款和价外费用，扣除向旅游服务购买方收取并支付给其他单位或者个人的住宿费（选项 B）、餐饮费、交通费（选项 A）、签证费、门票费（选项 C）和支付给其他接团旅游企业的旅游费用后的余额为销售额。

2. 【答案】B

解析：（1）支付本单位导游工资不属于可以减除的费用，排除选项 CD；（2）题目明确交代“720.8 万元”为含增值税收入，对应的允许减除的支出亦为含增值税支出，应价税分离，选项 A 未进行价税分离，错误。

3. 【答案】A

解析：（1）纳税人销售租赁服务采取预收款方式的，其纳税义务发生时间为收到预收款的当天；因此，本月一次性收取的 3 个月租金均应在本月申报缴纳增值税，排除选项 BC。（2）题目明确交代收取的是含增值税租金，应价税分离，选项 D 未对“30 万元”进行价税分离，错误。

4. 【答案】BCD

解析：选项 A：购进货物（班车）专用于集体福利（职工通勤），不得抵扣进项税额。

【例题 79·不定项选择题】

1. 【答案】B

解析：（1）题目明确交代“742000 元”“2850 元”均为含增值税价，应价税分离，排除选项 AD；（2）为乙公司员工提供的免费晚宴，不属于“用于公益事业或者以社会公众为对象”，应视同销售餐饮服务，选项 C 未对该项业务按视同销售餐饮服务处理，错误。

2. 【答案】CD

解析：选项 AB：按照“生活服务”税目计算增值税。

3. 【答案】A

解析：（1）销售货物同时收取的包装费属于价外费用，应价税分离并入销售额，排除选项 CD；（2）“200000 元”题目明确交代为含增值税销售额，亦应价税分离，排除选项 B。

4. 【答案】ABCD

解析：（1）选项 B：向农户购进自产农产品用于餐饮服务可以抵扣的进项税额 = 买价×扣除率 = 30430×9%；（2）选项 D：上期留抵税额可以在本期继续抵扣。

【例题 80·不定项选择题】

1. 【答案】ABD

解析：选项 C：购进货物用于集体福利、个人消费，不得抵扣进项税额。

2. 【答案】C

解析：（1）甲公司提供货物运输服务同时收取的保价费，应作为价外费用处理，选项 BD 错误；（2）“2180 元”是价外费用，属于含增值税收入，而“1308000 元”题目亦明确交代为含增值税收入，应价税分离，选项 A 错误。

3. 【答案】C

解析：（1）向客户“支付”（而非“收取”）的赔偿款，不属于甲公司的收入，不应计缴增值税；而销售装卸搬运服务并无余额计税的规定，赔偿款支出也不得从销售额中扣除，选项 AD 错误。（2）“31800 元”题目明确交代为含增值税价款，应当价税分离，选项 B 错误，选项 C 正确。

4. 【答案】D

解析：甲公司收取的货物逾期保管费属于在逾期期间取得的货物仓储服务收入，应当依法并入提供货物仓储服务取得的销售额计算销项税额。

【例题 81·不定项选择题】

1. 【答案】CD

解析：境内单位和个人销售的国际运输服务，适用增值税零税率。

2. 【答案】A

解析：(1) 选项A：属于价外费用，应价税分离后并入销售额；(2) 选项B：销售货物或者服务同时代办保险等而向购买方收取的保险费，不包括在销售额内；(3) 选项CD：航空运输企业的销售额，不包括代收的机场建设费和代售其他航空运输企业客票而代收转付的价款。

3. 【答案】A

解析：参考本题第2小题解析，由于“150万元”“214万元”和“198万元”均不应计入销售额，选项BCD全部排除。

4. 【答案】B

解析：(1) 题目明确交代“254.23万元”为含增值税收入，应当价税分离，选项AD错误；(2) 甲航空公司收取的延期付款违约金4.52万元属于价外费用，应价税分离后并入销售额，选项C错误。

【例题82·不定项选择题】

1. 【答案】AB

解析：选项CD：购进货物、接受交通运输服务用于免税项目的，对应的进项税额不得抵扣。

2. 【答案】B

解析：(1) 降压药属于非酒类产品，其包装物押金在逾期没收时应价税分离后并入销售额计税，选项C未将逾期没收的包装物押金作销售处理，错误；(2) “960万元”和“22.6万元”均为含增值税收入，均应价税分离，选项A完全未作价税分离，选项D仅对“22.6万元”作价税分离，均为错误选项。

3. 【答案】C

解析：(1) 将自产的货物（新型降压药）用于赠送，应当视同销售货物处理；(2) 该新型降压药并无同类药品销售价格，应按组成计税价格核定销售额，降压药并非应税消费品，组成计税价格=成本×（1+成本利润率）=10×3.2×（1+10%），销项税额=组成计税价格×税率=10×3.2×（1+10%）×13%。

4. 【答案】A

解析：(1) 本题属于直接销售，直接以不含增值税的销售额（1.4×300+1.5×100）为依据计算销项税额即可，与最低价、最高价、平均价等均无关，排除选项CD；(2) 题目已明确“1.4万元”和“1.5万元”均为不含增值税单价，不需要价税分离，排除选项B。



## 同步强化练习题

### 一、单项选择题

1. 下列税种中，采用超率累进税率的是(    )。

A. 土地增值税

B. 房产税

C. 个人所得税

D. 城镇土地使用税

2. 根据增值税法律制度的规定，下列各项中，应按照“现代服务”税目计缴增值税的是(　　)。

A. 经营租赁服务

B. 融资性售后回租

C. 保险服务

D. 旅游娱乐服务

3. 根据增值税法律制度的规定，下列各项业务中，属于“金融服务——贷款服务”的是(　　)。

A. 资金结算

B. 资产管理

C. 金融支付

D. 融资性售后回租

4. 根据增值税法律制度的规定，下列行为中，应视同销售货物征收增值税的是(　　)。

A. 购进货物用于个人消费

B. 购进货物用于免税项目

C. 购进货物用于无偿赠送其他单位

D. 购进货物用于集体福利

5. 根据增值税法律制度的规定，下列各项中，应征收增值税的是(　　)。

A. 被保险人获得的保险赔付

B. 航空公司根据国家指令无偿提供用于公益事业的航空运输服务

C. 存款利息

D. 母公司向子公司出售不动产

6. 根据增值税法律制度的规定，下列各项中，应按照“销售加工、修理修配劳务”税目计缴增值税的是(　　)。

A. 制衣厂员工为本厂提供的加工服装服务

B. 有偿提供安装中央空调服务

C. 有偿提供修理设备服务

D. 有偿提供出租车运输服务

7. 2020 年 5 月 8 日，甲公司与乙公司签订了买卖电脑的合同，双方约定总价款为 80 万元。6 月 3 日，甲公司就 80 万元货款全额开具了增值税专用发票，6 月 10 日，甲公司收到乙公司第一笔货款 45 万元，6 月 20 日，甲公司收到乙公司第二笔货款 35 万元。根据增值税法律制度的规定，甲公司增值税纳税义务发生时间为(　　)。

A. 5 月 8 日　　B. 6 月 3 日

C. 6 月 10 日　　D. 6 月 20 日

8. 根据增值税法律制度的规定，下列关于增值税纳税义务发生时间的表述中，不正确的是(　　)。

A. 纳税人发生应税行为先开具发票的，为开具发票的当天

B. 纳税人发生视同销售无形资产的，为无形资产转让完成的当天

C. 纳税人提供租赁服务采取预收款方式的，为租期届满的当天

D. 纳税人从事金融商品转让的，为金融商品所有权转移的当天

9. 根据增值税法律制度的规定，一般纳税人销售货物向购买方收取的下列款项中，不计入销售额计算销项税额的是(　　)。

A. 代办保险收取的保险费

B. 优质费

C. 违约金

D. 手续费

10. 某增值税一般纳税人提供咨询服务，取得含税收入 325 万元，取得奖金 5.3 万元。咨询服务的增值税税率为 6%，该业务应计算的销项税额是(　　)。

A. （325+5.3）÷（1+6%）×6%

B. 325÷（1+6%）×6%

C. ［325÷（1+6%）+5.3］×6%

D. 325×6%

11. 甲公司为增值税一般纳税人，2020 年 10 月采取折扣方式销售货物一批，该批货物不含税销售额 10000 元，折扣额 1000 元，销售额和折扣额在同一张发票的金额栏分别注明。已知增值税税率为 13%。甲公司当月该笔业务增值税销项税额的下列计算列式中，正确的是(　　)。

A. （10000-1000）÷（1+13%）×13%

B. 10000×13%

C. 10000÷（1+13%）×13%

D. （10000-1000）×13%

12. 甲公司是增值税一般纳税人，2020年9月采取以旧换新方式销售A型洗衣机50台，A型洗衣机含增值税销售单价3390元/台，旧洗衣机作价113元/台。已知增值税税率为13%。有关甲公司当月以旧换新方式销售A型洗衣机的增值税销项税额，下列计算列式正确的是(　　)。

A. 50×3390×13%

B. 50×（3390-113）÷（1+13%）×13%

C. 50×3390÷（1+13%）×13%

D. 50×（3390-113）×13%

13. 甲企业为增值税一般纳税人，2020年8月销售空调取得含增值税价款780.6万元，另收取包装物押金5.65万元，约定3个月内返还，当月确认逾期不予退还的包装物押金为11.3万元。已知增值税税率为13%。计算甲企业当月上述业务增值税销项税额的下列算式中，正确的是(　　)。

A. （780.6+11.3）÷（1+13%）×13%

B. （780.6+5.65+11.3）÷（1+13%）×13%

C. （780.6+5.65+11.3）×13%

D. （780.6+11.3）×13%

14. 甲服装厂为增值税一般纳税人，2020年9月将自产的100件新型羽绒服作为福利发给本厂职工，该新型羽绒服生产成本为单件1030元，增值税税率为13%，成本利润率为10%。计算甲服装厂当月该笔业务增值税销项税额的下列算式中，正确的是(　　)。

A. 100×1030×13%

B. 100×1030×（1+10%）×13%

C. 100×1030×（1+10%）÷（1+13%）×13%

D. 100×1030÷（1+13%）×13%

15. 根据增值税法律制度的规定，选择差额计税的旅游公司发生的下列支出中，在确定增值税销售额时可以扣除的是(　　)。

A. 支付的广告制作费

B. 替旅游者支付的酒店住宿费

C. 支付的导游工资

D. 支付的办公室租金

16. 甲商场为增值税一般纳税人，本月售出A产品100套，合计含税售价为10735元；为回馈老客户，当月又无偿赠送B产品80套，B产品在甲商场正常的零售单价为56.5元/套。已知增值税税率为13%，有关甲商场上述业务的销项税额，下列计算正确的是(　　)。

A. 10735×13%

B. 10735÷（1+13%）×13%

C. （10735+56.5×80）×13%

D. （10735+56.5×80）÷（1+13%）×13%

17. 甲食品厂2020年9月将职工食堂专用的一台设备改用于生产车间生产食品。甲食品厂针对上述业务作出的下列处理中，符合增值税法律制度规定的是(　　)。

A. 凭该设备购进时取得的增值税专用发票，在2020年9月作转增进项税额处理

B. 凭该设备购进时取得的增值税普通发票，在2020年9月作转增进项税额处理

C. 凭该设备购进时取得的增值税专用发票，在2020年10月作转增进项税额处理

D. 凭该设备购进时取得的增值税普通发票，在2020年10月作转增进项税额处理

18. 根据增值税法律制度的规定，一般纳税人选择简易办法计算缴纳增值税后，在一定期限内不得变更，该期限为(　　)。

A. 6个月　　B. 36个月

C. 24个月　　D. 18个月

19. 甲商店为增值税小规模纳税人，2020年8月销售商品取得含税销售额606000元，

购入商品取得普通发票注明金额 10000 元。已知，该小规模纳税人减按 1%征收率征收增值税。当月应缴纳增值税税额的下列计算列式中，正确的是（　　）。

A. 606000÷（1+1%）×1%-10000×1%

B. 606000×1%

C. 606000×1%-10000×1%

D. 606000÷（1+1%）×1%

20. 甲公司为增值税一般纳税人，2020 年 9 月从国外进口一批音响，海关核定的关税完税价格为 105 万元，缴纳关税 10.5 万元。已知增值税税率为 13%，甲公司该笔业务应缴纳增值税税额的下列计算中，正确的是（　　）。

A. 105×13%

B. （105+10.5）×13%

C. 105÷（1+13%）×13%

D. （105+10.5）÷（1+13%）×13%

21. 根据增值税法律制度的规定，下列各项中，属于免税项目的是（　　）。

A. 养老机构提供的养老服务

B. 装修公司提供的装饰服务

C. 企业转让著作权

D. 体育彩票的代销手续费收入

22. 下列增值税纳税人中，以 1 个月为纳税期限的是（　　）。

A. 商业银行　　B. 财务公司

C. 信托投资公司　　D. 保险公司

23. 根据增值税法律制度的规定，一般纳税人发生的下列业务中，允许开具增值税专用发票的是（　　）。

A. 房地产开发企业向消费者个人销售房屋

B. 百货公司向小规模纳税人零售食品

C. 超市向消费者个人销售黄酒

D. 服装公司向一般纳税人销售劳保服装

24. 根据增值税法律制度的规定，增值税一般纳税人从事的下列行为中，可以开具增值税专用发票的是（　　）。

A. 商店向一般纳税人出售办公用品

B. 书店向消费者个人销售图书

C. 律师事务所免费为社会公众提供法律咨询服务

D. 航空公司向旅客个人提供有偿运输服务

## 二、多项选择题

1. 下列税种中，由海关负责征收和管理的有（　　）。

A. 关税　　B. 烟叶税

C. 船舶吨税　　D. 资源税

2. 下列各项中，属于我国现行税收法律制度规定适用的税率形式的有（　　）。

A. 全额累进税率

B. 定额税率

C. 比例税率

D. 超率累进税率

3. 根据增值税法律制度的规定，下列各项中，应按照“交通运输服务”税目计缴增值税的有（　　）。

A. 车辆停放服务　　B. 湿租业务

C. 程租业务　　D. 期租业务

4. 根据增值税法律制度的规定，下列有关增值税纳税义务发生时间的表述中，正确的有（　　）。

A. 纳税人采取托收承付方式销售货物的，为发出货物并办妥托收手续的当天

B. 纳税人采取赊销和分期收款方式销售货物的，为货物发出的当天

C. 纳税人采取预收货款方式销售货物的，为收到预收款的当天

D. 纳税人发生视同销售货物行为（委托他人代销、销售代销货物除外），为货物移送的当天

5. 根据增值税法律制度的规定，下列各项中，不征收增值税的有（　　）。

A. 公积金管理中心代收的住宅专项维修资金

B. 被保险人获得的医疗保险赔付

C. 保险人取得的财产保险费收入

D. 物业管理单位收取的物业费

6. 甲企业（一般纳税人）主要从事洗衣机的生产和销售，2020年9月份发生下列购进业务，准予依法抵扣进项税额的有（　　）。
A. 进口设备一台，取得海关进口增值税专用缴款书
B. 购进办公用打印纸一批，取得销售方开具的增值税专用发票
C. 接受某设计公司提供的设计服务，取得服务提供方开具的增值税普通发票
D. 从境外单位手中受让位于境内的办公室一处，取得代扣代缴税款的完税凭证

7. 根据增值税法律制度的规定，一般纳税人购进货物发生的下列情形中，不得从销项税额中抵扣进项税额的有（　　）。
A. 将购进的货物分配给股东
B. 将购进的货物用于个人消费
C. 将购进的货物无偿赠送给高级客户
D. 将购进的货物用于集体福利

8. 根据增值税法律制度的规定，一般纳税人购进货物、服务发生的下列情形中，不得从销项税额中抵扣进项税额的有（　　）。
A. 购进原材料试制新产品
B. 购进生产免税货物用材料
C. 购进餐饮服务
D. 购进娱乐服务

9. 根据增值税法律制度的规定，一般纳税人的下列行为中，可以选择适用简易计税方法的有（　　）。
A. 电影放映服务
B. 港口码头服务
C. 装卸搬运服务
D. 公共交通运输服务

10. 根据增值税法律制度的规定，下列各项中，免予缴纳增值税的有（　　）。
A. 果农销售自产水果
B. 药店销售避孕药品
C. 李某销售自己使用过的空调
D. 直接用于教学的进口设备

11. 根据增值税法律制度的规定，下列服务中，免征增值税的有（　　）。
A. 学生勤工俭学提供的服务
B. 火葬场提供的殡葬服务
C. 医疗机构提供的医疗服务
D. 婚姻介绍所提供的婚姻介绍服务

## 三、判断题

1. 以货币资金投资收取的固定利润或者保底利润，按照租赁服务缴纳增值税。（　　）

2. 甲汽车租赁公司本月出租汽车取得租赁费40万元（不含税，下同），出租车身广告位取得广告费10万元。根据增值税法律制度的规定，甲汽车租赁公司本月取得的全部收入按租赁服务缴纳增值税。（　　）

3. 单位或者个体工商户聘用的员工为本单位或者雇主提供加工、修理修配劳务，不征收增值税。（　　）

4. 境外的单位或者个人在境内销售劳务，在境内未设有经营机构也没有境内代理人的，以购买方为增值税扣缴义务人。（　　）

5. 除个体工商户以外的其他个人不属于增值税一般纳税人。（　　）

6. 根据增值税法律制度的规定，采取直接收款方式销售货物，不论货物是否发出，均在收到销售款或者取得索取销售款凭据的当天确认发生增值税纳税义务。（　　）

7. 一般纳税人外购货物发生非正常损失的，该外购货物的增值税进项税额不得从销项税额中抵扣。（　　）

8. 出口货物适用零税率，是指在货物出口环节不征增值税，但在国内已经缴纳的增值税不进行退还，其实际效果相当于免税。（　　）

9. 个人转让著作权免征增值税。（　　）

10. 增值税一般纳税人向消费者个人销售化妆品，不得开具增值税专用发票。（　　）

11. 纳税人采取以旧换新方式销售金项链，

应按照其实际收取的不含增值税的全部价款征收增值税。 （ ）

12. 增值税纳税人以1个月或者1个季度为1个纳税期的，自期满之日起30日内申报纳税。 （ ）

## 四、 不定项选择题

**【案例1】**

甲公司为增值税一般纳税人，主要从事彩电的生产与销售业务。2019年8月有关经营情况如下：

（1）销售A型彩电，取得含增值税价款8000000元，另收取包装物租金56500元。

（2）采取以旧换新方式销售B型彩电500台，B型彩电同期含增值税销售单价4820元/台，旧彩电每台折价316.4元。

（3）购进生产用原材料，取得增值税专用发票注明税额90000元。

（4）购进劳保服装，取得增值税普通发票注明税额500元。

（5）购进一辆管理部门和职工食堂混用的货车，取得税控机动车销售统一发票注明税额8000元。

（6）组织职工夏季旅游，支付住宿费，取得增值税专用发票注明税额1200元。

（7）将自产C型彩电无偿赠送给某医院200台，委托某商场代销1000台，作为投资提供给某培训机构500台；购进50台电脑奖励给优秀员工。

已知：增值税税率为13%。

要求：

根据上述资料，不考虑其他因素，分析回答下列小题。

1. 计算甲公司当月销售A型彩电增值税销项税额的下列算式中，正确的是（ ）。

A. （8000000+56500）÷（1+13%）×13%

B. 8000000÷（1+13%）×13%

C. 8000000×13%

D. （8000000+56500）×13%

2. 计算甲公司当月采取以旧换新方式销售B型彩电增值税销项税额的下列算式中，正确的是（ ）。

A. 500×[4820÷(1+13%)-316.4]×13%

B. 500×(4820-316.4)÷(1+13%)×13%

C. 500×4820÷（1+13%）×13%

D. 500×（4820-316.4）×13%

3. 甲公司的下列进项税额中，准予从销项税额中抵扣的是（ ）。

A. 购进生产用原材料的进项税额90000元

B. 购进劳保服装的进项税额500元

C. 购进货车的进项税额8000元

D. 支付住宿费的进项税额1200元

4. 甲公司的下列业务中，属于增值税视同销售货物行为的是（ ）。

A. 将自产的200台C型彩电无偿赠送给某医院

B. 将自产的1000台C型彩电委托某商场代销

C. 将自产的500台C型彩电作为投资提供给某培训机构

D. 将购进的50台电脑奖励给优秀员工

**【案例2】**

甲公司为增值税一般纳税人，主要从事小汽车生产和销售业务，2020年12月有关经营情况如下：

（1）进口生产用小汽车发动机，海关审定关税完税价格650万元，缴纳关税34.8万元，依法缴纳了进口环节增值税并取得海关进口增值税专用缴款书。

（2）购进生产用原材料，取得增值税专用发票注明税额1.5万元；购进生产车间用电，取得增值税普通发票注明税额18万元；购进办公用打印机，取得增值税专用发票注明税额0.2万元；购进职工食堂用餐具，取得增值税专用发票注明税额0.26万元。

（3）向多家客户销售自产A型小汽车，甲公司已向客户分别开具增值税专用发票，不含增值税销售额合计5800万元，因个别客户资金紧张，当月实际收到不含增值税销售额4746万元。

（4）将80辆自产B型小汽车作为投资提供给乙汽车租赁公司，将5辆自产B型小汽车无偿赠送给关联企业丙公司，将10辆自产B型小汽车奖励给优秀员工，将1辆自产B型小汽车移送职工食堂使用。

已知：增值税税率为13%。

要求：

根据上述资料，不考虑其他因素，分析回答下列小题。

1. 计算甲公司当月进口小汽车发动机应缴纳增值税税额的下列算式中，正确的是(　　)。

A. （650+34.8）×13%

B. （650+34.8）÷（1+13%）×13%

C. 650×13%

D. 650÷（1+13%）×13%

2. 甲公司当月的下列进项税额中，准予从销项税额中抵扣的是(　　)。

A. 购进生产用原材料的进项税额1.5万元

B. 购进生产车间用电的进项税额18万元

C. 购进办公用打印机的进项税额0.2万元

D. 购进职工食堂用餐具的进项税额0.26万元

3. 计算甲公司当月销售A型小汽车增值税销项税额的下列算式中，正确的是(　　)。

A. 5800×13%

B. 5800÷（1+13%）×13%

C. 4746×13%

D. 4746÷（1+13%）×13%

4. 甲公司当月自产B型小汽车的下列业务中，属于增值税视同销售货物行为的是(　　)。

A. 将80辆自产B型小汽车作为投资提供给乙汽车租赁公司

B. 将5辆自产B型小汽车无偿赠送给关联企业丙公司

C. 将10辆自产B型小汽车奖励给优秀员工

D. 将1辆自产B型小汽车移送职工食堂使用

**【案例3】**

甲公司为增值税一般纳税人，主要从事玩具生产和销售业务。2020年11月有关经营情况如下：

（1）购进生产用原材料，取得增值税专用发票注明税额22500元；另支付运输费，取得增值税专用发票注明税额1800元。

（2）购进生产用设备，取得增值税普通发票注明税额2580元。

（3）采取预收货款方式销售拼装玩具。11月2日与客户签订销售合同，11月5日预收全部货款，11月22日发出货物，11月26日客户收到货物。

（4）销售电动玩具取得含税销售额336000元，销售未使用的原材料取得含税销售额45200元。

（5）受托加工玩具，取得含税加工费53400元。

（6）销售玩具设计服务，取得含税销售额31800元。

（7）无偿赠送一批生产成本为6000元的毛绒玩具给儿童福利院，该批毛绒玩具的同类含税销售价格为9540元。

（8）上期留抵增值税税额为1190元。

已知：销售货物、销售劳务增值税税率为13%，销售设计服务增值税税率为6%；毛绒玩具的成本利润率为10%。

要求：

根据上述资料，不考虑其他因素，分析回答下列小题。

1. 甲公司的下列进项税额中，准予从销项税额中抵扣的是(　　)。

A. 购进生产用原材料的进项税额22500元

B. 支付运输费的进项税额1800元

C. 购进生产用设备的进项税额 2580 元

D. 上期留抵增值税税额 1190 元

2. 甲公司当月采取预收货款方式销售拼装玩具，其增值税纳税义务发生时间是(　　)。

A. 11 月 2 日　　B. 11 月 5 日

C. 11 月 22 日　　D. 11 月 26 日

3. 计算甲公司当月下列业务增值税销项税额的算式中，正确的是(　　)。

A. 销售电动玩具的销项税额 = 336000 ÷（1+13%）×13%

B. 销售未使用的原材料的销项税额 = 45200×13%

C. 受托加工玩具的销项税额 = 53400 ÷（1+13%）×13%

D. 销售玩具设计服务的销项税额 = 31800×6%

4. 计算甲公司当月无偿赠送儿童福利院毛绒玩具增值税销项税额的下列算式中，正确的是(　　)。

A. 6000×（1+10%）×13%

B. 9540÷（1+13%）×13%

C. 9540÷（1+13%）×13%-6000×13%

D. （9540-6000）×13%

**【案例 4】**

甲商业银行 C 分行为增值税一般纳税人，主要提供存款、贷款、货币兑换、基金管理、资金结算、金融商品转让等相关金融服务，2020 年第 3 季度有关经营情况如下：

（1）取得含增值税贷款利息收入 6540 万元，支付存款利息 1590 万元；取得含增值税转贷利息收入 530 万元，支付转贷利息 500 万元。

（2）本季度销售一批债券，卖出价 805.6 万元，该批债券买入价 750 万元，除此之外无其他金融商品买卖业务，上一纳税期金融商品买卖销售额为正差且已纳税。

（3）租入办公用房，取得增值税专用发票注明税额 15 万元；对该房屋进行装修，支付装修费取得增值税专用发票注明税额 11 万元。

已知：金融服务增值税税率为 6%。

要求：

根据上述资料，不考虑其他因素，分析回答下列小题。

1. 甲商业银行 C 分行提供的下列金融服务中，应按照“金融服务——直接收费金融服务”税目计缴增值税的是(　　)。

A. 贷款　　B. 货币兑换

C. 基金管理　　D. 资金结算

2. 计算甲商业银行 C 分行第 3 季度贷款及转贷业务增值税销项税额的下列算式中，正确的是(　　)。

A. （6540-1590+530-500）÷(1+6%)×6%

B. （6540-1590+530）÷（1+6%）×6%

C. （6540+530）÷（1+6%）×6%

D. （6540+530-500）÷（1+6%）×6%

3. 有关甲商业银行 C 分行第 3 季度金融商品买卖业务应确认的增值税销项税额，下列算式中，正确的是(　　)。

A. 805.6×6%

B. （805.6+750）÷（1+6%）×6%

C. 805.6÷（1+6%）×6%

D. （805.6-750）÷（1+6%）×6%

4. 关于甲商业银行 C 分行第 3 季度租入办公用房及装修业务增值税进项税额抵扣的下列表述中，正确的是(　　)。

A. 租入办公用房进项税额 15 万元允许在当期全额抵扣，装修费进项税额 11 万元只允许在当期抵扣 60%

B. 租入办公用房进项税额 15 万元及装修费进项税额 11 万元都不允许抵扣

C. 租入办公用房进项税额 15 万元及装修费进项税额 11 万元都允许在当期抵扣

D. 租入办公用房进项税额 15 万元及装修费进项税额 11 万元允许在当期抵扣 60%

**【案例 5】**

甲酒店为增值税一般纳税人，主要提供餐

饮服务、住宿服务、会议服务和车辆停放服务。2019 年 10 月有关经营情况如下：

（1）提供住宿服务，取得含增值税销售额 954000 元。

（2）提供会议服务，取得含增值税销售额 358704 元。

（3）购进一处房产用作办公场所，取得增值税专用发票注明税额 53400 元。

（4）上月购进一批低值易耗品因管理不善丢失，账面成本 11000 元，该批低值易耗品的进项税额已申报抵扣。

（5）支付员工张某出差交通费用，取得增值税电子普通发票；支付员工王某出差交通费用，取得注明王某身份信息的航空运输电子客票行程单；支付员工李某出差交通费用，取得注明李某身份信息的铁路车票；支付员工赵某出差交通费用，取得注明赵某身份信息的长途客车票。

已知：生活服务、现代服务（租赁服务除外）增值税税率为 6%，丢失的低值易耗品增值税税率为 13%。

要求：

根据上述资料，不考虑其他因素，分析回答下列小题。

1. 甲酒店下列经营业务中，应按照“现代服务”税目计缴增值税的是(　　)。

A. 餐饮服务　　B. 住宿服务

C. 会议服务　　D. 车辆停放服务

2. 根据业务（3）、（4），计算甲酒店当月允许抵扣的增值税进项税额的下列算式中，正确的是(　　)。

A. 53400－11000×13%

B. 53400×40%－11000×13%

C. 53400×60%－11000×13%

D. 53400－11000×（1+13%）×13%

3. 计算甲酒店当月增值税销项税额的下列算式中，正确的是(　　)。

A. 954000×6%+358704÷（1+6%）×6%

B. （954000+358704）÷（1+6%）×6%

C. 954000÷（1+6%）×6%+358704×6%

D. （954000+358704）×6%

4. 甲酒店支付员工出差费用取得的下列各项凭证中，应当依法计算抵扣进项税额的是(　　)。

A. 支付员工张某出差交通费用，取得的增值税电子普通发票

B. 支付员工王某出差交通费用，取得的注明王某身份信息的航空运输电子客票行程单

C. 支付员工李某出差交通费用，取得的注明李某身份信息的铁路车票

D. 支付员工赵某出差交通费用，取得的注明赵某身份信息的长途客车票

## 同步强化练习题参考答案及解析

“扫码看解析”

使用“微信”或“会计云课堂”App 扫右方二维码，对答案、看解析、掌握解题思路，开启轻松过关之旅。

### 一、单项选择题

1. 【答案】A

**解析**：土地增值税实行四级“超率”累进税率。

2. 【答案】A

**解析**：（1）选项 BC：属于“金融服务”；（2）选项 D：属于“生活服务”。

3. 【答案】D

**解析**：选项 ABC：属于“金融服务——

直接收费金融服务”。

4. 【答案】C

解析：（1）选项 C：购进货物用于“投资、分配、赠送”，视同销售货物处理；（2）选项 ABD：购进货物用于简易计税方法计税项目、免征增值税项目、集体福利或者个人消费的，不属于视同销售货物的情形，同时不得抵扣进项税额。

5. 【答案】D

解析：（1）选项 A：被保险人获得的保险赔付，不征收增值税。（2）选项 B：单位或者个体工商户向其他单位或者个人无偿提供服务应视同销售服务，但用于公益事业或者以社会公众为对象的除外；根据国家指令无偿提供的铁路运输服务、航空运输服务，属于《营业税改征增值税试点实施办法》规定的用于公益事业的服务，不视同销售服务，不征收增值税。（3）选项 C：存款利息，不征收增值税。

6. 【答案】C

解析：（1）选项 A：单位或者个体工商户聘用的员工为本单位或者雇主提供加工、修理修配劳务，不征收增值税；（2）选项 B：属于“销售建筑服务”；（3）选项 D：属于“销售交通运输服务”。

7. 【答案】B

解析：销售货物，其增值税纳税义务发生时间为收讫销售款或者取得索取销售款凭据的当天；先开具发票的，为开具发票的当天。

8. 【答案】C

解析：选项 C：纳税人提供租赁服务采取预收款方式，其纳税义务发生时间为收到预收款的当天。

9. 【答案】A

解析：销售货物的同时代办保险等而向购买方收取的保险费，以及向购买方收取的代购买方缴纳的车辆购置税、车辆牌照费不包括在销售额内。

10. 【答案】A

解析：（1）题目明确说明“325 万元”是含税收入，应当价税分离；（2）取得的奖金属于价外费用，应当价税分离后并入销售额。

11. 【答案】D

解析：（1）由于甲公司将销售额和折扣额在同一张发票的金额栏分别注明，可按折扣后的销售额（10000-1000）征收增值税，选项 BC 错误；（2）题目明确交代“10000 元”为不含增值税销售额，其对应的折扣额亦应不含增值税，“（10000-1000）”无须作价税分离，选项 A 错误；（3）如果甲公司将折扣额另开发票，则本题应选 B 选项。

12. 【答案】C

解析：（1）除金银首饰以旧换新业务外，纳税人采取以旧换新方式销售货物的，应按新货物的同期销售价格确定销售额，不得扣减旧货物的收购价格；（2）甲公司当月以旧换新方式销售 A 型洗衣机的增值税销项税额 = 50×3390÷（1+13%）×13% = 19500（元）。

13. 【答案】A

解析：（1）收取的是包装物“押金”；（2）所包装的产品为“空调”（非酒类产品）；（3）非酒类产品单独核算的包装物押金仅在逾期未退时（11.3 万元）作销售处理、计征增值税，收取时（5.65 万元）不必处理，排除选项 BC；（4）“780.6 万元”题目明确交代为含增值税价，而作销售处理的包装物押金亦为含增值税价，应作价税分离处理，选项 D 未进行价税分离处理，错误。

14. 【答案】B

解析：（1）由于是新型羽绒服，题目亦未提及“同类价”，只能推定此羽绒服没有同类价，应组成计税价格计算；（2）羽绒服并非应税消费品，组成计税价格 = 成本×（1+成本利润率），应纳税额 = 组成计税价格×增值税税率。

15. 【答案】B

解析：纳税人提供旅游服务可以选择以取得的全部价款和价外费用，扣除向旅游服务购买方收取并支付给其他单位或者个人的住宿费、餐饮费、交通费、签证费、门票费和支付给其他接团旅游企业的旅游费用后的余额为销售额。

16. 【答案】D

解析：（1）购进的货物用于赠送的，应视同销售货物，选项AB未作视同销售处理，予以排除。（2）选项CD：直接售出的100套A产品，以“10735元”价税分离后计税；赠送的80套B产品有同类货物的销售价格，但题目交代的是零售单价，属于含税价格，亦应作价税分离处理。

17. 【答案】C

解析：按照税法规定不得抵扣且未抵扣进项税额的固定资产、无形资产，发生用途改变，用于允许抵扣进项税额的应税项目，可在用途改变的“次月”（2020年10月），依据合法有效的增值税扣税凭证，按照下列公式计算可以抵扣的进项税额：可以抵扣的进项税额＝固定资产、无形资产净值÷（1+适用税率）×适用税率。

18. 【答案】B

解析：一般纳税人选择简易办法计算缴纳增值税后，“36个月”内不得变更。

19. 【答案】D

解析：（1）小规模纳税人销售货物，不得抵扣进项税额，排除选项AC；（2）销售额含增值税的，应价税分离计算应纳税额，排除选项B。

20. 【答案】B

解析：甲公司进口音响应缴纳的增值税＝（关税完税价格+关税）×增值税税率。

21. 【答案】A

解析：（1）选项B：装修公司提供的装饰服务，应按“建筑服务”计缴增值税；（2）选项C：“个人”转让著作权免征增值税；（3）选项D：福利彩票、体育彩票的“发行”收入免征增值税，代销手续费收入应按“现代服务——商务辅助服务”计缴增值税。

22. 【答案】D

解析：以1个季度为纳税期限的规定适用于小规模纳税人、银行、财务公司、信托投资公司、信用社（不包括保险公司），以及财政部和国家税务总局规定的其他纳税人。

23. 【答案】D

解析：（1）选项AC：应税销售行为的购买方为消费者个人的，不得开具增值税专用发票；（2）选项BD：商业企业一般纳税人零售烟、酒、食品、服装、鞋帽（不包括劳保专用部分）、化妆品等消费品的，不得开具增值税专用发票。

24. 【答案】A

解析：（1）选项BD：向消费者个人销售货物、劳务、服务、无形资产或不动产的，不得开具增值税专用发票。（2）选项C：单位或者个体工商户向其他单位或者个人无偿提供服务，属于视同销售行为，需要缴纳增值税，但用于公益事业或者以社会公众为对象的除外；在本题中，律师事务所为社会公众无偿提供咨询服务的行为，不视同销售，不缴纳增值税，不能开具增值税专用发票。

## 二、多项选择题

1. 【答案】AC

解析：关税、船舶吨税由海关负责征收和管理，进口货物的增值税、消费税由海关代征，其他税种由税务机关负责征收管理。

2. 【答案】BCD

解析：目前，我国的税收法律制度不采用全额累进税率。

3. 【答案】BCD

**解析：**（1）选项 A：车辆停放服务按照“不动产经营租赁服务”缴纳增值税；（2）选项 BCD：水路运输的程租、期租业务，航空运输的湿租业务，均按照“交通运输服务”缴纳增值税。

4. 【答案】AD

**解析：**（1）选项 B：采取赊销和分期收款方式销售货物，增值税纳税义务发生时间为书面合同约定的收款日期当天，无书面合同的或者书面合同没有约定收款日期的，为货物发出的当天；（2）选项 C：采取预收货款方式销售货物，为货物发出的当天，但生产销售生产工期超过 12 个月的大型机械设备、船舶、飞机等货物，为收到预收款或书面合同约定的收款日期的当天。

5. 【答案】AB

**解析：**（1）选项 C：属于“金融服务——保险服务”；（2）选项 D：属于“现代服务——商务辅助服务”。

6. 【答案】ABD

**解析：**（1）选项 C：取得的是“普通发票”，其进项税额不得抵扣；（2）选项 D：从境外单位或个人购进劳务、服务、无形资产或者境内不动产，自税务机关或者扣缴义务人取得代扣代缴税款的完税凭证上注明的增值税税额准予抵扣。

7. 【答案】BD

**解析：**（1）选项 AC：一般纳税人将购进的货物用于“投分送”，应视同销售货物计算销项税额（核定销售额），其对应的进项税额准予抵扣。（2）选项 BD：一般纳税人将购进的货物用于集体福利、个人消费，不视同销售货物，不得从销项税额中抵扣进项税额。

8. 【答案】BCD

**解析：**（1）选项 B：购进原材料，用于生产“免税”货物，对应的进项税额不得抵扣；（2）选项 CD：购进的贷款服务、餐饮服务、居民日常服务和娱乐服务，不得抵扣进项税额。

9. 【答案】ACD

**解析：**一般纳税人可以按照税法规定选择简易计税方法计税的应税行为包括但不限于：（1）公共交通运输服务（选项 D）；（2）电影放映服务（选项 A）、仓储服务、装卸搬运服务（选项 C）、收派服务和文化体育服务。

10. 【答案】ABCD

**解析：**（1）选项 A：农业生产者销售的自产农产品免征增值税；（2）选项 B：避孕药品和用具免征增值税；（3）选项 C：其他个人销售的自己使用过的物品免征增值税；（4）选项 D：直接用于科学研究、科学试验和教学的进口仪器、设备免征增值税。

11. 【答案】ABCD

## 三、判断题

1. 【答案】×

**解析：**以货币资金投资收取的固定利润或者保底利润，按照贷款服务缴纳增值税。

2. 【答案】√
3. 【答案】√
4. 【答案】√
5. 【答案】√

**解析：**年应税销售额超过规定标准的其他个人不办理一般纳税人登记。

6. 【答案】√
7. 【答案】√

**解析：**（1）“非正常损失”的购进货物及相关的应税劳务、服务，不得从销项税额中抵扣进项税额；（2）非正常损失，主要是指因管理不善造成被盗、丢失、霉烂变质的损失。

8. 【答案】×

**解析：**出口货物免税仅指在出口环节不征增值税；而零税率是指对出口货物除了在出口环节不征增值税外，还要对该货物在出口前已经缴纳的增值税进行退税。

9. 【答案】√

10. 【答案】√

11. 【答案】√

12. 【答案】×

**解析**：增值税纳税人以1个月或者1个季度为1个纳税期的，自期满之日起“15日内”申报纳税。

## 四、不定项选择题

**【案例1】**

1. 【答案】A

**解析**：（1）销售货物同时收取的包装物“租金”应作价外费用处理，价税分离后并入销售额，选项BC排除；（2）选项D对“8000000元”和“56500元”均未作价税分离处理，错误。

2. 【答案】C

**解析**：（1）本题考查以旧换新业务的增值税处理；（2）产品为“彩电”（金银首饰以外的产品），以同期新货物的不含增值税销售价格为计税销售额，选项ABD均考虑“差价”计税，错误。

3. 【答案】AC

**解析**：（1）选项B：购进劳保服装，由于取得的是增值税“普通”发票，其进项税额不得抵扣；（2）选项C：购进固定资产兼用于生产经营和集体福利，其进项税额可以全部抵扣；（3）选项D：购进住宿服务用于集体福利不得抵扣进项税额。

4. 【答案】ABC

**解析**：选项D：将购进的货物用于集体福利，不视同销售货物。

**【案例2】**

1. 【答案】A

**解析**：（1）进口环节，直接组成计税价格计算，不存在价税分离的问题，选项BD排除；（2）本题进口的是“发动机”（非应税消费品），进口增值税=（关税完税价格+关税）×增值税税率。

2. 【答案】AC

**解析**：（1）选项B：取得的是增值税“普通”发票，不得抵扣进项税额；（2）选项D：属于购进货物用于集体福利，不得抵扣进项税额。

3. 【答案】A

**解析**：（1）甲公司已向客户开具增值税专用发票，纳税义务均已发生，排除选项CD；（2）题目明确交代“5800万元”为不含增值税销售额，无须价税分离。

4. 【答案】ABCD

**解析**：自产的货物，不论用于投资、分配、赠送，还是用于集体福利、个人消费，均视同销售货物。

**【案例3】**

1. 【答案】ABD

**解析**：选项C：购进生产用设备，取得的是“增值税普通发票”，其进项税额不得抵扣。

2. 【答案】C

**解析**：采取预收货款方式销售货物的，增值税纳税义务发生时间通常为货物发出当天。

3. 【答案】AC

**解析**：所涉4项业务，题目提供的均为“含税”销售额，均应作价税分离处理，选项BD未对含税销售额进行价税分离。

4. 【答案】B

**解析**：以自产货物赠送他人，应视同销售货物，核定销售额，本题提供了纳税人最近时期同类货物的含税销售价格，应以该价格为基础，价税分离后确定计税销售额（选项B正确），不需要组成计税价格计算，也不存在差额计税的问题。

**【案例4】**

1. 【答案】BCD

**解析**：（1）“金融服务——直接收费金融服务”，是指为货币资金融通及其他金融业务提供相关服务并且收取费用的业务活动。包括提供货币兑换（选项B）、账户管理、电子银行、信用卡、信用证、财务担保、资产管理、信托管理、基金管理（选项C）、金融交易场所（平台）管理、资金结算（选项D）、资金清算、金融支付等服务。（2）选项A：属于“金融服务——贷款服务”。

2. 【答案】C

**解析：**贷款服务，以提供贷款服务取得的全部利息及利息性质的收入为销售额，即“全额计税”，并无可以减除的支出项目，因此，题目提及的“存款利息”支出、“转贷利息”支出，均不得从收入中减除。

3. 【答案】D

**解析：**（1）金融商品转让，按照卖出价（805.6万元）扣除买入价（750万元）后的余额为销售额。（2）有考生纠结于本题的“805.6万元”和“750万元”是否含税，解题时应结合题目选项判断，本题并未提供不对“805.6-750”作价税分离处理的选项；如果提供了不对“805.6-750”作价税分离处理的相关选项，题目理应明确交代“805.6万元”和“750万元”是否含税。

4. 【答案】C

**解析：**本题租入“办公用房”及对应的装修费，已经取得“增值税专用发票”，进项税额可以在当期全部抵扣。

**【案例5】**

1. 【答案】CD

**解析：**选项AB：属于“生活服务”。

2. 【答案】A

**解析：**（1）自2019年4月1日起，纳税人取得不动产或者不动产在建工程的进项税额不再分2年抵扣；在本题中，甲酒店购进房产的进项税额可以全部抵扣；（2）因管理不善丢失低值易耗品属于非正常损失，其已经申报抵扣的进项税额（11000×13%）应当作进项税额转出处理。

3. 【答案】B

**解析：**“954000元”和“358704元”均为含增值税销售额，均应作价税分离。

4. 【答案】BCD

**解析：**选项ABCD均为合法扣税凭证，但选项A按发票上注明的税额抵扣进项税额，选项BCD依法计算抵扣进项税额。

# 第四章（2）　消费税法律制度

## 考情分析

根据考生们的回忆，消费税法律制度在 2020 年考试中分值波动非常大，不涉及大题时分值约为 7 分，涉及大题时分值可高达 12 分。在 2020 年 18 个批次的考试中，有 9 个批次涉及消费税的大题。

**2020 年典型考卷题型题量分析表**

| | 卷 1 | | 卷 2 | | 卷 3 | | 卷 4 | | 卷 5 | |
|---|---|---|---|---|---|---|---|---|---|---|
| | 题量 | 分值 | 题量 | 分值 | 题量 | 分值 | 题量 | 分值 | 题量 | 分值 |
| 单项选择题 | 3 | 6 | 3 | 6 | 2 | 4 | 2 | 4 | 2 | 4 |
| 多项选择题 | 1 | 2 | 1 | 2 | 1 | 2 | 1 | 2 | 1 | 2 |
| 判断题 | 0 | 0 | 0 | 0 | 0 | 0 | 0 | 0 | 0 | 0 |
| 不定项选择题 | 0 | 0 | 0 | 0 | 3 | 6 | 0 | 0 | 3 | 6 |
| 合计 | 4 | 8 | 4 | 8 | 6 | 12 | 3 | 6 | 6 | 12 |

2021 年“消费税法律制度”部分的考点没有实质变化。

## 考点框架

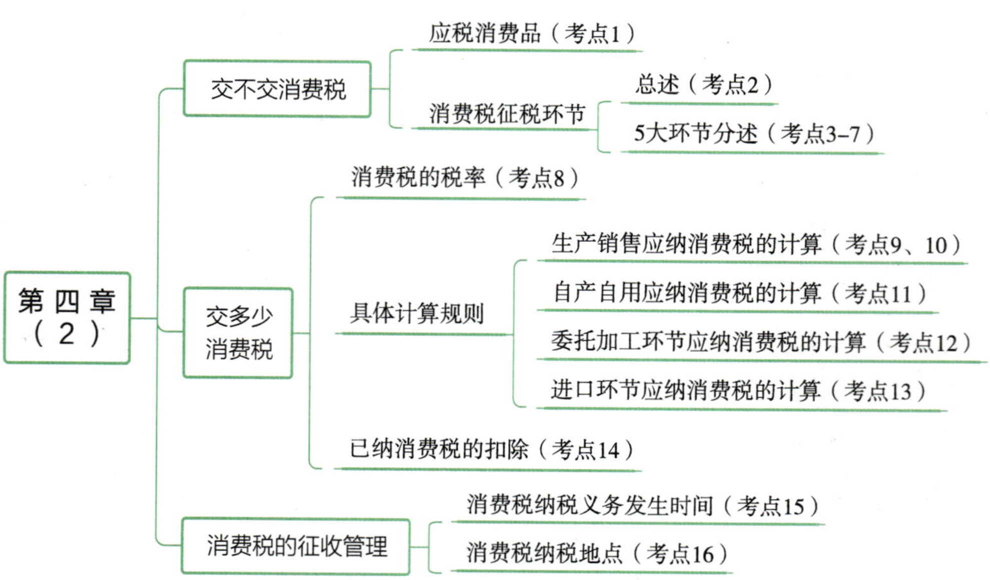

# 考点剖析

## 第 1 单元　交不交消费税

查看本单元视频
使用"会计云课堂"App/ 微信扫描

### 01 考点 1 应税消费品（★★★）

1. 由于消费税是在对所有货物普遍征收增值税的基础上选择少量消费品征收的，因此，消费税纳税人往往同时也是增值税纳税人。

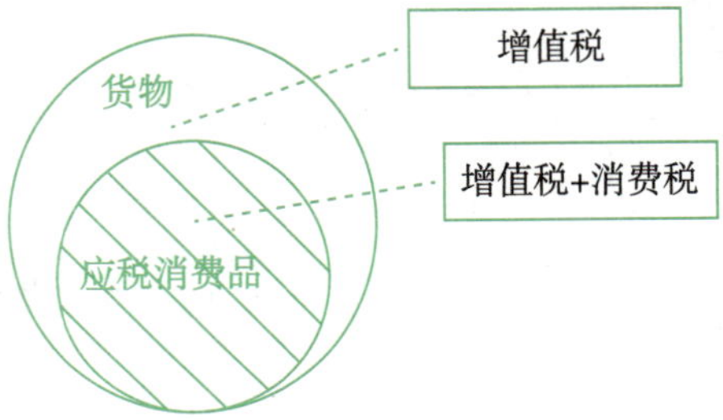


图 4（2）-1

2. 消费税的税目

| 税目 | 细目 | 注意事项 |
|---|---|---|
| 烟 | 卷烟 | （1）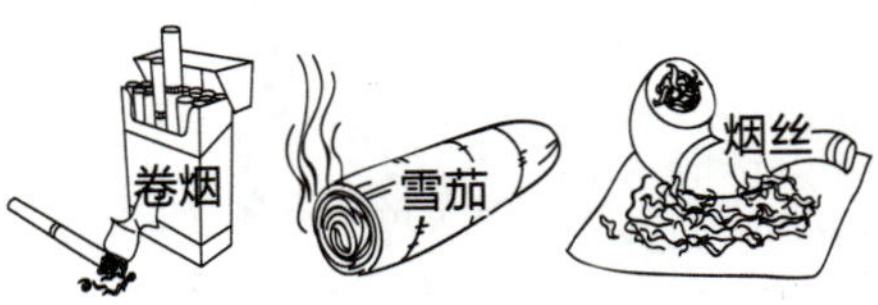图 4（2）-2<br>（2）卷烟根据调拨价格不同，可以区分为甲类卷烟和乙类卷烟，两类卷烟适用不同的税率 |
| | 雪茄烟 | |
| | 烟丝 | |
| 酒 | 白酒 | （1）酒精不属于应税消费品<br>（2）调味料酒不征收消费税<br>（3）对饮食业、商业、娱乐业举办的啤酒屋（啤酒坊）利用啤酒生产设备生产的啤酒，应当征收消费税<br>（4）啤酒分为甲类啤酒和乙类啤酒，两类啤酒适用不同税率 |
| | 黄酒 | |
| | 啤酒 | |
| | 其他酒（例如，红酒、药酒、果木酒、汽酒等） | |
| 高档化妆品 | 高档美容、修饰类化妆品 | 舞台、戏剧、影视演员化妆用的上妆油、卸妆油、油彩，不属于本税目的征收范围 |
| | 高档护肤类化妆品 | |
| | 成套化妆品 | |

续表

| 税目 | 细目 | 注意事项 |
| --- | --- | --- |
| 贵重首饰及珠宝玉石 | 金银首饰、铂金首饰、钻石及钻石饰品（简称“金银铂钻”） | 宝石坯是经采掘、打磨、初级加工的珠宝玉石半成品，对宝石坯应按规定征收消费税 |
| | 其他贵重首饰和珠宝玉石（如珍珠、碧玺、琥珀、珊瑚等） | |
| 鞭炮、焰火 | 包括但不限于炮竹类、组合烟花类、礼花弹类 | 体育上用的发令纸、鞭炮药引线，不征收消费税 |
| 成品油 | 包括汽油、柴油、石脑油、溶剂油、航空煤油、润滑油、燃料油 | 不包括原油 |
| 摩托车 | （1）气缸容量为 250 毫升的摩托车<br>（2）气缸容量 250 毫升（不含）以上的摩托车 | 对最大设计车速不超过 50 公里/小时，发动机气缸总工作容量不超过 50 毫升的三轮摩托车不征收消费税 |
| 小汽车 | 乘用车 | （1）不包括货车、大型商用客车<br>（2）电动汽车不征收消费税<br>（3）沙滩车、雪地车、卡丁车、高尔夫车不征收消费税<br>（4）对于购进乘用车和中轻型商用客车整车改装生产的汽车，征收消费税 |
| | 中轻型商用客车 | |
| | 超豪华小汽车（每辆不含增值税零售价格 130 万元及以上的乘用车和中轻型商用客车） | |
| 高尔夫球及球具 | 包括高尔夫球、高尔夫球杆及高尔夫球包（袋）、高尔夫球杆的杆头、杆身和握把 | 仅限于列举的项目，不包括高尔夫球帽、高尔夫车等 |
| 高档手表 | 销售价格（不含增值税）每只在 10000 元（含）以上的各类手表 | —— |
| 游艇 | —— | 无动力艇、帆艇不征消费税 |
| 木制一次性筷子 | 包括未经打磨、倒角的木制一次性筷子 | （1）竹制一次性筷子不征消费税<br>（2）木制筷子（非一次性）不征收消费税 |
| 实木地板 | （1）按生产工艺不同，分为独板（块）实木地板、实木指接地板和实木复合地板<br>（2）按表面处理状态不同，分为未涂饰地板（白坯板、素板）和漆饰地板 | —— |
| 电池 | 包括原电池、蓄电池、燃料电池、太阳能电池和其他电池 | —— |
| 涂料 | —— | —— |

## 经典题解

**【例题1·多选题】**根据消费税法律制度的规定，下列各项中，属于消费税征税范围的有(　　)。

A. 私人飞机

B. 高档手表

C. 金银首饰

D. 游艇

**【解析】**私人飞机不属于应税消费品。

**【答案】**BCD

**【例题2·单选题】**根据消费税法律制度的规定，下列商品中，不属于消费税征税范围的是(　　)。

A. 珠宝玉石

B. 调味料酒

C. 汽油

D. 烟丝

**【解析】**调味料酒不征收消费税。

**【答案】**B

**【例题3·多选题】**根据消费税法律制度的规定，下列各项中，属于消费税征税范围的有(　　)。

A. 黄酒

B. 调味料酒

C. 红酒

D. 啤酒

**【答案】**ACD

**【例题4·单选题】**根据消费税法律制度的规定，下列各项中，属于消费税征税范围的是(　　)。

A. 中轻型商用客车

B. 大型商用客车

C. 大货车

D. 拖拉机

**【解析】**小汽车税目包括乘用车（不包括货车、拖拉机）、"中轻型"商用客车和超豪华小汽车3个子目。

**【答案】**A

**【例题5·单选题】**根据消费税法律制度的规定，下列各项中，属于消费税征税范围的是(　　)。

A. 中轻型商用客车

B. 电动汽车

C. 沙滩车

D. 高尔夫车

**【解析】**电动汽车、沙滩车、雪地车、卡丁车、高尔夫车不属于消费税征税范围，不征收消费税。

**【答案】**A

## 02 考点2 消费税征税环节（总述）（★★★）

| 征税环节 | | 适用范围 |
|---|---|---|
| 基本环节 | 生产销售环节 | 除按照规定在零售环节纳税的金银首饰、钻石及钻石饰品、铂金首饰以外的其他应税消费品 |
| | 进口环节 | |
| | 委托加工环节 | |
| 特殊环节 | 零售环节 | （1）金银首饰、钻石及钻石饰品、铂金首饰在零售环节征收消费税<br>（2）超豪华小汽车在零售环节加征一道消费税 |
| | 批发环节 | 卷烟在批发环节加征一道消费税 |

【案例】

| | | 生产销售环节（生产商对外销售自产的应税消费品） | 批发环节（批发商向零售商销售） | 零售环节（向消费者的销售） |
|---|---|---|---|---|
| 高档化妆品 | 增值税 | √ | √ | √ |
| | 消费税 | √ | × | × |

在本案例中，考生需要理解清楚：（1）什么是“生产销售环节”“批发环节”和“零售环节”；（2）由于应税消费品均属于货物，每一个环节的销售均为销售货物，均涉及增值税，即增值税是道道流转、道道征收；（3）除“金银首饰、钻石及钻石饰品、铂金首饰”外，其他应税消费品（包括超豪华小汽车、卷烟）在生产销售环节均征收消费税；（4）除“超豪华小汽车”“卷烟”外，其他应税消费品只在某一环节上征收消费税，不重复征收。

## 经典题解

**【例题 6 · 单选题】**根据消费税法律制度的规定，下列应税消费品中，在零售环节征收消费税的是(　　)。

A. 金银首饰　　B. 实木地板

C. 高档手表　　D. 烟丝

**【解析】**“金银铂钻”在零售环节征收消费税，超豪华小汽车在零售环节“加征”一道消费税。

**【答案】**A

**【例题 7 · 单选题】**根据消费税法律制度的规定，下列各项中，应征收消费税的是(　　)。

A. 超市零售啤酒

B. 汽车厂销售自产电动汽车

C. 地板厂销售自产实木地板

D. 百货公司零售高档化妆品

**【解析】**（1）选项 AD：超市、百货公司都是直接面向消费者的销售，属于零售环节，零售环节只有“金银铂钻”和“超豪华小汽车”涉及消费税，啤酒、高档化妆品零售环节上不征收消费税；（2）选项 B：电动汽车不属于应税消费品；（3）选项 C：地板厂的销售属于生产商对外销售，属于生产环节，实木地板在基本环节上征收消费税。

**【答案】**C

## 03 考点 3 消费税征税环节——生产应税消费品（★★★）

| 情形 | | 消费税处理 |
|---|---|---|
| 生产销售 | 纳税人生产的应税消费品（金银首饰、钻石及钻石饰品、铂金首饰除外） | 于纳税人销售时缴纳消费税 |
| 自产自用 | 用于连续生产应税消费品 | 移送时不缴纳消费税 |
| | 用于其他方面：<br>（1）用于连续生产非应税消费品<br>（2）用于在建工程、管理部门、非生产机构、提供劳务、馈赠、赞助、集资、广告、样品、职工福利、奖励等方面 | 移送时缴纳消费税 |

【案例】甲高档化妆品生产企业：

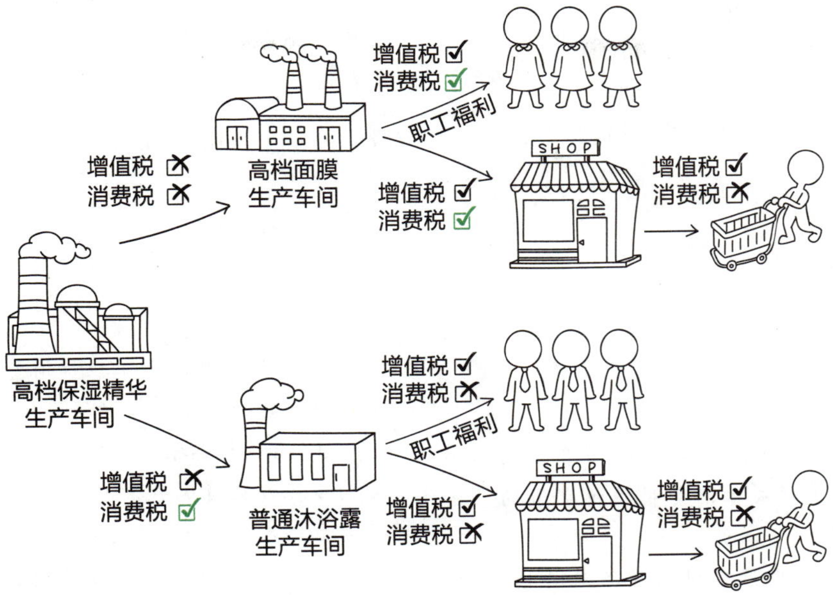


图 4（2）-3

## 经典题解

【例题 8·单选题】根据消费税法律制度的规定，下列各项中，不征收消费税的是（　　）。

A. 酒厂用于交易会样品的自产红酒

B. 卷烟厂用于连续生产卷烟的自产烟丝

C. 日化厂用于职工奖励的自产高档化妆品

D. 地板厂用于本厂办公室装修的自产实木地板

【解析】（1）选项 B：属于自产应税消费品用于连续生产应税消费品，移送时不缴纳消费税；（2）选项 ACD：属于自产应税消费品用于“其他方面”，移送时缴纳消费税。

【答案】B

【例题 9·多选题】根据消费税法律制度的规定，2020 年 12 月甲酒厂发生的下列业务中，应缴纳消费税的有（　　）。

A. 以自产低度白酒用于奖励员工

B. 以自产高度白酒用于馈赠客户

C. 以自产高度白酒用于连续加工低度白酒

D. 以自产低度白酒用于市场推广

【解析】纳税人自产的应税消费品，用于连续生产应税消费品的（选项 C），移送时不缴纳消费税；凡用于其他方面的（选项 ABD），于移送时缴纳消费税。

【答案】ABD

## 04 考点 4 消费税征税环节——委托加工应税消费品（★★★）

1. 消费税代收代缴制度

委托加工的应税消费品，除受托方为个人外，由受托方在向委托方交货时代收代缴消费税；委托个人加工的应税消费品，由委托方收回后缴纳消费税。

2. 委托加工收回的应税消费品对外出售

（1）委托方将收回的应税消费品，以不高于受托方的计税价格出售的，为直接出售，不再缴纳消费税；

（2）委托方以高于受托方计税价格出售的，不属于直接出售，需按规定申报缴纳消费税，在计税时准予扣除受托方已代收代缴的消费税。

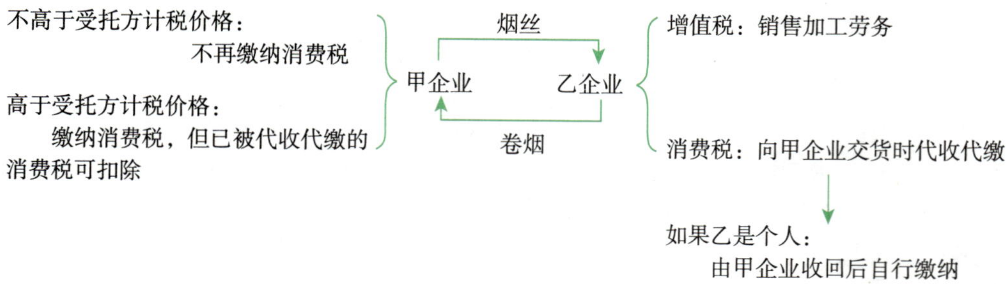


图 4（2）-4

## 经典题解

【例题 10 · 多选题】根据消费税法律制度的规定，下列关于消费税纳税环节的表述中，正确的有(　　)。

A. 纳税人生产应税消费品对外销售的，在销售时纳税

B. 纳税人自产自用应税消费品，用于连续生产应税消费品以外用途的，在移送使用时纳税

C. 纳税人委托加工应税消费品，收回后直接销售的，在销售时纳税

D. 纳税人委托加工应税消费品，由受托方向委托方交货时代收代缴税款，但受托方为其他个人或个体工商户的除外

【解析】选项 C：委托方将收回的应税消费品，以不高于受托方的计税价格出售的，为直接出售，不再缴纳消费税。

【答案】ABD

## 05 考点 5 消费税征税环节——进口应税消费品（★★★）

单位和个人进口应税消费品，于报关进口时缴纳消费税，由海关代征。

【案例】

| | | 进口环节 | 批发环节 | 零售环节 |
|---|---|---|---|---|
| 高档化妆品 | 增值税 | √ | √ | √ |
| | 消费税 | √ | × | × |
| 钻石戒指 | 增值税 | √ | √ | √ |
| | 消费税 | × | × | √ |
| 翡翠手镯 | 增值税 | √ | √ | √ |
| | 消费税 | √ | × | × |
| “小破车” | 增值税 | √ | √ | √ |
| | 消费税 | √ | × | × |
| 超豪华小汽车 | 增值税 | √ | √ | √ |
| | 消费税 | √ | × | √（加征） |

续表

| | | 进口环节 | 批发环节 | 零售环节 |
|---|---|---|---|---|
| 烟丝 | 增值税 | √ | √ | √ |
| | 消费税 | √ | × | × |
| 卷烟 | 增值税 | √ | √ | √ |
| | 消费税 | √ | √（加征） | × |

## 经典题解

**【例题 11 · 单选题】** 根据消费税法律制度的规定，下列情形中，应缴纳消费税的是(　　)。

A. 汽车厂销售自产电动汽车

B. 超市零售黄酒

C. 化妆品厂销售自产高档化妆品

D. 珠宝店进口钻石饰品

**【解析】**（1）选项 A：电动汽车不属于应税消费品，不缴纳消费税。（2）选项 BC：黄酒、高档化妆品在生产、委托加工或者进口环节缴纳消费税；选项 B 是零售环节，不缴纳消费税；选项 C 是生产销售环节，应缴纳消费税。（3）选项 D："金银铂钻"仅在零售环节缴纳消费税，进口环节不缴纳消费税。

**【答案】** C

## 06 考点 6 消费税征税环节——零售应税消费品（★★★）

1. "金银铂钻"

在零售环节征收消费税的金银首饰（简称"金银铂钻"）包括：

（1）金基、银基合金首饰以及金、银和金基、银基合金的镶嵌首饰；

（2）钻石及钻石饰品；

（3）铂金首饰。

**【案例】**

| | | 生产销售环节 | 批发环节 | 零售环节 |
|---|---|---|---|---|
| 钻石戒指 | 增值税 | √ | √ | √ |
| | 消费税 | × | × | √ |
| 翡翠手镯 | 增值税 | √ | √ | √ |
| | 消费税 | √ | × | × |

在本案例中，考生需要理解清楚：（1）并非所有"贵重首饰及珠宝玉石"均改在零售环节征收消费税，只有"金银铂钻"改在零售环节征收消费税，因此，翡翠手镯仍在生产销售环节征收消费税；（2）"金银铂钻"零售环节的消费税并非"加征"的（区别于超豪华小汽车），"金银铂钻"在生产销售环节不征消费税，直接改在零售环节征收。

## 经典题解

**【例题 12 · 多选题】** 根据消费税法律制度的规定，下列各项中，在零售环节征收消费税的有(　　)。

A. 金银首饰　　B. 珍珠首饰

C. 铂金首饰　　D. 钻石首饰

【解析】选项B：不属于“金银铂钻”，不在零售环节上征收消费税。

【答案】ACD

【例题13·多选题】根据消费税法律制度的规定，下列各项中，应缴纳消费税的有（　　）。

A. 批发外购的木制一次性筷子

B. 进口实木地板

C. 零售外购的珍珠饰品

D. 销售自产鞭炮

【解析】（1）选项A：批发环节缴纳消费税的只有“卷烟”；（2）选项BD：“实木地板”“鞭炮、焰火”均在生产销售、进口或者委托加工环节缴纳消费税；（3）选项C：珍珠属于“金银铂钻”以外的其他贵重首饰及珠宝玉石，不在零售环节纳税。

【答案】BD

2. 超豪华小汽车

（1）对超豪华小汽车，在生产（进口）环节按现行税率征收消费税基础上，在零售环节加征消费税，税率为10%。

（2）“零售”的界定

将超豪华小汽车销售给消费者的单位和个人为超豪华小汽车零售环节纳税人。

【提示】汽车销售商将超豪华小汽车销售给消费者，当然属于零售环节；汽车生产商直接将超豪华小汽车销售给消费者，既属于生产销售环节，也属于零售环节（此种情况下，两个环节的消费税将汇总计算）。

【案例】

| | | 生产销售环节 | 批发环节 | 零售环节 |
|---|---|---|---|---|
| “小破车” | 增值税 | √ | √ | √ |
| | 消费税 | √ | × | × |
| 超豪华小汽车 | 增值税 | √ | √ | √ |
| | 消费税 | √ | × | √（加征） |

在本案例中，考生需要理解清楚：（1）“小汽车”是应税消费品，不论是非超豪华的“小破车”，还是超豪华的小汽车，都属于应税消费品，在生产销售环节均征收消费税；（2）超豪华小汽车专享VIP待遇，在零售环节加征加征加征一道消费税。

## 经典题解

【例题14·单选题】根据消费税法律制度的规定，下列应税消费品中，在零售环节加征消费税的是（　　）。

A. 高档化妆品　　B. 鞭炮、焰火

C. 超豪华小汽车　　D. 游艇

【答案】C

## 07 考点7 消费税征税环节——批发应税消费品（★★★）

1. 卷烟在批发环节（批发商向零售商的销售）加征一道消费税。

2. 烟草批发企业将卷烟销售给其他烟草批发企业的，不缴纳消费税。

3. 卷烟消费税改为在生产和批发两个环节征收后，批发企业在计算应纳税额时不得扣除已含的生产环节的消费税税款。

4. 纳税人兼营卷烟批发和零售业务的，应当分别核算批发和零售环节的销售额、销售数量；未分别核算的，按照全部销售额、销售数量计征批发环节消费税。

【案例】

| | | 生产销售环节 | 批发商向批发商销售 | 批发环节（批发商向零售商销售） | 零售环节 |
|---|---|---|---|---|---|
| 烟丝 | 增值税 | √ | √ | √ | √ |
| | 消费税 | √ | × | × | × |
| 卷烟 | 增值税 | √ | √ | √ | √ |
| | 消费税 | √ | × | √（加征） | × |

在本案例中，考生需要理解清楚：（1）“烟”税目下包括烟丝、卷烟和雪茄烟，其中，只有卷烟在批发环节加征一道消费税；（2）所谓“批发环节”是批发商向零售商的销售，是最终批发环节，因此，卷烟批发商之间销售卷烟并不涉及消费税；（3）卷烟批发环节消费税也是加征加征加征的，在生产销售环节征收消费税的基础上，再加征一道消费税。

## 经典题解

**【例题15·单选题】**根据消费税法律制度的规定，下列应缴消费税的是（　　）。

A. 电池批发企业向某商场批发电池

B. 高档化妆品批发企业向某商场批发高档化妆品

C. 烟草批发企业向某商场批发销售卷烟

D. 白酒批发企业将白酒批发销售给商场

**【解析】**（1）选项ABCD均为“批发企业——商场”，均属于批发环节；（2）批发环节上涉及消费税的只有卷烟。

**【答案】**C

**【例题16·多选题】**根据消费税法律制度的规定，下列情形中，属于消费税征税范围的有（　　）。

A. 甲服装厂生产销售高档服装

B. 乙汽车贸易公司进口小汽车

C. 丙烟草批发企业将卷烟销售给其他烟草批发企业

D. 丁商场零售金银首饰

**【解析】**（1）选项A：高档服装不属于消费税的征税范围；（2）选项C：烟草批发企业将卷烟销售给其他烟草批发企业，不缴纳消费税。

**【答案】**BD

**【例题17·单选题】**2020年10月，甲烟草批发企业向乙卷烟零售店销售卷烟200标准条，取得不含增值税销售额28000元；向丙烟草批发企业销售卷烟300标准条，取得不含增值税销售额42000元。已知，卷烟批发环节消费税比例税率11%，定额税率为0.005元/支，每标准条200支卷烟。计算甲烟草批发企业当月上述业务应缴纳消费税税额的下列算式中，正确的是（　　）。

A. 28000×11%+42000×11%

B. 28000×11%+200×200×0.005

C. 42000×11%+300×200×0.005

D. 28000×11%+200×200×0.005+42000×11%+300×200×0.005

**【解析】**甲烟草批发企业向丙烟草批发企业销售卷烟，属于批发企业之间的销售，不缴纳消费税。因此，选项中涉及“300”或者“42000”的均予排除。

**【答案】**B

# 第 2 单元　交多少消费税

查看本单元视频
使用"会计云课堂" App/ 微信扫描

## 08 考点 8 消费税的税率（★★★）

1. 基本规定

| 税率形式 | 适用税目 | 计税公式 |
| --- | --- | --- |
| 从量定额 | 啤酒、黄酒、成品油 | 应纳税额 = 销售数量×定额税率 |
| 复合计税 | 卷烟、白酒 | 应纳税额 = 销售数量×定额税率+销售额或组成计税价格×比例税率 |
| 从价定率 | 其他应税消费品 | 应纳税额 = 销售额或组成计税价格×比例税率 |

2. 纳税人兼营不同税率的应税消费品，应当分别核算不同税率应税消费品的销售额、销售数量；未分别核算销售额、销售数量的，或者将不同税率的应税消费品组成成套消费品销售的，从高适用税率。

### 经典题解

**【例题 18·单选题】** 根据消费税法律制度的规定，下列应税消费品中，实行从量计征办法计缴消费税的是(　　)。

A. 黄酒

B. 葡萄酒

C. 药酒

D. 果木酒

**【解析】** 从量计征消费税的应税消费品限于：啤酒、黄酒、成品油。

**【答案】** A

**【例题 19·多选题】** 根据消费税法律制度的规定，下列应税消费品中，实行从量定额与从价定率相结合的复合计征办法征收消费税的有(　　)。

A. 雪茄烟

B. 卷烟

C. 啤酒

D. 白酒

**【解析】**（1）实行从量定额与从价定率相结合的复合计征办法征收消费税的，限于卷烟、白酒，选项 BD 应选。（2）实行从量定额办法计征消费税的，限于啤酒（选项 C）、黄酒、成品油。（3）其他应税消费品（例如，雪茄烟），实行从价定率办法计征消费税。

**【答案】** BD

## 09 考点 9 生产销售应纳消费税的计算——基本规则（★★★）

1. 销售额确定的基本规则

采用从价定率和复合计税方式计算消费税税额时均会涉及销售额，销售额为纳税人销售应税消费品向购买方收取的全部价款和价外费用，不包括应向购买方收取的增值税税款。

【提示 1】消费税计税销售额应当是不含增值税但含消费税的销售额。

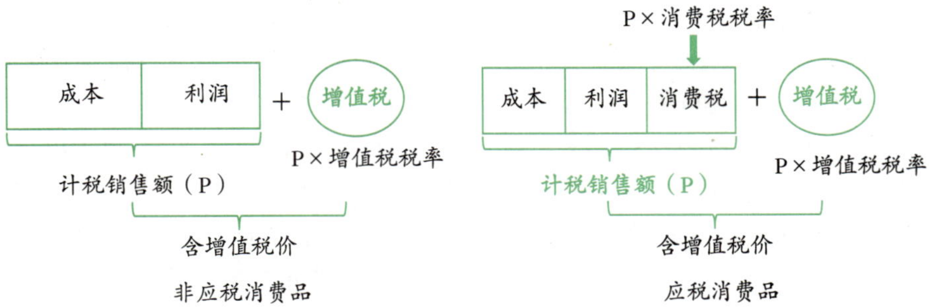


图 4（2）-5

【提示 2】对同一纳税人同一环节既征收消费税又征收增值税的，消费税与增值税的计税销售额一般情况下是相同的。

## 经典题解

**【例题 20 · 单选题】**2020 年 8 月甲药酒厂生产 240 吨药酒，销售 140 吨，取得不含增值税销售额 2000 万元，增值税税额 260 万元。甲药酒厂当月销售药酒消费税计税依据为（　　）。

A. 2000 万元　　B. 2260 万元

C. 240 吨　　D. 140 吨

**【解析】**（1）选项 CD：药酒属于“酒——其他酒”，从价计征消费税；（2）选项 AB：消费税的计税销售额应为不含增值税的销售额；（3）本题增值税的计税依据为 2000 万元。

**【答案】**A

**【例题 21 · 单选题】**甲化妆品公司为增值税一般纳税人，2020 年 9 月销售高档化妆品“元旦”套装 410 套，每套含增值税售价 678 元，将同款“元旦”套装 20 套用于对外赞助。已知，增值税税率为 13%，消费税税率为 15%，计算甲化妆品公司当月“元旦”套装应缴纳消费税税额的下列算式中，正确的是（　　）。

A. 410×678÷（1+13%）×15%

B. 410×678×15%

C. （410+20）×678÷（1+13%）×15%

D. （410+20）×678×13%

**【解析】**（1）纳税人将自产的应税消费品用于连续生产应税消费品以外的其他方面的，于移送使用时纳税，20 套用于对外赞助的“元旦”套装应当计缴消费税，选项 AB 错误；（2）“678 元”为含增值税单价，必须价税分离，选项 D 错误，选项 C 正确；（3）甲化妆品公司本题业务，除缴纳消费税外，还应当进行增值税处理，销项税额 =（410+20）×678÷（1+13%）×13% = 33540（元）；（4）每套含增值税售价 678 元的细化理解参考下图：

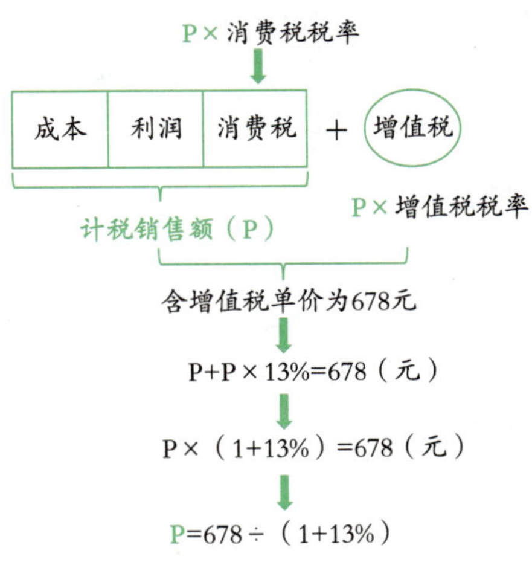


图 4（2）-6

**【答案】**C

**【例题 22 · 单选题】**2020 年 12 月，甲公司销售自产的高尔夫球杆 3000 支，不含增值税单价 1600 元/支；销售自产的高尔夫球包 500 个，不含增值税单价 1200 元/个；销售自产的高尔夫球帽 100 顶，不含增值税单价 150

元/顶。已知，高尔夫球及球具消费税税率为10%。计算甲公司当月上述业务应缴纳消费税税额的下列算式中，正确的是(　　)。

A. (3000×1600+100×150)×10%

B. (3000×1600+500×1200)×10%

C. (3000×1600+500×1200+100×150)×10%

D. 3000×1600×10%

**【解析】**高尔夫球及球具的消费税征税范围包括高尔夫球、高尔夫球杆及高尔夫球包（袋）（选项AD排除）、高尔夫球杆的杆头、杆身和握把（不包括高尔夫球帽，选项C排除）。

**【答案】**B

2. 销售数量确定的基本规则

(1) 销售应税消费品的，为应税消费品的销售数量；

(2) 自产自用应税消费品的，为应税消费品的移送使用数量；

(3) 委托加工应税消费品的，为纳税人收回的应税消费品数量；

(4) 进口应税消费品的，为海关核定的应税消费品进口征税数量。

## 经典题解

**【例题23·单选题】**2020年9月甲啤酒厂生产180吨啤酒，销售120吨，取得不含增值税销售额30万元，增值税税额3.9万元。甲啤酒厂当月销售啤酒消费税计税依据为(　　)。

A. 120吨　　B. 180吨

C. 33.9吨　　D. 30万元

**【解析】**(1) 啤酒、黄酒、成品油，从量定额计征消费税，排除选项CD；(2) 纳税人销售应税消费品的，计税依据为应税消费品的“销售数量”（而非生产数量）；(3) 假定该啤酒的消费税税额为220元/吨，甲啤酒厂当月销售啤酒应纳消费税=220×120=26400（元）。

**【答案】**A

3. 复合计征消费税

## 经典题解

**【例题24·单选题】**2020年9月甲酒厂销售自产A型白酒20吨，取得含增值税销售额2260000元。已知，增值税税率为13%，消费税比例税率为20%，定额税率为0.5元/500克。计算甲酒厂当月销售自产A型白酒应缴纳消费税税额的下列算式中，正确的是(　　)。

A. 2260000×20%+20×2000×0.5

B. 2260000÷(1+13%)×20%

C. 2260000×20%

D. 2260000÷(1+13%)×20%+20×2000×0.5

**【解析1】**

应纳消费税税额=从价税部分+从量税部分

→ 从价税部分
=不含增值税销售额×比例税率
=2260000÷(1+13%)×20%

→ 从量税部分
=销售数量×定额税率
=20吨×2000斤/吨×0.5元/斤

增值税销项税额=不含增值税销售额×增值税税率
=2260000÷(1+13%)×13%

图4(2)-7

**【解析 2】**（1）白酒复合计征消费税，选项 BC 未考虑从量税，排除；（2）题目交代的“2260000 元”为含增值税销售额，应当作价税分离处理，选项 D 正确，选项 A 错误。

**【答案】** D

**【例题 25 · 单选题】** 甲卷烟厂为增值税一般纳税人，2020 年 10 月销售 A 型卷烟 1000 标准条，取得含增值税销售额 90400 元。已知卷烟增值税税率为 13%，消费税比例税率为 56%，定额税率为 0.003 元/支，每标准条 200 支卷烟。计算甲卷烟厂当月销售 A 型卷烟应缴纳消费税税额的下列算式中，正确的是（　　）。

A. 90400÷（1+13%）×56%

B. 90400÷（1+13%）×56%+1000×200×0.003

C. 90400×56%+1000×200×0.003

D. （90400+1000×200×0.003）×56%

**【解析 1】**

应纳**消费税**税额=从价税部分+从量税部分

→ 从价税部分
=不含增值税销售额×消费税比例税率
=90400÷（1+13%）×56%

→ 从量税部分
=销售数量×消费税定额税率
=1000标准条×200支/条×0.003元/支

**增值税**销项税额=不含增值税销售额×增值税税率
=90400÷（1+13%）×13%

图 4（2）−8

**【解析 2】**（1）卷烟复合计征消费税，排除选项 AD；（2）消费税的计税销售额为不含增值税的销售额，而题目明确交代“90400 元”为含增值税销售额，应作价税分离，排除选项 C。

**【答案】** B

## 10 考点 10 生产销售应纳消费税的计算——特殊销售情形（★★★）

1. 纳税人通过自设非独立核算门市部销售的自产应税消费品，应当按照**门市部对外销售额或者销售数量**征收消费税。

**【案例】** 某高尔夫球具厂为增值税一般纳税人，下设一非独立核算的门市部，2020 年 10 月份该厂将生产的一批成本价为 70 万元的高尔夫球具移送门市部，门市部将其中的 80% 对外销售，取得含增值税销售额为 113 万元。已知高尔夫球具的消费税税率为 10%，成本利润率 10%，增值税税率为 13%。

**【分析】** 应纳消费税 = 113÷（1+13%）×10% = 10（万元）。

2. 纳税人用于**换**取生产资料和消费资料，**投**资入股和**抵**偿债务等方面（简称“换投抵”）的应税消费品，应当以纳税人同类应税消费品的**最高**销售价格作为计税依据计算消费税。

**【提示】**（1）只有“换投抵”业务，以最高价计征消费税；（2）“换投抵”业务，虽然消费税以最高价计算，但增值税仍应以平均价计算。

## 经典题解

【例题26·多选题】根据消费税法律制度的规定，下列各项中，应当以纳税人同类应税消费品的最高销售价格作为计税依据计缴消费税的有（　　）。

A. 乙化妆品厂将自产的高档香水赠送客户

B. 丙首饰店将购进的金项链奖励优秀员工

C. 丁汽车厂将自产的小汽车用于投资入股

D. 甲酒厂将自产的白酒用于抵偿债务

【解析】（1）纳税人用于换取生产资料和消费资料，投资入股（选项C）和抵偿债务（选项D）等方面的应税消费品，应当以纳税人同类应税消费品的最高销售价格作为计税依据计算消费税；（2）选项AB：虽然不属于"换投抵"业务，不以最高价为计税依据，但均为消费税视同销售行为，应当核定销售额计征消费税。

【答案】CD

【例题27·单选题】甲汽车厂将1辆生产成本5万元的自产小汽车用于抵偿债务，同型号小汽车不含增值税的平均售价10万元/辆，不含增值税最高售价13万元/辆。已知小汽车消费税税率为5%。甲汽车厂该笔业务应缴纳消费税税额的下列计算列式中，正确的是（　　）。

A. 1×5×5%

B. 1×10×5%

C. 1×13×5%

D. 1×5×（1+5%）×5%

【解析】（1）本题属于"换投抵"业务中的"抵"，消费税计税依据应找最高价（13万元/辆）。（2）如果甲汽车厂为增值税一般纳税人，该笔业务的增值税销项税额=1×10（平均价）×13%=1.3（万元）。

【答案】C

3. 白酒生产企业向商业销售单位收取的"品牌使用费"，不论企业采取何种方式或以何种名义收取价款，均应并入白酒的销售额中缴纳消费税。

## 经典题解

【例题28·多选题】甲酒厂主要从事白酒生产销售业务，该酒厂销售白酒收取的下列款项中，应并入销售额缴纳消费税的有（　　）。

A. 向A公司收取的储备费

B. 向B公司收取的品牌使用费

C. 向C公司收取的包装物租金

D. 向D公司收取的产品优质费

【解析】（1）实行从价定率及复合计税办法计征消费税的应税消费品，其销售额为纳税人销售应税消费品向购买方收取的全部价款和价外费用（包括但不限于包装物租金、优质费、储备费）；（2）白酒生产企业向商业销售单位收取的"品牌使用费"，不论企业采取何种方式或以何种名义收取价款，均应并入白酒的销售额中缴纳消费税。

【答案】ABCD

4. 包装物押金

（1）非酒类产品

如果包装物不作价随同产品销售，而是收取押金，此项押金则不应并入应税消费品的销售额中征税；但对因逾期未收回包装物不再退还的或者已收取的时间超过12个月的押金，应并入应税消费品的销售额，缴纳消费税。

（2）啤酒、黄酒以外的其他酒类产品

对酒类生产企业销售酒类产品（啤酒、黄酒除外）而收取的包装物押金，无论押金是否返还及会计上如何核算，均应在收取时并入酒类产品销售额，征收消费税。

**包装物押金增值税和消费税处理比较**

<table>
<tr><th>所包装的产品</th><th>增值税处理</th><th>消费税处理</th></tr>
<tr><td>非酒类产品（成品油除外）</td><td rowspan="2">逾期未退时价税分离并入销售额</td><td>逾期未退时价税分离并入销售额</td></tr>
<tr><td>啤酒、黄酒、成品油</td><td>啤酒、黄酒、成品油从量定额征收消费税，其包装物押金不征收消费税</td></tr>
<tr><td>啤酒、黄酒以外的其他酒类产品</td><td colspan="2">收取时价税分离并入销售额</td></tr>
</table>

## 经典题解

**【例题 29·单选题】** 甲筷子厂为增值税一般纳税人，2020 年 12 月销售自产工艺筷取得不含增值税价款 18 万元，销售自产木制一次性筷子取得不含增值税价款 12 万元，逾期不予退还的木制一次性筷子包装物押金 0.226 万元。已知，增值税税率为 13%；消费税税率为 5%。计算甲筷子厂当月上述业务应缴纳消费税税额的下列算式中，正确的是（　　）。

A. ［18+12+0.226÷（1+13%）］×5%

B. ［12+0.226÷（1+13%）］×5%

C. 12×5%

D. ［18+0.226÷（1+13%）］×5%

**【解析】**（1）工艺筷不属于应税消费品，不缴纳消费税；（2）木制一次性筷子属于非酒类产品，其包装物押金在“逾期未退”时价税分离后并入销售额计税；（3）甲筷子厂当月上述业务应确认的增值税销项税额 =（18+12+0.226÷1.13）×13%。

**【答案】** B

**【例题 30·单选题】** 2020 年 9 月，甲酒厂销售自产红酒，取得含增值税价款 52.4 万元，另收取包装物押金 2.26 万元、手续费 1.13 万元。已知，红酒增值税税率为 13%，消费税税率为 10%。甲酒厂该笔业务应缴纳消费税税额的下列计算列式中，正确的是（　　）。

A. （52.4+1.13）÷（1+13%）×10%

B. 52.4÷（1+13%）×10%

C. （52.4 + 2.26 + 1.13）÷（1 + 13%）×10%

D. （52.4+2.26）÷（1+13%）×10%

**【解析】**（1）对酒类生产企业销售酒类产品（啤酒、黄酒除外）而收取的包装物押金，无论押金是否返还也不管会计上如何核算，均应并入酒类产品销售额，征收消费税，选项 AB 排除；（2）1.13 万元的手续费应作为价外费用，选项 D 排除；（3）价外费用与并入销售额的包装物押金均为含增值税收入，选项 C 正确。

**【答案】** C

5. 金银首饰的特殊规定

（1）纳税人采用以旧换新（含翻新改制）方式销售的金银首饰，应按实际收取的不含增值税的全部价款确定计税依据征收消费税。

（2）金银首饰与其他产品组成成套消费品销售的，应按销售额全额征收消费税。

（3）金银首饰连同包装物销售的，无论包装物是否单独计价，也无论会计上如何核算，均应并入金银首饰的销售额计征消费税。

## 11 考点 11 自产自用应纳消费税的计算（★★）

1. 先“找价”后“组价”

纳税人自产自用的应税消费品，用于连续生产应税消费品的，不缴纳消费税；凡用于其他方面的，于移送使用时，按照纳税人生产的同类消费品的平均销售价格计算缴纳消费税；没有同类消费品销售价格的，按照组成计税价格计算缴纳消费税。

2. 实行从价定率办法计征的，其计算公式为：

组成计税价格＝成本×（1+成本利润率）÷（1-消费税比例税率）

应纳消费税＝组成计税价格×消费税比例税率

## 经典题解

**【例题31·单选题】**2020年8月甲化妆品厂将一批自产的新型高档粉饼作为福利发放给员工，该批高档粉饼生产成本42500元，无同类高档粉饼销售价格。已知，高档化妆品消费税税率为15%，成本利润率为5%。计算甲化妆品厂当月该笔业务应缴纳消费税税额的下列算式中，正确的是(　　)。

A. 42500×（1+5%）÷（1-15%）×15%

B. 42500÷（1-15%）×15%

C. 42500×15%

D. 42500×（1+5%）×15%

**【解析】**

（1）消费税

将自产的应税消费品用于集体福利，移送时应缴纳消费税；由于“无同类高档化妆品销售价格”，应纳消费税应组成计税价格计算：

①组成计税价格

＝成本×（1+成本利润率）÷（1-消费税比例税率）

＝42500×（1+5%）÷（1-15%）

＝52500（元）

②应纳消费税

＝组成计税价格×消费税税率

＝52500×15%

＝7875（元）

（2）增值税

将自产的货物用于集体福利，增值税视同销售货物，假定该化妆品厂为增值税一般纳税人，增值税税率为13%，由于无同类高档化妆品销售价格，使用同一组成计税价格计算增值税销项税额：

增值税销项税额

＝组成计税价格×增值税税率

＝52500×13%＝6825（元）。

**【答案】**A

3. 实行复合计税办法计算纳税的，其计算公式为：

组成计税价格＝［成本×（1+成本利润率）+自产自用数量×消费税定额税率］÷（1-消费税比例税率）

应纳消费税＝组成计税价格×消费税比例税率+自产自用数量×消费税定额税率

## 经典题解

**【例题32·单选题】**2020年12月，甲酒厂将新研制的白酒3吨赠送给关联企业，该批白酒生产成本30000元，无同类白酒销售价格。已知，消费税比例税率为20%，定额税率为0.5元/500克，成本利润率为5%。计算甲酒厂当月该笔业务消费税组成计税价格的下列算式中，正确的是(　　)。

A. ［30000×（1+5%）+3×2000×0.5］÷（1-20%）

B. 30000×（1+5%）+3×2000×0.5

C. ［30000×（1+5%）+3×2000×0.5］×（1-20%）

D. （30000+3×2000×0.5）×（1+5%）÷（1-20%）

**【解析】**

（1）消费税

将自产的白酒赠送给关联企业，于移送时缴纳消费税，由于甲酒厂无同类白酒销售价格，应组成计税价格计算，白酒采用复合计征方式计缴消费税：

组成计税价格

＝［成本×（1+成本利润率）+自产自用数量×消费税定额税率］÷（1-消费税比例税率）

=［30000×（1+5%）+3×2000×0.5］÷（1-20%）

= 43125（元）

应纳消费税 = 43125 元×20% +3 吨×2000 斤/吨×0.5 元/斤

= 11625（元）

（2）增值税

将自产的白酒赠送给关联企业，视同销售货物，假定甲酒厂为增值税一般纳税人，增值税税率为 13%，由于无同类白酒销售价格，使用同一组成计税价格计算增值税销项税额：

增值税销项税额

= 组成计税价格×增值税税率

= 43125×13%

= 5606.25（元）。

**【答案】** A

4. 实行从量定额计税的，不涉及销售价格，不存在使用组成计税价格计算消费税的问题。

**【案例】** 某啤酒厂为增值税一般纳税人，3 月份将试制的 2 吨新口味啤酒用于职工福利，已知该酒厂没有同类啤酒的销售价格，该啤酒成本 4000 元/吨，成本利润率 5%，每吨消费税税额 250 元。

**【分析】**

（1）消费税

将自产的啤酒用于职工福利，于移送时缴纳消费税，但啤酒属于从量定额征收消费税的应税消费品，其消费税的计算与价格无直接关系，应按应税消费品的移送使用数量征税：

应纳消费税 = 250×2 = 500（元）

（2）增值税

将自产的啤酒用于职工福利，增值税视同销售货物，由于没有同类应税消费品的价格，应按组成计税价格计算缴纳增值税：

①组成计税价格

= 成本×（1+成本利润率）+消费税税额

= 2×4000×（1+5%）+500

= 8900（元）

②增值税销项税额

= 组成计税价格×增值税税率

= 8900×13%

= 1157（元）。

## 经典题解

**【例题 33 · 单选题】** 2020 年 5 月甲石化公司销售自产汽油 1000 吨，办公用小汽车领用自产汽油 1 吨，向客户无偿赠送自产汽油 0.5 吨。已知，汽油消费税定额税率为 1.52 元/升，汽油 1 吨 = 1388 升。计算甲石化公司当月上述业务应缴纳消费税税额的下列算式中，正确的是（　　）。

A. （1000+1+0.5）×1388×1.52

B. （1000+1）×1388×1.52

C. 1000×1388×1.52

D. （1000+0.5）×1388×1.52

**【解析】** 纳税人自产的应税消费品用于生产非应税消费品、在建工程、管理部门（办公用小汽车领用自产汽油）、非生产机构、提供劳务、馈赠（向客户无偿赠送自产汽油）、赞助、集资、广告、样品、职工福利、奖励等方面的，于移送时缴纳消费税。

**【答案】** A

## 12 考点 12 委托加工环节应纳消费税的计算（★★）

1. 先“找价”后“组价”

委托加工的应税消费品，按照**受托方的同类消费品的销售价格**计算纳税，没有同类消费品销售价格的，按照**组成计税价格**计算纳税。

2. 实行从价定率办法计算纳税的

组成计税价格 =（材料成本+加工费）÷（1-消费税比例税率）

应纳消费税（应代收代缴的消费税）= 组成计税价格×消费税比例税率

【提示】（1）材料成本，是指委托方所提供加工材料的实际成本；（2）加工费，是指受托方加工应税消费品向委托方所收取的全部费用（包括代垫辅助材料的实际成本），不包括增值税税款。

【案例】甲公司为增值税一般纳税人，主要生产和销售高档化妆品，2020年10月受托加工高档粉饼，收取不含增值税加工费5万元，委托方提供的原材料成本80万元，甲公司无同类产品销售价格。已知，增值税税率为13%，消费税税率为15%。

【分析】

|  | 纳税人 | 缴纳方式 | 税额 |
|---|---|---|---|
| 增值税 | 甲公司 | 甲公司自行申报纳税 | 销项税额<br>=不含增值税的加工费×增值税税率<br>=5×13%<br>=0.65（万元） |
| 消费税 | 委托方 | 由甲公司代收代缴 | 甲公司应代收代缴的消费税<br>=（材料成本+加工费）÷（1-消费税比例税率）×消费税税率<br>=（80+5）÷（1-15%）×15%<br>=15（万元） |

## 经典题解

【例题34·单选题】2020年10月甲厂受托为乙卷烟厂加工烟丝，收取加工费开具增值税专用发票注明金额21000元、税额2730元。乙卷烟厂提供材料成本150000元；甲厂无同类烟丝销售价格。已知，烟丝消费税税率为30%。计算甲厂当月该笔业务应代收代缴消费税税额的下列算式中，正确的是（　　）。

A.（150000+21000）÷（1-30%）×30%

B.（150000+21000+2730）×30%

C.（150000+21000）×30%

D.（150000+21000+2730）÷（1-30%）×30%

【解析】（1）受托方甲厂无同类烟丝销售价格，应当组成计税价格计算，实行从价定率办法计算纳税的，组成计税价格=（材料成本+加工费）÷（1-消费税比例税率），选项BC错误；（2）组成计税价格公式中的“加工费”，应为不含增值税的加工费，选项A正确，选项D错误。

【答案】A

3. 实行复合计税办法计算纳税的

组成计税价格=（材料成本+加工费+委托加工数量×消费税定额税率）÷（1-消费税比例税率）

应纳消费税（应代收代缴的消费税）=组成计税价格×消费税比例税率+委托加工数量×消费税定额税率

【案例】甲酒厂委托乙企业（增值税一般纳税人）加工白酒1吨，甲酒厂提供的材料成本为15万元，乙企业收取不含税加工费5万元，乙企业没有同类白酒的销售价格。已知白酒适用的消费税税率为20%加0.5元/500克。

【分析】

| | 纳税人 | 缴纳方式 | 税额 |
|---|---|---|---|
| 增值税 | 乙企业 | 乙企业自行申报纳税 | 销项税额<br>=不含增值税的加工费×增值税税率<br>=5×13%<br>=0.65（万元） |
| 消费税 | 甲酒厂 | 由乙企业代收代缴 | 组成计税价格<br>=（材料成本+加工费+委托加工数量×消费税定额税率）÷（1-消费税比例税率）<br>=（150000+50000+1×2000×0.5）÷（1-20%）<br>=251250（元）<br>乙企业应代收代缴的消费税<br>=组成计税价格×消费税比例税率+委托加工数量×消费税定额税率<br>=251250×20%+1×2000×0.5<br>=51250（元） |

4. 实行从量定额计税的，不涉及销售价格，不存在使用组成计税价格计算消费税的问题。

**【案例】**甲企业委托乙企业（增值税一般纳税人）加工柴油500吨并全部收回，向乙企业支付不含增值税的加工费10万元。已知增值税税率为13%，消费税定额税率为1.2元/升，1吨=1176升。

【分析】

| | 纳税人 | 缴纳方式 | 税额 |
|---|---|---|---|
| 增值税 | 乙企业 | 乙企业自行申报纳税 | 销项税额<br>=不含增值税的加工费×增值税税率<br>=10×13%<br>=1.3（万元） |
| 消费税 | 甲企业 | 由乙企业代收代缴 | 乙企业应代收代缴的消费税<br>=委托加工收回的数量×消费税定额税率<br>=1176升/吨×500吨×1.2元/升÷10000<br>=70.56（万元） |

## 13 考点13 进口环节应纳消费税的计算（★★）

1. 实行从价定率办法计征消费税的

组成计税价格＝（关税完税价格＋关税）÷（1-消费税比例税率）

应纳消费税＝组成计税价格×消费税比例税率

## 经典题解

**【例题35·单选题】**甲外贸公司为增值税一般纳税人，2020年9月进口一批高档手表，海关审定关税完税价格113万元，已缴纳关税10万元。已知，增值税税率为13%，消费税税率为20%。计算甲外贸公司当月该笔业务应缴纳增值税税额的下列算式中，正确的是（　　）。

A.（113+10）÷（1−20%）×13%

B. 113÷（1−20%）×13%

C. 113×13%

D.（113+10）×13%

**【解析】**进口从价定率计征消费税的应税消费品增值税应纳税额=组成计税价格×税率=（关税完税价格+关税税额）÷（1−消费税税率）×增值税税率。

**【答案】**A

**【例题36·单选题】**2020年12月甲公司进口一批红酒，海关审定关税完税价格600000元。已知，消费税税率为10%，关税税率为5%。计算甲公司当月该笔业务应缴纳消费税税额的下列算式中，正确的是（　　）。

A. 600000×（1−5%）÷（1−10%）×10%

B. 600000×（1−5%）×（1+10%）×10%

C. 600000×（1+5%）×（1+10%）×10%

D. 600000×（1+5%）÷（1−10%）×10%

**【解析】**从价定率计征消费税的，进口环节应纳消费税=关税完税价格×（1+关税税率）÷（1−消费税比例税率）×消费税比例税率。

**【答案】**D

2. 实行复合计税办法计征消费税的

组成计税价格=（关税完税价格+关税+进口数量×消费税定额税率）÷（1−消费税比例税率）

应纳消费税=组成计税价格×消费税比例税率+进口数量×消费税定额税率

**【案例】**乙公司为增值税一般纳税人，进口卷烟2标准箱，每标准箱的关税完税价格为60000元。已知，关税税率为25%，该批卷烟的消费税比例税率为56%，定额税率为150元/标准箱。

**【分析】**（1）应缴纳关税=60000×2×25%=30000（元）；（2）组成计税价格=（60000×2+30000+150×2）÷（1−56%）=341590.91（元）；（3）应纳消费税=341590.91×56%+150×2=191590.91（元）；（4）应纳增值税=341590.91×13%=44406.82（元）。

3. 实行从量定额计税的，不涉及销售价格，不存在使用组成计税价格计算消费税的问题。

**【案例】**甲企业是增值税一般纳税人，进口润滑油200吨，关税完税价格每吨15万元。已知，增值税税率13%，消费税定额税率1.52元/升，1吨=1126升，关税税率为6%。

**【分析】**（1）应纳消费税=进口数量×消费税定额税率=200×1126×1.52=342304（元）；（2）应纳增值税=［关税完税价格×（1+关税税率）+消费税税额］×增值税税率=［15×200×（1+6%）×10000+342304］×13%=4178499.52（元）。

**“从价定率计征”应纳消费税计算（综述）**

| 情形 | | 消费税处理 |
|---|---|---|
| 生产销售 | 一般情况 | 应纳消费税<br>=不含增值税销售额×消费税比例税率 |
| | 通过非独立核算门市部销售 | 应纳消费税<br>=门市部不含增值税售价×消费税比例税率 |
| | “换投抵” | 应纳消费税<br>=不含增值税最高价×消费税比例税率 |

续表

| 情形 | | 消费税处理 |
|---|---|---|
| 自产自用 | 用于连续生产应税消费品 | 移送时不缴纳消费税 |
| | 用于其他方面 | 核定销售额，无同类价时：<br>应纳消费税<br>=组成计税价格×消费税比例税率<br>$=\frac{成本\times(1+成本利润率)}{1-消费税比例税率}\times$消费税比例税率 |
| 委托加工 | 受托方是个人 | 由委托方收回应税消费品后自行缴纳消费税 |
| | 受托方是单位 | 核定销售额，无同类价时：<br>应代收代缴的消费税<br>=组成计税价格×消费税比例税率<br>$=\frac{材料成本+不含增值税加工费}{1-消费税比例税率}\times$消费税比例税率 |
| 进口 | | 应纳消费税<br>=组成计税价格×消费税比例税率<br>$=\frac{关税完税价格+关税}{1-消费税比例税率}\times$消费税比例税率 |

## 14 考点 14 已纳消费税的扣除（★★）

为避免重复征税，外购应税消费品和委托加工收回的应税消费品继续生产应税消费品销售的，可以按照规定将外购应税消费品和委托加工收回应税消费品已缴纳的消费税给予抵扣。

1. 准予抵扣的情形。

（1）外购或委托加工收回的已税烟丝为原料生产的卷烟；

（2）外购或委托加工收回的已税高档化妆品为原料生产的高档化妆品；

（3）外购或委托加工收回的已税珠宝玉石为原料生产的贵重首饰及珠宝玉石；

【提示】纳税人用外购或者委托加工收回的已税珠宝玉石为原料生产的改在零售环节征收消费税的金银首饰（镶嵌首饰），在计税时一律**不得扣除**外购或者委托加工收回的珠宝玉石已纳的消费税税款。

【案例】外购或委托加工收回的玛瑙：①如果用于生产镶嵌玛瑙的黄金吊坠，生产销售该吊坠不需要缴纳消费税，但零售时需要缴纳消费税，并且所耗用的玛瑙原料已纳的消费税税额不得扣除；②如果用于生产玛瑙珠手串，生产销售该玛瑙珠手串时应计算缴纳消费税，且玛瑙原料已纳消费税税额可以扣除。

（4）外购或委托加工收回的已税鞭炮、焰火为原料生产的鞭炮、焰火；

（5）外购或委托加工收回的已税杆头、杆身和握把为原料生产的高尔夫球杆；

（6）外购或委托加工收回的已税木制一次性筷子为原料生产的木制一次性筷子；

（7）外购或委托加工收回的已税实木地板为原料生产的实木地板；

（8）外购或委托加工收回的已税石脑油、润滑油、燃料油为原料生产的成品油；

（9）外购或委托加工收回的已税汽油、柴油为原料生产的汽油、柴油。

【提示1】允许抵扣税额的税目**不包括酒、摩托车、小汽车、高档手表、游艇、电池、涂料**。

【提示2】允许扣税的只涉及同一税目中应税消费品的连续加工，不能跨税目抵扣。

## 经典题解

【例题37·单选题】根据消费税法律制度的规定，企业发生的下列经营行为中，外购应税消费品已纳消费税税额准予从应纳消费税税额中扣除的是(　　)。

A. 外购已税蒸馏酒生产配制酒

B. 外购已税溶剂油为原料生产成品油

C. 外购已税烟丝生产卷烟

D. 外购已税电池生产小汽车

【解析】(1) 选项AD：允许抵扣税额的税目**不包括酒、摩托车、小汽车、高档手表、游艇、电池、涂料**；(2) 选项B：外购已税"石脑油、润滑油、燃料油**(不包括溶剂油)**"为原料生产的成品油，允许扣除外购时已缴纳的消费税。

【答案】C

【例题38·单选题】根据消费税法律制度的规定，下列各项中，可以按当期生产领用数量计算准予扣除外购的应税消费品已纳消费税税款的是(　　)。

A. 外购已税低档白酒生产的高档白酒

B. 外购已税烟丝生产的卷烟

C. 外购已税翡翠生产加工的金银翡翠首饰

D. 外购已税钻石生产的高档手表

【解析】(1) 允许抵扣税额的税目不包括酒（选项A）、摩托车、小汽车、高档手表（选项D）、游艇、电池、涂料；(2) 选项C：纳税人用外购的已税珠宝、玉石原料生产的改在零售环节征收消费税的金银首饰（镶嵌首饰），在计税时一律**不得扣除外购珠宝、玉石的已纳税款**。

【答案】B

【例题39·单选题】根据消费税法律制度的规定，下列项目中不可以抵扣已纳税款的是(　　)。

A. 用外购已税烟丝继续加工成卷烟

B. 用自制的高档香水继续加工高档香水

C. 委托加工收回的已税木制一次性筷子继续加工木制一次性筷子

D. 委托加工收回的已税鞭炮继续加工鞭炮

【解析】选项B：不涉及"外购、委托加工"应税消费品用于连续生产，而是"自制"的应税消费品用于连续生产应税消费品（移送时不缴纳消费税，加工完成的高档香水对外销售时再缴纳消费税）。

【答案】B

2. 当期准予扣除外购或委托加工收回的应税消费品的已纳消费税税款，应按**当期生产领用数量**计算。

## 经典题解

【例题40·单选题】甲企业为增值税一般纳税人，2020年7月初库存烟丝不含增值税买价40万元，本月外购烟丝不含增值税买价126万元，月末库存烟丝不含增值税买价30万元，领用的烟丝全部用于连续生产卷烟，已知烟丝适用的消费税税率为30%。下列计算甲企业本月准予扣除的外购烟丝已缴纳的消费税的列式中，正确的是(　　)。

A. (40+126)×30%

B. 126×30%

C. (40+126-30)×30%

D. (40-30)×30%

【解析】当期生产领用量=月初库存量（40万元）+本月外购量（126万元）-月末库存量（30万元）。

【答案】C

【例题41·单选题】甲化妆品生产企业2020年7月从另一化妆品生产企业购进高档保湿精华一批，取得增值税专用发票上注明价款为100万元；当月领用其中的40%用于生产高档保湿粉底液并全部销售，取得不含增值税销售收入 600 万元。已知高档化妆品适用消费税税率为 15%。有关甲化妆品生产企业上述业务应当缴纳的消费税，下列计算列式正确的是(　　)。

A. 600×15%

B. 600×15%－100×15%×60%

C. 600×15%－100×15%

D. 600×15%－100×15%×40%

【解析】（1）甲化妆品生产企业本月**仅生产领用了 40%**的外购高档保湿精华，其外购高档保湿精华时已纳的消费税税款仅可在本月扣除 40%。（2）假定甲化妆品生产企业是增值税一般纳税人，增值税税率为 13%，进项税额＝100×13%＝13（万元）。

【答案】D

## 第 3 单元　消费税的征收管理

查看本单元视频
使用"会计云课堂" App/ 微信扫描

### 15　考点 15 消费税纳税义务发生时间（★）

1. 纳税人销售的应税消费品，纳税义务发生时间按不同的销售结算方式分别确定：

（1）纳税人采取赊销和分期收款结算方式的，为书面合同约定的收款日期的当天；书面合同没有约定收款日期或者无书面合同的，为发出应税消费品的当天。

（2）纳税人采取预收货款结算方式的，为发出应税消费品的当天。

（3）纳税人采取托收承付、委托银行收款结算方式的，为发出应税消费品并办妥托收手续的当天。

（4）纳税人采取其他结算方式的，为收讫销售款或者取得索取销售款凭据的当天。

2. 纳税人自产自用应税消费品的，为移送使用的当天。

3. 纳税人委托加工应税消费品的，为纳税人**提货的当天**。

4. 纳税人进口应税消费品的，为报关进口的当天。

【解释】除委托加工外，消费税纳税义务发生时间与同一环节增值税纳税义务发生时间基本一致。

**经典题解**

【例题 42 · 单选题】根据消费税法律制度的规定，下列关于消费税纳税义务发生时间的表述中，正确的是(　　)。

A. 采取托收承付方式的，为合同约定的收款日期的当天

B. 采取分期收款结算方式的，为收讫销售款的当天

C. 采取预收货款结算方式的，为收到预收款的当天

D. 纳税人进口应税消费品的，为报关进口的当天

【答案】D

### 16　考点 16 消费税纳税地点（★）

1. 纳税人销售的应税消费品，以及自产自用的应税消费品，除国务院财政、税务主管部门另有规定外，应当向纳税人机构所在地或者居住地的税务机关申报纳税。

2. 委托加工的应税消费品，除受托方为个人外，由受托方向机构所在地或者居住地的税务机关解缴消费税税款；受托方为个人的，由委托方向其机构所在地税务机关申报纳税。

3. 进口的应税消费品，由进口人或者其

代理人向报关地海关申报纳税。

4. 纳税人到外县（市）销售或者委托外县（市）代销自产应税消费品的，于应税消费品销售后，向机构所在地或者居住地税务机关申报纳税。

5. 总机构与分支机构不在同一县（市）：

（1）纳税人的总机构与分支机构不在同一县（市）的，原则上应当分别向各自机构所在地的税务机关申报纳税。

（2）纳税人的总机构与分支机构不在同一县（市），但在同一省（自治区、直辖市）范围内，经省（自治区、直辖市）财政厅（局）、税务局审批同意，可以由总机构汇总向总机构所在地的税务机关申报缴纳消费税。

### 经典题解

【例题43·单选题】根据消费税法律制度的规定，下列关于消费税纳税地点的表述中，正确的是（　　）。

A. 纳税人销售的应税消费品，除另有规定外，应当向纳税人机构所在地或居住地的税务机关申报纳税

B. 纳税人总机构与分支机构不在同一省的，由总机构汇总向总机构所在地的税务机关申报纳税

C. 进口的应税消费品，由进口人或者其代理人向机构所在地的税务机关申报纳税

D. 委托加工的应税消费品，受托方为个人的，由受托方向居住地的税务机关申报纳税

【解析】（1）选项B：纳税人总机构与分支机构不在同一省的，应由总机构和分支机构分别向各自机构所在地的税务机关申报纳税；（2）选项C：进口的应税消费品，由进口人或者其代理人向“报关地海关”申报纳税；（3）选项D：委托加工的应税消费品，受托方为个人的，由“委托方”向机构所在地的税务机关申报纳税。

【答案】A

## ⑧ 经典大题精析

### 一、 高档化妆品

【例题44·不定项选择题】

甲公司为增值税一般纳税人，主要从事化妆品生产和销售业务，2020年6月有关经营情况如下：

（1）销售自产高档美容类化妆品，取得不含增值税销售额3000000元。

（2）将100套自产高档口红礼盒无偿赠送给客户，当月同类化妆品不含增值税单价1500元/套。

（3）将50套自产高档护肤类化妆品奖励给公司优秀员工，当月同类化妆品不含增值税单价600元/套。

（4）以银行存款5000000元投资乙商场。

（5）受托为丙公司加工一批高档香水，收取加工费开具增值税专用发票，注明金额250000元、税额32500元，丙公司提供材料成本800000元，甲公司无同类化妆品销售价格。

（6）进口一批成套化妆品，海关审定关税完税价格950000元，取得海关进口增值税专用缴款书。

已知：销售高档化妆品增值税税率为13%，消费税税率为15%，关税税率为5%，取得的扣税凭证均符合抵扣规定。

要求：

根据上述资料，不考虑其他因素，分析回答下列小题。

1. 甲公司当月下列业务中，应缴纳消费税的是（　　）。

A. 将自产高档护肤类化妆品奖励给公司优秀员工

B. 将自产高档口红礼盒无偿赠送给客户

C. 以银行存款投资乙商场

D. 销售自产高档美容类化妆品

2. 计算甲公司当月受托加工高档香水应代收代缴消费税税额的下列算式中，正确的是（　　）。

A. （800000+250000+32500）×15%

B. 800000×15%

C. （800000+250000）×15%

D. （800000+250000）÷（1-15%）×15%

3. 计算甲公司当月进口成套化妆品应缴纳消费税税额的下列算式中，正确的是（　　）。

A. 950000÷（1-15%）×15%

B. 950000×15%

C. （950000+950000×5%）÷（1-15%）×15%

D. （950000+950000×5%）×15%

4. 计算甲公司当月应向税务机关缴纳增值税税额的下列算式中，正确的是（　　）。

A. 3000000×13%+32500

B. （3000000+100×1500+50×600）×13%+32500-（950000+950000×5%）÷（1-15%）×13%

C. （3000000+100×1500+50×600+5000000）×13%+32500-（950000+950000×5%）÷（1-15%）×13%

D. 3000000×13%-（950000+950000×5%）×13%

**【例题 45·不定项选择题】**

甲公司为增值税一般纳税人，主要从事化妆品生产和销售业务，2020 年 9 月有关经营情况如下：

（1）进口一批高档粉底液，海关核定的关税完税价格 105 万元，已缴纳关税 4.25 万元。

（2）购进生产用化妆包，取得增值税专用发票注明税额 15 万元，支付其运输费，取得增值税专用发票注明税额 0.6 万元。因管理不善该批化妆包全部丢失。

（3）委托加工高档口红，支付加工费取得增值税专用发票注明税额 70 万元。

（4）购进生产用酒精，取得增值税专用发票注明税额 13.6 万元。

（5）销售自产成套化妆品，取得含增值税价款 850 万元，另收取包装物押金 3.39 万元。

已知：增值税税率为 13%，高档化妆品消费税税率为 15%。

要求：

根据上述资料，不考虑其他因素，分析回答下列小题。

1. 计算甲公司进口高档粉底液应缴纳增值税额的下列算式中，正确的是（　　）。

A. （105+4.25）×13%

B. 105÷（1-15%）×13%

C. （105+4.25）÷（1-15%）×13%

D. 105×13%

2. 甲公司的下列进项税额中，准予从销项税额中抵扣的是（　　）。

A. 购进生产用化妆包的进项税额 15 万元

B. 支付运输费的进项税额 0.6 万元

C. 支付加工费的进项税额 70 万元

D. 购进生产用酒精的进项税额 13.6 万元

3. 甲公司的下列业务中，应缴纳消费税的是（　　）。

A. 委托加工高档口红

B. 购进生产用酒精

C. 购进生产用化妆包

D. 进口高档粉底液

4. 计算甲公司销售自产成套化妆品消费税税额的下列算式中，正确的是（　　）。

A. 850÷（1+13%）×15%

B. 850×15%

C. ［850÷（1+13%）+3.39］×15%

D. （850+3.39）÷（1+13%）×15%

**【例题 46·不定项选择题】**

甲企业主要从事高档化妆品的生产和销售业务，2019 年 12 月有关经营情况如下：

（1）销售自产 A 型高档化妆品一批，取得不含增值税销售额 232 万元，另收取包装费 1.13 万元。

（2）当月赠送自产的 B 型高档化妆品一批，该批化妆品成本 10 万元，甲企业同类化妆品的平均销售价格确定的不含增值税金额为 17 万元。

（3）当月将闲置底商出租，合同约定每月含增值税租金 3.15 万元，本月一次性收取一年的含增值税租金 37.8 万元。

（4）购进生产用机器一台，取得增值税专用发票注明税额 16 万元；购进健身器材一批，用于职工活动中心，取得增值税专用发票注明税额 0.32 万元；支付企业招待客户餐饮费用，取得增值税普通发票注明税额 0.3 万元；支付员工出差住宿费用，取得增值税专用发票注明税额 0.6 万元。

已知：增值税税率为 13%，消费税税率为 15%；出租不动产选择简易计税方法，增值税征收率为 5%。

要求：

根据上述资料，不考虑其他因素，分析回答下列小题。

1. 计算甲企业当月销售自产 A 型高档化妆品应缴纳消费税税额的下列算式中，正确的是（ ）。

A. 232÷（1+13%）×15%

B. （232+1.13）÷（1+13%）×15%

C. ［232+1.13÷（1+13%）］×15%

D. 232×13%

2. 计算甲企业当月赠送自产 B 型高档化妆品增值税销项税额的下列算式中，正确的是（ ）。

A. 10×13%

B. 10÷（1-15%）×13%

C. 17÷（1-15%）×13%

D. 17×13%

3. 计算甲企业当月出租闲置底商应缴纳增值税税额的下列算式中，正确的是（ ）。

A. 3.15×5%

B. 37.8÷（1+5%）×5%

C. 3.15÷（1+5%）×5%

D. 37.8×5%

4. 甲企业的下列进项税额中，不得从销项税额中抵扣的是（ ）。

A. 购进生产用机器的进项税额 16 万元

B. 购进健身器材的进项税额 0.32 万元

C. 支付招待客户餐饮费用的进项税额 0.3 万元

D. 支付员工出差住宿费用的进项税额 0.6 万元

## 二、小汽车

**【例题 47 · 不定项选择题】**

甲公司为增值税一般纳税人，主要从事小汽车的制造和销售业务。2020 年 7 月有关经营情况如下：

（1）销售 1 辆定制的自产小汽车，取得含增值税价款 238000 元，另收取手续费 33900 元。

（2）将 10 辆自产小汽车对外投资，小汽车生产成本 10 万元/辆，甲公司同类小汽车不含增值税最高销售价格 18 万元/辆、平均销售价格 15 万元/辆、最低销售价格 12 万元/辆。

（3）采取预收货款方式销售给 4S 店一批自产小汽车，6 日签订合同，11 日收到预收款，18 日发出小汽车，25 日开具发票。

（4）生产中轻型商用客车 180 辆，其中 168 辆用于销售、5 辆用于广告、3 辆用于本公司管理部门、4 辆用于赞助。

已知：销售小汽车增值税税率为 13%，消费税税率为 5%。

要求：

根据上述资料，不考虑其他因素，分析回答下列小题。

1. 计算甲公司当月销售定制的自产小汽车应缴纳消费税税额的下列算式中，正确的是（ ）。

A. 238000÷（1+13%）×5%

B. 238000×5%

C. （238000+33900）×5%

D. （238000+33900）÷（1+13%）×5%

2. 计算甲公司当月以自产小汽车对外投资应缴纳消费税税额的下列算式中，正确的是（　　）。

A. 10×18×5%　　B. 10×15×5%

C. 10×12×5%　　D. 10×10×5%

3. 甲公司当月采取预收货款方式销售自产小汽车，消费税纳税义务发生时间是（　　）。

A. 7月6日　　B. 7月18日

C. 7月11日　　D. 7月25日

4. 甲公司的下列中轻型商用客车中，应缴纳消费税的是（　　）。

A. 用于本公司管理部门的3辆

B. 用于广告的5辆

C. 用于销售的168辆

D. 用于赞助的4辆

**【例题48·不定项选择题】**

甲公司为增值税一般纳税人，主要从事汽车贸易及维修业务，2020年10月有关经营情况如下：

（1）进口一批越野车，海关审定的关税完税价格400万元，缴纳关税90万元，支付通关、商检费用2.8万元。

（2）销售小轿车取得含增值税价款469万元，另收取提车价款13.56万元。

（3）维修汽车取得含增值税维修费39.26万元，其中工时费16.96万元、材料费22.3万元。

已知：越野车的消费税税率为25%，增值税税率为13%。

要求：

根据上述资料，不考虑其他因素，分析回答下列小题。

1. 甲公司进口越野车应缴纳消费税税额的下列计算中，正确的是（　　）。

A. （400+90+2.8）÷（1-25%）×25%

B. （400+2.8）×25%

C. （400+90）÷（1-25%）×25%

D. （400+90+2.8）×25%

2. 甲公司进口越野车应按照组成计税价格和规定税率计算增值税，下列各项中，应计入组成计税价格的是（　　）。

A. 关税完税价格

B. 通关、商检费用

C. 消费税

D. 关税

3. 甲公司销售小轿车增值税销项税额的下列算式中，正确的是（　　）。

A. [469÷（1+13%）+13.56]×13%

B. [469+13.56÷（1+13%）]×13%

C. （469+13.56）×13%

D. （469+13.56）÷（1+13%）×13%

4. 甲公司维修汽车增值税销项税额的下列算式中，正确的是（　　）。

A. 39.26÷（1+13%）×13%

B. （39.26-16.96）×13%

C. （39.26-22.3）×13%

D. 39.26×13%

## 三、酒

**【例题49·不定项选择题】**

M县甲葡萄酒公司为增值税一般纳税人，主要从事葡萄酒的生产和销售业务。2020年10月有关经营情况如下：

（1）以自产100箱X品牌葡萄酒换入酿酒设备，该品牌葡萄酒生产成本1130元/箱，含增值税平均单价2334元/箱，含增值税最高单价2588元/箱。

（2）向M县自设非独立核算门市部移送500箱自产Y品牌葡萄酒，该品牌葡萄酒含增值税出厂价1695元/箱；该门市部对外销售450箱，含增值税单价3120元/箱。

（3）受托为乙公司加工Z品牌葡萄酒，收取含增值税加工费40680元；乙公司提供原材料成本830000元，甲葡萄酒公司无同类葡萄酒销售价格。

已知：销售葡萄酒增值税税率为 13%，消费税税率为 10%；销售劳务增值税税率为 13%。

要求：

根据上述资料，不考虑其他因素，分析回答下列小题。

1. 计算甲葡萄酒公司当月以自产 X 品牌葡萄酒换入酿酒设备应缴纳消费税税额的下列算式中，正确的是(　　)。

A. 100×1130×10%

B. 100×1130×（1+10%）×10%

C. 100×2334÷（1+13%）×10%

D. 100×2588÷（1+13%）×10%

2. 计算甲葡萄酒公司当月 Y 品牌葡萄酒应缴纳消费税税额的下列算式中，正确的是(　　)。

A. 500×3120÷（1+13%）×10%

B. 450×3120÷（1+13%）×10%

C. （500×1695+450×3120）×10%

D. 500×1695×10%

3. 计算甲葡萄酒公司当月受托加工 Z 品牌葡萄酒应代收代缴消费税税额的下列算式中，正确的是(　　)。

A. （830000+40680）÷（1-10%）×10%

B. ［830000×（1+10%）+40680÷（1+13%）］×10%

C. ［830000+40680÷（1+13%）］÷（1-10%）×10%

D. ［830000+40680÷（1+13%）］×10%

4. 甲葡萄酒公司当月发生的下列业务中，应缴纳增值税的是(　　)。

A. 以自产 X 品牌葡萄酒换入酿酒设备

B. 向 M 县自设非独立核算门市部移送自产 Y 品牌葡萄酒

C. 门市部对外销售 Y 品牌葡萄酒

D. 受托加工 Z 品牌葡萄酒

**【例题 50 · 不定项选择题】**

甲厂为增值税一般纳税人，主要从事葡萄酒的生产和销售业务。2020 年 9 月有关经营情况如下：

（1）进口酿酒设备，取得海关进口增值税专用缴款书注明税额 195000 元。

（2）支付葡萄酒广告费取得增值税专用发票注明金额 300000 元，税额 18000 元。

（3）支付销售葡萄酒运输费取得增值税专用发票注明税额 3000 元。

（4）销售自产 X 品牌葡萄酒取得含增值税价款 5985000 元，另收取优质费 113000 元。

（5）将 100 箱自产 Y 品牌葡萄酒作为中秋福利发给员工，同类葡萄酒含增值税平均售价 1010.22 元/箱。

（6）上期留抵增值税税额为 118000 元。

已知：增值税税率为 13%；葡萄酒消费税税率为 10%。

要求：

根据上述资料，不考虑其他因素，分析回答下列小题。

1. 甲厂的下列进项税额中，准予从销项税额中扣除的是(　　)。

A. 进口酿酒设备的进项税额 195000 元

B. 支付葡萄酒广告费的进项税额 18000 元

C. 支付销售葡萄酒运输费的进项税额 3000 元

D. 上期留抵增值税税额 118000 元

2. 计算甲厂当月销售 X 品牌葡萄酒增值税销项税额的下列算式中，正确的是(　　)。

A. 5985000÷（1+13%）×13%+113000×13%

B. 5985000÷（1+13%）×13%

C. （5985000+113000）×13%

D. （5985000+113000）÷（1+13%）×13%

3. 甲厂当月的下列业务中，应缴纳消费税的是(　　)。

A. 进口酿酒设备

B. 支付葡萄酒广告费

C. 销售 X 品牌葡萄酒

D. 将自产的 Y 品牌葡萄酒作为福利向员工免费发放

4. 计算甲厂当月应缴纳消费税税额的下列算式中，正确的是（ ）。

A. （5985000+113000）÷（1+13%）×10%+1010.22×100÷（1−10%）×10%

B. （5985000+113000）÷（1−10%）×10%+1010.22×100÷（1−10%）×10%

C. （5985000+113000）÷（1+13%）×10%+1010.22×100÷（1+13%）×10%

D. （5985000+113000）÷（1−10%）×10%+1010.22×100÷（1+13%）×10%

## 四、 其他应税消费品

【例题 51 · 不定项选择题】

甲企业为增值税一般纳税人，主要从事高尔夫球及球具的生产经营业务。2020 年 12 月有关经营情况如下：

（1）进口聚氨酯面料一批，海关核定的关税完税价格 6 万元，缴纳关税 0.39 万元，取得海关进口增值税专用缴款书注明税款 0.8307 万元。

（2）将进口的聚氨酯面料委托乙企业加工高尔夫球包 100 个，支付加工费 2 万元，取得的增值税专用发票上注明的税额 0.26 万元。乙企业当月同类高尔夫球包不含增值税售价 0.18 万元/个。

（3）将委托乙企业加工的 100 个高尔夫球包收回后全部销售给某代理商，不含增值税销售额为 28 万元，支付运费，取得增值税专用发票上注明的税额为 0.3 万元。

（4）当月购进生产设备取得的增值税专用发票上注明的税额为 0.85 万元。

已知：增值税税率为 13%；高尔夫球及球具的消费税税率为 10%。

要求：

根据上述资料，不考虑其他因素，分析回答下列小题。

1. 有关甲企业当月委托加工的高尔夫球包的消费税，下列表述正确的是（ ）。

A. 该业务消费税的纳税人为甲企业

B. 该业务由甲企业代收代缴消费税

C. 该业务消费税的纳税人为乙企业

D. 该业务由乙企业代收代缴消费税

2. 计算甲企业销售高尔夫球包应纳消费税税额的下列算式中，正确的是（ ）。

A. 28×10%−100×0.18×10%

B. 28×（1+13%）×10%

C. 28×（1+13%）×10%−（6+0.39+2）×10%

D. 28×10%−（6+0.39+2）×10%

3. 甲企业的下列进项税额中，准予从销项税额中抵扣的是（ ）。

A. 进口聚氨酯面料的进项税额 0.8307 万元

B. 委托加工支付加工费的进项税额 0.26 万元

C. 支付运费的进项税额 0.3 万元

D. 购进生产设备的进项税额 0.85 万元

4. 计算甲企业当月应向税务机关缴纳的增值税税额的下列算式中，正确的是（ ）。

A. 28×13%−（0.8307+0.26+0.3+0.85）

B. 28×13%−（0.8307+0.3）

C. 28÷（1+13%）×13%−（0.3+0.85）

D. 28÷（1+13%）×13%−（0.8307+0.26）

## 经典大题精析参考答案及解析

"扫码看解析"

使用"微信"或"会计云课堂"App 扫右方二维码，对答案、看解析、掌握解题思路，开启轻松过关之旅。

### 一、高档化妆品

【例题 44·不定项选择题】

1. 【答案】ABD

解析：（1）选项 AB：纳税人自产自用的应税消费品，用于连续生产应税消费品的，不纳税；凡用于其他方面（选项 AB）的，于移送使用时缴纳消费税。（2）选项 D：高档化妆品在生产销售环节，应当缴纳消费税。（3）选项 C：用银行存款"投资"是行为，和"应税消费品"完全不相关，不缴纳消费税（增值税：以货币资金投资收取的固定利润或者保底利润，按照"金融服务——贷款服务"缴纳增值税。只是谈及"投资"，未涉及利润收取及所收取利润的类型，不缴纳增值税）。

2. 【答案】D

解析：由于没有同类消费品销售价格，按照组成计税价格计算纳税。实行从价定率办法计征消费税的，组成计税价格 =（材料成本+加工费）÷（1-消费税比例税率）。

3. 【答案】C

解析：纳税人进口应税消费品按照组成计税价格和规定的税率计算消费税。实行从价定率办法计征消费税的，组成计税价格 =（关税完税价格+关税）÷（1-消费税比例税率）。

4. 【答案】B

解析：（1）进口货物的增值税向"海关"缴纳但符合条件的可以作为进项税额抵扣，选项 A 未考虑进项税，选项 D 对进口货物的增值税计算错误；（2）如第 1 小题解析所述，"投资"本身不涉及增值税，选项 B 正确，选项 C 错误。

【例题 45·不定项选择题】

1. 【答案】C

解析：从价计征消费税的应税消费品进口环节应纳的增值税 =（关税完税价格+关税）÷（1-消费税税率）×增值税税率。

2. 【答案】CD

解析：化妆包因"管理不善"全部丢失，对应的进项税额不得抵扣，并且因该批化妆包的运输而接受运输服务所对应的进项税额也不得抵扣。

3. 【答案】AD

解析：（1）酒精、化妆包并非应税消费品，选项 BC 排除；（2）高档口红、高档粉底液，均属于应征消费税的高档化妆品，在生产销售、委托加工或进口环节缴纳消费税，选项 AD 应选。

4. 【答案】A

解析：（1）本题产品为化妆品，其对应的包装物押金收取时不缴纳消费税，选项 CD 排除；（2）题目明确交代"850 万元"为含增值税价款，应当作价税分离，选项 A 正确，选项 B 错误。

【例题 46·不定项选择题】

1. 【答案】C

解析：（1）题目明确交代"232 万元"不含增值税，无须价税分离，排除选项 AB；（2）销售货物同时收取的包装费属于价外费用，应价税分离后并入销售额，选项 D 错误，选项 C 正确。

2. 【答案】D

解析：（1）将自产的货物用于赠送，增值税、消费税均视同销售；（2）由于甲企业存在“同类化妆品的平均销售价格”，无须组成计税价格计算。因此，销项税额=不含增值税的同类化妆品平均销售价格（17万元）×增值税税率（13%）=2.21（万元）；应纳消费税=17×15%=2.55（万元）。

3. 【答案】B

解析：（1）纳税人提供租赁服务采取预收款方式的，增值税纳税义务发生时间为“收到预收款的当天”；因此，预收的全年租金均应在本月申报缴纳增值税，排除选项AC。（2）题目明确交代“37.8万元”为含增值税租金，应价税分离，选项D错误，选项B正确。

4. 【答案】BC

解析：（1）选项B：购进货物用于集体福利，不得抵扣进项税额；（2）选项C：纳税人的交际应酬消费属于个人消费，购进服务用于个人消费，不得抵扣进项税额。

## 二、小汽车

【例题47·不定项选择题】

1. 【答案】D

解析：（1）销售货物同时收取的手续费属于价外费用，不论增值税还是消费税，价外费用均应依法计税，选项AB错误；（2）价外费用属于含税收入，应当价税分离，选项C错误，选项D正确。

2. 【答案】A

解析：纳税人用于换取生产资料和消费资料、投资入股和抵偿债务等方面的应税消费品，应当以纳税人同类应税消费品的“最高”销售价格（18万元/辆）作为计税依据计算消费税。

3. 【答案】B

解析：纳税人销售应税消费品，采取预收货款结算方式的，消费税纳税义务发生时间为发出应税消费品的当天。

4. 【答案】ABCD

解析：（1）“小汽车”税目包括3个子目，分别是乘用车、中轻型商用客车和超豪华小汽车。（2）选项C：属于生产销售环节，属于小汽车消费税的纳税环节。（3）选项ABD：纳税人自产自用的应税消费品，用于连续生产应税消费品的，不缴纳消费税；用于其他方面的，于移送时缴纳消费税。用于其他方面，是指纳税人将自产的应税消费品用于生产非应税消费品、在建工程、管理部门（选项A）、非生产机构、提供劳务、馈赠、赞助（选项D）、集资、广告（选项B）、样品、职工福利、奖励等方面。

【例题48·不定项选择题】

1. 【答案】C

解析：进口从价计征消费税的应税消费品：（1）组成计税价格=（关税完税价格+关税）÷（1-消费税税率），组成计税价格中不包括进口时支付的通关、商检费用；（2）应缴纳的消费税=组成计税价格×消费税税率。

2. 【答案】ACD

解析：（1）进口从价计征消费税的应税消费品，增值税、消费税使用同一个组成计税价格，参考第1小题解析，该组成计税价格中不包括进口时支付的通关、商检费用；（2）应缴纳的增值税=组成计税价格×增值税税率。

3. 【答案】D

解析：（1）题目明确交代469万元为含增值税价款，应当作价税分离处理，排除选项BC；（2）提车价款13.56万元属于价外费用，亦应作价税分离处理，排除选项A。

4. 【答案】A

解析：（1）销售加工、修理修配劳务，

不存在差额计征增值税的规定，甲公司应就维修汽车取得的全部收入（不能扣减工时费和材料费）依法计算增值税的销项税额；（2）由于维修费39.26万元是含增值税金额，应当价税分离后计算。

## 三、酒

【例题49·不定项选择题】

1. 【答案】D

解析：纳税人用于换取生产资料和消费资料、投资入股和抵偿债务等方面的应税消费品，应当以纳税人同类应税消费品的“最高”销售价格作为计税依据计算消费税。

2. 【答案】B

解析：纳税人通过自设非独立核算门市部销售的自产应税消费品，应当按照“门市部对外销售额［450×3120÷（1+13%）］或者销售数量”征收消费税。

3. 【答案】C

解析：由于甲葡萄酒公司无同类葡萄酒销售价格，应当组成计税价格计算。应纳消费税（应代收代缴的消费税）=（材料成本+不含增值税的加工费）÷（1-消费税比例税率）×消费税比例税率。

4. 【答案】ACD

解析：（1）选项A：属于以物易物，换出的葡萄酒应依法确认销项税额，换入的设备符合条件的，可以抵扣进项税额；（2）选项B：并未跨县（市）移送，不视同销售货物；（3）选项C：属于销售自产货物，应缴纳增值税；（4）选项D：就其加工劳务，按照销售加工、修理修配劳务纳税。

【例题50·不定项选择题】

1. 【答案】ABCD

解析：（1）选项ABC：均取得了合法扣税凭证，均用于可抵扣用途，对应进项税额均可抵扣；（2）上期留抵税额可以在本期继续抵扣。

2. 【答案】D

解析：（1）销售X品牌葡萄酒收取的优质费属于价外费用，应当价税分离后并入销售额，选项B未将优质费并入销售额，选项AC未对优质费进行价税分离；（2）题目明确交代“5985000元”为含增值税销售额，亦应价税分离。

3. 【答案】CD

解析：（1）选项AB：购进广告服务、进口设备均不征收消费税；（2）选项C：葡萄酒在生产、委托加工、进口环节缴纳消费税；（3）选项D：纳税人自产自用的应税消费品，用于连续生产应税消费品以外的其他方面（例如，发放职工福利）的，于移送使用时征收消费税。

4. 【答案】C

解析：本题两项销售业务交代的均为“售价”（而非成本），不需要组成计税价格，不存在“÷（1-10%）”的问题，选项ABD全部排除。

## 四、其他应税消费品

【例题51·不定项选择题】

1. 【答案】AD

解析：委托加工的应税消费品，除受托方为个人外，由受托方（乙企业）在向委托方（甲企业）交货时代收代缴委托方应纳的消费税；委托个人加工的应税消费品，由委托方收回后缴纳消费税。

2. 【答案】A

解析：（1）委托加工收回的应税消费品，委托方以高于受托方计税价格出售的，需按规定申报缴纳消费税，在计税时准予扣除受托方已代收代缴的消费税；（2）委托加工的应税消费品，按照受托方的同类消费品的销售价格计算纳税（甲企业在委托加工收回时被代收代缴的消费税=100×0.18×10%），没有同类消费品销售价格的，按照组成计税价格计算纳税。

3. 【答案】ABCD

**解析：**（1）均取得了合法扣税凭证（选项A取得了海关进口增值税专用缴款书，选项BCD取得了增值税专用发票）；（2）均属于用于可抵扣用途。

4. 【答案】A

**解析：**（1）“28万元”为不含增值税销售额，无须价税分离，排除选项CD；（2）如第3小题解析所述本题4项进项税额均可抵扣，选项A正确，选项B错误。

**扫一扫　“码”上做题**

本部分习题均配备二维码，使用“微信”或“会计云课堂”App扫一扫左侧二维码，即可在线做题并获取详尽的答案解析、解题思路点拨等超值服务，助您轻松过关。

**【“会计云课堂”App安装二维码详见封底页】**

## 同步强化练习题

### 一、单项选择题

1. 根据消费税法律制度的规定，下列各项中，不征收消费税的是（　　）。

A. 鞭炮药引线　　B. 炮竹

C. 礼花弹　　D. 组合烟花

2. 下列各项中，属于消费税应税消费品的是（　　）。

A. 高档西服　　B. 汽油

C. 电冰箱　　D. 电脑

3. 根据消费税法律制度的规定，下列应税消费品中，在零售环节征收消费税的是（　　）。

A. 烟丝　　B. 金银首饰

C. 白酒　　D. 玉石手镯

4. 根据消费税法律制度的规定，下列各项中，在零售环节加征消费税的是（　　）。

A. 超豪华小汽车　　B. 游艇

C. 涂料　　D. 高档手表

5. 根据消费税法律制度的规定，下列各项中，应缴纳消费税的是（　　）。

A. 汽车厂销售卡丁车

B. 手表厂销售高档手表

C. 珠宝店销售珍珠项链

D. 商场销售木制一次性筷子

6. 根据消费税法律制度的规定，下列消费品中，实行从价定率和从量定额相结合的复合计征办法征收消费税的是（　　）。

A. 柴油　　B. 卷烟

C. 啤酒　　D. 实木地板

7. 某化妆品厂销售高档化妆品取得含税收入45.2万元，收取手续费1.8万元，另收取包装物押金1万元。已知，增值税税率为13%，消费税税率为15%。以下关于该化妆品厂本月应交消费税的计算中，正确的是（　　）。

A. 45.2×15%

B. 45.2÷（1+13%）×15%

C. （45.2+1.8）÷（1+13%）×15%

D. （45.2+1.8+1）÷（1+13%）×15%

8. 甲酒厂为增值税一般纳税人，2020年10月销售自产白酒10吨，取得含增值税销售额238000元。已知白酒增值税税率为13%，消费税比例税率为20%，定额税率为0.5元/500克。计算甲酒厂当月应缴纳消费税税额的下列算式中，正确的是（　　）。

A. 238000×20%

B. 238000÷（1+13%）×20%

C. 238000×20%+10×2000×0.5

D. 238000÷（1+13%）×20%+10×2000×0.5

9. 甲卷烟厂为增值税一般纳税人，受托加工一批烟丝，委托方提供的烟叶成本47460元，甲卷烟厂收取含增值税加工费2345元。已知增值税税率为13%，消费税税率为30%，无同类烟丝销售价格。计算甲卷烟厂该笔业务应代收代缴消费税税额的下列算式中，正确的是（　　）。

A. [47460+2345÷（1+13%）]÷（1-30%）×30%

B. （47460+2345）÷（1-30%）×30%

C. 47460÷（1-30%）×30%

D. [（47460+2345）÷（1+13%）]÷（1-30%）×30%

10. 2020年10月甲公司进口一批高档手表，海关审定的关税完税价格为108万元，缴纳关税30万元，已知高档手表消费税税率为20%，甲公司当月进口高档手表应缴纳消费税税额的下列计算中，正确的是（　　）。

A. （108+30）×20%

B. （108+30）÷（1-20%）×20%

C. 108×20%

D. 108÷（1-20%）×20%

11. 某汽酒进口公司，2020年10月进口一批汽酒，已知该批汽酒的关税完税价格11600元，消费税税率10%，关税税率14%。该批汽酒进口环节应缴纳消费税税额的下列计算中正确的是（　　）。

A. 11600×10%

B. 11600×（1+14%）×10%

C. 11600×14%×10%

D. 11600×（1+14%）÷（1-10%）×10%

12. 根据消费税法律制度的规定，下列各项中，不能扣除外购的应税消费品已纳消费税税额的是（　　）。

A. 以外购已税烟丝为原料生产的卷烟

B. 以外购已税珠宝、玉石为原料生产的贵重首饰及珠宝、玉石

C. 以外购已税汽油为原料生产的汽油

D. 以外购已税白酒为原料生产的白酒

13. 甲企业为增值税一般纳税人，2020年10月初库存烟丝不含增值税买价8万元，本月外购烟丝不含税买价42万元，月末库存烟丝不含税买价10万元，领用的烟丝全部用于连续生产卷烟，已知烟丝适用的消费税税率为30%，下列计算甲企业本月准予扣除的外购烟丝已缴纳的消费税的列式中，正确的是（　　）。

A. （8+42）×30%

B. 42×30%

C. （8+42-10）×30%

D. （42-10）×30%

14. 某公司为增值税一般纳税人，外购高档护肤类化妆品生产高档修饰类化妆品，2020年10月份生产销售高档修饰类化妆品取得不含税销售收入150万元。该公司10月初库存的高档护肤类化妆品0万元，10月购进高档护肤类化妆品100万元，10月底库存高档护肤类化妆品10万元。已知高档化妆品适用的消费税税率为15%。则该公司当月应缴纳消费税税额的下列计算中，正确的是（　　）。

A. 150×15%-100×15%

B. 150×15%-（100-10）×15%

C. 150×15%-10×15%

D. 150×15%

15. 根据消费税法律制度的规定，下列关于消费税纳税义务发生时间的表述中，不正确的是（　　）。

A. 委托加工应税消费品的，为纳税人提货的当天

B. 采取托收承付方式销售应税消费品的，为收到货款的当天

C. 进口应税消费品的，为报关进口的当天

D. 自产自用应税消费品的，为移送使用的当天

## 二、 多项选择题

1. 根据消费税法律制度的规定，下列各项中，应按照“高档化妆品”税目计缴消费税的有(　　)。
   A. 高档护肤类化妆品
   B. 成套化妆品
   C. 高档修饰类化妆品
   D. 高档美容类化妆品
2. 根据消费税法律制度的规定，下列各项中，应缴纳消费税的有(　　)。
   A. 生产销售高档化妆品
   B. 零售黄金手镯
   C. 进口高档手表
   D. 委托加工白酒
3. 下列各项中，应当缴纳消费税的有(　　)。
   A. 卷烟批发商将卷烟销售给零售商
   B. 鞭炮生产商销售自产鞭炮
   C. 商场零售钻石
   D. 商店零售葡萄酒
4. 根据消费税法律制度的规定，下列各项中，应征收消费税的有(　　)。
   A. 甲电池厂生产销售电池
   B. 丁百货公司零售钻石胸针
   C. 丙首饰厂生产销售玉手镯
   D. 乙超市零售白酒
5. 根据消费税法律制度的规定，下列情形中，应缴纳消费税的有(　　)。
   A. 卷烟厂将自产的卷烟用于集体福利
   B. 化妆品厂将自产的高档化妆品赠送给客户
   C. 酒厂将自产的啤酒赞助啤酒节
   D. 地板厂将自产的实木地板用于办公室装修
6. 根据消费税法律制度的规定，下列应税消费品中，采用从量计征办法计缴消费税的有(　　)。
   A. 黄酒　　B. 葡萄酒
   C. 啤酒　　D. 红酒
7. 根据消费税法律制度的规定，下列有关卷烟批发环节消费税的表述中，正确的有(　　)。
   A. 卷烟批发环节消费税目前采用复合计税办法计征
   B. 烟草批发企业将卷烟销售给其他烟草批发企业的，不缴纳消费税
   C. 卷烟批发企业在计算应纳税额时可以扣除已含的生产环节的消费税税款
   D. 烟草批发企业兼营卷烟批发和零售业务，但未分别核算批发和零售环节的销售额、销售数量的，按全部销售额、销售数量计征批发环节消费税
8. 有关应税消费品销售数量的确定，下列表述正确的有(　　)。
   A. 销售应税消费品的，为应税消费品的销售数量
   B. 自产自用应税消费品的，为应税消费品的移送使用数量
   C. 委托加工应税消费品的，为纳税人收回后对外出售的应税消费品数量
   D. 进口应税消费品的，为海关核定的应税消费品进口征税数量
9. 酒厂生产销售白酒，收取的下列款项中，应并入销售额缴纳消费税的有(　　)。
   A. 品牌使用费　　B. 手续费
   C. 包装物租金　　D. 储备费
10. 根据消费税法律制度的规定，下列情形中，应当以纳税人同类应税消费品的最高销售价格作为计税依据计缴消费税的有(　　)。
    A. 以自产应税消费品抵偿债务
    B. 以自产应税消费品投资入股
    C. 以自产应税消费品换取消费资料
    D. 以自产应税消费品换取生产资料
11. 某高尔夫球生产企业是增值税一般纳税人，其生产的高尔夫球不含增值税的平均销售价格为25000元/箱，最高销售价格为26000元/箱；该企业10月份将5箱自产高尔夫球用于换取一批生产材料。已知，增值税税率为13%，消费税税率

为10%。有关该企业上述业务应缴纳的增值税和消费税，下列计算列式中，正确的有(　　)。

A. 应纳增值税 = 25000×5×13% = 16250(元)

B. 应纳增值税 = 26000×5×13% = 16900(元)

C. 应纳消费税 = 25000×5×10% = 12500(元)

D. 应纳消费税 = 26000×5×10% = 13000(元)

12. 甲礼花厂2019年10月委托乙厂加工一批焰火，甲礼花厂提供的原材料成本为37.5万元。当月乙厂将加工完毕的焰火交付甲厂，开具增值税专用发票注明收取加工费5万元（乙厂无同类焰火销售价格）。已知，销售加工、修理修配劳务适用增值税税率为13%，鞭炮、焰火适用消费税税率为15%。有关甲礼花厂上述业务的税务处理，下列说法正确的有(　　)。

A. 甲礼花厂应缴纳的增值税=5×13%

B. 甲礼花厂应缴纳的消费税=（37.5+5）×15%

C. 乙厂应缴纳的增值税=5×13%

D. 乙厂应代收代缴的消费税=（37.5+5）÷（1-15%）×15%

13. 下列有关消费税纳税地点的表述中，正确的有(　　)。

A. 纳税人销售的应税消费品，除国务院财政、税务主管部门另有规定外，应当向纳税人机构所在地或者居住地的税务机关申报纳税

B. 纳税人委托外县（市）代销自产的应税消费品，于应税消费品销售后，向机构所在地或者居住地税务机关申报纳税

C. 委托个人加工的应税消费品，由受托方向机构所在地的税务机关解缴消费税税款

D. 进口的应税消费品，由进口人或者其代理人向报关地海关申报纳税

## 三、判断题

1. 购进中轻型商用客车整车改装生产的汽车，不征收消费税。(　　)

2. 企业加工生产的宝石坯不属于消费税的征税范围。(　　)

3. 酒厂将自产的8箱高档白酒移送到年会使用，在移送使用环节不缴纳消费税。(　　)

4. 烟草批发企业将卷烟销售给其他烟草批发企业的，应缴纳消费税。(　　)

5. 雪茄烟适用从价定率和从量定额相结合的复合计征办法征收消费税。(　　)

6. 纳税人通过自设非独立核算门市部销售的自产应税消费品，应当按照门市部对外销售额或者销售数量征收消费税。(　　)

7. 某汽车厂为增值税一般纳税人，主要生产销售小汽车，下设一非独立核算门市部，本月将其生产的一批成本价为150万元的小汽车移送门市部，门市部将其中的90%销售，取得含增值税销售额为226万元。已知，消费税税率为9%，成本利润率为8%。该项业务汽车厂应缴纳的消费税=150×（1+8%）÷（1-9%）×90%×9%=14.42（万元）。(　　)

8. 白酒生产企业销售白酒收取的包装物押金应并入白酒销售额，征收消费税。(　　)

9. 纳税人采用以旧换新方式销售的金银首饰，应按实际收取的不含增值税的全部价款征收消费税。(　　)

10. 根据消费税法律制度的规定，金银首饰与其他产品组成成套消费品销售的，按销售全额征收消费税。(　　)

11. 委托加工的应税消费品收回后出售的，不论售价高低，均不再缴纳消费税。(　　)

12. 白酒生产企业向商业销售单位收取的“品牌使用费”，不论企业采取何种方式或者以何种名义收取价款，均应并入白酒的销售额中缴纳消费税。(　　)

## 四、 不定项选择题

【案例 1】

甲公司为增值税一般纳税人，主要生产和销售高档化妆品。2020 年 10 月有关经济业务如下：

（1）销售高档粉饼，取得不含增值税价款 400 万元，另收取品牌使用费 11.3 万元。

（2）受托加工高档香水，收取不含增值税加工费 6 万元，委托方提供的原材料成本 85 万元，甲公司无同类产品销售价格。

（3）销售高档口红两批，第一批不含增值税单价为 0.2 万元/箱，共 100 箱；第二批不含增值税单价为 0.18 万元/箱，共 150 箱。

（4）将高档口红 50 箱赞助给国内某化妆品展销会。

已知：高档化妆品增值税税率为 13%，消费税税率为 15%。

要求：

根据上述资料，不考虑其他因素，分析回答下列小题。

1. 关于甲公司本月销售高档粉饼应缴纳的消费税税额，下列算式正确的是（　　）。

A. 400×15%

B. （400+11.3）×15%

C. （400+11.3）÷（1+13%）×15%

D. ［400+11.3÷（1+13%）］×15%

2. 关于甲公司受托加工高档香水应代收代缴的消费税税额，下列计算正确的是（　　）。

A. 85×15%

B. （85+6）×15%

C. （85+6）÷（1-15%）×15%

D. （85+6）÷（1+15%）×15%

3. 关于业务（3）甲公司销售高档口红的增值税和消费税处理，下列计算正确的是（　　）。

A. 甲公司销售高档口红共应确认增值税销项税额＝（0.2×100+0.18×150）×13%

B. 甲公司销售高档口红共应确认增值税销项税额＝0.2×（100+150）×13%

C. 甲公司销售高档口红应缴纳的消费税＝（0.2×100+0.18×150）×15%

D. 甲公司销售高档口红应缴纳的消费税＝0.2×（100+150）×15%

4. 关于甲公司将高档口红赞助给国内某化妆品展销会应缴纳的消费税，下列计算正确的是（　　）。

A. 0.18×50×15%

B. 0.2×50×15%

C. （0.2+0.18）÷2×50×15%

D. （0.2×100+0.18×150）÷（100+150）×50×15%

【案例 2】

甲企业为增值税一般纳税人，主要从事小汽车的制造和销售业务。2020 年 7 月有关业务如下：

（1）销售 1 辆定制小汽车取得含增值税价款 254000 元，另收取手续费 33900 元。

（2）将 25 辆小汽车对外投资，小汽车生产成本 11 万元/辆，甲企业同类小汽车不含增值税最高销售价格 18 万元/辆、平均销售价格 15 万元/辆、最低销售价格为 14 万元/辆。

（3）采取预收款方式销售给 4S 店一批小汽车，当月 5 日签订合同，当月 10 日收到预收款，当月 16 日发出小汽车，当月 20 日开具发票。

（4）生产中轻型商用客车 500 辆，其中 475 辆用于销售、10 辆用于广告、8 辆用于企业管理部门、7 辆用于赞助。

已知：小汽车增值税税率为 13%，消费税税率为 5%。

要求：

根据上述资料，不考虑其他因素，分析回答下列小题。

1. 关于甲企业销售定制小汽车应缴纳的消费税，下列计算正确的是（　　）。

A. 254000×5%

B. （254000+33900）÷（1+13%）×5%

C. 254000÷（1+13%）×5%

D. （254000+33900）×5%

2. 关于甲企业以小汽车投资应缴纳的消费税税额，下列计算正确的是（　　）。

A. 25×18×5%　　B. 25×15×5%

C. 25×11×5%　　D. 25×14×5%

3. 甲企业采用预收款方式销售小汽车，消费税的纳税义务发生时间是（　　）。

A. 7月5日　　B. 7月10日

C. 7月16日　　D. 7月20日

4. 甲企业的下列行为中，应当缴纳消费税的是（　　）。

A. 将475辆自产中轻型商用客车用于销售

B. 将10辆自产中轻型商用客车用于广告

C. 将8辆自产中轻型商用客车用于企业管理部门

D. 将7辆自产中轻型商用客车用于赞助

## 同步强化练习题参考答案及解析

“扫码看解析”

使用“微信”或“会计云课堂”App扫右方二维码，对答案、看解析、掌握解题思路，开启轻松过关之旅。

### 一、单项选择题

1. 【答案】A

解析：（1）选项A：体育上用的发令纸，鞭炮药引线，不征收消费税；（2）选项BCD：应按“鞭炮、焰火”税目征收消费税。

2. 【答案】B

解析：选项B：属于“成品油”。

3. 【答案】B

解析：（1）“金银铂钻”在零售环节征收消费税，超豪华小汽车在零售环节加征一道消费税，选项AC排除；（2）干扰性最强的是选项D，应当注意消费税“贵重首饰及珠宝玉石”税目分为两大类，“金银铂钻”和“其他贵重首饰和珠宝玉石”，选项D属于“其他贵重首饰和珠宝玉石”，在生产销售、委托加工、进口环节征收消费税。

4. 【答案】A

解析：（1）“金银铂钻”消费税在零售环节征收；（2）超豪华小汽车在零售环节加征一道消费税。

5. 【答案】B

解析：（1）选项A：沙滩车、雪地车、卡丁车、高尔夫车不属于消费税征收范围，不征收消费税；（2）选项CD：珍珠项链、木制一次性筷子是在生产销售、委托加工、进口环节缴纳消费税，在零售环节（珠宝店、商场均属于零售终端）不缴纳消费税。

6. 【答案】B

解析：（1）现行消费税的征税范围中，只有卷烟、白酒采用复合方法计征；（2）选项AC：从量定额计征；（3）选项D：从价定率计征。

7. 【答案】C

解析：（1）非酒类产品（本题为高档化妆品），不随同产品销售、单独收取的包装物押金，在收取时不应并入应税消费品的销售额中征收消费税，选项D错误。（2）选项ABC：本题的“收入45.2万元”

为含增值税收入，应当价税分离，收取的手续费 1.8 万元属于价外费用，亦应价税分离后再并入销售额。

8. 【答案】D

**解析**：（1）白酒复合计征消费税，排除选项 AB；（2）消费税的计税销售额为不含增值税的销售额，而题目明确交代“238000 元”为含增值税销售额，应对“238000 元”作价税分离处理，选项 C 错误，选项 D 正确。

9. 【答案】A

**解析**：甲卷烟厂应代收代缴的消费税 =（材料成本+不含增值税加工费）÷（1-消费税比例税率）×消费税比例税率。

10. 【答案】B

**解析**：（1）组成计税价格 =（关税完税价格+关税）÷（1-消费税比例税率）=（108+30）÷（1-20%）；（2）应纳消费税 = 组成计税价格×20%；（3）应纳增值税 = 组成计税价格×13%。

11. 【答案】D

**解析**：（1）组成计税价格 = 关税完税价格×（1+关税税率）÷（1-消费税比例税率）= 11600×（1+14%）÷（1-10%）；（2）应纳消费税 = 组成计税价格×10%；（3）应纳增值税 = 组成计税价格×13%。

12. 【答案】D

**解析**：允许抵扣税额的税目不包括酒、摩托车、小汽车、高档手表、游艇、电池、涂料。

13. 【答案】C

**解析**：当期准予扣除外购或委托加工收回的应税消费品的已纳消费税税款，应按“当期生产领用数量”计算；当期生产领用数量 = 月初库存量（8 万元）+本月外购量（42 万元）-月末库存量（10 万元）。

14. 【答案】B

**解析**：（1）当期准予扣除外购或委托加工收回的应税消费品的已纳消费税税款，应按当期“生产领用数量”计算。（2）10 月份的生产领用量 = 期初库存量（0 万元）+10 月份购进量（100 万元）-期末库存量（10 万元）= 100-10 = 90（万元）。

15. 【答案】B

**解析**：选项 B：纳税人采取托收承付和委托银行收款方式销售应税消费品的，纳税义务发生时间为发出应税消费品并办妥托收手续的当天。

## 二、多项选择题

1. 【答案】ABCD

**解析**：高档化妆品包括高档美容、修饰类化妆品、高档护肤类化妆品和成套化妆品。

2. 【答案】ABCD

**解析**：（1）金银首饰在零售环节征收消费税；（2）其他应税消费品，在生产销售、进口、委托加工环节需要缴纳消费税。

3. 【答案】ABC

**解析**：（1）选项 A：卷烟在批发环节加征一道消费税；（2）选项 B：鞭炮、焰火在生产销售、进口、委托加工环节缴纳消费税；（3）选项 C：“金银铂钻”在零售环节缴纳消费税；（4）选项 D：葡萄酒在生产销售、进口、委托加工环节缴纳消费税。

4. 【答案】ABC

**解析**：（1）在零售环节涉及消费税的只有“金银铂钻”“超豪华小汽车”，选项 D 错误，选项 B 正确；（2）除“金银铂钻”外的其他应税消费品，生产销售环节均属于纳税环节，选项 AC 正确。

5. 【答案】ABCD

**解析**：纳税人自产自用的应税消费品，用于连续生产应税消费品的，不纳税；凡用于其他方面的，于移送使用时，视同销售计算缴纳消费税。

6. 【答案】AC

**解析**：实行"从量定额"计征消费税的应税消费品有：啤酒、黄酒、成品油。

7. 【答案】ABD

**解析**：选项C：卷烟消费税改为在批发环节加征一道消费税后，批发企业在计算应纳税额时不得扣除已含的生产环节的消费税税款。

8. 【答案】ABD

**解析**：选项C：委托加工应税消费品的，为纳税人收回的应税消费品数量。

9. 【答案】ABCD

**解析**：（1）纳税人销售应税消费品应将向购买方收取的全部价款和价外费用作为销售额，其中价外费用是指价外向购买方收取的手续费、包装物租金、储备费、优质费等。（2）白酒生产企业向商业销售单位收取的"品牌使用费"是随着应税白酒的销售而向购货方收取的，属于应税白酒销售价款的组成部分，因此，不论企业采取何种方式或以何种名义收取价款，均应并入白酒的销售额中缴纳消费税。（3）白酒包装物押金应在收取当期并入销售额征税。

10. 【答案】ABCD

**解析**：纳税人用于换取生产资料和消费资料（选项CD），投资入股（选项B）和抵偿债务（选项A）等方面的应税消费品，应当以纳税人同类应税消费品的最高销售价格作为计税依据计算消费税。

11. 【答案】AD

**解析**：纳税人用于换取生产资料和消费资料、投资入股、抵偿债务的应税消费品，按照纳税人同类应税消费品的"最高销售价格"计算消费税；但是要按照"平均销售价格"计算增值税。在本题中：（1）应缴纳的增值税 = 25000×5×13% = 16250（元）；（2）应缴纳的消费税 = 26000×5×10% = 13000（元）。

12. 【答案】CD

**解析**：（1）选项AC：加工劳务由乙厂提供，应由乙厂缴纳增值税。（2）选项BD：①委托加工环节的消费税，只要受托方并非个人，应由受托方乙厂代收代缴，而非由委托方（纳税人甲礼花厂）自行申报缴纳；②委托加工环节从价定率计征消费税，受托方无同类价的，应代收代缴的消费税 =（材料成本 + 加工费）÷（1 - 消费税税率）× 消费税税率。

13. 【答案】ABD

**解析**：选项C：委托个人加工的应税消费品，由委托方向其机构所在地税务机关申报纳税。

## 三、判断题

1. 【答案】×

**解析**：对于购进乘用车和中轻型商用客车整车改装生产的汽车，应按规定征收消费税。

2. 【答案】×

**解析**：（1）宝石坯是经采掘、打磨、初级加工的珠宝玉石半成品，属于应税消费品；（2）宝石坯不属于在商业零售环节征收消费税的"金银首饰、钻石及钻石饰品、铂金首饰"，应按照规定在进口环节、生产销售环节或委托加工环节征收消费税。

3. 【答案】×

**解析**：纳税人自产自用的应税消费品，用于连续生产应税消费品的，不缴纳消费税；用于其他方面的，于移送使用时照章缴纳消费税。

4. 【答案】×

**解析**：卷烟在批发环节加征一道消费税，但批发环节指的是批发商向零售商的销售，而非批发商之间的销售；烟草"批发企业之间"销售卷烟，不缴纳消费税。

5. 【答案】×

**解析**：消费税税目"烟"，包括3个子目：（1）卷烟；（2）雪茄烟；（3）烟丝。其中，只有卷烟采用从价定率和从量定额相结合的复合计征办法，雪茄烟和烟丝均为从价计征。

6. 【答案】√

7. 【答案】×

解析：该汽车厂应缴纳的消费税 = 226÷（1+13%）×9% = 18（万元）。

8. 【答案】√

解析：除啤酒、黄酒以外的其他酒类产品，在销售的同时收取的包装物押金，在收取时就并入销售额，征收消费税。

9. 【答案】√

10. 【答案】√

11. 【答案】×

解析：委托方将收回的应税消费品以高于受托方的计税价格出售的，不属于直接出售，需按照规定申报缴纳消费税，在计税时准予扣除受托方已代收代缴的消费税。

12. 【答案】√

## 四、 不定项选择题

【案例 1】

1. 【答案】D

解析：甲公司销售高档粉饼同时收取的品牌使用费应当作为价外费用，价税分离后并入销售额计征消费税。

2. 【答案】C

解析：（1）受托方甲公司无同类产品销售价格，应当按组成计税价格计算；（2）甲公司应代收代缴的消费税 =（材料成本+加工费）÷（1-消费税税率）×消费税税率。

3. 【答案】AC

解析：本题是直接进行生产销售（并非“换投抵”业务，或者核定销售额的情形），以不含增值税的销售额为计税依据计征增值税销项税额和消费税税额即可。

4. 【答案】D

解析：甲公司是将高档口红用于“赞助”，而非用于“换投抵”（换取生产资料和消费资料、投资入股和抵偿债务），核定销售额时，应按纳税人最近时期同类应税消费品的加权平均销售价格作为计税依据计算消费税。

【案例 2】

1. 【答案】B

解析：（1）销售小汽车同时收取的手续费应作为“价外收入”，价税分离后计入销售额征收消费税；（2）销项税额 =（254000+33900）÷（1+13%）×13% = 33121.24（元）。

2. 【答案】A

解析：（1）纳税人用于换取生产资料和消费资料、投资入股和抵偿债务等方面的应税消费品，应当以纳税人同类应税消费品的“最高”销售价格作为计税依据计算消费税；（2）增值税仍应以平均销售价格作为计税销售额，销项税额 = 15×25×13% = 48.75（万元）。

3. 【答案】C

解析：采取预收货款结算方式的，消费税纳税义务发生时间为“发出”应税消费品的当天。

4. 【答案】ABCD

解析：（1）中轻型商用客车按“小汽车”征收消费税；（2）选项 A：“小汽车”在生产销售环节应当征收消费税；（3）选项 BCD：纳税人将自产的应税消费品用于生产非应税消费品、在建工程、管理部门、非生产机构、提供劳务、馈赠、赞助、集资、广告、样品、职工福利、奖励等方面，视同销售应税消费品，于移送使用时纳税。

# 附　录

## 考点清单

### 第一章　总　论



### 第二章　会计法律制度

## 第四章（2）　消费税法律制度

2021 年会计专业技术资格考试

应试指导及全真模拟测试

# 经济法基础

（下册）

---

黄洁洵　编著

东奥会计在线　组编

北京科学技术出版社

# 目 录

## 第二部分　考点精讲及强化训练

## 第三部分　全真模拟测试题及参考答案

# 第五章（1） 企业所得税法律制度

## 考情分析

根据考生们的回忆，企业所得税法律制度每套考卷中的分值约为 10 分，经常涉及大题，在 2020 年 18 个批次的考试中，有 9 个企业所得税的大题。

**2020 年典型考卷题型题量分析表**

| | 卷 1 | | 卷 2 | | 卷 3 | | 卷 4 | | 卷 5 | |
|---|---|---|---|---|---|---|---|---|---|---|
| | 题量 | 分值 | 题量 | 分值 | 题量 | 分值 | 题量 | 分值 | 题量 | 分值 |
| 单项选择题 | 4 | 8 | 0 | 0 | 4 | 8 | 0 | 0 | 0 | 0 |
| 多项选择题 | 1 | 2 | 1 | 2 | 1 | 2 | 1 | 2 | 1 | 2 |
| 判断题 | 1 | 1 | 0 | 0 | 1 | 1 | 1 | 1 | 0 | 0 |
| 不定项选择题 | 0 | 0 | 3 | 6 | 0 | 0 | 4 | 8 | 4 | 8 |
| 合计 | 6 | 11 | 4 | 8 | 6 | 11 | 6 | 11 | 5 | 10 |

2021 年“企业所得税法律制度”部分的考点无实质变化。

## 考点框架

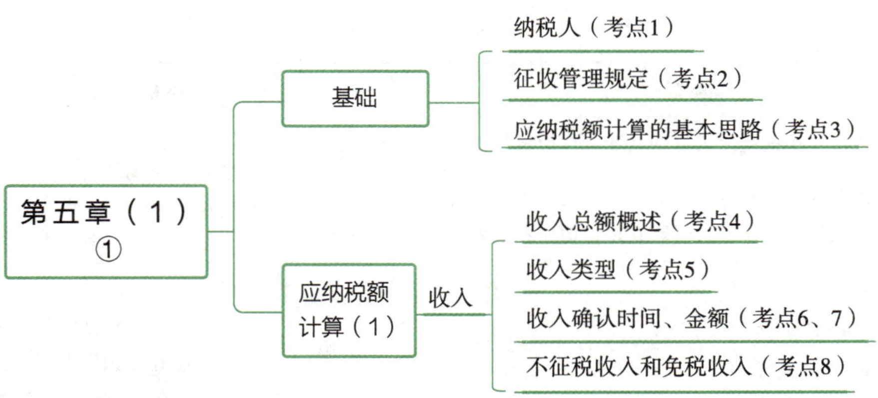

- 第五章（1）②
  - 应纳税额计算（2）
    - 收益性支出的扣除
      - 不得税前扣除的项目（考点9）
      - 税金的扣除（考点10）
      - 与人员薪酬相关的扣除项目（考点11、12）
      - 与生产经营直接相关的扣除项目（考点13、14）
    - 资产的企业所得税处理
      - 固定资产（考点15）
      - 其他资产（考点16）
    - 税收优惠（考点17–22）
    - 应纳税额计算的应用举例
  - 其他考点
    - 以前年度亏损的弥补（考点23）
    - 企业取得境外所得计税时的抵免（考点24）
    - 源泉扣缴（考点25）

## 考点剖析

### 第1单元　企业所得税基础



#### 01 考点1 企业所得税纳税人（★★）

1. 企业所得税纳税人包括各类企业、事业单位、社会团体、民办非企业单位和从事经营活动的其他组织；但依照中国法律、行政法规成立的个人独资企业、合伙企业，不属于企业所得税纳税人，不缴纳企业所得税。

2. 居民企业和非居民企业

<table>
<tr><th colspan="3">类型</th><th colspan="2">纳税义务</th></tr>
<tr><td rowspan="2">居民企业</td><td colspan="2">依法在中国境内成立的企业（注册地标准）</td><td rowspan="2">全面纳税义务</td><td rowspan="2">就来源于中国境内、境外的全部所得纳税</td></tr>
<tr><td colspan="2">依照外国（地区）法律成立但实际管理机构在中国境内的企业（实际管理机构所在地标准）</td></tr>
<tr><td rowspan="2">非居民企业</td><td rowspan="2">依照外国（地区）法律成立且实际管理机构不在中国境内的企业</td><td>在中国境内设立机构、场所</td><td rowspan="2">有限纳税义务</td><td>就以下所得纳税：<br>（1）来源于中国境内的所得<br>（2）发生在中国境外但与其所设机构、场所有实际联系的所得</td></tr>
<tr><td>在中国境内未设立机构、场所，但有来源于中国境内所得</td><td>就来源于中国境内的所得纳税</td></tr>
</table>

3. 所得来源地的确定

| 所得类型 | | 来源地的确定 |
|---|---|---|
| 销售货物所得 | | 按照交易活动发生地确定 |
| 提供劳务所得 | | 按照劳务发生地确定 |
| 转让财产所得 | 不动产转让所得 | 按照不动产所在地确定 |
| | 动产转让所得 | 按照转让动产的企业或者机构、场所所在地确定 |
| | 权益性投资资产转让所得 | 按照被投资企业所在地确定 |
| 股息、红利等权益性投资所得 | | 按照分配所得的企业所在地确定 |
| 利息所得 | | 按照负担、支付所得的企业或者机构、场所所在地确定，或者按照负担、支付所得的个人的住所地确定 |
| 租金所得 | | |
| 特许权使用费所得 | | |

## 经典题解

**【例题1·单选题】**根据企业所得税法律制度的规定，下列各项中，不属于企业所得税纳税人的是（　　）。

A. 甲有限责任公司

B. 乙社会团体

C. 丙个人独资企业

D. 丁股份有限公司

**【解析】**（1）企业所得税的纳税人并不仅限于企业（选项B社会团体也属于企业所得税的纳税人）；（2）并非所有企业都是企业所得税的纳税人（选项C个人独资企业不属于）。

**【答案】**C

**【例题2·单选题】**根据企业所得税法律制度的规定，下列各项中，属于企业所得税纳税人的是（　　）。

A. 个人独资企业

B. 合伙企业

C. 个体工商户

D. 民办非企业单位

**【解析】**（1）个人独资企业、合伙企业，不适用《企业所得税法》，不属于企业所得税纳税义务人；（2）个体工商户属于个人，不属于企业所得税纳税人。

**【答案】**D

**【例题3·单选题】**根据企业所得税法律制度的规定，下列各项中，属于非居民企业的是（　　）。

A. 依照外国法律成立，实际管理机构在境内的甲公司

B. 依照中国法律成立，有来源于境外所得的乙公司

C. 依照外国法律成立且实际管理机构在境外，但在境内设立机构、场所的丙公司

D. 依照中国法律成立，实际管理机构在境内的丁公司

**【解析】**选项C：既未在中国境内成立，实际管理机构亦未在境内，但在境内设有机构、场所，属于非居民企业。

**【答案】**C

**【例题4·判断题】**在中国境内设立机构、场所的非居民企业取得的与其所设机构、场所有实际联系的、发生在中国境外的所得，无须缴纳企业所得税。（　　）

**【解析】**（1）企业类型：①非居民企业；②在境内有机构场所。（2）此类企业需要向中国政府纳税的所得：①来源于境内；②虽来源于境外，但与所设机构场所有实际联系。

**【答案】**×

**【例题5·多选题】**根据企业所得税法律制度的规定，下列关于确定所得来源地的表

述，正确的有（　　）。

A. 提供劳务所得，按照劳务发生地确定

B. 销售货物所得，按照交易活动发生地确定

C. 不动产转让所得，按照受让不动产的企业所在地确定

D. 股息所得，按照分配股息的企业所在地确定

**【解析】** 选项C：不动产转让所得，按照“不动产所在地”确定所得来源地。

**【答案】** ABD

## 02 考点2 企业所得税的征收管理规定（★）

（一）纳税地点

1. 居民企业的纳税地点

除税收法律、行政法规另有规定外，居民企业以企业登记注册地为纳税地点；但登记注册地在境外的，以实际管理机构所在地为纳税地点。

2. 非居民企业的纳税地点

（1）非居民企业在中国境内设立机构、场所的，以机构、场所所在地为纳税地点；

（2）非居民企业在中国境内未设立机构、场所的，或者虽设立机构、场所但取得的所得与其所设机构、场所没有实际联系，以扣缴义务人所在地为纳税地点。

3. 汇总计算

（1）居民企业在中国境内设立不具有法人资格的营业机构的，应当汇总计算并缴纳企业所得税。除国务院另有规定外，企业之间不得合并缴纳企业所得税。

（2）非居民企业在中国境内设立两个或者两个以上机构、场所的，符合国务院税务主管部门规定条件的，可以选择由其主要机构、场所汇总缴纳企业所得税。

（二）纳税期限

1. 企业所得税按年计征，分月或者分季预缴，年终汇算清缴，多退少补。

2. 纳税年度

（1）纳税年度自公历1月1日起至12月31日止。

（2）企业在一个纳税年度中间开业，或者终止经营活动，使该纳税年度的实际经营期不足12个月的，应当以其实际经营期为1个纳税年度。

（3）企业依法清算时，应当以清算期间作为1个纳税年度。

3. 企业应当自年度终了之日起5个月内，向税务机关报送年度企业所得税纳税申报表，并汇算清缴，结清应缴应退税款。

4. 企业在年度中间终止经营活动的，应当自实际经营终止之日起60日内，向税务机关办理当期企业所得税汇算清缴。

（三）纳税申报

1. 按月或按季预缴的，企业应当自月份或者季度终了之日起15日内，向税务机关报送预缴企业所得税纳税申报表，预缴税款。

2. 企业在纳税年度内无论盈利或者亏损，都应当依照规定期限，向税务机关报送预缴企业所得税纳税申报表、年度企业所得税纳税申报表、财务会计报告和税务机关规定应当报送的其他有关资料。

3. 企业应当在办理注销登记前，就其清算所得向税务机关申报并依法缴纳企业所得税。

### 经典题解

**【例题6·判断题】** 在中国境内未设立机构、场所的非居民企业取得来源于中国境内的所得，以扣缴义务人所在地为企业所得税纳税地点。（　　）

**【答案】** √

**【例题7·多选题】** 根据企业所得税法律制度的规定，下列关于企业所得税纳税期限的表述中，正确的有（　　）。

A. 企业在一个纳税年度中间终止经营活动，使该纳税年度的实际经营期不足12个月的，应当以其实际经营期为1个纳税年度

B. 企业依法清算时，应当以清算期间作为1个纳税年度

C. 企业所得税按年计征，分月或者分季预缴，年终汇算清缴，多退少补

D. 企业在年度中间终止经营活动的，应当自实际经营终止之日起60日内，向税务机关办理当期企业所得税汇算清缴

【答案】ABCD

## 03 考点3 企业所得税应纳税额计算的基本思路（★★★）

（一）应纳税额

应纳税额=应纳税所得额×适用税率-减免税额-抵免税额

【提示1】请严格区分"应纳税额"和"应纳税所得额"二词。

【提示2】（1）企业所得税的基本税率为25%；（2）符合规定的小型微利企业，减按20%税率；（3）国家需要重点扶持的高新技术企业、符合条件的技术先进型服务企业，减按15%税率。

【提示3】减免税额和抵免税额，是指依照《企业所得税法》和国务院的税收优惠规定减征、免征和抵免的应纳税额。

### 经典题解

【例题8·单选题】甲公司2020年度企业所得税应纳税所得额2000万元，减免税额15万元，抵免税额20万元。已知，企业所得税税率为25%，甲公司当年企业所得税应纳税额的下列计算列式中，正确的是（　　）。

A. 2000×25%-15-20

B. 2000×25%-15

C. 2000×25%

D. 2000×25%-20

【答案】A

（二）应纳税所得额

1. 直接法

应纳税所得额=收入总额-不征税收入-免税收入-准予扣除项目金额-允许弥补的以前年度亏损

【提示】在计算应纳税所得额时，企业财务、会计处理办法与税收法律法规的规定不一致的，应当依照税收法律法规的规定计算。（"应纳税所得额"可以理解为税法口径的利润，上述公式中的各项计算要素均应按税法口径确定，初学企业所得税应当注意转换思路）

2. 间接法

应纳税所得额=会计利润总额+纳税调整增加额-纳税调整减少额

【提示】间接法计算企业所得税应纳税所得额属于难点问题，如何进行纳税调整，让我们在下文中结合具体例子逐一图释、理解。

# 第2单元 收　入

查看本单元视频
使用"会计云课堂"App/微信扫描

## 04 考点4 收入总额概述（★）

1. 企业收入总额，是指以货币形式和非货币形式从各种来源取得的收入。

2. 企业取得收入的货币形式，包括现金、存款、应收账款、应收票据、准备持有至到期的债券投资以及债务的豁免等。

3. 企业取得的非货币形式收入，应当按照公允价值确定收入额。

## 经典题解

【例题9·多选题】根据企业所得税法律制度的规定，企业取得的下列收入中，属于货币形式的有(　　)。

A. 存货　　B. 债务的豁免

C. 应收票据　　D. 现金

【解析】选项A："存货"属于非货币形式收入，"存款"属于货币形式收入。

【答案】BCD

## 05 考点5 企业所得税的收入类型(★★)

| 类型 | 内涵 |
| --- | --- |
| 销售货物收入 | 指企业销售商品、产品、原材料、包装物、低值易耗品以及其他存货取得的收入 |
| 提供劳务收入 | 指企业从事建筑安装、修理修配、交通运输、仓储租赁、金融保险、邮电通信、咨询经纪、文化体育、科学研究、技术服务、教育培训、餐饮住宿、中介代理、卫生保健、社区服务、旅游、娱乐、加工以及其他劳务服务活动取得的收入 |
| 转让财产收入 | 指企业转让固定资产、生物资产、无形资产、股权、债权等财产取得的收入 |
| 股息、红利等权益性投资收益 | 指企业因权益性投资从被投资方取得的收入 |
| 利息收入 | 指企业将资金提供他人使用但不构成权益性投资，或者因他人占用本企业资金取得的收入，包括存款利息、贷款利息、债券利息、欠款利息等收入 |
| 租金收入 | 指企业提供固定资产、包装物或者其他有形资产的使用权取得的收入 |
| 特许权使用费收入 | 指企业提供专利权、非专利技术、商标权、著作权以及其他特许权的使用权取得的收入 |
| 接受捐赠收入 | 指企业接受的来自其他企业、组织或者个人无偿给予的货币性资产、非货币性资产 |
| 其他收入 | 指企业取得《企业所得税法》具体列举的收入外的其他收入，包括企业资产溢余收入、逾期未退包装物押金收入、确实无法偿付的应付款项、已作坏账损失处理后又收回的应收款项、债务重组收入、补贴收入、违约金收入、汇兑收益等 |
| 视同销售收入 | 企业发生非货币性资产交换，以及将货物、财产、劳务用于捐赠、偿债、赞助、集资、广告、样品、职工福利或者利润分配等用途的，应当视同销售货物、转让财产或者提供劳务，但国务院财政、税务主管部门另有规定的除外 |

【提示1】考生需要仔细区分：

| 情形 | | 收入类型界定 |
| --- | --- | --- |
| "卖" | 销售原材料收入 | 销售货物收入 |
| | 转让生产设备收入 | 转让财产收入 |
| | 转让专利权收入 | |
| | 转让股权收入 | |

续表

| 情形 | | 收入类型界定 |
|---|---|---|
| “卖”还是“用” | 转让生产设备收入 | 转让财产收入 |
| | 出租生产设备收入 | 租金收入 |
| | 转让专利权收入 | 转让财产收入 |
| | 提供专利权使用权收入 | 特许权使用费收入 |
| “卖”还是“分红” | 转让股权收入 | 转让财产收入 |
| | 取得被投资方分回的红利 | 股息、红利等权益性投资收益 |

【提示2】把收入区分为销售货物收入、提供劳务收入、转让财产收入等，是对收入从来源角度所作的分类。如果将收入从是否征税的角度划分，又可以分为应税收入、免税收入和不征税收入。例如，甲企业取得国债利息收入10万元，那么：（1）该收入属于利息收入；（2）由于税法规定对国债利息收入免征企业所得税，因此，该收入又属于免税收入。

【提示3】（1）不论是应税收入，还是免税收入、不征税收入，均计入收入总额；（2）免税收入、不征税收入在计算企业所得税应纳税所得额时应从收入总额中减除，即免税收入、不征税收入不应计入企业所得税应纳税所得额。

## 经典题解

【例题10·多选题】根据企业所得税法律制度的规定，下列各项中，属于转让财产收入的有（　　）。

A. 销售包装物取得的收入

B. 转让无形资产取得的收入

C. 转让股权取得的收入

D. 提供专利权的使用权取得的收入

【解析】（1）选项A：属于销售货物收入；（2）选项D：属于特许权使用费收入。

【答案】BC

【例题11·单选题】根据企业所得税法律制度的规定，下列各项中，属于特许权使用费收入的是（　　）。

A. 提供生产设备使用权取得的收入

B. 提供运输工具使用权取得的收入

C. 提供商铺使用权取得的收入

D. 提供商标权的使用权取得的收入

【解析】选项ABC：属于租金收入。

【答案】D

【例题12·多选题】根据企业所得税法律制度的规定，下列各项中，在计算企业所得税应纳税所得额时，应计入收入总额的有（　　）。

A. 转让著作权收入

B. 债务重组收入

C. 接受捐赠收入

D. 确实无法偿付的应付款项

【解析】（1）选项A：属于转让财产收入；（2）选项BD：属于其他收入；（3）选项C：属于接受捐赠收入。不论属于何种类型的收入，只要按照企业所得税法律制度的规定，应当确认收入的，就应当计入收入总额。

【答案】ABCD

【例题13·多选题】根据企业所得税法律制度的规定，纳税人发生的下列行为中，应视同销售确认收入的有（　　）。

A. 将货物用于偿还债务

B. 将货物用于投资

C. 将货物用于捐赠

D. 将货物用于换入设备

【解析】选项ABCD均应视同销售货物，确认收入。

【答案】ABCD

## 06 考点6 企业所得税收入确认时间（★★）

| 收入类型 | | 确认时间 |
|---|---|---|
| 销售货物收入 | 采用托收承付方式的 | 办妥托收手续时确认 |
| | 采用预收款方式的 | 发出商品时确认 |
| | 商品需要安装和检验的 | （1）一般：购买方接受商品以及安装和检验完毕时确认<br>（2）安装程序比较简单的：发出商品时确认 |
| | 采用支付手续费方式委托代销的 | 收到代销清单时确认 |
| | 采用分期收款方式的 | 按照合同约定的收款日期确认 |
| 提供劳务收入 | | （1）企业在各个纳税期末，提供劳务交易的结果能够可靠估计的，应采用完工进度（完工百分比）法确认<br>（2）企业受托加工制造大型机械设备、船舶、飞机，以及从事建筑、安装、装配工程业务或者提供其他劳务等，持续时间超过12个月的，按照纳税年度内完工进度或者完成的工作量确认收入的实现 |
| 股息、红利等权益性投资收益 | | （1）根据被投资方作出利润分配决定的日期确认（除国务院财政、税务主管部门另有规定外）<br>（2）采取产品分成方式取得收入的，按照企业分得产品的日期确认 |
| 利息收入 | | 按照合同约定的债务人应付利息的日期确认 |
| 租金收入 | | （1）按照合同约定的承租人应付租金的日期确认<br>（2）如果交易合同或协议中规定的租赁期限跨年度，且租金提前一次性支付的，出租人可对上述已确认的收入，在租赁期内，分期均匀计入相关年度收入 |
| 特许权使用费收入 | | 按照合同约定的特许权使用人应付特许权使用费的日期确认 |
| 接受捐赠收入 | | 按照实际收到捐赠资产的日期确认 |

### 经典题解

**【例题14·单选题】**根据企业所得税法律制度的规定，下列关于收入确认时间的说法中，不正确的是（　　）。

A. 销售商品采用托收承付方式的，在办妥托收手续时确认收入

B. 销售商品采用预收款方式的，在发出商品时确认收入

C. 销售商品需要安装和检验的，在收到货款时确认收入

D. 销售商品采用支付手续费方式委托代销的，在收到代销清单时确认收入

**【解析】**选项C：销售商品需要安装和检验的，在购买方接受商品以及安装和检验完毕时确认收入。如果安装程序比较简单，可在发出商品时确认收入。

**【答案】**C

**【例题15·判断题】**计算企业所得税收入总额时，以分期收款方式销售货物，按照

发货日期确认收入。（ ）

【答案】×

【例题16·判断题】在计算企业所得税收入总额时，利息收入按照债务人实际支付利息的日期确认收入的实现。（ ）

【答案】×

【例题17·单选题】2020年11月1日，甲公司与乙公司签订一项销售合同，采用预收款方式销售一批商品，并于11月10日收到全部价款。甲公司11月20日发出商品，乙公司11月21日收到该批商品。根据企业所得税法律制度的规定，关于甲公司上述销售收入确认时间的表述中，正确的是（ ）。

A. 11月10日确认销售收入

B. 11月20日确认销售收入

C. 11月21日确认销售收入

D. 11月1日确认销售收入

【答案】B

## 07 考点7 特殊销售方式下收入金额的确定（★★）

1. 售后回购

| | | |
|---|---|---|
| 售后回购 | 符合销售收入确认条件 | （1）销售的商品按售价确认收入<br>（2）回购的商品作为购进商品处理 |
| | 不符合销售收入确认条件（如以销售商品方式进行融资） | 不确认收入：<br>（1）收到的款项应确认为负债<br>（2）回购价格大于原售价的，差额应在回购期间确认为利息费用 |

2. 以旧换新

| | | | 【案例】新货不含增值税售价100，旧货不含增值税作价40 |
|---|---|---|---|
| | 处理规则 | | 【案例】新货不含增值税售价100，旧货不含增值税作价40 |
| 企业所得税 | 销售商品应当按照销售商品收入（不含增值税）确认条件确认收入 | | 按100确认收入 |
| | 回收的商品作为购进商品处理 | | 40通常计购货成本 |
| 增值税 | 金银首饰 | 以不含增值税的差价为计税销售额 | 销项税额（或应纳税额）=（100-40）×税率（或征收率） |
| | 其他货物 | 以不含增值税的新货价为计税销售额 | 销项税额（或应纳税额）=100×税率（或征收率） |

3. 各类“折”

（1）商业折扣

| | 处理规则 | 【案例】不含增值税售价100，因购入量大，打8折 |
|---|---|---|
| 企业所得税 | 按照扣除商业折扣后的金额（不含增值税）确定销售商品收入金额 | 按80确认收入 |

续表

| | 处理规则 | | 【案例】不含增值税售价 100，因购入量大，打 8 折 |
|---|---|---|---|
| 增值税 | 将销售额和折扣额在同一张发票（的金额栏内）分别注明 | 以不含增值税的折后价为计税销售额 | 销项税额（或应纳税额）= 80×税率（或征收率） |
| | 折扣额另开发票 | 以不含增值税的原价为计税销售额 | 销项税额（或应纳税额）= 100×税率（或征收率） |

（2）现金折扣和销售折让

| 类型 | 目的 | 企业所得税处理 |
|---|---|---|
| 现金折扣 | 鼓励尽早付款 | 按扣除现金折扣前的金额（不含增值税）确定销售商品收入金额，现金折扣在实际发生时作为财务费用扣除 |
| 销售折让 | 因售出商品质量不合格而作出的售价减让 | 企业已经确认销售收入的售出商品发生销售折让的，应当在发生当期冲减当期销售商品收入 |

4. “买一赠一”

| | 处理规则 | 【案例】新型洗涤剂不含增值税单价 40，购买则附赠洗洁精一瓶（同期同类不含增值税单价 10） |
|---|---|---|
| 企业所得税 | 企业以“买一赠一”等方式组合销售本企业商品的，不属于捐赠，应将总的销售金额按各项商品的公允价值的比例来分摊确认各项的销售收入 | 共确认收入 40，其中：<br>（1）新型洗涤剂收入 = 40×40÷（10+40）<br>（2）洗洁精收入 = 40×10÷（10+40） |
| 增值税 | 所赠送的商品应视同销售货物，核定销售额 | 销项税额（或应纳税额）= 40×税率（或征收率）+10×税率（或征收率） |

## 08 考点 8 不征税收入和免税收入（★★★）

（一）不征税收入

1. 财政拨款。

2. 依法收取并纳入财政管理的行政事业性收费、政府性基金。

3. 国务院规定的其他不征税收入。

国务院规定的其他不征税收入，是指企业取得的由国务院财政、税务主管部门规定专项用途并经国务院批准的财政性资金。例如：

（1）县级以上人民政府将国有资产无偿划入企业，凡指定专门用途并按规定进行管理的，企业可作为不征税收入进行企业所得税处理。其中，该项资产属于非货币性资产的，应按政府确定的接收价值计算不征税收入。

（2）2018 年 9 月 20 日起，对全国社会保障基金理事会及基本养老保险基金投资管理机构在国务院批准的投资范围内，运用养老基金投资取得的归属于养老基金的投资收入，作为企业所得税不征税收入。

（3）2018 年 9 月 10 日起，对全国社会保障基金取得的直接股权投资收益、股权投资基金收益，作为企业所得税不征税收入。

（二）免税收入

1. 国债利息收入免税。

2. 符合条件的股息、红利：

<table>
<tr><th colspan="3">情形</th><th>是否免税</th></tr>
<tr><td rowspan="3">符合条件的居民企业之间的股息、红利等权益性投资收益<br>（考生应重点关注该情形）</td><td colspan="2">被投资企业属于未上市居民企业</td><td>免税</td></tr>
<tr><td rowspan="2">被投资企业属于上市居民企业</td><td>持股时间≥12个月</td><td>免税</td></tr>
<tr><td>持股时间<12个月</td><td>不免税</td></tr>
<tr><td rowspan="3">非居民企业从居民企业取得的股息、红利等权益性投资收益<br>（对该情形考生简单了解即可）</td><td colspan="2">该非居民企业在境内未设立机构、场所</td><td>不免税（按源泉扣缴处理）</td></tr>
<tr><td rowspan="2">该非居民企业在境内设立了机构、场所</td><td>该股息、红利与境内机构、场所无实际联系</td><td>不免税（按源泉扣缴处理）</td></tr>
<tr><td>该股息、红利与境内机构、场所有实际联系</td><td>与“符合条件的居民企业之间的股息、红利等权益性投资收益”的免税政策一致</td></tr>
</table>

3. 符合条件的非营利组织从事非营利性活动取得的收入给予免税，但从事营利性活动取得的收入应依法征税。

4. 下列所得免征企业所得税：

（1）外国政府向中国政府提供贷款取得的利息所得；

（2）国际金融组织向中国政府和居民企业提供优惠贷款取得的利息所得。

5. 债券利息减免税：

（1）对企业取得的2012年及以后年度发行的地方政府债券利息收入，免征企业所得税。

（2）自2018年11月7日起至2021年11月6日止，对境外机构投资境内债券市场取得的债券利息收入暂免征收企业所得税。暂免征收企业所得税的范围不包括境外机构在境内设立的机构、场所取得的与该机构、场所有实际联系的债券利息。

（3）对企业投资者持有2019～2023年发行的铁路债券取得的利息收入，减半征收企业所得税。

【提示1】应当严格区分不征税收入和免税收入：（1）不征税收入，是不应列入征税范围的收入；免税收入则是应列入征税范围的收入，只是国家出于特殊考虑给予税收优惠，在一定时期有可能恢复征税。（2）企业的不征税收入对应的费用、折旧、摊销一般不得在计算应纳税所得额时扣除；免税收入对应的费用、折旧、摊销一般可以税前扣除。

## 经典题解

【例题18·多选题】根据企业所得税法律制度的规定，下列各项中，属于不征税收入的有（ ）。

A. 依法收取并纳入财政管理的政府性基金

B. 各级人民政府对纳入预算管理的事业单位拨付的财政资金

C. 国际金融组织向中国政府提供优惠贷款取得的利息所得

D. 依法收取并纳入财政管理的行政事业性收费

【解析】选项C：属于免税所得。

【答案】ABD

【例题19·多选题】根据企业所得税法律制度的规定，下列各项中，属于不征税收入的有（ ）。

A. 国债利息收入

B. 居民企业直接投资于其他非上市居民企业取得的投资收益

C. 财政拨款

D. 依法收取并纳入财政管理的行政事业性收费

【解析】选项AB：属于免税收入。

【答案】CD

【例题20·多选题】2020年甲企业取得了下列利息收入，其中免征企业所得税的有(　　)。

A. 国债利息收入

B. 企业债券利息收入

C. 当年发行的地方政府债券利息收入

D. 当年发行的铁路债券利息收入

【解析】(1) 选项B：属于应税收入；(2) 选项D：减半征收企业所得税。

【答案】AC

【例题21·单选题】根据企业所得税法律制度的规定，下列各项中，属于免税收入的是(　　)。

A. 全国社会保障基金取得的直接股权投资收益

B. 转让企业债券取得的收入

C. 企业购买国债取得的利息收入

D. 县级以上人民政府将国有资产无偿划入企业并指定专门用途并按规定进行管理

【解析】(1) 选项AD：属于不征税收入；(2) 选项B：属于应税收入；(3) 选项C：属于免税收入。

【答案】C

【提示2】免税收入和不征税收入，均应计入收入总额。

## 经典题解

【例题22·多选题】在计算甲服装公司2020年度企业所得税应纳税所得额时，下列收入中，应计入收入总额的有(　　)。

A. 石化公司债券利息收入180万元

B. 国债利息收入135万元

C. 羽绒服保暖技术所有权转让收入800万元

D. 羽绒服销售收入8000万元

【解析】选项AD属于应税收入，选项B属于免税收入，选项C涉及减征、免征优惠，但均应计入收入总额。

【答案】ABCD

【提示3】不征税收入和免税收入不计入应纳税所得额，因此，间接法计算应纳税所得额时，应纳税调减。例如，居民企业甲企业2019年度会计利润600万元，其中，取得销售货物收入900万元、转让财产收入60万元、国债利息收入40万元，发生各项允许扣除的支出400万元。已知企业所得税税率为25%，不考虑其他因素，则：(1) 直接法计算应纳税所得额 = 900 + 60 + 40 − 40 − 400 = 560（万元）；(2) 间接法计算应纳税所得额 = 600 − 40 = 560（万元）[参考图5（1）−1]。

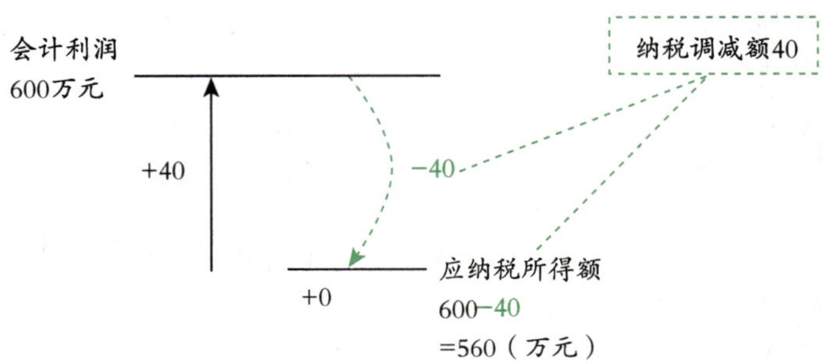


图5（1）−1

# 第3单元　收益性支出的扣除



## 09 考点9 不得税前扣除的项目（★★★）

1. 企业实际发生的与取得收入有关的、合理的支出，包括成本、费用、税金、损失和其他支出，准予在计算应纳税所得额时扣除。

2. 除另有规定外，企业实际发生的成本、费用、税金、损失和其他支出，不得重复扣除。

3. 不得扣除项目

（1）向投资者支付的股息、红利等权益性投资收益款项；

（2）企业所得税税款；

（3）税收滞纳金；

（4）罚金、罚款和被没收财物的损失；

【提示】上述第（3）、（4）项是纳税人承担行政责任或刑事责任的支出，在企业所得税税前不得扣除；如果是合同违约金、银行罚息、法院判决由企业承担的诉讼费等民事性质的款项，可以据实在企业所得税税前扣除。

（5）不符合规定的捐赠支出；

（6）赞助支出，具体是指企业发生的与生产经营活动无关的各种非广告性质的赞助支出；

（7）未经核定的准备金支出；

（8）企业之间支付的管理费、企业内营业机构之间支付的租金和特许权使用费，以及非银行企业内营业机构之间支付的利息；

（9）与取得收入无关的其他支出。

### 经典题解

【例题23·多选题】根据企业所得税法律制度的规定，下列各项中，在计算企业所得税应纳税所得额时准予扣除的有（　　）。

A. 差旅费

B. 诉讼费用

C. 企业之间支付的管理费

D. 银行罚息

【答案】ABD

【例题24·单选题】根据企业所得税法律制度的规定，下列各项中，在计算企业所得税应纳税所得额时，不得扣除的是（　　）。

A. 企业发生的会议费

B. 企业发生的非广告性质赞助支出

C. 企业参加财产保险按照规定缴纳的保险费

D. 企业转让固定资产发生的费用

【解析】（1）选项AC：企业所得税前据实扣除；（2）选项D：属于与应税收入对应的成本、费用，在税前据实扣除。

【答案】B

## 10 考点10 税金的扣除（★★★）

| 情形 | 税费 |
| --- | --- |
| 不得扣除 | 企业缴纳的增值税、企业所得税 |

续表

| 情形 | | 税费 |
|---|---|---|
| 可以扣除 | 计入税金及附加在当期扣除 | 消费税、资源税、土地增值税、出口关税、城市维护建设税及教育费附加、房产税、车船税、城镇土地使用税、印花税、环境保护税 |
| | 发生当期计入相关资产成本，在以后各期分摊扣除 | 车辆购置税、契税、进口关税、耕地占用税、不得抵扣的增值税 |

**经典题解**

**【例题25·多选题】**根据企业所得税法律制度的规定，下列各项中，计入税金及附加在当期扣除的有(　　)。

A. 增值税　　B. 资源税

C. 教育费附加　　D. 印花税

**【答案】**BCD

## 11 考点11 工资、薪金支出和四项经费的扣除(★★★)

1. 企业发生的合理的工资、薪金支出，准予扣除。

2. 四项经费

(1) 企业发生的职工福利费支出，不超过工资、薪金总额14%的部分，准予扣除。

(2) 企业拨缴的工会经费，不超过工资、薪金总额2%的部分，准予扣除。

(3) 企业发生的职工教育经费支出，不超过工资、薪金总额8%的部分，准予在计算企业所得税应纳税所得额时扣除；超过部分，准予在以后纳税年度结转扣除。

(4) 党组织工作经费

①国有企业（包括国有独资、全资和国有资本绝对控股、相对控股企业）纳入管理费用的党组织工作经费，实际支出不超过职工年度工资、薪金总额1%的部分，可以据实在企业所得税前扣除。

②非公有制企业党组织工作经费纳入企业管理费列支，不超过职工年度工资、薪金总额1%的部分，可以据实在企业所得税前扣除。

**经典题解**

**【例题26·单选题】**甲工业企业2020年合理工资薪金支出100万元，发生职工福利费18万元，职工教育经费1.5万元。已知，在计算企业所得税应纳税所得额时，职工福利费支出、职工教育经费支出的扣除比例分别为工资、薪金总额的14%和8%。甲工业企业计算2020年企业所得税应纳税所得额时，准予扣除的职工福利费和职工教育经费金额合计为(　　)。

A. 100×14%+1.5

B. 100×14%+100×8%

C. 18+1.5

D. 18+100×8%

**【解析】**［单位：万元；纳税调整参考图5（1）-2］

| 项目 | 税法扣除限额 | 实际发生额 | 税前准予扣除 | 纳税调整 |
|---|---|---|---|---|
| 合理工资薪金 | 无限额 | 100 | 100 | 税会无差异<br>无须纳税调整 |
| 职工福利费 | 100×14%=14 | 18 | 14 | 调增4 |

续表

| 项目 | 税法扣除限额 | 实际发生额 | 税前准予扣除 | 纳税调整 |
|---|---|---|---|---|
| 职工教育经费 | 100×8%＝8 | 1.5 | 1.5 | 税会无差异<br>无须纳税调整 |
| 工会经费 | 100×2%＝2 | 本题未涉及，假定为5 | 2 | 调增3 |

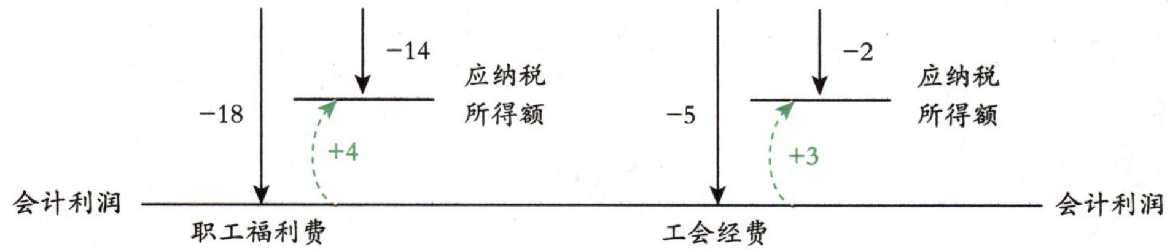


图5（1）−2

【答案】A

【例题27·单选题】甲公司2020年度发生合理的工资薪金支出1000万元，发生职工福利费支出145万元，拨缴工会经费21万元，发生职工教育经费支出75万元，上年度结转未扣除的职工教育经费支出13万元。已知企业发生的职工福利费支出、拨缴的工会经费、发生的职工教育经费支出分别在不超过工资薪金总额14%、2%、8%的部分，准予扣除。在计算甲公司2020年度企业所得税应纳税所得额时，准予扣除的职工福利费支出、工会经费和职工教育经费支出合计金额为（　　）万元。

A. 235

B. 254

C. 240

D. 245

【解析】（单位：万元）

| 项目 | 税法扣除限额 | 实际发生额 | 税前准予扣除 | 纳税调整 |
|---|---|---|---|---|
| 合理工资薪金 | 无限额 | 1000 | 1000 | 税会无差异，无须纳税调整 |
| 职工福利费 | 1000×14%＝140 | 145 | 140 | 调增5 |
| 工会经费 | 1000×2%＝20 | 21 | 20 | 调增1 |
| 职工教育经费 | 1000×8%＝80 | 待扣金额＝本年+上年<br>＝75+13＝88 | 80 | 调减5［参考图5（1）−3］ |

合计准予扣除金额＝140+20+80＝240（万元）。

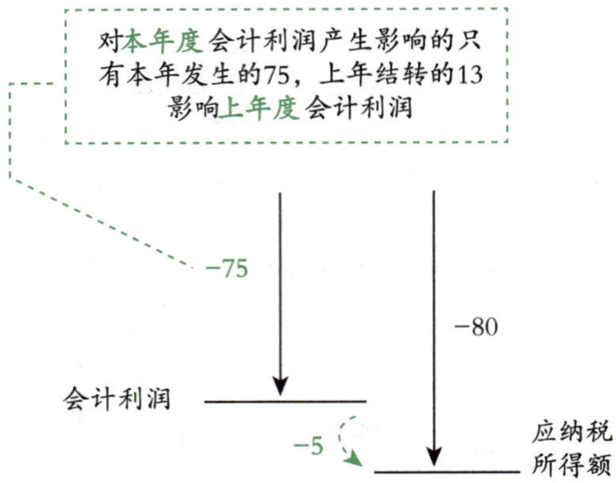


图 5（1）-3

【答案】C

【例题 28·判断题】计算企业所得税应纳税所得额时，企业当年发生的职工福利费超过法律规定扣除标准的部分，不得在以后年度结转扣除。（　　）

【解析】职工福利费支出不存在结转扣除，职工教育经费支出、广告费和业务宣传费支出、公益性捐赠支出可以依法结转扣除。

【答案】√

## 12 考点 12 保险费的扣除（★★）

<table>
<tr><th colspan="2">项目</th><th>扣除规定</th></tr>
<tr><td colspan="2">企业参加财产保险，按照有关规定缴纳的保险费</td><td>据实扣除</td></tr>
<tr><td colspan="2">企业参加雇主责任险、公众责任险等责任保险，按照规定缴纳的保险费</td><td>据实扣除</td></tr>
<tr><td colspan="2">企业发生的合理的劳动保护支出</td><td>据实扣除</td></tr>
<tr><td colspan="2">“四险一金”：企业依照国务院有关主管部门或者省级人民政府规定的范围和标准为职工缴纳的基本养老保险费、基本医疗保险费、失业保险费、工伤保险费等基本社会保险费和住房公积金</td><td>据实扣除</td></tr>
<tr><td colspan="2">企业根据国家有关政策规定，为在本企业任职或者受雇的全体员工支付的补充养老保险费、补充医疗保险费</td><td>分别在不超过职工工资总额5%标准内的部分，在计算应纳税所得额时准予扣除；超过的部分，不予扣除</td></tr>
<tr><td rowspan="3">商业人身保险费支出</td><td>企业职工因公出差乘坐交通工具发生的人身意外保险费支出</td><td>据实扣除</td></tr>
<tr><td>企业依照国家规定为特殊工种职工支付的人身安全保险费支出</td><td>据实扣除</td></tr>
<tr><td>企业为投资者或者职工支付的其他商业保险费</td><td>不得扣除</td></tr>
</table>

## 经典题解

**【例题29·多选题】**根据企业所得税法律制度的规定,企业依照国务院有关主管部门或省级人民政府规定的范围和标准为职工缴纳的下列社会保险费和住房公积金中,在计算企业所得税应纳税所得额时准予扣除的有（ ）。

A. 基本养老保险费

B. 工伤保险费

C. 失业保险费

D. 住房公积金

**【答案】** ABCD

**【案例】**某公司2020年度支出包括：合理的工资薪金总额1000万元，按规定标准为职工缴纳基本社会保险费150万元，为受雇的全体员工支付补充养老保险费80万元、补充医疗保险费120万元，为公司高管购买重大疾病险缴纳商业保险费30万元。

**【分析】**

（1）合理的工资薪金1000万元、基本社会保险费150万元可以全额扣除；

（2）补充养老保险费的扣除限额＝1000×5%＝50（万元），实际发生额80万元超过扣除限额，只能按限额扣除；

（3）补充医疗保险费的扣除限额＝1000×5%＝50（万元），实际发生额120万元超过扣除限额，只能按限额扣除；

（4）为公司高管缴纳商业保险费30万元不得扣除；

（5）该公司2020年度发生的保险费在企业所得税税前准予扣除的数额＝150＋50＋50＝250（万元）；

（6）由于补充养老保险费、补充医疗保险费和为公司高管缴纳的商业保险费未能全额扣除，如果使用间接法计算企业所得税应纳税所得额，需要纳税调整，纳税调增额＝（80－50）＋（120－50）＋30＝130（万元），具体处理参考图5（1）－4：

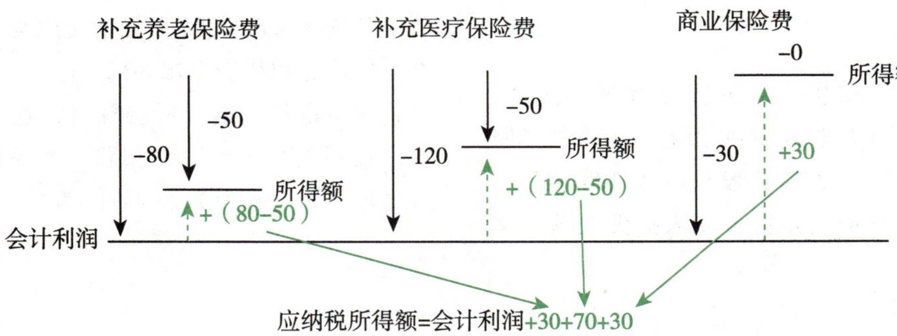


图5（1）－4

## 13 考点13 与生产经营直接相关的重点扣除项目（★★★）

（一）业务招待费支出

企业发生的与生产经营活动有关的业务招待费支出，按照发生额的60%扣除，但最高不得超过当年销售（营业）收入的5‰。

【提示1】销售（营业）收入，也可以称为"销售收入"或"营业收入"。

【提示2】从税法角度理解，销售（营业）收入主要包括销售货物收入（包括视同销售货物收入）、提供劳务收入（包括视同提供劳务收入）、租金收入、特许权使用费收入。

【提示3】从会计角度讲，销售（营业）收入通常不包括投资收益、营业外收入。

## 经典题解

**【例题30·单选题】** 甲公司2020年度取得销售货物收入1000万元，发生的与生产经营活动有关的业务招待费支出6万元。已知，在计算企业所得税应纳税所得额时，业务招待费支出按照发生额的60%扣除，但最高不得超过当年销售（营业）收入的5‰。甲公司在计算2020年度企业所得税应纳税所得额时，准予扣除的业务招待费支出为（　　）万元。

A. 6　　B. 5

C. 4.97　　D. 3.6

**【解析】**（1）本题仅交代了一项收入——销售货物收入1000万元；销售货物收入属于销售（营业）收入；因此，本题的销售（营业）收入为1000万元。（2）限额1=当年销售（营业）收入的5‰=1000×5‰=5（万元），限额2=实际发生额的60%=6×60%=3.6（万元），限额2<限额1，按限额2扣除，即税前准予扣除的业务招待费为3.6万元。（3）由于实际发生的业务招待费未能全额在税前扣除，如果使用间接法计算企业所得税应纳税所得额需要纳税调整，纳税调增额=6−3.6=2.4（万元）[具体处理参考图5（1）−5]。

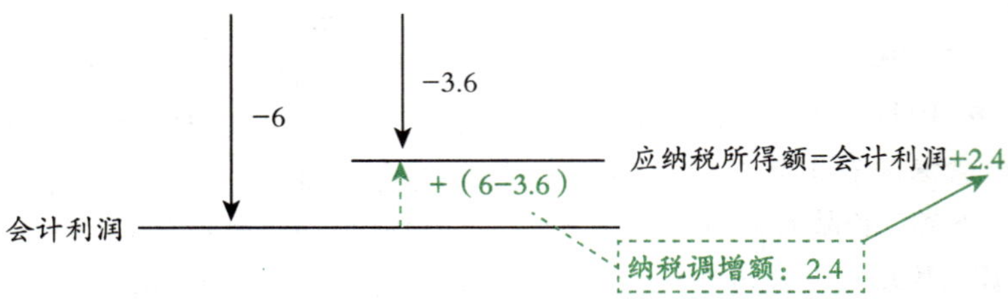


**图5（1）−5**

**【答案】** D

**【案例】** 甲电子设备公司为居民企业，2020年销售货物收入2000万元，提供技术服务收入500万元，转让股权收入3000万元。经税务机关核准上年已作坏账损失处理后又收回的其他应收款15万元，发生与生产经营有关的业务招待费支出80万元。已知，在计算企业所得税应纳税所得额时，业务招待费支出按照发生额的60%扣除，但最高不得超过当年销售（营业）收入的5‰。

**【分析】**

（1）收入的处理

| | 类型界定 | 是否计入销售（营业）收入 |
|---|---|---|
| 销售货物收入2000万元 | 销售货物收入 | √ |
| 提供技术服务收入500万元 | 提供劳务收入 | √ |
| 转让股权收入3000万元 | 转让财产收入 | × |
| 经税务机关核准上年已作坏账损失处理后又收回的其他应收款15万元 | 其他收入 | × |

（2）业务招待费的处理

①销售（营业）收入 = 2000 + 500 = 2500（万元）；

②限额 1 = 2500×5‰ = 12.5（万元），限额 2 = 80×60% = 48（万元），限额 1<限额 2，按限额 1 扣除，即税前准予扣除业务招待费 12.5 万元；

③纳税调增额 = 80 − 12.5 = 67.5（万元）［具体处理参考图 5（1）−6］。

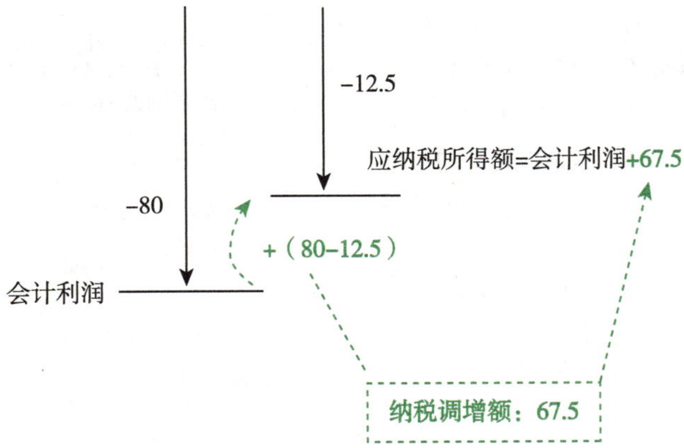


图 5（1）−6

（二）广告费和业务宣传费

1. 基本规定

企业发生的符合条件的广告费和业务宣传费支出，除国务院财政、税务主管部门另有规定外，不超过当年销售（营业）收入 15% 的部分，准予扣除；超过部分，准予在以后纳税年度结转扣除。

2. 特殊规定

（1）对化妆品制造或销售、医药制造和饮料制造（不含酒类制造）企业发生的广告费和业务宣传费支出，不超过当年销售（营业）收入 30% 的部分，准予扣除；超过部分，准予在以后纳税年度结转扣除。

（2）烟草企业的烟草广告费和业务宣传费支出，一律不得在计算应纳税所得额时扣除。

**【案例 1】**甲服装公司为居民企业，2020 年有关业务如下：

（1）取得羽绒服销售收入 8000 万元。

（2）转让一项羽绒服保暖技术的所有权，取得符合税收优惠条件的技术所有权转让收入 800 万元，发生与之相关的转让成本及税费 100 万元。

（3）取得国债利息收入 135 万元、石化公司债券利息收入 180 万元。

（4）发生符合条件的广告费和业务宣传费支出 1500 万元。

已知：广告费和业务宣传费支出，不超过当年销售（营业）收入 15% 的部分，在计算企业所得税应纳税所得额时准予扣除。

**【分析】**

（1）收入的处理

| | 收入类型 | 是否计入销售（营业）收入 |
|---|---|---|
| 羽绒服销售收入 | 销售货物收入 | √ |
| 转让羽绒服保暖技术所有权收入 | 财产转让收入 | × |

续表

| | 收入类型 | 是否计入销售（营业）收入 |
|---|---|---|
| 国债利息收入 | 利息收入 | × |
| 债券利息收入 | 利息收入 | × |

（2）广告费和业务宣传费支出的处理

税法扣除限额 = 8000×15% = 1200（万元）；实际发生额1500万元>限额1200万元，税前按限额扣除1200万元。如果采用间接法计算应纳税所得额，应纳税调增300万元［参考图5（1）-7］。

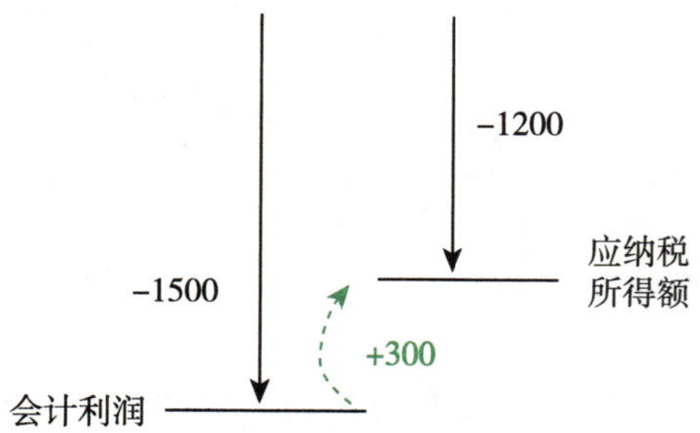


图5（1）-7

【案例2】甲公司为居民企业，主要从事家电生产和销售业务，2020年全年销售收入6000万元，发生符合条件的广告费和业务宣传费支出800万元。已知广告费和业务宣传费支出，不超过当年销售（营业）收入15%的部分，准予扣除；符合条件的广告费和业务宣传费支出以前年度累计结转扣除额150万元。

【分析】

（1）本题明确告知了销售（营业）收入为6000万元，税法扣除限额 = 6000×15% = 900（万元）。

（2）按照已知条件的交代，本题存在以前年度累计结转额，待扣金额 = 本年度实际发生额+以前年度累计结转额 = 800+150 = 950（万元），超过了税法扣除限额，税前准予按限额扣除900万元。

（3）如果采用间接法计算应纳税所得额，应纳税调减100万元［参考图5（1）-8］。

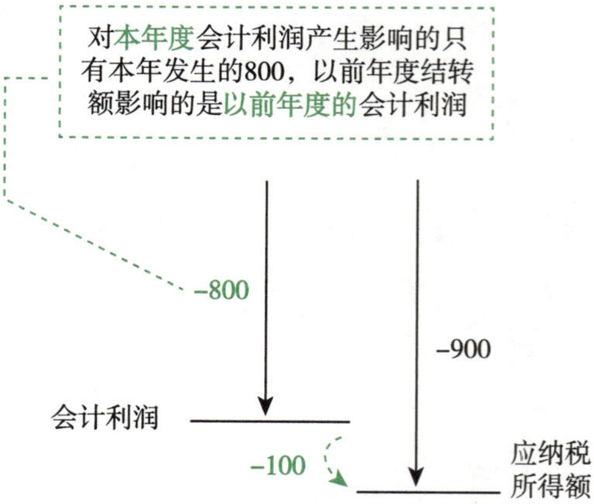


图5（1）-8

（三）公益性捐赠

1. 界定

公益性捐赠，是指企业通过公益性社会组织或者县级以上人民政府及其部门，用于符合法律规定的慈善活动、公益事业的捐赠。

【提示】纳税人未通过符合条件的机构捐赠，或者直接向受赠人捐赠，税前不得扣除。

2. 限额扣还是据实扣？

（1）企业当年发生以及以前年度结转的公益性捐赠支出，在年度利润总额12%以内的部分，在计算应纳税所得额时准予扣除；超过年度利润总额12%的部分，准予结转以后3年内在计算应纳税所得额时扣除。

【提示1】年度利润总额，是指企业依照国家统一会计制度的规定计算的年度会计利润（尚未扣除允许弥补的以前年度亏损）。

【提示2】企业对公益性捐赠支出计算扣除时，应先扣除以前年度结转的捐赠支出，再扣除当年发生的捐赠支出。

（2）自2019年1月1日至2022年12月31日，企业通过公益性社会组织或者县级以上人民政府及其组成部门，用于目标脱贫地区的扶贫捐赠支出，准予在计算企业所得税应纳税所得额时据实扣除。企业同时发生扶贫捐赠支出和其他公益性捐赠支出，在计算公益性捐赠支出年度扣除限额时，符合条件的扶贫捐赠支出不计算在内。

## 经典题解

**【例题31·单选题】**甲公司2020年度实现利润总额30万元，直接向希望小学捐款6万元，通过公益性社会组织向受灾地区捐款4万元。已知，公益性捐赠支出不超过年度利润总额12%的部分，准予在计算应纳税所得额时扣除。甲公司在计算2020年度企业所得税应纳税所得额时，准予扣除的捐赠额为（　　）万元。

A. 6　　B. 10

C. 3.6　　D. 4

**【解析】**（1）直接捐赠的6万元不得扣除；（2）通过公益性社会组织捐赠的4万元，限额 = 30×12% = 3.6（万元），当年准予扣除的捐赠额为3.6万元；（3）如果采用间接法计算应纳税所得额，纳税调增额 = 6+4-3.6 = 6.4（万元）［参考图5（1）-9］。

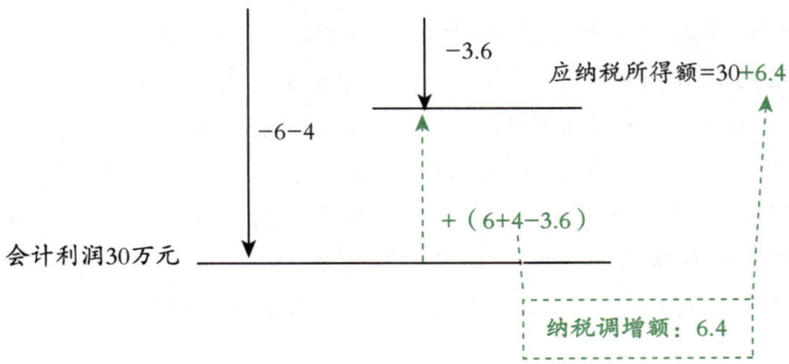


图5（1）-9

**【答案】**C

**【例题32·单选题】**甲公司2020年度利润总额600万元，通过当地乡政府向文化事业捐款55万元，通过公益性社会组织向教育事业捐款10万元。已知，公益性捐赠支出不超过年度利润总额12%的部分，准予扣除。计算甲公司2020年度企业所得税应纳税所得额时，准予扣除的公益性捐赠支出是（　　）万元。

A. 10　　B. 72

C. 65　　D. 55

**【解析】**（1）本题的"幺蛾子"在于：通过当地"乡政府"捐赠不属于公益性捐赠，不得税前扣除；（2）公益性捐赠扣除限额 = 600×12% = 72（万元），通过公益性社会组织向教育事业的捐款10万元未超过限额，准予全额在税前扣除。

**【答案】**A

**【例题33·单选题】**甲企业2020年实现利润总额200万元，未弥补的以前年度亏损20万元，直接向希望小学捐款8万元，通过公益性社会组织向受灾地区捐款28万元。已知，公益性捐赠支出在年度利润总额12%以内的部分，准予扣除。计算甲企业2020年企业所得税应纳税所得额时，准予扣除的公益性捐赠支出是（　　）万元。

A. 21.6　　B. 24

C. 28　　D. 36

**【解析】**（1）本题的"幺蛾子"在于：计算公益性捐赠支出扣除限额时，年度会计利润不扣除允许弥补的以前年度亏损；（2）限额 =

200×12%＝24（万元），直接捐赠 8 万元税前不得扣除，通过公益性社会组织向受灾地区捐赠 28 万元超过限额，税前按限额 24 万元扣除。

**【答案】** B

**【例题 34 · 单选题】** 甲企业 2020 年利润总额为 6000 万元，通过县民政部门捐赠 1000 万元，其中 300 万元是向残疾人扶持事业的捐赠，700 万元是向目标脱贫地区的扶贫捐赠支出。已知，公益性捐赠支出在年度利润总额 12%以内的部分，准予扣除。甲企业计算 2020 年度企业所得税应纳税所得额时可以扣除的捐赠为（　　）万元。

A. 300　　　B. 700

C. 720　　　D. 1000

**【解析】**（1）本题的“幺蛾子”在于：用于目标脱贫地区的扶贫捐赠支出（700 万元），据实扣除；（2）其他公益性捐赠支出 300 万元，未超过税法规定的扣除限额 720 万元（6000×12%），可以全部在税前扣除。因此，甲企业的公益性捐赠支出税前合计可扣＝700+300＝1000（万元）。

**【答案】** D

**【例题 35 · 单选题】** 甲公司 2020 年度利润总额 300 万元，预缴企业所得税税额 60 万元，在“营业外支出”账户中列支了通过公益性社会组织向灾区的捐款 40 万元。已知，企业所得税税率为 25%；公益性捐赠支出不超过年度利润总额 12%的部分，准予在计算企业所得税应纳税所得额时扣除。计算甲公司当年应补缴企业所得税税额的下列算式中，正确的是（　　）。

A. 300×25%－60

B. （300+300×12%）×25%－60

C. ［300+（40－300×12%）］×25%－60

D. （300+40）×25%－60

**【解析】**（1）本题的“幺蛾子”在于要求考生完整应用间接法计算；（2）公益性捐赠支出的扣除限额＝300×12%＝36（万元）＜40 万元，应调增应纳税所得额＝40－36＝4（万元）；（3）应补缴的企业所得税＝［300+（40－300×12%）］×25%－60＝16（万元）。

**【答案】** C

**【例题 36 · 单选题】** 甲企业 2020 年实现利润总额 600 万元，发生公益性捐赠支出 62 万元。上年度未在税前扣除完的符合条件的公益性捐赠支出 12 万元。已知公益性捐赠支出在年度利润总额 12%以内的部分，准予扣除。计算甲企业 2020 年度企业所得税应纳税所得额时，准予扣除的公益性捐赠支出是（　　）万元。

A. 74　　　B. 60

C. 84　　　D. 72

**【解析】**（1）本题的“幺蛾子”在于有上年度结转额；（2）扣除限额＝600×12%＝72（万元）；（3）待扣除的公益性捐赠支出＝62+12＝74（万元）；（4）待扣除的公益性捐赠支出＞扣除限额，本年度只能按限额（72 万元）扣除，其中含上年度结转未扣除公益性捐赠支出 12 万元、本年度发生公益性捐赠支出 60 万元，如果采用间接法计算应纳税所得额，应纳税调减 10 万元［参考图 5（1）－10］。

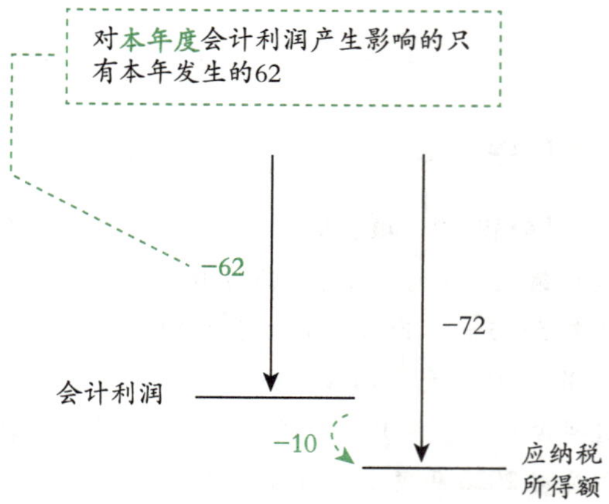


图 5（1）－10

**【答案】** D

**【例题 37 · 多选题】** 根据企业所得税法律制度的规定，下列各项准予在以后年度结转扣除的有（　　）。

A. 职工教育经费　　　B. 广告费

C. 业务宣传费　　　D. 工会经费

【解析】职工教育经费、广告费和业务宣传费支出、公益性捐赠支出均存在依法结转扣除的问题。

【答案】ABC

## 14 考点 14 与生产经营直接相关的其他扣除项目（★★）

（一）借款费用

1. 企业在生产经营活动中发生的合理的不需要资本化的借款费用，准予扣除。

2. 需要资本化的借款费用，应当计入资产成本，不得单独作为财务费用扣除。

（二）利息费用

1. 准予据实扣除

（1）非金融企业向金融企业借款的利息支出；

（2）金融企业的各项存款利息支出和同业拆借利息支出；

（3）企业经批准发行债券的利息支出。

2. 超过限额不得扣除

非金融企业向非金融企业借款的利息支出，不超过按照金融企业同期同类贷款利率计算的数额的部分，准予扣除，超过部分不得扣除。

【提示】解答利息费用有关的题目时，有 3 个“必须问”：（1）向谁借？（2）是本金还是利息？（3）是全年利息还是 N 月利息？

### 经典题解

【例题 38·单选题】2020 年 10 月初，甲公司向金融企业借入流动资金 900 万元，期限 3 个月，年利率为 6%；向非关联企业乙公司借入同类借款 1800 万元，期限 3 个月，年利率为 12%。已知，金融企业同期同类贷款年利率为 6%。计算甲公司 2020 年度企业所得税应纳税所得额时准予扣除的利息费用的下列算式中，正确的是(　　)。

A. 1800×12%÷12×3

B. 900×6%÷12×3+1800×12%÷12×3

C. 900×6%÷12×3

D. 900×6%÷12×3+1800×6%÷12×3

【解析】（1）向金融企业借款的利息支出，准予据实扣除，可扣除金额 = 900×6%÷12×3；（2）向非金融企业乙公司借款的利息支出，不超过金融企业同期同类贷款利率计算的数额的部分，准予在税前扣除，可扣除金额 = 1800×6%÷12×3；（3）如果采用间接法计算应纳税所得额，应纳税调增 27 万元［参考图 5（1）-11］。

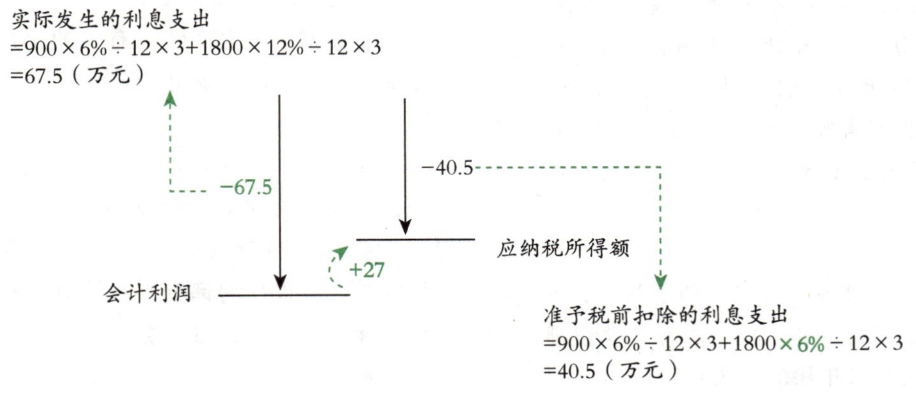


图 5（1）-11

【答案】D

（三）租赁费

1. 以经营租赁方式租入固定资产发生的租赁费支出，按照租赁期限均匀扣除。

2. 以融资租赁方式租入固定资产发生的租赁费支出，按照规定构成融资租入固定资产价值的部分应当提取折旧费用，分期扣除。

（四）资产损失

1. 损失额的确定

（1）企业发生的损失，减除责任人赔偿和保险赔款后的余额，依照国务院财政、税务主管部门的规定扣除。

**【案例】** 甲企业为增值税一般纳税人，2020 年发生资产损失 30 万元，取得保险公司赔款 8 万元、责任人赔偿 5 万元。甲企业税前可以扣除的损失 = 30 - 8 - 5 = 17（万元）。

（2）存货损失时相关增值税进项税额的处理。

企业存货因管理不善损失而不能从增值税销项税额中抵扣的进项税额，应视同企业财产损失，准予与存货损失一并在税前扣除。

【提示】存货因不可抗力损失或者发生合理损耗，对应的进项税额仍然可以抵扣，不作损失处理。

**【案例】** 甲企业为增值税一般纳税人，2020 年 10 月因管理不善损失原材料一批，成本为 30 万元，取得保险公司赔款 8 万元；另因自然灾害损失存货一批，成本为 20 万元。已知增值税税率为 13%，均已抵扣了进项税额。

**【分析】**

（1）因管理不善损失的原材料，对应的进项税额不得抵扣，应一并作损失处理，因此，税前可以扣除的损失 = 30×（1+13%）- 8 = 25.9（万元）；

（2）因自然灾害损失的存货，对应的进项税额可以抵扣，因此，税前可以扣除的损失为 20 万元；

（3）甲企业税前可以扣除的损失合计 45.9 万元。

2. 企业已经作为损失处理的资产，在以后纳税年度又全部收回或者部分收回时，应当计入当期收入。

3. 以前年度资产损失的追补

（1）企业发生符合规定的资产损失，应在按税法规定实际确认或者实际发生的当年申报扣除；但企业以前年度发生的资产损失未能在当年税前扣除的，可以按照规定，向税务机关说明并进行专项申报扣除。

（2）企业以前年度发生的资产损失，属于实际资产损失的，准予追补至该项损失发生年度扣除，其追补确认期限一般不得超过 5 年。

（3）企业因以前年度实际资产损失未在税前扣除而多缴的企业所得税税款，可在追补确认年度企业所得税应纳税款中予以抵扣，不足抵扣的，向以后年度递延抵扣。

（五）其他扣除项目

1. 环境保护专项资金

企业依照法律、行政法规的有关规定提取的用于环境保护、生态恢复等方面的专项资金，准予扣除；上述专项资金提取后改变用途的，不得扣除。

2. 手续费及佣金支出

企业发生与生产经营有关的手续费及佣金支出，按照以下规定扣除：

（1）保险企业

2019 年 1 月 1 日起，保险企业发生与其经营活动有关的手续费及佣金支出，不超过当年全部保费收入扣除退保金等后余额的 18%（含本数）的部分，在计算应纳税所得额时准予扣除；超过部分，允许结转以后年度扣除。

（2）其他企业

按与具有合法经营资格的中介服务机构或个人（不含交易双方及其雇员、代理人和代表人等）所签订服务协议或合同确认的收入金额的5%计算限额，限额以内的部分准予扣除。

（3）从事代理服务、主营业务收入为手续费、佣金的企业（如证券、期货、保险代理等企业），其为取得该类收入而实际发生的营业成本（包括手续费及佣金支出），准予在企业所得税前据实扣除。

3. 依照有关法律、行政法规和国家有关税法规定准予扣除的其他项目，如会员费、合理的会议费、差旅费、违约金、诉讼费用等。

## 第 4 单元　资产的企业所得税处理

查看本单元视频
使用"会计云课堂"App/微信扫描

### 15 考点 15 资产的税务处理——固定资产（★★★）

（一）不得计算折旧扣除的固定资产

在计算应纳税所得额时，企业按照税法规定计算的固定资产折旧，准予扣除；但下列固定资产不得计算折旧扣除：

1. 房屋、建筑物以外未投入使用的固定资产；
2. 以经营租赁方式租入的固定资产；
3. 以融资租赁方式租出的固定资产；
4. 已足额提取折旧仍继续使用的固定资产；
5. 与经营活动无关的固定资产；
6. 单独估价作为固定资产入账的土地；
7. 其他不得计提折旧扣除的固定资产。

#### 经典题解

**【例题 39 · 多选题】**根据企业所得税法律制度的规定，下列各项资产中，不可以计提折旧扣除的有（　　）。

A. 以经营租赁方式租出的生产设备

B. 未投入使用的厂房

C. 未投入使用的生产设备

D. 以融资租赁方式租出的生产设备

**【解析】**（1）选项 BC：房屋、建筑物，不论是否投入使用，均可按税法规定计算折旧费用在税前扣除，而未投入使用的机器设备，不得计算折旧费用在税前扣除，已经投入使用的机器设备，可以按照税法规定计算折旧费用扣除。（2）选项 A：经营租赁物是出租方固定资产，出租方计算折旧费用扣除，租入方不得计算折旧费用扣除。（3）选项 D：融资租赁物视同承租方固定资产，由承租方计算折旧费用扣除。

**【答案】** CD

**【例题 40 · 单选题】**根据企业所得税法律制度的规定，下列固定资产中，在计算企业所得税应纳税所得额时，准予计算折旧扣除的是（　　）。

A. 未投入使用的机器设备

B. 以经营租赁方式租入的机器设备

C. 已足额提取折旧仍继续使用的机器设备

D. 以融资租赁方式租入的机器设备

**【解析】**选项 C：已经足额提取折旧仍继续使用的固定资产，不得计算折旧费用在税前扣除；但如果发生了改建支出的，可以作为长期待摊费用，按照固定资产预计尚可使用年限分期摊销。

**【答案】** D

（二）计税基础

1. 企业资产通常以历史成本为计税基础。企业持有各项资产期间资产增值或者减值，除国务院财政、税务主管部门规定可以确认损益外，不得调整该资产的计税基础。

2. 外购的固定资产，以购买价款和支付的相关税费以及直接归属于使该资产达到预定用途发生的其他支出为计税基础。

3. 自行建造的固定资产，以竣工结算前发生的支出为计税基础。

4. 融资租入的固定资产

（1）以租赁合同约定的付款总额和承租人在签订租赁合同过程中发生的相关费用为计税基础；

（2）租赁合同未约定付款总额的，以该资产的公允价值和承租人在签订租赁合同过程中发生的相关费用为计税基础。

5. 盘盈的固定资产，以同类固定资产的重置完全价值为计税基础。

6. 通过捐赠、投资、非货币性资产交换、债务重组等方式取得的固定资产，以该资产的公允价值和支付的相关税费为计税基础。

7. 改建的固定资产，除已足额提取折旧的固定资产和租入的固定资产以外的其他固定资产，以改建过程中发生的改建支出增加计税基础。

## 经典题解

【例题41·多选题】根据企业所得税法律制度的规定，下列关于固定资产计税基础确定的表述中，正确的有（ ）。

A. 自行建造的固定资产，以竣工结算前发生的支出为计税基础

B. 外购的固定资产，以购买价款和支付的相关税费以及直接归属于使该资产达到预定用途发生的其他支出为计税基础

C. 融资租入的固定资产，以租赁合同约定的付款总额和承租人在签订租赁合同过程中发生的相关费用为计税基础

D. 盘盈的固定资产，以同类固定资产的重置完全价值为计税基础

【答案】ABCD

（三）税法关于固定资产折旧额计算的基本规定

1. 方法：固定资产按照直线法计算的折旧，准予扣除。

2. 起止时间：企业应当自固定资产投入使用月份的次月起计算折旧；停止使用的固定资产，应当自停止使用月份的次月起停止计算折旧。

3. 预计净残值：企业应当根据固定资产的性质和使用情况，合理确定固定资产的预计净残值，固定资产的预计净残值一经确定，不得变更。

4. 最低折旧年限（另有规定除外）

（1）房屋、建筑物：20年；

（2）飞机、火车、轮船、机器、机械和其他生产设备：10年；

（3）与生产经营活动有关的器具、工具、家具等：5年；

（4）飞机、火车、轮船以外的运输工具：4年；

（5）电子设备：3年。

## 经典题解

【例题42·多选题】根据企业所得税法律制度的规定，下列固定资产折旧的处理中，不正确的有（ ）。

A. 甲企业2020年3月5日购进一台起重机，2020年4月5日投入使用，应当自2020年4月起计算折旧

B. 乙企业因生产经营调整，于2020年10月1日停止使用一批设备，应当自2020年11月起停止计算折旧

C. 丙企业2020年4月1日以融资租赁方式租出一架小型喷气式飞机，之后继续对该飞机计提折旧

D. 丁企业2020年9月以经营租赁方式租入一辆大型巴士，在计算企业所得税时，对该巴士计提折旧

【解析】（1）选项AB：企业应当自固定资产“投入使用”月份的“次月”（2020年5月）起计算折旧；停止使用的固定资产，应当自停止使用月份的“次月”起停止计算折旧。（2）选项CD：企业以经营租赁方式

“租入”的固定资产、以融资租赁方式“租出”的固定资产，不得计算折旧扣除。

【答案】ACD

（四）加速折旧

1. 一次性税前扣除政策

企业在2018年1月1日至2020年12月31日期间新购进的设备、器具，单位价值不超过500万元的，允许一次性计入当期成本费用在计算应纳税所得额时扣除，不再分年度计算折旧。

【提示1】所称设备、器具，是指除房屋、建筑物以外的固定资产。

【提示2】所称购进，包括以货币形式购进或自行建造。

2. 税法关于加速折旧的基本规定

（1）企业的下列固定资产可以按照规定加速折旧：

①由于技术进步，产品更新换代较快的固定资产；

②常年处于强震动、高腐蚀状态的固定资产。

（2）自2019年1月1日起，全部制造业企业新购进的固定资产适用固定资产加速折旧优惠。

（3）加速折旧的方法

①缩短折旧年限方法：要求最低折旧年限不得低于法定折旧年限的60%；

②加速折旧方法：可以采取双倍余额递减法或者年数总和法。

## 16 考点16 资产的税务处理——其他资产（★）

（一）生产性生物资产

1. 生产性生物资产，包括经济林、薪炭林、产畜和役畜等。

2. 计税基础

（1）外购的生产性生物资产，以购买价款和支付的相关税费为计税基础；

（2）通过捐赠、投资、非货币性资产交换、债务重组等方式取得的生产性生物资产，以该资产的公允价值和支付的相关税费为计税基础。

3. 最低折旧年限

（1）林木类生产性生物资产，计算折旧的最低年限为10年；

（2）畜类生产性生物资产，计算折旧的最低年限为3年。

（二）无形资产

1. 下列无形资产不得计算摊销费用扣除：

（1）自行开发的支出已在计算应纳税所得额时扣除的无形资产；

（2）自创商誉；

（3）与经营活动无关的无形资产；

（4）其他不得计算摊销费用扣除的无形资产。

2. 外购商誉的支出，在企业整体转让或者清算时，准予扣除。

3. 计税基础

（1）外购的无形资产，以购买价款和支付的相关税费，以及直接归属于使该资产达到预定用途发生的其他支出为计税基础。

（2）自行开发的无形资产，以开发过程中该资产符合资本化条件后至达到预定用途前发生的支出为计税基础。

（3）通过捐赠、投资、非货币性资产交换、债务重组等方式取得的无形资产，以该资产的公允价值和支付的相关税费为计税基础。

4. 无形资产的摊销年限不得低于10年。

（三）长期待摊费用

1. 已足额提取折旧的固定资产的改建支出，按照固定资产预计尚可使用年限分期摊销。

2. 租入固定资产的改建支出，按照合同约定的剩余租赁期限分期摊销。

3. 固定资产的大修理支出，按照固定资产尚可使用年限分期摊销。

4. 其他应当作为长期待摊费用的支出，

自支出发生月份的次月起，分期摊销，摊销年限不得低于3年。

### 经典题解

【例题43·多选题】根据企业所得税法律制度的规定，下列各项中，属于长期待摊费用的有（　　）。

A. 固定资产的大修理支出

B. 融资租入固定资产的租赁费支出

C. 已足额提取折旧固定资产的改建支出

D. 经营租入固定资产的改建支出

【解析】选项B：以融资租赁方式租入固定资产发生的租赁费支出，按照规定构成融资租入固定资产价值的部分应当提取折旧费用，分期扣除。

【答案】ACD

【例题44·单选题】2018年12月，甲公司租赁商铺一间，租赁合同约定租赁期限为8年，2020年12月进行改建，发生改建支出40万元。根据企业所得税法律制度的规定，该改建支出可以作为长期待摊费用在一定年限内摊销，该年限为（　　）。

A. 2年　　B. 4年

C. 6年　　D. 一次性扣除

【解析】租入固定资产的改建支出，按照合同约定的剩余租赁期限（8-2=6年）分期摊销。

【答案】C

（四）投资资产

1. 企业对外投资期间，投资资产的成本在计算应纳税所得额时不得扣除；

2. 企业在转让或者处置投资资产时，投资资产的成本，准予扣除。

（五）存货

1. 企业使用或者销售存货，按照规定计算的存货成本，准予在计算应纳税所得额时扣除。

2. 企业使用或者销售的存货的成本计算方法，可以在先进先出法、加权平均法、个别计价法中选用一种；计价方法一经选用，不得随意变更。

## 第5单元　企业所得税的税收优惠



【提示】我国企业所得税的税收优惠形式丰富多彩，主要包括免税收入、减免税所得、优惠税率、加计扣除、抵扣应纳税所得额、加速折旧、减计收入、抵免应纳税额。

### 17 考点17 减免税所得（★）

1. 农、林、牧、渔业减、免税所得

（1）企业从事下列项目的所得，免征企业所得税：

①蔬菜、谷物、薯类、油料、豆类、棉花、麻类、糖料、水果、坚果的种植；

②农作物新品种的选育；

③中药材的种植；

④林木的培育和种植；

⑤牲畜、家禽的饲养；

⑥林产品的采集；

⑦灌溉、农产品初加工、兽医、农技推广、农机作业和维修等农、林、牧、渔服务业项目；

⑧远洋捕捞。

（2）企业从事下列项目的所得，减半征收企业所得税：

①花卉、茶以及其他饮料作物和香料作物的种植；

②海水养殖、内陆养殖。

【小口诀】"花茶饮，香海内"。

## 经典题解

**【例题 45 · 单选题】**企业从事下列项目取得的所得中，减半征收企业所得税的是（　　）。

A. 饲养牲畜

B. 远洋捕捞

C. 海水养殖

D. 种植中药材

**【答案】**C

2. 符合条件的技术转让所得

在一个纳税年度内，居民企业技术转让所得不超过 500 万元的部分，免征企业所得税；超过 500 万元的部分，减半征收企业所得税。

## 经典题解

**【例题 46 · 单选题】**居民企业甲公司 2020 年将自行开发的一项专利技术转让，取得转让收入 800 万元，与该项技术转让有关的成本和费用为 160 万元。已知，在一个纳税年度内，居民企业技术转让所得不超过 500 万元的部分，免征企业所得税；超过 500 万元的部分，减半征收企业所得税。根据企业所得税法律制度的规定，在计算甲公司 2020 年企业所得税应纳税所得额时，该项技术转让所得应当（　　）。

A. 纳税调增 570 万元

B. 纳税调增 320 万元

C. 纳税调减 570 万元

D. 纳税调减 320 万元

**【解析】**（1）该项技术转让对会计利润的影响为：增加 640 万元（800 - 160）。（2）由于在一个纳税年度内，居民企业技术转让所得不超过 500 万元的部分免征企业所得税，超过 500 万元的部分减半征收企业所得税；因此，该项技术转让所得对应纳税所得额的影响为：增加 70 万元［（800－160－500）×50%］。（3）应当纳税调减 570 万元［参考图 5（1）－12］。

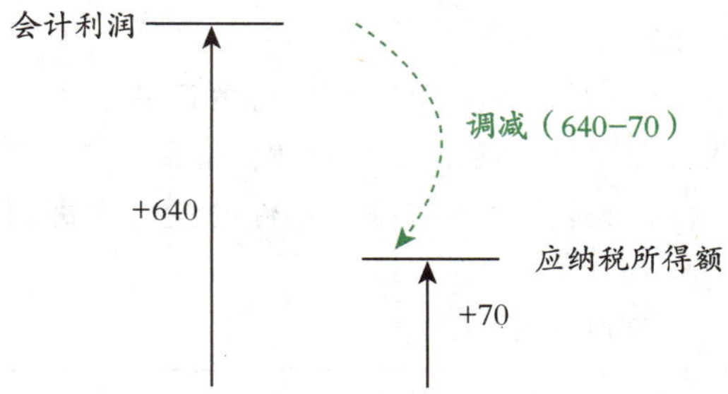


**图 5（1）－12**

**【答案】**C

3. “三免三减半”

（1）企业从事国家重点扶持的公共基础设施项目的投资经营所得，自项目取得第一笔生产经营收入所属纳税年度起，第 1 年至第 3 年免征企业所得税，第 4 年至第 6 年减半征收企业所得税。但是，“企业承包经营、承包建设和内部自建自用”上述项目的，不得享受上述企业所得税优惠。

（2）企业从事符合条件的环境保护、节能节水项目的所得，自项目取得第一笔生产经营收入所属纳税年度起，第 1 年至第 3 年免征企业所得税，第 4 年至第 6 年减半征收企业所得税。

4. “两免三减半”

依法成立且符合条件的集成电路设计企业和软件企业，在 2019 年 12 月 31 日前自获利年度起计算优惠期，第 1 年至第 2 年免征企业所得税，第 3 年至第 5 年按照 25% 的法定税率减半征收企业所得税，并享受至期满为止。

5. 5 年免税

2019 年 1 月 1 日至 2023 年 12 月 31 日，经营性文化事业单位转制为企业，自转制注册之日起 5 年内免征企业所得税。2018 年 12 月 31 日之前已完成转制的企业，自 2019 年 1 月 1 日起可继续免征 5 年企业所得税。

## 18 考点18 低税率优惠（★★）

1. 15%

（1）对国家需要重点扶持的高新技术企业，减按15%的税率征收企业所得税。

（2）对经认定的符合条件的技术先进型服务企业，减按15%的税率征收企业所得税。

2. 小型微利企业

（1）小型微利企业是指从事国家非限制和禁止行业，且同时符合年度应纳税所得额不超过300万元、从业人数不超过300人、资产总额不超过5000万元3个条件的企业。

（2）具体优惠政策

| 级次 | 减计所得额 | 低税率 |
| --- | --- | --- |
| 年应纳税所得额不超过100万元的部分 | 减按25%计入应纳税所得额 | 按20%税率缴纳企业所得税 |
| 年应纳税所得额超过100万元但不超过300万元的部分 | 减按50%计入应纳税所得额 | |

### 经典题解

【例题47·单选题】甲公司2020年度为符合条件的小型微利企业，当年企业所得税应纳税所得额260万元。已知，小型微利企业减按20%的税率征收企业所得税。计算甲公司2020年度应缴纳企业所得税税额的下列算式中，正确的是（　　）。

A. 260×20%

B. 260×25%×20%

C. 260×50%×20%

D. 100×25%×20%+（260－100）×50%×20%

【答案】D

## 19 考点19 加计扣除（★★★）

（一）研发费用（或称"新技术、新产品、新工艺的研究开发费用"）

1. 企业为开发新技术、新产品、新工艺发生的研究开发费用，未形成无形资产计入当期损益的，在按规定据实扣除的基础上，在2018年1月1日至2020年12月31日期间，再按照实际发生额的75%在税前加计扣除；形成无形资产的，在上述期间按照无形资产成本的175%在税前摊销。

2. 下列行业不适用税前加计扣除政策：

（1）烟草制造业；

（2）住宿和餐饮业；

（3）批发和零售业；

（4）房地产业；

（5）租赁和商务服务业；

（6）娱乐业；

（7）财政部和国家税务总局规定的其他行业。

【小口诀】"批零烟，租商房，住餐娱"。

### 经典题解

【例题48·单选题】甲机械厂2020年度利润总额500万元，实际发生未形成无形资产计入当期损益的研究开发费用100万元，无其他纳税调整项目。计算甲机械厂2020年度企业所得税应纳税所得额的下列算式中，正确的是（　　）。

A. 500－100×75%

B. 500－100

C. 500－100×50%

D. 500+100

【解析】参考图 5（1）-13。

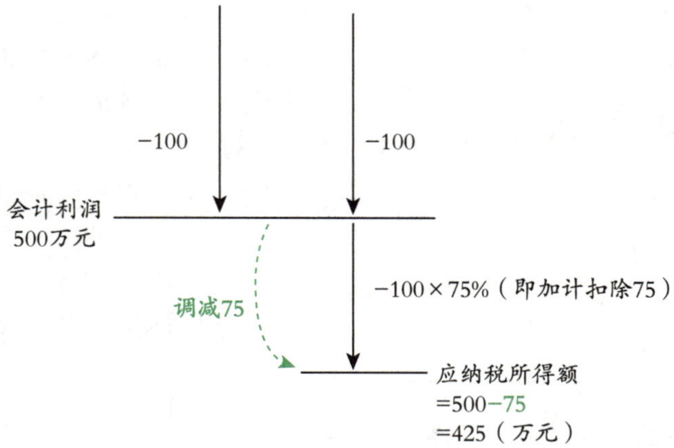


图 5（1）-13

【答案】A

【例题 49·多选题】根据企业所得税法律制度的规定，下列行业中，不适用研究开发费用税前加计扣除政策的有（　　）。

A. 住宿和餐饮业

B. 烟草制造业

C. 租赁和商务服务业

D. 房地产业

【答案】ABCD

（二）安置残疾人员所支付的工资

企业安置残疾人员的，在按照支付给残疾职工工资据实扣除的基础上，按照支付给残疾职工工资的100%加计扣除。

【案例】甲电子设备公司为居民企业，属于主要从事电子设备制造业务的大型企业。2020 年支付残疾职工工资 14 万元；新技术研究开发费用未形成无形资产计入当期损益 19 万元。

【分析】参考图 5（1）-14。

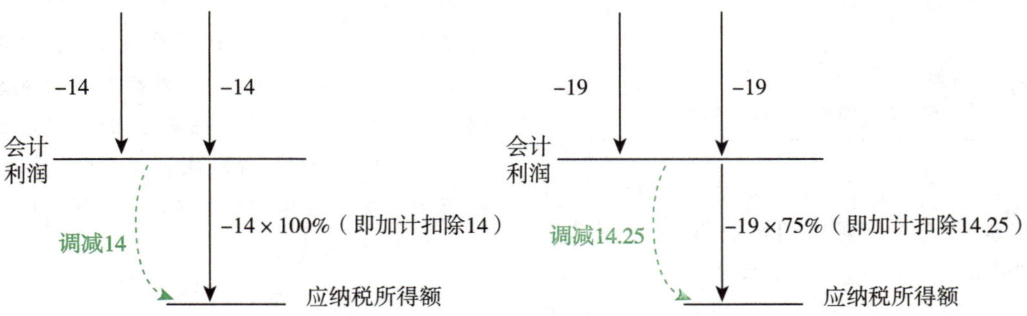


图 5（1）-14

## 经典题解

【例题 50·多选题】根据企业所得税法律制度的规定，企业的下列支出中，准予在计算企业所得税应纳税所得额时加计扣除的有（　　）。

A. 开发新产品发生的计入当期损益的研究开发费用

B. 推广新产品发生的计入当期损益的广告费

C. 奖励管理人员支付的奖金

D. 安置残疾人员支付的工资

【解析】（1）符合规定的研发费用支出：加计扣除75%；（2）符合规定的残疾人员工资：加计扣除100%。

【答案】AD

## 20 考点20 减计收入（★）

1. 企业以《资源综合利用企业所得税优惠目录》规定的资源作为主要原材料，生产国家非限制和禁止并符合国家和行业相关标准的产品取得的收入，减按90%计入收入总额。

2. 自2019年6月1日起至2025年12月31日，社区提供养老、托育、家政等服务的机构，提供社区养老、托育、家政服务取得的收入，在计算应纳税所得额时，减按90%计入收入总额。

### 经典题解

【例题51·判断题】企业综合利用资源，生产符合国家产业政策规定的产品所取得的收入，减半征收企业所得税。（　　）

【解析】"减按90%"计入收入总额。

【答案】×

## 21 考点21 抵免应纳税额（★★）

企业购置并实际使用规定的环境保护、节能节水、安全生产等专用设备的，该专用设备的投资额的10%可以从企业当年的应纳税额中抵免；当年不足抵免的，可以在以后5个纳税年度结转抵免。

### 经典题解

【例题52·单选题】某公司2020年度企业所得税应纳税所得额1200万元，当年购置并实际使用一台符合《节能节水专用设备企业所得税优惠目录》规定的节能节水专用设备，该专用设备投资额600万元。已知，企业所得税税率为25%。计算该公司2020年度应缴纳企业所得税税额的下列算式中，正确的是（　　）。

A. 1200×25%

B. 1200×25%-600×10%

C. （1200-600）×25%

D. （1200-600×10%）×25%

【解析】抵税额：先算税额（1200×25%），后减投资额的10%（600×10%）。

【答案】B

## 22 考点22 抵扣应纳税所得额（★★）

创业投资企业采取股权投资方式投资于未上市的中小高新技术企业2年以上的，可以按照其投资额的70%在股权持有满2年的当年抵扣该创业投资企业的应纳税所得额；当年不足抵扣的，可以在以后纳税年度结转抵扣。

### 经典题解

【例题53·单选题】甲企业为创业投资企业，2018年2月采取股权投资方式向乙公司（未上市的中小高新技术企业）投资300万元，至2020年12月31日仍持有该股权。甲企业2020年在未享受股权投资应纳税所得额抵扣的税收优惠政策前的企业所得税应纳税所得额为3000万元。已知，企业所得税税率为25%，甲企业享受股权投资应纳税所得额抵扣的税收优惠政策。计算甲企业2020年度应缴纳企业所得税税额的下列算式中，正确的是（　　）。

A. （3000-300）×25%

B. （3000-300×70%）×25%

C. 3000×70%×25%

D. （3000×70%-300）×25%

【解析】抵所得额：先抵投资额的70%（300×70%），再算税额。

【答案】B

# 第6单元 企业所得税应纳税额计算（应用举例）

查看本单元视频
使用"会计云课堂"App/微信扫描

一、应纳税额

应纳税额=应纳税所得额×适用税率-减免税额-抵免税额

二、应纳税所得额

1. 直接法

应纳税所得额=收入总额-不征税收入-免税收入-准予扣除项目金额-允许弥补的以前年度亏损

【提示】企业按照税法有关规定，每一纳税年度的收入总额减除不征税收入、免税收入和各项扣除后小于零的数额，为亏损。

2. 间接法

应纳税所得额=会计利润总额+纳税调整增加额-纳税调整减少额

**【案例1】**

甲公司为居民企业，2020年度有关财务收支情况如下（不考虑其他因素）：

（1）销售商品收入5000万元，出售一台设备收入20万元，转让一宗土地使用权收入300万元，从其直接投资的未上市居民企业分回股息收益80万元；

（2）税收滞纳金5万元，赞助支出30万元，被没收财物的损失10万元，环保罚款50万元，合同违约金支出20万元；

（3）实际发生与生产经营有关的业务招待费70万元；

（4）其他可在企业所得税前扣除的成本、费用、税金合计3500万元。

已知：（略）。

**【分析】**

（1）甲公司从其直接投资的未上市居民企业分回的股息收益80万元属于免税收入。

（2）税收滞纳金、赞助支出、被没收财物的损失、环保罚款税前不得扣除，合同违约金支出税前据实扣除。

（3）业务招待费支出：

①出售设备收入、转让土地使用权收入属于转让财产收入，股息收益属于股息、红利等权益性投资收益，均不计入销售（营业）收入，甲公司2020年度销售（营业）收入为5000万元；

②限额1=实际发生额的60%=70×60%=42（万元）；

③限额2=销售（营业）收入的5‰=5000×5‰=25（万元）；

④限额1>限额2，税前准予扣除的业务招待费支出为25万元。

（4）直接法计算的甲公司2020年度企业所得税应纳税所得额=5000+20+300+80-80-20-25-3500=1775（万元）。

（5）如果甲公司不享受企业所得税税率优惠，则2020年度甲公司应纳企业所得税税额=1775×25%=443.75（万元）。

**【案例2】**

甲服装企业（以下简称"甲企业"）为增值税一般纳税人，2020年度取得销售收入8800万元，销售成本为5000万元，会计利润为845万元。2020年，甲企业其他部分相关财务资料如下：

（1）在管理费用中，发生业务招待费140万元，新产品的研究开发费用280万元（未形成无形资产计入当期损益）。

（2）在销售费用中，发生广告费700万元，业务宣传费140万元。

（3）发生财务费用900万元，其中支付给与其有业务往来的客户全年借款利息700万元，年利率为7%，金融机构同期同类贷款利率为 6%。

（4）营业外支出中，列支通过具备法定资格的公益性社会组织向遭受自然灾害的地区的捐款 50 万元，支付给客户的违约金 10 万元。

（5）已在成本费用中列支实发工资总额 500 万元，并实际列支职工福利费 105 万元，上缴工会经费 10 万元并取得工会经费专用拨缴款收据，职工教育经费支出 20 万元。

已知：（略）。

**【分析】**

（1）各项具体业务的分析　　　　（单位：万元）

| | 实际发生额 | 扣除限额 | 纳税调整 |
|---|---|---|---|
| 业务招待费支出 | 140 | 限额 1＝140×60%＝84<br>限额 2＝8800×5‰＝44<br>税前准予扣除 44 | 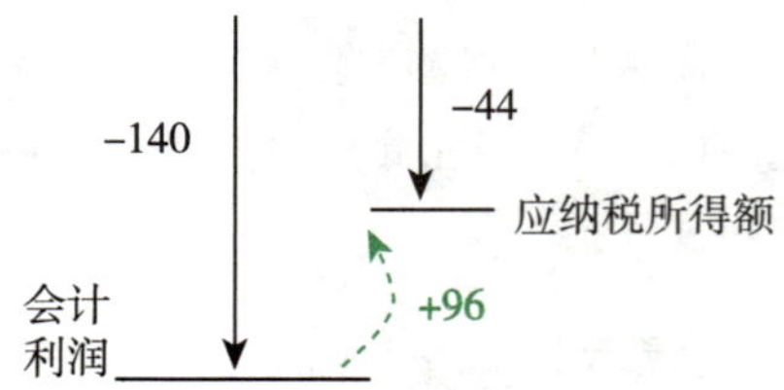<br>图 5（1）-15<br>纳税调增额＝140－44＝96 |
| 研发费用支出 | 280 | 允许加计扣除 75% | 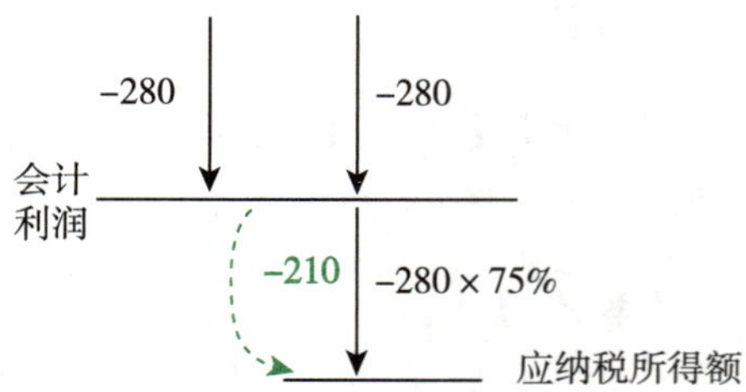<br>图 5（1）-16<br>纳税调减额＝280×75%＝210 |
| 广告费和业务宣传费支出 | 840 | 限额＝8800×15%＝1320 | 实际发生额未超过扣除限额，税前可以全部扣除，不需要纳税调整 |
| 利息支出 | 700 | 限额＝700÷7%×6%＝600 | 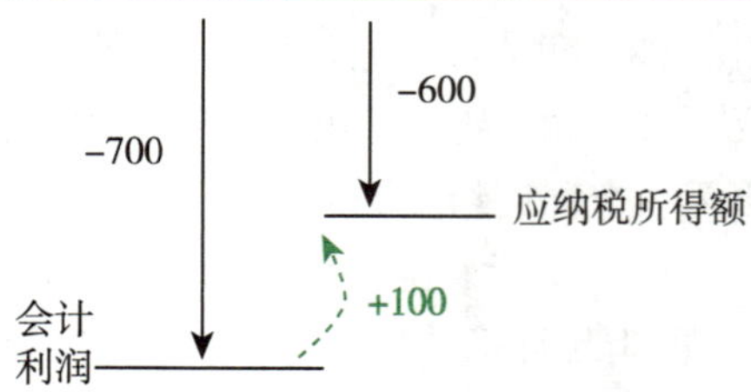<br>图 5（1）-17<br>纳税调增额＝700－600＝100 |
| 支付给客户的违约金支出 | 10 | 准予税前据实扣除 | 不需要纳税调整 |
| 公益性捐赠 | 50 | 限额＝845×12%＝101.4 | 实际发生额未超过扣除限额，税前可以全部扣除，不需要纳税调整 |

续表

| | 实际发生额 | 扣除限额 | 纳税调整 |
|---|---|---|---|
| 职工福利费支出 | 105 | 限额 = 500×14% = 70 | 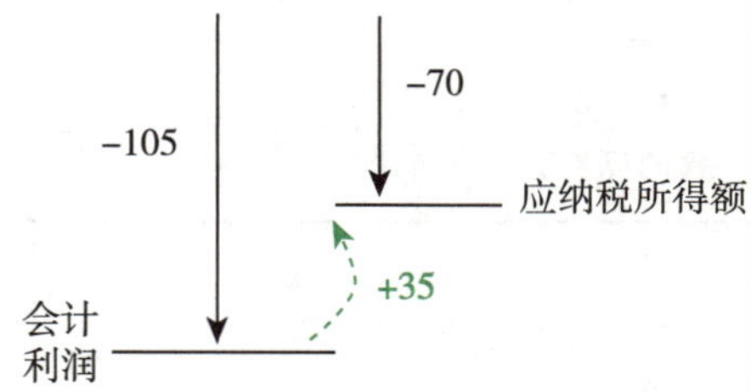<br>图 5（1）-18<br>纳税调增额 = 105 - 70 = 35 |
| 拨缴的工会经费 | 10 | 限额 = 500×2% = 10 | 实际发生额未超过扣除限额，税前可以全部扣除，不需要纳税调整 |
| 职工教育经费支出 | 20 | 限额 = 500×8% = 40 | 实际发生额未超过扣除限额，税前可以全部扣除，不需要纳税调整 |

（2）甲企业 2020 年度应纳税所得额 = 845（会计利润）+ 96（业务招待费调增额）- 210（研发费用调减额）+ 100（利息支出调增额）+ 35（职工福利费调增额）= 866（万元）。

（3）假定甲企业不享受税率优惠，甲企业 2020 年度企业所得税应纳税额 = 866 × 25% = 216.5（万元）；假定甲企业已经预缴了 200 万元，则应补缴税款 = 216.5 - 200 = 16.5（万元）。

## 第 7 单元　企业所得税的其他考点



### 23 考点 23 以前年度亏损的弥补（★）

1. 基本规定

企业某一纳税年度发生的亏损，可以用下一年度的所得弥补，下一年度的所得不足以弥补的，可以逐年延续弥补，但最长不得超过5 年。

【提示 1】“亏损”，是指企业财务报表中的亏损额经主管税务机关按税法规定核实调整后的金额（税法口径的亏损额）。

【提示 2】亏损弥补期限是自亏损年度报告的下一个年度起连续 5 年不间断地计算。5 年内不论是盈利或亏损，都作为实际弥补期限计算；先亏先补，后亏后补。

2. 特殊规定

自 2018 年 1 月 1 日起，当年具备高新技术企业或科技型中小企业资格的企业，其具备资格年度之前 5 个年度发生的尚未弥补完的亏损，准予结转以后年度弥补，最长结转年限由 5 年延长至 10 年。

【案例】

（单位：万元）

| 年度 | 2013 年 | 2014 年 | 2015 年 | 2016 年 | 2017 年 | 2018 年 | 2019 年 |
|---|---|---|---|---|---|---|---|
| 未弥补以前年度亏损的应纳税所得额 | -120 | -70 | 30 | 30 | 20 | 10 | 50 |

【分析】

（1）针对 2013 年的亏损额，2014 年、2015 年、2016 年、2017 年、2018 年为弥补期；截至 2018 年，尚有 30 万元亏损未能在税前弥补完，这 30 万元不得再结转以后年度在税前弥补。

（2）针对 2014 年的亏损额，2015 年、2016 年、2017 年、2018 年、2019 年为弥补期；由于 2015 年至 2018 年的盈利全部用于弥补 2013 年的亏损额，因此，截至 2019 年，尚有 20 万元亏损未能在税前弥补完，这 20 万元不得再结转以后年度在税前弥补。

（3）如果该企业在 2018 年度取得高新技术企业资格，那么其 2013 年、2014 年的亏损额均属于“具备资格年度之前 5 个年度发生的尚未弥补完的亏损”，其亏损弥补年度可以延长至 10 年，即 2013 年的亏损额在 2019 年度将全部得到弥补，而 2014 年的亏损额最晚可以用 2024 年度的应纳税所得额弥补。

3. 企业在汇总计算缴纳企业所得税时，其境外营业机构的亏损不得抵减境内营业机构的盈利。

## 经典题解

【例题 54·判断题】居民企业在汇总计算缴纳企业所得税时，其境外营业机构的亏损可以抵减境内营业机构的盈利。（　）

【答案】×

## 24 考点 24 企业取得境外所得计税时的抵免（★）

1. 5 年

企业取得的下列所得已在境外缴纳的所得税税额，可以从其当期应纳税额中抵免，**抵免限额为该项所得依我国企业所得税法计算的应纳税额**；超过抵免限额的部分，可以在以后“5 个纳税年度内”，用每年抵免限额抵免当年应抵税额后的余额进行抵补：

（1）居民企业来源于中国境外的应税所得；

（2）非居民企业在中国境内设立机构、场所，取得发生在中国境外但与该机构、场所有实际联系的应税所得。

2. 抵免方法

企业可以**选择按国（地区）别分别计算**，或者**不按国（地区）别汇总计算**其来源于境外的应纳税所得额，并按照税法规定的税率，分别计算其可抵免境外所得税税额和抵免限额。上述方式一经选择，**5 年内不得改变**。

【案例】甲企业 2020 年度境内应纳税所得额为 100 万元，适用 25% 的企业所得税税率。甲企业分别在 A 国和 B 国设有分支机构（我国与 A、B 两国已缔结避免双重征税协定），在 A 国分支机构的应纳税所得额为 50 万元，A 国的企业所得税税率为 20%；在 B 国分支机构的应纳税所得额为 30 万元，B 国的企业所得税税率为 30%。

【分析】

（1）如果该企业选择按国别分别计算：

| | 抵免限额 | 境外已纳税款 | 处理 |
|---|---|---|---|
| A 国 | 50×25%＝12.5（万元） | 50×20%＝10（万元） | 补税 2.5 万元 |
| B 国 | 30×25%＝7.5（万元） | 30×30%＝9（万元） | 结转以后 5 个纳税年度抵补 1.5 万元 |

综上，甲企业当年在我国境内应纳税额＝100×25%+2.5＝27.5（万元）。

（2）如果该企业选择不按国别汇总计算：

| | 抵免限额 | 境外已纳税款 | 处理 |
|---|---|---|---|
| A 国 | （50+30）×25%＝20（万元） | 50×20%＝10（万元） | 补税 1 万元 |
| B 国 | | 30×30%＝9（万元） | |

综上，甲企业当年在我国境内应纳税额＝100×25%+1＝26（万元）。

## 经典题解

【例题 55·单选题】甲公司为居民企业，2020 年度取得境内所得 800 万元、境外所得 200 万元，已在境外缴纳企业所得税税款 40 万元。已知，企业所得税税率为 25%。计算甲公司 2020 年度应缴纳企业所得税税额的下列算式中，正确的是（　　）。

A. 800×25%

B. 800×25%－200×25%

C. （800+200）×25%

D. （800+200）×25%－40

【解析】（1）境外所得的抵免限额＝200×25%＝50（万元），大于境外已纳税额（40 万元），境外已纳税额可以全额抵免；（2）甲公司应缴纳企业所得税＝（800＋200）×25%－40＝210（万元）。

【答案】D

## 25 考点 25 源泉扣缴（★★）

1. 扣缴义务人

在中国境内未设立机构、场所的，或者虽设立机构、场所但取得的所得与其所设机构、场所没有实际联系的非居民企业，就其取得的来源于中国境内的所得应缴纳的所得税，实行源泉扣缴，以支付人为扣缴义务人。

| 企业类型 | 所得类型 | 是否在我国缴纳企业所得税 | 是否实行源泉扣缴 |
|---|---|---|---|
| 居民企业 | 来源于境内 | √ | × |
| | 来源于境外 | √ | × |

续表

| 企业类型 | 所得类型 | | 是否在我国缴纳企业所得税 | 是否实行源泉扣缴 |
|---|---|---|---|---|
| 在中国境内设立机构、场所的非居民企业 | 来源于中国境内 | 与所设机构场所有实际联系的所得 | √ | × |
| | | 与所设机构场所没有实际联系的所得 | √ | √ |
| | 发生在中国境外 | 与所设机构场所有实际联系的所得 | √ | × |
| | | 与所设机构场所没有实际联系的所得 | × | —— |
| 在中国境内未设立机构、场所的非居民企业 | 来源于中国境内的所得 | | √ | √ |
| | 发生在中国境外的所得 | | × | —— |

2. 扣缴企业所得税应纳税额的计算

| 应纳税所得额 | 股息、红利等权益性投资收益 | 以收入全额为应纳税所得额 |
|---|---|---|
| | 利息、租金、特许权使用费所得 | |
| | 转让财产所得 | 以收入全额减除财产净值后的余额为应纳税所得额 |
| 应纳税额＝应纳税所得额×预提所得税税率（10%） | | |

## 经典题解

**【例题56·单选题】**根据企业所得税法律制度的规定，关于在中国境内未设立机构、场所的非居民企业来源于中国境内的所得，其应纳税所得额确定的下列表述中，不正确的是(　　)。

A. 租金所得以收入全额为应纳税所得额

B. 利息所得以收入全额为应纳税所得额

C. 特许权使用费所得以收入全额为应纳税所得额

D. 转让财产所得以收入全额为应纳税所得额

**【解析】**选项D：以“差额”为应纳税所得额。

**【答案】**D

**【例题57·单选题】**2020年6月，甲公司向境外乙公司（未在中国境内设立机构、场所）分配股息折合人民币2000万元。已知预提所得税税率为10%。计算甲公司应代扣代缴企业所得税款的下列算式中，正确的是(　　)。

A. 2000×10%×50%

B. 2000×10%

C. 2000×（1−25%）×10%

D. 2000×（1−25%）×10%×50%

**【解析】**（1）乙公司是未在中国境内设立机构、场所的非居民企业：①对其取得的来源于境内的所得实行源泉扣缴；②不存在免征股息收入的企业所得税的问题（不符合免税条件）。（2）在源泉扣缴中，股息收入应以收入全额为应纳税所得额，因此，应纳税额＝应纳税所得额×预提所得税税率＝股息收入全额×10%。

**【答案】**B

## ⑧ 经典大题精析

【例题 58 · 不定项选择题】

甲公司为居民企业，主要从事电脑生产和销售业务。2020 年度有关经营情况如下：

（1）全年销售收入 6000 万元，利润总额 900 万元。

（2）转让所持有的居民企业乙公司公开发行并上市流通的股票，取得收入 100 万元；甲公司持有该股票共 10 个月，当年取得该股票股息、红利 6 万元。

（3）从直接投资的非上市居民企业丙公司取得股息、红利 50 万元。

（4）取得银行存款利息收入 13.5 万元。

（5）发生与生产经营活动有关的业务招待费支出 180 万元。

（6）发生符合条件的广告费和业务宣传费支出 800 万元。

已知：业务招待费支出，按照发生额的 60%扣除，但最高不得超过当年销售（营业）收入的 5‰；广告费和业务宣传费支出，不超过当年销售（营业）收入 15%的部分，准予扣除；符合条件的广告费和业务宣传费支出以前年度累计结转扣除额 150 万元。

要求：

根据上述资料，不考虑其他因素，分析回答下列小题。

1. 在计算甲公司 2020 年度企业所得税应纳税所得额时，下列收入中，应计入收入总额的是（　　）。

A. 转让居民企业乙公司股票取得的收入 100 万元

B. 从居民企业乙公司取得的股息、红利 6 万元

C. 从居民企业丙公司取得的股息、红利 50 万元

D. 取得的银行存款利息收入 13.5 万元

2. 在计算甲公司 2020 年度企业所得税应纳税所得额时，准予扣除的业务招待费支出是（　　）万元。

A. 78　　B. 180

C. 30　　D. 108

3. 在计算甲公司 2020 年度企业所得税应纳税所得额时，准予扣除的广告费和业务宣传费支出是（　　）万元。

A. 950　　B. 800

C. 900　　D. 750

4. 计算甲公司 2020 年度企业所得税应纳税所得额的下列算式中，正确的是（　　）。

A. 900－50＋（180－6000×5‰）－（6000×15%－800）

B. 900－100－6＋（180－6000×5‰）

C. 900－50－（6000×15%－800）

D. 900－100－6－50－13.5＋（180－180×60%）

【例题 59 · 不定项选择题】

甲服装公司为居民企业，主要从事羽绒服的生产和销售业务，2020 年度有关经营情况如下：

（1）取得羽绒服销售收入 8000 万元。

（2）转让一项羽绒服保暖技术的所有权，取得符合税收优惠条件的技术所有权转让收入 800 万元，发生与之相关的转让成本及税费 100 万元。

（3）取得国债利息收入 135 万元、W 石化公司债券利息收入 180 万元。

（4）直接向 Y 小学捐赠 20 万元；支付 Q 公司违约金 3 万元。

（5）发生符合条件的广告费和业务宣传费支出 1500 万元。

已知：广告费和业务宣传费支出，不超过当年销售（营业）收入 15%的部分，在计算企业所得税应纳税所得额时准予扣除。

要求：

根据上述资料，不考虑其他因素，分析回答下列小题。

1. 在计算甲服装公司2020年度企业所得税应纳税所得额时，下列收入中，应计入收入总额的是(　　)。

A. 羽绒服销售收入8000万元

B. 羽绒服保暖技术所有权转让收入800万元

C. 国债利息收入135万元

D. W石化公司债券利息收入180万元

2. 在计算甲服装公司2020年度企业所得税应纳税所得额时，羽绒服保暖技术所有权转让所得应纳税调减的金额是(　　)万元。

A. 800　　B. 600

C. 100　　D. 500

3. 在计算甲服装公司2020年度企业所得税应纳税所得额时，下列收支中，应纳税调减的是(　　)。

A. 国债利息收入135万元

B. W石化公司债券利息收入180万元

C. 直接向Y小学捐赠20万元

D. 支付Q公司违约金3万元

4. 在计算甲服装公司2020年度企业所得税应纳税所得额时，准予扣除的广告费和业务宣传费支出金额是(　　)万元。

A. 1247.25　　B. 1332

C. 1352.25　　D. 1200

**【例题60·不定项选择题】**

甲企业为居民企业，2020年发生部分经济事项如下：

(1) 销售产品收入4000万元，出租办公楼租金收入240万元，信息技术服务费收入80万元；

(2) 用产品换取原材料，该批产品不含增值税售价70万元；

(3) 实发合理工资、薪金总额2000万元，发生职工福利费300万元，职工教育经费60万元，工会经费24万元；

(4) 支付诉讼费4万元，工商行政部门罚款6万元，母公司管理费136万元，直接捐赠给贫困地区小学10万元；

(5) 缴纳增值税180万元，消费税50万元，资源税12万元，城市维护建设税和教育费附加23万元。

已知：职工福利费支出，职工教育经费支出，拨缴的工会经费分别不超过工资、薪金总额的14%、8%和2%的部分，准予扣除。

要求：

根据上述资料，不考虑其他因素，分析回答下列小题。

1. 下列业务中，在计算企业所得税应纳税所得额时，应当计入收入总额的是(　　)。

A. 销售产品收入4000万元

B. 出租办公楼租金收入240万元

C. 信息技术服务费收入80万元

D. 用产品换取原材料70万元

2. 下列税费中，在计算企业所得税应纳税所得额时，准予扣除的是(　　)。

A. 增值税180万元

B. 消费税50万元

C. 资源税12万元

D. 城市维护建设税和教育费附加23万元

3. 下列支出中，在计算企业所得税应纳税所得额时，准予全额扣除的是(　　)。

A. 职工教育经费60万元

B. 工会经费24万元

C. 职工福利费300万元

D. 工资、薪金总额2000万元

4. 下列支出中，在计算企业所得税应纳税所得额时，不得扣除的是(　　)。

A. 工商行政部门罚款6万元

B. 母公司管理费136万元

C. 诉讼费4万元

D. 直接捐赠给贫困地区小学10万元

【例题 61·不定项选择题】

甲公司为居民企业，主要从事笔记本电脑生产和销售业务。2020 年度的经营情况如下：

（1）取得笔记本电脑销售收入 8000 万元，提供专利权的使用权取得收入 100 万元。

（2）确实无法偿付的应付款项 6 万元。

（3）接受乙公司投资，取得投资款 5000 万元。

（4）当年 3 月因生产经营活动借款 300 万元，其中向金融企业借款 250 万元，期限 6 个月，年利率为 6%，向非金融企业丙公司借款 50 万元，期限 6 个月，年利率为 10%，利息均已支付。

（5）参加财产保险，按规定向保险公司缴纳保险费 5 万元。

（6）计提坏账准备金 10 万元。

（7）发生合理的会议费 50 万元。

（8）发生非广告性质的赞助支出 15 万元。

（9）通过市民政部门用于公益事业的捐赠支出 80 万元，直接向某小学捐赠 9 万元、向贫困户王某捐赠 2 万元。

（10）全年利润总额 750 万元。

已知：公益性捐赠支出在年度利润总额 12%以内的部分，准予在计算应纳税所得额时扣除。

要求：

根据上述资料，不考虑其他因素，分析回答下列小题。

1. 根据资料，下列选项中可以计入企业所得税收入总额的是（　　）。

A. 收到乙公司的投资款 5000 万元

B. 笔记本电脑销售收入 8000 万元

C. 提供专利权的使用权取得收入 100 万元

D. 确实无法偿付的应付款项 6 万元

2. 在计算甲公司 2020 年度企业所得税应纳税所得额时，准予扣除的利息支出的下列计算列式中，正确的是（　　）。

A. $250\times6\%\div12\times6$

B. $250\times6\%\div12\times6+50\times10\%\div12\times6$

C. $250\times10\%\div12\times6+50\times10\%\div12\times6$

D. $250\times6\%\div12\times6+50\times6\%\div12\times6$

3. 下列各项中，在计算甲公司 2020 年度企业所得税应纳税所得额时，不得扣除的是（　　）。

A. 发生的合理会议费 50 万元

B. 向保险公司缴纳的保险费 5 万元

C. 计提的坏账准备金 10 万元

D. 非广告性质的赞助支出 15 万元

4. 在计算甲公司 2020 年度企业所得税应纳税所得额时，准予扣除的捐赠支出的下列计算列式中，正确的是（　　）。

A. 80+9+2　　B. 80+9

C. 80+2　　D. 80

【例题 62·不定项选择题】

甲公司为居民企业，主要从事化工产品的生产和销售业务。2020 年度有关经营情况如下：

（1）取得销售商品收入 9000 万元，提供修理劳务收入 500 万元，出租包装物收入 60 万元，从其直接投资的未上市居民企业分回股息收益 25 万元。

（2）发生符合条件的广告费支出 1380 万元，按规定为特殊工种职工支付的人身安全保险费 18 万元，合理的会议费 8 万元，直接向某敬老院捐赠 6 万元，上缴集团公司管理费 10 万元。

（3）由于管理不善被盗库存商品一批，经税务机关审核，该批存货的成本为 40 万元，增值税进项税额为 5.2 万元；取得保险公司赔款 12 万元，责任人赔偿 2 万元。

（4）上年度尚未扣除的、符合条件的广告费支出 50 万元。

已知：广告费和业务宣传费支出不超过当年销售（营业）收入 15%的部分，准予扣除。

要求：

根据上述资料，不考虑其他因素，分析回答下列小题。

1. 甲公司的下列收入中，在计算2020年度企业所得税应纳税所得额时，应计入收入总额的是(　　)。

A. 销售商品收入9000万元

B. 从其直接投资的未上市居民企业分回股息收益25万元

C. 出租包装物收入60万元

D. 提供修理劳务收入500万元

2. 甲公司的下列费用中，在计算2020年度企业所得税应纳税所得额时，准予扣除的是(　　)。

A. 合理的会议费8万元

B. 特殊工种职工人身安全保险费18万元

C. 上缴集团公司管理费10万元

D. 直接向某敬老院捐赠6万元

3. 甲公司在计算2020年度企业所得税应纳税所得额时，准予扣除的广告费支出是(　　)万元。

A. 1430　　B. 1434

C. 1380　　D. 1425

4. 关于甲公司在计算2020年度企业所得税应纳税所得额时，准予扣除被盗库存商品的损失金额，下列算式正确的是(　　)。

A. 40+5.2-12-2　　B. 40+5.2-12

C. 40-12-2　　D. 40+5.2

**【例题63·不定项选择题】**

甲企业是国家重点扶持的大型环保高新技术企业，主要从事节能减排技术改造，2020年经营情况如下：

(1) 全年产品销售收入4000万元；

(2) 全年实际发生合理工资200万元、职工福利费34万元、职工教育经费5万元、工会经费4万元、按照规定缴纳的基本社会保险费56万元；

(3) 全年实际发生业务招待费30万元、新技术研究开发费用500万元；

(4) 当年闲置厂房计提折旧15万元，未投入使用的机器设备计提折旧10万元；

(5) 当年直接向养老院捐赠20万元；

(6) 发生非广告性质的赞助支出8万元；

(7) 购入运输车辆支付价款30万元。

已知：业务招待费支出按发生额的60%扣除，但最高不得超过当年销售（营业）收入的5‰；职工福利费支出，职工教育经费支出，拨缴的工会经费分别不超过工资、薪金总额的14%、8%和2%的部分，准予扣除。

要求：

根据上述资料，不考虑其他因素，分析回答下列小题。

1. 计算企业所得税应纳税所得额时，业务招待费准予扣除(　　)万元。

A. 18　　B. 20

C. 30　　D. 12

2. 下列各项中，准予全额在税前扣除的是(　　)。

A. 职工福利费34万元

B. 职工教育经费5万元

C. 基本社会保险费56万元

D. 工会经费4万元

3. 下列关于企业所得税税前扣除项目的表述中，正确的是(　　)。

A. 闲置厂房计提折旧15万元可以扣除

B. 发生的非广告性质的赞助支出8万元不得扣除

C. 直接向养老院捐赠20万元，准予在利润总额12%以内扣除

D. 未投入使用的机器设备计提10万元折旧不得税前扣除

4. 下列税收优惠中，甲企业适用的是(　　)。

A. 新技术研发费用可以加计扣除500万元

B. 享受三免三减半优惠政策

C. 购入运输车辆30万元可以享受税额抵免

D. 按15%的税率征收企业所得税

【例题 64 · 不定项选择题】

甲公司为居民企业，登记注册地在 A 市，企业所得税按季预缴。主要从事建筑材料生产和销售业务。2020 年有关经营情况如下：

（1）建筑材料销售收入 5000 万元，生产设备出租收入 60 万元，国债利息收入 1.5 万元，存款利息收入 0.8 万元，存货盘盈 1 万元。

（2）发生的合理的劳动保护费支出 2 万元，因生产经营需要向金融企业借款利息支出 3 万元，直接向某大学捐赠 1 万元，缴纳诉讼费用 2 万元。

（3）购置符合规定的安全生产专用设备一台，该设备投资额 600 万元，当年即投入使用。

（4）全年利润总额为 3000 万元。

已知：企业所得税税率为 25%。符合规定的安全生产专用设备的投资额的 10% 可以从企业当年的应纳税额中抵免。

要求：

根据上述资料，不考虑其他因素，分析回答下列小题。

1. 甲公司的下列收入中，在计算 2020 年度企业所得税应纳税所得额时，应计入收入总额的是（ ）。

A. 存货盘盈 1 万元

B. 生产设备出租收入 60 万元

C. 国债利息收入 1.5 万元

D. 存款利息收入 0.8 万元

2. 甲公司的下列支出中，在计算 2020 年度企业所得税应纳税所得额时，不得扣除的是（ ）。

A. 直接向某大学捐赠 1 万元

B. 合理的劳动保护费支出 2 万元

C. 向金融企业借款利息支出 3 万元

D. 诉讼费用 2 万元

3. 计算甲公司 2020 年度企业所得税应纳税额的下列算式中，正确的是（ ）。

A. （3000－60－0.8＋2＋3－600）×25%×（1－10%）

B. （3000－1.5－0.8＋1＋2－600×10%）×25%

C. （3000－1.5＋1）×25%－600×10%

D. （3000－1.5－0.8－1＋3＋2）×25%－600÷（1－10%）×10%

4. 下列关于甲公司 2020 年度企业所得税征收管理的表述中，正确的是（ ）。

A. 甲公司应向 A 市税务机关办理企业所得税纳税申报

B. 甲公司企业所得税 2020 纳税年度自 2020 年 6 月 1 日起至 2021 年 5 月 31 日止

C. 甲公司应当自 2020 年度终了之日起 5 个月内，向税务机关报送年度企业所得税纳税申报表，并汇算清缴，结清应缴应退税款

D. 甲公司按季预缴企业所得税，应当在每季度最后 15 日内办理纳税申报，预缴税款

【例题 65 · 不定项选择题】

甲公司注册于某市西城区。2020 年有关收支情况如下：

（1）取得产品销售收入 2000 万元、国债利息收入 30 万元、接受捐赠收入 10 万元。

（2）缴纳行政罚款 2 万元、税收滞纳金 1 万元。

（3）缴纳增值税 200 万元、城市维护建设税和教育费附加 20 万元。

（4）从直接投资的未上市居民企业取得股息收益 200 万元。

已知：2019 年度甲公司会计利润为－60 万元，经纳税调整后应纳税所得额为－50 万元；甲公司按月预缴企业所得税。

要求：

根据上述资料，不考虑其他因素，分析回答下列小题。

1. 甲公司下列收入中，应计入企业所得税应纳税所得额的是（ ）。

A. 接受捐赠收入 10 万元
B. 产品销售收入 2000 万元
C. 股息收益 200 万元
D. 国债利息收入 30 万元

2. 甲公司下列支出中，在计算 2020 年度企业所得税应纳税所得额时，准予扣除的是(　　)。
A. 税收滞纳金 1 万元
B. 行政罚款 2 万元
C. 城市维护建设税和教育费附加 20 万元
D. 增值税 200 万元

3. 关于甲公司弥补亏损的下列表述中，正确的是(　　)。
A. 2020 至 2024 年度的税前所得可以弥补的 2019 年度亏损额为 50 万元
B. 2020 至 2024 年度的税前所得可以弥补的 2019 年度亏损额为 60 万元
C. 如果 2020 年度税前所得弥补 2019 年度亏损后，应纳税所得额大于零，应缴纳企业所得税
D. 如果 2020 年度税前所得不足以弥补 2019 年度亏损，可以逐年延续弥补亏损，但最长不得超过 5 年

4. 下列有关甲公司企业所得税征收管理的表述中，正确的是(　　)。
A. 如果 2020 年度税前所得不足以弥补 2019 年度亏损，甲公司无须办理 2020 年度企业所得税汇算清缴
B. 甲公司企业所得税的纳税地点为该市西城区
C. 甲公司应当于每月终了之日起 15 日内，向税务机关预缴企业所得税
D. 甲公司 2020 年纳税年度自 2020 年 1 月 1 日起至 2020 年 12 月 31 日止

【例题 66 · 不定项选择题】

甲公司为居民企业，主要从事货物生产和销售。2020 年有关收支情况如下：

(1) 取得产品销售收入 5000 万元、转让机器设备收入 40 万元、地方政府债券利息收入 20 万元、客户合同违约金收入 2 万元。

(2) 支付税收滞纳金 5 万元、银行加息 10 万元，向投资者支付股息 30 万元，向关联企业支付管理费 17 万元。

(3) 发生业务招待费 50 万元，其他可在企业所得税税前扣除的成本、费用、税金合计 2600 万元。

已知：在计算企业所得税应纳税所得额时，业务招待费支出按发生额的 60% 扣除，但最高不得超过当年销售（营业）收入的 5‰。

要求：

根据上述资料，不考虑其他因素，分析回答下列小题。

1. 甲公司下列收入中，应计入企业所得税应纳税所得额的是(　　)。
A. 转让机器设备收入 40 万元
B. 产品销售收入 5000 万元
C. 客户合同违约金收入 2 万元
D. 地方政府债券利息收入 20 万元

2. 甲公司下列支出中，在计算 2020 年度企业所得税应纳税所得额时，不得扣除的是(　　)。
A. 税收滞纳金 5 万元
B. 银行加息 10 万元
C. 向关联企业支付的管理费 17 万元
D. 向投资者支付的股息 30 万元

3. 甲公司在计算 2020 年度企业所得税应纳税所得额时，允许扣除的业务招待费是(　　)万元。
A. 50　　B. 25.2
C. 30　　D. 25

4. 甲公司 2020 年度企业所得税应纳税所得额是(　　)万元。
A. 2352　　B. 2387.69
C. 2407　　D. 2406.8

## 经典大题精析参考答案及解析

“扫码看解析”

使用“微信”或“会计云课堂”App扫右方二维码，对答案、看解析、掌握解题思路，开启轻松过关之旅。

【例题58·不定项选择题】

1. 【答案】ABCD

解析：

| | 收入类型 | 是否计入收入总额 | 应/免/不征税收入？ | 是否计入销售（营业）收入 |
|---|---|---|---|---|
| 选项A | 财产转让收入 | √ | 应税收入 | × |
| 选项B | 股息、红利等权益性投资收益 | √ | 应税收入 | × |
| 选项C | | √ | 免税收入 | × |
| 选项D | 利息收入 | √ | 应税收入 | × |

2. 【答案】C

解析：（1）题目明确交代“全年销售收入6000万元”；（2）限额1＝当年销售（营业）收入的5‰＝6000×5‰＝30（万元），限额2＝实际发生额的60%＝180×60%＝108（万元），限额2>限额1，按限额1扣除，即税前准予扣除的业务招待费为30万元。

3. 【答案】C

解析：（1）题目明确交代“全年销售收入6000万元”。（2）限额＝6000×15%＝900（万元）；待扣除的广告费和业务宣传费支出＝本年度实际发生额800万元+以前年度结转额150万元＝950（万元），超过税法限额（900万元），税前准予扣除的广告费和业务宣传费支出为900万元。

4. 【答案】A

解析：（1）从直接投资的非上市居民企业取得的股息、红利50万元，免征企业所得税，应当调减，选项B错误；（2）业务招待费支出100%有纳税调增额，选项C错误；（3）股票转让收入和银行存款利息收入没有免税优惠，不能纳税调减，选项D错误。

【例题59·不定项选择题】

1. 【答案】ABCD

解析：

| | 收入类型 | 是否计入收入总额 | 应/免/不征税收入？ | 是否计入销售（营业）收入 |
|---|---|---|---|---|
| 选项A | 销售货物收入 | √ | 应税收入 | √ |

续表

| | 收入类型 | 是否计入收入总额 | 应/免/不征税收入？ | 是否计入销售（营业）收入 |
|---|---|---|---|---|
| 选项 B | 财产转让收入 | √ | 涉及减征、免征优惠 | × |
| 选项 C | 利息收入 | √ | 免税收入 | × |
| 选项 D | 利息收入 | √ | 应税收入 | × |

2.【答案】B

解析：在一个纳税年度内，居民企业技术转让所得不超过500万元的部分，免征企业所得税；超过500万元的部分，减半征收企业所得税。技术转让所得＝800－100＝700（万元），应调减应纳税所得额＝500＋（700－500）×50%＝600（万元）。

3.【答案】A

解析：（1）选项A：免税收入，应全额纳税调减；（2）选项B：应税收入，不需纳税调整；（3）选项C：税前不得扣除，全额纳税调增；（4）选项D：税前可据实扣除，不需纳税调整。

4.【答案】D

解析：（1）本题销售（营业）收入为8000万元（参考第1小题解析）；（2）广告费和业务宣传费扣除限额＝销售（营业）收入×15%＝8000×15%＝1200（万元），实际发生额1500万元大于扣除限额1200万元，故准予扣除的广告费和业务宣传费的金额为1200万元。

【例题60·不定项选择题】

1.【答案】ABCD

解析：

| | 收入类型 | 是否计入收入总额 | 应/免/不征税收入？ | 是否计入销售（营业）收入 |
|---|---|---|---|---|
| 选项 A | 销售货物收入 | √ | 应税收入 | √ |
| 选项 B | 租金收入 | √ | 应税收入 | √ |
| 选项 C | 提供劳务收入 | √ | 应税收入 | √ |
| 选项 D | 视同销售货物收入 | √ | 应税收入 | √ |

2.【答案】BCD

解析：企业缴纳的增值税税款、企业所得税税款不得在税前扣除，其他税金可以通过不同途径（税金及附加、随同资产成本折旧或摊销）在税前扣除。

3. 【答案】ABD

**解析：**对本题各项扣除的详细分析参考下表：

| | 扣除限额 | 实际发生额 | 准予税前扣除额 | 纳税调整额 |
|---|---|---|---|---|
| 选项 A | 2000×8%＝160（万元） | 60 万元 | 60 万元 | 0 |
| 选项 B | 2000×2%＝40（万元） | 24 万元 | 24 万元 | 0 |
| 选项 C | 2000×14%＝280（万元） | 300 万元 | 280 万元 | 调增 20 万元 |
| 选项 D | 无限额，据实扣除 | 2000 万元 | 2000 万元 | 0 |

4. 【答案】ABD

**解析：**选项 C：法院判决由企业承担的诉讼费，准予在税前据实扣除。

【例题 61 · 不定项选择题】

1. 【答案】BCD

**解析：**

| | 收入类型 | 是否计入收入总额 | 应/免/不征税收入？ | 是否计入销售（营业）收入 |
|---|---|---|---|---|
| 选项 A | 不属于收入 | | | |
| 选项 B | 销售货物收入 | √ | 应税收入 | √ |
| 选项 C | 特许权使用费收入 | √ | 应税收入 | √ |
| 选项 D | 其他收入 | √ | 应税收入 | × |

2. 【答案】D

**解析：**（1）6%、10%是年利率，借款期限是 6 个月，记得要算半年的利息；（2）向金融机构借款的利息支出据实扣除；（3）向非金融企业借款年利率 10%明显超过金融企业同期同类贷款利率，税前按限额扣，应使用 6%计算。

3. 【答案】CD

**解析：**（1）选项 C：未经核定的准备金支出，不得税前扣除；（2）选项 D：与生产经营活动无关的各种非广告性质的赞助支出，不得税前扣除。

4. 【答案】D

**解析：**（1）直接捐赠支出不得在税前扣除，本题向某小学捐赠的支出、向贫困户捐赠的支出，均是直接进行的捐赠，不得税前扣除，选项 ABC 错误；（2）选项 D：公益性捐赠支出的扣除限额＝750×12%＝90（万元），实际发生的公益性捐赠支出 80 万元未超过限额，允许据实在税前扣除。

【例题 62 · 不定项选择题】

1. 【答案】ABCD

解析：

| | 收入类型 | 是否计入收入总额 | 应/免/不征税收入？ | 是否计入销售（营业）收入 |
|---|---|---|---|---|
| 选项 A | 销售货物收入 | √ | 应税收入 | √ |
| 选项 B | 股息、红利等权益性投资收益 | √ | 免税收入 | × |
| 选项 C | 租金收入 | √ | 应税收入 | √ |
| 选项 D | 提供劳务收入 | √ | 应税收入 | √ |

2. 【答案】AB

解析：（1）选项 A：属于“依照有关法律、行政法规和国家有关税法规定准予扣除的其他项目”；（2）选项 C：企业之间支付的管理费，不得在计算企业所得税应纳税所得额时扣除；（3）选项 D：直接捐赠不属于公益性捐赠，不得在计算企业所得税应纳税所得额时扣除。

3. 【答案】A

解析：扣除限额 =（9000 + 500 + 60）× 15% = 1434（万元），待扣除的广告费 = 本年度实际发生额 1380 万元+上年度结转额 50 万元 = 1430（万元），未超过扣除限额，税前准予扣除的广告费支出为 1430 万元。

4. 【答案】A

解析：（1）甲公司存货因非正常损失而不能从增值税销项税额中抵扣的进项税额（5.2 万元），应视同企业财产损失，准予与存货损失一并在税前扣除；（2）企业发生的损失，减除责任人赔偿（2 万元）和保险赔款（12 万元）后的余额，依照国务院财政、税务主管部门的规定扣除。

【例题 63 · 不定项选择题】

1. 【答案】A

解析：限额 1 = 30×60% = 18（万元），限额 2 = 4000×5‰ = 20（万元），限额 1<限额 2，税前准予按限额 1 扣除 18 万元。

2. 【答案】BCD

解析：（1）选项 A：限额 = 200×14% = 28（万元），实际发生 34 万元，超过限额，税前仅可以扣除 28 万元；（2）选项 B：限额 = 200×8% = 16（万元），实际发生 5 万元，准予全额税前扣除；（3）选项 C：企业依照国务院有关主管部门或者省级人民政府规定的范围和标准为职工缴纳的基本社会保险费，准予税前全额扣除；（4）选项 D：限额 = 200×2% = 4（万元），实际发生 4 万元，准予税前全额扣除。

3. 【答案】ABD

解析：（1）选项 AD：房屋、建筑物以外未投入使用的固定资产，不得计提折旧在税前扣除；（2）选项 B：与生产经营活动无关的非广告性质的赞助支出不得税前扣除；（3）选项 C：直接向受赠人的捐赠，不得税前扣除。

4. 【答案】BD

解析：（1）选项 A：企业为开发新技术、新产品、新工艺发生的研究开发费用，未形成无形资产计入当期损益的，在按照规定据实扣除的基础上，在 2018 年 1 月 1 日至 2020 年 12 月 31 日期间，再按照实际发生额的 75%在税前加计扣除（本题加计扣除 375 万元）；形成无形资产的，在上述期间按照无形资产成本的175%在税前摊销。(2) 选项B：企业从事符合条件的环境保护、节能节水项目，包括公共污水处理、公共垃圾处理、沼气综合开发利用、节能减排技术改造、海水淡化等项目的所得，自项目取得第1笔生产经营收入所属纳税年度起，第1年至第3年免征企业所得税，第4年至第6年减半征收企业所得税（简称“三免三减半”）。(3) 选项C：企业购置并实际使用环境保护、节能节水、安全生产等专用设备（一般的“运输车辆”不属于此类设备），该专用设备的投资额的10%可以从企业当年的应纳税额中抵免；当年不足抵免的，可以在以后5个纳税年度结转抵免。(4) 选项D：国家需要重点扶持的高新技术企业，减按15%的税率征收企业所得税。

【例题64·不定项选择题】

1. 【答案】ABCD

解析：

| | 收入类型 | 是否计入收入总额 | 应/免/不征税收入？ | 是否计入销售（营业）收入 |
|---|---|---|---|---|
| 选项A | 其他收入 | √ | 应税收入 | × |
| 选项B | 租金收入 | √ | 应税收入 | √ |
| 选项C | 利息收入 | √ | 免税收入 | × |
| 选项D | 利息收入 | √ | 应税收入 | × |
| 建筑材料销售收入 | 销售货物收入 | √ | 应税收入 | √ |

2. 【答案】A

解析：(1) 选项A：直接捐赠，不得在计算企业所得税应纳税所得额时扣除；(2) 选项D：法院判决由企业承担的诉讼费用，属于民事性质的款项，可以在计算企业所得税应纳税所得额时扣除。

3. 【答案】C

解析：(1) 企业购置并实际使用环境保护、节能节水、安全生产等专用设备，该专用设备的投资额的10%可以从企业当年的“应纳税额”中抵免，即应纳税额=应纳税所得额×25%－投资额（600万元）×10%；(2) 本题直接用上述规定即可解题，没必要在间接法计算应纳税所得额上耽误时间。

4. 【答案】AC

解析：(1) 选项B：纳税年度自公历1月1日起至12月31日止；(2) 选项D：企业按季预缴的，应当自季度终了之日起15日内，向税务机关报送预缴企业所得税纳税申报表，预缴税款。

【例题65·不定项选择题】

1.【答案】AB

解析：

| | 收入类型 | 是否计入收入总额 | 应/免/不征税收入？ | 是否计入销售（营业）收入 |
|---|---|---|---|---|
| 选项A | 接受捐赠收入 | √ | 应税收入 | × |
| 选项B | 销售货物收入 | √ | 应税收入 | √ |
| 选项C | 股息、红利等权益性投资收益 | √ | 免税收入 | × |
| 选项D | 利息收入 | √ | 免税收入 | × |

2.【答案】C

解析：（1）选项AB：属于违反国家法律由有关部门收取的罚款和滞纳金，属于不得扣除的项目；（2）选项D：企业缴纳的增值税税款不得在企业所得税前扣除。

3.【答案】ACD

解析：（1）选项AB："亏损"，是指企业财务报表中的亏损额经主管税务机关按税法规定核实调整后的金额（税法口径的亏损额）；（2）选项C：弥补亏损后，应纳税所得额大于零，企业应当缴纳企业所得税；（3）选项D：企业某一纳税年度发生的亏损，可以用下一年度的所得弥补，下一年度的所得不足以弥补的，可以逐年延续弥补，但最长不得超过5年，另有规定除外。

4.【答案】BCD

解析：选项A：企业在纳税年度内无论盈利或者亏损，都应当依照规定期限，向税务机关报送预缴企业所得税纳税申报表、年度企业所得税纳税申报表、财务会计报告和税务机关规定应当报送的其他有关资料。

【例题66·不定项选择题】

1.【答案】ABC

解析：参考下表：

| | 收入类型 | 是否计入收入总额 | 应/免/不征税收入？ | 是否计入销售（营业）收入 |
|---|---|---|---|---|
| 选项A | 转让财产收入 | √ | 应税收入 | × |
| 选项B | 销售货物收入 | √ | 应税收入 | √ |
| 选项C | 其他收入 | √ | 应税收入 | × |
| 选项D | 利息收入 | √ | 免税收入 | × |

2.【答案】ACD

解析：（1）选项AB：税收滞纳金、罚金、罚款，不得在企业所得税税前扣除；法院判决由企业承担的诉讼费、违约金、银行加息属于民事责任范畴，准予在企业所得税税前扣除。（2）选项C：企业之间支付的管理费，不得在企业所得税税前扣除。（3）选项 D：向投资者支付的股息、红利等权益性投资收益款项，不得在企业所得税税前扣除。

3. 【答案】D

**解析：**（1）销售（营业）收入为 5000 万元；（2）限额 1 = 5000×5‰ = 25（万元），限额 2 = 50×60% = 30（万元），限额 1<限额 2，税前准予扣除的业务招待费为 25 万元；（3）如果涉及“间接法”，纳税调增额 = 50 − 25 = 25（万元）。

4. 【答案】C

**解析：**（1）本题未提供会计利润，采用直接法计算应纳税所得额。（2）甲公司 2020 年度企业所得税应纳税所得额 = 5000（产品销售收入）+40（转让机器设备收入）+2（合同违约金收入）−10（银行加息）−25（业务招待费）−2600（其他可在企业所得税前扣除的成本、费用、税金）= 2407（万元）。

**扫一扫　“码”上做题**

本部分习题均配备二维码，使用“微信”或“会计云课堂”App 扫一扫左侧二维码，即可在线做题并获取详尽的答案解析、解题思路点拨等超值服务，助您轻松过关。

**【“会计云课堂”App 安装二维码详见封底页】**

## 同步强化练习题

### 一、单项选择题

1. 下列企业和取得收入的组织中，不属于企业所得税纳税人的是(　　)。
   A. 事业单位
   B. 民办非企业单位
   C. 个人独资企业
   D. 社会团体

2. 根据企业所得税法律制度的规定，下列有关非居民企业的表述中，正确的是(　　)。
   A. 在境外成立的企业均属于非居民企业
   B. 依法在境内成立但有来源于境外所得的企业属于非居民企业
   C. 依照外国法律成立，实际管理机构在中国境内的企业属于非居民企业
   D. 依照外国法律成立，实际管理机构不在中国境内但在中国境内设立机构、场所的企业属于非居民企业

3. 根据企业所得税法律制度的规定，关于确定来源于中国境内、境外所得的下列表述中，不正确的是(　　)。
   A. 利息所得，按照负担、支付所得的企业或者机构、场所所在地确定，或者按照负担、支付所得的个人的住所地确定
   B. 销售货物所得，按照交易活动发生地确定
   C. 股息、红利等权益性投资所得，按照分配所得的企业所在地确定
   D. 转让不动产所得，按照转让不动产的企业或者机构、场所所在地确定

4. 根据企业所得税法律制度的规定，企业应当自纳税年度终了之日起一定期限内，向税务机关报送年度企业所得税纳税申报表。该期限为(　　)。
   A. 3 个月　　B. 4 个月
   C. 5 个月　　D. 6 个月

5. 根据企业所得税法律制度的规定，关于确认收入实现时间的下列表述中，正确的是(　　)。
A. 接受捐赠收入，按照合同约定的捐赠日期确认收入的实现
B. 利息收入，按照合同约定的债务人应付利息的日期确认收入的实现
C. 租金收入，按照出租人实际收到租金的日期确认收入的实现
D. 权益性投资收益，按照投资方实际收到利润的日期确认收入的实现

6. 2020年8月6日，甲公司与乙公司签订合同，以预收款方式销售产品200件，不含税单价0.1万元，并于8月10日取得了全部产品销售额20万元。2020年8月20日，甲公司发出第1批产品120件，9月25日发出第2批产品80件。根据企业所得税法律制度的规定，下列关于甲公司确认销售收入实现日期及金额的表述中，正确的是(　　)。
A. 2020年8月6日应确认销售收入20万元
B. 2020年8月10日应确认销售收入20万元
C. 2020年8月20日应确认销售收入12万元
D. 2020年9月25日应确认销售收入20万元

7. 甲手机生产公司2020年9月销售一批手机，含增值税价格为45.2万元，由于购买数量多，甲手机生产公司给予购买方9折优惠，并将销售额和折扣额在同一张发票"金额栏"内分别列示。已知，增值税税率为13%。甲手机生产公司在计算企业所得税应纳税所得额时，应确认的手机销售收入为(　　)万元。
A. 36　　B. 40.68
C. 40　　D. 45.2

8. 根据企业所得税法律制度的规定，下列各项中，属于免税收入的是(　　)。
A. 依法收取并纳入财政管理的政府性基金
B. 国债利息收入
C. 财产转让收入
D. 租金收入

9. 下列关于企业所得税税前扣除的表述中，不正确的是(　　)。
A. 企业发生的合理的工资薪金的支出，准予扣除
B. 企业发生的职工福利费支出超过工资薪金总额的14%的部分，准予在以后纳税年度结转扣除
C. 企业发生的合理的劳动保护支出，准予扣除
D. 企业参加财产保险，按照规定缴纳的保险费，准予扣除

10. 2020年甲企业取得销售收入3000万元，广告费支出400万元；上一年度结转广告费80万元。已知，甲企业发生广告费可以按照当年销售收入的15%在企业所得税前扣除，超过部分准予在以后纳税年度结转扣除。根据企业所得税法律制度的规定，甲企业2020年准予扣除的广告费是(　　)万元。
A. 480　　B. 530
C. 450　　D. 320

11. 2020年5月甲公司向非关联企业乙公司借款200万元用于生产经营，期限为半年，双方约定年利率为10%，已知，甲、乙公司都是非金融企业，金融企业同期同类贷款年利率为7.8%。甲公司在计算当年企业所得税应纳税所得额时，准予扣除的利息费用为(　　)万元。
A. 15.6　　B. 20
C. 7.8　　D. 10

12. 企业从事下列项目的所得，减半征收企业所得税的是(　　)。
A. 茶的种植　　B. 中药材种植
C. 谷物种植　　D. 蔬菜种植

13. 某企业主要从事服装生产和销售，2020

年利润总额为 300 万元，当年为开发新产品发生的研发费用为 50 万元（未形成无形资产，计入当期损益）。已知，该企业无其他纳税调整事项，企业所得税税率为 25%。则该企业 2020 年应缴纳企业所得税(　　)万元。

A. 56.25　　B. 62.5

C. 65.625　　D. 75

14. 根据企业所得税法律制度的规定，下列固定资产的折旧允许在计算应纳税所得额时扣除的是(　　)。

A. 与经营活动无关的固定资产计提的折旧

B. 经营租入设备计提的折旧

C. 融资租入资产计提的折旧

D. 已提足折旧但继续使用的生产设备所计提的折旧

15. 根据企业所得税法律制度的规定，下列各项中，应以同类固定资产的重置完全价值为计税基础的是(　　)。

A. 盘盈的固定资产

B. 自行建造的固定资产

C. 通过非货币性资产交换取得的固定资产

D. 通过捐赠取得的固定资产

16. 根据企业所得税法律制度的规定，符合条件的企业可以采取缩短折旧年限的方式计提固定资产折旧，但最低折旧年限不得低于税法规定折旧年限的一定比例，该比例为(　　)。

A. 30%　　B. 40%

C. 50%　　D. 60%

17. 甲公司为符合条件的小型微利企业，经主管税务机关核定，2018 年度亏损 8 万元，2019 年度亏损 12 万元，假定 2020 年度甲公司盈利 200 万元，无其他需要纳税调整的事项。甲公司 2020 年度应缴纳的企业所得税税额为(　　)万元。

A. 13　　B. 15

C. 9　　D. 18

18. 甲公司为居民企业，2020 年度境内应纳税所得额 2000 万元。来源于 M 国的应纳税所得额 300 万元，已在 M 国缴纳企业所得税税额 60 万元。已知，企业所得税税率为 25%，甲公司 2020 年度应缴纳企业所得税税额的下列算式中，正确的是(　　)。

A. （2000+300）×25%-60

B. 2000×25%-60

C. 2000×25%

D. （2000+300）×25%

## 二、多项选择题

1. 根据企业所得税法律制度的规定，下列各项中，属于企业取得收入的货币形式的有(　　)。

A. 股权投资

B. 应收票据

C. 银行存款

D. 债务的豁免

2. 下列各项中，属于企业所得税应计入收入总额的其他收入的有(　　)。

A. 企业资产溢余收入

B. 未逾期的包装物押金

C. 确实无法偿付的应付款项

D. 债务重组收入

3. 企业转让下列各项财产的收入，属于企业所得税转让财产收入的有(　　)。

A. 固定资产　　B. 股权

C. 债权　　D. 生物资产

4. 根据企业所得税法律制度的规定，下列关于收入确认的表述中，正确的有(　　)。

A. 销售商品采用预收款方式的，在收到预收款时确认收入

B. 销售商品采用托收承付方式的，在办妥托收手续时确认收入

C. 销售商品采用支付手续费方式委托代销的，在收到代销清单时确认收入

D. 销售商品需要安装和检验的，在收到款项时确认收入

5. 根据企业所得税法律制度的规定，下列各项中，属于不征税收入的有(　　)。
A. 依法收取并纳入财政管理的行政事业性收费
B. 财政拨款
C. 国债利息收入
D. 接受捐赠收入

6. 在计算企业所得税应纳税所得额时，准予扣除的有(　　)。
A. 向客户支付的合同违约金
B. 向税务机关支付的税收滞纳金
C. 向银行支付的逾期借款利息
D. 向生态环境主管部门缴纳的污染环境罚款

7. 企业缴纳的下列税金中，在计算企业所得税应纳税所得额时准予扣除的有(　　)。
A. 企业所得税　　B. 车船税
C. 房产税　　D. 资源税

8. 下列固定资产中，在计算企业所得税应纳税所得额时不得计算折旧扣除的有(　　)。
A. 与经营活动无关的固定资产
B. 已足额提取折旧仍继续使用的固定资产
C. 未投入使用的机器设备
D. 以融资租赁方式租出的固定资产

9. 根据企业所得税法律制度的规定，下列各项属于生产性生物资产的有(　　)。
A. 薪炭林　　B. 产畜
C. 役畜　　D. 经济林

10. 根据企业所得税法律制度的规定，下列无形资产中，应当以该资产的公允价值和支付的相关税费为计税基础的有(　　)。
A. 接受捐赠取得的无形资产
B. 通过债务重组取得的无形资产
C. 自行开发的无形资产
D. 接受投资取得的无形资产

11. 根据企业所得税法律制度的规定，下列选项中，属于长期待摊费用的有(　　)。
A. 购入固定资产的支出
B. 固定资产的大修理支出
C. 租入固定资产的改建支出
D. 已足额提取折旧的固定资产的改建支出

12. 我国企业所得税的税收优惠形式包括(　　)。
A. 免税收入
B. 加计扣除
C. 抵扣应纳税所得额
D. 税额抵免

13. 企业从事下列项目的所得，免征企业所得税的有(　　)。
A. 中药材的种植
B. 林木种植
C. 花卉种植
D. 饮料作物的种植

14. 下列支出中，可以在计算企业所得税应纳税所得额时加计扣除的有(　　)。
A. 安置残疾人员所支付的工资
B. 广告费和业务宣传费
C. 研究开发费用
D. 购置环保专用设备所支付的价款

15. 根据企业所得税法律制度的规定，未在中国境内设立机构、场所的非居民企业来源于中国境内的下列所得，应以收入全额为应纳税所得额的有(　　)。
A. 股息所得
B. 转让财产所得
C. 特许权使用费所得
D. 租金所得

## 三、 判断题

1. 居民企业无须就其来源于中国境外的所得缴纳企业所得税。(　　)

2. 企业在一个纳税年度中间开业，使该纳税年度的实际经营期不足 12 个月的，应当以实际经营期为 1 个纳税年度。(　　)

3. 企业在年度中间终止经营活动的，应当自实际经营终止之日起 60 日内，向税务

机关办理当期企业所得税汇算清缴。（ ）

4. 在计算企业所得税应纳税所得额时，企业财务、会计处理办法与税收法律法规的规定不一致的，应当依照企业会计准则的规定计算。（ ）

5. 根据企业所得税法律制度的规定，企业以买一赠一等方式组合销售本企业商品的，赠送的商品应当作视同销售处理，确认商品收入。（ ）

6. 除另有规定外，企业实际发生的成本、费用、税金、损失和其他支出，不得重复扣除。（ ）

7. 企业的不征税收入用于支出所形成的费用，不得在计算应纳税所得额时扣除；企业的不征税收入用于支出所形成的资产，其计算的折旧、摊销不得在计算应纳税所得额时扣除。（ ）

8. 企业职工因公出差乘坐交通工具发生的人身意外保险费支出，不得在计算企业所得税应纳税所得额时扣除。（ ）

9. 企业为在本企业任职或受雇的全体员工支付的补充养老保险费、补充医疗保险费，不得在企业所得税税前扣除。（ ）

10. 企业应当自固定资产投入使用月份的当月起计算折旧；停止使用的固定资产，应当自停止使用月份的次月起停止计算折旧。（ ）

11. 企业对外投资期间，投资资产的成本在计算企业所得税应纳税所得额时不得扣除。（ ）

12. 企业已经作为损失处理的资产，在以后纳税年度又全部收回或者部分收回时，应当计入当期收入。（ ）

13. 企业承包建设国家重点扶持的公共基础设施项目，可以自该承包项目取得第一笔生产经营收入所属纳税年度起，第1年至第3年免征企业所得税，第4年至第6年减半征收企业所得税。（ ）

14. 某企业为国家重点扶持的高新技术企业，2020年度实现利润总额为800万元；当年发生营业外支出100万元，分别为向税务机关支付的税收滞纳金30万元、向市场监督管理部门支付的罚款20万元、赞助支出50万元。假设除此之外无其他纳税调整事项，则该企业2020年应缴纳企业所得税=（800+30+20+50）×15%=135（万元）。（ ）

15. 外国政府向中国政府提供贷款取得的利息所得，免征企业所得税。（ ）

16. 企业应当在办理注销登记前，就其清算所得向税务机关申报并依法缴纳企业所得税。（ ）

## 四、不定项选择题

**【案例1】**

甲公司为居民企业，主要从事碳酸饮料制造与销售业务，2020年有关经营情况如下：

（1）饮料销售收入5000万元，房屋租金收入200万元，许可他人使用本公司专利特许权使用费收入1000万元，接受捐赠收入100万元。

（2）缴纳增值税325万元，城市维护建设税和教育费附加32.5万元，房产税56万元，印花税3.9万元。

（3）捐赠支出85万元，其中通过公益性社会组织向受灾地区捐款35万元、直接向丙大学捐款50万元；符合条件的广告费支出2100万元。

（4）全年会计利润总额为480万元。

已知：公益性捐赠支出，在年度利润总额12%以内的部分，准予在当年扣除；饮料制造（不含酒类制造）企业发生的广告费和业务宣传费支出，不超过当年销售（营业）收入30%的部分，准予扣除。

要求：

根据上述资料，不考虑其他因素，分析回答下列小题。

1. 甲公司的下列收入中，应计入2020年度企业所得税收入总额的是(　　)。
A. 房屋租金收入200万元
B. 饮料销售收入5000万元
C. 接受捐赠收入100万元
D. 特许权使用费收入1000万元

2. 下列各项中，在计算甲公司2020年度企业所得税应纳税所得额时，准予扣除的是(　　)。
A. 印花税3.9万元
B. 增值税325万元
C. 房产税56万元
D. 城市维护建设税和教育费附加32.5万元

3. 在计算甲公司2020年度企业所得税应纳税所得额时，准予扣除的捐赠支出是(　　)万元。
A. 35　　B. 85
C. 57.6　　D. 50

4. 计算甲公司2020年度企业所得税应纳税所得额时，准予扣除的广告费支出是(　　)万元。
A. 2100　　B. 1815
C. 1560　　D. 1860

【案例2】

甲公司为居民企业，主要从事不锈钢用品的生产和销售业务，2020年有关经营情况如下：

(1) 产品销售收入800万元，销售边角料收入40万元，国债利息收入5万元。

(2) 以产品抵偿债务，该批产品不含增值税售价60万元。

(3) 实发合理工资、薪金总额100万元，发生职工福利费支出15万元、职工教育经费支出1.5万元，拨缴工会经费2万元。

(4) 支付法院诉讼费3万元，税收滞纳金4万元，合同违约金5万元，银行逾期利息6万元。

(5) 因管理不善导致一批材料被盗，该批材料成本为10万元，对应的增值税进项税为1.3万元，取得保险公司赔款4万元，材料损失已经过税务机关核准。

已知：职工福利费支出，职工教育经费支出，拨缴的工会经费分别不超过工资、薪金总额的14%、8%和2%的部分，准予扣除。

要求：

根据上述资料，不考虑其他因素，分析回答下列小题。

1. 甲公司的下列收入中，在计算2020年度企业所得税应纳税所得额时，应计入收入总额的是(　　)。
A. 销售边角料收入40万元
B. 产品销售收入800万元
C. 国债利息收入5万元
D. 抵债产品售价60万元

2. 甲公司的下列支出中，在计算2020年度企业所得税应纳税所得额时，准予全额扣除的是(　　)。
A. 工资、薪金100万元
B. 工会经费2万元
C. 职工福利费15万元
D. 职工教育经费1.5万元

3. 甲公司的下列支出中，在计算2020年度企业所得税应纳税所得额时，不得扣除的是(　　)。
A. 法院诉讼费3万元
B. 银行逾期利息6万元
C. 税收滞纳金4万元
D. 合同违约金5万元

4. 甲公司在计算2020年度企业所得税应纳税所得额时，准予扣除原材料损失金额是(　　)。
A. 10-1.3-4　　B. 10-4
C. 10+1.3　　D. 10+1.3-4

【案例3】

甲电子设备公司为居民企业，属于主要

从事电子设备制造业务的大型企业。2020年有关经营情况如下：

（1）销售货物收入2000万元，提供技术服务收入500万元，转让股权收入3000万元。经税务机关核准上年已作损失处理后又收回的其他应收款15万元。

（2）缴纳增值税180万元，城市维护建设税和教育费附加18万元，房产税25万元，预缴企业所得税税款43万元。

（3）与生产经营有关的业务招待费支出80万元。

（4）支付残疾职工工资14万元；新技术研究开发费用未形成无形资产计入当期损益19万元；购进设备一台，价值35万元；购置《环境保护专用设备企业所得税优惠目录》规定的环境保护专用设备一台，投资额60万元，购置完毕当年即投入使用。

已知：业务招待费支出，按照发生额的60%扣除，但最高不得超过当年销售（营业）收入的5‰。

要求：

根据上述资料，不考虑其他因素，分析回答下列小题。

1. 甲电子设备公司的下列收入中，应计入收入总额的是(　　)。

A. 销售货物收入2000万元

B. 上年已作坏账损失处理后又收回的其他应收款15万元

C. 转让股权收入3000万元

D. 提供技术服务收入500万元

2. 甲电子设备公司缴纳的下列税款中，在计算2020年度企业所得税应纳税所得额时，准予扣除的是(　　)。

A. 增值税180万元

B. 预缴企业所得税税款43万元

C. 城市维护建设税和教育费附加18万元

D. 房产税25万元

3. 甲电子设备公司在计算2020年度企业所得税应纳税所得额时，准予扣除的业务招待费支出是(　　)万元。

A. 10　　B. 48

C. 12.5　　D. 25

4. 关于甲电子设备公司可以享受当年企业所得税税收优惠的下列表述中，正确的是(　　)。

A. 支付残疾职工的工资，在据实扣除的基础上，按照14万元的200%在计算当年应纳税所得额时加计扣除

B. 购置环境保护专用设备60万元投资额的20%可以从当年的应纳税额中抵免

C. 新技术研究开发费用未形成无形资产计入当期损益的，在据实扣除的基础上，按照19万元的100%在计算当年应纳税所得额时加计扣除

D. 购进设备金额35万元可以一次性在计算当年应纳税所得额时扣除

**【案例4】**

甲公司为居民企业，2020年度有关财务收支情况如下：

（1）销售商品收入5000万元，出售一台设备收入20万元，转让一宗土地使用权收入300万元，从其直接投资的未上市居民企业分回股息收益100万元。

（2）税收滞纳金3万元，赞助支出30万元，被没收财物的损失10万元，环保罚款50万元。

（3）其他可在企业所得税前扣除的成本、费用、税金合计3500万元。

已知：甲公司2012年在境内W市登记注册成立，企业所得税实行按月预缴。

要求：

根据上述资料，不考虑其他因素，分析回答下列小题。

1. 甲公司取得的下列收入中，属于企业所得税免税收入的是(　　)。

A. 出售设备收入20万元

B. 销售商品收入5000万元

C. 转让土地使用权收入300万元

D. 从其直接投资的未上市居民企业分回股息收益 100 万元

2. 甲公司在计算 2020 年度企业所得税应纳税所得额时，不得扣除的项目是(　　)。

A. 环保罚款 50 万元

B. 赞助支出 30 万元

C. 税收滞纳金 3 万元

D. 被没收财物的损失 10 万元

3. 甲公司 2020 年度企业所得税应纳税所得额是(　　)万元。

A. 1720　　B. 1587

C. 1807　　D. 1820

4. 下列关于甲公司企业所得税征收管理的表述中，正确的是(　　)。

A. 甲公司应当自 2020 年度终了之日起 5 个月内，向税务机关报送年度企业所得税纳税申报表，并汇算清缴

B. 甲公司企业所得税的纳税地点为 W 市

C. 甲公司应当于每月终了之日起 15 日内，向税务机关预缴企业所得税

D. 甲公司 2020 纳税年度自 2020 年 1 月 1 日起至 2020 年 12 月 31 日止

**【案例 5】**

甲公司为居民企业，主要从事施工设备的生产和销售业务。2020 年有关经营情况如下：

(1) 国债利息收入 40 万元，从未上市的居民企业乙公司取得股息 25.2 万元。

(2) 直接向某养老院捐赠 10 万元，向市场监督管理部门缴纳罚款 6 万元。

(3) 实际发生未形成无形资产计入当期损益的新产品研究开发费用 194 万元。

(4) 经事务所审计发现甲公司接受捐赠原材料一批，取得增值税专用发票注明金额 20 万元、税额 2.6 万元。甲公司将接受的捐赠收入直接计入“资本公积”账户。

(5) 企业自行计算的全年利润总额 1522 万元，预缴企业所得税税款 280 万元。

已知：企业所得税税率为 25%；新产品研究开发费用在按照规定据实扣除的基础上，按照研究开发费用的 75% 加计扣除。

要求：

根据上述资料，不考虑其他因素，分析回答下列小题。

1. 计算甲公司 2020 年度企业所得税应纳税所得额时，应纳税调增的是(　　)。

A. 直接向某养老院捐赠 10 万元

B. 国债利息收入 40 万元

C. 向市场监督管理部门缴纳罚款 6 万元

D. 从未上市的居民企业乙公司取得股息 25.2 万元

2. 下列关于甲公司 2020 年度新产品研究开发费用企业所得税纳税调整的表述中，正确的是(　　)。

A. 纳税调减 194 万元

B. 纳税调减 145.5 万元

C. 纳税调增 145.5 万元

D. 纳税调增 194 万元

3. 下列关于甲公司 2020 年度接受捐赠原材料企业所得税纳税调整的表述中，正确的是(　　)。

A. 纳税调增 22.6 万元

B. 纳税调减 22.6 万元

C. 纳税调减 20 万元

D. 纳税调增 20 万元

4. 下列关于甲公司 2020 年度企业所得税汇算清缴应补税额的计算列式中，正确的是(　　)。

A. 应补税额 = [1522 − 40 − 25.2 + 10 + 6 − 194×75% + (20+2.6)] ×25% − 280

B. 应补税额 = [1522 − 40 − 25.2 + 10 + 6 − 194×75% + 20] ×25% − 280

C. 应补税额 = [1522 − 40 − 25.2 + 10 + 6 − 194 + 20] ×25% − 280

D. 应补税额 = [1522 + 10 + 6 − 194×75% + (20+2.6)] ×25% − 280

## 同步强化练习题参考答案及解析

“扫码看解析”

使用“微信”或“会计云课堂”App扫右方二维码，对答案、看解析、掌握解题思路，开启轻松过关之旅。

### 一、单项选择题

1. 【答案】C

解析：个人独资企业、合伙企业，不属于企业所得税纳税人。

2. 【答案】D

解析：（1）选项AC：虽未在境内成立，但实际管理机构在境内的，亦属于居民企业；（2）选项B：只要依法在境内成立，即为居民企业。

3. 【答案】D

解析：选项D：“不动产”转让所得按照不动产所在地确定；“动产”转让所得按照转让动产的企业或者机构、场所所在地确定；“权益性投资资产”转让所得按照被投资企业所在地确定。

4. 【答案】C

5. 【答案】B

解析：（1）选项A：按照实际收到捐赠资产的日期确认收入的实现；（2）选项C：通常按照合同约定的承租人应付租金的日期确认收入的实现；（3）选项D：除另有规定外，按被投资方作出利润分配决定的日期确认收入的实现。

6. 【答案】C

解析：（1）销售商品采取预收款方式的，在发出商品时确认收入；（2）2020年8月20日应确认销售收入12万元，2020年9月25日应确认销售收入8万元。

7. 【答案】A

解析：（1）企业为促进商品销售而在商品价格上给予价格折扣属于商业折扣；（2）商品销售涉及商业折扣的，企业所得税上按照扣除商业折扣后的金额（不含增值税）确定销售商品收入金额；（3）应确认的手机销售收入＝45.2×90%÷（1+13%）＝36（万元）。

8. 【答案】B

解析：（1）选项A：属于不征税收入；（2）选项CD：属于应税收入。

9. 【答案】B

解析：选项B：职工福利费支出不得“结转扣除”，职工教育经费支出、广告费和业务宣传费支出、公益性捐赠支出可以依法“结转扣除”。

10. 【答案】C

解析：（1）限额＝3000×15%＝450（万元）；（2）待扣金额＝当年实际发生额+上年结转额＝400+80＝480（万元）；（3）待扣金额>税前扣除限额，甲企业2020年计算企业所得税应纳税所得额时准予扣除的广告费为450万元。

11. 【答案】C

解析：（1）该200万元借款“半年”的利息费用税前扣除限额＝200×7.8%×6÷12＝7.8（万元），实际发生利息费用＝200×10%×6÷12＝10（万元），超过部分不得扣除，准予扣除的利息费用为7.8万元。（2）如果涉及“间接法”，本题纳税调增额＝10−7.8＝2.2（万元）。

12. 【答案】A

解析：选项BCD：免征企业所得税。

13. 【答案】C

解析：企业开展研发活动中实际发生的

研发费用，未形成无形资产计入当期损益的，在按规定据实扣除的基础上，再按照实际发生额的75%在税前加计扣除。该企业2020年应缴纳企业所得税=（300－50×75%）×25%＝65.625（万元）。

14.【答案】C

解析：（1）选项A：与经营活动无关的固定资产，不得计算折旧扣除；（2）选项BC：以经营租赁方式“租入”的固定资产、以融资租赁方式“租出”的固定资产，不得计算折旧扣除；（3）选项D：已足额提取折旧仍继续使用的固定资产，不得计算折旧扣除。

15.【答案】A

16.【答案】D

解析：企业的固定资产由于技术进步等原因，确需加速折旧的，可以采取缩短折旧年限或者采取加速折旧的方法；采取缩短折旧年限方法的，最低折旧年限不得低于税法规定折旧年限的60%。

17.【答案】A

解析：（1）企业某一纳税年度发生的亏损，可以用下一年度的所得弥补，下一年度的所得不足以弥补的，可以逐年延续弥补，一般情况下弥补期限最长不得超过5年；因此，2018年度、2019年度的亏损均可用2020年度的盈利弥补。（2）对小型微利企业年应纳税所得额不超过100万元的部分，减按25%计入应纳税所得额，按20%的税率缴纳企业所得税；对年应纳税所得额超过100万元但不超过300万元的部分，减按50%计入应纳税所得额，按20%的税率缴纳企业所得税。（3）甲公司应该缴纳企业所得税＝［100×25%＋（200－8－12－100）×50%］×20%＝13（万元）。

18.【答案】A

解析：（1）境外所得抵免限额＝300×25%＝75（万元），大于在境外已缴纳的所得税税额60万元，需要在我国补税15万元（75－60）。（2）应缴纳的企业所得税有两种计算方法：①境内所得应纳税额＋境外所得应补税额＝2000×25%＋15＝515（万元）；②境内外总所得应纳税额－允许抵免的境外已纳税额＝（2000+300）×25%－60＝515（万元）。

## 二、多项选择题

1.【答案】BCD

解析：企业取得收入的货币形式，包括现金、存款、应收账款、应收票据、准备持有至到期的债券投资以及债务的豁免等。

2.【答案】ACD

解析：选项B：“未逾期”的包装物押金尚未构成收入，“逾期未退”的包装物押金收入属于其他收入。

3.【答案】ABCD

解析：企业所得税转让财产收入，是指企业转让固定资产、生物资产、无形资产、股权、债权等财产取得的收入。

4.【答案】BC

5.【答案】AB

解析：（1）选项C：属于免税收入；（2）选项D：属于应税收入。

6.【答案】AC

解析：纳税人按照经济合同规定支付的违约金（包括银行罚息）、罚款和诉讼费用，准予在税前扣除。

7.【答案】BCD

解析：（1）选项A：企业所得税、增值税不得在计算企业所得税应纳税所得额时扣除；（2）选项BCD：通过税金及附加，在当期计算企业所得税应纳税所得额时准予扣除。

8.【答案】ABCD

解析：选项C：未投入使用的房屋，可以计算折旧费用在计算企业所得税应纳税所得额时扣除，但房屋、建筑物以外未投入使用的固定资产（例如，未投入使用的机器设备），不得计算折旧费用在计算企业所得税应纳税所得额时扣除。

9. 【答案】ABCD

解析：生产性生物资产，包括经济林、薪炭林、产畜和役畜等。

10. 【答案】ABD

解析：（1）通过捐赠（选项 A）、投资（选项 D）、非货币性资产交换、债务重组（选项 B）等方式取得的无形资产，以该资产的公允价值和支付的相关税费为计税基础；（2）自行开发的无形资产（选项 C），以开发过程中该资产符合资本化条件后至达到预定用途前发生的支出为计税基础。

11. 【答案】BCD

解析：选项 A：应当考虑依法计入固定资产的计税基础，计算折旧费用在税前扣除。

12. 【答案】ABCD

解析：我国企业所得税的税收优惠包括免税收入（选项 A）、可以减免税的所得、优惠税率、民族自治地方的减免税、加计扣除（选项 B）、抵扣应纳税所得额（选项 C）、加速折旧、减计收入、抵免应纳税额（选项 D）和其他专项优惠政策。

13. 【答案】AB

解析：选项 CD：属于减半征收企业所得税的项目。

14. 【答案】AC

解析：（1）企业所得税“加计扣除”优惠有两个项目：①研究开发费用（选项 C）；②安置残疾人员所支付的工资（选项 A）。（2）选项 B：超过法定扣除限额的部分，准予在以后纳税年度“结转扣除”（而非加计扣除）。（3）选项 D：购置并实际使用的环保专用设备的投资额的 10% 可以从企业当年的应纳税额中抵免。

15. 【答案】ACD

解析：（1）选项 ACD：股息、红利等权益性投资收益和利息、租金、特许权使用费所得，以收入全额为应纳税所得额；（2）选项 B：转让财产所得，以收入全额减除财产净值后的余额为应纳税所得额。

## 三、判断题

1. 【答案】×

解析：居民企业应当就其来源于中国“境内、境外”的所得缴纳企业所得税。

2. 【答案】√

3. 【答案】√

4. 【答案】×

解析：在计算企业所得税应纳税所得额时，企业财务、会计处理办法与税收法律法规的规定不一致的，应当依照“税收法律法规”的规定计算。

5. 【答案】×

解析：企业以买一赠一等方式组合销售本企业商品的，不属于捐赠，应将总的销售金额按各项商品的公允价值的比例来分摊确认各项的销售收入。

6. 【答案】√

7. 【答案】√

8. 【答案】×

9. 【答案】×

解析：企业根据国家有关政策规定，为在本企业任职或者受雇的全体员工支付的补充养老保险费、补充医疗保险费，“分别”在不超过职工工资总额 5% 标准内的部分，在计算应纳税所得额时准予扣除；超过的部分，不予扣除。

10. 【答案】×

解析：企业应当自固定资产投入使用月份的“次月”起计算折旧；停止使用的固定资产，应当自停止使用月份的次月起停止计算折旧。

11. 【答案】√

解析：企业对外投资期间，投资资产的成本在计算企业所得税应纳税所得额时不得扣除；企业在转让或者处置投资资产时，投资资产的成本，准予扣除。

12. 【答案】√

13. 【答案】×

解析：企业从事国家重点扶持的公共基础设施项目的投资经营所得，自项目取得第一笔生产经营收入所属纳税年度起，第1年至第3年免征企业所得税，第4年至第6年减半征收企业所得税。但是，“企业承包经营、承包建设和内部自建自用”的，不得享受上述企业所得税优惠。

14. 【答案】√

解析：国家需要重点扶持的高新技术企业，减按15%的税率征收企业所得税；税收滞纳金、市场监督管理部门的罚款和与生产经营活动无关的非广告性质的赞助支出，均不得在所得税前扣除。所以该企业2020年应缴纳企业所得税 = (800+30+20+50) ×15% = 135（万元）。

15. 【答案】√

解析：外国政府向中国政府提供贷款取得的利息所得、国际金融组织向中国政府和居民企业提供优惠贷款取得的利息所得，免征企业所得税。

16. 【答案】√

## 四、不定项选择题

【案例1】

1. 【答案】ABCD

解析：

| | 收入类型 | 是否计入收入总额 | 应/免/不征税收入? | 是否计入销售（营业）收入 |
|---|---|---|---|---|
| 选项A | 租金收入 | √ | 应税收入 | √ |
| 选项B | 销售货物收入 | √ | 应税收入 | √ |
| 选项C | 接受捐赠收入 | √ | 应税收入 | × |
| 选项D | 特许权使用费收入 | √ | 应税收入 | √ |

2. 【答案】ACD

解析：计算企业所得税应纳税所得额时不得扣除的税金：（1）增值税；（2）企业所得税。

3. 【答案】A

解析：（1）直接捐赠支出，不得在计算企业所得税应纳税所得额时扣除。（2）“通过公益性社会组织”向“受灾地区捐款”的“35万元”属于公益性捐赠；税法扣除限额 = 480×12% = 57.6（万元），实际发生额35万元未超过税法扣除限额，据实扣除。（3）准予扣除的捐赠支出为35万元。

4. 【答案】D

解析：对饮料制造（不含酒类制造）企业发生的广告费和业务宣传费支出，不超过当年销售（营业）收入30%的部分，准予扣除，超过部分，准予在以后纳税年度结转扣除。在本题中，销售（营业）收入 = 5000 + 200 + 1000 = 6200（万元），税法扣除限额 = 6200×30% = 1860（万元），实际发生额2100万元超过税法扣除限额，在计算企业所得税应纳税所得额时准予按限额扣除1860万元。

**【案例 2】**

1. 【答案】ABCD

**解析：**

| | 收入类型 | 是否计入收入总额 | 应/免/不征税收入? | 是否计入销售（营业）收入 |
|---|---|---|---|---|
| 选项 A | 销售货物收入 | √ | 应税收入 | √ |
| 选项 B | 销售货物收入 | √ | 应税收入 | √ |
| 选项 C | 利息收入 | √ | 免税收入 | × |
| 选项 D | 视同销售货物收入 | √ | 应税收入 | √ |

2. 【答案】ABD

**解析：**（1）选项 A：企业发生的合理的工资薪金支出，准予扣除；（2）选项 B：工会经费扣除限额 = 100×2% = 2（万元），实际发生额为 2 万元，未超过扣除限额，在计算企业所得税应纳税所得额时可以按实际发生额全额扣除；（3）选项 C：职工福利费扣除限额 = 100×14% = 14（万元），实际发生额为 15 万元，超过扣除限额，在计算企业所得税应纳税所得额时只能按限额扣除 14 万元；（4）选项 D：职工教育经费扣除限额 = 100×8% = 8（万元），实际发生额 1.5 万元，未超过扣除限额，在计算企业所得税应纳税所得额时可以按实际发生额全额扣除。

3. 【答案】C

**解析：**纳税人承担行政责任（选项 C）或刑事责任的支出，在计算企业所得税应纳税所得额时不得扣除；而合同违约金、银行罚息、法院判决由企业承担的诉讼费等民事性质的款项（选项 ABD），可以据实扣除。

4. 【答案】D

**解析：**（1）企业因管理不善等原因不得从销项税额中抵扣的进项税额，应视同企业财产损失，准予与存货损失一起在企业所得税前按规定扣除；在本题中，甲公司的材料系因管理不善损失，其对应的进项税额不得抵扣，应随同存货损失一并在企业所得税前扣除，因此，排除选项 AB。（2）企业发生的损失，减除责任人赔偿和保险赔款后的余额，依照规定在税前扣除，因此，选项 D 正确。

**【案例 3】**

1. 【答案】ABCD

**解析：**

| | 收入类型 | 是否计入收入总额 | 应/免/不征税收入? | 是否计入销售（营业）收入 |
|---|---|---|---|---|
| 选项 A | 销售货物收入 | √ | 应税收入 | √ |
| 选项 B | 其他收入 | √ | 应税收入 | × |
| 选项 C | 转让财产收入 | √ | 应税收入 | × |
| 选项 D | 提供劳务收入 | √ | 应税收入 | √ |

2. 【答案】CD

**解析**：准予在计算企业所得税应纳税所得额时扣除的税金不包括缴纳的增值税和预缴的企业所得税。

3. 【答案】C

**解析**：限额 1=80×60%=48(万元)>限额 2=(2000+500)×5‰=12.5(万元)，计算企业所得税应纳税所得额时只能扣除 12.5 万元。

4. 【答案】D

**解析**：(1) 选项 A：企业安置残疾人员的，在按照支付给残疾职工工资据实扣除的基础上，按照支付给残疾职工工资的"100%"加计扣除。(2) 选项 B：企业购置并实际使用规定的环境保护、节能节水、安全生产等专用设备的，该专用设备的"投资额的 10%"可以从企业当年的应纳税额中抵免。(3) 选项 C：企业开展研发活动中实际发生的研发费用，未形成无形资产计入当期损益的，在按规定据实扣除的基础上，再按照实际发生额的75%在税前加计扣除。(4) 选项 D：企业在 2018 年 1 月 1 日至 2020 年 12 月 31 日期间新购进的设备、器具，单位价值不超过 500 万元的，允许一次性计入当期成本费用在计算应纳税所得额时扣除，不再分年度计算折旧。

【案例 4】

1. 【答案】D

**解析**：居民企业从其直接投资的未上市居民企业分回的股息收益，免征企业所得税。

2. 【答案】ABCD

3. 【答案】D

**解析**：(1) 本题未告知会计利润，采用直接法计算应纳税所得额；(2) 甲公司 2020 年度企业所得税应纳税所得额=5000+20+300+100-100-3500=1820（万元）。

4. 【答案】ABCD

**解析**：(1) 选项 AD：企业应当自年度终了之日起 5 个月内，向税务机关报送年度企业所得税纳税申报表，并汇算清缴，结清应缴应退税款。纳税年度自公历 1 月 1 日起至 12 月 31 日止。(2) 选项 B：除税收法律、行政法规另有规定外，居民企业以"企业登记注册地"为纳税地点；但登记注册地在境外的，以实际管理机构所在地为纳税地点。(3) 选项 C：按月或按季预缴税款的，企业应当自月份或者季度终了之日起 15 日内，向税务机关报送预缴企业所得税纳税申报表，预缴税款。

【案例 5】

1. 【答案】AC

**解析**：(1) 选项 AC：属于不得税前扣除的项目，应纳税调增；(2) 选项 BD：属于免税收入，应纳税调减。

2. 【答案】B

**解析**：(1) 未形成无形资产的研发费用，在按规定据实扣除的基础上，允许按照实际发生额的 75%（194×75%）在税前加计扣除，选项 AD 错误；(2) 允许加计扣除的金额应纳税调减。

3. 【答案】A

**解析**：(1) 直接计入资本公积，即接受捐赠收入对其会计利润（1522 万元）的影响额为 0；而接受捐赠收入属于企业所得税的应税收入，应计入应纳税所得额；因此，甲公司接受捐赠收入应全额纳税"调增"，选项 BC 错误。(2) 甲公司接受原材料捐赠取得增值税专用发票，获得价值 20 万元的原材料和可以抵扣的进项税额 2.6 万元，应确认接受捐赠收入=20+2.6=22.6（万元），选项 D 未考虑进项税额，错误。

4. 【答案】A

**解析**：应补税额=［1522（企业自行计算的会计利润）-40（国债利息收入调减额）-25.2（股息收入调减额）+10（直接捐赠调增额）+6（行政罚款调增额）-194×75%（研发费用加计扣除调减额）+（20+2.6）（接受捐赠收入调增额）］×25%-280（已预缴的税款）=57.475（万元）。

# 第五章（2） 个人所得税法律制度

## 考情分析

根据考生们的回忆，个人所得税法律制度在每套考卷上的分值约为 10 分，在 2020 年 18 个批次的考试中，有 9 个批次涉及个人所得税的大题。

**2020 年典型考卷题型题量分析表**

| | 卷 1 | | 卷 2 | | 卷 3 | | 卷 4 | | 卷 5 | |
|---|---|---|---|---|---|---|---|---|---|---|
| | 题量 | 分值 | 题量 | 分值 | 题量 | 分值 | 题量 | 分值 | 题量 | 分值 |
| 单项选择题 | 0 | 0 | 4 | 8 | 0 | 0 | 4 | 8 | 4 | 8 |
| 多项选择题 | 1 | 2 | 1 | 2 | 1 | 2 | 1 | 2 | 1 | 2 |
| 判断题 | 0 | 0 | 1 | 1 | 0 | 0 | 0 | 0 | 1 | 1 |
| 不定项选择题 | 4 | 8 | 0 | 0 | 4 | 8 | 0 | 0 | 0 | 0 |
| 合计 | 5 | 10 | 6 | 11 | 5 | 10 | 5 | 10 | 6 | 11 |

2021 年“个人所得税法律制度”部分考点的主要变化为：新增“对在一个纳税年度内首次取得工资、薪金所得的居民个人预扣预缴个人所得税时累计减除费用的计算方法”。

## 考点框架

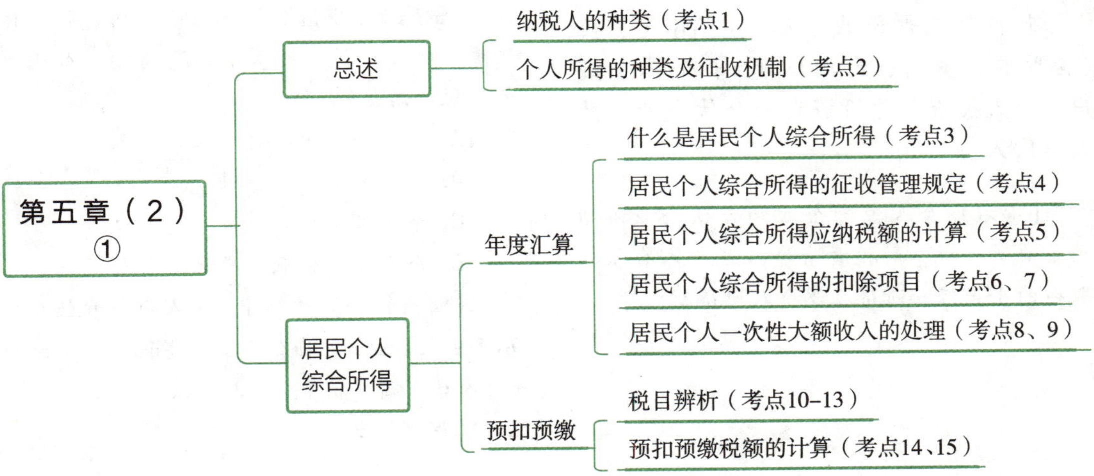

- 第五章（2）②
  - 经营所得
    - 界定（考点16）
    - 应纳税额的计算（考点17）
    - 税率（考点18）
    - 扣除（考点19–21）
  - "4小项"
    - 利息、股息、红利所得（考点22）
    - 偶然所得（考点23）
    - 财产转让所得（考点24）
    - 财产租赁所得（考点25）
  - 其他考点
    - 捐赠的个人所得税处理（考点26）
    - 个人所得税的税收优惠（考点27）
    - 个人所得税的征收管理（考点28）
    - 居民个人取得境外所得（考点29）
    - 非居民个人（考点30）

## 考点剖析

### 第1单元　个人所得税总述

查看本单元视频
使用"会计云课堂"App/微信扫描

#### 01 考点1 纳税人的种类（★★）

1. 个人所得税纳税人，包括**中国公民（含香港、澳门、台湾同胞）、个体工商户、个人独资企业投资者和合伙企业自然人合伙人**等。

**【提示】**个人独资企业和合伙企业不缴纳企业所得税，对投资者个人或个人合伙人取得的生产经营所得征收个人所得税。

#### 经典题解

**【例题1·单选题】**根据个人所得税法律制度的规定，下列各项中，不属于个人所得税纳税人的是(　　)。

A. 合伙企业中的自然人合伙人

B. 一人有限责任公司

C. 个体工商户

D. 个人独资企业的投资者个人

**【解析】**(1) 选项B：一人有限责任公司属于法人企业，应缴纳企业所得税；(2) 选项C：个体工商户属于**自然人（商自然人）**。

**【答案】**B

2. 居民个人与非居民个人

| 类型 | 判定标准 | 纳税义务 |
|---|---|---|
| 居民个人 | 在中国境内有住所的个人（住所地标准） | 就其从中国境内和境外取得的所得，向中国政府缴纳个人所得税 |
| | 在中国境内无住所而一个纳税年度内在中国境内居住累计满 183 天的个人（居住时间标准） | |
| 非居民个人 | 在中国境内无住所又不居住的个人 | 仅就其从中国境内取得的所得，向中国政府缴纳个人所得税 |
| | 在中国境内无住所而一个纳税年度内在中国境内居住累计不满 183 天的个人 | |

【提示 1】居民个人和非居民个人的界定有两个标准：①住所地标准；②居住时间标准。二者符合其一即为我国个人所得税的居民个人，二者均不符合则为非居民个人。

【提示 2】在中国境内有住所，是指因户籍、家庭、经济利益关系而在中国境内习惯性居住。

【提示 3】纳税年度，自公历 1 月 1 日起至 12 月 31 日止。

【提示 4】“累计满 183 天”应当在一个纳税年度内计算。例如，外籍个人甲 2019 年 9 月 1 日受邀来华工作，2020 年 3 月 15 日结束在华工作离境。虽然甲从入境到离境持续计算已满 183 天，但在 2019 纳税年度内，甲在中国境内累计居住的时间（2019 年 9 月 1 日至 2019 年 12 月 31 日）不满 183 天，不属于居民个人；而在 2020 纳税年度内，甲在中国境内累计居住的时间（2020 年 1 月 1 日至 2020 年 3 月 15 日）不满 183 天，不属于居民个人。

## 经典题解

【例题 2 · 判断题】外籍人员露西 2019 年 8 月 6 日受邀来中国工作，2020 年 2 月 6 日结束在中国的工作回国。根据个人所得税法律制度的规定，露西 2019 年度属于我国个人所得税居民个人。（　　）

【解析】（1）2019 纳税年度和 2020 纳税年度应当分别考虑；（2）2020 纳税年度，露西明显未居住满 183 天；而 2019 纳税年度，露西自 8 月 6 日起在华居住，至年度终了亦未满 183 天。

【答案】×

【例题 3 · 单选题】根据个人所得税法律制度的规定，下列在中国境内无住所的外籍人员中，属于 2020 年度居民个人的是（　　）。

A. 马丁 2020 年 8 月 1 日来到中国，2020 年 10 月 31 日离开中国

B. 亨利 2020 年 7 月 5 日来到中国，2021 年 1 月 5 日离开中国

C. 琼斯 2020 年 2 月 1 日来到中国，2020 年 11 月 1 日离开中国

D. 路易 2019 年 9 月 1 日来到中国，2020 年 5 月 1 日离开中国

【解析】题干明确交代选项 ABCD 均在中国境内无住所，因此，思考的焦点在于是否“在 2020 纳税年度内”在中国境内居住累计“满 183 天”。

【答案】C

【例题 4 · 判断题】中国居民李某，在境外工作，只就来源于中国境外的所得征收个人所得税。（　　）

【解析】虽然在境外工作，但李某（住所地在中国）仍属于我国个人所得税居民个人，应当就其从中国境内和境外取得的所得向中国政府履行全面纳税义务。

【答案】×

3. 所得来源地的确定

除国务院财政、税务主管部门另有规定

外，下列所得，不论支付地点是否在中国境内，均为来源于中国境内的所得：

（1）因任职、受雇、履约等在中国境内提供劳务取得的所得；

（2）将财产出租给承租人在中国境内使用而取得的所得；

（3）许可各种特许权在中国境内使用而取得的所得；

（4）转让中国境内的不动产等财产或者在中国境内转让其他财产取得的所得；

（5）从中国境内企业、事业单位、其他组织以及居民个人取得的利息、股息、红利所得。

### 经典题解

**【例题5·多选题】**根据个人所得税法律制度的规定，下列所得中，不论支付地点是否在中国境内，均为来源于中国境内所得的有（　　）。

A. 将财产出租给承租人在中国境内使用而取得的所得

B. 许可各种特许权在中国境内使用而取得的所得

C. 转让中国境内的不动产取得的所得

D. 因任职在中国境内提供劳务取得的所得

**【答案】**ABCD

## 02 考点2 个人所得的种类及征收机制（★★★）

1. 个人所得的种类

（1）工资、薪金所得，是指个人因任职或者受雇取得的工资、薪金、奖金、年终加薪、劳动分红、津贴、补贴以及与任职或者受雇有关的其他所得。

（2）劳务报酬所得，是指个人独立从事非雇佣的各种劳务取得的所得，包括从事设计、装潢、安装、制图、化验、测试、医疗、法律、会计、咨询、讲学、翻译、审稿、书画、雕刻、影视、录音、录像、演出、表演、广告、展览、技术服务、介绍服务、经纪服务、代办服务以及其他劳务取得的所得。

（3）稿酬所得，是指个人因其作品以图书、报刊等形式出版、发表而取得的所得。

（4）特许权使用费所得，是指个人提供专利权、商标权、著作权、非专利技术以及其他特许权的使用权取得的所得。

（5）经营所得，是指：

①个体工商户从事生产、经营活动取得的所得，个人独资企业投资人、合伙企业的个人合伙人来源于境内注册的个人独资企业、合伙企业生产、经营的所得；

②个人依法从事办学、医疗、咨询以及其他有偿服务活动取得的所得；

③个人对企业、事业单位承包经营、承租经营以及转包、转租取得的所得；

④个人从事其他生产、经营活动取得的所得。

（6）利息、股息、红利所得，是指个人拥有债权、股权等而取得的利息、股息、红利所得。

（7）财产租赁所得，是指个人出租不动产、机器设备、车船以及其他财产取得的所得。

（8）财产转让所得，是指个人转让有价证券、股权、合伙企业中的财产份额、不动产、机器设备、车船以及其他财产取得的所得。

（9）偶然所得，是指个人得奖、中奖、中彩以及其他偶然性质的所得。

### 经典题解

**【例题6·单选题】**根据个人所得税法律制度的规定，居民纳税人取得的下列所得中，应按“工资、薪金所得”计缴个人所得税的是（　　）。

A. 国债利息所得

B. 出租闲置住房取得的所得

C. 参加商场有奖销售活动中奖取得的所得

D. 单位全勤奖

**【解析】**（1）选项A：属于利息、股息、红利所得，并享受免税优惠；（2）选项B：属于财产租赁所得；（3）选项C：属于偶然所得。

**【答案】**D

2. 综合征收还是分类征收

| 所得类型 | 纳税人类型 | 征收制度 |
| --- | --- | --- |
| ①工资、薪金所得<br>②劳务报酬所得<br>③稿酬所得<br>④特许权使用费所得 | 居民个人 | 综合征收 |
| | 非居民个人 | 分类征收 |
| ⑤经营所得<br>⑥利息、股息、红利所得<br>⑦财产租赁所得<br>⑧财产转让所得<br>⑨偶然所得 | 居民个人 | 分类征收 |
| | 非居民个人 | 分类征收 |

3. 个人所得的形式

个人所得的形式，包括现金、实物、有价证券和其他形式的经济利益：

（1）所得为实物的，应当按照取得的凭证上所注明的价格计算应纳税所得额，无凭证的实物或凭证上所注明的价格明显偏低的，参照市场价格核定应纳税所得额。

（2）所得为有价证券的，根据票面价格和市场价格核定应纳税所得额。

（3）所得为其他形式的经济利益的，参照市场价格核定应纳税所得额。

4. 两个以上的个人共同取得同一项目收入的，应当对每个人取得的收入分别依法计算纳税。

## 第 2 单元 居民个人综合所得的年度汇算

查看本单元视频

使用"会计云课堂"App/微信扫描

### 03 考点 3 什么是居民个人综合所得（★★★）

居民个人取得"工劳稿特"（工资、薪金所得，劳务报酬所得，稿酬所得，特许权使用费所得），纳入综合所得，按纳税年度合并计算个人所得税。

【提示】非居民个人取得上述 4 项所得，按月或者按次分项计算个人所得税。

**经典题解**

【例题 7 · 多选题】根据个人所得税法律制度的规定，下列属于综合所得的有（ ）。

A. 工资薪金所得

B. 财产租赁所得

C. 劳务报酬所得

D. 经营所得

【答案】AC

### 04 考点 4 居民个人综合所得的征收管理规定（★★）

1. 居民个人取得综合所得，按年计算个人所得税；有扣缴义务人的，由扣缴义务人按月或者按次预扣预缴税款；需要办理汇算清缴的，应当在取得所得的次年 3 月 1 日至 6 月 30 日内办理汇算清缴。

2. 取得综合所得需要办理汇算清缴的情形

(1)从两处或者两处以上取得综合所得，且综合所得年收入额减除专项扣除的余额超过 6 万元；

(2)取得劳务报酬所得、稿酬所得、特许权使用费所得中一项或者多项所得，且综合所得年收入额减除专项扣除的余额超过 6 万元；

(3)纳税年度内预缴税额低于应纳税额；

(4)纳税人申请退税。

## 05 考点 5 居民个人综合所得应纳税额的计算（★★★）

1. 应纳税额

=应纳税所得额×适用税率-速算扣除数

=（每一纳税年度收入额-费用 6 万元-专项扣除-专项附加扣除-依法确定的其他扣除）×适用税率-速算扣除数

2. 收入额

劳务报酬所得、稿酬所得、特许权使用费所得以收入减除 20% 的费用后的余额为收入额；稿酬所得的收入额减按 70% 计算。

3. 适用3%～45% 的超额累进税率。

个人所得税税率表［表 5（2）-1］

（综合所得适用）

| 级数 | 全年应纳税所得额 | 税率（%） | 速算扣除数（元） |
|---|---|---|---|
| 1 | 不超过 36000 元的 | 3 | 0 |
| 2 | 超过 36000 元至 144000 元的部分 | 10 | 2520 |
| 3 | 超过 144000 元至 300000 元的部分 | 20 | 16920 |
| 4 | 超过 300000 元至 420000 元的部分 | 25 | 31920 |
| 5 | 超过 420000 元至 660000 元的部分 | 30 | 52920 |
| 6 | 超过 660000 元至 960000 元的部分 | 35 | 85920 |
| 7 | 超过 960000 元的部分 | 45 | 181920 |

按月换算后的综合所得税率表［表 5（2）-2］

| 级数 | 应纳税所得额 | 税率（%） | 速算扣除数（元） |
|---|---|---|---|
| 1 | 不超过 3000 元的 | 3 | 0 |
| 2 | 超过 3000 元至 12000 元的部分 | 10 | 210 |
| 3 | 超过 12000 元至 25000 元的部分 | 20 | 1410 |
| 4 | 超过 25000 元至 35000 元的部分 | 25 | 2660 |
| 5 | 超过 35000 元至 55000 元的部分 | 30 | 4410 |
| 6 | 超过 55000 元至 80000 元的部分 | 35 | 7160 |
| 7 | 超过 80000 元的部分 | 45 | 15160 |

应纳税额 = 应纳税所得额 × 适用税率-速算扣除数

应纳税所得额 ⇩ 收入额-允许扣除项目

收入额：
- 工资、薪金收入
- 劳务报酬收入×（1-20%）
- 稿酬收入×（1-20%）×70%
- 特许权使用费收入×（1-20%）

允许扣除项目：
- 减除费用60000元/年
- 专项扣除："三险一金"
- 专项附加扣除（6项）
- 依法确定的其他扣除

适用税率-速算扣除数：
1.实行3%~45%的超额累进税率
2.以所得额查找居民个人综合所得年度税率表确定

图5（2）-1 居民个人综合所得应纳税额计算要素综述图

## 06 考点6 居民个人综合所得的扣除项目总述（★★★）

| 项目 | 主要规定 |
|---|---|
| 减除费用 | 60000元/年 |
| 专项扣除 | 包括居民个人按照国家规定的范围和标准缴纳的基本养老保险、基本医疗保险、失业保险等（基本）社会保险费和住房公积金等（"三险一金"） |
| 专项附加扣除［参考图5（2）-2］ | 子女教育专项附加扣除 |
| | 继续教育专项附加扣除 |
| | 大病医疗专项附加扣除 |
| | 住房贷款利息专项附加扣除 |
| | 住房租金专项附加扣除 |
| | 赡养老人专项附加扣除 |
| 依法确定的其他扣除 | 包括个人缴付符合国家规定的企业年金、职业年金，个人购买符合国家规定的商业健康保险、税收递延型商业养老保险的支出，以及国务院规定可以扣除的其他项目 |

图5（2）-2 专项附加扣除的六个项目

## 经典题解

【例题8·单选题】根据个人所得税法律制度的规定，下列各项中，属于专项扣除的是（ ）。

A. 个人购买符合国家规定的商业健康保险

B. 个人缴付符合国家规定的企业年金

C. 个人缴付符合国家规定的职业年金

D. 个人缴付符合国家规定的基本养老保险

【解析】选项ABC属于“依法确定的其他扣除”。

【答案】D

【例题9·单选题】根据个人所得税法律制度的规定，下列各项中，不属于专项附加扣除的是（ ）。

A. 基本医疗保险

B. 住房租金

C. 大病医疗

D. 子女教育

【解析】选项A：属于专项扣除。

【答案】A

【例题10·多选题】根据个人所得税法律制度的规定，下列各项中，属于专项附加扣除的有（ ）。

A. 继续教育

B. 子女抚养

C. 赡养老人

D. 子女教育

【答案】ACD

## 07 考点7 专项附加扣除的细节（★★）

1. 子女教育专项附加扣除

（1）纳税人的子女接受全日制学历教育的相关支出、年满3岁至小学入学前处于学前教育阶段的子女，按照每个子女每月1000元的标准定额扣除。（“子女论个算”）

（2）父母可以选择由其中一方按扣除标准的100%扣除，也可以选择由双方分别按扣除标准的50%扣除，具体扣除方式在一个纳税年度内不能变更。

（3）学历教育包括义务教育（小学、初中教育）、高中阶段教育（普通高中、中等职业、技工教育）、高等教育（大学专科、大学本科、硕士研究生、博士研究生教育）。

（4）纳税人子女在中国境外接受教育的，纳税人应当留存境外学校录取通知书、留学签证等相关教育的证明资料备查。

2. 赡养老人专项附加扣除

纳税人赡养一位及以上被赡养人（年满60岁的父母，子女均已去世的年满60岁的祖父母、外祖父母）的赡养支出，统一按照以下标准定额扣除：

（1）纳税人为独生子女的，按照每月2000元的标准定额扣除。（“老人打包算”）

（2）纳税人为非独生子女的，由其与兄弟姐妹分摊每月2000元的扣除额度，每人分摊的额度不能超过每月1000元。可以由赡养人均摊或者约定分摊，也可以由被赡养人指定分摊。约定或者指定分摊的须签订书面分摊协议，指定分摊优先于约定分摊。具体分摊方式和额度在一个纳税年度内不能变更。

3. 住房贷款利息专项附加扣除

（1）纳税人本人或者配偶单独或者共同使用商业银行或者住房公积金个人住房贷款为本人或者其配偶购买中国境内住房，发生的首套住房贷款利息支出，在实际发生贷款利息的年度，按照每月1000元的标准定额扣除。

（2）扣除期限最长不超过240个月。纳税人只能享受一次首套住房贷款的利息扣除。

（3）经夫妻双方约定，可以选择由其中一方扣除，具体扣除方式在一个纳税年度内不能变更。

（4）夫妻双方婚前分别购买住房发生的首套住房贷款，其贷款利息支出，婚后可以选择其中一套购买的住房，由购买方按扣除标准的100%扣除，也可以由夫妻双方对各自购买的住房分别按扣除标准的50%扣除，具体扣除方式在一个纳税年度内不能变更。

（5）首套住房贷款是指购买住房享受首套住房贷款利率的住房贷款。

（6）纳税人应当留存住房贷款合同、贷款还款支出凭证备查。

4. 住房租金专项附加扣除

（1）纳税人在主要工作城市没有自有住房而发生的住房租金支出，可以按照以下标准定额扣除：

①直辖市、省会（首府）城市、计划单列市以及国务院确定的其他城市，扣除标准为每月1500元。

②除前项所列城市以外，市辖区户籍人口超过100万的城市，扣除标准为每月1100元；市辖区户籍人口不超过100万的城市，扣除标准为每月800元。

（2）纳税人的配偶在纳税人的主要工作城市有自有住房的，视同纳税人在主要工作城市有自有住房。

（3）夫妻双方主要工作城市相同的，只能由一方扣除住房租金支出。

（4）住房租金支出由签订租赁住房合同的承租人扣除。

（5）纳税人及其配偶在一个纳税年度内不能同时分别享受住房贷款利息和住房租金专项附加扣除。

（6）纳税人应当留存住房租赁合同、协议等有关资料备查。

5. 继续教育专项附加扣除

（1）纳税人在中国境内接受学历（学位）继续教育的支出，在学历（学位）教育期间按照每月400元定额扣除。

（2）同一学历（学位）继续教育的扣除期限不能超过48个月。

（3）纳税人接受技能人员职业资格继续教育、专业技术人员职业资格继续教育的支出，在取得相关证书的当年，按照3600元定额扣除。

（4）个人接受本科及以下学历（学位）继续教育，符合法定扣除条件的，可以选择由其父母扣除，也可以选择由本人扣除。

（5）纳税人接受技能人员职业资格继续教育、专业技术人员职业资格继续教育的，应当留存相关证书等资料备查。

6. 大病医疗专项附加扣除

（1）在一个纳税年度内，纳税人发生的与基本医保相关的医药费用支出，扣除医保报销后个人负担（指医保目录范围内的自付部分）累计超过15000元的部分，由纳税人在办理年度汇算清缴时，在80000元限额内据实扣除。

（2）纳税人发生的医药费用支出可以选择由本人或者其配偶扣除；未成年子女发生的医药费用支出可以选择由其父母一方扣除。

（3）纳税人及其配偶、未成年子女发生的医药费用支出，依法分别计算扣除额。

（4）纳税人应当留存医药服务收费及医保报销相关票据原件（或者复印件）等资料备查。医疗保障部门应当向患者提供在医疗保障信息系统记录的本人年度医药费用信息查询服务。

【提示1】按照最近2年考试情况，各扣除项目的具体扣除标准、扣除办法在题目已知条件中提供，考生主要关注扣除范围，专项附加扣除要点简图见本书附录。

【提示2】专项附加扣除是按照税法规定的标准扣除，而不是按纳税人实际支出的数额扣除。

【提示3】专项扣除、专项附加扣除和依法确定的其他扣除，以居民个人一个纳税年度的应纳税所得额为限额；一个纳税年度扣除不完的，不结转以后年度扣除。

【提示4】（1）居民个人取得工资、薪金所得时，可以向扣缴义务人提供专项附加扣除有关信息，由扣缴义务人扣缴税款时减除专项附加扣除。（2）纳税人同时从2处以上取得工资、薪金所得，并由扣缴义务人减除专项附加扣除的，对同一专项附加扣除项目，在一个纳税年度内只能选择从一处取得的所得中减除。（3）居民个人取得劳务报酬所得、稿酬所得、特许权使用费所得，应当在汇算清缴时向税务机关提供有关信息，减除专项附加扣除。

**【案例】**中国公民李某为甲公司销售主管，有两个孩子，女儿读小学1年级，儿子2018年出生。李某有一个姐姐，父母均已年过60岁。李某2019年的有关收支情况如下：

（1）每月取得工资16000元；每月缴纳的基本养老保险费、基本医疗保险费、失业保险费、住房公积金共2700元；每月偿还享受首套住房贷款利率的住房贷款本息6000元。

（2）全年取得稿酬120000元，劳务报酬50000元。

（3）女儿课外班全年支出费用30000元，儿子早教班全年支出费用10000元。

已知：综合所得，每一纳税年度减除费用60000元；劳务报酬所得、稿酬所得以收入减除20%的费用后的余额为收入额；稿酬所得的收入额减按70%计算。子女教育专项附加扣除标准为1000元/月，由李某按扣除标准的100%扣除。住房贷款利息专项附加扣除标准为1000元/月，由李某按扣除标准的100%扣除。赡养老人专项附加扣除标准为2000元/月，李某与其姐姐均摊。个人所得税税率表［参考表5（2）-1］。

**【分析】**

（1）

（单位：元）

<table>
<tr><td rowspan="3">收入额</td><td colspan="3">工资、薪金收入额＝16000×12＝192000</td></tr>
<tr><td colspan="3">稿酬所得收入额<br>＝120000×（1－20%）×70%<br>＝67200</td></tr>
<tr><td colspan="3">劳务报酬所得收入额<br>＝50000×（1－20%）<br>＝40000</td></tr>
<tr><td rowspan="6">允许扣除项目</td><td>减除费用</td><td colspan="2">60000</td></tr>
<tr><td>专项扣除</td><td colspan="2">2700×12＝32400</td></tr>
<tr><td rowspan="3">专项附加扣除</td><td>子女教育</td><td>1000×12×1＝12000<br>【提示1】李某儿子未满3岁，不满足子女教育专项附加扣除的享受条件<br>【提示2】按税法规定的标准扣除，与实际支出的数额无关</td></tr>
<tr><td>住房贷款利息</td><td>1000×12＝12000</td></tr>
<tr><td>赡养老人</td><td>2000×50%×12＝12000<br>【提示】“老人打包算”，不论一个老人，还是数个老人，均为上述扣除金额</td></tr>
<tr><td>依法确定的其他扣除</td><td colspan="2">0</td></tr>
</table>

（2）

收入额合计 = 192000 + 67200 + 40000 = 299200（元）；

允许扣除项目合计 = 60000 + 32400 + 12000+12000+12000 = 128400（元）；

应纳税所得额 = 299200 - 128400 = 170800（元）；

以应纳税所得额查找税率表［见表 5（2）-1］，适用税率为 20%，速算扣除数为 16920；

应纳税额 = 170800 × 20% - 16920 = 17240（元）。

## 08 考点 8 居民个人取得符合规定的全年一次性奖金（★★）

| | |
|---|---|
| 2021 年 12 月 31 日前 | 可以选择并入综合所得计算纳税（属于工资、薪金所得） |
| | 可以选择不并入当年的综合所得，单独计算纳税：<br>（1）确定税率和速算扣除数：以全年一次性奖金收入除以 12 个月得到的数额，查找月度税率表确定适用税率和速算扣除数<br>（2）计算应纳税额：应纳税额 = 全年一次性奖金收入×适用税率-速算扣除数<br>【提示】确定税率和速算扣除数时"÷12"，但计算应纳税额时直接以全年一次性奖金收入全额计算 |
| 2022 年 1 月 1 日起 | 应当并入综合所得计算纳税 |

**【案例】**2019 年 12 月中国公民刘某取得全年一次性奖金 60000 元，刘某选择不并入当年综合所得计算纳税。已知，全年一次性奖金适用个人所得税税率为 10%，速算扣除数为 210。

**【分析】**

刘某当月取得全年一次性奖金应缴纳个人所得税税额 = 60000×10%-210 = 5790（元）。

## 09 考点 9 居民个人取得其他一次性大额收入（★★）

1. 企业年金、职业年金

（1）缴费时

个人缴付符合国家规定的企业年金、职业年金，属于"依法确定的其他扣除"，可以从收入额中减除。

（2）领取

①个人达到国家规定的退休年龄，领取的企业年金、职业年金，符合相关规定的，不并入综合所得，全额单独计算应纳税款。

②个人因出境定居而一次性领取的年金个人账户资金，或个人死亡后，其指定的受益人或法定继承人一次性领取的年金个人账户余额，依法计算纳税［适用税率表参考表 5（2）-1］。对个人除上述特殊原因外一次性领取年金个人账户资金或余额的，依法计算纳税［适用税率表参考表 5（2）-2］。

2. 商业健康保险

（1）对个人购买符合规定的商业健康保险产品的支出，允许在当年（月）计算应纳税所得额时予以税前扣除，扣除限额为 2400 元/年（200 元/月）。

（2）单位统一为员工购买符合规定的商业健康保险产品的支出，应分别计入员工个人工资薪金，视同个人购买，允许在计算应纳税所得额时予以税前扣除，扣除限额为 2400 元/年（200 元/月）。

3. 上市公司股权激励的征税规定

（1）居民个人取得上市公司股票期权、股票增值权、限制性股票、股权奖励等股权激励，符合规定的相关条件的，在 2021 年 12 月 31 日前，不并入当年综合所得，全额单独计算纳税。

（2）居民个人一个纳税年度内取得 2 次以上（含 2 次）股权激励的，应合并计算纳税。

4. 关于解除劳动关系、提前退休、内部退养的一次性补偿收入的政策

（1）个人与用人单位解除劳动关系取得一次性补偿收入（包括用人单位发放的经济补偿金、生活补助费和其他补助费），在当地上年职工平均工资 3 倍数额以内的部分，免征个人所得税；超过 3 倍数额的部分，不并入当年综合所得，单独计算纳税。

（2）个人办理提前退休手续而取得的一次性补贴收入，应按照办理提前退休手续至法定离退休年龄之间实际年度数平均分摊，确定适用税率和速算扣除数，单独计算纳税。

（3）个人办理内部退养手续而取得的一次性补贴收入，按照“工资、薪金所得”项目依法计算纳税。

5. 关于单位低价向职工售房的政策

单位按低于购置或建造成本价格出售住房给职工，职工因此而少支出的差价部分，符合相关规定的，不并入当年综合所得，以差价收入除以 12 个月得到的数额，依法确定适用税率和速算扣除数，单独计算纳税。

## 第 3 单元　居民个人综合所得的预扣预缴

查看本单元视频

使用“会计云课堂”App/ 微信扫描

### 10 考点 10 工资、薪金所得的界定（★★★）

（一）基本规定

1. 工资、薪金所得，是指个人因任职或者受雇取得的工资、薪金、奖金、年终加薪、劳动分红、津贴、补贴以及与任职或者受雇有关的其他所得。

2. 补贴、津贴

（1）下列项目不属于工资、薪金性质的补贴、津贴，不予征收个人所得税：

①独生子女补贴；

②执行公务员工资制度未纳入基本工资总额的补贴、津贴差额和家属成员的副食补贴；

③托儿补助费；

④差旅费津贴、误餐补助。

【小口诀】“独有公务员的儿子，出差就餐不交个税”。

（2）免税补贴、津贴

按照国务院规定发给的政府特殊津贴、院士津贴，以及国务院规定免纳个人所得税的其他补贴、津贴，免征个人所得税。

**经典题解**

【例题 11 · 单选题】根据个人所得税法律制度的规定，下列各项中，不属于工资、薪金性质的补贴、津贴的是（　　）。

A. 工龄补贴　　B. 加班补贴

C. 差旅费津贴　　D. 岗位津贴

【答案】C

3. 免税奖金

省级人民政府、国务院部委和中国人民解放军军以上单位，以及外国组织、国际组织颁发的科学、教育、技术、文化、卫生、体育、环境保护等方面的奖金，免征个人所得税。

**经典题解**

【例题 12 · 单选题】根据个人所得税法律制度的规定，下列情形中，免征个人所得

税的是(　　)。

A. 张某取得所在单位发放的年终奖

B. 钱某获得省政府颁发的科学方面的奖金

C. 刘某取得所在公司发放的销售业绩奖金

D. 赵某获得县教育部门颁发的教育方面的奖金

【解析】(1) 选项AC：均属于工资、薪金所得，应依法计税；(2) 选项D：颁奖机构为“县教育部门”，级别不够，不属于免税奖金。

【答案】B

（二）特殊规定

1. 退休人员

| 收入类型 | | 税务处理 |
|---|---|---|
| 退休工资 | 按照国家统一规定发给干部、职工的安家费、退职费、基本养老金或退休费、离休费、离休生活补助费 | 免征个人所得税 |
| 退休人员符合相关条件的再任职收入 | | 按“工资、薪金所得”缴纳个人所得税 |
| 延长退休期间的工资 | 达到离休、退休年龄，但确因工作需要，适当延长离休、退休年龄的高级专家（指享受国家发放的政府特殊津贴的专家、学者），其在延长离休、退休期间的工资、薪金所得 | 视同离休、退休工资免征个人所得税 |
| 其他补贴、奖金、实物 | 离退休人员除按规定领取离退休工资或养老金外，另从原任职单位取得的各类补贴、奖金、实物，不属于免税的退休工资、离休工资、离休生活补助费 | 按“工资、薪金所得”缴纳个人所得税 |

## 经典题解

【例题13·单选题】2020年9月，退休职工王某取得的下列收入中，免予缴纳个人所得税的是(　　)。

A. 退休工资4000元

B. 商场有奖销售中奖800元

C. 其原任职单位中秋节发放补贴800元

D. 报刊上发表文章取得报酬1000元

【解析】(1) 选项A：免征个人所得税；(2) 选项B：按“偶然所得”计征个人所得税；(3) 选项C：属于从原任职单位取得的其他补贴，应按“工资、薪金所得”计征个人所得税；(4) 选项D：应按“稿酬所得”计征个人所得税。

【答案】A

2. 公务交通、通讯补贴收入

个人因公务用车和通讯制度改革而取得的公务用车、通讯补贴收入，扣除一定标准的公务费用后，按照“工资、薪金所得”计征个人所得税。

3. 保险金

(1) 企事业单位和个人超过规定的比例和标准缴付的基本养老保险费、基本医疗保险费和失业保险费，应将超过部分并入个人当期的工资、薪金收入，计征个人所得税。

(2) 单位和个人分别在不超过职工本人上一年度月平均工资12%的幅度内，其实际缴存的住房公积金，允许在个人应纳税所得额中扣除。单位和职工个人缴存住房公积金的月平均工资不得超过职工工作地所在设区城市上一年度职工月平均工资的3倍，具体标准按照各地有关规定执行。单位和个人超过规定比例和标准缴付的住房公积金，应将超过部分并入个人当期的工资、薪金收入，计征个人所得税。

（3）企业为员工支付各项免税之外的保险金，应在企业向保险公司缴付时并入员工当期的工资收入，按“工资、薪金所得”计征个人所得税，税款由企业负责扣缴。

4. 兼职律师

兼职律师从律师事务所取得工资、薪金性质的所得，律师事务所应预扣预缴其个人所得税，不再减除个人所得税法规定的费用扣除标准，以收入全额（取得分成收入的为扣除办理案件支出费用后的余额）直接确定适用预扣率，计算扣缴个人所得税。

5. 科技人员的现金奖励

依法批准设立的非营利性研究开发机构和高等学校根据《中华人民共和国促进科技成果转化法》规定，从职务科技成果转化收入中给予科技人员的现金奖励，可减按50%计入科技人员当月“工资、薪金所得”，依法缴纳个人所得税。

## 11 考点11 劳务报酬所得的界定（★★★）

1. 劳务报酬所得，是指个人独立从事非雇佣的各种劳务取得的所得，包括从事设计、装潢、安装、制图、化验、测试、医疗、法律、会计、咨询、讲学、翻译、审稿、书画、雕刻、影视、录音、录像、演出、表演、广告、展览、技术服务、介绍服务、经纪服务、代办服务以及其他劳务取得的所得。

2. 个人兼职取得的收入，应按照“劳务报酬所得”缴纳个人所得税。

3. 律师以个人名义再聘请其他人员为其工作而支付的报酬，应由该律师按“劳务报酬所得”负责预扣预缴个人所得税。

4. 保险营销员、证券经纪人取得的佣金收入，属于“劳务报酬所得”。

### 经典题解

**【例题14·多选题】**根据个人所得税法律制度的规定，个人取得的下列收入中，应按照“劳务报酬所得”计缴个人所得税的有(　　)。

A. 某职员取得的本单位优秀员工奖金

B. 某高校教师从任职学校领取的工资

C. 某工程师从非雇佣企业取得的咨询收入

D. 某经济学家从非雇佣企业取得的讲学收入

**【解析】**对于工资薪金所得和劳务报酬所得的区分，属于雇佣关系的为工资薪金所得（选项A和选项B），属于非雇佣关系的为劳务报酬所得（选项C和选项D）。

**【答案】**CD

## 12 考点12 稿酬所得的界定（★★★）

1. 稿酬所得，是指个人因其作品（包括文学作品、书画作品、摄影作品等）以图书、报刊等形式出版、发表而取得的所得。

2. 遗作稿酬

作者去世后，财产继承人取得的遗作稿酬，应当按照“稿酬所得”征收个人所得税。

### 经典题解

**【例题15·单选题】**大学教授张某取得的下列收入中，应按“稿酬所得”计缴个人所得税的是(　　)。

A. 作品参展收入

B. 出版书画作品收入

C. 学术报告收入

D. 审稿收入

**【解析】**选项ACD均与“出版、发表”无关，应按“劳务报酬所得”计征个人所得税。

**【答案】**B

## 13 考点13 特许权使用费所得的界定（★★★）

1. 特许权使用费所得，是指个人提供专利权、商标权、著作权、非专利技术以及其他特许权的使用权取得的所得。

2. 著作权使用权的特殊规定

（1）提供著作权的使用权取得的所得，不包括稿酬所得。

（2）作者将自己的文字作品手稿原件或复印件公开拍卖（竞价）取得的所得，属于提供著作权的使用权所得，按“特许权使用费所得”征收个人所得税。

（3）对于剧本作者从电影、电视剧的制作单位取得的剧本使用费，不再区分剧本的使用方是否为其任职单位，统一按“特许权使用费所得”项目计征个人所得税。

3. 个人取得专利赔偿所得，应按“特许权使用费所得”缴纳个人所得税。

### 经典题解

【例题16·单选题】根据个人所得税法律制度的规定，下列各项中，不属于特许权使用费所得的是（　　）。

A. 提供著作权的使用权取得的所得

B. 提供专利权的使用权取得的所得

C. 提供房屋使用权取得的所得

D. 提供商标权的使用权取得的所得

【解析】选项C：属于财产租赁所得。

【答案】C

【例题17·单选题】根据个人所得税法律制度的规定，下列各项中，属于劳务报酬所得的是（　　）。

A. 作家赵某取得的剧本使用费

B. 演员钱某从其所属单位领取的工资

C. 律师孙某出租房屋取得的租金

D. 教师李某在校外兼职讲课取得的课酬

【解析】（1）选项A：属于特许权使用费所得；（2）选项B：属于工资、薪金所得；（3）选项C：属于财产租赁所得。

【答案】D

【例题18·单选题】根据个人所得税法律制度的规定，下列各项中，属于稿酬所得的是（　　）。

A. 画家将书画作品以图书的形式出版取得的所得

B. 科研工作者取得的专利赔偿所得

C. 剧本作者从电视剧制作单位取得的剧本使用费

D. 作者将自己的文字作品手稿原件拍卖取得的所得

【解析】选项BCD：属于特许权使用费所得。

【答案】A

【例题19·多选题】根据个人所得税法律制度的规定，下列各项中，属于劳务报酬所得的有（　　）。

A. 个人因其作品以图书形式出版而取得的所得

B. 个人因任职受雇从上市公司取得的股票增值权所得

C. 证券经纪人从证券公司取得的佣金收入

D. 学生假期兼职取得的收入

【解析】（1）选项A：属于稿酬所得；（2）选项B：属于工资、薪金所得。

【答案】CD

## 14 考点14 居民个人工资、薪金所得的预扣预缴（★★★）

1. 扣缴义务人向居民个人支付工资、薪金所得时，应当按照累计预扣法计算预扣税款，并按月办理扣缴申报。

2. 计算公式

（1）累计预扣预缴应纳税所得额＝累计收入－累计免税收入－累计减除费用－累计专项扣除－累计专项附加扣除－累计依法确定

的其他扣除

（2）本期应预扣预缴税额 =（累计预扣预缴应纳税所得额×预扣率-速算扣除数）-累计减免税额-累计已预扣预缴税额

【提示 1】余额为负值时，暂不退税。纳税年度终了后余额仍为负值时，由纳税人通过办理综合所得年度汇算清缴，税款多退少补。

【提示 2】累计减除费用，按照 5000 元/月乘以纳税人当年截至本月在本单位的任职受雇月份数计算。

【提示 3】对一个纳税年度内首次取得工资、薪金所得的居民个人，扣缴义务人在预扣预缴个人所得税时，可按照 5000 元/月乘以纳税人当年截至本月月份数计算累计减除费用。（2021 年新增）

3. 预扣率、速算扣除数

**个人所得税预扣率表［表 5（2）-3］**

**（居民个人工资、薪金所得预扣预缴适用）**

| 级数 | 累计预扣预缴应纳税所得额 | 预扣率（%） | 速算扣除数（元） |
|---|---|---|---|
| 1 | 不超过 36000 元的 | 3 | 0 |
| 2 | 超过 36000 元至 144000 元的部分 | 10 | 2520 |
| 3 | 超过 144000 元至 300000 元的部分 | 20 | 16920 |
| 4 | 超过 300000 元至 420000 元的部分 | 25 | 31920 |
| 5 | 超过 420000 元至 660000 元的部分 | 30 | 52920 |
| 6 | 超过 660000 元至 960000 元的部分 | 35 | 85920 |
| 7 | 超过 960000 元的部分 | 45 | 181920 |

**【案例】**中国公民张某在国内某公司任职，每月取得工资、薪金所得 23500 元，由任职单位扣缴“三险一金”5280 元；张某夫妇有 1 个女儿正在上小学，夫妻双方约定子女教育专项附加扣除由张某按扣除标准的 100% 扣除。已知：纳税人的子女接受全日制学历教育的相关支出，按照每个子女每月 1000 元的标准定额扣除。个人所得税预扣率表［参见表 5（2）-3］。

**【分析】**

（单位：元）

| | 1 月份 | 2 月份 | 3 月份 |
|---|---|---|---|
| 累计收入 | 23500 | 23500×2 | 23500×3 |
| 累计免税收入 | 0 | 0 | 0 |
| 累计减除费用 | 5000 | 5000×2 | 5000×3 |
| 累计专项扣除 | 5280 | 5280×2 | 5280×3 |
| 累计专项附加扣除 | 1000 | 1000×2 | 1000×3 |
| 累计依法确定的其他扣除 | 0 | 0 | 0 |

续表

| | 1月份 | 2月份 | 3月份 |
|---|---|---|---|
| 累计预扣预缴应纳税所得额 | 23500－5000－5280－1000＝12220 | 23500×2－5000×2－5280×2－1000×2＝24440 | 23500×3－5000×3－5280×3－1000×3＝36660 |
| 预扣率 | 3% | 3% | 10% |
| 速算扣除数 | 0 | 0 | 2520 |
| 累计减免税额 | 0 | 0 | 0 |
| 累计已预扣预缴税额 | 0 | 366.6 | 733.2 |
| 本期应预扣预缴税额 | 12220×3%＝366.6 | 24440×3%－366.6＝366.6 | 36660×10%－2520－733.2＝412.8 |

## 经典题解

【例题20·单选题】中国公民张某2020年1月取得工资12000元，缴纳基本养老保险费、基本医疗保险费、失业保险费、住房公积金2000元，支付首套住房贷款本息2800元。已知，工资、薪金所得个人所得税预扣率为3%，减除费用为5000元/月，住房贷款利息专项附加扣除标准为1000元/月，由张某按扣除标准的100%扣除。计算张某当月工资应预扣预缴个人所得税税额的下列算式中，正确的是（　　）。

A.（12000－5000－2000－1000）×3%

B.（12000－5000－2000－2800）×3%

C.（12000－5000－2000）×3%

D.（12000－2800）×3%

【解析】（1）住房贷款利息专项附加扣除按法定标准（1000元/月）扣除，而非按实际发生额（2800元）扣除，排除选项BD；（2）选项C没有考虑住房贷款利息专项附加扣除，排除。

【答案】A

## 15 考点15 居民个人劳务报酬所得、稿酬所得、特许权使用费所得的预扣预缴（★★★）

1. 计算公式

| | | 预扣预缴 | | 年度汇算应确认的收入额（参考上文考点5） |
|---|---|---|---|---|
| | | 预扣预缴应纳税所得额 | 应预扣预缴的税额 | |
| 每次收入≤4000元 | 劳务报酬所得 | 每次收入－800 | （每次收入－800）×预扣率－速算扣除数 | 每次收入×（1－20%） |
| | 稿酬所得 | （每次收入－800）×70% | （每次收入－800）×70%×预扣率 | 每次收入×（1－20%）×70% |
| | 特许权使用费所得 | 每次收入－800 | （每次收入－800）×预扣率 | 每次收入×（1－20%） |

续表

| | | 预扣预缴 | | 年度汇算应确认的收入额（参考上文考点 5） |
|---|---|---|---|---|
| | | 预扣预缴应纳税所得额 | 应预扣预缴的税额 | |
| 每次收入>4000 元 | 劳务报酬所得 | 每次收入×（1-20%） | 每次收入×（1-20%）×预扣率-速算扣除数 | 每次收入×（1-20%） |
| | 稿酬所得 | 每次收入×（1-20%）×70% | 每次收入×（1-20%）×70%×预扣率 | 每次收入×（1-20%）×70% |
| | 特许权使用费所得 | 每次收入×（1-20%） | 每次收入×（1-20%）×预扣率 | 每次收入×（1-20%） |

【提示】在计算上述 3 个征税项目的预扣预缴应纳税所得额时，只能依照税法规定减除 800 或 20%的费用，不能减除其他支出。

2. 预扣率、速算扣除数

（1）劳务报酬所得

个人所得税预扣率表［表 5（2）-4］
（居民个人劳务报酬所得预扣预缴适用）

| 级数 | 预扣预缴应纳税所得额 | 预扣率（%） | 速算扣除数 |
|---|---|---|---|
| 1 | 不超过 20000 元的 | 20 | 0 |
| 2 | 超过 20000 元至 50000 元的部分 | 30 | 2000 |
| 3 | 超过 50000 元的部分 | 40 | 7000 |

（2）稿酬所得、特许权使用费所得适用 20%的比例预扣率。

3. “每次”的界定

劳务报酬所得、稿酬所得、特许权使用费所得，**属于一次性收入的，以取得该项收入为一次；属于同一项目连续性收入的，以一个月内取得的收入为一次**。

【案例 1】（1）某大学教授受邀为甲公司职工讲授国学课一次，取得报酬 15000 元，由于讲授单独的一次课程，属于一次性收入，以该 15000 元为一次按劳务报酬所得计税；（2）该大学教授受邀为乙公司长期讲授国学课，每月 2 次，合同期限 3 年，每次课报酬 10000 元，则由于同一课程连续讲授，以 1 个月内取得的课酬（10000×2）为一次按劳务报酬所得计税。

【案例 2】

| | | 劳务报酬所得 | 稿酬所得 | 特许权使用费所得 |
|---|---|---|---|---|
| 一次收入3800元 | 应预扣预缴的税额 | （3800-800）×20% | （3800-800）×70%×20% | （3800-800）×20% |
| | 年度汇算应确认的收入额 | 3800×（1-20%） | 3800×（1-20%）×70% | 3800×（1-20%） |
| 一次收入6000元 | 应预扣预缴的税额 | 6000×（1-20%）×20% | 6000×（1-20%）×70%×20% | 6000×（1-20%）×20% |
| | 年度汇算应确认的收入额 | 6000×（1-20%） | 6000×（1-20%）×70% | 6000×（1-20%） |
| 一次收入20000元 | 应预扣预缴的税额 | 20000×（1-20%）×20% | 20000×（1-20%）×70%×20% | 20000×（1-20%）×20% |
| | 年度汇算应确认的收入额 | 20000×（1-20%） | 20000×（1-20%）×70% | 20000×（1-20%） |
| 一次收入30000元 | 应预扣预缴的税额 | 30000×（1-20%）×30%-2000 | 30000×（1-20%）×70%×20% | 30000×（1-20%）×20% |
| | 年度汇算应确认的收入额 | 30000×（1-20%） | 30000×（1-20%）×70% | 30000×（1-20%） |
| 一次收入80000元 | 应预扣预缴的税额 | 80000×（1-20%）×40%-7000 | 80000×（1-20%）×70%×20% | 80000×（1-20%）×20% |
| | 年度汇算应确认的收入额 | 80000×（1-20%） | 80000×（1-20%）×70% | 80000×（1-20%） |

## 经典题解

**【例题 21 · 单选题】**中国公民李某 2020 年 10 月提供咨询服务，取得劳务报酬 8200 元，支付交通费 200 元。已知，劳务报酬所得个人所得税预扣率为 20%；每次收入 4000 元以上的，减除费用按 20% 计算。计算李某当月该笔劳务报酬应预扣预缴个人所得税税额的下列算式中，正确的是（　　）。

A.（8200-200）×20%

B. 8200×20%

C. 8200×（1-20%）×20%

D.（8200-200）×（1-20%）×20%

**【解析】**（1）劳务报酬所得在预扣预缴时，减除费用实行**定额和定率相结合**的模式，每次收入 4000 元以下的定额减除 800 元，每次收入 4000 元以上的定率减除 20%，其他支出（例如交通费 200 元）不得减除，排除选项 AD；（2）选项 B 没有考虑定率减除 20%，错误。

**【答案】**C

## 第4单元 经营所得

查看本单元视频
使用"会计云课堂"App/微信扫描

### 16 考点16 经营所得的界定（★★）

1. 经营所得，是指：

（1）个体工商户从事生产、经营活动取得的所得，个人独资企业投资人、合伙企业的个人合伙人来源于境内注册的个人独资企业、合伙企业生产、经营的所得；

（2）个人依法从事办学、医疗、咨询以及其他有偿服务活动取得的所得；

（3）个人对企业、事业单位承包经营、承租经营以及转包、转租取得的所得；

（4）个人从事其他生产、经营活动取得的所得。

2. 出租车

| | 具体情形 | 征税项目 |
|---|---|---|
| 车是单位的 | 出租汽车经营单位对出租车驾驶员采取单车承包或承租方式运营，出租车驾驶员从事客货营运取得的收入 | 按"工资、薪金所得"征税 |
| 车是个人的 | 出租车属于个人所有，但挂靠出租汽车经营单位或企事业单位，驾驶员向挂靠单位缴纳管理费，出租车驾驶员从事客货运营取得的收入 | 比照"经营所得"征税 |
| | 出租汽车经营单位将出租车所有权转移给驾驶员，出租车驾驶员从事客货运营取得的收入 | |
| | 从事个体出租车运营的出租车驾驶员取得的收入 | |

### 经典题解

**【例题22·单选题】**出租汽车经营单位对出租车驾驶员采取单车承包经营或承租方式运营，出租车驾驶员从事客运取得的收入，适用的个人所得税应纳税所得项目是（　　）。

A. 财产转让所得

B. 工资、薪金所得

C. 财产租赁所得

D. 经营所得

**【答案】**B

3. 企业为个人购买房屋或其他财产

（1）符合以下情形的房屋或其他财产，不论所有权人是否将财产无偿或有偿交付企业使用，其实质均为企业对个人进行了实物性质的分配，应依法计征个人所得税：

①企业出资购买房屋及其他财产，将所有权登记为投资者个人、投资者家庭成员或企业其他人员的；

②企业投资者个人、投资者家庭成员或企业其他人员向企业借款用于购买房屋及其他财产，将所有权登记为投资者、投资者家庭成员或企业其他人员，且借款年度终了后未归还借款的。

（2）税目界定

| 具体情形 | | 税务处理 |
| --- | --- | --- |
| 个人投资者或其家庭成员 | 个人独资企业、合伙企业 | 按照“经营所得”计征个人所得税 |
| | 其他企业 | 按照“利息、股息、红利所得”计征个人所得税 |
| 企业其他人员 | | 按照“工资、薪金所得”计征个人所得税 |

## 17 考点17 经营所得应纳税额的计算（★★）

1. 计算公式

应纳税额=应纳税所得额×适用税率-速算扣除数

=（每一纳税年度的收入总额-成本、费用、损失等准予扣除项目）×适用税率-速算扣除数

【提示】个体工商户、个人独资企业的投资者以全部生产经营所得为应纳税所得额；合伙企业的投资者通常应按照合伙企业的全部生产经营所得和合伙协议约定的分配比例确定应纳税所得额。

2. 纳税人取得经营所得，按年计算个人所得税，由纳税人在月度或者季度终了后15日内向税务机关报送纳税申报表，并预缴税款；在取得所得的次年3月31日前办理汇算清缴。

3. 从事生产、经营活动，未提供完整、准确的纳税资料，不能正确计算应纳税所得额的，由主管税务机关核定应纳税所得额或者应纳税额。

## 18 考点18 经营所得的税率（★）

经营所得，适用5%至35%的超额累进税率。

个人所得税税率表［表5（2）-5］

（经营所得适用）

| 级数 | 全年应纳税所得额 | 税率（%） | 速算扣除数 |
| --- | --- | --- | --- |
| 1 | 不超过30000元的 | 5 | 0 |
| 2 | 超过30000元至90000元的部分 | 10 | 1500 |
| 3 | 超过90000元至300000元的部分 | 20 | 10500 |
| 4 | 超过300000元至500000元的部分 | 30 | 40500 |
| 5 | 超过500000元的部分 | 35 | 65500 |

## 19 考点19 经营所得扣除项目——不得扣除的项目（★★）

1. 个人所得税税款；
2. 税收滞纳金；
3. 罚金、罚款和被没收财物的损失；
4. 不符合扣除规定的捐赠支出；
5. 赞助支出；
6. 用于个人和家庭的支出；
7. 与取得生产经营收入无关的其他支出；
8. 国家税务总局规定不准扣除的支出（例如，未经核准计提的各种准备金）。

### 经典题解

**【例题23·单选题】**根据个人所得税法律制度的规定，下列各项中，在计算个体工商户经营所得应纳税所得额时，可以从其收入总额中减除的是（　　）。

A. 税收滞纳金

B. 非广告性赞助支出

C. 用于个人和家庭的支出

D. 允许弥补的以前年度亏损

**【答案】**D

## 20 考点20 经营所得扣除项目——与人员薪酬直接相关的项目（★★）

1. 从业人员的工资

个体工商户实际支付给从业人员的、合理的工资薪金支出，准予扣除。

2. 业主的工资

（1）个体工商户业主的工资薪金支出不得税前扣除。

（2）取得经营所得的个人，没有综合所得的，计算其每一纳税年度的应纳税所得额时，应当减除费用6万元、专项扣除、专项附加扣除以及依法确定的其他扣除。专项附加扣除在办理汇算清缴时减除。

（3）投资者兴办两个或两个以上企业的，其投资者个人费用扣除标准由投资者选择在其中一个企业的生产经营所得中扣除。

3. 保险费

（1）基本社会保险

个体工商户按照有关规定为其业主和从业人员缴纳的基本养老保险费、基本医疗保险费、失业保险费、工伤保险费和住房公积金，准予扣除。

（2）补充社会保险

①个体工商户为从业人员缴纳的补充养老保险费、补充医疗保险费，分别在不超过从业人员工资总额5%标准内的部分据实扣除；超过部分，不得扣除。

②个体工商户业主本人缴纳的补充养老保险费、补充医疗保险费，以当地（地级市）上年度社会平均工资的3倍为计算基数，分别在不超过该计算基数5%标准内的部分据实扣除；超过部分，不得扣除。

（3）商业保险

①商业健康保险

个体工商户业主、个人独资企业和合伙企业投资者自行购买符合条件的商业健康保险产品的，在不超过2400元/年的标准内据实扣除；1年内保费金额超过2400元的部分，不得在个人所得税前扣除。

②除个体工商户依照国家有关规定为特殊工种从业人员支付的人身安全保险费和财政部、国家税务总局规定可以扣除的其他商业保险费外，个体工商户业主本人或者为从业人员支付的商业保险费，不得扣除。

4. 三项经费

（1）个体工商户向当地工会组织拨缴的工会经费、实际发生的职工福利费支出、职工教育经费支出分别在工资薪金总额的2%、14%、2.5%的标准内据实扣除；职工教育经费的实际发生数额超出规定比例当期不能扣除的数额，准予在以后纳税年度结转扣除。

（2）个体工商户业主本人向当地工会组织缴纳的工会经费、实际发生的职工福利费支出、职工教育经费支出，以当地（地级市）上年度社会平均工资的3倍为计算基数，在规定比例内据实扣除。

5. 个体工商户代其从业人员或者他人负担的税款，不得税前扣除。

6. 个体工商户发生的合理的劳动保护支出，准予扣除。

**与人员薪酬直接相关的扣除项目综述**

| | 从业人员 | 业主 |
|---|---|---|
| 工资 | √ | ×<br>（没有综合所得的，减除费用6万元、专项扣除、专项附加扣除以及依法确定的其他扣除） |
| “四险一金” | √ | √ |
| 补充养老保险 | 不超过从业人员工资总额×5% | 不超过当地上年度社会平均工资的3倍×5% |
| 补充医疗保险 | 不超过从业人员工资总额×5% | 不超过当地上年度社会平均工资的3倍×5% |
| 符合条件的商业健康保险 | 在计算从业人员本人综合所得个人所得税时可以依法扣除 | 不超过2400元/年 |
| 商业保险（特例除外） | × | × |
| 合理劳动保护支出 | √ | √ |
| 三项经费（工会经费、职工福利费、职工教育经费） | 分别不超过工资薪金总额×2%、14%、2.5% | 分别不超过当地上年度社会平均工资的3倍×2%、14%、2.5% |
| 代他人负担的税款 | —— | × |

## 经典题解

**【例题24·判断题】**个体工商户业主的工资薪金支出，在计算个人所得税经营所得应纳税所得额时，准予扣除。(　　)

**【解析】**（1）业主的工资薪金支出：不得扣除；（2）支付给从业人员的、合理的工资薪金支出：准予扣除。

**【答案】**×

**【例题25·单选题】**在计算个人所得税时，个体工商户不得税前扣除的项目为(　　)。

A. 实际合理支出的员工工资

B. 代他人负担的税款

C. 特殊工种从业人员的人身安全保险费

D. 合理的劳动保护支出

**【解析】**个体工商户代其从业人员或者他人负担的税款，不得税前扣除。

**【答案】**B

## 21 考点21 经营所得扣除项目——与生产经营直接相关的项目（★★）

1. 生产经营费用

个体工商户生产经营活动中，应当分别核算生产经营费用和个人、家庭费用；对于生产经营与个人、家庭生活混用难以分清的费用，其 40% 视为与生产经营有关的费用，准予扣除。

2. 亏损弥补

个体工商户纳税年度发生的亏损，准予向以后年度结转，用以后年度的生产经营所得弥补，但结转年限最长不得超过 5 年。

3. 借款费用

个体工商户在生产经营活动中发生的合理的不需要资本化的借款费用，准予扣除。

4. 个体工商户在生产经营活动中发生的下列利息支出，准予扣除：

（1）向金融企业借款的利息支出；

（2）向非金融企业和个人借款的利息支出，不超过按照金融企业同期同类贷款利率计算的数额的部分。

5. 业务招待费

个体工商户发生的与生产经营活动有关的业务招待费，按照实际发生额的 60% 扣除，但最高不得超过当年销售（营业）收入的 5‰。

6. 广告费和业务宣传费

个体工商户每一纳税年度发生的与其生产经营活动直接相关的广告费和业务宣传费不超过当年销售（营业）收入 15% 的部分，可以据实扣除；超过部分，准予在以后纳税年度结转扣除。

7. 个体工商户按照规定缴纳的摊位费、行政性收费、协会会费等，按实际发生数额扣除。

8. 个体工商户参加财产保险，按照规定缴纳的保险费，准予扣除。

9. 公益性捐赠

（1）个体工商户通过公益性社会团体或者县级以上人民政府及其部门，用于规定的公益事业的捐赠，捐赠额不超过其应纳税所得额 30% 的部分可以据实扣除。

（2）可以全额在个人所得税前扣除的捐赠支出项目，按有关规定执行。

（3）个体工商户直接对受益人的捐赠不得扣除。

10. 研究开发费用

（1）个体工商户研究开发新产品、新技术、新工艺所发生的开发费用准予在当期直接扣除；

（2）个体工商户研究开发新产品、新技术而购置单台价值在 10 万元以下的测试仪器和试验性装置的购置费准予直接扣除；单台价值在 10 万元以上（含 10 万元）的测试仪器和试验性装置，按固定资产管理，不得在当期直接扣除。

11. 损失

个体工商户发生的损失，减除责任人赔偿和保险赔款后的余额，参照财政部、国家税务总局有关企业资产损失税前扣除的规定扣除。

**与生产经营直接相关的扣除项目综述**

| 扣除项目 | | 具体规定 |
|---|---|---|
| 生产经营费用与个人、家庭费用 | 分别核算 | 生产经营费用据实扣除 |
| | 难以分清 | 按难以分清费用金额的 40% 扣除 |
| 亏损 | | 可以结转到以后 5 年内弥补 |
| 不需要资本化的借款费用 | | 据实扣除 |
| 利息支出 | 向金融企业借款 | 据实扣除 |
| | 向非金融企业或个人借款 | 在按照金融企业同期同类贷款利率计算的数额内扣除 |

续表

| 扣除项目 | 具体规定 |
| --- | --- |
| 业务招待费 | 限额 1：实际发生额的 60%<br>限额 2：当年销售（营业）收入的 5‰<br>取较小者作为最终扣除限额 |
| 广告费和业务宣传费 | 不超过当年销售（营业）收入 15%的部分，可以据实扣除；超过部分，准予结转扣除 |
| 摊位费、行政性收费、协会会费 | 据实扣除 |
| 财产保险费 | 据实扣除 |
| 除按规定可以全额扣除以外的其他公益性捐赠 | 不超过其应纳税所得额 30%的部分可以据实扣除 |
| 新产品、新技术、新工艺的研究开发费用 | 准予当期直接扣除 |
| 研究开发新产品、新技术而购置单台价值在 10 万元以下的测试仪器和试验性装置的购置费 | 准予当期直接扣除 |
| 损失 | 按净损失额（减除责任人赔偿和保险赔款）扣除 |

## 经典题解

**【例题 26 · 单选题】** 个体工商户张某 2020 年度取得营业收入 300 万元，当年发生业务宣传费 30 万元，上年度结转未扣除的业务宣传费 20 万元。已知，业务宣传费不超过当年营业收入 15%的部分，准予扣除；超过部分，准予在以后纳税年度结转扣除。个体工商户张某在计算当年个人所得税应纳税所得额时，允许扣除的业务宣传费金额为（　　）万元。

A. 45　　B. 30

C. 20　　D. 50

**【解析】**（1）扣除限额 = 300×15% = 45（万元）；（2）待扣金额 = 本年度发生额 + 以前年度结转额 = 30+20 = 50（万元）；（3）待扣金额>扣除限额，在计算 2020 年度应纳税所得额时仅允许按限额扣除 45 万元。

**【答案】** A

# 第 5 单元　“4 小项”（利偶转租）



## 22 考点 22 利息、股息、红利所得（★★）

（一）基本规定

1. 征税范围

（1）利息、股息、红利所得，是指个人拥有债权、股权而取得的利息、股息、红利所得。

（2）免税的利息

①国债和国家发行的金融债券利息免税；

②储蓄存款利息所得暂免征收个人所得税。

（3）房屋买受人在未办理房屋产权证的情况下，按照与房地产公司约定条件（如对房屋的占有、使用、收益和处分权进行限制）在一定时期后无条件退房而取得的补偿款，应按照“利息、股息、红利所得”项目缴纳个人所得税，税款由支付补偿款的房地产公司代扣代缴。

2. 税率：20%

3. 按次计算，以支付利息、股息、红利时取得的收入为一次。

4. 应纳税额＝应纳税所得额×20%
＝每次收入额×20%

【提示】每次收入额就是应纳税所得额，没有任何扣除。

【案例】张某2020年11月份从甲公司（未上市）取得红利5000元，为此支付交通费50元、银行手续费1元。

【分析】（1）应按“利息、股息、红利所得”征税；（2）每次收入额即为应纳税所得额，支付的交通费、银行手续费不得减除；（3）应纳个人所得税＝5000×20%＝1000（元）。

（二）个人持有从公开发行和转让市场取得的上市公司股票而取得的股息红利

| 持股时间 | 处理规则 |
| --- | --- |
| 持股期限≤1个月 | 全额计入应纳税所得额 |
| 1个月<持股期限≤1年 | 暂减按50%计入应纳税所得额 |
| 持股期限>1年 | 暂免征收个人所得税 |

【提示】自2019年7月1日起至2024年6月30日，个人持有全国中小企业股份转让系统挂牌公司的股票，持股期限在1个月以内（含1个月）的，其股息红利所得全额计入应纳税所得额；持股期限在1个月以上至1年（含1年）的，其股息红利所得暂减按50%计入应纳税所得额；上述所得统一适用20%的税率计征个人所得税。持股期限超过1年的，暂免征收个人所得税。

## 经典题解

【例题27·单选题】2020年3月，中国公民李某在境内公开发行和转让市场购入某上市公司股票，当年7月取得该上市公司分配的股息8000元，12月将持有的股票全部卖出。已知，利息、股息、红利所得个人所得税税率为20%。计算李某该笔股息所得应缴纳个人所得税税额的下列算式中，正确的是（　　）。

A. 8000×20%

B. 8000×（1−20%）×20%

C. 8000×（1−20%）×50%×20%

D. 8000×50%×20%

【解析】（1）利息、股息、红利所得没有减除费用，排除选项BC；（2）本题涉及的是上市公司股息，如何征税取决于持股时间，李某3月购入而同年12月售出，持股期限大于1个月小于1年，暂减按50%计入应纳税所得额，选项A错误，选项D正确；（3）如果本题题干中“上市公司”改为“挂牌公司”，处理一致；（4）如果本题题干中“上市公司”改为“有限责任公司”（有限责任公司不可能是上市公司，也不可能是挂牌公司），应纳税额＝8000×20%＝1600（元）。

【答案】D

## 23 考点23 偶然所得（★★）

1. 征税范围

（1）偶然所得，是指个人得奖、中奖、中彩以及其他偶然性质的所得。

（2）个人为单位或他人提供担保获得收入，按照“偶然所得”项目计算缴纳个人所得税。

（3）房屋产权所有人将房屋产权无偿赠与他人

<table>
<tr><th>具体情形</th><th>税务处理</th></tr>
<tr><td>房屋产权所有人将房屋产权无偿赠与配偶、父母、子女、祖父母、外祖父母、孙子女、外孙子女、兄弟姐妹</td><td rowspan="3">对当事双方不征收个人所得税</td></tr>
<tr><td>房屋产权所有人将房屋产权无偿赠与对其承担直接抚养或者赡养义务的抚养人或者赡养人</td></tr>
<tr><td>房屋产权所有人死亡，依法取得房屋产权的法定继承人、遗嘱继承人或者受遗赠人</td></tr>
<tr><td>房屋产权所有人将房屋产权无偿赠与他人，不存在上述3项情形的</td><td>受赠人因无偿受赠房屋取得的受赠收入，按照“偶然所得”项目计算缴纳个人所得税</td></tr>
</table>

（4）“附奖赠”

<table>
<tr><th colspan="2">具体情形</th><th>税务处理</th></tr>
<tr><td rowspan="2">企业在业务宣传、广告等活动中，随机向本单位以外的个人赠送礼品（包括网络红包），以及企业在年会、座谈会、庆典以及其他活动中向本单位以外的个人赠送礼品，个人取得的礼品收入</td><td>一般情形</td><td>按照“偶然所得”项目计税</td></tr>
<tr><td>企业赠送的具有价格折扣或折让性质的消费券、代金券、抵用券、优惠券等礼品</td><td>不征收个人所得税</td></tr>
<tr><td colspan="2">企业通过价格折扣、折让方式向个人销售商品（产品）和提供服务</td><td rowspan="3">不征收个人所得税</td></tr>
<tr><td colspan="2">企业在向个人销售商品（产品）和提供服务的同时给予赠品（如通信企业对个人购买手机赠送话费、入网费，或者购话费赠手机等）</td></tr>
<tr><td colspan="2">企业对累积消费达到一定额度的个人按消费积分反馈礼品</td></tr>
<tr><td colspan="2">企业对累积消费达到一定额度的顾客，给予额外抽奖机会，个人的获奖所得</td><td>按照“偶然所得”项目计税</td></tr>
</table>

2. 免税的偶然所得

（1）个人取得单张有奖发票奖金所得不超过800元的（含800元），暂免征收个人所得税；超过800元的，应全额按照“偶然所得”项目征收个人所得税。

（2）对个人购买福利彩票、体育彩票，一次中奖收入在1万元以下的（含1万元）暂免征收个人所得税；超过1万元的，全额征收个人所得税。

（3）个人举报、协查各种违法、犯罪行为而获得的奖金，暂免征收个人所得税。

3. 按次计算，以每次取得该项收入为一次。

4. 应纳税额＝应纳税所得额×20%

＝每次收入额×20%

【提示】每次收入额就是应纳税所得额，除另有规定外，没有扣除。

## 经典题解

**【例题28·单选题】**2020年5月，张某购买福利彩票一次中奖收入200000元，购买彩票支出1000元。已知，偶然所得个人所得税税率为20%。计算张某当月该笔中奖收入应缴纳的所得税税额的下列算式中，正确的是(　　)。

A. 200000×20%

B. (200000-1000)×20%

C. (200000-1000)×(1-20%)×20%

D. 200000×(1-20%)×20%

【解析】"偶然所得"应以每次收入额全额计税，除另有规定外，没有任何扣除。

【答案】A

【例题29·单选题】2020年11月周某在商场举办的有奖销售活动中获得奖金5000元，周某领奖时支付交通费30元、餐费70元。已知偶然所得个人所得税税率为20%，计算周某中奖奖金的所得税税额的下列算式中，正确的是(　　)。

A. (5000-70)×20%

B. (5000-30-70)×20%

C. (5000-30)×20%

D. 5000×20%

【解析】周某领奖时支付的交通费30元、餐费70元，均不得扣除。

【答案】D

【例题30·判断题】个人为单位或他人提供担保获得的收入，按照"偶然所得"项目计算缴纳个人所得税。(　　)

【答案】√

## 24 考点24 财产转让所得(★★)

(一)基本规定

1. 征税范围

(1)财产转让所得，是指个人转让有价证券、股权、合伙企业中的财产份额、不动产、机器设备、车船以及其他财产取得的所得。

(2)个人以非货币性资产投资，属于个人转让非货币性资产和投资同时发生。对个人转让非货币性资产的所得，应按照"财产转让所得"，依法计算缴纳个人所得税。

(3)个人通过招标、竞拍或其他方式购置债权以后，通过相关司法或行政程序主张债权而取得的所得，应按照"财产转让所得"缴纳个人所得税。

(4)个人通过网络收购玩家的虚拟货币，加价后向他人出售取得的收入，属于个人所得税应税所得，应按照"财产转让所得"计算缴纳个人所得税。

2. 税率：20%

3. 按次计算。

4. 应纳税额=应纳税所得额×20%

=(收入总额-财产原值-合理费用)×20%

【提示】"收入总额"应不含增值税。

(二)个人转让房屋

1. 对个人转让自用达5年以上并且是家庭唯一生活用房取得的所得，暂免征收个人所得税。

2. 个人转让房屋的个人所得税应税收入不含增值税，其取得房屋时所支付价款中包含的增值税计入财产原值，计算转让所得时可扣除的税费不包括本次转让缴纳的增值税。

【相关链接】个人将购买不足2年的住房对外销售的，按照5%的征收率全额缴纳增值税。

【案例】2020年8月，李某将其于2019年10月购入的、原值500万元的住房以800万元的价格(不含增值税)转让，本次交易缴纳的增值税40万元，支付其他可以税前扣除的合理费用8万元(均取得合法票据)。已知，转让财产所得适用个人所得税税率为20%。李某转让住房应纳个人所得税=(800-500-8)×20%=58.4(万元)。

### 经典题解

【例题31·单选题】某居民个人卖房取得不含增值税收入260万元，该房产买入时的价格为120万元，转让时发生合理的税费1.2万元。已知，财产转让所得个人所得税税率为

20%。下列计算个人所得税的算式正确的是(　　)。

A. （260-1.2）×20%

B. 260×（1-20%）×20%

C. （260-120）×20%

D. （260-120-1.2）×20%

【答案】D

（三）个人股权转让所得

1. 上市公司股票（非限售股）

个人在上海、深圳证券交易所转让从上市公司公开发行和转让市场取得的股票，转让所得暂不征收个人所得税。

【提示】按照考试习惯，题目提到的“上市公司股票”均指上市公司非限售股。

2. 挂牌公司股票

（1）对个人转让全国中小企业股份转让系统（俗称“新三板”）挂牌公司原始股取得的所得，按照“财产转让所得”适用20%的比例税率征收个人所得税；

（2）对个人转让全国中小企业股份转让系统挂牌公司非原始股取得的所得，暂免征收个人所得税。

【提示】原始股是指个人在新三板挂牌公司挂牌前取得的股票，以及在该公司挂牌前和挂牌后由上述股票孳生的送、转股；非原始股是指个人在新三板挂牌公司挂牌后取得的股票，以及由上述股票孳生的送、转股。

3. 其他公司股权

个人将投资于在中国境内成立的企业或组织（不包括个人独资企业和合伙企业）的股权或股份，转让给其他个人或法人的行为，按照“财产转让所得”，依法计算缴纳个人所得税。

**转让股票VS取得股息（综述）**

| 具体情形 | | 适用税目 | 应纳税额 | |
|---|---|---|---|---|
| “卖掉” | 转让上市公司股票所得 | 财产转让所得 | 暂不征收个人所得税 | |
| | 转让挂牌公司原始股 | 财产转让所得 | （收入总额-财产原值-合理费用）×20% | |
| | 转让挂牌公司非原始股 | 财产转让所得 | 暂免征收个人所得税 | |
| | 转让其他公司股权 | 财产转让所得 | （收入总额-财产原值-合理费用）×20% | |
| “分钱” | 持有上市（挂牌）公司股票分取的股息红利 | 利息、股息、红利所得 | 持股期限≤1个月 | 每次收入额全额×20% |
| | | | 1个月<持股期限≤1年 | 每次收入额全额×50%×20% |
| | | | 持股期限>1年 | 暂免征收个人所得税 |
| | 持有其他公司股权分取的股息红利 | 利息、股息、红利所得 | 每次收入额全额×20% | |

【案例1】王某持有甲有限责任公司（简称“甲公司”）股权，2020年11月初取得第3季度红利2000元，月底将股权出售给李某，取得转让款50000元。

【分析】（1）有限责任公司既不属于上市公司，也不属于挂牌公司；（2）“2000元”是红利，是王某作为股东而获得的，按“利息、股息、红利所得”缴纳个人所得税，应纳税额=2000×20%=400（元）；（3）“50000元”是转让款，转让完成后王某不再是甲公司的股东，李某成为甲公司的股东，王某应按“财产转让所得”缴纳个人所得税，假定股权原值为20000元，按照规定可以扣除的合理费用为5000元，应纳税额=（50000-20000-5000）×20%=5000（元）。

**【案例2】**中国公民张某为境内甲公司高级管理人员，2020年11月取得境内A上市公司股票股息2000元；该股票于当月转让取得所得20000元。该股票持有期限为10个月。

**【分析】**（1）“2000元”是张某持有该上市公司股票期间取得的股息，应按“利息、股息、红利所得”缴纳个人所得税；由于持有期限在1个月以上但不足1年，暂减按50%计入应纳税所得额；应纳税额=2000×50%×20%=200（元）。（2）“20000元”为张某转让该股票的所得，应按“财产转让所得”缴纳个人所得税，但由于享受优惠政策“对境内上市公司股票转让所得，暂不征收个人所得税”，不必缴税。

（四）职工个人取得的量化资产

| | 具体情形 | 税务处理 |
|---|---|---|
| 取得时 | 对职工个人以股份形式取得的仅作为分红依据，不拥有所有权的企业量化资产 | 不征收个人所得税 |
| | 对职工个人以股份形式取得的拥有所有权的企业量化资产 | 暂缓征收个人所得税 |
| 分红时 | 对职工个人以股份形式取得的企业量化资产参与企业分配而获得的股息、红利 | 应按“利息、股息、红利所得”征收个人所得税 |
| 转让时 | 职工个人将其以股份形式取得的拥有所有权的企业量化资产转让时<br>【提示】仅作分红依据，不拥有所有权的企业量化资产，不存在转让问题 | 就其转让收入额，减除个人取得该股份时实际支付的费用支出和合理转让费用后的余额，按“财产转让所得”计征个人所得税 |

## 经典题解

**【例题32·判断题】**集体所有制企业职工个人在企业改制过程中，以股份形式取得的仅作为分红依据，不拥有所有权的企业量化资产，应按“利息、股息、红利所得”计缴个人所得税。（　　）

**【解析】**集体所有制企业职工个人在企业改制过程中，以股份形式取得的仅作为分红依据，不拥有所有权的企业量化资产，不征收个人所得税。

**【答案】**×

**【例题33·多选题】**根据个人所得税法律制度的规定，下列各项中，应按照“财产转让所得”项目计缴个人所得税的有（　　）。

A. 个人通过网络收购玩家的虚拟货币，加价后向他人出售取得的所得

B. 个人转让新三板挂牌公司原始股取得的所得

C. 个人通过竞拍购置债权后，通过司法程序主张债权而取得的所得

D. 个人取得专利赔偿所得

**【解析】**选项D：个人取得专利赔偿所得，应按“特许权使用费所得”项目征收个人所得税。

**【答案】**ABC

## 25 考点25 财产租赁所得（★★）

1. 财产租赁所得，是指个人出租不动产、机器设备、车船以及其他财产取得的所得。

2. 税率

（1）一般情况下为20%；

（2）个人出租住房取得的所得暂减按10%的税率征收个人所得税。

### 经典题解

**【例题34·单选题】**根据个人所得税法律制度的规定，下列各项中，暂减按10%税率征收个人所得税的是（　　）。

A. 周某出租机动车取得的所得

B. 夏某出租住房取得的所得

C. 林某出租商铺取得的所得

D. 刘某出租电子设备取得的所得

**【答案】**B

3. 财产租赁所得，以一个月内取得的收入为一次。

4. 应纳税所得额

（1）每次（月）收入≤4000元：

应纳税所得额=每次（月）收入额-财产租赁过程中缴纳的税费-由纳税人负担的租赁财产实际开支的修缮费用（800元为限）-800元

（2）每次（月）收入>4000元：

应纳税所得额=［每次（月）收入额-财产租赁过程中缴纳的税费-由纳税人负担的租赁财产实际开支的修缮费用（800元为限）］×（1-20%）

**【提示1】**此处的“每次（月）收入”应理解为净收入，即应当以每次（月）租金的“毛收入”扣除财产租赁过程中缴纳的税费、由纳税人负担的该出租财产实际开支的修缮费用（800元为限）后，再与4000元比较，如果余额≤4000元，减去800元；如果余额>4000元，减去20%。

**【提示2】**个人出租房屋的个人所得税应税收入不含增值税，计算房屋出租所得可扣除的税费不包括本次出租缴纳的增值税。

5. 应纳税额=应纳税所得额×20%（或者10%）

### 经典题解

**【例题35·单选题】**2020年11月，王某出租一套住房，取得当月租金收入3800元（不含增值税），财产租赁过程中缴纳的可以税前扣除的税费152元，发生修缮费400元。已知个人出租住房暂减按10%的税率征收个人所得税；财产租赁所得，每次收入不超过4000元的，减除费用800元。计算王某当月租金收入应缴纳个人所得税税额的下列算式中，正确的是（　　）。

A. （3800-152-400-800）×10%

B. （3800-800）×10%

C. 3800×10%

D. （3800-152-400）×10%

**【答案】**A

**【例题36·单选题】**2020年11月，王某出租自有住房取得租金收入7000元（不含增值税），房屋租赁过程中缴纳的可以税前扣除的税费280元，支付该房屋的修缮费1000元。已知个人出租住房个人所得税税率暂减按10%，每次收入4000元以上的，减除20%的费用。计算王某当月出租住房应缴纳个人所得税税额的下列算式中，正确的是（　　）。

A. （7000-280-800）×10%

B. （7000-280-1000）×10%

C. （7000-280-1000）×（1-20%）×10%

D. （7000-280-800）×（1-20%）×10%

**【解析】**（1）“修缮费1000元”：当月最高扣800元，排除选项BC；（2）7000-280-800=5920（元），超过4000元，应减除20%

的费用，选项A错误，选项D正确。

【答案】D

【例题37·多选题】中国公民李某，2020年11月取得房屋租金收入5000元（不含增值税），房屋租赁过程中缴纳的可以税前扣除的相关税费200元，支付该房屋的修缮费600元、购房贷款2500元、供暖费2000元。根据个人所得税法律制度的规定，李某当月下列各项支出中，在计算房屋租金收入应缴纳个人所得税税额时，准予扣除的有（　　）。

A. 供暖费2000元

B. 相关税费200元

C. 购房贷款2500元

D. 房屋修缮费600元

【解析】计算“财产租赁所得”的应纳税所得额时，允许从每次收入额中减除的项目仅限于（转租除外）：（1）财产租赁过程中缴纳的税费；（2）由纳税人负担的租赁财产实际开支的修缮费用（800元/月为限）；（3）法定扣除项目（800元或20%）。

【答案】BD

6. 转租

（1）个人取得的房屋转租收入，属于财产租赁所得的征税范围。

（2）个人转租房屋的，其向房屋出租方支付的租金及增值税额，在计算转租所得时予以扣除。

【案例】王某将其从赵某处租入的一处住房转租给刘某，每月向刘某收取不含增值税租金3500元，向赵某支付租金2030元。已知，个人出租住房适用个人所得税税率为10%。

【分析】王某的转租收入按财产租赁所得缴纳个人所得税 =（3500 - 2030 - 800）×10% = 67（元）。

## 经典题解

【例题38·判断题】个人取得的住房转租收入，应按“财产转让所得”征收个人所得税。（　　）

【解析】个人取得的房屋转租收入，属于“财产租赁所得”的征税范围。

【答案】×

【例题39·判断题】个人转租房屋的，其向房屋出租方支付的租金及增值税额，在计算个人所得税财产租赁所得时，准予扣除。（　　）

【答案】√

**居民个人应纳税额计算各要素比较**

| | 征收制度 | 计税方法 | 扣除方法 | 税率形式 |
|---|---|---|---|---|
| 综合所得 | 综合征收，包括4个项目：<br>（1）工资、薪金所得<br>（2）劳务报酬所得<br>（3）稿酬所得<br>（4）特许权使用费所得 | 按年算 | 依法扣除：<br>（1）60000元/年<br>（2）专项扣除<br>（3）专项附加扣除<br>（4）依法确定的其他扣除 | 超额累进税率 |
| 经营所得 | 分类征收 | 按年算 | 核算扣除 | 超额累进税率 |
| 利息、股息、红利所得 | 分类征收 | 按次算 | 不得扣除 | 比例税率 |
| 偶然所得 | 分类征收 | 按次算 | 不得扣除 | 比例税率 |

续表

| | 征收制度 | 计税方法 | 扣除方法 | 税率形式 |
|---|---|---|---|---|
| 财产转让所得 | 分类征收 | 按次算 | 核算扣除 | 比例税率 |
| 财产租赁所得 | 分类征收 | 按次算 | 定额和定率相结合扣除 | 比例税率 |

## 经典题解

**【例题 40 · 单选题】**根据个人所得税法律制度的规定，关于非居民个人每次收入确定的下列表述中，不正确的是（　　）。

A. 劳务报酬所得，属于一次性收入的，以取得该项收入为一次

B. 偶然所得，以每次取得该项收入为一次

C. 利息、股息、红利所得，以支付利息、股息、红利时取得的收入为一次

D. 财产租赁所得，以一个纳税年度内取得的收入为一次

**【解析】**财产租赁所得，以"1个月内"取得的收入为一次。

**【答案】**D

**【例题 41 · 判断题】**偶然所得按次计征个人所得税。（　　）

**【答案】**√

## 第6单元　个人所得税的其他考点

查看本单元视频
使用"会计云课堂"App/微信扫描

### 26 考点 26 捐赠的个人所得税处理（★★★）

1. 全额扣除

（1）向红十字事业的捐赠

个人通过非营利性的社会团体和国家机关向红十字事业的捐赠，在计算缴纳个人所得税时，准予在税前的所得额中全额扣除。

（2）向农村义务教育的捐赠

个人通过境内非营利的社会团体、国家机关向农村义务教育的捐赠，在计算缴纳个人所得税时，准予在税前的所得额中全额扣除。

（3）向公益性青少年活动场所（其中包括新建）的捐赠

个人通过非营利性社会团体和国家机关对公益性青少年活动场所（其中包括新建）的捐赠，在计算缴纳个人所得税时，准予在税前的所得额中全额扣除。

（4）向福利性、非营利性老年服务机构的捐赠，以及通过特定基金会用于公益救济性的捐赠

个人通过非营利性的社会团体和政府部门向福利性、非营利性老年服务机构捐赠，通过特定的基金会用于公益救济性的捐赠，符合相关条件的，准予在缴纳个人所得税税前全额扣除。

2. 限额扣除

个人将其所得对教育、扶贫、济困等公益慈善事业进行捐赠，捐赠额未超过纳税人申报的应纳税所得额30%的部分，可以从其应纳税所得额中扣除；国务院规定对公益慈善事业捐赠实行全额扣除的，从其规定。

**【提示1】**个人将其所得对教育、扶贫、济困等公益慈善事业进行捐赠，是指个人将其所得通过中国境内的公益性社会组织、国家机关向教育、扶贫、济困等公益慈善事业

的捐赠。直接捐赠不得扣除。

【提示 2】应纳税所得额，是指计算扣除捐赠额之前的应纳税所得额。

## 经典题解

【例题 42·单选题】2020 年 11 月张某购买福利彩票取得一次中奖收入 40000 元，将其中 8000 元通过国家机关向农村义务教育捐赠。已知，偶然所得个人所得税税率为 20%。计算张某中奖收入应缴纳个人所得税税额的下列算式中，正确的是(　　)。

A. （40000－8000）×20%

B. 40000×20%

C. 40000÷（1－20%）×20%

D. （40000－8000）÷（1－20%）×20%

【解析】(1) 福利彩票一次中奖收入超过 1 万元的，应"全额征收"个人所得税；(2) 个人通过非营利的社会团体和国家机关向农村义务教育的捐赠，在计算缴纳个人所得税时，准予在税前的所得额中"全额扣除"。因此，应缴纳的个人所得税＝（40000－8000）×20%＝6400（元）。

【答案】A

【例题 43·单选题】2020 年 11 月李某花费 1000 元购买体育彩票，一次中奖 30000 元，将其中 2000 元直接捐赠给甲小学。已知，偶然所得个人所得税税率为 20%，李某彩票中奖收入应缴纳个人所得税税额的下列计算中，正确的是(　　)。

A. （30000－1000）×20%

B. 30000×20%

C. （30000－2000）×20%

D. （30000－2000－1000）×20%

【解析】个人"直接"向受赠人的捐赠不允许税前扣除。因此，李某中奖所得应缴纳个人所得税＝30000×20%＝6000（元）。

【答案】B

【例题 44·多选题】根据个人所得税法律制度的规定，个人发生的下列公益性捐赠支出中，准予税前全额扣除的有(　　)。

A. 通过非营利社会团体向公益性青少年活动场所的捐赠

B. 通过国家机关向贫困地区的捐赠

C. 通过非营利社会团体向农村义务教育的捐赠

D. 通过国家机关向红十字事业的捐赠

【答案】ACD

**个人所得税捐赠的处理综述**

| 情形 | 能否扣除 | 扣除方法 | 注意事项 |
| --- | --- | --- | --- |
| 公益性捐赠 | √ | 限额扣除 | 限额为："应纳税所得额"×30% |
| | | 全额扣除 | (1) 向红十字事业的捐赠<br>(2) 向农村义务教育的捐赠<br>(3) 向公益性青少年活动场所（其中包括新建）的捐赠<br>(4) 向福利性、非营利性老年服务机构的捐赠，以及通过特定基金会用于公益救济性的捐赠 |
| 直接捐赠 | × | —— | —— |

## 27 考点27 个人所得税税收优惠（★★★）

（一）免税项目

1. 省级人民政府、国务院部委和中国人民解放军军以上单位，以及外国组织、国际组织颁发的科学、教育、技术、文化、卫生、体育、环境保护等方面的奖金；

2. 国债和国家发行的金融债券的利息；

3. 按照国务院规定发给的政府特殊津贴、院士津贴，以及国务院规定免纳个人所得税的其他补贴、津贴；

4. 福利费、抚恤金、救济金；

5. 保险赔款；

6. 军人的转业费、复员费、退役金；

7. 按照国家统一规定发给干部、职工的安家费、退职费、基本养老金或者退休费、离休费、离休生活补助费；

8. 依照有关法律规定应予免税的各国驻华使馆、领事馆的外交代表、领事官员和其他人员的所得；

9. 中国政府参加的国际公约、签订的协议中规定免税的所得；

10. 国务院规定的其他免税所得（由国务院报全国人民代表大会常务委员会备案）。

（二）减税项目

1. 残疾、孤老人员和烈属的所得。

2. 因自然灾害遭受重大损失的。

3. 国务院可以规定其他减税情形，报全国人民代表大会常务委员会备案。

（三）其他免税和暂免征税项目（包括但不限于）

1. 外籍个人取得下列所得暂免征收个人所得税：

（1）外籍个人以非现金形式或实报实销形式取得的住房补贴、伙食补贴、搬迁费、洗衣费。

（2）外籍个人按合理标准取得的境内、境外出差补贴。

（3）外籍个人取得的探亲费、语言训练费、子女教育费等，经当地税务机关审核批准为合理的部分。

（4）外籍个人从外商投资企业取得的股息、红利所得。

【提示】2019年1月1日至2021年12月31日期间，外籍个人符合居民个人条件的，可以选择享受个人所得税专项附加扣除，也可以选择按规定享受住房补贴、语言训练费、子女教育费等津补贴免税优惠政策，但不得同时享受。外籍个人一经选择，在一个纳税年度内不得变更。自2022年1月1日起，外籍个人不再享受住房补贴、语言训练费、子女教育费津补贴免税优惠政策，应按规定享受专项附加扣除。

2. 企业依照国家有关法律规定宣告破产，企业职工从该破产企业取得的一次性安置费收入，免予征收个人所得税。

3. 对被拆迁人依照相关规定的标准取得的拆迁补偿款，免征个人所得税。

4. 个人领取原提存的住房公积金、基本医疗保险金、基本养老保险金，以及失业保险金，免予征收个人所得税。

5. 对工伤职工及其近亲属按照规定取得的工伤保险待遇，免征个人所得税。

6. 个体工商户、个人独资企业和合伙企业或个人从事种植业、养殖业、饲养业、捕捞业取得的所得，暂不征收个人所得税。

### 经典题解

【例题45·多选题】根据个人所得税法律制度的规定，个人取得的下列收入中，免征个人所得税的有（　　）。

A. 全年一次性奖金

B. 有奖竞猜获得的奖金

C. 军人的退役金

D. 民政部门支付的救济金

【解析】（1）选项A：按照“工资、薪金所得”缴纳个人所得税；（2）选项B：按照“偶然所得”缴纳个人所得税。

【答案】CD

**【例题46·多选题】**根据个人所得税法律制度的规定，下列各项中，免征个人所得税的有（　　）。

A. 银行储蓄存款利息

B. 保险佣金

C. 按照国务院规定发给的政府特殊津贴

D. 退休工资

**【解析】**选项B：保险赔款属于免税项目，保险佣金照章纳税（保险营销员、证券经纪人取得的佣金收入，属于“劳务报酬所得”）。

**【答案】**ACD

**【例题47·单选题】**根据个人所得税法律制度的规定，下列各项中，应缴纳个人所得税的是（　　）。

A. 公务员崔某取得的国债利息

B. 退役士兵马某取得的退役金

C. 退休职工汪某取得的按国家统一规定发放的基本养老金

D. 教师卢某获得的县人民政府为其颁发的优秀教师奖金

**【解析】**选项D：颁奖机构为“县”人民政府，级别不够，不属于免征个人所得税的奖金。

**【答案】**D

**【例题48·判断题】**企业按照国家有关法律规定宣告破产，企业职工从该破产企业取得的一次性安置费收入，免予征收个人所得税。（　　）

**【答案】**√

**【例题49·单选题】**根据个人所得税法律制度的规定，个人的下列所得中，不属于个人所得税免税项目的是（　　）。

A. 国债利息

B. 军人的转业费

C. 出租厂房取得的租金

D. 国家发行的金融债券利息

**【解析】**选项C：按“财产租赁所得”依法缴纳个人所得税。

**【答案】**C

**【例题50·单选题】**根据个人所得税法律制度的规定，下列各项中，不免征个人所得税的是（　　）。

A. 个人转让著作权所得

B. 国家规定的福利费

C. 保险赔款

D. 退休工资

**【解析】**个人转让著作权所得，免征增值税，但不免征个人所得税。

**【答案】**A

## 28 考点28 个人所得税的征收管理（★）

1. 纳税申报

（1）个人所得税以所得人为纳税人，以支付所得的单位或者个人为扣缴义务人。

（2）扣缴税款

①扣缴义务人应当按照国家规定办理全员全额扣缴申报，并向纳税人提供其个人所得和已扣缴税款等信息。

②扣缴义务人每月或者每次预扣、代扣的税款，应当在次月15日内缴入国库，并向税务机关报送扣缴个人所得税申报表。

③对扣缴义务人按照所扣缴的税款，付给2%手续费。

（3）有下列情形之一的，纳税人应当依法办理纳税申报：

①取得综合所得需要办理汇算清缴；

②取得应税所得没有扣缴义务人；

③取得应税所得，扣缴义务人未扣缴税款；

④取得境外所得；

⑤因移居境外注销中国户籍；

⑥非居民个人在中国境内从两处以上取得工资、薪金所得；

⑦国务院规定的其他情形。

## 经典题解

【例题51·多选题】根据个人所得税法律制度的规定，下列情形中，纳税人应当依法办理纳税申报的有（ ）。

A. 取得应税所得，扣缴义务人未扣缴税款的

B. 因移居境外注销中国户籍的

C. 取得境外所得的

D. 取得应税所得没有扣缴义务人的

【答案】ABCD

2. 汇算清缴

（1）是否需要汇算清缴

①居民个人取得综合所得，按年计算个人所得税；有扣缴义务人的，由扣缴义务人按月或按次预扣预缴税款；需要办理汇算清缴的，应当在取得所得的次年3月1日至6月30日内办理汇算清缴。

②非居民个人取得工资、薪金所得，劳务报酬所得，稿酬所得和特许权使用费所得，有扣缴义务人的，由扣缴义务人按月或者按次代扣代缴税款，不办理汇算清缴。

③纳税人取得经营所得，按年计算个人所得税，由纳税人在月度或者季度终了后15日内向税务机关报送纳税申报表，并预缴税款；在取得所得的次年3月31日前办理汇算清缴。

④纳税人取得利息、股息、红利所得，财产租赁所得，财产转让所得和偶然所得，按月或者按次计算个人所得税，有扣缴义务人的，由扣缴义务人按月或者按次代扣代缴税款。

（2）纳税人可以委托扣缴义务人或者其他单位和个人办理汇算清缴。

3. 纳税人取得应税所得没有扣缴义务人的，应当在取得所得的次月15日内向税务机关报送纳税申报表，并缴纳税款。

4. 纳税人取得应税所得，扣缴义务人未扣缴税款的，纳税人应当在取得所得的次年6月30日前，缴纳税款；税务机关通知限期缴纳的，纳税人应当按照期限缴纳税款。

5. 居民个人从中国境外取得所得的，应当在取得所得的次年3月1日至6月30日内申报纳税。

6. 纳税人因移居境外注销中国户籍的，应当在注销中国户籍前办理税款清算。

**居民个人自行申报、扣缴与汇算清缴的比较**

| | | 是否实行扣缴制度 | 汇算清缴时间/纳税时间 |
|---|---|---|---|
| 居民个人取得境内所得 | 综合所得 | 预扣预缴 | 次年3月1日至6月30日 |
| | 经营所得 | 自行申报纳税 | 次年3月31日前 |
| | 利息、股息、红利所得 | 代扣代缴 | —— |
| | 财产租赁所得 | 代扣代缴 | —— |
| | 财产转让所得 | 代扣代缴 | —— |
| | 偶然所得 | 代扣代缴 | —— |
| 取得所得没有扣缴义务人 | | 自行缴纳 | 次月15日内 |
| 取得应税所得，扣缴义务人未扣缴税款 | | 自行缴纳 | 次年6月30日前 |
| 居民个人取得境外所得 | | 自行申报纳税 | 次年3月1日至6月30日 |

## 经典题解

【例题52·单选题】居民个人从境外取得所得的，应当在取得所得的次年（ ）内申报纳税。

A. 3月1日至6月30日

B. 1月1日至2月28日

C. 1月1日至5月31日

D. 3月1日至5月31日

【答案】A

【例题53·单选题】根据个人所得税法律制度的规定，纳税人取得经营所得，应在取得所得的次年一定日期前办理汇算清缴。该日期为（ ）。

A. 5月31日　　B. 6月30日

C. 3月31日　　D. 4月15日

【答案】C

## 29 考点29 居民个人取得境外所得（★）

1. 居民个人从中国境内和境外取得的综合所得、经营所得，应当分别合并计算应纳税额；从中国境内和境外取得的其他所得，应当分别单独计算应纳税额。

2. 居民个人从中国境外取得的所得，可以从其应纳税额中抵免已在境外缴纳的个人所得税税额，但抵免额不得超过该纳税人境外所得依照个人所得税法规定计算的应纳税额。

## 30 考点30 非居民个人（★）

1. 非居民个人取得工资、薪金所得，劳务报酬所得，稿酬所得和特许权使用费所得，有扣缴义务人的，由扣缴义务人按月或者按次代扣代缴税款，不办理汇算清缴。

【提示】经营所得，利息、股息、红利所得，偶然所得，财产转让所得，财产租赁所得，居民个人与非居民个人均实行分类征收制。

2. 应纳税所得额

（1）非居民个人工资、薪金所得的应纳税所得额=每月收入额-5000元

（2）非居民个人劳务报酬所得、特许权使用费所得的应纳税所得额=每次收入额=每次收入×（1-20%）

（3）非居民个人稿酬所得的应纳税所得额=每次收入额=每次收入×（1-20%）×70%

3. 税率

个人所得税税率表［表5（2）-6］

（非居民个人工资、薪金所得，劳务报酬所得，稿酬所得，特许权使用费所得适用）

| 级数 | 应纳税所得额 | 税率（%） | 速算扣除数 |
|---|---|---|---|
| 1 | 不超过3000元的 | 3 | 0 |
| 2 | 超过3000元至12000元的部分 | 10 | 210 |
| 3 | 超过12000元至25000元的部分 | 20 | 1410 |
| 4 | 超过25000元至35000元的部分 | 25 | 2660 |
| 5 | 超过35000元至55000元的部分 | 30 | 4410 |
| 6 | 超过55000元至80000元的部分 | 35 | 7160 |
| 7 | 超过80000元的部分 | 45 | 15160 |

4. 非居民个人从中国境内2处以上取得工资、薪金所得的，应当在取得所得的次月15日内申报纳税。

【案例】非居民个人杰克任职于境内甲公司，2020年9月境内收入情况税务处理如下表：

（单位：元）

| 收入 | 应纳税额 |
|---|---|
| 从甲公司取得工资收入20000 | （20000-5000）×20%-1410 |
| 从乙大学取得兼职授课收入3000 | 3000×（1-20%）×3% |
| 从丙出版社取得稿酬40000 | 40000×（1-20%）×70%×20%-1410 |
| 将一项专利权许可给丁公司使用，取得专利权使用费收入18000 | 18000×（1-20%）×20%-1410 |
| 取得持股8个月的戊上市公司股息2000 | 2000×50%×20% |
| 购买福利彩票中奖收入5000 | 免征个人所得税 |

## 经典大题精析

【例题54·不定项选择题】

中国公民王某为境内甲公司研发人员，其独生子正在读小学。2019年王某有关收支情况如下：

（1）每月工资、薪金所得20000元，每月缴纳的基本养老保险费、基本医疗保险费、失业保险费、住房公积金3900元。1~11月工资、薪金所得累计已预扣预缴个人所得税税额8590元。

（2）为乙公司提供技术服务，取得一次性劳务报酬6000元。

（3）购买福利彩票，取得一次中奖收入5000元。

（4）网约车充值获赠价值2000元的返券。

（5）储蓄存款利息收入1800元。

（6）将一套住房出租，全年租金收入37200元。

已知：工资、薪金所得预扣预缴个人所得税减除费用为5000元/月；综合所得减除费用为60000元；子女教育专项附加扣除标准为1000元/月，由王某按扣除标准的100%扣除；劳务报酬所得个人所得税预扣率为20%，每次收入4000元以上的，减除费用按20%计算；劳务报酬所得以收入减除20%的费用后的余额为收入额。

个人所得税预扣率表

（居民个人工资、薪金所得预扣预缴适用）

| 级数 | 累计预扣预缴应纳税所得额 | 预扣率（%） | 速算扣除数 |
|---|---|---|---|
| 1 | 不超过36000元的部分 | 3 | 0 |
| 2 | 超过36000元至144000元的部分 | 10 | 2520 |
| 3 | 超过144000元至300000元的部分 | 20 | 16920 |
| …… | …… | …… | …… |

个人所得税税率表
（综合所得适用）

| 级数 | 全年应纳税所得额 | 税率（%） | 速算扣除数 |
|---|---|---|---|
| 1 | 不超过 36000 元的部分 | 3 | 0 |
| 2 | 超过 36000 元至 144000 元的部分 | 10 | 2520 |
| 3 | 超过 144000 元至 300000 元的部分 | 20 | 16920 |
| 4 | 超过 300000 元至 420000 元的部分 | 25 | 31920 |
| …… | …… | …… | …… |

要求：

根据上述资料，不考虑其他因素，分析回答下列小题。

1. 计算王某 12 月份工资、薪金所得应预扣预缴个人所得税税额的下列算式中，正确的是（　　）。

A. （20000-5000-3900-1000）×3%

B. （20000-5000）×3%

C. （20000-5000-3900）×3%

D. （20000×12-5000×12-3900×12-1000×12）×10%-2520-8590

2. 计算王某一次性劳务报酬应预扣预缴个人所得税税额的下列算式中，正确的是（　　）。

A. 6000×（1-20%）×20%

B. 6000÷（1-20%）×20%

C. 6000×20%

D. 6000×20%×20%

3. 计算王某 2019 年综合所得应缴纳个人所得税税额的下列算式中，正确的是（　　）。

A. （20000×12+6000-60000-3900×12）×10%-2520

B. ［20000×12+6000×（1-20%）-60000-3900×12-1000×12］×10%-2520

C. （20000×12+6000-60000-3900×12-1000×12）×10%-2520

D. ［20000×12+6000×（1-20%）-60000］×20%-16920

4. 王某下列所得中，不需要缴纳个人所得税的是（　　）。

A. 储蓄存款利息收入 1800 元

B. 出租住房全年租金收入 37200 元

C. 网约车充值获赠价值 2000 元的返券

D. 购买福利彩票一次中奖收入 5000 元

**【例题 55·不定项选择题】**

中国公民王某任职于国内甲公司，其独生子正在接受全日制硕士研究生教育。2019 年王某有关收支情况如下：

（1）全年工资、薪金 180000 元，缴纳的基本养老保险费、基本医疗保险费、失业保险费、住房公积金 33750 元。

（2）为乙公司提供一次税务咨询服务，取得劳务报酬 3800 元。

（3）取得全年一次性奖金 48000 元，选择不并入当年综合所得计算纳税。

（4）因持有境内丙上市公司股票，取得股息 6000 元，该股票系王某 2 年前从公开发行和转让市场购入。

（5）取得国债利息 4000 元。

（6）在商场购买冰箱，获赠一台价值 200 元的豆浆机。

（7）继承一套房产，价值 1800000 元。

已知：综合所得减除费用 60000 元/年。劳务报酬所得以收入减除 20% 的费用后的余额为收入额；劳务报酬所得个人所得税预扣率为 20%，每次收入不超过

4000元的，减除费用按800元计算；子女教育专项附加扣除标准为1000元/月，王某夫妻选择由双方分别按扣除标准的50%扣除。

**全年一次性奖金适用按月换算后的综合所得税率表**

| 级数 | 应纳税所得额 | 税率（%） | 速算扣除数 |
|---|---|---|---|
| 1 | 不超过3000元的部分 | 3 | 0 |
| 2 | 超过3000元至12000元的部分 | 10 | 210 |
| 3 | 超过12000元至25000元的部分 | 20 | 1410 |
| 4 | 超过25000元至35000元的部分 | 25 | 2660 |
| 5 | 超过35000元至55000元的部分 | 30 | 4410 |
| …… | …… | …… | …… |

要求：

根据上述资料，不考虑其他因素，分析回答下列小题。

1. 计算王某提供税务咨询服务应预扣预缴个人所得税税额的下列算式中，正确的是（　　）。
   A. （3800－800）×（1－20%）×20%
   B. （3800－800）×20%
   C. 3800÷（1－20%）×20%
   D. 3800×（1－20%）×20%
2. 计算王某2019年度综合所得应缴纳个人所得税税额的下列算式中，正确的是（　　）。
   A. ［180000＋3800×（1－20%）－60000－12×1000×2］×10%－2520
   B. ［180000＋（3800－800）－60000－12×1000］×10%－2520
   C. ［180000＋（3800－800）－60000－33750－12×1000］×10%－2520
   D. ［180000＋3800×（1－20%）－60000－33750－12×1000×50%］×10%－2520
3. 计算王某2019年取得全年一次性奖金应缴纳个人所得税税额的下列算式中，正确的是（　　）。
   A. （48000÷12×10%－210）×12
   B. 48000÷12×10%－210
   C. 48000×30%－4410
   D. 48000×10%－210
4. 王某取得的下列收入中，不缴纳个人所得税的是（　　）。
   A. 境内丙上市公司股息6000元
   B. 继承价值1800000元的房产
   C. 获赠价值200元的豆浆机
   D. 国债利息4000元

**【例题56·不定项选择题】**

中国公民王某2019年的有关收支情况如下：

（1）1月购买体育彩票，取得中奖收入30000元，购买体育彩票支出700元。

（2）2月获赠父母名下的住房一套。

（3）3月取得储蓄存款利息1600元；在乙商场购买空调，获赠价值300元的电饭锅一个；在丙公司累积消费达到规定额度，取得按消费积分反馈的价值150元的礼品。

（4）4月将一套商铺出租，取得当月租金7000元，缴纳相关税费840元。

（5）其他相关情况：2019年总计取得工资收入105600元，专项扣除20250元。王某夫妇有个在上小学的孩子，子女教育专项附加扣除由王某夫妇分别按扣除标准的50%扣除。

已知：财产租赁所得个人所得税税率为20%，财产租赁所得每次（月）收入在4000元以上的，减除20%的费用。综合所得，每一纳税年度减除费用60000元；子女教育专项附加扣除，按照每个子女每年12000元的标准定额扣除。

个人所得税税率表

（综合所得适用）

| 级数 | 全年应纳税所得额 | 税率（%） | 速算扣除数 |
| --- | --- | --- | --- |
| 1 | 不超过36000元的部分 | 3 | 0 |
| 2 | 超过36000元至144000元的部分 | 10 | 2520 |
| 3 | 超过144000元至300000元的部分 | 20 | 16920 |
| 4 | 超过300000元至420000元的部分 | 25 | 31920 |
| …… | …… | …… | …… |

要求：

根据上述资料，不考虑其他因素，分析回答下列小题。

1. 计算王某1月体育彩票中奖收入应纳个人所得税税额的下列算式中，正确的是（　）。

A. （30000－700）×20%

B. 30000÷（1－20%）×20%

C. （30000－700）÷（1－20%）×20%

D. 30000×20%

2. 王某的下列所得中，不缴纳个人所得税的是（　）。

A. 获赠父母名下住房一套

B. 取得储蓄存款利息1600元

C. 获赠乙商场价值300元的电饭锅

D. 获赠丙公司价值150元的礼品

3. 计算王某4月出租商铺应缴纳个人所得税税额的下列算式中，正确的是（　）。

A. （7000－840）×20%

B. （7000－840）×（1－20%）×20%

C. 7000×（1－20%）×20%

D. 7000×20%

4. 计算王某2019年综合所得应纳个人所得税税额的下列算式中，正确的是（　）。

A. （105600－60000－12000×2）×3%

B. （105600－60000－20250－12000）×3%

C. （105600－60000－20250－12000×50%）×3%

D. （105600－60000－12000）×3%

**【例题57·不定项选择题】**

中国公民王某为个体工商户业主，主要从事汽车修理业务。2019年度有关收支情况如下：

（1）取得汽车修理收入1300000元。

（2）发生成本、费用550000元，其中包括雇员工资90000元、王某本人工资150000元。

（3）王某的独生女正在读小学，课外辅导班支出40000元，为妻子购买轿车支出110000元。

（4）2月从境内公开发行和转让市场购入A上市公司股票，4月取得该上市公司分配的股息35000元，5月将持有的股票全部卖出。

（5）8月转让普通住房一套，取得不含税销售收入800000元，转让时发生合理费用53000元；该住房原值500000元，系王某2012年12月购进，为王某在本地的第二套住房。

已知：王某当年没有综合所得；减除费用60000元；专项扣除27000元；子女教育专项附加扣除标准为1000元/月，由王某按扣除标准的100%扣除；利息、股息、红利所得及财产转让所得个人所得税税率为20%。

要求：

根据上述资料，不考虑其他因素，分析回答下列小题。

1. 计算王某2019年度经营所得个人所得税应纳税所得额时，下列支出中，不得扣除的是（　　）。

A. 雇员工资90000元

B. 王某本人工资150000元

C. 为妻子购买轿车支出110000元

D. 独生女课外辅导班支出40000元

2. 计算王某2019年度经营所得个人所得税应纳税所得额的下列算式中，正确的是（　　）。

A. 1300000－550000－40000－110000

B. 1300000－（550000－150000）－60000－27000－1000×12

C. 1300000－（550000－90000）－60000－27000

D. 1300000－（550000－150000）－1000×12

3. 计算王某取得股息所得应缴纳个人所得税税额的下列算式中，正确的是（　　）。

A. 35000×20%

B. 35000×50%×20%

C. 35000×（1－20%）×20%

D. 35000×（1－20%）×50%×20%

4. 计算王某2019年8月转让普通住房应缴纳个人所得税税额的下列算式中，正确的是（　　）。

A. （800000－500000－53000）×20%

B. （800000－53000）×20%

C. （800000－500000）×20%

D. 800000×20%

【例题58·不定项选择题】

王某兴办甲个人独资企业，2019年相关财务资料如下：

（1）向非金融企业借款200万元用于生产经营，期限1年，利率9%，全年利息支出18万元均已计入财务费用。

（2）实发合理工资中包括王某工资8万元、雇员工资20万元。

（3）实际发生雇员职工教育经费支出0.8万元。

（4）营业外支出中包括行政罚款3万元、合同违约金2万元。

（5）王某2019年3月以个人名义购入境内上市公司股票，同年9月出售，持有期间取得股息1.9万元；从境内非上市公司取得股息0.7万元。

已知：甲个人独资企业适用查账征收法，银行同期同类贷款利率为5%。在计算个人所得税应纳税所得额时，职工教育经费支出不超过工资薪金总额2.5%的部分，准予扣除。股息所得个人所得税税率为20%。

要求：

根据上述资料，不考虑其他因素，分析回答下列小题。

1. 甲个人独资企业在计算2019年度个人所得税应纳税所得额时，准予扣除的利息支出是（　　）万元。

A. 18　　B. 10

C. 8　　D. 0

2. 甲个人独资企业在计算2019年度个人所得税应纳税所得额时，准予扣除的雇员职工教育经费支出是（　　）万元。

A. 0.8　　B. 0.65

C. 0.15　　D. 0.5

3. 甲个人独资企业发生的下列支出中，在计算2019年度个人所得税应纳税所得额时，准予扣除的是（　　）。

A. 行政罚款3万元

B. 王某工资8万元

C. 合同违约金2万元

D. 雇员工资20万元

4. 计算王某股息所得应缴纳个人所得税税额的下列算式中，正确的是(　　)。

A. 1.9×50%×20%+0.7×20%

B. （1.9+0.7）×20%

C. 1.9×20%+0.7×50%×20%

D. （1.9+0.7）×50%×20%

## 经典大题精析参考答案及解析

"扫码看解析"

使用"微信"或"会计云课堂"App扫右方二维码，对答案、看解析、掌握解题思路，开启轻松过关之旅。

【例题54·不定项选择题】

1. 【答案】D

**解析：**（1）居民个人工资、薪金所得，应当按照累计预扣法计算预扣税款，累计预扣预缴应纳税所得额=累计收入-累计免税收入-累计减除费用-累计专项扣除-累计专项附加扣除-累计依法确定的其他扣除=20000×12-5000×12-3900×12-1000×12=121200（元）；（2）本期应预扣预缴税额=（累计预扣预缴应纳税所得额×预扣率-速算扣除数）-累计减免税额-累计已预扣预缴税额=121200×10%-2520-8590=1010（元）。

2. 【答案】A

**解析：**预扣预缴税款时，劳务报酬所得每次收入4000元以上的，减除费用按收入的20%计算，即应预扣预缴的税额=每次收入×（1-20%）×预扣率-速算扣除数=6000×（1-20%）×20%-0。

3. 【答案】B

**解析：**（1）从劳务报酬所得的收入额确认入手，由于劳务报酬所得在年度汇算清缴时以收入减除20%的费用后的余额为收入额，排除选项AC；（2）选项D没有减除允许减除的专项扣除和专项附加扣除，错误。

4. 【答案】ACD

**解析：**（1）选项A：储蓄存款利息所得暂免征收个人所得税。（2）选项C：企业赠送的具有价格折扣或折让性质的消费券、代金券、抵用券、优惠券，不缴纳个人所得税。（3）选项D：对个人购买福利彩票、体育彩票，一次中奖收入在1万元以下（含1万元）的暂免征收个人所得税；超过1万元的，全额征收个人所得税。

【例题55·不定项选择题】

1. 【答案】B

**解析：**（1）预扣预缴，需要考虑与4000元比较；（2）劳务报酬所得每次收入≤4000元时，应预扣预缴税额=（每次收入-800）×预扣率-速算扣除数。

2. 【答案】D

**解析：**（1）年度汇算清缴，不需要考虑与4000元比较，劳务报酬所得以收入减除20%的费用后的余额为收入额，选项BC排除；（2）按照规定范围和标准缴纳的"三险一金"属于专项扣除，可以依法扣除，选项A错误，选项D正确。

3. 【答案】D

**解析：**（1）选择不并入当年综合所得，应纳税额=全年一次性奖金收入×适用税率-速算扣除数，直接以"全年一次性奖金收入全额"计算，选项AB错误；（2）确定税率和速算扣除数时应以全年一次性奖金收入除以 12 个月得到的数额，查找月度税率表确定，48000 ÷ 12 = 4000（元），适用税率为 10%，速算扣除数为 210，选项 C 错误，选项 D 正确。

4. 【答案】ABCD

**解析**：（1）选项 A：个人持有从公开发行和转让市场取得的上市公司股票而取得的股息红利持股期限大于 1 年的，免征个人所得税；（2）选项 B：房屋产权所有人死亡，依法取得房屋产权的法定继承人、遗嘱继承人或者受遗赠人，对当事人双方不征收个人所得税；（3）选项 C：企业在向个人销售商品（产品）和提供服务的同时给予赠品，不征收个人所得税；（4）选项 D：国债利息收入免征个人所得税。

【例题 56 · 不定项选择题】

1. 【答案】D

**解析**：（1）对个人购买福利彩票、体育彩票，一次中奖收入在 1 万元以下的（含 1 万元）暂免征收个人所得税；超过 1 万元的，“全额”征收个人所得税。（2）偶然所得应纳税额 = 每次收入额×20%，在“经济法基础”考试范围内，没有任何允许减除的支出或费用。

2. 【答案】ABCD

**解析**：（1）选项 A：房屋产权所有人将房屋产权无偿赠与配偶、父母、子女、祖父母、外祖父母、孙子女、外孙子女、兄弟姐妹，对当事双方不征收个人所得税；（2）选项 B：储蓄存款利息所得暂免征收个人所得税；（3）选项 C：企业在向个人销售商品（产品）和提供服务的同时给予赠品，不征收个人所得税；（4）选项 D：企业对累积消费达到一定额度的个人按消费积分反馈礼品，不征收个人所得税。

3. 【答案】B

**解析**：（1）7000 - 840 = 6160（元），超过 4000 元，计算应纳税所得额时减除 20% 的费用；（2）王某 4 月出租商铺应缴纳个人所得税税额 =（7000 - 840）×（1 - 20%）×20% = 985.6（元）。

4. 【答案】C

**解析**：（1）

| | 项目 | 计税收入额 | 扣除项目 |
|---|---|---|---|
| 居民个人综合所得 | 工资、薪金所得 | 105600 元 | ①减除费用：60000 元<br>②专项扣除：20250 元<br>③专项附加扣除：12000 元×50%<br>④依法确定的其他扣除：无 |
| | 劳务报酬所得 | 无 | |
| | 稿酬所得 | 无 | |
| | 特许权使用费所得 | 无 | |

（2）应纳税所得额 = 105600 - 60000 - 20250 - 12000×50% = 19350（元），查找税率表，适用税率 3%、速算扣除数 0；（3）应纳税额 = 19350×3% - 0 = 580.5（元）。

【例题57·不定项选择题】

1. 【答案】BCD

解析：(1) 选项AB：个体工商户实际支付给从业人员的、合理的工资薪金支出，准予扣除；但个体工商户业主的工资薪金支出不得税前扣除。(2) 选项CD：个体工商户用于个人和家庭的支出不得税前扣除。

2. 【答案】B

解析：(1) 王某本人工资150000元不得税前扣除，应从成本、费用550000元中减除，选项AC错误；(2) 取得经营所得的个人，没有综合所得的，计算其每一纳税年度的应纳税所得额时，应当减除费用6万元、专项扣除（本题为27000元）、专项附加扣除（本题子女教育专项附加扣除=1000元/月×12个月）以及依法确定的其他扣除。

3. 【答案】B

解析：(1)"利息、股息、红利所得"以每次收入额为应纳税所得额，没有任何减除，选项CD错误；(2) 个人从公开发行和转让市场取得的"上市公司"股票，持股期限在1个月以上至1年（含1年）的，股息红利所得暂减按50%计入应纳税所得额，选项B正确，选项A错误。

4. 【答案】A

解析：对个人转让自用达5年以上并且是家庭唯一生活用房取得的所得，暂免征收个人所得税，但本题转让的是"第2套住房"，应按照"财产转让所得"依法缴纳个人所得税，应纳税额=（收入总额-财产原值-合理费用）×20%。

【例题58·不定项选择题】

1. 【答案】B

解析：(1) 向非金融企业借款的利息支出，不超过按照金融企业同期同类贷款利率计算的数额的部分，准予税前扣除，超出部分，不得扣除；(2) 利息支出的税前扣除限额=200×5%=10（万元）<实际发生额18万元，应按限额10万元扣除。

2. 【答案】D

解析：职工教育经费税前扣除限额=20×2.5%=0.5（万元）<实际发生额0.8万元，应按限额0.5万元扣除。

3. 【答案】CD

解析：(1) 选项A：行政罚款不得税前扣除；(2) 选项B：个人独资企业投资者的工资薪金支出不得税前扣除；(3) 选项C：属于承担民事责任，可以在税前扣除；(4) 选项D：实际支付给从业人员的、合理的工资薪金支出，准予扣除。

4. 【答案】A

解析：(1) 个人持有从公开发行和转让市场取得的"上市公司"股票而取得的股息红利，持股期限在1个月以上至1年（含1年）的，暂减按50%计入应纳税所得额；因此，王某取得的1.9万元股息应缴纳的个人所得税=1.9×50%×20%；选项BC错误。(2) 个人从"非上市公司"取得的股息所得，应以每次收入额全额为应纳税所得额；因此，王某取得的0.7万元股息应缴纳的个人所得税=0.7×20%；选项D错误。

**扫一扫　“码”上做题**

本部分习题均配备二维码，使用“微信”或“会计云课堂”App 扫一扫左侧二维码，即可在线做题并获取详尽的答案解析、解题思路点拨等超值服务，助您轻松过关。

【“会计云课堂”App 安装二维码详见封底页】

## 同步强化练习题

### 一、单项选择题

1. 根据个人所得税法律制度的规定，在中国境内有住所的居民取得的下列所得中，属于综合所得的是(　　)。
A. 经营所得　　B. 劳务报酬所得
C. 偶然所得　　D. 财产租赁所得

2. 中国境内甲公司职员王某取得的下列收入中，应计入工资、薪金所得缴纳个人所得税的是(　　)。
A. 劳动分红 3000 元
B. 差旅费津贴 200 元
C. 独生子女补贴 3 元
D. 误餐补助 50 元

3. 根据个人所得税法律制度的规定，证券经纪人从证券公司取得的佣金收入按照(　　)计缴个人所得税。
A. 经营所得
B. 劳务报酬所得
C. 特许权使用费所得
D. 工资、薪金所得

4. 根据个人所得税法律制度的规定，下列从事非雇佣劳动取得的收入中，应按“稿酬所得”缴纳个人所得税的是(　　)。
A. 审稿收入　　B. 翻译收入
C. 题字收入　　D. 出版作品收入

5. 2020 年 12 月中国公民王某取得全年一次性奖金 61200 元，王某选择不并入当年综合所得计算纳税。已知，全年一次性奖金适用个人所得税税率为 10%，速算扣除数为 210。计算王某当月取得全年一次性奖金应缴纳个人所得税税额的下列算式中，正确的是(　　)。
A. （61200−210）×10%
B. 61200÷12×10%−210
C. 61200×10%−210
D. （61200÷12×10%−210）×12

6. 根据个人所得税法律制度的规定，个人转让房屋所得应当按照(　　)征收个人所得税。
A. 财产转让所得
B. 特许权使用费所得
C. 偶然所得
D. 劳务报酬所得

7. 根据个人所得税法律制度的规定，个体工商户发生的下列支出中，在计算个人所得税应纳税所得额时不得扣除的是(　　)。
A. 非广告性的赞助支出
B. 合理的劳动保护支出
C. 实际支付给从业人员的合理的工资薪金支出
D. 按规定缴纳的财产保险费

8. 中国公民王某任职于国内某软件公司，2020 年 10 月在 A 大学授课一次，取得劳务报酬所得 3900 元，自行负担交通费 100 元。已知，劳务报酬所得个人所得税预扣率为 20%；每次收入不超过 4000 元的，减除费用按 800 元计算。计算王某当月该笔劳务报酬所得应预扣预缴个人所得税税额的下列算式中，正确的是(　　)。

A. （3900-100-800）×20%

B. 3900×20%

C. （3900-800）×20%

D. （3900-100）×20%

9. 2020年10月，王某所写的一部小说在国内出版，取得稿酬所得50000元。已知，稿酬所得每次收入不超过4000元的，减除费用按800元计算；每次收入4000元以上的，减除费用按20%计算；稿酬所得收入额减按70%计算；预扣率为20%。根据个人所得税法律制度的规定，出版社应为王某预扣预缴个人所得税税额为(　　)元。

A. 8000　　B. 7000

C. 6888　　D. 5600

10. 2020年11月中国公民李某在某杂志发表专业文章一篇，取得稿酬3800元。根据个人所得税法律制度的规定，有关在计算李某2020年综合所得的应纳税所得额时该项收入应确认的收入额，下列计算列式正确的是(　　)。

A. 3800×（1-20%）

B. 3800×（1-20%）×70%

C. 3800-800

D. （3800-800）×70%

11. 某个人独资企业2020年度销售收入为272000元，发生广告费和业务宣传费52000元。已知，广告费和业务宣传费不超过当年销售（营业）收入15%的部分，可以据实扣除；超过部分，准予结转扣除。根据个人所得税法律制度的规定，该企业当年可以在税前扣除的广告费和业务宣传费最高为(　　)元。

A. 30000　　B. 38080

C. 40800　　D. 52000

12. 2020年7月，王某出租住房取得不含增值税租金收入3500元，房屋租赁过程中缴纳的可以税前扣除的相关税费140元，支付出租住房修缮费1000元。已知个人出租住房取得的所得按10%的税率征收个人所得税，每次收入不超过4000元的，减除费用800元。王某当月出租住房应缴纳个人所得税税额的下列计算列式中，正确的是(　　)。

A. （3500-140-800-800）×10%

B. （3500-140-800）×10%

C. （3500-140-1000）×10%

D. （3500-140-1000-800）×10%

13. 2020年10月，李某购买福利彩票，取得一次中奖收入3万元，购买彩票支出400元。已知偶然所得个人所得税税率为20%。计算李某中奖收入所得税税额的下列算式中，正确的是(　　)。

A. 30000×（1-20%）×20%

B. （30000-400）×20%

C. 30000×20%

D. （30000-400）×（1-20%）×20%

14. 根据个人所得税法律制度的规定，下列各项中，以一个月内取得的收入为一次的是(　　)。

A. 偶然所得

B. 利息、股息、红利所得

C. 财产租赁所得

D. 财产转让所得

15. 根据个人所得税法律制度的规定，下列情形中，免征个人所得税的是(　　)。

A. 陈某取得所在公司发放的销售业绩奖金

B. 杨某获得县教育部门颁发的教育方面的奖金

C. 王某获得省政府颁发的科学方面的奖金

D. 李某取得所在单位发放的年终奖

16. 根据个人所得税法律制度的规定，下列个人所得中，免征或暂免征收个人所得税的是(　　)。

A. 劳动分红

B. 出版科普读物的稿酬所得

C. 年终奖金

D. 转让自用6年唯一家庭生活用房所得

17. 根据个人所得税法律制度的规定，下列情形中，应缴纳个人所得税的是(　　)。

A. 王某将房屋无偿赠与其子
B. 张某转让自用达5年以上且唯一家庭生活用房
C. 赵某转让无偿受赠的商铺
D. 杨某将房屋无偿赠与其外孙女

18. 根据个人所得税法律制度的规定，居民个人取得综合所得需要办理汇算清缴的，应当在法定期限内办理。该法定期限为（ ）。
A. 当年12月31日前
B. 次年1月1日至5月31日
C. 次年1月1日至6月30日
D. 次年3月1日至6月30日

19. 根据个人所得税法律制度的规定，税务机关对扣缴义务人按照所扣缴的税款，付给一定比例的手续费。该比例为（ ）。
A. 1%　　B. 2%
C. 3%　　D. 5%

## 二、多项选择题

1. 根据个人所得税法律制度的规定，下列在中国境内无住所的外籍人员中，属于2020年度居民个人的有（ ）。
A. 约翰2019年11月1日来到中国，2020年4月5日离开中国
B. 杰克2019年7月6日来到中国，2020年1月6日离开中国
C. 亚当2019年1月1日来到中国，2020年12月1日离开中国
D. 波比2020年5月1日来到中国，2020年12月31日离开中国

2. 根据个人所得税法律制度的规定，下列个人所得中，不论支付地点是否在境内，均为来源于中国境内所得的有（ ）。
A. 转让境内房产取得的所得
B. 许可专利权在境内使用取得的所得
C. 因任职在境内提供劳务取得的所得
D. 将财产出租给承租人在境内使用取得的所得

3. 根据个人所得税法律制度的规定，下列收入中，属于工资、薪金所得的有（ ）。
A. 劳动分红　　B. 加班补贴
C. 季度奖金　　D. 年终加薪

4. 根据个人所得税法律制度的规定，下列个人所得中，应按“劳务报酬所得”征收个人所得税的有（ ）。
A. 某大学教授从甲企业取得的咨询费
B. 某公司高管从乙大学取得的讲课费
C. 某设计院设计师从丙服装公司取得的设计费
D. 某剧本作者从丁电视剧制作单位取得的剧本使用费

5. 根据个人所得税法律制度的规定，下列表述正确的有（ ）。
A. 个人提供商标权的使用权取得的所得，按“稿酬所得”缴纳个人所得税
B. 剧本作者从电视剧的制作单位取得的剧本使用费，按“特许权使用费所得”缴纳个人所得税
C. 个人提供专利权的使用权取得的所得，按“特许权使用费所得”缴纳个人所得税
D. 作者将自己的文字作品手稿原件或复印件公开拍卖取得的所得，按“财产转让所得”缴纳个人所得税

6. 根据个人所得税法律制度的规定，下列支出中，在计算个体工商户个人所得税应纳税所得额时，不得扣除的有（ ）。
A. 从业人员合理工资
B. 计提的各项准备金
C. 业主本人工资
D. 业主家庭生活费用

7. 根据个人所得税法律制度的规定，个体工商户的下列支出中，在计算个人所得税应纳税所得额时，不得扣除的有（ ）。
A. 业主的工资薪金支出
B. 个人所得税税款
C. 在生产经营活动中因自然灾害造成的损失
D. 税收滞纳金

8. 根据个人所得税法律制度的规定，下列各

项中，属于财产转让所得的有(　　)。

A. 个人转让公司债券取得的所得

B. 个人转让合伙企业中的财产份额取得的所得

C. 个人转让股权取得的所得

D. 个人转让车辆取得的所得

9. 根据个人所得税法律制度的规定，下列情形中，应征收个人所得税的有(　　)。

A. 企业投资者个人向企业借款购买房屋，将所有权登记为投资者个人，且借款年度终了未归还借款的

B. 企业员工向企业借款购买房屋，将所有权登记为员工个人，且借款年度终了未归还借款的

C. 企业出资购买房屋，将所有权登记为投资者家庭成员的

D. 企业出资购买房屋，将所有权登记为投资者个人的

10. 下列情形中，不征收个人所得税的有(　　)。

A. 企业通过价格折扣方式向个人销售商品

B. 企业向个人提供服务的同时给予赠品

C. 企业对累积消费达到一定额度的个人按消费积分反馈礼品

D. 企业对累积消费达到一定额度的顾客，给予额外抽奖机会，个人获奖所得

11. 下列各项所得中，适用超额累进税率计征个人所得税的有(　　)。

A. 偶然所得　　B. 综合所得

C. 经营所得　　D. 财产转让所得

12. 根据个人所得税法律制度的规定，个人发生的下列公益性捐赠支出中，准予税前全额扣除的有(　　)。

A. 通过非营利社会团体向公益性青少年活动场所的捐赠

B. 通过国家机关向贫困地区的捐赠

C. 通过非营利社会团体向农村义务教育的捐赠

D. 通过国家机关向红十字事业的捐赠

13. 根据个人所得税法律制度的规定，下列各项中，免予缴纳个人所得税的有(　　)。

A. 剧本作者的剧本使用费

B. 职工的保险赔偿

C. 模特的时装表演费

D. 军人的转业费

14. 根据个人所得税法律制度的规定，下列个人所得中，免征个人所得税的有(　　)。

A. 军人领取的转业费

B. 教师工资所得

C. 作家拍卖手稿所得

D. 工人取得的保险赔款

15. 根据个人所得税法律制度的规定，下列各项情形中，纳税人应当依法办理纳税申报的有(　　)。

A. 取得综合所得需要办理汇算清缴的

B. 取得应税所得没有扣缴义务人的

C. 取得境外所得的

D. 非居民个人在中国境内从两处以上取得工资、薪金所得的

## 三、判断题

1. 在中国境内有住所，或者无住所而一个纳税年度内在境内居住累计满 183 天的个人，属于我国个人所得税的居民纳税人。(　　)

2. 外籍人员约翰 2019 年 2 月 24 日受邀来中国工作，2020 年 2 月 15 日结束在中国的工作，约翰在 2020 纳税年度内属于我国个人所得税居民个人。(　　)

3. 对个人独资企业投资者取得的生产经营所得应征收企业所得税，不征收个人所得税。(　　)

4. 合伙企业的自然人合伙人，为个人所得税纳税人。(　　)

5. 退休人员再任职取得的收入，免征个人所得税。(　　)

6. 个人所得税的专项附加扣除，一个纳税年度扣除不完，可以结转以后年度扣除。(　　)

7. 个人出版画作取得的所得，应按“劳务报

酬所得”计缴个人所得税。（ ）

8. 剧本作者从其任职的电视剧制作中心取得的剧本使用费，按“特许权使用费所得”征收个人所得税。（ ）

9. 对职工个人以股份形式取得的仅作为分红依据，不拥有所有权的企业量化资产，应按“利息、股息、红利所得”征收个人所得税。（ ）

10. 个人通过网络收购玩家的虚拟货币，加价后向他人出售取得的收入，不征收个人所得税。（ ）

11. 中国公民李某2020年10月将其年初从全国中小企业股份转让系统购入的某挂牌公司股票转让，暂免征收个人所得税。（ ）

12. 企业依照国家有关法律规定宣告破产，企业职工从该破产企业取得的一次性安置费收入，免予征收个人所得税。（ ）

## 四、不定项选择题

【案例1】

中国公民王某为境内甲公司技术人员，育有一读初中的女儿；王某是独生子，父母已年满60岁。2020年3月王某有关收支情况如下：

（1）工资15000元、季度奖金3000元。1~3月，每月缴纳基本养老保险费、基本医疗保险费、失业保险费、住房公积金2600元。1~2月，累计工资29000元，累计工资已预扣预缴个人所得税税额234元。

（2）为A公司提供业务指导，一次性劳务报酬收入2600元。

（3）出租一套住房，每月租金2400元，当月缴纳房产税96元。

（4）购买一台洗衣机，获赠价值287元的饮水机一台。

（5）购买一台电视，原价5999元，获得折扣499元，实际支付5500元。

（6）购买体育彩票，一次中奖收入200元。

（7）领取原提存的住房公积金19000元。

已知：工资、薪金所得预扣预缴个人所得税减除费用为5000元/月；子女教育专项附加扣除标准为1000元/月，由王某按扣除标准的100%扣除；赡养老人专项附加扣除标准为2000元/月。劳务报酬所得个人所得税预扣率为20%，每次收入不超过4000元的，减除费用按800元计算；财产租赁所得，每次收入不超过4000元的，减除费用800元。对个人出租住房取得的所得暂减按10%的税率征收个人所得税。

**个人所得税预扣率表**

**（居民个人工资、薪金所得预扣预缴适用）**

| 级数 | 累计预扣预缴应纳税所得额 | 预扣率（%） | 速算扣除数（元） |
|---|---|---|---|
| 1 | 不超过36000元的部分 | 3 | 0 |
| 2 | 超过36000元至144000元的部分 | 10 | 2520 |
| 3 | 超过144000元至300000元的部分 | 20 | 16920 |
| …… | …… | …… | …… |

要求：

根据上述资料，不考虑其他因素，分析回答下列小题。

1. 计算王某当月工资、薪金所得应预扣预缴个人所得税税额的下列算式中，正确的是(　　)。

A. （29000＋15000＋3000－5000×3－2600×3－1000×3－2000×3）×3%－234

B. （29000＋15000＋3000－5000×3－2600×3）×3%－234

C. （29000＋15000－5000×3－2600×3－1000×3－2000×3）×3%－234

D. （29000＋15000－5000×3－1000×3－2000×3）×3%－234

2. 计算王某当月一次性劳务报酬收入应预扣预缴个人所得税税额的下列算式中，正确的是(　　)。

A. （2600－800）÷（1－20%）×20%

B. （2600－800）×20%

C. 2600×20%

D. 2600÷（1－20%）×20%

3. 计算王某当月出租住房租金收入应缴纳个人所得税税额的下列算式中，正确的是(　　)。

A. （2400－96－800）×10%

B. 2400×10%

C. （2400－800）×10%

D. （2400－96）×10%

4. 王某的下列所得中，不缴纳个人所得税的是(　　)。

A. 获赠价值 287 元的一台饮水机

B. 体育彩票一次中奖收入 200 元

C. 购买电视获得的折扣 499 元

D. 领取原提存的住房公积金 19000 元

**【案例 2】**

中国公民王某为国内某大学教授，2019 年 1~4 月有关收支情况如下：

（1）1 月转让一套住房，取得含增值税销售收入 945000 元，该套住房原值 840000 元，系王某 2018 年 8 月购入，本次转让过程中，发生合理费用 5000 元。

（2）2 月获得当地教育部门颁发的区（县）级科研方面的奖金 20000 元。

（3）3 月转让从公开发行市场购入的上市公司股票 6000 股，取得股票转让所得 180000 元。

（4）4 月在甲电信公司购手机获赠价值 12000 元的入网费；获得乙保险公司给付的保险赔款 30000 元。

假设王某 2019 年其他收入及相关情况如下：

（1）工资、薪金所得 200000 元，专项扣除 40000 元。

（2）劳务报酬所得 9000 元，稿酬所得 6000 元。

已知：财产转让所得个人所得税税率为 20%；个人将购买不足 2 年的住房对外销售的，按照 5% 的征收率全额缴纳增值税。综合所得，每一纳税年度减除费用 60000 元；劳务报酬所得、稿酬所得以收入减除 20% 的费用后的余额为收入额；稿酬所得的收入额减按 70% 计算。

**个人所得税税率表**

**（综合所得适用）**

| 级数 | 全年应纳税所得额 | 税率（%） | 速算扣除数（元） |
|---|---|---|---|
| 1 | 不超过 36000 元的部分 | 3 | 0 |
| 2 | 超过 36000 元至 144000 元的部分 | 10 | 2520 |
| 3 | 超过 144000 元至 300000 元的部分 | 20 | 16920 |
| 4 | 超过 300000 元至 420000 元的部分 | 25 | 31920 |
| …… | …… | …… | …… |

要求：

根据上述资料，不考虑其他因素，分析回答下列小题。

1. 计算王某1月转让住房应缴纳增值税税额的下列算式中，正确的是（　　）。

A. 945000÷（1+5%）×5%

B. 945000×5%

C. （945000−840000）÷（1+5%）×5%

D. （945000−840000）×5%

2. 计算王某1月转让住房应缴纳个人所得税税额的下列算式中，正确的是（　　）。

A. （945000−840000）×20%

B. ［945000÷（1+5%）−840000−5000］×20%

C. （945000−840000−5000）×20%

D. ［945000÷（1+5%）−840000］×20%

3. 王某的下列所得中，不缴纳个人所得税的是（　　）。

A. 获得的保险赔款30000元

B. 获赠价值12000元的入网费

C. 区（县）级科研方面的奖金20000元

D. 股票转让所得180000元

4. 计算王某2019年综合所得应缴纳个人所得税税额的下列算式中，正确的是（　　）。

A. （200000−60000−40000）×10%−2520+9000×（1−20%）×3%+6000×70%×3%

B. （200000−60000−40000）×10%−2520+9000×（1−20%）×3%+6000×（1−20%）×70%×3%

C. ［200000+9000×（1−20%）+6000×（1−20%）×70%−60000−40000］×10%−2520

D. （200000+9000+6000×70%−60000−40000）×10%−2520

**【案例3】**

中国公民王某担任国内某会计师事务所项目经理，2019年12月有关收支情况如下：

（1）工资及个税明细表（部分数据）

（单位：元）

| 姓名 | 累计基本工资 | 累计岗位工资 | 累计工龄补贴 | 累计托儿补助费 | 累计工资总额 | 代扣 | 专项附加扣除 | | | | | 累计已预扣预缴个人所得税 | 本月应预扣预缴所得税 | 实发工资 |
|---|---|---|---|---|---|---|---|---|---|---|---|---|---|---|
| | | | | | | 累计“三险一金” | 累计子女教育扣除 | 累计赡养老人扣除 | 累计住房贷款利息扣除 | 累计住房租金扣除 | 累计继续教育扣除 | | | |
| 王某 | 21360 | 96000 | 2400 | 240 | 120000 | 21348 | 0 | 24000 | 0 | 0 | 0 | 396.33 | —— | —— |

（2）全年一次性奖金20000元。

已知：减除费用标准为5000元/月。

**个人所得税预扣率表**

**（居民个人工资、薪金所得预扣预缴适用）**

| 级数 | 累计预扣预缴应纳税所得额 | 预扣率（%） | 速算扣除数（元） |
|---|---|---|---|
| 1 | 不超过36000元的部分 | 3 | 0 |

续表

| 级数 | 累计预扣预缴应纳税所得额 | 预扣率（%） | 速算扣除数（元） |
|---|---|---|---|
| 2 | 超过36000元至144000元的部分 | 10 | 2520 |
| …… | …… | …… | …… |

要求：

根据上述资料，不考虑其他因素，分析回答下列小题。

1. 王某取得的下列收入中，应征收个人所得税的是(　　)。

A. 岗位工资

B. 托儿补助费

C. 工龄补贴

D. 基本工资

2. 关于王某的各项扣除项目，下列表述正确的是(　　)。

A. “累计三险一金”中的“三险”指的是基本医疗保险、基本养老保险和失业保险

B. “累计三险一金”中的“三险”指的是基本医疗保险、基本养老保险和工伤保险

C. 单位没有为王某考虑大病医疗专项附加扣除违法

D. 如果王某发生了符合规定的大病医疗费用，在办理年度汇算清缴时申报扣除

3. 计算当月单位应当为王某预扣预缴个人所得税税额的下列算式中，正确的是(　　)。

A. ［(21360+96000+2400+240)－5000×12－21348－24000］×3%－396.33

B. ［(21360+96000+2400+240)－21348－24000］×3%－396.33

C. ［(21360+96000+2400)－5000×12－21348－24000］×3%－396.33

D. ［(21360+96000+2400)－21348－24000］×3%－396.33

4. 有关王某全年一次性奖金应缴纳个人所得税税额的下列表述中，正确的是(　　)。

A. 王某可以选择将其取得的全年一次性奖金并入综合所得计算纳税

B. 王某可以选择不将其取得的全年一次性奖金并入综合所得，单独计算纳税

C. 王某应当将其取得的全年一次性奖金并入综合所得计算纳税

D. 王某不应当将其取得的全年一次性奖金并入综合所得，单独计算纳税

**【案例4】**

王某是甲个人独资企业（简称“甲企业”）业主，2019年相关情况如下：

(1) 甲企业2019年会计利润2200000元；成本、费用中包括税收滞纳金30000元、诉讼费用40000元和王某本人工资450000元。

(2) 甲企业员工小王每月工资18000元，每月符合规定的专项扣除2800元、专项附加扣除1500元；另外，小王2019年2月在其他单位兼职，取得收入4200元。

(3) 王某2019年5月转让一套商铺，取得含增值税销售收入945000元，该套商铺原值840000元，系王某2018年年底购入，本次转让过程中，发生合理费用5000元。

(4) 王某2019年8月以个人名义购入境内A上市公司股票，11月出售，持有期间取得股息20000元，转让取得净收入80000元。

已知：王某当年没有综合所得，减除费用60000元，劳务报酬所得以收入减除20%的费用后的余额为收入额，转让不动产增值税征收率为5%，利息、股息、红利所得及财产转让所得个人所得税税率

为 20%。税率表略。

要求：

根据上述资料，不考虑其他因素，分析回答下列小题。

1. 计算王某 2019 年度经营所得个人所得税应纳税所得额时，下列支出中，不得扣除的是（　　）。

A. 税收滞纳金 30000 元

B. 诉讼费用 40000 元

C. 王某本人工资 450000 元

D. 员工小王每月工资 18000 元

2. 有关小王 2019 年综合所得的个人所得税税额，下列计算列式中，正确的是（　　）。

A. （18000×12－60000－2800×12－1500×12）×10%－2520

B. ［18000×12＋4200×（1－20%）－60000－2800×12－1500×12］×10%－2520

C. ［18000×12＋（4200－800）－60000－2800×12－1500×12］×10%－2520

D. ［18000×12＋4200×（1－20%）－2800×12－1500×12］×20%－16920

3. 有关王某 5 月转让商铺应缴纳个人所得税税额，下列计算列式中，正确的是（　　）。

A. （945000－840000）×20%

B. ［945000÷（1＋5%）－840000－5000］×20%

C. （945000－840000－5000）×20%

D. ［945000÷（1+5%）－840000］×20%

4. 有关王某取得的境内 A 上市公司股票的相关收入，下列说法正确的是（　　）。

A. 转让取得的净收入 80000 元暂不征收个人所得税

B. 转让取得的净收入 80000 元应按"财产转让所得"计算缴纳个人所得税

C. 股息 20000 元暂免征收个人所得税

D. 股息 20000 元应按"利息、股息、红利所得"缴纳个人所得税 2000 元

## 同步强化练习题参考答案及解析

"扫码看解析"

使用"微信"或"会计云课堂"App 扫右方二维码，对答案、看解析、掌握解题思路，开启轻松过关之旅。

### 一、单项选择题

1. 【答案】B

**解析：**纳入居民个人综合所得的征税项目共 4 个：（1）工资、薪金所得；（2）劳务报酬所得；（3）稿酬所得；（4）特许权使用费所得。

2. 【答案】A

**解析：**选项 BCD：不属于工资、薪金性质的补贴、津贴，不予征收个人所得税。

3. 【答案】B

4. 【答案】D

**解析：**选项 ABC：应按"劳务报酬所得"计算缴纳个人所得税。

5. 【答案】C

**解析：**选择不并入当年综合所得的全年一次性奖金的应纳税额＝全年一次性奖金收入×适用税率－速算扣除数。

6. 【答案】A

**解析：**个人转让房屋所得应按照"财产转让所得"征收个人所得税。

7. 【答案】A

**解析：**选项 BCD：准予在计算个人所得税应纳税所得额时据实扣除。

8. 【答案】C

解析：已知条件中已经明确交代，“不超过4000元的，减除费用800元”（只能减除800元，不能减除其他支出），选项C正确。

9. 【答案】D

解析：应预扣预缴的个人所得税税额＝50000×（1－20%）×70%×20%＝5600（元）。

10. 【答案】B

解析：居民个人计入综合所得应纳税所得额的稿酬所得的收入额＝收入×（1－20%）×70%。

11. 【答案】C

解析：该企业当年可以在税前扣除的广告费和业务宣传费最高限额＝272000×15%＝40800（元），实际发生额52000元，只能在税前扣除40800元。

12. 【答案】A

解析：（1）“修缮费1000元”：当月最高扣800元，排除选项CD；（2）选项A有2个“－800”，一个是减除允许扣除的修缮费，另一个是每次收入在4000元以下，按税法规定的扣除额800元。

13. 【答案】C

解析：（1）中奖收入3万元，超过了1万元，全额征税。（2）购买彩票的支出（400元）不得扣除，选项BD排除；也不存在定率（20%）扣除的问题，选项A排除。

14. 【答案】C

解析：（1）选项A：偶然所得，以每次取得该项收入为一次；（2）选项B：利息、股息、红利所得，以支付利息、股息、红利时取得的收入为一次。

15. 【答案】C

解析：选项B：颁发教育奖金的主体是“县级”教育部门，不符合免税条件。

16. 【答案】D

解析：（1）选项AC：除工资、薪金外，奖金、年终加薪、劳动分红、津贴、补贴也应当列入“工资、薪金所得”计征个人所得税；（2）选项B：出版科普读物的稿酬所得没有免征个人所得税的规定；（3）选项D：对个人转让自用5年以上并且是家庭唯一生活用房取得的所得，暂免征收个人所得税。

17. 【答案】C

解析：（1）选项AD：房屋产权所有人将房屋产权无偿赠与配偶、父母、子女、祖父母、外祖父母、孙子女、外孙子女、兄弟姐妹的，对双方当事人均不征收个人所得税；（2）选项B：对个人转让自用达5年以上并且是家庭唯一生活用房取得的所得，暂免征收个人所得税。

18. 【答案】D

19. 【答案】B

## 二、多项选择题

1. 【答案】CD

解析：在中国境内无住所而一个纳税年度内（2020年）在中国境内居住累计满183天的个人，属于居民个人。

2. 【答案】ABCD

解析：（1）选项A：转让中国境内的不动产等财产取得的所得，属于来源于中国境内的所得；（2）选项B：许可各种特许权在中国境内使用而取得的所得，属于来源于中国境内的所得；（3）选项C：因任职、受雇、履约等在中国境内提供劳务取得的所得，属于来源于中国境内的所得；（4）选项D：将财产出租给承租人在中国境内使用而取得的所得，属于来源于中国境内的所得。

3. 【答案】ABCD

4. 【答案】ABC

解析：选项D：按“特许权使用费所得”征收个人所得税。

5. 【答案】BC

解析：（1）选项 A：个人提供商标权的使用权取得的所得，按“特许权使用费所得”缴纳个人所得税；（2）选项 D：作者将自己的文字作品手稿原件或复印件公开拍卖取得的所得，按“特许权使用费所得”缴纳个人所得税。

6. 【答案】BCD

解析：选项 A：个体工商户向其从业人员实际支付的合理的工资薪金支出，允许在税前据实扣除。

7. 【答案】ABD

解析：选项 C：经营所得应纳税额计算时可以扣除的损失，是指生产、经营活动中发生的固定资产和存货的盘亏、毁损、报废损失，转让财产损失，坏账损失，自然灾害等不可抗力因素造成的损失以及其他损失。

8. 【答案】ABCD

解析：个人所得税财产转让所得，是指个人转让有价证券、股权、合伙企业中的财产份额、不动产、机器设备、车船以及其他财产取得的所得。

9. 【答案】ABCD

解析：符合以下情形的房屋或其他财产，不论所有权人是否将财产无偿或有偿交付企业使用，其实质均为企业对个人进行了实物性质的分配，应依法计征个人所得税：（1）企业出资购买房屋及其他财产，将所有权登记为投资者个人、投资者家庭成员或企业其他人员的；（2）企业投资者个人、投资者家庭成员或企业其他人员向企业借款用于购买房屋及其他财产，将所有权登记为投资者、投资者家庭成员或企业其他人员，且借款年度终了后未归还借款的。

10. 【答案】ABC

解析：选项 D：企业对累积消费达到一定额度的顾客，给予额外抽奖机会，个人的获奖所得，按照“偶然所得”，全额适用 20%的税率缴纳个人所得税。

11. 【答案】BC

解析：适用超额累进税率的有：（1）综合所得；（2）经营所得；（3）非居民个人的工资、薪金所得，劳务报酬所得，稿酬所得和特许权使用费所得。

12. 【答案】ACD

解析：选项 B：个人将其所得对教育、扶贫、济困等公益慈善事业进行捐赠，捐赠额未超过纳税人申报的应纳税所得额30%的部分，可以从其应纳税所得额中扣除。

13. 【答案】BD

解析：（1）选项 A：剧本作者从电影、电视剧制作单位取得的剧本使用费，不再区分剧本使用方是否为其任职单位，统一按“特许权使用费所得”征收个人所得税；（2）选项 C：模特的“走穴”时装表演费按照“劳务报酬所得”征收个人所得税。

14. 【答案】AD

解析：（1）选项 B：教师工资所得应按“工资、薪金所得”缴纳个人所得税；（2）选项 C：作者将自己的文字作品手稿原件或者复印件公开拍卖（竞价）取得的所得应按“特许权使用费所得”缴纳个人所得税。

15. 【答案】ABCD

## 三、判断题

1. 【答案】√

2. 【答案】×

解析：约翰住所地不在中国，且 2020 纳税年度在华居住时间仅一个多月，远远不满 183 天，不属于居民个人。

3. 【答案】×

解析：对个人独资企业投资者取得的生产经营所得，应比照“经营所得”征收个人所得税。

4. 【答案】√

解析：个人独资企业和合伙企业不缴纳企

业所得税，而是对其投资者个人或自然人合伙人取得的生产经营所得征收个人所得税。

5. 【答案】×

解析：退休人员再任职取得的收入，符合相关条件的，在减除按税法规定的费用扣除标准后，按“工资、薪金所得”缴纳个人所得税。

6. 【答案】×

解析：专项扣除、专项附加扣除和依法确定的其他扣除，以居民个人一个纳税年度的应纳税所得额为限额；一个纳税年度内扣除不完的，不结转以后年度扣除。

7. 【答案】×

解析：“出版、发表”画作，应按“稿酬所得”计缴个人所得税。

8. 【答案】√

9. 【答案】×

解析：对职工个人以股份形式取得的仅作为分红依据，不拥有所有权的企业量化资产，不征收个人所得税。

10. 【答案】×

解析：个人通过网络收购玩家的虚拟货币，加价后向他人出售取得的收入，属于个人所得税应税所得，应按照“财产转让所得”计算缴纳个人所得税。

11. 【答案】√

解析：对个人转让全国中小企业股份转让系统挂牌公司非原始股取得的所得，暂免征收个人所得税。非原始股是指个人在该公司挂牌后取得的股票，以及由上述股票孳生的送、转股。

12. 【答案】√

## 四、不定项选择题

【案例1】

1. 【答案】A

解析：（1）季度奖金属于工资、薪金所得，应并入当月工资计算应预扣预缴的税额，选项CD错误；（2）选项B没有考虑王某的专项附加扣除，错误。

2. 【答案】B

解析：根据已知条件提供的说明，王某取得劳务报酬收入为2600元<4000元，扣除费用800元，预扣预缴税额=预扣预缴应纳税所得额×预扣率=（2600－800）×20%=360（元）。

3. 【答案】A

解析：（1）个人出租房屋过程中缴纳的房产税，属于财产租赁过程中缴纳的税费，可以减除，选项BC错误；（2）2400－96=2304（元）<4000元，可以减除费用800元。

4. 【答案】ABCD

解析：（1）选项AC：企业在销售商品（产品）和提供服务过程中向个人赠送礼品，属于下列情形之一的，不征收个人所得税：①企业通过价格折扣、折让方式向个人销售商品（产品）和提供服务；②企业在向个人销售商品（产品）和提供服务的同时给予赠品；③企业对累积消费达到一定额度的个人按消费积分反馈礼品。（2）选项B：对个人购买福利彩票、体育彩票，一次中奖收入在1万元以下（含1万元）的暂免征收个人所得税；超过1万元的，全额征收个人所得税。（3）选项D：个人领取原提存的住房公积金、基本医疗保险金、基本养老保险金，以及失业保险金，免予征收个人所得税。

【案例2】

1. 【答案】A

解析：个人将购买不足2年的住房对外销售的，按5%征收率全额缴纳增值税；因此，王某1月转让住房应缴纳增值税=945000÷（1+5%）×5%=45000（元）。

2. 【答案】B

解析：（1）个人将购买不足2年的住房对外销售的，按5%征收率全额缴纳增值税，因此，不含增值税销售收入 = 945000 ÷ （1 + 5%），排除选项 AC；（2）王某转让住房按“财产转让所得”缴纳个人所得税，应纳税额 = （收入总额 - 财产原值 - 合理费用） × 20% = [945000 ÷ （1 + 5%） - 840000 - 5000] × 20% = 11000（元）。

3. 【答案】ABD

**解析**：（1）选项 A：个人取得的保险赔款，免征个人所得税；（2）选项 B：企业在向个人销售商品（产品）和提供服务的同时给予赠品（如通信企业对个人购买手机赠送话费、入网费，或者购话费赠手机等），不征收个人所得税；（3）选项 C：个人取得“省级”人民政府、国务院部委和中国人民解放军军以上单位，以及外国组织、国际组织颁发的科学、教育、技术、文化、卫生、体育、环境保护等方面的奖金，免征个人所得税；（4）选项 D：个人转让境内上市公司股票，暂不征收个人所得税。

4. 【答案】C

**解析**：（1）

| | 项目 | 计税收入额 | 扣除项目 |
|---|---|---|---|
| 居民个人综合所得 | 工资、薪金所得 | 200000 | ①减除费用：60000 元<br>②专项扣除：40000 元<br>③专项附加扣除：无<br>④依法确定的其他扣除：无 |
| | 劳务报酬所得 | 9000×（1-20%） | |
| | 稿酬所得 | 6000×（1-20%）×70% | |
| | 特许权使用费所得 | 无 | |

（2）应纳税所得额 = 200000 + 9000×（1 - 20%）+ 6000×（1 - 20%）×70% - 60000 - 40000 = 110560（元），查找税率表，适用税率 10%、速算扣除数 2520；（3）应纳税额 = 110560×10% - 2520 = 8536（元）。

**【案例 3】**

1. 【答案】ACD

**解析**：（1）“工资、薪金所得”税目，包括个人因“任职或者受雇”而取得的工资（选项 AD）、薪金、奖金、年终加薪、劳动分红、津贴、补贴（选项 C）以及与任职或者受雇有关的其他所得。（2）下列项目不属于工资、薪金性质的补贴、津贴，不征收个人所得税：①独生子女补贴；②执行公务员工资制度未纳入基本工资总额的补贴、津贴差额和家属成员的副食补贴；③托儿补助费（选项 B）；④差旅费津贴、误餐补助（不包括单位以误餐补助名义发给职工的补助、津贴）。

2. 【答案】AD

**解析**：（1）选项 AB：工伤保险费由单位缴纳，个人不负担工伤保险费用；（2）选项 CD：在一个纳税年度内，纳税人发生的与基本医保相关的医药费用支出，扣除医保报销后个人负担（指医保目录范围内的自付部分）累计超过 15000 元的部分，由纳税人在办理年度汇算清缴时，在 80000 元限额内据实扣除。

3. 【答案】C

**解析**：（1）托儿补助费不需要纳税，排除选项 AB；（2）可以减除累计减除费用（5000 × 12），累计减除费用按照 5000 元/月乘以纳税人当年截至本月在本单位的任职受雇月份数计算。

4. 【答案】AB

**解析**：居民个人取得的符合规定的全年一

次性奖金，在2021年12月31日前，可以选择并入综合所得计算纳税，也可以选择不并入当年的综合所得，以全年一次性奖金收入除以12个月得到的数额，查找月度税率表确定适用税率和速算扣除数，单独计算纳税。计算公式为：应纳税额=全年一次性奖金收入×适用税率-速算扣除数。

【案例4】

1.【答案】AC

**解析：**（1）选项AB：税收滞纳金税前不得扣除，诉讼费用允许扣除。（2）选项CD：个人独资企业实际支付给从业人员的、合理的工资薪金支出，准予扣除；但投资者本人的工资薪金支出不得税前扣除。

2.【答案】B

**解析：**（1）劳务报酬所得以收入减除20%的费用后的余额为收入额，选项AC错误；（2）居民个人综合所得应纳税额=（每一纳税年度收入额-费用6万元-专项扣除-专项附加扣除-依法确定的其他扣除）×适用税率-速算扣除数=［18000×12+4200×（1-20%）-60000-2800×12-1500×12］×10%-2520。

3.【答案】B

**解析：**（1）个人转让房屋的个人所得税应税收入不含增值税，选项AC未对“945000”含税收入进行价税分离，错误；（2）财产转让所得应纳税额=（收入总额-财产原值-合理费用）×20%。

4.【答案】AD

**解析：**（1）选项AB：个人转让“境内上市”公司股票所得暂不征收个人所得税；（2）选项CD：个人从公开发行和转让市场取得的“上市公司”股票，持股期限在1个月以上至1年（含1年）的，股息红利所得暂减按50%计入应纳税所得额；因此，王某取得的20000元股息应缴纳的个人所得税=20000×50%×20%=2000（元）。

# 第六章（1） 与房和地相关的小税种

## 考情分析

根据考生们的回忆，耕地占用税、房产税、城镇土地使用税、土地增值税、契税和印花税（共计 6 个税种），在 2020 年每套考卷上的分值约为 6 分，以小题为主，个别情况下，可以在增值税、企业所得税、个人所得税的大题中涉及 1 个小题。

**2020 年典型考卷题型题量分析表**

| | 卷 1 | | 卷 2 | | 卷 3 | | 卷 4 | | 卷 5 | |
|---|---|---|---|---|---|---|---|---|---|---|
| | 题量 | 分值 | 题量 | 分值 | 题量 | 分值 | 题量 | 分值 | 题量 | 分值 |
| 单项选择题 | 2 | 4 | 1 | 2 | 3 | 6 | 2 | 4 | 2 | 4 |
| 多项选择题 | 0 | 0 | 0 | 0 | 1 | 2 | 0 | 0 | 0 | 0 |
| 判断题 | 1 | 1 | 2 | 2 | 0 | 0 | 1 | 1 | 2 | 2 |
| 不定项选择题 | 0 | 0 | 1 | 2 | 0 | 0 | 1 | 2 | 0 | 0 |
| 合计 | 3 | 5 | 4 | 6 | 4 | 8 | 4 | 7 | 4 | 6 |

2021 年“与房和地相关的小税种”部分的考点变化主要体现为：根据《契税法》对“契税法律制度”进行了全面修订。

## 考点框架

- 第六章（1）②
  - 持有房地产权属
    - 城镇土地使用税
      - 基本规定（考点4）
      - 税收优惠政策（考点5）
    - 房产税
      - 交不交（考点6）
      - 交多少（考点7）
      - 税收优惠政策（考点8）
      - 征收管理规定（考点9）
  - 房地产权属流转
    - 契税
      - 交不交（考点10）
      - 交多少（考点11）
      - 税收优惠政策（考点12）
      - 征收管理规定（考点13）
    - 土地增值税
      - 交不交（考点14）
      - 交多少（考点15）
      - 怎么交（考点16）
    - 印花税
      - 纳税人（考点17）
      - 各税目的具体规定（考点18–21）
      - 税收优惠政策（考点22）
      - 征收管理规定（考点23）

## 考点剖析

### 第 1 单元 耕地占用税

查看本单元视频
312269
使用"会计云课堂"App/微信扫描

#### 01 考点 1 交不交耕地占用税（★）

1. 耕地占用税的征税范围包括纳税人为建设建筑物、构筑物或从事其他非农业建设而占用的国家所有和集体所有的耕地。

【提示】耕地，是指用于种植农作物的土地。占用园地、林地、草地、农田水利用地、养殖水面、渔业水域滩涂以及其他农用地建设建筑物、构筑物或者从事非农业建设的，按规定缴纳耕地占用税。

2. 占用上述农用地建设直接为农业生产服务的生产设施的，不缴纳耕地占用税。

【提示】直接为农业生产服务的生产设施，是指直接为农业生产服务而建设的建筑物和构筑物。具体包括：储存农用机具和种子、苗木、木材等农业产品的仓储设施；培育、生产种子、种苗的设施；畜禽养殖设施；木材集材道、运材道；农业科研、试验、示范基地；野生动植物保护、护林、森林病虫害防治、森林防火、木材检疫的设施；专为农业生产服务的灌溉排水、供水、供电、供热、供气、通讯基础设施；农业生产者从事农业生产必需的食宿和管理设施；其他直接为农业生产服务的生产设施。

## 经典题解

**【例题1·单选题】** 根据耕地占用税法律制度的规定，下列情形中，不缴纳耕地占用税的是（　）。

A. 占用渔业水域滩涂建设游乐园的

B. 占用林地修建木材集材道的

C. 占用养殖水面建设城市公园的

D. 占用耕地建设经济技术开发区的

**【解析】** 占用园地、林地、草地、农田水利用地、养殖水面、渔业水域滩涂以及其他农用地建设“直接为农业生产服务的生产设施”的，不缴纳耕地占用税。

**【答案】** B

3. 税收优惠

（1）军事设施、学校、幼儿园、社会福利机构、医疗机构占用耕地，免征耕地占用税。

【提示1】学校内经营性场所和教职工住房占用耕地的，按照当地适用税额缴纳耕地占用税。

【提示2】医疗机构内职工住房占用耕地的，按照当地适用税额缴纳耕地占用税。

（2）农村居民在规定用地标准以内占用耕地新建自用住宅，按照当地适用税额减半征收耕地占用税；其中农村居民经批准搬迁，新建自用住宅占用耕地不超过原宅基地面积的部分，免征耕地占用税。

（3）农村烈士遗属、因公牺牲军人遗属、残疾军人以及符合农村最低生活保障条件的农村居民，在规定用地标准以内新建自用住宅，免征耕地占用税。

（4）铁路线路、公路线路、飞机场跑道、停机坪、港口、航道、水利工程占用耕地，减按每平方米2元的税额征收耕地占用税。

【提示1】减税的铁路线路，具体范围限于铁路路基、桥梁、涵洞、隧道及其按照规定两侧留地、防火隔离带。专用铁路和铁路专用线占用耕地的，按照当地适用税额缴纳耕地占用税。

【提示2】减税的公路线路，具体范围限于经批准建设的国道、省道、县道、乡道和属于农村公路的村道的主体工程以及两侧边沟或者截水沟。专用公路和城区内机动车道占用耕地的，按照当地适用税额缴纳耕地占用税。

（5）根据国民经济和社会发展的需要，国务院可以规定免征或者减征耕地占用税的其他情形，报全国人民代表大会常务委员会备案。

（6）依法免征或者减征耕地占用税后，纳税人改变原占地用途，不再属于免征或者减征耕地占用税情形的，应当按照当地适用税额补缴耕地占用税。

4. 临时占用

纳税人因建设项目施工或者地质勘查临时占用耕地，应当依法缴纳耕地占用税。纳税人在批准临时占用耕地期满之日起1年内依法复垦，恢复种植条件的，全额退还已经缴纳的耕地占用税。

5. 损毁耕地

因挖损、采矿塌陷、压占、污染等损毁耕地属于税法所称的非农业建设，应依法缴纳耕地占用税；自自然资源、农业农村等相关部门认定损毁耕地之日起3年内依法复垦或修复，恢复种植条件的，依法办理退税。

## 经典题解

**【例题 2·多选题】**根据耕地占用税法律制度的规定，下列各项中，免征耕地占用税的有(　　)。

A. 公立学校教学楼占用耕地

B. 城区内机动车道占用耕地

C. 军事设施占用耕地

D. 医院内职工住房占用耕地

**【解析】**（1）选项 B：公路线路占用耕地，可以减按每平方米 2 元的税额标准缴纳耕地占用税；但专用公路和城区内机动车道占用耕地的，按照当地适用税额缴纳耕地占用税。（2）选项 D：医院内职工住房占用耕地的，按照当地适用税额缴纳耕地占用税。

**【答案】**AC

**【例题 3·单选题】**根据耕地占用税法律制度的规定，下列情形中，不缴纳耕地占用税的是(　　)。

A. 占用市区工厂土地建设商品房

B. 占用市郊果园建设公路

C. 占用牧草地建设厂房

D. 占用茶园建设旅游度假村

**【解析】**（1）选项 A：占用的是“工厂土地”，并非耕地及农用地，肯定不缴纳耕地占用税；（2）选项 BCD：占用园地（含果园、茶园）、草地（含牧草地）建设厂房（选项 C）、旅游度假村（选项 D）应当缴纳耕地占用税，建设公路（选项 B）可能涉及减征。

**【答案】**A

## 02 考点 2 交多少耕地占用税（★）

1. 耕地占用税以纳税人实际占用的耕地面积（包括经批准占用的耕地面积和未经批准占用的耕地面积）为计税依据，按照规定的适用税额一次性征收：

应纳税额 = 纳税人实际占用的耕地面积（平方米）×适用税额

**【案例】**甲商贸公司因建设商场需要，经批准占用耕地 1000 平方米。已知当地耕地占用税适用税额为 10 元/平方米。则甲商贸公司应缴纳的耕地占用税 = 1000×10 = 10000（元）。

2. 税率

（1）耕地占用税实行有幅度的地区差别定额税率。

【提示】耕地占用税的税率不需要记忆，但是税率形式需要把握，参考下图：

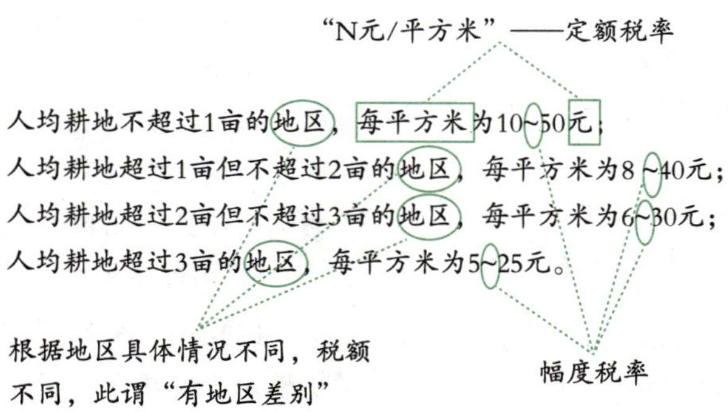


图 6（1）-1

### 经典题解

**【例题4·单选题】** 2020年9月甲公司开发住宅社区，经批准共占用耕地150000平方米，其中500平方米兴建幼儿园，8000平方米修建学校。已知，耕地占用税适用税率为30元/平方米。甲公司应缴纳耕地占用税税额的下列算式中，正确的是（　　）。

A. 150000×30

B. （150000－500－8000）×30

C. （150000－8000）×30

D. （150000－500）×30

**【解析】** 军事设施、学校、幼儿园、社会福利机构、医疗机构占用耕地，可以依法免征耕地占用税。

**【答案】** B

（2）具体税率的确定

①各地区耕地占用税的适用税额，由省、自治区、直辖市人民政府根据人均耕地面积和经济发展等情况，在法定的税额幅度内提出，报同级人民代表大会常务委员会决定，并报全国人民代表大会常务委员会和国务院备案。各省、自治区、直辖市耕地占用税适用税额的平均水平，不得低于法定的平均税额。

②在人均耕地低于0.5亩的地区，省、自治区、直辖市可以根据当地经济发展情况，适当提高耕地占用税的适用税额，但提高的部分不得超过法定的当地适用税额的50%。

③占用基本农田的，应当按照法定的当地适用税额，加按150%征收。

④占用园地、林地、草地、农田水利用地、养殖水面、渔业水域滩涂以及其他农用地建设建筑物、构筑物或者从事非农业建设的，适用税额可以适当低于本地区确定的适用税额，但降低的部分不得超过50%。

## 03 考点3 怎么交耕地占用税（★）

1. 纳税义务发生时间

（1）耕地占用税的纳税义务发生时间为纳税人收到自然资源主管部门办理占用耕地手续的书面通知的当日。

（2）未经批准占用耕地的，耕地占用税纳税义务发生时间为自然资源主管部门认定的纳税人实际占用耕地的当日。

（3）因挖损、采矿塌陷、压占、污染等损毁耕地的纳税义务发生时间为自然资源、农业农村等相关部门认定损毁耕地的当日。

2. 纳税期限

纳税人应当自纳税义务发生之日起30日内申报缴纳耕地占用税。

3. 纳税地点

纳税人占用耕地或其他农用地，应当在耕地或其他农用地所在地申报纳税。

# 第2单元　城镇土地使用税

查看本单元视频

使用“会计云课堂”App/微信扫描

## 04 考点4 城镇土地使用税的基本规定（★★）

（一）征税范围

凡在城市、县城、建制镇和工矿区范围内（不包括农村）的土地，不论是属于国家所有的土地，还是集体所有的土地，都属于城镇土地使用税的征税范围。

### 经典题解

**【例题5·多选题】** 根据城镇土地使用税法律制度的规定，下列各项中，属于城镇土地使用税征税范围的有（　　）。

A. 集体所有的位于农村的土地

B. 集体所有的位于建制镇的土地

C. 国家所有的位于工矿区的土地

D. 集体所有的位于城市的土地

【答案】BCD

（二）纳税人

城镇土地使用税的纳税人，根据用地者的不同情况分别确定为：

1. 城镇土地使用税由拥有土地使用权的单位或者个人缴纳；

2. 拥有土地使用权的纳税人不在土地所在地的，由代管人或者实际使用人缴纳；

3. 土地使用权未确定或者权属纠纷未解决的，由实际使用人纳税；

4. 土地使用权共有的，共有各方均为纳税人，由共有各方按实际使用土地的面积占总面积的比例分别缴纳。

### 经典题解

【例题6·多选题】根据城镇土地使用税法律制度的规定，下列关于城镇土地使用税纳税人的表述中，正确的有(　　)。

A. 土地使用权未确定或权属纠纷未解决的，由实际使用人纳税

B. 土地使用权共有的，共有各方均为纳税人，由共有各方分别纳税

C. 拥有土地使用权的纳税人不在土地所在地的，由代管人或实际使用人纳税

D. 城镇土地使用税由拥有土地使用权的单位或个人缴纳

【答案】ABCD

（三）应纳税额

1. 年应纳税额＝实际占用应税土地面积（平方米）×适用税额

2. 税率

城镇土地使用税实行有幅度的地区差别定额税率。

3. 计税依据：纳税人实际占用的土地面积

（1）凡由省级人民政府确定的单位组织测定土地面积的，以测定的土地面积为准；

（2）尚未组织测定，但纳税人持有政府部门核发的土地使用证书的，以证书确定的土地面积为准；

（3）尚未核发土地使用证书的，应当由纳税人据实申报土地面积，并据以纳税，待核发土地使用证书后再作调整。

### 经典题解

【例题7·单选题】甲公司2020年在某城区实际占地面积20000平方米，其中生产区占地10000平方米，生活区占地3000平方米，对外出租7000平方米。已知，城镇土地使用税适用税率每平方米年税额2元。计算甲公司当年应缴纳城镇土地使用税税额的下列算式中，正确的是(　　)。

A. 20000×2

B. （10000+3000）×2

C. 10000×2

D. （10000+7000）×2

【解析】不论自用于生产、生活，还是对外出租，都属于甲公司实际占用的土地，均属于城镇土地使用税的征税范围。

【答案】A

【例题8·单选题】甲房地产开发企业开发一住宅项目，实际占地面积15000平方米，建筑面积30000平方米，容积率为2.0，甲房地产开发企业缴纳城镇土地使用税的计税依据为(　　)。

A. 30000平方米　　B. 15000平方米

C. 22500平方米　　D. 45000平方米

【解析】城镇土地使用税的计税依据是纳税人实际占用的土地面积，与建筑面积、容积率无关。

【答案】B

【例题9·多选题】甲、乙两家企业共有一项土地使用权，土地面积为3000平方米，甲、乙企业的实际占用比例为3：2。已知该土地适用的城镇土地使用税年税额为每平方米5元。关于甲、乙企业共用该土地应缴纳的城镇土地使用税，下列处理正确的

有（　　）。

A. 甲企业应纳城镇土地使用税＝3000×3/5×5

B. 甲企业应纳城镇土地使用税＝3000×5

C. 乙企业应纳城镇土地使用税＝3000×2/5×5

D. 乙企业应纳城镇土地使用税＝3000×5

【答案】AC

【例题10·多选题】下列关于城镇土地使用税的计税依据，表述正确的有（　　）。

A. 尚未组织测定，但纳税人持有政府部门核发的土地使用证书的，以证书确定的土地面积为准

B. 尚未核发土地使用证书的，应由纳税人据实申报土地面积，并据以纳税，待核发土地使用证书后再作调整

C. 凡由省级人民政府确定的单位组织测定土地面积的，以测定的土地面积为准

D. 城镇土地使用税以实际占用的应税土地面积为计税依据

【答案】ABCD

（四）征收管理

1. 纳税义务发生时间

| 情形 | 纳税义务发生时间 |
| --- | --- |
| 纳税人购置新建商品房 | 自房屋交付使用之次月起 |
| 纳税人购置存量房 | 自办理房屋权属转移、变更登记手续，房地产权属登记机关签发房屋权属证书之次月起 |
| 纳税人出租、出借房产 | 自交付出租、出借房产之次月起 |
| 以出让或转让方式有偿取得土地使用权的 | 应由受让方从合同约定交付土地时间的次月起<br>合同未约定交付土地时间的，由受让方从合同签订的次月起 |
| 纳税人新征用的耕地 | 自批准征用之日起满1年时 |
| 纳税人新征用的非耕地 | 自批准征用次月起 |

2. 纳税地点

（1）城镇土地使用税在土地所在地缴纳。

（2）纳税人使用的土地不属于同一省、自治区、直辖市管辖的，由纳税人分别向土地所在地税务机关缴纳城镇土地使用税；在同一省、自治区、直辖市管辖范围内，纳税人跨地区使用的土地，其纳税地点由各省、自治区、直辖市税务局确定。

3. 纳税期限：按年计算，分期缴纳，具体纳税期限由省、自治区、直辖市人民政府确定。

## 经典题解

【例题11·判断题】纳税人购置新建商品房，自房屋交付使用当月起，缴纳城镇土地使用税。（　　）

【解析】纳税人购置新建商品房，自房屋交付使用之“次月”起，缴纳城镇土地使用税。

【答案】×

【例题12·单选题】甲公司经批准新占用一块耕地建造生产车间，另占用一块非耕地建造职工宿舍。下列关于甲公司城镇土地

使用税和耕地占用税的有关处理，说法正确的是（ ）。

A. 甲公司建造生产车间占地，应征收耕地占用税，并自批准征用之次月起征收城镇土地使用税

B. 甲公司建造生产车间占地，应征收耕地占用税，并自批准征用之日起满1年时征收城镇土地使用税

C. 甲公司建造职工宿舍用地，不征收耕地占用税，应自批准征用之月起征收城镇土地使用税

D. 甲公司建造职工宿舍用地，不征收耕地占用税，应自批准征用之日起满1年时征收城镇土地使用税

**【解析】**（1）选项AB：纳税人新征用的耕地，自批准征用之日起满1年时开始缴纳城镇土地使用税；（2）选项CD：纳税人新征用的非耕地，自批准征用次月起缴纳城镇土地使用税。

**【答案】** B

## 05 考点5 城镇土地使用税的税收优惠政策（★★）

1. 下列用地免征城镇土地使用税：

（1）国家机关、人民团体、军队自用的土地；

（2）由国家财政部门拨付事业经费的单位自用的土地；

（3）宗教寺庙、公园、名胜古迹自用的土地；

【提示】公园、名胜古迹内的索道公司经营用地，应按规定缴纳城镇土地使用税。

（4）市政街道、广场、绿化地带等公共用地；

（5）直接用于农、林、牧、渔业的生产用地。

### 经典题解

**【例题13·单选题】** 某公园位于市郊，2020年实际占用土地面积5000000平方米，其中索道公司经营用地30000平方米。已知，城镇土地使用税适用税率每平方米年税额为5元。计算该公园2020年度应缴纳城镇土地使用税税额的下列算式中，正确的是（ ）。

A. 30000×5

B. 5000000×5

C. （5000000+30000）×5

D. （5000000-30000）×5

**【解析】** 公园自用土地免征城镇土地使用税，索道公司经营用地不免税。

**【答案】** A

2. 免税单位与纳税单位之间无偿使用的土地

对免税单位无偿使用纳税单位的土地，免征城镇土地使用税；对纳税单位无偿使用免税单位的土地，纳税单位应照章缴纳城镇土地使用税。

【提示】关键看“无偿使用方”：（1）为免税单位的，相应免税；（2）为纳税单位的，应照章纳税。

### 经典题解

**【例题14·判断题】** 当地政府无偿使用铁路、民航等单位的土地，免征城镇土地使用税。（ ）

**【答案】** √

**【例题15·单选题】** 甲公司位于市区，实际占地面积为5000平方米，其中办公区占地3000平方米，生活区占地2000平方米，另有一处位于农村的仓库，租给乙公司使用，实际占地面积为1500平方米。已知，城镇土地使用税适用税率为每平方米年税额5元。甲公司全年应缴纳城镇土地使用税税额的下列算式中，正确的是（ ）。

A. 5000×5

B. （5000+1500）×5

C. （3000+1500）×5

D. 3000×5

【解析】（1）甲公司位于农村的仓库，占用的并非纳税区域内的土地，不论甲公司自己使用，还是租给乙公司（应税单位）使用，亦或租给公安局（免税单位）使用，均无须缴纳城镇土地使用税，排除选项BC；（2）甲公司在市区的占地，由于不存在相关的税收优惠政策，其实际占用的5000平方米全部应当缴纳城镇土地使用税。

【答案】A

3. 房地产开发公司开发建造商品房的用地

房地产开发公司开发建造商品房的用地，除经批准开发建设经济适用房的用地外，对各类房地产开发用地一律不得减免城镇土地使用税。

4. 企业的铁路专用线、公路等用地

对企业的铁路专用线、公路等用地除另有规定者外，在企业厂区（包括生产、办公及生活区）以内的，应照章征收城镇土地使用税；在厂区以外、与社会公用地段未加隔离的，暂免征收城镇土地使用税。

## 经典题解

【例题16·单选题】2020年位于某县城的甲公司实际占地面积30000平方米，其中办公楼占地面积800平方米，厂房仓库占地面积15000平方米，厂区内铁路专用线、公路等用地6700平方米。已知，当地规定的城镇土地使用税每平方米年税额为5元。甲公司当年应缴纳城镇土地使用税税额的下列计算中，正确的是（　　）。

A. 30000×5

B. （30000−6700）×5

C. （30000−800）×5

D. （30000−15000）×5

【解析】一般企业的办公楼占地、厂房仓库占地没有免税规定，而本题铁路专用线、公路等用地又位于“厂区内”，亦无免税规定，因此甲公司的实际占地全部应当征收城镇土地使用税。

【答案】A

5. 林业系统用地

（1）对林区的育林地、运材道、防火道、防火设施用地，免征城镇土地使用税；

（2）林业系统的森林公园、自然保护区可比照公园免征城镇土地使用税；

（3）除上述列举免税的土地外，对林业系统的其他生产用地及办公、生活区用地，均应征收城镇土地使用税。

## 经典题解

【例题17·单选题】某林场面积100万平方米，其中森林公园占地60万平方米，防火设施占地20万平方米，办公用地12万平方米，生活区用地8万平方米。该林场需要缴纳城镇土地使用税的面积是（　　）万平方米。

A. 100　　B. 80

C. 40　　D. 20

【答案】D

6. 盐场、盐矿用地

（1）对盐场、盐矿的生产厂房、办公、生活区用地，应照章征收城镇土地使用税；

（2）盐场的盐滩、盐矿的矿井用地，暂免征收城镇土地使用税。

## 经典题解

【例题18·单选题】2020年甲盐场占地面积为300000平方米，其中办公用地30000平方米，生活区用地20000平方米，盐滩用地250000平方米。已知，当地规定的城镇土地使用税每平方米年税额为1.2元，甲盐场当年应缴纳城镇土地使用税税额的下列计算中，正确的是（　　）。

A. （30000+250000）×1.2

B. 300000×1.2

C. （20000+250000）×1.2

D. （30000+20000）×1.2

【答案】D

7. 电力行业用地

（1）火电厂厂区围墙内的用地均应征收城镇土地使用税；对厂区围墙外的灰场、输灰管、输油（气）管道、铁路专用线用地，免征城镇土地使用税；厂区围墙外的其他用地，应照章征税。

（2）水电站的发电厂房用地，生产、办公、生活用地，应征收城镇土地使用税；对其他用地给予免税照顾。

（3）对供电部门的输电线路用地、变电站用地，免征城镇土地使用税。

## 经典题解

【例题19·单选题】某火电厂2020年占地80万平方米，其中厂区围墙内占地40万平方米，厂区围墙外灰场占地3万平方米，生活区占地37万平方米。已知，该火电厂所在地适用的城镇土地使用税每平方米年税额为1.5元。根据城镇土地使用税法律制度的规定，该火电厂2020年应缴纳的城镇土地使用税税额为(　　)万元。

A. 55.5

B. 60

C. 115.5

D. 120

【解析】该火电厂2020年应缴纳的城镇土地使用税=（80−3）×1.5=115.5（万元）。

【答案】C

8. 水利设施用地

水利设施及其管护用地（如水库库区、大坝、堤防、灌渠、泵站等用地），免征城镇土地使用税；其他用地，如生产、办公、生活用地，应照章征税。

## 经典题解

【例题20·单选题】根据城镇土地使用税法律制度的规定，下列各项中，不属于免税项目的是(　　)。

A. 水库管理部门的办公用地

B. 大坝用地

C. 堤防用地

D. 水库库区用地

【答案】A

9. 对港口的码头(泊位，包括岸边码头、伸入水中的浮码头、堤岸、堤坝、栈桥等）用地，免征城镇土地使用税。

10. 民航机场用地

（1）机场飞行区（包括跑道、滑行道、停机坪、安全带、夜航灯光区）用地、场内外通讯导航设施用地和飞行区四周排水防洪设施用地，免征城镇土地使用税。

（2）在机场道路中，场外道路用地免征城镇土地使用税；场内道路用地依照规定征收城镇土地使用税。

（3）机场工作区（包括办公、生产和维修用地及候机楼、停车场）用地、生活区用地、绿化用地，均须按照规定征收城镇土地使用税。

11. 体育场馆的城镇土地使用税优惠政策

（1）国家机关、军队、人民团体、财政补助事业单位、居民委员会、村民委员会拥有的体育场馆，用于体育活动的土地，免征城镇土地使用税。

（2）经费自理事业单位、体育社会团体、体育基金会、体育类民办非企业单位拥有并运营管理的体育场馆，符合相关条件的，其用于体育活动的土地，免征城镇土地使用税。

（3）企业拥有并运营管理的大型体育场馆，其用于体育活动的土地，减半征收城镇土地使用税。

（4）享受上述税收优惠体育场馆的运动场地用于体育活动的天数不得低于全年自然天数的70%。

12. 自 2019 年 1 月 1 日至 2021 年 12 月 31 日，对农产品批发市场、农贸市场（包括自有和承租）专门用于经营农产品的土地，暂免征收城镇土地使用税。

13. 自 2019 年 1 月 1 日至 2021 年 12 月 31 日，对国家级、省级科技企业孵化器、大学科技园和国家备案众创空间自用以及无偿或通过出租等方式提供给在孵对象使用的土地，免征城镇土地使用税。

### 经典题解

**【例题 21 · 单选题】**根据城镇土地使用税法律制度的规定，下列用地中，免予缴纳城镇土地使用税的是（　　）。

A. 港口的码头用地

B. 盐场的办公用地

C. 水电站的发电厂房用地

D. 火电厂厂区围墙内的用地

**【解析】**（1）选项 A："港口免码头"；（2）选项 B：应照章征税；（3）选项 CD："电厂分水火""水电倒着免"（发电厂房，生产、办公、生活用地并不免，其他用地免），"火灰分内外"（针对灰场、输灰管、输油管道、输气管道、铁路专用线用地：围墙内不免，围墙外免）。

**【答案】**A

## 第 3 单元　房产税



### 06 考点 6 交不交房产税（★★）

（一）房产税的纳税人

房产税的纳税人，是指在我国城市、县城、建制镇和工矿区内拥有房屋产权的单位和个人。具体包括：

1. 产权属于国家所有的，其经营管理的单位为纳税人；产权属于集体和个人的，集体单位和个人为纳税人。

2. 产权出典的，承典人为纳税人。

**【提示】**房产出租的，房产产权所有人（出租人）为纳税人。

3. 产权所有人、承典人均不在房产所在地的，房产代管人或者使用人为纳税人。

4. 产权未确定以及租典纠纷未解决的，房产代管人或者使用人为纳税人。

5. 纳税单位和个人无租使用房产管理部门、免税单位及纳税单位的房产，由使用人（纳税单位和个人）代为缴纳房产税。

### 经典题解

**【例题 22 · 单选题】**下列关于房产税纳税人的表述中，不符合法律制度规定的是（　　）。

A. 房屋出租的，承租人为纳税人

B. 房屋产权所有人不在房产所在地的，房产代管人或使用人为纳税人

C. 房屋产权属于国家的，其经营管理单位为纳税人

D. 房屋产权未确定的，房产代管人或使用人为纳税人

**【解析】**房屋出租的，出租人为房产税的纳税人。

**【答案】**A

（二）房产税的征税范围

1. 房产税的征税范围为城市、县城、建制镇和工矿区（不包括农村）的房屋。

2. 独立于房屋之外的建筑物，如围墙、烟囱、水塔、菜窖、室外游泳池等不属于房产税的征税对象。

3. 房地产开发企业建造的商品房，在出售前，不征收房产税，但对出售前房地产开发企业已使用或出租、出借的商品房应按规定征收房产税。

### 经典题解

【例题23·单选题】根据房产税法律制度的规定，下列房屋中，不属于房产税征税范围的是（　　）。

A. 建制镇的房屋

B. 农村的房屋

C. 县城的房屋

D. 城市的房屋

【答案】B

【例题24·判断题】房地产开发企业建造的商品房，出售前已使用的，不征收房产税。（　　）

【答案】×

## 07 考点7 交多少房产税（★★★）

（一）基本规定

| 计税方法 | 计税依据 | 税率 | | 计税公式 |
|---|---|---|---|---|
| 从价计征 | 以房产原值一次减除10%～30%后的余值为计税依据（具体扣除比例由省、自治区、直辖市人民政府确定） | 1.2% | | 应纳税额<br>=应税房产余值×1.2%<br>=应税房产原值×（1－扣除比例）×1.2% |
| 从租计征 | 以房屋出租取得的不含增值税租金收入为计税依据（包括货币收入和实物收入） | 一般情况 | 12% | 应纳税额＝不含增值税的租金收入×12%或4% |
| | | 个人出租住房（不区分用途） | 4% | |
| | | 企事业单位、社会团体以及其他组织按市场价格向个人出租用于居住的住房 | | |

### 经典题解

【例题25·单选题】甲公司拥有一处原值800000元的房产。已知房产税税率为1.2%，当地规定的房产原值减除比例为30%。甲公司该房产年应缴纳房产税税额的下列计算中，正确的是（　　）。

A. 800000×1.2%

B. 800000÷（1－30%）×1.2%

C. 800000×（1－30%）×1.2%

D. 800000×30%×1.2%

【解析】本题是对甲公司“拥有”的房产计算房产税，应当从价计征房产税，应纳税额＝应税房产原值800000×（1－扣除比例30%）×税率1.2%。

【答案】C

【例题26·单选题】2020年7月1日，甲公司出租商铺，租期半年（至2020年12月31日租期届满），一次性收取含增值税租金525000元。已知增值税征收率为5%，房产税从租计征的税率为12%。计算甲公司出租商铺应缴纳房产税税额的下列算式中，正确的是（　　）。

A. 525000÷（1+5%）×（1－30%）×12%

B. 525000÷（1+5%）×12%

C. 525000×（1-30%）×12%

D. 525000×12%

【解析】（1）本题涉及“出租”房产，应从租计征房产税；（2）计征房产税的租金收入不含增值税，因此，应当先对“525000元”作价税分离处理，排除选项CD；（3）从租计征房产税的应纳税额=不含增值税的租金收入×适用的房产税税率，选项B正确。

【答案】B

【例题27·单选题】2020年9月张某出租自有住房，当月收取不含增值税租金5800元，当月需偿还个人住房贷款1500元。已知，个人出租住房房产税税率为4%。计算张某当月应缴纳房产税税额的下列算式中，正确的是（　　）。

A. （5800-1500）×4%

B. 5800×4%

C. （5800-1500）×（1-4%）×4%

D. 5800×（1-4%）×4%

【解析】（1）房屋出租的，以取得的不含增值税租金收入为计税依据（全额计税，没有任何减除），选项AC排除；（2）从租计征的房产税应纳税额=不含增值税租金收入×12%（或4%），不存在“×（1-4%）”的问题。

【答案】B

【例题28·单选题】甲企业2020年年初拥有一栋房产，房产原值5000万元，自2020年4月1日起对外出租，租期1年，每月不含增值税租金10万元。已知，从价计征房产税税率为1.2%，从租计征房产税税率为12%，当地省政府规定计算房产余值的减除比例为30%。2020年甲企业上述房产应缴纳房产税（　　）万元。

A. 10.5

B. 10.8

C. 21.3

D. 25.8

【解析】甲企业该房产2020年前3个月为自用，从价计征；后9个月为出租，从租计征。因此，2020年甲企业上述房产应缴纳房产税=5000×（1-30%）×1.2%×3÷12+10×9×12%=21.3（万元）。

【答案】C

（二）具体细节

1. 房产原值

（1）房产原值，是指纳税人按照会计制度规定，在账簿固定资产科目中记载的房屋原价（不扣减折旧额）。

### 经典题解

【例题29·单选题】2020年甲公司房产原值5000万元，已提折旧3000万元。已知，房产税从价计征税率为1.2%，房产原值的减除比例为30%。计算甲公司2020年应缴纳房产税税额的下列算式中，正确的是（　　）。

A. 5000×1.2%

B. （5000-3000）×（1-30%）×1.2%

C. 5000×（1-30%）×1.2%

D. （5000-3000）×1.2%

【答案】C

（2）房产原值应包括与房屋不可分割的各种附属设备或一般不单独计算价值的配套设施（如暖气、卫生、通风、照明、煤气等设备；各种管线；电梯、升降机、过道、晒台等）。

（3）凡以房屋为载体，不可随意移动的附属设备和配套设施，如给排水、采暖、消防、中央空调、电气及智能化楼宇设备等，无论在会计核算中是否单独记账与核算，都应计入房产原值，计征房产税。

### 经典题解

【例题30·多选题】根据房产税法律制度的规定，下列各项中，应当计入房产原值，计征房产税的有（　　）。

A. 独立于房屋之外的烟囱

B. 中央空调

C. 房屋的给水排水管道

D. 室外游泳池

【解析】选项AD：独立于房屋之外的建筑物，如围墙、烟囱、水塔、菜窖、室外游泳池等不属于房产税的征税范围。

【答案】BC

（4）纳税人对原有房屋进行改建、扩建的，要相应增加房屋的原值。对更换房屋附属设备和配套设施的，在将其价值计入房产原值时，可扣减原来相应设备和设施的价值；对附属设备和配套设施中易损坏、需要经常更换的零配件，更新后不再计入房产原值。

### 经典题解

【例题31·单选题】甲企业厂房原值800万元，2019年10月发现通风设备损坏进行更新，更换的新设备价值80万元，换下的旧设备价值50万元。已知，房产税的原值扣除比例为30%，房产税比例税率为1.2%。计算甲企业2020年应缴纳房产税的下列算式中，正确的是（　　）。

A. （800+80）×1.2%

B. （800+80-50）×1.2%

C. （800+80）×（1-30%）×1.2%

D. （800+80-50）×（1-30%）×1.2%

【解析】（1）房屋的通风设备属于与房屋不可分割的附属设备、配套设施，其价值应计入房屋原值；（2）更换房屋附属设备、配套设施的，在将其价值（80万元）计入房产原值时，可扣减原来相应设备和设施的价值（50万元），选项AC未扣减旧设备价值，错误；（3）从价计征房产税的应纳税额=应税房产原值×（1-扣除比例）×1.2%。

【答案】D

2. 投资联营的房产

（1）真投资：被投资方交、从价计征

对以房产投资联营、投资者参与投资利润分红、共担风险的，按房产余值作为计税依据计缴房产税。

（2）假投资：投资方/产权人交、从租计征

对以房产投资收取固定收入、不承担经营风险的，实际上是以联营名义取得房屋租金，应当以出租方取得的不含增值税的租金收入为计税依据计缴房产税。

### 经典题解

【例题32·判断题】对以房产投资联营，投资者参与投资利润分红、共担风险的，按房产余值作为计税依据计缴房产税。（　　）

【答案】√

3. 融资租赁房屋：由承租人交、从价计征

融资租赁房屋的房产税，由承租人自融资租赁合同约定开始日的次月起依照房产余值缴纳房产税。合同未约定开始日的，由承租人自合同签订的次月起依照房产余值缴纳房产税。

## 08 考点8 房产税的税收优惠政策（★★）

1. 非营利性机构自用房产

（1）国家机关、人民团体、军队自用的房产免征房产税。

【提示】对军队空余房产租赁收入暂免征收房产税。

（2）由国家财政部门拨付事业经费（全额或差额）的单位（学校、医疗卫生单位、托儿所、幼儿园、敬老院以及文化、体育、艺术类单位）所有的、本身业务范围内使用的房产免征房产税。

（3）宗教寺庙、公园、名胜古迹自用的房产免征房产税。

（4）对非营利性医疗机构、疾病控制机构和妇幼保健机构等卫生机构自用的房产，免征房产税。

（5）老年服务机构自用的房产免征房产税。

2. 个人所有**非营业用**的房产免征房产税；对个人拥有的营业用房或者出租的房产，不属于免税房产，应照章征税。

【相关链接】对个人出租住房，不区分用途，按4%的税率征收房产税。

### 经典题解

【例题33·单选题】根据房产税法律制度的规定，下列房屋中，不属于房产税免税项目的是（ ）。

A. 公园管理部门自用的办公用房

B. 居民个人出租的市区住房

C. 国家机关自用的房产

D. 军队自用的房产

【解析】选项B：个人出租住房，按4%的税率征收房产税。

【答案】B

3. 毁损不堪居住的房屋和危险房屋，经有关部门鉴定，在停止使用后，可免征房产税。

4. 纳税人因房屋大修导致连续停用半年以上的，在房屋大修期间免征房产税。

5. 在基建工地为基建工地服务的各种工棚、材料棚、休息棚和办公室、食堂、茶炉房、汽车房等临时性房屋：

（1）施工期间：一律免征房产税。

（2）工程结束后：施工企业将这种临时性房屋交还或估价转让给基建单位的，应从基建单位接收的**次月**起，照章纳税。

6. 对高校学生公寓免征房产税。

7. 保障性住房

（1）对公共租赁住房免征房产税。

（2）对廉租住房经营管理单位按照政府规定价格、向规定保障对象出租廉租住房的租金收入，免征房产税。

8. 体育场馆的房产税优惠政策

（1）国家机关、军队、人民团体、财政补助事业单位、居民委员会、村民委员会拥有的体育场馆，用于体育活动的房产，**免征**房产税。

（2）经费自理事业单位、体育社会团体、体育基金会、体育类民办非企业单位拥有并运营管理的体育场馆，符合相关条件的，其用于体育活动的房产，**免征**房产税。

（3）企业拥有并运营管理的大型体育场馆，其用于体育活动的房产，**减半征收**房产税。

（4）享受上述税收优惠体育场馆的运动场地，用于体育活动的天数不得低于全年自然天数的70%。

9. 自2019年1月1日至2021年12月31日，对农产品批发市场、农贸市场（包括自有和承租）专门用于经营农产品的房产，暂免征收房产税。

10. 自2019年1月1日至2021年12月31日，对国家级、省级科技企业孵化器、大学科技园和国家备案众创空间自用以及无偿或通过出租等方式提供给在孵对象使用的房产，免征房产税。

### 经典题解

【例题34·单选题】根据房产税法律制度的规定，下列各项中，不予免征房产税的是（ ）。

A. 名胜古迹中附设的经营性游乐园

B. 公园自用的办公用房

C. 个人所有的唯一普通居住用房

D. 国家机关的职工食堂

【解析】（1）选项AB：宗教寺庙、公园、名胜古迹**“自用”**的房产免征房产税；（2）选项C：个人所有**“非营业用”**的房产免征房产税；（3）选项D：国家机关、人民团体、军队“自用”的房产免征房产税。

【答案】A

## 09 考点9 房产税的征收管理规定（★★）

1. 纳税义务发生时间

（1）纳税人将原有房产用于生产经营，

从生产经营之月起，缴纳房产税。

（2）纳税人自行新建房屋用于生产经营，从“建成”之次月起，缴纳房产税。

（3）纳税人委托施工企业建设的房屋，从办理验收手续之次月起，缴纳房产税。

（4）纳税人购置新建商品房，自房屋交付使用之次月起，缴纳房产税。

（5）纳税人购置存量房，自办理房屋权属转移、变更登记手续，房地产权属登记机关签发房屋权属证书之次月起，缴纳房产税。

（6）纳税人出租、出借房产，自交付出租、出借房产之次月起，缴纳房产税。

（7）房地产开发企业自用、出租、出借本企业建造的商品房，自房屋使用或交付之次月起，缴纳房产税。

（8）纳税人因房产的实物或权利状态发生变化而依法终止房产税纳税义务的，其应纳税款的计算截止到房产的实物或权利状态发生变化的当月末。

### 经典题解

**【例题 35 · 判断题】** 甲公司委托施工企业建设一栋办公楼，从该办公楼建成之次月起缴纳房产税。（ ）

**【解析】** 纳税人委托施工企业建设的房屋，从“办理验收手续”（而非建成）之次月起，缴纳房产税。

**【答案】** ×

2. 纳税地点

房产税在房产所在地缴纳；房产不在同一地方的纳税人，应按房产的坐落地点分别向房产所在地的税务机关申报纳税。

### 经典题解

**【例题 36 · 判断题】** 居住在甲市的赵某将位于乙市的一处自有住房对外出租，赵某应向甲市税务机关申报缴纳该处住房的房产税。（ ）

**【解析】** 房产税应在房产所在地（乙市）缴纳。

**【答案】** ×

3. 纳税期限

房产税实行按年计算、分期缴纳的征收方法，具体纳税期限由省、自治区、直辖市人民政府确定。

## 第 4 单元 契 税

**（2021 年全面修订）**

查看本单元视频

使用“会计云课堂”App/ 微信扫描

### 10 考点 10 交不交契税（★★★）

（一）纳税人

在我国境内转移土地、房屋权属，承受的单位和个人为契税的纳税人。

**【提示 1】**（1）房产税、城镇土地使用税适用于房地权属未发生变动的情形；而契税、土地增值税都是房地权属发生变动的情形下才会涉及。（2）契税由承受方缴纳，土地增值税由转让方缴纳。

**【提示 2】**“承受”，是指以受让、购买、受赠、互换等方式取得土地、房屋权属的行为。

（二）征税范围

1. 一般范围

（1）地

①土地使用权出让；

②土地使用权转让，包括出售、赠与、互换。

（2）房屋买卖、赠与、互换。

【提示1】土地使用权转让，不包括土地承包经营权和土地经营权的转移。

【提示2】不论“出让”，还是“转让”，均属于契税的征税范围；何谓土地使用权的出让和转让？参考下图：

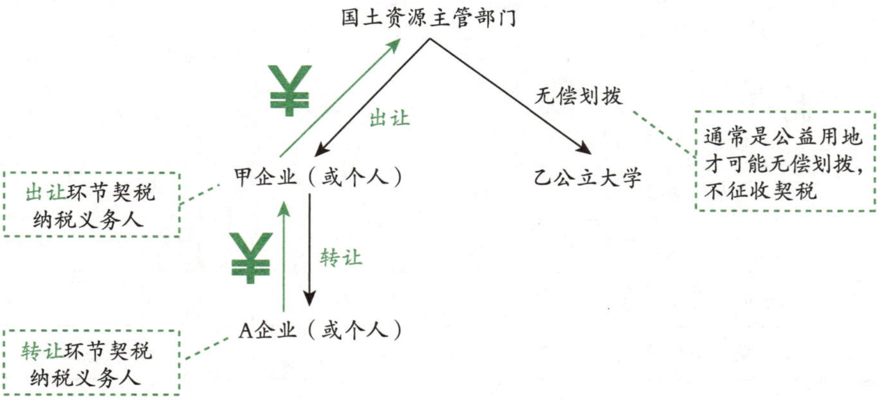


图6（1）-2

【提示3】土地使用权“出让”属于契税征税范围，而土地使用权“出租”，不导致土地使用权权属的转移，不属于契税的征税范围。

2. 视同发生应税行为

以作价投资（入股）、偿还债务、划转、奖励等方式转移土地、房屋权属的，应当依法征收契税。

3. 土地、房屋典当、分拆（分割）、抵押以及出租等行为，不属于契税的征税范围。

【提示】“抵押”和“抵债”（偿还债务）不同，将土地、房屋权属抵押给债权人时，土地、房屋的权属并不发生转移，不属于契税的征税范围；而将土地、房屋权属用于抵债时，土地、房屋权属将发生转移，属于契税的征税范围。参考下图：

图6（1）-3

**是否征收契税（综述）**

| 一看权利性质 | 土地承包经营权和土地经营权的转移不征收契税 | |
|---|---|---|
| 二看行为 | 土地使用权出让、转让 | √ |
| | 房屋买卖、赠与、互换 | √ |
| | 以土地、房屋出租 | × |
| | 以土地、房屋作价投资（入股） | √ |
| | 以土地、房屋抵债（偿还债务） | √ |
| | 以土地、房屋抵押 | × |
| | 以划转、奖励方式转移土地、房屋权属 | √ |
| | 土地、房屋典当、分拆（分割） | × |
| 三看主体 | 承受方是契税的纳税义务人 | |

## 经典题解

**【例题37·单选题】**根据契税法律制度的规定，下列各项中，属于契税纳税人的是（　　）。

A. 抵押房屋的赵某

B. 转让土地使用权的甲公司

C. 出租住房的钱某

D. 受让土地使用权的乙公司

**【解析】**（1）选项AC：土地、房屋典当、分拆（分割）、抵押以及出租等行为，不属于契税的征税范围。（2）选项BD：契税纳税人为"承受方"，转让方不缴纳契税。

**【答案】**D

**【例题38·判断题】**土地承包经营权的转移应征收契税。（　　）

**【解析】**契税征税范围中的"土地使用权转让"，不包括土地承包经营权和土地经营权的转移。

**【答案】**×

**【例题39·单选题】**根据契税法律制度的规定，下列行为中，应征收契税的是（　　）。

A. 甲公司出租停车场

B. 乙公司购买办公楼

C. 丙公司将房屋抵押给银行

D. 丁公司承租仓库

**【解析】**选项ACD所涉及"出租""抵押"行为均不属于契税征税范围。

**【答案】**B

**【例题40·单选题】**2020年10月周某以200万元（不含增值税）出售自有住房一套，另购进价格为300万元（不含增值税）住房一套。已知，契税适用税率为5%，计算周某上述行为应缴纳契税税额的下列算式中，正确的是（　　）。

A. 200×5%

B. 300×5%

C. 200×5%+300×5%

D. 300×5%-200×5%

**【解析】**契税由房屋、土地权属的承受人缴纳。在本题中：（1）周某出售的住房，应由受让方缴纳契税，周某作为转让方不必缴纳契税；（2）周某购进住房应照章缴纳的契税=300×5%=15（万元）。

**【答案】**B

## 11 考点11 交多少契税（★★★）

| 情形 | 计税依据 | 税率 | 计税公式 |
|---|---|---|---|
| （1）土地使用权出让、出售<br>（2）房屋买卖 | 土地、房屋权属转移合同确定的**不含增值税成交价格**，包括承受者应交付的货币以及实物、其他经济利益对应的价款 | 采用比例税率，实行3%至5%的幅度税率 | 应纳税额=计税依据×适用税率 |
| 土地使用权互换、房屋互换（由多交付货币、实物、其他经济利益的一方纳税）<br>**【提示】**此处的“互换”是指以房换房、以地换地、房地互换，如果是以房（地）抵债、以房（地）换货，应视同房屋（土地）买卖缴纳契税 | 互换的土地使用权、房屋价格的**差额** | | |
| （1）土地使用权赠与、房屋赠与及其他没有价格的转移土地、房屋权属行为<br>（2）纳税人申报的成交价格、互换价格差额明显偏低且无正当理由的 | 税务机关参照土地使用权出售、房屋买卖的市场价格依法核定的价格 | | |
| 以划拨方式取得土地使用权，经批准转让房地产时补交契税 | 补交的土地使用权出让费用或土地收益 | | |

### 经典题解

**【例题41·单选题】**2020年10月王某购买一套住房，支付购房价款100万元、增值税税额9万元。已知，契税适用税率为3%，计算王某应缴纳契税税额的下列算式中，正确的是（　　）。

A.（100+9）×3%

B. 100÷（1−3%）×3%

C.（100−9）×3%

D. 100×3%

**【答案】**D

**【例题42·单选题】**甲公司于2020年11月向乙公司购买一处厂房，合同注明的土地使用权价款3000万元（不含增值税），厂房及地上附着物价款500万元（不含增值税）。已知，当地规定的契税税率为3%。甲公司应缴纳的契税税额为（　　）万元。

A. 15　　B. 75

C. 90　　D. 105

**【解析】**“连房带地一块儿卖”，成交价格应当既包括厂房及地上附着物的价款，又包括对应土地使用权的价款，但不含增值税。因此，甲公司应缴纳契税=（3000+500）×3%=105（万元）。

**【答案】**D

**【例题43·单选题】**老周拥有一套价值90万元的住房，老吴拥有一套价值70万元的住房，双方交换住房，由老吴补差价20万元给老周。已知，本题涉及的价值、价格均不含增值税，契税的税率为3%，下列各项中，正确的是（　　）。

A. 老周应缴纳契税2.7万元

B. 老吴应缴纳契税0.6万元

C. 老周应缴纳契税0.6万元

D. 老吴应缴纳契税2.7万元

【解析】（1）老吴是多付差价的一方，应由老吴缴纳契税，排除选项AC；（2）应以价格差额为计税依据，即老吴应缴纳的契税=20×3%=0.6（万元）。

【答案】B

【例题44·单选题】2020年10月，甲公司从乙公司购入一处写字楼，支付不含增值税价款800万元。该写字楼乙公司账面原值500万元，已提折旧125万元。已知，契税税率为4%。计算甲公司当月该笔业务应缴纳契税税额的下列算式中，正确的是（　　）。

A. 500×4%

B. 800×4%

C. ［800-（500-125）］×4%

D. （800-125）×4%

【解析】这是契税！不是房产税！房屋买卖，契税应以不含增值税的成交价格（800万元）为计税依据。

【答案】B

## 12 考点12 契税的税收优惠政策（★★）

1. 有下列情形之一的，免征契税：

（1）国家机关、事业单位、社会团体、军事单位承受土地、房屋权属用于办公、教学、医疗、科研、军事设施；

（2）非营利性的学校、医疗机构、社会福利机构承受土地、房屋权属用于办公、教学、医疗、科研、养老、救助；

（3）承受荒山、荒地、荒滩土地使用权用于农、林、牧、渔业生产；

（4）婚姻关系存续期间夫妻之间变更土地、房屋权属；

（5）法定继承人通过继承承受土地、房屋权属；

（6）依照法律规定应当予以免税的外国驻华使馆、领事馆和国际组织驻华代表机构承受土地、房屋权属。

2. 国务院酌定减免

根据国民经济和社会发展的需要，国务院对居民住房需求保障、企业改制重组、灾后重建等情形可以规定免征或者减征契税，报全国人民代表大会常务委员会备案。

3. 省级政府酌定减免

（1）省、自治区、直辖市可以决定对下列情形免征或者减征契税：

①因土地、房屋被县级以上人民政府征收、征用，重新承受土地、房屋权属；

②因不可抗力灭失住房，重新承受住房权属。

（2）上述免征或者减征契税的具体办法，由省、自治区、直辖市人民政府提出，报同级人民代表大会常务委员会决定，并报全国人民代表大会常务委员会和国务院备案。

4. 经批准减征、免征契税的纳税人，改变有关土地、房屋的用途，或者有其他不再属于减征、免征契税情形的，应当补缴已经减征、免征的税款。

### 经典题解

【例题45·多选题】根据契税法律制度的规定，下列各项中，免征契税的有（　　）。

A. 军事单位承受土地用于军事设施

B. 国家机关承受房屋用于办公

C. 纳税人承受荒滩土地使用权用于农业生产

D. 城镇居民购买商品房用于居住

【答案】ABC

## 13 考点13 契税的征收管理规定（★★）

1. 纳税义务发生时间

契税的纳税义务发生时间，为纳税人签订土地、房屋权属转移合同的当日，或者纳税人取得其他具有土地、房屋权属转移合同性质凭证的当日。

2. 纳税期限

纳税人应当在依法办理土地、房屋权属登记手续前申报缴纳契税。

3. 退税

在依法办理土地、房屋权属登记前，权属转移合同、权属转移合同性质凭证不生效、无效、被撤销或者被解除的，纳税人可以向税务机关申请退还已缴纳的税款，税务机关应当依法办理。

4. 纳税地点

契税由土地、房屋所在地的税务机关依法征收管理。

## 第 5 单元 土地增值税



### 14 考点 14 交不交土地增值税（★★★）

（一）纳税人

土地增值税的纳税人为转让国有土地使用权、地上建筑物及其附着物并取得收入的单位和个人。

【提示】契税和土地增值税都适用于国有土地使用权、地上建筑物及其附着物权属转移的情形，但契税由承受方缴纳、土地增值税由转让方缴纳。

（二）征税范围的一般规定

1. 土地增值税只对转让国有土地使用权的行为征税，对出让国有土地使用权的行为不征税。

2. 土地增值税既对转让国有土地使用权的行为征税，也对转让地上建筑物及其附着物产权的行为征税。

3. 土地增值税只对有偿转让的房地产征税，对以继承、赠与等方式无偿转让的房地产，不予征税，但并非所有名为“赠与”的行为均不征税，不征收土地增值税的房地产赠与行为只包括：

（1）房产所有人、土地使用权所有人将房屋产权、土地使用权赠与直系亲属或承担直接赡养义务人的行为；

（2）房产所有人、土地使用权所有人通过中国境内非营利的社会团体、国家机关将房屋产权、土地使用权赠与教育、民政和其他社会福利、公益事业的行为。

#### 经典题解

**【例题 46 · 判断题】** *房产所有人将房屋产权赠与直系亲属的行为，不征收土地增值税。（ ）*

**【答案】** √

（三）特殊业务的处理

1. 房地产的交换

（1）房地产交换属于土地增值税的征税范围；

（2）对个人之间互换自有居住用房地产的，经当地税务机关核实，可以免征土地增值税。

2. 合作建房

对于一方出地，另一方出资金，双方合作建房，建成后按比例分房自用的，暂免征收土地增值税；建成后转让的，应征收土地增值税。

3. 房地产的出租：不属于土地增值税的征税范围。

4. 房地产的抵押 VS 抵债

对于房地产的抵押，在抵押期间不征收土地增值税；如果抵押期满以房地产抵债，发生房地产权属转移的，应列入土地增值税的征税范围。

5. 房地产代建行为：不属于土地增值税的征税范围。

6. 房地产进行重新评估而产生的评估增值：不属于土地增值税的征税范围。

7. 房地产开发企业

（1）房地产开发企业将开发的部分房地产转为企业自用或用于出租等商业用途时，如果产权未发生转移，不征收土地增值税。

（2）房地产开发企业将开发产品用于职工福利、奖励、对外投资、分配给股东或投资人、抵偿债务、换取其他单位和个人的非货币性资产等，发生所有权转移时应**视同销售房地产**，征收土地增值税。

**【相关链接】**房地产开发企业建造的商品房，在出售前，不征收房产税，但对出售前房地产开发企业已使用或出租、出借的商品房应按规定征收房产税。

8. 对**个人**转让**住房**暂免征收土地增值税。

9. 纳税人建造**普通标准住宅**（不包括高级公寓、别墅、度假村等）出售，**增值额未超过扣除项目金额 20%** 的，予以免税；超过 20% 的，应按**全部**增值额缴纳土地增值税。

**【提示】**对于纳税人既建普通标准住宅又搞其他房地产开发的，应分别核算增值额；不分别核算增值额或不能准确核算增值额的，其建造的普通标准住宅不能适用这一免税规定。

10. 因国家建设需要依法征用、收回的房地产，免征土地增值税；因城市实施规划、国家建设的需要而搬迁，由纳税人自行转让原房地产的，免征土地增值税。

**土地增值税征税范围（综述）**

| 业务 | | 是否需要纳税 |
| --- | --- | --- |
| **转让**国有土地使用权 | | √ |
| **出让**国有土地使用权 | | × |
| 转让地上建筑物及其附着物产权 | | √ |
| 以继承、赠与等方式无偿转让的房地产 | 赠与直系亲属或承担直接赡养义务人、继承 | × |
| | 通过中国境内非营利的社会团体、国家机关，赠与教育、民政和其他社会福利、公益事业 | × |
| | 其他 | √ |
| 房地产交换 | 个人之间互换居住用房且经税务机关核实 | × |
| | 其他 | √ |
| 合作建房 | 建成后分房自用 | × |
| | 建成后转让 | √ |
| **出租** | | × |
| **抵押** | | × |
| **抵债** | | √ |

续表

| 业务 | | 是否需要纳税 |
|---|---|---|
| 代建 | | × |
| 房地产开发企业的开发产品 | 转为企业自用或用于出租 | × |
| | 用于职工福利、奖励、对外投资、分配给股东或投资人、抵偿债务、换取其他单位和个人的非货币性资产等 | √ |
| 个人转让住房 | | × |
| 纳税人建造普通标准住宅出售 | 增值额未超过扣除项目金额 20% | × |
| | 增值额超过扣除项目金额 20% | √（全额交） |

## 经典题解

**【例题 47 · 单选题】** 根据土地增值税法律制度的规定，下列各项中，不属于土地增值税纳税人的是（　　）。

A. 出租商铺的甲公司

B. 转让国有土地使用权的乙公司

C. 出售商铺的赵某

D. 出售写字楼的丙公司

**【解析】**（1）土地增值税的纳税人为“转让”国有土地使用权、地上建筑物及其附着物并取得收入的单位和个人。主要判断要点有二：①房地产权属转移；②转让方取得相关收益。选项 A 涉及的是“出租”，产权不发生转移，不征收土地增值税。（2）选项 C：如果赵某转让的是住房（而非商铺），则适用个人转让住房的优惠政策，暂免征收土地增值税。

**【答案】** A

**【例题 48 · 单选题】** 根据土地增值税法律制度的规定，下列各项中，属于土地增值税纳税人的是（　　）。

A. 承租商铺的甲公司

B. 出让国有土地使用权的乙市人民政府

C. 接受房屋捐赠的丙学校

D. 转让厂房的丁公司

**【解析】** 选项 C：接受捐赠方属于承受方，不缴纳土地增值税。

**【答案】** D

**【例题 49 · 单选题】** 根据土地增值税法律制度的规定，下列各项中，免征土地增值税的是（　　）。

A. 由一方出地，另一方出资金，企业双方合作建房，建成后转让的房地产

B. 因城市实施规划、国家建设的需要而搬迁，企业自行转让原房地产

C. 企业之间交换房地产

D. 企业以房地产抵债而发生权属转移的房地产

**【答案】** B

**【例题 50 · 判断题】** 纳税人建造普通标准住宅出售，增值额超过扣除项目金额 20% 的，应按全部增值额计算缴纳土地增值税。（　　）

**【答案】** √

**【例题 51 · 判断题】** 房地产开发项目中同时包含普通标准住宅和非普通标准住宅的，应分别计算土地增值税的增值额。（　　）

**【答案】** √

## 15 考点 15 交多少土地增值税（★★）

（一）整体计算思路

1. 确定扣除项目金额

2. 计算增值额

增值额=不含增值税的房地产转让收入-扣除项目金额

【提示】纳税人转让房地产取得的应税收入，应包括转让房地产的全部价款及有关的经济收益。从收入的形式来看，包括货币收入、实物收入和其他收入。

3. 计算增值率

增值率=增值额÷扣除项目金额×100%

4. 确定适用税率及速算扣除系数。土地增值税实行4级超率累进税率，税率表如下：

土地增值税4级超率累进税率表

| 级数 | 增值额与扣除项目金额的比率 | 税率（%） | 速算扣除系数（%） |
|---|---|---|---|
| 1 | 不超过50%的部分 | 30 | 0 |
| 2 | 超过50%至100%的部分 | 40 | 5 |
| 3 | 超过100%至200%的部分 | 50 | 15 |
| 4 | 超过200%的部分 | 60 | 35 |

5. 计算应纳税额

应纳税额=增值额×适用税率-扣除项目金额×速算扣除系数

**经典题解**

【例题52·单选题】2020年9月甲房地产开发公司销售自行开发的一处住宅项目，取得不含增值税价款8500万元，扣除项目金额5500万元。已知，土地增值税税率为40%，速算扣除系数为5%。计算甲房地产开发公司销售该住宅项目应缴纳土地增值税税额的下列算式中，正确的是（　　）。

A. 8500×40%

B. （8500-5500）×（40%-5%）

C. （8500-5500）×40%×5%

D. （8500-5500）×40%-5500×5%

【解析】本题直接套用土地增值税计税公式即可解决。

【答案】D

（二）房地产开发企业新建房扣除项目金额的确定（5项）

1. 取得土地使用权所支付的金额

（1）纳税人为取得土地使用权所支付的地价款；

（2）纳税人在取得土地使用权时按国家统一规定缴纳的有关费用和税金。

2. 房地产开发成本

房地产开发成本，包括土地征用及拆迁补偿费、前期工程费、建筑安装工程费、基础设施费、公共配套设施费和开发间接费用等。

**经典题解**

【例题53·多选题】根据土地增值税法律制度的规定，下列各项中，在计算土地增值税时，应计入房地产开发成本的有（　　）。

A. 公共配套设施费

B. 建筑安装工程费

C. 取得土地使用权所支付的地价款

D. 土地征用及拆迁补偿费

【解析】选项C：属于“取得土地使用权所支付的金额”。

【答案】ABD

3. 房地产开发费用

（1）能分摊且能证明

①财务费用中的利息支出，凡能够按转

让房地产项目计算分摊并提供金融机构证明的，允许据实扣除，但最高不能超过按商业银行同类同期贷款利率计算的金额。

②其他房地产开发费用，按“取得土地使用权所支付的金额和房地产开发成本”的金额之和的5%以内计算扣除。

允许扣除的房地产开发费用＝允许扣除的利息+（取得土地使用权所支付的金额+房地产开发成本）×省级政府确定的比例（5%以内）

（2）不能分摊或不能证明

财务费用中的利息支出，凡不能按转让房地产项目计算分摊或不能提供金融机构证明的，房地产开发费用（不区分利息费用和其他费用）按规定计算的金额之和的10%以内计算扣除。

允许扣除的房地产开发费用＝（取得土地使用权所支付的金额+房地产开发成本）×省级政府确定的比例（10%以内）

## 经典题解

**【例题54·单选题】**甲公司开发一项房地产项目，取得土地使用权支付的金额为1000万元，发生开发成本6000万元，发生开发费用2000万元，其中利息支出800万元无法提供金融机构贷款利息证明。已知，当地房地产开发费用的计算扣除比例为10%。有关甲公司计算缴纳土地增值税时可以扣除的房地产开发费用，下列算式中，正确的是(　　)。

A. 2000−800

B. 6000×10%

C. 2000×10%

D. （1000+6000）×10%

**【答案】**D

（3）财政部、国家税务总局对土地增值税扣除项目金额中利息支出的计算问题作了两点专门规定：

①利息的上浮幅度按国家的有关规定执行，超过上浮幅度的部分不允许扣除；

②对于超过贷款期限的利息部分和加罚的利息不允许扣除。

4. 与转让房地产有关的税金

（1）城市维护建设税及教育费附加；

（2）《土地增值税暂行条例》等规定的土地增值税扣除项目涉及的增值税进项税额，允许在销项税额中抵扣的，不计入扣除项目，不允许在销项税额中抵扣的，可以计入扣除项目。

5. 加计扣除：（取得土地使用权所支付的金额+房地产开发成本）×20%

（三）其他情形下扣除项目金额的确定

1. 房地产开发企业以外的其他企业转让新建房的扣除项目

（1）取得土地使用权所支付的金额

（2）房地产开发成本

（3）房地产开发费用

（4）与转让房地产有关的税金

①城市维护建设税及教育费附加、印花税；

②《土地增值税暂行条例》等规定的土地增值税扣除项目涉及的增值税进项税额，允许在销项税额中抵扣的，不计入扣除项目，不允许在销项税额中抵扣的，可以计入扣除项目。

2. 旧房及建筑物转让的扣除项目

（1）方法一：按评估价格扣除

①旧房及建筑物的评估价格（重置成本价×成新度折扣率）；

②取得土地使用权所支付的地价款和按国家统一规定缴纳的有关费用和税金；

③转让环节缴纳的税金。

## 经典题解

**【例题55·单选题】**2020年5月甲公司转让一幢办公楼，该办公楼于2010年购入，购买价为1250万元。当月由政府批准设立的房地产评估机构评定并经当地税务机关确认，该办公楼的重置成本价为3000万元，成新度折扣率为七成。在计算甲公司该业务土地增值税计税依据时，准予扣除的评估价格是(　　)。

A. 3000×70%

B. （3000-1250）×70%

C. 3000×（1-70%）

D. 1250×70%

【答案】A

（2）方法二：按购房发票金额计算扣除

纳税人转让旧房及建筑物，凡不能取得评估价格，但能提供购房发票的，经当地税务部门确认，可以扣除：

①按发票所载金额并从购买年度起至转让年度止，每年加计5%计算的金额；

②转让环节缴纳的税金，包括城市维护建设税及教育费附加、印花税、购房时缴纳的契税（需提供契税的完税凭证）。

**土地增值税应纳税额计算要点（综述）**

| 项目 | 计算步骤/方法 | 具体规定 | | |
|---|---|---|---|---|
| 新建房 | 确定扣除项目金额（以房地产企业新建房项目为例） | 取得土地使用权所支付的金额 | 地价款+相关费用和税金 | |
| | | 房地产开发成本 | 包括土地征用及拆迁补偿费、前期工程费、建筑安装工程费、基础设施费、公共配套设施费和开发间接费用等 | |
| | | 房地产开发费用 | 利息支出能分摊能证明 | 利息+前2项之和×5%以内 |
| | | | 利息支出不能分摊或不能证明 | 前2项之和×10%以内 |
| | | 与转让房地产有关的税金 | 城市维护建设税及教育费附加<br>【非房地产企业】城市维护建设税及教育费附加、印花税 | |
| | | 加计扣除 | 前2项之和×20%<br>【非房地产企业】无该扣除项目 | |
| | 计算增值额 | 增值额=房地产转让收入（不含增值税）-扣除项目金额 | | |
| | 计算增值率 | 增值率=增值额÷扣除项目金额×100% | | |
| | 查找税率表 | 确定适用税率及速算扣除系数 | | |
| | 计算应纳税额 | 应纳税额=增值额×适用税率-扣除项目金额×速算扣除系数 | | |
| 旧房及建筑物 | 按评估价格扣除 | 扣除项目包括：<br>（1）旧房及建筑物的评估价格（重置成本价×成新度折扣率）<br>（2）取得土地使用权所支付的地价款和按国家统一规定缴纳的有关费用和税金<br>（3）转让环节缴纳的税金 | | |
| | 按购房发票金额计算扣除 | 适用情形 | 不能取得评估价格，但能提供购房发票，经当地税务部门确认 | |
| | | 扣除项目 | （1）按发票所载金额并从购买年度起至转让年度止，每年加计5%计算的金额<br>（2）转让环节缴纳的税金，包括城市维护建设税及教育费附加、印花税、购房时缴纳的契税（需提供契税的完税凭证） | |

## 16 考点16 怎么交土地增值税（★）

（一）土地增值税清算

1. 符合下列情形之一的，纳税人应当进行土地增值税清算：

（1）房地产开发项目全部竣工、完成销售的；

（2）整体转让未竣工决算房地产开发项目的；

（3）直接转让土地使用权的。

2. 符合下列情形之一的，主管税务机关可要求纳税人进行土地增值税清算：

（1）已竣工验收的房地产开发项目，已转让的房地产建筑面积占整个项目可售建筑面积的比例在85%以上，或该比例虽未超过85%，但剩余的可售建筑面积已经出租或自用的；

（2）取得销售（预售）许可证满3年仍未销售完毕的；

（3）纳税人申请注销税务登记但未办理土地增值税清算手续的。

### 经典题解

【例题56·单选题】根据土地增值税法律制度的规定，下列各项中，不属于纳税人应当进行土地增值税清算的是（　　）。

A. 直接转让土地使用权的

B. 房地产开发项目全部竣工、完成销售的

C. 整体转让未竣工决算房地产开发项目的

D. 取得销售（预售）许可证满3年仍未销售完毕的

【答案】D

（二）其他征收管理规定

1. 纳税人应在转让房地产合同签订后7日内，到房地产所在地主管税务机关办理纳税申报。

2. 纳税人采取预售方式销售房地产的，对在项目全部竣工结算前转让房地产取得的收入，税务机关可以预征土地增值税。

3. 房地产开发企业有下列情形之一的，税务机关可以核定征收土地增值税：

（1）依照法律、行政法规的规定应当设置但未设置账簿的；

（2）擅自销毁账簿或者拒不提供纳税资料的；

（3）虽设置账簿，但账目混乱或者成本资料、收入凭证、费用凭证残缺不全，难以确定转让收入或扣除项目金额的；

（4）符合土地增值税清算条件，未按照规定的期限办理清算手续，经税务机关责令限期清算，逾期仍不清算的；

（5）申报的计税依据明显偏低，又无正当理由的。

### 经典题解

【例题57·多选题】下列各项中，属于土地增值税核定征收情形的有（　　）。

A. 依照法律、行政法规的规定应当设置但未设置账簿的

B. 擅自销毁账簿或者拒不提供纳税资料的

C. 虽设置账簿，但账目混乱或者成本资料、收入凭证、费用凭证残缺不全，难以确定转让收入或扣除项目金额的

D. 申报的计税依据明显偏低，又无正当理由的

【答案】ABCD

# 第6单元　印花税

312279
查看本单元视频
使用"会计云课堂"App/微信扫描

## 17 考点17 印花税的纳税人（★★）

1. 印花税的纳税人，是指订立、领受在中华人民共和国境内具有法律效力的应税凭证，或者在中华人民共和国境内进行证券交易的单位和个人。

【提示1】应税凭证，是指：（1）《印花税税目税率表》规定的书面形式的合同；（2）产权转移书据；（3）营业账簿；（4）权利、许可证照。

【提示2】证券交易，是指在依法设立的证券交易所上市交易或者在国务院批准的其他证券交易场所转让公司股票和以股票为基础发行的存托凭证。

2. 纳税人的种类

（1）立合同人，指应税合同的当事人，不包括合同的担保人、证人、鉴定人。当事人的代理人有代理纳税义务。

（2）立账簿人。

（3）立据人。

（4）领受人。

（5）使用人，指在国外书立、领受，但在国内使用应税凭证的单位和个人。

3. 如果一份合同或应税凭证由两方或两方以上当事人共同签订，签订合同或应税凭证的各方都是纳税人，应各就其所持合同或应税凭证的计税金额履行纳税义务。

4. 对纳税人以电子形式签订的各类应税凭证按规定征收印花税。

### 经典题解

【例题58·多选题】根据印花税法律制度的规定，下列各项中，属于印花税纳税人的有（　　）。

A. 立据人

B. 各类电子应税凭证的签订人

C. 立合同人

D. 立账簿人

【答案】ABCD

【例题59·单选题】甲公司与乙公司签订买卖合同，合同约定丙为担保人，丁为鉴定人。下列关于该合同印花税纳税人的表述中，正确的是（　　）。

A. 甲、乙、丙和丁为纳税人

B. 甲、乙和丁为纳税人

C. 甲、乙为纳税人

D. 甲、乙和丙为纳税人

【解析】印花税的纳税人——立合同人，是指书立合同的当事人（甲和乙），不包括合同的担保人（丙）、证人和鉴定人（丁）。

【答案】C

## 18 考点18 合同（★★★）

1. 应税合同的应纳税额的计算公式

应纳税额=价款或者报酬×适用税率

2. 应税合同、计税依据及税率

| 应税合同（共11类） | 计税依据及税率 | 备注 |
|---|---|---|
| 买卖合同 | 支付价款的0.3‰ | （1）指动产买卖合同<br>（2）图书、报刊、音像征订凭证<br>①发行单位之间：免征<br>②发行单位与订阅单位、个人之间：免征<br>③出版单位与发行单位之间：应税<br>（3）供用电/购售电合同<br>①电网与用户之间：不征<br>②发电厂与电网之间：应税<br>③电网与电网之间：应税 |
| 借款合同 | 借款金额的0.05‰ | 指银行及其他金融机构和借款人订立的借款合同，不包括银行同业拆借 |
| 融资租赁合同 | 租金的0.05‰ | —— |
| 租赁合同 | 租金的1‰ | 不包括企业与主管部门签订的租赁承包合同 |
| 承揽合同 | 支付报酬的0.3‰ | —— |
| 建设工程合同 | 支付价款的0.3‰ | 包括勘察、设计、建筑、安装工程合同的总包合同、分包合同和转包合同 |
| 运输合同 | 运输费用的0.3‰ | 指货运合同和多式联运合同，不包括管道运输合同 |
| 技术合同 | 支付价款、报酬或者使用费的0.3‰ | （1）专利权转让、专利实施许可所书立的合同应属于“产权转移书据”<br>（2）一般的法律、会计、审计等方面的咨询不属于技术咨询，其所立合同不贴印花 |
| 保管合同 | 保管费的1‰ | 包括作为合同使用的仓单、栈单（或称入库单） |
| 仓储合同 | 仓储费的1‰ | —— |
| 财产保险合同 | 保险费的1‰ | 不包括再保险合同 |

【提示1】应税合同仅限于列举的11类，未明确列举的其他合同（如人身保险合同、委托合同）不需缴纳印花税。

【提示2】应税合同的计税依据为合同列明的价款或者报酬，不包括增值税税款；合同中价款或者报酬与增值税税款未分开列明的，按照合计金额确定。

【提示3】同一应税凭证载有两个或者两个以上经济事项并分别列明价款或者报酬的，按照各自适用税目税率计算应纳税额；未分别列明价款或者报酬的，按税率高的计算应纳税额。

## 经典题解

【例题60·多选题】下列合同，属于印花税征税范围的有（　　）。

A. 人身保险合同　　B. 财产保险合同

C. 买卖合同　　D. 委托合同

【解析】选项AD未在列举的11类合同中，不属于印花税征税范围。

【答案】BC

【例题61·单选题】根据印花税法律制度的规定，下列合同中，应征收印花税的是(　　)。

A. 会计咨询合同　　B. 审计咨询合同

C. 法律咨询合同　　D. 技术咨询合同

【解析】一般的法律、会计、审计等方面的咨询不属于技术咨询，其所立合同不贴印花。

【答案】D

【例题62·单选题】甲公司向乙公司租赁2台塔吊并签订租赁合同，合同注明塔吊总价值为80万元，租期为2个月，每台每月租金2万元。已知，租赁合同适用印花税税率为1‰。根据印花税法律制度的规定，甲公司和乙公司签订该租赁合同共计应缴印花税(　　)元。

A. 40　　B. 80

C. 160　　D. 800

【解析】(1)租赁合同印花税的计税依据为“租金”(而非租赁物价值)，本题租金总额=2×2×2=8(万元)；(2)如果一份合同或应税凭证由两方或两方以上当事人共同签订，签订合同或应税凭证的各方都是纳税人，因此，甲公司和乙公司签订该租赁合同“共计”应缴纳印花税=8×1‰×2=0.016(万元)=160(元)。

【答案】C

【例题63·单选题】甲公司与乙公司签订一份承揽合同，合同载明由甲公司提供原材料200万元，支付乙公司加工费30万元；又与丙公司签订了一份财产保险合同，保险金额800万元，支付保险费0.8万元。已知，承揽合同印花税税率为0.3‰，财产保险合同印花税税率为1‰。甲公司签订的上述两份合同应缴纳印花税税额的下列计算中，正确的是(　　)。

A. 200×0.3‰+800×1‰

B. 200×0.3‰+0.8×1‰

C. 30×0.3‰+0.8×1‰

D. 30×0.3‰+800×1‰

【解析】(1)承揽合同，按支付报酬的0.3‰贴花；(2)财产保险合同，按保险费的1‰贴花。

【答案】C

## 19 考点19 产权转移书据(★)

1. 产权转移书据，包括土地使用权出让和转让书据；房屋等建筑物、构筑物所有权、股权(不包括上市和挂牌公司股票)、商标专用权、著作权、专利权、专有技术使用权转让书据。

2. 应纳税额=价款×0.5‰

3. 价款

(1)应税产权转移书据的计税依据，为产权转移书据列明的价款，不包括增值税税款；产权转移书据中价款与增值税税款未分开列明的，按照合计金额确定。

(2)应税合同、产权转移书据未列明价款或者报酬的，按照下列方法确定计税依据：

①按照订立合同、产权转移书据时市场价格确定；依法应当执行政府定价的，按照其规定确定。

②不能按照上述规定的方法确定的，按照实际结算的价款或者报酬确定。

## 20 考点20 营业账簿(★★)

1. 对记载资金的营业账簿征收印花税，对其他营业账簿不征收印花税。

2. 应税营业账簿的应纳税额=实收资本(股本)、资本公积合计金额×0.25‰

### 经典题解

【例题64·单选题】根据印花税法律制度的规定，应税营业账簿的计税依据是(　　)。

A. 营业账簿记载的营业外收入金额

B. 营业账簿记载的营业收入金额

C. 营业账簿记载的银行存款金额

D. 营业账簿记载的实收资本（股本）、资本公积合计金额

【答案】D

## 21 考点21 权利、许可证照（★★）

1. 权利、许可证照，包括政府部门发放的不动产权证书、营业执照、商标注册证、专利证书。

【提示】此处“不动产权证书”中的“不动产”，既包括房屋等建筑物、构筑物，也包括国有土地使用权。

2. 应纳税额=应税凭证件数×5元/件

【提示】我国印花税税率包括比例税率和定额税率两种形式，实行定额税率（也称“按件贴花”）的仅限于“权利、许可证照”。

【小口诀】“商不营利，屋贱”。*

### 经典题解

【例题65·单选题】根据印花税法律制度的规定，下列各项中，按件贴花的是(　　)。

A. 运输合同

B. 产权转移书据

C. 借款合同

D. 不动产权证书

【答案】D

【例题66·单选题】甲公司于2020年8月开业后，领受了营业执照、食品许可证、不动产权证书、商标注册证各一件。已知“权利、许可证照”印花税税额为每件5元，甲公司应缴纳的印花税税额为(　　)元。

A. 5

B. 10

C. 15

D. 20

【解析】甲公司领受的食品许可证，不属于印花税“权利、许可证照”，不需要缴纳印花税，甲公司应缴纳的印花税税额=3×5=15（元）。

【答案】C

## 22 考点22 印花税的税收优惠政策（★★）

1. 法定凭证免税

（1）应税凭证的副本或者抄本，免征印花税；

（2）农民、农民专业合作社、农村集体经济组织、村民委员会购买农业生产资料或者销售自产农产品订立的买卖合同和农业保险合同，免征印花税；

（3）无息或者贴息借款合同、国际金融组织向我国提供优惠贷款订立的借款合同、金融机构与小型微型企业订立的借款合同，免征印花税；

（4）财产所有权人将财产赠与政府、学校、社会福利机构订立的产权转移书据，免征印花税；

（5）军队、武警部队订立、领受的应税凭证，免征印花税；

（6）转让、租赁住房订立的应税凭证，免征个人（不包括个体工商户）应当缴纳的印花税；

（7）国务院规定免征或者减征印花税的其他情形。

2. 应纳税额不足1角的，免征印花税。

3. 对商店、门市部的零星加工修理业务开具的修理单，不贴印花。

* 口诀的字面含义：商人赚不到钱，房子卖不上价。商（商标注册证）不（不动产权证书）营（营业执照）利（专利证书），屋贱（5元/件）。

4. 对铁路、公路、航运、水路承运快件行李、包裹开具的托运单据，暂免贴花。

5. 对企业车间、门市部、仓库设置的不属于会计核算范围的账簿，不贴印花。

6. 对运输、仓储、保管、财产保险、银行借款等，办理一项业务，既书立合同，又开立单据的，只就合同贴花；所开立的各类单据，不再贴花。

7. 对企业兼并的并入资金，凡已按资金总额贴花的，接收单位对并入的资金，不再补贴印花。

8. 由外国运输企业运输进口货物的，外国运输企业所持有的一份结算凭证，免征印花税。

9. 下列特殊货运凭证，免征印花税：

（1）抢险救灾物资运输结算凭证；

（2）为新建铁路运输施工所属物料，使用工程临管线专用运费结算凭证。

10. 对在供需经济活动中使用电话、计算机联网订货，没有开具书面凭证的，暂不贴花。

## 经典题解

**【例题67·单选题】**根据印花税法律制度的规定，下列合同中，应征收印花税的是（　　）。

A. 金融机构与小型微型企业订立的借款合同

B. 农民销售自产农产品订立的买卖合同

C. 发电厂与电网之间签订的购售电合同

D. 代理单位与委托单位之间签订的委托合同

**【解析】**（1）选项C：“电网与用户之间”签订的供用电合同不征印花税，“发电厂与电网之间”签订的购售电合同，按照买卖合同缴纳印花税；（2）选项D：委托合同，不属于印花税的应税合同。

**【答案】**C

**【例题68·单选题】**下列应计算缴纳印花税的是（　　）。

A. 无息或贴息借款合同

B. 出版合同

C. 农业保险合同

D. 建筑施工单位分包给其他施工单位的分包合同

**【解析】**选项B：出版合同，不属于印花税的应税合同。

**【答案】**D

## 23 考点23 印花税的征收管理规定（★★）

1. 纳税义务发生时间：通常为纳税人订立、领受应税凭证的当日。

2. 纳税地点

（1）单位纳税人应当向其机构所在地的主管税务机关申报缴纳印花税；个人纳税人应当向应税凭证订立、领受地或者居住地的税务机关申报缴纳印花税。

（2）纳税人出让或者转让不动产产权的，应当向不动产所在地的税务机关申报缴纳印花税。

3. 纳税期限

（1）一般情况

①印花税按季、按年或者按次计征。

②按季、按年计征的，纳税人应当于季度、年度终了之日起15日内申报并缴纳税款。

③按次计征的，纳税人应当于纳税义务发生之日起15日内申报并缴纳税款。

（2）已缴纳印花税的凭证所载价款或者报酬增加的，纳税人应当补缴印花税；已缴纳印花税的凭证所载价款或者报酬减少的，纳税人可以向主管税务机关申请退还印花税税款。

## 交不交 & 交多少（核心要点综述）

<table>
<tr><th>税种</th><th colspan="2">征税范围核心点</th><th>计税公式</th></tr>
<tr><td>耕地占用税</td><td colspan="2">占用耕地建设建筑物、构筑物或从事其他非农业建设</td><td>应纳税额 = 纳税人实际占用的耕地面积（平方米）×适用税额</td></tr>
<tr><td>城镇土地使用税</td><td colspan="2">占有城市、县城、建制镇和工矿区范围内的土地</td><td>年应纳税额 = 实际占用应税土地面积（平方米）×适用税额</td></tr>
<tr><td rowspan="2">房产税</td><td rowspan="2">拥有城市、县城、建制镇和工矿区范围内的房屋</td><td>自用</td><td>应纳税额 = 应税房产原值×（1 - 扣除比例）×1.2%</td></tr>
<tr><td>出租</td><td>应纳税额 = 不含增值税的租金收入 × 12% 或 4%</td></tr>
<tr><td>契税</td><td colspan="2">承受土地、房屋权属转移</td><td>应纳税额 = 成交价或者互换差价或者核定价格×适用税率</td></tr>
<tr><td>土地增值税</td><td colspan="2">转让国有土地使用权、地上建筑物及其附着物</td><td>应纳税额 = 增值额×适用税率 - 扣除项目金额×速算扣除系数</td></tr>
<tr><td rowspan="4">印花税</td><td colspan="2">书立应税合同</td><td>应纳税额 = 价款或者报酬×适用税率</td></tr>
<tr><td colspan="2">书立产权转移书据</td><td>应纳税额 = 价款×0.5‰</td></tr>
<tr><td colspan="2">使用记载资金的营业账簿</td><td>应纳税额 = 实收资本（股本）、资本公积合计金额×0.25‰</td></tr>
<tr><td colspan="2">领受权利、许可证照</td><td>应纳税额 = 应税凭证件数×5 元/件</td></tr>
</table>

## 企业销售不动产或者不动产租赁服务涉及税种及计算要点（综述）
## （限于初级《经济法基础》考查范围内）

<table>
<tr><th colspan="2">税种</th><th>销售不动产</th><th>销售不动产租赁服务</th></tr>
<tr><td rowspan="2">增值税</td><td>小规模纳税人或者题目已知条件交代选择简易办法计税</td><td>应纳税额 = 含增值税销售收入÷（1+5%）×5%</td><td>应纳税额 = 含增值税租金收入÷（1+5%）×5%</td></tr>
<tr><td>一般计税方法</td><td>（1）一般企业：<br>销项税额 = 含增值税转让收入÷（1+9%）×9%<br>（2）房地产开发企业：<br>销项税额 = （全部价款+价外费用-受让土地时向政府部门支付的土地价款）÷（1+9%）×9%</td><td>销项税额 = 含增值税租金收入÷（1+9%）×9%</td></tr>
</table>

续表

| 税种 | 销售不动产 | 销售不动产租赁服务 |
| --- | --- | --- |
| 城市维护建设税 | 实际缴纳的增值税×城市维护建设税税率 | |
| 教育费附加 | 实际缴纳的增值税×3% | |
| 企业所得税 | 确认转让财产收入 | 确认租金收入（跨年度预收：分期均匀计入相关年度收入） |
| 房产税 | × | 应纳税额=不含增值税租金收入×12%或者4% |
| 城镇土地使用税 | × | 年应纳税额=实际占用应税土地面积（平方米）×城镇土地使用税税额 |
| 土地增值税 | 应纳税额=增值额×适用税率-扣除项目金额×速算扣除系数 | × |
| 契税 | ×<br>（销售方不缴纳，由承受方缴纳） | × |
| 印花税 | （1）按产权转移书据，双方均为纳税人<br>（2）应纳税额<br>①价税分别记载：不含增值税转让价款×0.5‰<br>②价税未分别记载：含增值税转让价款×0.5‰ | （1）按租赁合同，双方均为纳税人<br>（2）应纳税额<br>①价税分别记载：不含增值税租金收入×1‰<br>②价税未分别记载：含增值税租金收入×1‰ |

## ㊸ 经典大题精析

313019

**【例题69·不定项选择题】**

甲公司为增值税一般纳税人，主要从事建筑工程施工业务。2020年10月有关经营情况如下：

（1）承建的一项建筑工程完工，取得含增值税工程款8720000元。

（2）销售库存的建筑材料，取得含增值税价款67800元。

（3）将一台施工设备出租给乙公司，租期1个月，取得含增值税租金33900元。

（4）购买施工用电取得增值税专用发票注明税额1170元，所购电90%用于办公楼，10%用于职工宿舍。

（5）公司经理赵某国内出差，取得注明赵某身份信息的铁路往返车票两张，票面金额共计1090元；支付住宿费，取得增值税专用发票注明税额216元；支付餐费，取得增值税普通发票注明税额18元。

（6）转让2005年自建的办公用房一

处，并签订产权转移书据，取得含增值税价款 840000 元，选择适用简易计税方法计税；该办公用房已提折旧 105000 元。

已知：销售建筑服务增值税税率为 9%，销售货物增值税税率为 13%，销售有形动产租赁服务增值税税率为 13%，销售不动产简易计税方法下增值税征收率为 5%，铁路旅客运输服务按照 9% 计算进项税额，取得的扣税凭证均符合抵扣规定。

要求：

根据上述资料，不考虑其他因素，分析回答下列小题。

1. 计算甲公司当月增值税销项税额的下列算式中，正确的是（ ）。

A. 8720000÷（1+9%）×9%+67800÷（1+13%）×13%+33900÷（1+13%）×13%

B. （8720000+33900）×9%+67800×13%

C. （8720000+67800）÷（1+9%）×9%+33900÷（1+13%）×13%

D. （8720000+67800+33900）×13%

2. 计算甲公司当月准予抵扣增值税进项税额的下列算式中，正确的是（ ）。

A. 1170×90%+1090÷（1+9%）×9%+216

B. 1170+1090÷（1+9%）×9%+18

C. 1170×90%+1090×9%+216

D. 1170+1090×9%+216+18

3. 计算甲公司转让办公用房应缴纳增值税税额的下列算式中，正确的是（ ）。

A. （840000-105000）÷（1+5%）×5%

B. 840000×5%

C. 840000÷（1+5%）×5%

D. （840000-105000）×5%

4. 下列税种中，甲公司转让办公用房应缴纳的是（ ）。

A. 印花税

B. 土地增值税

C. 房产税

D. 契税

**【例题 70 · 不定项选择题】**

甲公司为增值税一般纳税人，主要从事房地产开发与销售业务。2015 年 6 月取得某住宅项目的开发权并于 2015 年 11 月开工建设，2020 年 8 月项目竣工销售。甲公司 2020 年 9 月该项目有关业务情况如下：

（1）销售住宅一万平方米，不含增值税售价 8500 元/平方米，另代收住宅专项维修资金 136500 元。

（2）将 600 平方米底商用于出租，将 500 平方米底商用于抵偿工程款，将 200 平方米底商无偿赠送给关联企业，将 100 平方米底商转为办公自用。

（3）购进该住宅项目用装修材料，取得增值税专用发票注明税额 100000 元。

已知：该住宅项目属于老项目，甲公司选择简易计税方法缴纳增值税，增值税征收率为 5%。

要求：

根据上述资料，不考虑其他因素，分析回答下列小题。

1. 计算甲公司当月销售住宅应缴纳增值税税额的下列算式中，正确的是（ ）。

A. [10000×8500+136500÷（1+5%）]×5%

B. 10000×8500×5%

C. 10000×8500÷（1+5%）×5%

D. （10000×8500+136500）×5%

2. 甲公司下列业务中，应缴纳增值税的是（ ）。

A. 将 600 平方米底商用于出租

B. 将 500 平方米底商用于抵偿工程款

C. 将 200 平方米底商无偿赠送给关联企业

D. 将 100 平方米底商转为办公自用

3. 关于甲公司购进该住宅项目用装修材料进项税额 100000 元的处理，下列表述正确的是（ ）。

A. 当月允许抵扣 60%

B. 当月允许全部抵扣

C. 不允许抵扣

D. 当月允许抵扣40%

4. 下列房产中，应由甲公司缴纳房产税的是(　　)。

A. 出租的底商

B. 抵偿工程款的底商

C. 赠送的底商

D. 自用的底商

【例题71·不定项选择题】

甲公司为居民企业。主要从事餐具消毒机的生产和销售业务，2020年度有关经营情况如下：

(1) 将一处仓库对外出租，与承租方签订房屋租赁合同。合同约定当年租金总额21万元，未分别列明租金与增值税税款。甲公司选择简易计税方法计算增值税。

(2) "财务费用"账户中列支两笔利息费用。向P金融企业借入生产用资金400万元。借款期限6个月，支付借款利息12万元。向本公司职工借入生产用资金120万元，并与职工签订了借款合同，借款期限4个月，支付利息3.2万元，金融企业同期同类贷款年利率为6%。

(3) 8月购入一台价值600万元的机器设备并于当月投入使用，会计上按直线法计提折旧，会计折旧年限为10年，预计净残值为零。税法规定的最低折旧年限及预计净残值与会计规定相同。甲公司税务处理上选择享受固定资产加速折旧优惠政策，折旧年限为税法规定的最低折旧年限的60%。

已知：增值税征收率为5%；城市维护建设税税率为7%；教育费附加征收比率为3%；房产税税率为12%；租赁合同印花税税率为1‰。

要求：

根据上述资料，不考虑其他因素，分析回答下列小题。

1. 关于甲公司2020年度对外出租仓库应缴纳税费的下列表述中，正确的是(　　)。

A. 应缴纳印花税税额=21×1‰

B. 应缴纳城市维护建设税税额和教育费附加=21÷(1+5%)×5%×(7%+3%)

C. 应缴纳增值税税额=21÷(1+5%)×5%

D. 应缴纳房产税税额=21÷(1+5%)×12%

2. 甲公司出租仓库缴纳的下列税费中，在计算2020年度企业所得税应纳税所得额时，准予扣除的是(　　)。

A. 房产税

B. 印花税

C. 增值税

D. 城市维护建设税和教育费附加

3. 在计算甲公司2020年度企业所得税应纳税所得额时，准予扣除的利息费用金额是(　　)万元。

A. 12

B. 14.4

C. 15.2

D. 3.2

4. 在计算甲公司2020年度企业所得税应纳税所得额时，购入机器设备计提的折旧费应纳税调减金额的下列算式中，正确的是(　　)。

A. 600÷(10×60%)-600÷10÷12×4

B. 600÷(10×60%)÷12×4

C. 600÷(10×60%)÷12×4-600÷10÷12×4

D. 600÷(10×60%)-600÷10

## 经典大题精析参考答案及解析

"扫码看解析"

使用"微信"或"会计云课堂"App扫右方二维码，对答案、看解析、掌握解题思路，开启轻松过关之旅。

【例题69·不定项选择题】

1. 【答案】A

解析：（1）业务（1）属于销售建筑服务，适用9%税率，选项D排除；（2）业务（2）属于销售货物，业务（3）属于销售有形动产租赁服务，均适用13%税率，选项BC排除。

2. 【答案】A

解析：（1）电力、热力、气体均属于货物，购电用于职工食堂的10%不得抵扣进项税额，选项BD排除；（2）购进国内旅客运输服务取得注明旅客身份信息的铁路车票，计算抵扣进项税额公式：票面金额÷（1+9%）×9%，排除选项C；（3）购进贷款服务、餐饮服务、居民日常服务和娱乐服务，不得抵扣进项税额，赵某支付餐费，取得增值税普通发票注明的税额18元不得抵扣。

3. 【答案】C

解析：（1）转让自建不动产应以收入全额为计税销售额，选项AD减除了折旧额，错误；（2）题目明确交代"840000元"为含增值税价款，应当价税分离，选项B错误，选项C正确。

4. 【答案】AB

解析：（1）选项C：房地产流转过程中不涉及房产税的缴纳；（2）选项D：甲公司是转让方，契税应由房产承受方缴纳。

【例题70·不定项选择题】

1. 【答案】B

解析：（1）房地产主管部门或者其指定机构、公积金管理中心、开发企业以及物业管理单位代收的住宅专项维修资金，不征收增值税；因此，本题"代收住宅专项维修资金136500元"不应计入销售额，选项AD错误。（2）题目明确交代"8500元/平方米"为不含增值税售价，不需要价税分离，选项C错误。

2. 【答案】ABC

解析：（1）选项A：按照"销售不动产租赁服务"计缴增值税。（2）选项B："抵债"属于特殊的销售行为，甲公司将其开发建设的底商用于抵债，按照"销售不动产"计缴增值税。（3）选项C：单位或者个人向其他单位或者个人无偿转让不动产，视同销售不动产，但用于公益事业或者以社会公众为对象的除外；本题甲公司将底商无偿赠送"关联企业"（既非公益事业，亦非社会公众），应视同销售不动产，缴纳增值税。（4）选项D：不属于"销售"行为，也不属于"视同销售"行为，不需要缴纳增值税。

3. 【答案】C

解析：购进货物用于简易计税方法计税项目，其进项税额不得抵扣。

4. 【答案】AD

解析：房地产开发企业建造的商品房，在出售（包括但不限于直接出售、抵债、赠送）前，不征收房产税，但对出售前房地产开发企业已使用或出租、出借的商品房应按规定征收房产税。

【例题71·不定项选择题】

1.【答案】ABCD

**解析：**（1）增值税：销售不动产租赁服务适用简易计税方法的，增值税=含税租金÷（1+5%）×5%；（2）城建税和教育费附加=甲公司实际缴纳的增值税×（城建税税率7%+教育费附加征收比率3%）；（3）本题房产税应从租计征，应纳房产税税额=不含增值税租金×12%；（4）印花税是最特别的：根据规定，印花税应税合同的计税依据为合同列明的价款或者报酬，不包括增值税税款；但合同中价款或者报酬与增值税税款未分开列明的，按照“合计金额”确定。因此，印花税的计算并不需要对“21万元”作价税分离处理。

2.【答案】ABD

**解析：**企业缴纳的增值税税款、企业所得税税款不得在税前扣除，其他税金可以通过不同途径（税金及附加、随同资产成本折旧或摊销等）在税前扣除。

3.【答案】B

**解析：**（1）向金融企业借款的利息费用，准予据实扣除，第1笔利息支出可扣除12万元；（2）向内部职工借款的利息支出，借款情况符合条件的，其利息支出在不超过按照金融企业同期同类贷款利率计算的数额的部分，准予扣除，第2笔利息支出可扣除=120×6%÷12×4=2.4（万元）；（3）合计准予扣除的利息支出=12+2.4=14.4（万元）。

4.【答案】C

**解析：**（1）固定资产应于投入使用的次月起开始计算折旧费用，本题2020年度应计算4个月的折旧费用，选项AD排除；（2）题目问的是调减金额，应该计算出税会差异额，选项B排除，选项C正确。

**扫一扫　“码”上做题**

本部分习题均配备二维码，使用“微信”或“会计云课堂”App扫一扫左侧二维码，即可在线做题并获取详尽的答案解析、解题思路点拨等超值服务，助您轻松过关。

313021

**【“会计云课堂”App安装二维码详见封底页】**

## 同步强化练习题

### 一、单项选择题

1. 2020年10月，农村居民刘某经批准在本村占用耕地150平方米新建住宅，另占用园地20平方米用于修建大型鱼塘增氧泵。已知，当地适用的耕地占用税税额为每平方米45元。有关刘某就上述业务应当缴纳的耕地占用税，下列计算正确的是（　　）。

A. 150×45

B. 150×45×50%

C. （150+20）×45

D. （150+20）×45×50%

2. 根据城镇土地使用税法律制度的规定，下列土地中，不征收城镇土地使用税的是（　　）。

A. 位于农村的集体所有土地

B. 位于工矿区的集体所有土地

C. 位于县城的国家所有土地

D. 位于城市的公园内索道公司经营用地

3. 根据城镇土地使用税法律制度的规定，下列土地中，免征城镇土地使用税的是（　　）。
A. 市区公园内附设照相馆使用的土地
B. 县城水电站的发电厂房用地
C. 市政街道的公共用地
D. 盐场的生产厂房用地

4. 甲公司2020年年初实际占地面积为5000平方米，2020年7月10日，甲公司经有关部门批准新征用非耕地2000平方米。已知，甲公司所占用的土地适用的城镇土地使用税年税额为5元/平方米。有关甲公司2020年应当缴纳的城镇土地使用税，下列计算正确的是（　　）。
A. 5000×5
B. 5000×5+2000×5
C. 5000×5+2000×5×5/12
D. 5000×5+2000×5×6/12

5. 根据房产税法律制度的规定，下列各项中，不属于房产税征税范围的是（　　）。
A. 建制镇工业企业的厂房
B. 农村村民的住宅
C. 市区商场的地下车库
D. 县城商业企业的办公楼

6. 根据房产税法律制度的规定，下列表述中，正确的是（　　）。
A. 房屋产权属于国家所有的，不缴纳房产税
B. 房屋产权属于集体和个人所有的，集体单位和个人为房产税纳税人
C. 房屋产权出典的，出典人为房产税纳税人
D. 房产产权未确定的，不缴纳房产税

7. 2020年甲公司的房产原值为1000万元，已提折旧400万元。已知，从价计征房产税税率为1.2%，当地规定的房产原值扣除比例为30%。甲公司当年应缴纳房产税税额的下列算式中，正确的是（　　）。
A. （1000-400）×（1-30%）×1.2%
B. （1000-400）×1.2%
C. 1000×（1-30%）×1.2%
D. 1000×1.2%

8. 甲企业厂房原值2000万元，2019年10月对该厂房进行扩建，2019年年底扩建完工并办理验收手续，增加房产原值800万元。已知，房产税的原值扣除比例为30%，房产税比例税率为1.2%。计算甲企业2020年应缴纳房产税税额的下列算式中，正确的是（　　）。
A. 2000×（1-30%）×1.2%+800×1.2%
B. （2000+800）×（1-30%）×1.2%
C. 2000×1.2%+800×（1-30%）×1.2%
D. 2000×（1-30%）×1.2%

9. 根据房产税法律制度的规定，下列各项中，应缴纳房产税的是（　　）。
A. 国家机关自用的房产
B. 个人拥有的市区商铺
C. 名胜古迹自用的办公用房
D. 老年服务机构自用的房产

10. 甲公司委托某施工企业建造一幢办公楼，工程于2019年12月完工，2020年1月办妥（竣工）验收手续，4月付清全部工程价款。根据房产税法律制度的规定，甲公司对此幢办公楼房产税的纳税义务发生时间是（　　）。
A. 2019年12月
B. 2020年1月
C. 2020年2月
D. 2020年4月

11. 根据契税法律制度的规定，下列各项中，属于契税纳税人的是（　　）。
A. 受让土地使用权的单位
B. 出租房屋的个人
C. 转让土地使用权的单位
D. 承租房屋的个人

12. 根据契税法律制度的规定，下列各项中，需要计算缴纳契税的是（　　）。
A. 获得住房奖励的个人
B. 转让土地使用权的企业
C. 法定继承父母房产的子女

D. 出售房屋的个体工商户

13. 根据契税法律制度的规定，下列行为中，属于契税征税范围的是(　　)。

A. 房屋出租

B. 房屋典当

C. 房屋抵押

D. 房屋交换

14. 根据契税法律制度的规定，下列各项中，属于契税纳税人的是(　　)。

A. 出租房屋的李某

B. 出让土地使用权的某市政府

C. 转让土地使用权的甲公司

D. 购买房屋的王某

15. 2020年10月甲公司购买一幢办公楼，成交价格8888万元（不含增值税），已知当地规定的契税税率为3%，甲公司购买办公楼应缴纳契税税额的下列计算中，正确的是(　　)。

A. 8888×（1+3%）×3%

B. 8888×3%

C. 8888÷（1-3%）×3%

D. 8888÷（1+3%）×3%

16. 2020年10月李某和王某将各自拥有的一套房屋互换，经房地产评估机构评估，李某的房屋价值80万元，王某的房屋价值120万元，李某向王某支付差价40万元。已知契税税率为3%，上述金额均不含增值税。计算李某与王某互换房屋应缴纳契税税额的下列算式中，正确的是(　　)。

A. 40×3%　　B. 80×3%

C. （80+120）×3%　　D. 120×3%

17. 甲公司出售一处位于郊区的仓库，取得收入150万元（不含增值税），又以250万元（不含增值税）购入一处位于市区繁华地区的门面房。已知当地政府规定的契税税率4%，甲公司应缴纳契税税额的下列计算中，正确的是(　　)。

A. 150×4%

B. （150+250）×4%

C. （250-150）×4%

D. 250×4%

18. 根据契税法律制度的规定，下列情形中，不予免征契税的是(　　)。

A. 医院承受划拨土地用于修建门诊楼

B. 农民承受荒滩土地用于林业生产

C. 企业接受捐赠房屋用于办公

D. 学校承受划拨土地用于建造教学楼

19. 根据土地增值税法律制度的规定，下列各项中，属于土地增值税纳税人的是(　　)。

A. 出售房屋的企业

B. 购买房屋的个人

C. 出租房屋的个人

D. 购买房屋的企业

20. 根据土地增值税法律制度的规定，下列行为中，应缴纳土地增值税的是(　　)。

A. 甲企业将自有厂房出租给乙企业

B. 丙企业转让国有土地使用权给丁企业

C. 某市政府出让国有土地使用权给戊房地产开发商

D. 庚软件开发公司将闲置房屋通过民政局捐赠给养老院

21. 甲房地产公司2020年10月销售自行开发的商业房地产项目，取得不含增值税收入23000万元，准予从房地产转让收入额减除的扣除项目金额15000万元。已知，土地增值税税率为40%，速算扣除系数为5%，甲房地产公司该笔业务应缴纳土地增值税税额的下列计算列式中，正确的是(　　)。

A. （23000-15000）×40%-23000×5%

B. （23000-15000）×40%-15000×5%

C. 23000×40%-15000×5%

D. 23000×40%-（23000-15000）×5%

22. 甲房地产公司开发一项房地产项目，取得土地使用权支付的金额为9324万元、开发成本6000万元、管理费用200万元、销售费用400万元、利息支出600万元。已知，甲公司发生的利息支出能按转让房地产项目计算分摊且有金融机构证明，其他房地产开发费用的计算扣除比例为5%。有关甲公司计算缴纳土地增值税时可以扣除的房地产开发费用，下列计算列式中，正确的是（　　）。

A. 600

B. 200+400+600

C. （9324+6000）×5%

D. 600+（9324+6000）×5%

23. 甲房地产公司开发一项房地产项目，取得土地使用权支付的金额为9324万元、开发成本6000万元、允许扣除的房地产开发费用为1366.2万元、允许扣除的有关税金及附加290万元。有关甲公司计算缴纳土地增值税时扣除项目金额合计的下列计算列式中，正确的是（　　）。

A. 1366.2+290

B. 9324+6000

C. 9324+6000+1366.2+290

D. 9324+6000+1366.2+290+（9324+6000）×20%

24. 根据土地增值税法律制度的规定，纳税人建造普通标准住宅出售，增值额未超过扣除项目金额（　　）的，免征土地增值税。

A. 5%　　B. 10%

C. 20%　　D. 30%

25. 甲公司转让一座旧仓库，该仓库原造价为80万元；经法定评估机构评定，转让时该仓库的重置成本价为200万元，成新度折扣率为6成。根据土地增值税法律制度的规定，甲公司转让该仓库时的评估价格为（　　）万元。

A. 48　　B. 80

C. 120　　D. 200

26. 根据土地增值税法律制度的规定，下列各项中，在计算新建房项目土地增值税计税依据时不允许扣除的是（　　）。

A. 在转让房地产时缴纳的城市维护建设税

B. 纳税人为取得土地使用权所支付的地价款

C. 土地征用及拆迁补偿费

D. 超过贷款期限的利息部分

27. 甲向乙购买一批货物，合同约定丙为鉴定人，丁为担保人，关于该合同印花税纳税人的下列表述中，正确的是（　　）。

A. 甲和乙为纳税人

B. 甲和丙为纳税人

C. 乙和丁为纳税人

D. 甲和丁为纳税人

28. 下列各项中，应当征收印花税的是（　　）。

A. 甲公司与乙公司签订的运输合同

B. 会计咨询合同

C. 企业与主管部门签订的租赁承包合同

D. 电网与用户之间签订的供用电合同

29. 根据印花税法律制度的规定，下列各项中，以件数为印花税计税依据的是（　　）。

A. 营业账簿

B. 著作权转让书据

C. 不动产权证书

D. 财产保险合同

30. 根据印花税法律制度的规定，下列各项中，应缴纳印花税的是（　　）。

A. 报刊发行单位和订阅单位之间书立的凭证

B. 建设工程合同

C. 门市部零星修理业务开具的修理单

D. 农业保险合同

## 二、多项选择题

1. 根据耕地占用税法律制度的规定，下列各项中，免征耕地占用税的有（　　）。

A. 工厂生产车间占用的耕地

B. 军用公路专用线占用的耕地

C. 学校教学楼占用的耕地

D. 医院职工住宅楼占用的耕地

2. 根据城镇土地使用税法律制度的规定，下列关于城镇土地使用税纳税义务发生时间的表述中，正确的有(　　)。

A. 纳税人购置新建商品房，自房屋交付使用之次月起缴纳城镇土地使用税

B. 纳税人以出让方式有偿取得土地使用权，应从合同约定交付土地时间的次月起缴纳城镇土地使用税

C. 纳税人新征用的耕地，自批准征用之日起满1年时开始缴纳城镇土地使用税

D. 纳税人新征用的非耕地，自批准征用次月起缴纳城镇土地使用税

3. 根据城镇土地使用税法律制度的规定，下列城市用地中，应缴纳城镇土地使用税的有(　　)。

A. 民航机场场内道路用地

B. 商业企业经营用地

C. 火电厂厂区围墙内的用地

D. 市政街道公共用地

4. 下列各项中，属于城镇土地使用税纳税人的有(　　)。

A. 出租土地使用权的单位

B. 拥有土地使用权的个人

C. 土地使用权共有方

D. 承租土地使用权的单位

5. 根据房产税法律制度的规定，下列与房屋不可分割的附属设备中，应计入房产原值计缴房产税的有(　　)。

A. 中央空调　　B. 电梯

C. 暖气设备　　D. 给水排水管道

6. 下列有关房产税的纳税义务发生时间，表述不正确的有(　　)。

A. 纳税人将原有房产用于生产经营，从生产经营之次月起，缴纳房产税

B. 纳税人自行新建房屋用于生产经营，从建成之次月起，缴纳房产税

C. 纳税人购置新建商品房，从办理验收手续之次月起，缴纳房产税

D. 纳税人购置存量房，自房屋交付使用之次月起，缴纳房产税

7. 关于契税计税依据的下列表述中，符合法律制度规定的有(　　)。

A. 受让土地使用权的，以成交价格为计税依据

B. 受赠房屋的，由税务机关参照房屋买卖的市场价格核定计税依据

C. 购入土地使用权的，以评估价格为计税依据

D. 互换土地使用权的，以互换土地使用权的价格差额为计税依据

8. 根据契税法律制度的规定，下列各项中，属于契税征税范围的有(　　)。

A. 土地使用权出让

B. 房屋交换

C. 土地承包经营权转移

D. 土地使用权赠与

9. 根据土地增值税法律制度的规定，下列行为中，应征收土地增值税的有(　　)。

A. 企业转让国有土地使用权

B. 政府出让国有土地使用权

C. 企业出售不动产

D. 个人出租不动产

10. 下列各项中，不属于土地增值税征税范围的有(　　)。

A. 国家机关转让自用的房产

B. 继承人依法继承的房产

C. 对国有企业进行评估增值的房产

D. 对外出租的房产

11. 根据土地增值税法律制度的规定，下列各项中，在计算土地增值税计税依据时，应列入房地产开发成本的有(　　)。

A. 前期工程费

B. 公共配套设施费

C. 土地出让金

D. 耕地占用税

12. 根据土地增值税法律制度的规定，纳税人转让旧房及建筑物，在计算土地增值税税额时，准予扣除的项目有(　　)。

A. 评估价格

B. 转让环节缴纳的税金

C. 取得土地使用权所支付的地价款

D. 重置成本价

13. 根据土地增值税法律制度的规定，下列情形中，纳税人应当进行土地增值税清算的有(　　)。
A. 直接转让土地使用权的
B. 整体转让未竣工决算房地产开发项目的
C. 房地产开发项目全部竣工并完成销售的
D. 取得房地产销售（预售）许可证满2年尚未销售完毕的

14. 关于印花税纳税人的下列表述中，正确的有(　　)。
A. 营业账簿以立账簿人为纳税人
B. 产权转移书据以立据人为纳税人
C. 建设工程设计合同以合同当事人为纳税人
D. 不动产权证书以领受人为纳税人

15. 根据印花税法律制度的规定，下列合同中，属于印花税征税范围的有(　　)。
A. 运输合同　　B. 买卖合同
C. 租赁合同　　D. 技术合同

16. 根据印花税法律制度的规定，下列各项中，属于印花税征收范围的有(　　)。
A. 审计咨询合同
B. 财产保险合同
C. 技术中介合同
D. 建设工程分包合同

17. 根据印花税法律制度的规定，下列合同和凭证中，免征印花税的有(　　)。
A. 农业保险合同
B. 保管合同
C. 军事物资运输结算凭证
D. 租赁合同

## 三、 判断题

1. 占用基本农田建设建筑物、构筑物或者从事非农业建设的，应当按照法定的当地耕地占用税税额，加按200%征收。(　　)
2. 拥有土地使用权的纳税人不在土地所在地的，由代管人或实际使用人缴纳城镇土地使用税。(　　)
3. 城镇土地使用税以纳税人实际占用的土地面积为计税依据。(　　)
4. 甲盐场2020年共占地5000平方米，其中盐滩用地3500平方米，办公用地800平方米，其余为职工宿舍用地。已知，甲盐场所在地城镇土地使用税年税额为每平方米2元。甲盐场2020年应缴纳的城镇土地使用税＝（5000－3500－800）×2＝1400（元）。(　　)
5. 产权未确定以及租典纠纷未解决的，暂不征收房产税。(　　)
6. 我国现行房产税对从价计征和从租计征实行不同标准的比例税率。(　　)
7. 房地产开发企业建造的商品房在出售前已经使用或出租、出借的，不缴纳房产税。(　　)
8. 对融资租赁的房屋计征房产税时，应以出租方取得的租金收入为计税依据。(　　)
9. 以房产投资收取固定收入、不承担经营风险的，应以出租方取得的不含增值税的租金收入为计税依据计缴房产税。(　　)
10. 国家机关承受房屋用于办公，免征契税。(　　)
11. 根据土地增值税法律制度的规定，房地产开发企业取得房产销售许可证满3年仍未销售完毕的，税务机关可要求纳税人进行土地增值税清算。(　　)
12. 土地增值税实行四级超率累进税率。(　　)
13. 甲企业通过国家民政机关将其拥有的一处房产赠与某小学，该赠与行为不征收土地增值税。(　　)
14. 对企业车间、门市部、仓库设置的不属于会计核算范围的账簿，不贴印花。(　　)
15. 印花税应税合同的计税依据为合同列明的价款或者报酬，不包括增值税税款，合同中价款或者报酬与增值税税款未分开列明的，按照合计金额确定。(　　)

## 同步强化练习题参考答案及解析

“扫码看解析”

使用“微信”或“会计云课堂”App 扫右方二维码，对答案、看解析、掌握解题思路，开启轻松过关之旅。

### 一、单项选择题

1. 【答案】B

解析：（1）占用园地、林地、草地、农田水利用地、养殖水面、渔业水域滩涂以及其他农用地建设直接为农业生产服务的生产设施的，不缴纳耕地占用税，刘某占用的修建大型鱼塘增氧泵用地不需要缴纳耕地占用税，排除选项 CD；（2）选项 AB：农村居民在规定用地标准以内占用耕地新建自用住宅，按照当地适用税额减半征收耕地占用税。

2. 【答案】A

解析：（1）凡在城市、县城、建制镇和工矿区（不包括农村）范围内的土地，不论是国家所有的土地，还是集体所有的土地，都是城镇土地使用税的征税范围；（2）公园、名胜古迹内的索道公司经营用地，应按规定缴纳城镇土地使用税。

3. 【答案】C

解析：（1）选项 A：宗教寺庙、公园、名胜古迹“自用”的土地，免征城镇土地使用税（照相馆用地不属于公园自用）。（2）选项 B：“电厂分水火”“水电倒着免”（水电站发电厂房，生产、办公、生活用地并不免，其他用地免）。（3）选项 C：市政街道、广场、绿化地带等公共用地，免征城镇土地使用税。（4）选项 D：盐场、盐矿的生产厂房、办公、生活区用地，应照章征收城镇土地使用税；盐场的盐滩、盐矿的矿井用地，暂免征收城镇土地使用税。

4. 【答案】C

解析：纳税人新征用的非耕地，自批准征用“次月（8 月）起”缴纳城镇土地使用税。

5. 【答案】B

解析：房产税的征税范围为城市、县城、建制镇和工矿区（不包括农村）的房屋。

6. 【答案】B

解析：（1）选项 A：房屋产权属于国家所有的，其经营管理的单位为纳税义务人；（2）选项 C：房屋产权出典的，承典人为纳税义务人；（3）选项 D：房屋产权未确定的，房产代管人或者使用人为纳税义务人。

7. 【答案】C

解析：从价计征的房产税应纳税额 = 应税房产原值 ×（1 − 扣除比例）× 1.2%。

8. 【答案】B

解析：（1）增加的房产原值 800 万元应当相应增加房屋原值，选项 D 未增加房屋原值，错误；（2）扩建前后该厂房的用途并未发生改变，均为自用厂房，均应从价计征需要减去扣除比例 30%，选项 AC 错误。

9. 【答案】B

解析：选项 B：个人所有“非营业用的”房产免征房产税；对个人拥有的“营业用房”或者“出租的房产”，应照章征税。

10. 【答案】C

解析：纳税人委托施工企业建设的房屋，从办理“验收”手续之“次月”起，缴纳房产税。

11. 【答案】A

解析：（1）房屋租赁不会导致房屋产权

变动，不属于契税征税范围，排除选项 BD；（2）选项 AC：契税纳税人应为“承受方”。

12. 【答案】A

**解析**：（1）选项 C：法定继承人通过继承承受土地、房屋权属，免征契税；（2）选项 BD：契税纳税人为承受方，转让方、出售方不缴纳契税。

13. 【答案】D

**解析**：土地、房屋典当（选项 B）、分拆（分割）、抵押（选项 C）以及出租（选项 A）行为，不属于契税的征税范围。

14. 【答案】D

**解析**：（1）“出租”，不属于契税征税范围，排除选项 A；（2）契税纳税人为承受方，出让方（选项 B）、转让方（选项 C）不缴纳契税。

15. 【答案】B

**解析**：（1）土地使用权出让、出售、房屋买卖，契税的计税依据为土地、房屋权属转移合同确定的成交价格（不含增值税），包括应交付的货币以及实物、其他经济利益对应的价款；（2）甲公司购买办公楼应缴纳契税 = 8888 × 3% = 266.64（万元）。

16. 【答案】A

**解析**：房屋交换价格不相等的，以所互换的房屋的价格差额（120 - 80 = 40）为契税的计税依据，并由多交付货币、实物、其他经济利益的一方（李某）缴纳。

17. 【答案】D

**解析**：契税由房屋、土地权属的承受人缴纳；在本题中，甲公司出售仓库应由承受方缴纳契税，甲公司不必缴纳，但甲公司承受门面房权属时则应缴纳契税。

18. 【答案】C

**解析**：（1）选项 AD：非营利性的学校、医疗机构、社会福利机构承受土地、房屋权属用于办公、教学、医疗、科研、养老、救助，免征契税；（2）选项 B：承受荒山、荒地、荒滩土地使用权用于农、林、牧、渔业生产的，免征契税。

19. 【答案】A

**解析**：（1）出售将导致房屋产权转移，出售方即为转让方，是土地增值税的纳税人；（2）出租不导致房屋权属转移，不涉及土地增值税或契税的问题，选项 C 排除；（3）选项 BD：购买方即受让方，是契税的纳税人。

20. 【答案】B

**解析**：（1）选项 A：房地产的出租，没有发生房产产权、土地使用权的转移，不属于土地增值税的征税范围；（2）选项 C：土地增值税只对转让国有土地使用权的行为征税，对出让国有土地使用权的行为不征税；（3）选项 D：房产所有人、土地使用权所有人通过中国境内非营利的社会团体、国家机关将房屋产权、土地使用权赠与教育、民政和其他社会福利、公益事业的行为，不征收土地增值税。

21. 【答案】B

**解析**：（1）土地增值税应纳税额 = 增值额×税率 - 扣除项目金额×速算扣除系数；（2）增值额 = 不含增值税的房地产转让收入 - 扣除项目金额。

22. 【答案】D

**解析**：财务费用中的利息支出，凡能够按转让房地产项目计算分摊并提供金融机构证明的：（1）利息支出，允许据实扣除；选项 C 未考虑利息支出的据实扣除，予以排除。（2）除利息支出以外的其他房地产开发费用，按“取得土地使用权所支付的金额和房地产开发成本”的金额之和的 5% 以内计算扣除；选项 A 没有考虑其他房地产开发费用，错误；选项 B 将管理费用、销售费用据实扣除，错误。（3）允许扣除的房地产开发费用 =

允许扣除的利息+（取得土地使用权所支付的金额+房地产开发成本）×规定比率（5%以内），选项 D 正确。

23. 【答案】D

**解析**：房地产开发企业新建房的扣除项目金额共 5 项：（1）取得土地使用权所支付的金额（9324 万元）；（2）房地产开发成本（6000 万元）；（3）允许扣除的房地产开发费用（1366.2 万元）；（4）允许扣除的有关税金及附加（290 万元）；（5）税法规定的加计扣除金额=（取得土地使用权所支付的金额+房地产开发成本）×20%=（9324+6000）×20%。

24. 【答案】C

**解析**：纳税人建造普通标准住宅出售，增值额未超过扣除项目金额20%的，免征土地增值税。

25. 【答案】C

**解析**：旧房及建筑物的评估价格是指在转让已使用的房屋及建筑物时，由政府批准设立的房地产评估机构评定的重置成本价乘以成新度折扣率后的价格。

26. 【答案】D

**解析**：财政部、国家税务总局对土地增值税扣除项目金额中利息支出的计算问题作了两点专门规定：（1）利息的上浮幅度按国家的有关规定执行，超过上浮幅度的部分不允许扣除；（2）对于超过贷款期限的利息部分和加罚的利息不允许扣除。

27. 【答案】A

**解析**：签订合同的各方当事人都是印花税的纳税人，但不包括合同的担保人（丁）、证人和鉴定人（丙）。

28. 【答案】A

**解析**：（1）选项 B：一般的法律、会计、审计等方面的咨询不属于技术咨询，其所立合同不贴印花。（2）选项 C：财产租赁合同，不包括企业与主管部门签订的租赁承包合同。（3）选项 D：电网与用户之间签订的供用电合同不征收印花税。

29. 【答案】C

**解析**：“商不营利，屋贱”，选项 C 属于“权利、许可证照”征收范围，按件贴花。

30. 【答案】B

**解析**：（1）选项 A：书、报、刊发行单位之间，发行单位与订阅单位或个人之间书立的凭证，免征印花税；（2）选项 C：对商店、门市部的零星加工修理业务开具的修理单，不贴印花；（3）选项 D：农民、农民专业合作社、农村集体经济组织、村民委员会购买农业生产资料或者销售自产农产品订立的买卖合同和农业保险合同，免征印花税。

## 二、 多项选择题

1. 【答案】BC

**解析**：选项 D：医院内专门从事疾病诊断、治疗活动的场所及其配套设施占用耕地，免征耕地占用税；但医院内职工住房占用耕地的，按照当地适用税额缴纳耕地占用税。

2. 【答案】ABCD

3. 【答案】ABC

**解析**：（1）选项 A：在民航机场道路中，场外道路用地免征城镇土地使用税；场内道路用地依法征收城镇土地使用税。（2）选项 D：市政街道、广场、绿化地带等公共用地，免征城镇土地使用税。

4. 【答案】ABC

**解析**：（1）选项 AB：城镇土地使用税由拥有土地使用权的单位或个人缴纳；（2）选项 C：土地使用权共有的，共有各方均为纳税人，由共有各方分别纳税；（3）选项 D：土地使用权租赁，出租方为城镇土地使用税纳税人。

5. 【答案】ABCD

**解析**：凡以房屋为载体，不可随意移动的附属设备和配套设施，如给排水、采暖、消防、中央空调、电气及智能化楼宇设备等，无论在会计核算中是否单独记账与核算，都应计入房产原值，计征房产税。

6. 【答案】ACD

解析：（1）选项A：纳税人将原有房产用于生产经营，从生产经营“之月”起，缴纳房产税；（2）选项C：纳税人购置新建商品房，自房屋交付使用之次月起，缴纳房产税；（3）选项D：纳税人购置存量房，自办理房屋权属转移、变更登记手续，房地产权属登记机关签发房屋权属证书之次月起，缴纳房产税。

7. 【答案】ABD

解析：选项C：土地使用权出售，以土地权属转移合同确定的成交价格，包括应交付的货币以及实物、其他经济利益对应的价款为计税依据。

8. 【答案】ABD

解析：选项C：土地承包经营权和土地经营权转移不属于土地使用权转让，不征收契税。

9. 【答案】AC

解析：（1）选项B：国有土地使用权出让，对承受方征收契税，对出让方不征收土地增值税；（2）选项D：出租不导致不动产权属转移，不征收契税、土地增值税。

10. 【答案】BCD

解析：选项A：国家机关转让自用的房产，属于土地增值税的征税范围，需要缴纳土地增值税。

11. 【答案】ABD

解析：（1）选项C：土地出让金属于“取得土地使用权所支付的金额”。（2）选项D：房地产开发成本包括土地的征用及拆迁补偿费、前期工程费、建筑安装工程费、基础设施费、公共配套设施费、开发间接费用等。其中，“土地的征用及拆迁补偿费”包括土地征用费、耕地占用税、劳动力安置费及有关地上、地下附着物拆迁补偿的净支出、安置动迁用房支出等。

12. 【答案】ABC

解析：选项D：重置成本价用于计算旧房及建筑物的评估价格，不能直接作为扣除项目金额扣除。

13. 【答案】ABC

解析：选项D：取得销售（预售）许可证“满3年”仍未销售完毕的，主管税务机关“可要求”纳税人进行土地增值税清算。

14. 【答案】ABCD

15. 【答案】ABCD

解析：选项ABCD均属于印花税应税合同。

16. 【答案】BCD

解析：（1）选项A：一般的法律、会计、审计等方面的咨询不属于技术咨询，其所立合同不贴印花；（2）选项B：财产保险合同属于印花税应税合同，但人身保险合同不征印花税；（3）选项C：技术中介合同属于“技术合同——技术服务合同”，应征印花税；（4）选项D：建设工程合同，包括勘察、设计、建筑、安装工程合同的总包合同、分包合同和转包合同。

17. 【答案】AC

解析：（1）选项C：军队、武警部队订立、领受的应税凭证，免征印花税；（2）选项BD：属于应税合同。

## 三、判断题

1. 【答案】×

解析：占用基本农田建设建筑物、构筑物或者从事非农业建设的，应当按照法定的当地耕地占用税税额，加按“150%”征收。

2. 【答案】√

3. 【答案】√

4. 【答案】×

**解析：** 对盐场、盐矿的生产厂房、办公、生活区用地，应照章征收城镇土地使用税；盐场的盐滩、盐矿的矿井用地，暂免征收城镇土地使用税。因此，甲盐场 2020 年应缴纳的城镇土地使用税 =（5000－3500）×2＝3000（元）。

5. 【答案】×

**解析：** 产权未确定、租典纠纷未解决的，以房产代管人或者使用人为房产税纳税人。

6. 【答案】√

**解析：** 从价计征房产税税率为 1.2%，从租计征房产税税率为 12%或 4%。

7. 【答案】×

**解析：** 房地产开发企业建造的商品房，在出售前，不征收房产税，但对出售前房地产开发企业已使用或出租、出借的商品房应按规定征收房产税。

8. 【答案】×

**解析：** 融资租赁房屋，是一种变相的分期付款购买固定资产的形式，在计征房产税时应由承租方以房产余值计算征收。

9. 【答案】√

**解析：** 以房产投资联营：（1）投资者参与投资利润分配、共担风险的，按房产余值作为计税依据计缴房产税（由被投资方"从价计征"）；（2）收取固定收入，不承担经营风险的，实际上是以联营名义取得租金，应以出租方取得的不含增值税的租金收入为计税依据计缴房产税（由投资方"从租计征"）。

10. 【答案】√

11. 【答案】√

12. 【答案】√

13. 【答案】√

**解析：** 房产所有人、土地使用权所有人通过中国境内非营利的社会团体、国家机关将房屋产权、土地使用权赠与教育、民政和其他社会福利、公益事业的行为，不征收土地增值税。

14. 【答案】√

15. 【答案】√

# 第六章（2） 其他小税种

## 考情分析

根据考生们的回忆，车辆购置税、车船税、船舶吨税、环境保护税、城市维护建设税及教育费附加、烟叶税、关税和资源税（共计“8 税 1 费”），在每套考卷上的分值约为 5 分，以小题为主，个别情况下，可以在增值税、消费税、所得税的大题中涉及 1 个小题。

**2020 年典型考卷题型题量分析表**

| | 卷 1 | | 卷 2 | | 卷 3 | | 卷 4 | | 卷 5 | |
|---|---|---|---|---|---|---|---|---|---|---|
| | 题量 | 分值 | 题量 | 分值 | 题量 | 分值 | 题量 | 分值 | 题量 | 分值 |
| 单项选择题 | 2 | 4 | 3 | 6 | 1 | 2 | 2 | 4 | 2 | 4 |
| 多项选择题 | 0 | 0 | 0 | 0 | 0 | 0 | 0 | 0 | 0 | 0 |
| 判断题 | 0 | 0 | 0 | 0 | 1 | 1 | 0 | 0 | 0 | 0 |
| 不定项选择题 | 0 | 0 | 0 | 0 | 0 | 0 | 0 | 0 | 0 | 0 |
| 合计 | 2 | 4 | 3 | 6 | 2 | 3 | 2 | 4 | 2 | 4 |

2021 年“其他小税种”部分的考点主要变化有：

（1）根据《资源税法》对“资源税法律制度”进行了全面修订；

（2）根据《城市维护建设税法》对城市维护建设税的相关内容进行了全面修订。

## 考点框架

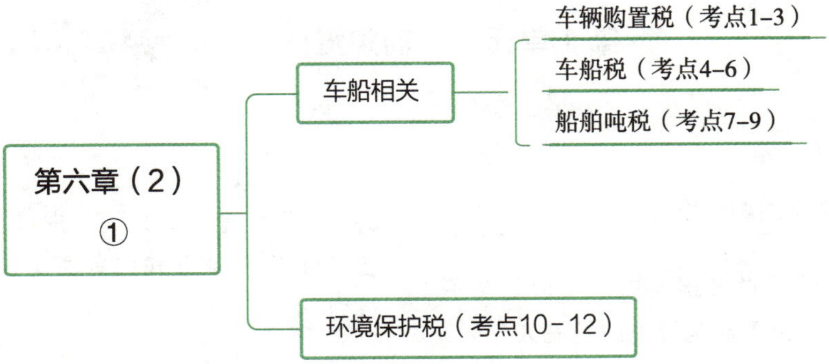

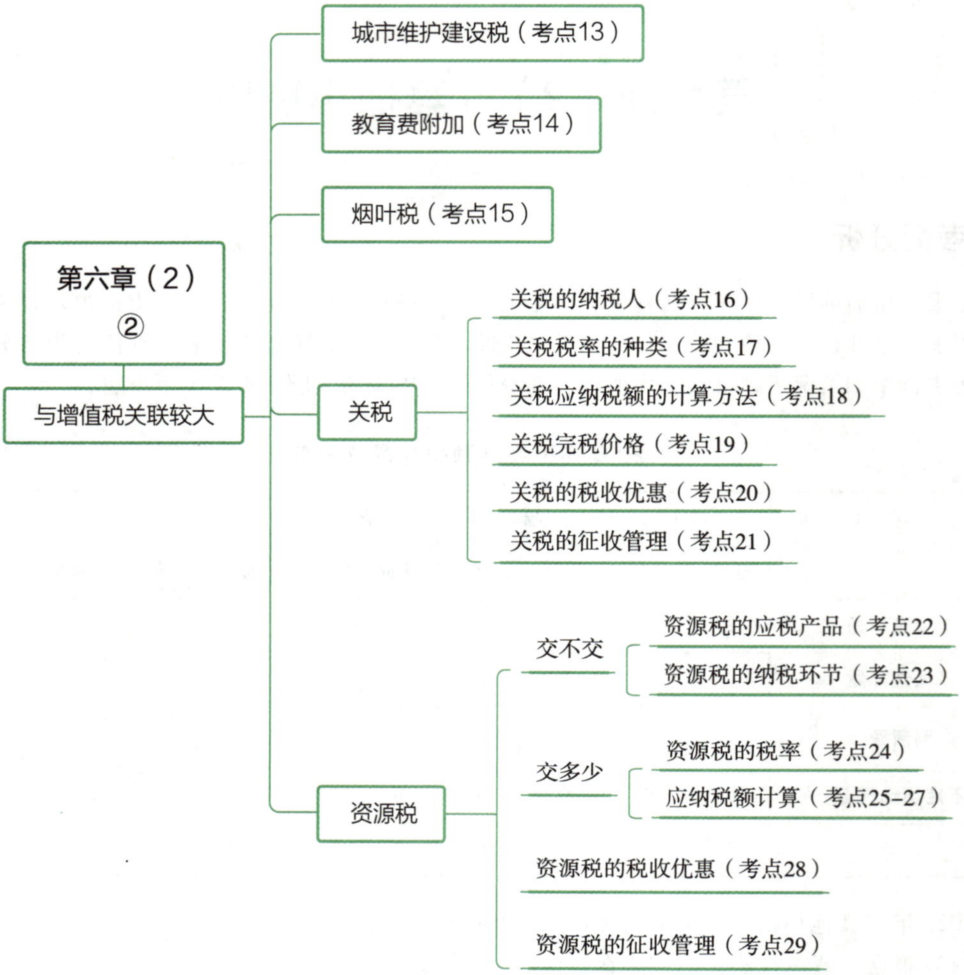


## 考点剖析

### 第 1 单元　车辆购置税

查看本单元视频
使用"会计云课堂"App/ 微信扫描

#### 01 考点 1 交不交车辆购置税（★★）

1. 在中华人民共和国境内购置应税车辆的单位和个人，为车辆购置税的纳税人。

2. 什么是"购置"？

购置，是指以购买、进口、自产、受赠、获奖或者其他方式**取得并自用**应税车辆的行为。

3. 什么是“应税车辆”？

车辆购置税的应税车辆（征收范围）包括汽车、有轨电车、汽车挂车、排气量超过150毫升的摩托车。

【提示】地铁、轻轨等城市轨道交通车辆，装载机、平地机、挖掘机、推土机等轮式专用机械车，以及起重机（吊车）、叉车、电动摩托车，不属于应税车辆。

## 经典题解

**【例题1·单选题】**甲汽车4S店购入小汽车18辆，下列行为中，应当由甲汽车4S店作为纳税人缴纳车辆购置税的是（　　）。

A. 将其中9辆销售给客户

B. 将其中4辆作为高级管理人员的专用轿车

C. 将其中3辆赠送给乙企业

D. 库存2辆尚未售出

**【解析】**（1）选项AD：甲汽车4S店购置但不自用，而是用于销售、待售，不需要缴纳车辆购置税；（2）选项C：对乙企业而言，该车属于受赠并自用，乙企业（而非甲汽车4S店）应当缴纳车辆购置税。

**【答案】**B

4. 下列车辆免征车辆购置税：

（1）依照法律规定应当予以免税的外国驻华使馆、领事馆和国际组织驻华机构及其有关人员自用的车辆；

（2）中国人民解放军和中国人民武装警察部队列入装备订货计划的车辆；

（3）悬挂应急救援专用号牌的国家综合性消防救援车辆；

（4）设有固定装置的非运输专用作业车辆；

【提示】设有固定装置的非运输专用作业车辆，是指采用焊接、铆接或者螺栓连接等方式固定安装专用设备或者器具，不以载运人员或者货物为主要目的，在设计和制造上用于专项作业的车辆。（例如，洒水车、高空作业车）

（5）城市公交企业购置的公共汽电车辆。

【提示】根据国民经济和社会发展的需要，国务院可以规定减征或者其他免征车辆购置税的情形，报全国人民代表大会常务委员会备案。

## 经典题解

**【例题2·单选题】**根据车辆购置税法律制度的规定，下列车辆中，不属于车辆购置税免税项目的是（　　）。

A. 国际组织驻华机构的自用小汽车

B. 设有固定装置的非运输专用作业车辆

C. 城市公交企业购置的公共汽电车辆

D. 甲公司购买的经营用汽车挂车

**【答案】**D

**【例题3·单选题】**根据车辆购置税法律制度的规定，下列各项车辆中，免征车辆购置税的是（　　）。

A. 个人受赠自用的汽车

B. 个人购买自用的排气量180毫升的摩托车

C. 外国驻华使馆购买自用的汽车

D. 企业自产自用于运输货物的汽车

**【答案】**C

## 02 考点 2 交多少车辆购置税（★）

| 情形 | 计税价格 | 应纳税额 |
|---|---|---|
| 购买自用应税车辆 | 纳税人实际支付给销售者的全部价款，不包括增值税税款 | 应纳税额＝计税价格×税率（10%） |
| 进口自用应税车辆 | 关税完税价格+关税+消费税 | |
| 自产自用应税车辆 | 按照纳税人生产的同类应税车辆的销售价格确定，不包括增值税税款 | |
| 以受赠、获奖或者其他方式取得自用应税车辆 | 按照购置应税车辆时相关凭证载明的价格确定，不包括增值税税款 | |
| 纳税人申报的应税车辆计税价格明显偏低，又无正当理由 | 由税务机关依法核定其应纳税额 | |

### 经典题解

【例题 4 · 单选题】甲公司 2020 年 8 月进口自用小轿车一辆，海关审定关税完税价格 150 万元，缴纳关税 37.5 万元、消费税 62.5 万元。已知，车辆购置税税率为 10%。计算甲公司进口自用该小轿车应缴纳车辆购置税税额的下列算式中，正确的是（　　）。

A. （150+37.5）×10%

B. （150+62.5）×10%

C. 150×10%

D. （150+37.5+62.5）×10%

【答案】D

## 03 考点 3 怎么交车辆购置税（★）

1. 车辆购置税实行一次性征收，购置已征车辆购置税的车辆，不再征收车辆购置税。

2. 车辆购置税的纳税义务发生时间为纳税人购置应税车辆的当日。纳税人应当自纳税义务发生之日起 60 日内申报缴纳车辆购置税。

3. 纳税人应当在向公安机关交通管理部门办理车辆注册登记前，缴纳车辆购置税。

4. 免税、减税车辆因转让、改变用途等原因不再属于免税、减税范围的，纳税人应当在办理车辆转移登记或者变更登记前缴纳车辆购置税。计税价格以免税、减税车辆初次办理纳税申报时确定的计税价格为基准，每满 1 年扣减 10%。

5. 纳税人将已征车辆购置税的车辆退回车辆生产企业或者销售企业的，可以向主管税务机关申请退还车辆购置税。退税额以已缴税款为基准，自缴纳税款之日至申请退税之日，每满 1 年扣减 10%。

6. 纳税人购置应税车辆，应当向车辆登记地的主管税务机关申报缴纳车辆购置税；购置不需要办理车辆登记的应税车辆的，应当向纳税人所在地的主管税务机关申报缴纳车辆购置税。

### 经典题解

【例题 5 · 单选题】甲公司机构所在地为 X 市，于 Y 市购进一辆应税汽车，在 Z 市办理车辆登记，该汽车生产企业机构所在地为 A 市。甲公司购置该汽车车辆购置税的纳税地点是（　　）。

A. Y 市　　B. A 市

C. X 市　　D. Z 市

【答案】D

# 第2单元 车船税



【提示】考生需要先把车船税和车辆购置税区分开：（1）车辆购置税在"购置"时考虑，一次征收；车船税在"拥有"时考虑，年年得交。（2）对"船舶"而言，只有车船税的问题，不存在车辆购置税的问题。

## 04 考点4 交不交车船税（★★★）

（一）征收范围

1. 车船税的征税范围是指在中华人民共和国境内属于车船税法所规定的应税车辆和船舶。具体包括：

（1）依法应当在车船登记管理部门登记的机动车辆和船舶；

（2）依法不需要在车船登记管理部门登记的在单位内部场所行驶或者作业的机动车辆和船舶。

2. 税目

| 税目 | 细目 | |
|---|---|---|
| 乘用车 | —— | |
| 摩托车 | —— | |
| 商用车 | 商用客车 | 包括电车 |
| | 商用货车 | 半挂牵引车 |
| | | 三轮汽车 |
| | | 低速载货汽车等 |
| 挂车 | —— | |
| 其他车辆 | 专用作业车 | 不包括拖拉机 |
| | 轮式专用机械车 | |
| 船舶 | 机动船舶（包括拖船、非机动驳船和其他机动船舶） | |
| | 游艇 | |

### 经典题解

【例题6·判断题】甲服装生产企业依法不需要在车船登记管理部门登记的在单位内部场所行驶的机动车辆，属于车船税的征税范围。（　　）

【答案】√

【例题7·单选题】根据车船税法律制度的规定，下列各项中，属于车船税征税范围的是（　　）。

A. 自行车
B. 拖拉机
C. 高铁列车
D. 半挂牵引车
【答案】D

【例题8·多选题】根据车船税法律制度的规定，以下属于车船税征税范围的有(　　)。
A. 用于农田作业的拖拉机
B. 用于接送员工的客车
C. 用于私人聚会的游艇
D. 供企业董事长使用的小汽车
【解析】选项A：专用作业车和轮式专用机械车(不包括拖拉机)属于车船税的征税范围。
【答案】BCD

(二) 减免税车船(包括但不限于)
1. 捕捞、养殖渔船，免征车船税。
2. 军队、武装警察部队专用的车船，免征车船税。
3. 警用车船，免征车船税。
4. 悬挂应急救援专用号牌的国家综合性消防救援车辆和国家综合性消防救援船舶，免征车船税。
5. 依照法律规定应当予以免税的外国驻华使领馆、国际组织驻华代表机构及其有关人员的车船，免征车船税。
6. 对使用新能源车船，免征车船税。

【提示】免征车船税的新能源汽车是指纯电动"商用车"、插电式(含增程式)混合动力汽车、燃料电池"商用车"。纯电动"乘用车"和燃料电池"乘用车"不属于车船税征税范围，对其不征车船税。

7. 对节约能源汽车，减半征收车船税。

【提示】就乘用车而言，获得许可在中国境内销售的排量为1.6升以下(含1.6升)的燃用汽油、柴油的乘用车(含非插电式混合动力、双燃料和两用燃料乘用车)，且综合工况燃料消耗量符合规定的，属于节约能源乘用车。

8. 授权省级政府规定的减免税项目：
(1) 对受地震、洪涝等严重自然灾害影响纳税困难以及其他特殊原因确需减免税的车船，可以在一定期限内减征或者免征车船税；具体减免期限和数额由省、自治区、直辖市人民政府确定，报国务院备案。
(2) 省、自治区、直辖市人民政府根据当地实际情况，可以对公共交通车船，农村居民拥有并主要在农村地区使用的摩托车、三轮汽车和低速载货汽车定期减征或者免征车船税。

## 经典题解

【例题9·单选题】根据车船税法律制度的规定，下列车船中，应缴纳车船税的是(　　)。
A. 商用货车
B. 捕捞渔船
C. 军队专用车船
D. 纯电动商用车
【解析】选项BCD：免征车船税。
【答案】A

【例题10·单选题】根据车船税法律制度的规定，下列车辆中，免征车船税的是(　　)。
A. 建筑公司轮式专用机械车
B. 人民检察院警务用车
C. 商场运输部门用车
D. 物流公司货车
【解析】选项B：警用车船免征车船税。
【答案】B

## 05 考点5 交多少车船税（★★★）

1. 基本规定

| | 税目 | 计税单位 | 计税依据 | 应纳税额 |
|---|---|---|---|---|
| “载人车” | 乘用车 | 每辆 | 辆数 | 应纳税额 = 辆数×适用年基准税额 |
| | 摩托车 | | | |
| | 商用客车 | | | |
| “载货车” | 商用货车 | 整备质量每吨 | 整备质量吨位数 | 应纳税额 = 整备质量吨位数×适用年基准税额 |
| | 挂车 | | | 应纳税额 = 整备质量吨位数×适用年基准税额×50% |
| | 专用作业车和轮式专用机械车 | | | 应纳税额 = 整备质量吨位数×适用年基准税额 |
| “船” | 机动船舶 | 净吨位每吨 | 净吨位数 | （1）拖船、非机动驳船<br>应纳税额 = 净吨位数×机动船舶适用年基准税额×50%<br>（2）其他机动船舶<br>应纳税额 = 净吨位数×适用年基准税额 |
| | 游艇 | 艇身长度每米 | 艇身长度 | 应纳税额 = 艇身长度×适用年基准税额 |

### 经典题解

**【例题11·单选题】** 根据车船税法律制度的规定，下列车船中，以“净吨位数”为计税依据的是（　　）。

A. 机动船舶

B. 专用作业车

C. 挂车

D. 乘用车

**【解析】**（1）选项BC：载货车，按“整备质量吨位数”算；（2）选项D：载人车，按“辆数”算。

**【答案】** A

**【例题12·单选题】** 根据车船税法律制度的规定，下列车船中，以“整备质量吨位数”为计税依据的是（　　）。

A. 摩托车

B. 机动船舶

C. 游艇

D. 商用货车

**【解析】**（1）选项A：载人车，按“辆数”算；（2）选项B：机动船舶按“净吨位数”算；（3）选项C：游艇，按“艇身长度”算。

**【答案】** D

**【例题13·单选题】** 下列车辆计算车船税时，按照货车税额的50%计算的是（　　）。

A. 半挂牵引车

B. 挂车

C. 三轮汽车

D. 低速载货汽车

**【解析】**（1）挂车的车船税税额按照货车税额的50%计算；（2）拖船、非机动驳船的车船税税额分别按照机动船舶税额的50%计算。

**【答案】** B

**【例题14·单选题】**甲公司2020年拥有机动船舶15艘，每艘净吨位为150吨；非机动驳船8艘，每艘净吨位为80吨。已知机动船舶适用年基准税额为每吨3元，计算甲公司当年应缴纳车船税税额的下列算式中，正确的是（　　）。

A.（15×150+8×80）×3

B. 15×150×3×50%+8×80×3

C.（15×150+8×80）×3×50%

D. 15×150×3+8×80×3×50%

**【解析】**（1）甲公司的15艘机动船舶应缴纳车船税税额=15×150×3；（2）拖船、非机动驳船分别按照机动船舶税额的50%计算，甲公司的8艘非机动驳船的车船税应纳税额=8×80×3×50%。

**【答案】**D

2. 购置新车船

购置当年的应纳税额自纳税义务发生的当月起按月计算。计算公式为：

应纳税额=年应纳税额÷12×应纳税月份数

**【案例】**王某2020年10月15日购买乘用车一辆，已知该乘用车辆适用年基准税额480元：（1）如果该车排气量为1.6升（属于节约能源车），王某2020年应缴纳车船税税额=480×3÷12×50%=60（元）；（2）如果该车排气量为2.0升，王某2020年应缴纳车船税税额=480×3÷12=120（元）。

## 06 考点6 怎么交车船税（★）

1. 纳税义务发生时间

车船税纳税义务发生时间为取得车船所有权或者管理权的当月；以购买车船的发票或者其他证明文件所载日期的当月为准。

2. 代收代缴车船税

（1）车船税的纳税人，是在中华人民共和国境内属于税法规定的车辆、船舶的所有人或者管理人。但从事机动车第三者责任强制保险业务的保险机构为机动车车船税的扣缴义务人，应当在收取保险费时依法代收车船税，并出具代收税款凭证。

（2）纳税人没有按照规定期限缴纳车船税的，扣缴义务人在代收代缴税款时，可以一并代收代缴欠缴税款的滞纳金。

（3）扣缴义务人已代收代缴车船税的，纳税人不再向车辆登记地的主管税务机关申报缴纳车船税。

（4）没有扣缴义务人的，纳税人应当向主管税务机关自行申报缴纳车船税。

3. 纳税地点

（1）扣缴义务人代收代缴车船税的，纳税地点为扣缴义务人所在地。

（2）纳税人自行申报缴纳车船税的，纳税地点为车船登记地的主管税务机关所在地。

（3）依法不需要办理登记的车船，其车船税的纳税地点为车船的所有人或者管理人所在地。

4. 纳税申报

车船税按年申报，分月计算，一次性缴纳。

5. 已缴纳车船税的车船在同一纳税年度内办理转让过户的，不另纳税，也不退税。

6. 在一个纳税年度内，已完税的车船被盗抢、报废、灭失的，纳税人可以凭有关管理机关出具的证明和完税凭证，向纳税所在地的主管税务机关申请退还自被盗抢、报废、灭失月份起至该纳税年度终了期间的税款。已办理退税的被盗抢车船失而复得的，纳税人应当从公安机关出具相关证明的当月起计算缴纳车船税。

### 经典题解

**【例题15·单选题】**甲企业2020年年初拥有小轿车2辆；当年4月，1辆小轿车被盗，已按照规定办理退税。通过公安机关的侦查，9月份被盗车辆失而复得，并取得公安机关的相关证明。已知当地小轿车车船税年税额为600元/辆，甲企业2020年实际应缴纳的车船税为（　　）元。

A. 600　　B. 950

C. 1000　　D. 1200

【解析】甲企业就被盗后复得的小轿车应当缴纳7个月（1~3月，9~12月）的车船税，甲企业2020年实际应缴纳车船税＝600×1+600×1×（3+4）÷12＝950（元）。

【答案】B

【例题16·单选题】根据车船税法律制度的规定，下列关于车船税纳税申报的表述中，不正确的是（　　）。

A. 扣缴义务人已代收代缴车船税的，纳税人不再向车辆登记地的主管税务机关申报缴纳车船税

B. 从事机动车第三者责任强制保险业务的保险机构为机动车车船税的扣缴义务人

C. 已缴纳车船税的车船在同一纳税年度内办理转让过户的，需要另外纳税

D. 车船税按年申报，分月计算，一次性缴纳

【解析】选项C：已缴纳车船税的车船在同一纳税年度内办理转让过户的，不另纳税，也不退税。

【答案】C

## 第3单元　船舶吨税（简称"吨税"）

查看本单元视频
使用"会计云课堂"App/微信扫描

### 07 考点7 交不交船舶吨税（★）

1. 征税范围和纳税人

对自中国境外港口进入境内港口的船舶征收船舶吨税，以应税船舶负责人为纳税人。

2. 免征吨税的船舶

（1）应纳税额在人民币50元以下的船舶；

（2）自境外以购买、受赠、继承等方式取得船舶所有权的初次进口到港的空载船舶；

（3）吨税执照期满后24小时内不上下客货的船舶；

（4）非机动船舶（不包括非机动驳船）；

（5）捕捞、养殖渔船；

（6）避难、防疫隔离、修理、改造、终止运营或者拆解，并不上下客货的船舶；

（7）军队、武装警察部队专用或者征用的船舶；

（8）警用船舶；

（9）依照法律规定应当予以免税的外国驻华使领馆、国际组织驻华代表机构及其有关人员的船舶；

（10）国务院规定的其他船舶。

**经典题解**

【例题17·单选题】根据船舶吨税法律制度的规定，下列船舶中，不予免征船舶吨税的是（　　）。

A. 捕捞渔船

B. 非机动驳船

C. 养殖渔船

D. 武装警察部队专用船舶

【解析】非机动驳船按相同净吨位船舶税率的50%计征船舶吨税；非机动船舶（不包括非机动驳船），免征船舶吨税。

【答案】B

### 08 考点8 交多少船舶吨税（★）

1. 税率

（1）吨税设置优惠税率和普通税率。

（2）适用优惠税率的船舶有：

①中华人民共和国国籍的应税船舶；

②船籍国（地区）与中华人民共和国签订含有相互给予船舶税费最惠国待遇条款的条约或者协定的应税船舶。

（3）吨税按照船舶净吨位和吨税执照期限征收，并实行“复式税率”。税率表如下：

| 税目（按船舶净吨位划分） | 税率（元/净吨） | | | | | | 备注 |
|---|---|---|---|---|---|---|---|
| | 普通税率（按执照期限划分） | | | 优惠税率（按执照期限划分） | | | |
| | 1年 | 90日 | 30日 | 1年 | 90日 | 30日 | |
| 不超过2000净吨 | 12.6 | 4.2 | 2.1 | 9.0 | 3.0 | 1.5 | ①拖船和非机动驳船分别按相同净吨位船舶税率的50%计征税款<br>②拖船按照发动机功率每千瓦折合净吨位0.67吨 |
| 超过2000净吨，但不超过10000净吨 | 24.0 | 8.0 | 4.0 | 17.4 | 5.8 | 2.9 | |
| 超过10000净吨，但不超过50000净吨 | 27.6 | 9.2 | 4.6 | 19.8 | 6.6 | 3.3 | |
| 超过50000净吨 | 31.8 | 10.6 | 5.3 | 22.8 | 7.6 | 3.8 | |

2. 应纳税额

应纳税额=应税船舶净吨位×适用税率

**【案例】** 甲国某货轮停靠上海港装卸货物，该货轮净吨位为9000吨，货轮负责人已向我国海关领取了船舶吨税执照，在港口停留期限为30天。已知甲国与我国签订含有互相给予船舶税费最惠国待遇条款的条约。

**【分析】** 查上表可知，净吨位为9000吨、停留期限为30天的普通税率为4.0元/净吨，优惠税率为2.9元/净吨；由于两国签订有“最惠国待遇”条款的条约，应适用优惠税率，对该货轮应征船舶吨税=9000×2.9=26100（元）。

## 09 考点9 怎么交船舶吨税（★）

1. 吨税由海关负责征收。海关征收吨税应当制发缴款凭证。

2. 时间

（1）吨税纳税义务发生时间为应税船舶进入境内港口的当日。

（2）应税船舶在吨税执照期满后尚未离开港口的，应当申领新的吨税执照，自上一次执照期满的次日起续缴吨税。

（3）应税船舶负责人应当自海关填发吨税缴款凭证之日起15日内缴清税款。未按期缴清税款的，自滞纳税款之日起至缴清税款之日止，按日加收滞纳税款万分之五的税款滞纳金。

### 经典题解

**【例题18·单选题】** 根据船舶吨税法律制度的规定，应税船舶负责人应当自海关填发吨税缴款凭证之日起一定期限内缴纳税款，该期限是（　　）。

A. 3日　　B. 5日

C. 15日　　D. 30日

**【答案】** C

3. “1补3追”

（1）海关发现少征或者漏征税款的，应当自应税船舶应当缴纳税款之日起1年内，补征税款。

（2）因应税船舶违反规定造成少征或者漏征税款的，海关可以自应当缴纳税款之日起3年内追征税款，并自应当缴纳税款之日起按日加征少征或者漏征税款万分之五的税款滞纳金。

## 第4单元 环境保护税

查看本单元视频
使用"会计云课堂"App/微信扫描

### 10 考点10 交不交环境保护税（★★）

1. 环境保护税的纳税人为在中华人民共和国领域和中华人民共和国管辖的其他海域，直接向环境排放应税污染物的企业事业单位和其他生产经营者。

2. 有下列情形之一的，不属于直接向环境排放污染物，不缴纳相应污染物的环境保护税：

（1）企业事业单位和其他生产经营者向依法设立的污水集中处理、生活垃圾集中处理场所排放应税污染物的；

（2）企业事业单位和其他生产经营者在符合国家和地方环境保护标准的设施、场所贮存或者处置固体废物的。

【提示1】依法设立的城乡污水集中处理、生活垃圾集中处理场所超过国家和地方规定的排放标准向环境排放应税污染物的，应当缴纳环境保护税（不超过规定排放标准的，暂免征收环境保护税）。

【提示2】企业事业单位和其他生产经营者贮存或者处置固体废物不符合国家和地方环境保护标准的，应当缴纳环境保护税。

3. 环境保护税的征税范围是法定的大气污染物、水污染物、固体废物和噪声。

4. 下列情形，暂予免征环境保护税：

（1）农业生产（不包括规模化养殖）排放应税污染物的；

（2）机动车、铁路机车、非道路移动机械、船舶和航空器等流动污染源排放应税污染物的；

（3）依法设立的城乡污水集中处理、生活垃圾集中处理场所排放相应应税污染物，不超过国家和地方规定的排放标准的；

（4）纳税人综合利用的固体废物，符合国家和地方环境保护标准的；

（5）国务院批准免税的其他情形。

5. 减税政策

（1）纳税人排放应税大气污染物或者水污染物的浓度值低于国家和地方规定的污染物排放标准30%的，减按75%征收环境保护税。

（2）纳税人排放应税大气污染物或者水污染物的浓度值低于国家和地方规定的污染物排放标准50%的，减按50%征收环境保护税。

### 经典题解

【例题19·单选题】下列各项中，不征收环境保护税的是（　　）。

A. 光源污染

B. 噪声污染

C. 固体废物污染

D. 大气污染

【解析】目前，我国环境保护税的应税污染物仅限于法定的大气污染物、水污染物、固体废物和噪声（限于工业噪声）。

【答案】A

【例题20·单选题】2020年7月，甲公司产生炉渣500吨，其中95吨贮存在符合国家和地方环境保护标准的设施中，100吨综合利用且符合国家和地方环境保护标准，其余的直接倒弃于周边空地。已知，炉渣环境保护税税率为25元/吨。计算甲公司当月所产生炉渣应缴纳环境保护税税额的下列算式中，正确的是(　　)。

A. (500-95-100)×25

B. 500×25

C. (500-100)×25

D. (500-95)×25

【解析】(1)甲公司在符合国家和地方环境保护标准的设施中贮存的95吨炉渣，不缴纳环境保护税；(2)甲公司综合利用且符合国家和地方环境保护标准的100吨炉渣，暂免征收环境保护税。

【答案】A

## 11 考点11 交多少环境保护税(★)

| 税目 | 税率 | 计税依据 | 计税公式 |
|---|---|---|---|
| 大气污染物 | 实行定额税率，具体税额由题目已知条件告知 | 污染物排放量折合的污染当量数 | 应纳税额=污染当量数×具体适用税额 |
| 水污染物 | | | |
| 固体废物 | | 固体废物的排放量 | 应纳税额=固体废物排放量×具体适用税额 |
| 工业噪声 | | 超过国家规定标准的分贝数 | 应纳税额=超过国家规定标准的分贝数对应的具体适用税额 |

### 经典题解

【例题21·多选题】根据环境保护税法律制度的规定，关于应税污染物计税依据确定的下列表述中，正确的有(　　)。

A. 应税水污染物按照污染物排放量折合的污染当量数确定

B. 应税噪声按照超过国家规定标准的分贝数确定

C. 应税大气污染物按照污染物排放量折合的污染当量数确定

D. 应税固体废物按照固体废物的排放量确定

【答案】ABCD

## 12 考点12 怎么交环境保护税(★)

1. 环境保护税由税务机关(而非环保部门)依法征收。

2. 纳税义务发生时间

纳税义务发生时间为纳税人排放应税污染物的当日。

3. 纳税地点

纳税人应当向应税污染物排放地的税务机关申报缴纳环境保护税。

4. 纳税期限

(1)环境保护税按月计算，按季申报缴纳；不能按固定期限计算缴纳的，可以按次申报缴纳。

(2)纳税人按季申报缴纳的，应当自季度终了之日起15日内，向税务机关办理纳税申报并缴纳税款。

(3)纳税人按次申报缴纳的，应当自纳税义务发生之日起15日内，向税务机关办理纳税申报并缴纳税款。

# 第 5 单元 城建税及教育费附加、烟叶税

查看本单元视频
使用"会计云课堂"App/微信扫描

## 13 考点 13 城市维护建设税（★★）（2021 年全面修订）

1. 纳税人

（1）在中华人民共和国境内缴纳增值税、消费税的单位和个人，为城市维护建设税的纳税人。包括各类企业（含外商投资企业、外国企业）、行政单位、事业单位、军事单位、社会团体及其他单位，以及个体工商户和其他个人（含外籍个人）。

（2）城市维护建设税的扣缴义务人为负有增值税、消费税扣缴义务的单位和个人，在扣缴增值税、消费税的同时扣缴城市维护建设税。

2. 计税依据

（1）城市维护建设税以纳税人依法实际缴纳的增值税、消费税税额为计税依据。

（2）城市维护建设税的计税依据应当按照规定扣除期末留抵退税退还的增值税税额。

（3）"进口不征、出口不退"

①对进口货物或者境外单位和个人向境内销售劳务、服务、无形资产缴纳的增值税、消费税税额，不征收城市维护建设税。

②对出口货物、劳务和跨境销售服务、无形资产以及因优惠政策退还增值税、消费税的，不退还已缴纳的城市维护建设税。

③对增值税、消费税实行先征后返、先征后退、即征即退办法的，除另有规定外，对随增值税、消费税附征的城市维护建设税，一律不予退（返）还。

### 经典题解

**【例题 22·单选题】**根据城市维护建设税法律制度的规定，纳税人向税务机关实际缴纳的下列税款中，应作为城市维护建设税计税依据的是（ ）。

A. 城镇土地使用税税款

B. 消费税税款

C. 土地增值税税款

D. 车船税税款

**【解析】**城市维护建设税以纳税人依法实际缴纳的"增值税、消费税税额"为计税依据。

**【答案】**B

**【例题 23·单选题】**企业缴纳的下列税费中，应作为城市维护建设税计税依据的是（ ）。

A. 当期实际向税务机关缴纳的增值税税额

B. 当期免征和减征的增值税税额

C. 纳税人在查补"两税"时被处以的罚款

D. 进口环节海关代征的消费税

**【解析】**（1）选项 BC：城建税以"实际缴纳"的增值税、消费税税额为计税依据，因此，被免征和减征的增值税税额、被处的罚款不计入城建税的计税依据；（2）选项 D："进口不征"。

**【答案】**A

**【例题 24·判断题】**对实行增值税期末留抵退税的纳税人，允许其从城市维护建设税的计税依据中扣除退还的增值税税额。（ ）

**【答案】**√

**【例题 25·单选题】**甲公司向税务机关实际缴纳增值税 80000 元、消费税 60000 元；

向海关缴纳进口环节增值税 50000 元、消费税 35000 元。已知城市维护建设税适用税率为 7%，计算甲公司当月应缴纳城市维护建设税税额的下列算式中，正确的是(　　)。

A. （80000+60000+50000+35000）×7%

B. （80000+50000）×7%

C. （60000+35000）×7%

D. （80000+60000）×7%

**【解析】** 对进口货物或者境外单位和个人向境内销售劳务、服务、无形资产缴纳的增值税、消费税税额，不征收城市维护建设税，选项 ABC 排除。

**【答案】** D

3. 税率

（1）城市维护建设税实行地区差别比例税率，共三档，具体为：

①纳税人所在地在市区的，税率为 7%；

②纳税人所在地在县城、镇的，税率为 5%；

③纳税人所在地不在市区、县城或者镇的，税率为 1%。

**【提示】** 纳税人所在地，是指纳税人住所地或者与纳税人生产经营活动相关的其他地点，具体地点由省、自治区、直辖市确定。

（2）由受托方代扣代缴、代收代缴增值税、消费税的单位和个人，其代扣代缴、代收代缴的城市维护建设税按受托方所在地适用税率执行。

（3）流动经营等无固定纳税地点的单位和个人，在经营地缴纳增值税、消费税的，其城市维护建设税的缴纳按经营地适用税率执行。

4. 应纳税额=计税依据×适用税率

5. 税收优惠

根据国民经济和社会发展的需要，国务院对重大公共基础设施建设、特殊产业和群体以及重大突发事件应对等情形可以规定减征或者免征城市维护建设税，报全国人民代表大会常务委员会备案。

6. 征收管理

（1）纳税义务发生时间

城市维护建设税的纳税义务发生时间与增值税、消费税的纳税义务发生时间一致，分别与增值税、消费税同时缴纳。

（2）纳税地点

城市维护建设税纳税地点为实际缴纳增值税、消费税的地点。扣缴义务人应当向其机构所在地或者居住地的主管税务机关申报缴纳其扣缴的税款。

（3）纳税期限

城市维护建设税按月或按季计征，不能按固定期限计征的，可以按次计征。

## 经典题解

**【例题 26·单选题】** 甲公司（位于市区）向税务机关应缴纳增值税 12 万元，实际缴纳增值税 9 万元，应缴纳消费税 6 万元，实际缴纳消费税 4.5 万元。已知，适用的城市维护建设税税率为 7%，计算甲公司当月应缴纳城市维护建设税的下列算式中，正确的是(　　)。

A. 4.5×7%

B. （9+4.5）×7%

C. 12×7%

D. （12+6）×7%

**【解析】** 城市维护建设税的计税依据，为纳税人实际缴纳（而非应当缴纳）的增值税、消费税税额。

**【答案】** B

**【例题 27·单选题】** 2020 年 9 月 X 市甲企业接受 Y 县乙企业委托加工应税消费品，取得不含增值税加工费 30 万元，代收代缴消费税 13 万元。已知，X 市和 Y 县的城市维护建设税税率分别为 7%和 5%。计算甲企业就该笔业务应代收代缴城市维护建设税税额的下列算式中，正确的是(　　)。

A. （30+13）×7%

B. （30+13）×5%

C. 13×7%

D. 13×5%

【解析】（1）甲企业提供加工劳务对应的增值税、城市维护建设税，其纳税人为甲企业，由甲企业自行纳税，不属于代收代缴，排除选项AB；（2）由受托方代扣代缴、代收代缴增值税、消费税的单位和个人，其代扣代缴、代收代缴的城市维护建设税按受托方所在地适用税率（7%）执行，选项D错误，选项C正确。

【答案】C

## 14 考点14 教育费附加（★）

1. 纳税人：税法规定征收增值税、消费税的单位和个人。

2. 计征依据：纳税人实际缴纳的增值税、消费税税额之和。

3. 征收比率：3%。

4. 计算公式

应纳教育费附加=（实际缴纳的增值税+实际缴纳的消费税）×3%

5. 海关对进口产品代征的增值税、消费税，不征收教育费附加。

### 经典题解

【例题28·单选题】甲公司为增值税一般纳税人，2020年9月向税务机关实际缴纳增值税250000元、消费税700000元、城市维护建设税66500元。已知，教育费附加征收比率为3%。计算甲公司当月应缴纳教育费附加的下列算式中，正确的是（　　）。

A. （700000+66500）×3%

B. （250000+66500）×3%

C. （250000+700000）×3%

D. （250000+700000+66500）×3%

【解析】教育费附加的计征依据为纳税人“实际缴纳的增值税、消费税税额之和”。

【答案】C

## 15 考点15 烟叶税（★）

1. 烟叶税的纳税人为在中华人民共和国境内收购烟叶的单位。

2. 烟叶税的征税范围包括晾晒烟叶、烤烟叶。

3. 烟叶税的计税依据是纳税人收购烟叶实际支付的价款总额。

4. 烟叶税的应纳税额=烟叶价款总额×税率

=烟叶收购价款×（1+10%）×20%

【提示1】纳税人收购烟叶实际支付的价款总额包括纳税人支付给烟叶生产销售单位和个人的烟叶收购价款和价外补贴。其中，价外补贴统一按烟叶收购价款的10%计算。

【提示2】准予抵扣的进项税额=（纳税人收购烟叶实际支付的价款总额+烟叶税税额）×扣除率。

【案例】某卷烟厂是增值税一般纳税人，2019年10月份收购一批烟叶用于生产卷烟，合法收购凭证上注明烟叶收购价款为50万元；该卷烟厂按照规定的方式和比例向烟叶生产者支付了价外补贴，并与烟叶收购价款在同一收购凭证上分别注明。已知，农产品扣除率为10%。

【分析】

（1）该卷烟厂收购该批烟叶应缴纳的烟叶税=50×（1+10%）×20%=11（万元）。

（2）该卷烟厂收购该批烟叶可以抵扣的进项税额=［50×（1+10%）+11］×10%=6.6（万元）。

5. 烟叶税在烟叶收购环节征收。

6. 烟叶税的纳税义务发生时间为纳税人收购烟叶的当日。

7. 烟叶税按月计征，纳税人应当于纳税义务发生月终了之日起15日内申报纳税。

8. 纳税人收购烟叶，应当向烟叶收购地的主管税务机关申报纳税。

## 经典题解

【例题29·单选题】2020年10月，甲卷烟生产企业向烟农收购烟叶一批，支付收购价款900000元、价外补贴90000元，已开具农产品收购发票。已知，烟叶税税率为20%。计算甲卷烟生产企业当月该笔业务应缴纳烟叶税税额的下列算式中，正确的是（　　）。

A. 900000×20%

B. （900000+90000）×20%

C. （900000+90000）×（1+20%）

D. （900000-90000）×20%

【解析】（1）烟叶税应纳税额的计算公式为：烟叶税应纳税额＝价款总额×税率；（2）纳税人收购烟叶实际支付的价款总额包括纳税人支付给烟叶生产销售单位和个人的烟叶收购价款和价外补贴（价外补贴统一按烟叶收购价款的10%计算）。

【答案】B

【例题30·多选题】根据烟叶税法律制度的规定，下列各项中，属于烟叶税征收范围的有（　　）。

A. 晾晒烟叶　　B. 烟丝

C. 雪茄烟　　D. 烤烟叶

【解析】烟叶税的征税范围包括晾晒烟叶、烤烟叶。

【答案】AD

【例题31·单选题】根据烟叶税法律制度的规定，下列属于烟叶税纳税人的是（　　）。

A. 种植烟叶的个人

B. 收购烟叶的单位

C. 销售香烟的单位

D. 消费香烟的个人

【解析】（1）香烟不属于烟叶税的征税范围，排除选项CD；（2）选项AB：烟叶税的纳税人为在中华人民共和国境内"收购"烟叶的"单位"。

【答案】B

# 第6单元 关 税

查看本单元视频
使用"会计云课堂"App/微信扫描

## 16 考点16 关税的纳税人（★）

1. 贸易性商品的纳税人是经营进出口货物的收、发货人，包括：

（1）外贸进出口公司；

（2）工贸或农贸结合的进出口公司；

（3）其他经批准经营进出口商品的企业。

2. 物品的纳税人，包括：

（1）入境旅客随身携带的行李、物品的持有人；

（2）各种运输工具上服务人员入境时携带自用物品的持有人；

（3）馈赠物品以及其他方式入境个人物品的所有人；

（4）个人邮递物品的收件人。

【提示】关税的课税对象是进出境的货物、物品。

## 17 考点17 关税税率的种类（★）

1. 关税的税率分为进口税率和出口税率两种。

2. 进口税率又分为下列种类，进口货物适用何种关税税率是以进口货物的原产地为标准的：

（1）最惠国税率，适用于：

①原产于与我国共同适用最惠国条款的世界贸易组织成员国或地区的进口货物；

②原产于与我国签订含有相互给予最惠国待遇的双边贸易协定的国家或者地区的进口货物；

③原产于我国的进口货物。

（2）协定税率

对原产于与我国签订含有关税优惠条款的区域性贸易协定的国家或地区的进口货物，按协定税率征收关税。

（3）特惠税率

对原产于与我国签订含有特殊关税优惠条款的贸易协定的国家或地区的进口货物，按特惠税率征收关税。

（4）关税配额税率

关税配额是进口国限制进口货物数量的措施，把征收关税和进口配额相结合以限制进口；对于在配额内进口的货物可以适用较低的关税配额税率，对于配额之外的则适用较高税率。

（5）暂定税率

在最惠国税率的基础上，对于一些国内需要降低进口关税的货物，以及出于国际双边关系的考虑需要个别安排的进口货物，可以实行暂定税率。

（6）普通税率

①原产于未与我国共同适用最惠国条款的世界贸易组织成员国或地区，未与我国订有相互给予最惠国待遇、关税优惠条款贸易协定和特殊关税优惠条款贸易协定的国家或者地区的进口货物，适用普通税率；

②原产地不明的货物，适用普通税率。

3. 适用何时的税率

（1）进出口货物，应当按照收发货人或者他们的代理人申报进口或者出口之日实施的税率征税；

（2）进口货物到达前，经海关核准先行申报的，应当按照装载此货物的运输工具申报进境之日实施的税率征税；

（3）进出口货物的补税和退税，适用该进出口货物原申报进口或者出口之日实施的税率，但另有规定除外。

## 经典题解

**【例题32·单选题】**根据关税法律制度的规定，对原产于与我国签订含有特殊关税优惠条款的贸易协定的国家或地区的进口货物，按(　　)征收关税。

A. 暂定税率

B. 最惠国税率

C. 特惠税率

D. 普通税率

**【答案】**C

**【例题33·单选题】**根据关税法律制度的规定，原产地不明的进口货物适用的关税税率是(　　)。

A. 协定税率

B. 最惠国税率

C. 特惠税率

D. 普通税率

**【答案】**D

**【例题34·判断题】**对从境外采购进口的原产于中国境内的货物，不征收进口关税。(　　)

**【解析】**对从境外采购进口的原产于中国境内的货物，按照最惠国税率征税。

**【答案】**×

**【例题35·判断题】**进口货物适用的关税税率是以进口货物的原产地为标准的。(　　)

**【答案】**√

## 18 考点 18 关税应纳税额的计算方法（★★）

| 计算方法 | 适用范围 | 计算公式 |
| --- | --- | --- |
| 从价税 | 一般的进（出）口货物 | 应纳税额=应税进（出）口货物数量×单位完税价格×适用税率 |
| 从量税 | 进口啤酒、原油等 | 应纳税额=应税进口货物数量×关税单位税额 |
| 复合税 | 进口广播用录像机、放像机、摄像机等 | 应纳税额=应税进口货物数量×关税单位税额+应税进口货物数量×单位完税价格×适用税率 |
| 滑准税 | 进口规定适用滑准税的货物 | 进口商品价格越高，（比例）税率越低；税率与商品进口价格反方向变动，计算方法与从价税计算方法相同 |

### 经典题解

【例题 36·单选题】根据关税法律制度的规定，下列关税应纳税额计算方法中，关税税率随着进口商品价格的变动而反方向变动的是（　　）。

A. 从价税计算方法

B. 复合税计算方法

C. 滑准税计算方法

D. 从量税计算方法

【答案】C

【例题 37·多选题】根据关税法律制度的规定，下列进口货物中，实行从价加从量复合税率计征进口关税的有（　　）。

A. 摄像机　　B. 原油

C. 放像机　　D. 广播用录像机

【答案】ACD

【例题 38·多选题】下列各项中，属于关税计税方法的有（　　）。

A. 从价税计法　　B. 从量税计算法

C. 复合税计算法　　D. 滑准税计算法

【答案】ABCD

## 19 考点 19 关税完税价格（★★★）

1. 一般贸易项下进口货物的完税价格

（1）一般贸易项下进口的货物以海关审定的成交价格为基础的到岸价格作为完税价格。

（2）到岸价格包括：

①货价；

②货物运抵我国关境内输入地点起卸前的包装费、运费、保险费和其他劳务费等费用；

③为了在境内生产、制造、使用或出版、发行的目的而向境外支付的与该进口货物有关的专利、商标、著作权，以及专有技术、计算机软件和资料等费用。

（3）佣金、回扣、违约罚款的处理：

①在货物成交过程中，进口人在成交价格外另支付给卖方的佣金，应计入成交价格，而向境外采购代理人支付的买方佣金则不能列入，如已包括在成交价格中应予以扣除。

②卖方付给进口人的正常回扣，应从成交价格中扣除。

③卖方违反合同规定延期交货的罚款，卖方在货价中冲减时，罚款不能从成交价格中扣除。

2. 出口货物的完税价格

出口货物应当以海关审定的货物售予境外的离岸价格，扣除出口关税后作为完税价格。计算公式为：

出口货物完税价格=离岸价格÷（1+出口税率）

### 经典题解

【例题 39·单选题】2020 年 9 月甲公司

进口办公设备一台，海关审定的货价50万元，运抵我国关境内输入地点起卸前的运费5万元、保险费2万元。已知，关税税率为10%。计算甲公司当月该笔业务应当缴纳关税税额的下列算式中，正确的是（　　）。

A.（50+5+2）×10%

B. 50÷（1-10%）×10%

C.（50-2）×10%

D.（50-5）×10%

【解析】货物运抵我国关境内输入地点起卸前的包装费、运费（5万元）、保险费（2万元）和其他劳务费等费用应当计入关税完税价格。

【答案】A

【例题40·单选题】2020年10月，甲公司进口一辆小汽车自用，支付买价17万元，货物运抵我国关境内输入地点起卸前的运费和保险费共计3万元，货物运抵我国关境内输入地点起卸后的运费和保险费共计2万元，另支付买方佣金1万元。已知关税税率为20%，消费税税率为25%，增值税税率为13%，城建税税率为7%，教育费附加征收比率为3%。假设无其他纳税事项，则下列关于甲公司相关税金的计算，正确的是（　　）。

A. 应纳进口关税4.2万元

B. 应纳进口环节消费税8万元

C. 应纳进口环节增值税3.12万元

D. 应纳城建税和教育费附加1.34万元

【解析】货物运抵我国关境内输入地点起卸“后”的运费和保险费不计入关税完税价格；向境外采购代理人支付的买方佣金不计入关税完税价格。在本题中：（1）选项A：甲公司应缴纳的关税＝（17＋3）×20%＝4（万元）；（2）选项B：甲公司应纳进口环节消费税＝（17+3+4）÷（1-25%）×25%＝8（万元）；（3）选项C：甲公司应纳进口环节增值税＝（17+3+4+8）×13%＝4.16（万元）；（4）选项D：城建税和教育费附加“进口不征、出口不退”。

【答案】B

## 20 考点20 关税的税收优惠（★★）

1. 经海关审查无误后可以免税的情形（法定性减免税）

（1）一票货物关税税额、进口环节增值税或者消费税税额在人民币50元以下的；

（2）无商业价值的广告品及货样；

（3）国际组织、外国政府无偿赠送的物资；

（4）进出境运输工具装载的途中必需的燃料、物料和饮食用品；

（5）因故退还的中国出口货物，可以免征进口关税，但已征收的出口关税不予退还；

（6）因故退还的境外进口货物，可以免征出口关税，但已征收的进口关税不予退还。

2. 酌情减免税的情形

（1）在境外运输途中或者在起卸时，遭受到损坏或者损失的货物；

（2）起卸后海关放行前，因不可抗力遭受损坏或者损失的货物；

（3）海关查验时已经破漏、损坏或者腐烂，经证明不是保管不慎造成的货物。

### 经典题解

【例题41·单选题】根据关税法律制度的规定，下列各项中，海关可以酌情减免关税的是（　　）。

A. 进出境运输工具装载的途中必需的燃料

B. 无商业价值的广告品及货样

C. 外国政府无偿赠送的物资

D. 在境外运输途中受到损坏的进口货物

【解析】选项ABC均属于法定性减免税的情形，经海关审查无误可以免税。

【答案】D

【例题42·单选题】下列各项中，经海关审查无误后可以免征关税的是（　　）。

A. 关税税额为人民币230元的一票货物

B. 广告品和货样

C. 外国公司无偿赠送的物资

D. 进出境运输工具装载的途中必需的物

料和饮食用品

【答案】D

【例题43·判断题】对于因故退还的中国出口货物已经征收的出口关税，海关予以退还。(　　)

【答案】×

## 21 考点21 关税的征收管理（★）

（一）关税的征收时间

关税是在货物实际进出境时，即在纳税人按进出口货物通关规定向海关申报后、海关放行前一次性缴纳。

（二）税款的退还、补征与追征

1. 税款的退还

（1）适用情形

①由于海关误征，多缴纳税款的；

②海关核准免验的进口货物在完税后，发现有短卸情况，经海关审查认可的；

③已征出口关税的货物，因故未装运出口申报退关，经海关查验属实的。

（2）纳税人可以从缴纳税款之日起的1年内申请退税，逾期不予受理。

2. 税款的补征和追征

（1）进出口货物完税后，如发现少征或漏征税款（非因收发货人或其代理人违规），海关有权在1年内予以补征；

（2）进出口货物完税后，如因收发货人或其代理人违反规定而造成少征或漏征税款的，海关在3年内可以追缴。

### 经典题解

【例题44·单选题】根据关税法律制度的规定，进出口货物完税后，如因收发货人违反规定而造成少征或漏征税款，海关在一定期限内可以追缴。该期限为(　　)。

A. 3年　　B. 5年

C. 1年　　D. 8年

【答案】A

# 第7单元　资源税

（2021年全面修订）

查看本单元视频

使用"会计云课堂"App/微信扫描

## 22 考点22 资源税的应税产品（★★）

资源税税目税率表

| 税目 | | 征税对象 | 税率 |
|---|---|---|---|
| 能源矿产 | 原油 | 原矿 | 6% |
| | 天然气、页岩气、天然气水合物 | 原矿 | 6% |
| | 煤 | 原矿或者选矿 | 2%~10% |
| | 煤成（层）气 | 原矿 | 1%~2% |
| | 铀、钍 | 原矿 | 4% |
| | 油页岩、油砂、天然沥青、石煤 | 原矿或者选矿 | 1%~4% |
| | 地热 | 原矿 | 1%~20%或者每立方米1~30元 |

续表

| 税目 | | | 征税对象 | 税率 |
|---|---|---|---|---|
| 金属矿产 | 黑色金属 | 铁、锰、铬、钒、钛 | 原矿或者选矿 | 1%～9% |
| | 有色金属 | 铜、铅、锌、锡、镍、锑、镁、钴、铋、汞 | 原矿或者选矿 | 2%～10% |
| | | 铝土矿 | 原矿或者选矿 | 2%～9% |
| | | 钨 | 选矿 | 6.5% |
| | | 钼 | 选矿 | 8% |
| | | 金、银 | 原矿或者选矿 | 2%～6% |
| | | 铂、钯、钌、锇、铱、铑 | 原矿或者选矿 | 5%～10% |
| | | 轻稀土 | 选矿 | 7%～12% |
| | | 中重稀土 | 选矿 | 20% |
| | | 铍、锂、锆、锶、铷、铯、铌、钽、锗、镓、铟、铊、铪、铼、镉、硒、碲 | 原矿或者选矿 | 2%～10% |
| 非金属矿产 | 矿物类 | 高岭土 | 原矿或者选矿 | 1%～6% |
| | | 石灰岩 | 原矿或者选矿 | 1%～6%或者每吨（或者每立方米）1～10元 |
| | | 磷 | 原矿或者选矿 | 3%～8% |
| | | 石墨 | 原矿或者选矿 | 3%～12% |
| | | 萤石、硫铁矿、自然硫 | 原矿或者选矿 | 1%～8% |
| | | 天然石英砂、脉石英、粉石英、水晶、工业用金刚石、冰洲石、蓝晶石、硅线石（矽线石）、长石、滑石、刚玉、菱镁矿、颜料矿物、天然碱、芒硝、钠硝石、明矾石、砷、硼、碘、溴、膨润土、硅藻土、陶瓷土、耐火粘土、铁矾土、凹凸棒石粘土、海泡石粘土、伊利石粘土、累托石粘土 | 原矿或者选矿 | 1%～12% |
| | | 叶蜡石、硅灰石、透辉石、珍珠岩、云母、沸石、重晶石、毒重石、方解石、蛭石、透闪石、工业用电气石、白垩、石棉、蓝石棉、红柱石、石榴子石、石膏 | 原矿或者选矿 | 2%～12% |
| | | 其他粘土（铸型用粘土、砖瓦用粘土、陶粒用粘土、水泥配料用粘土、水泥配料用红土、水泥配料用黄土、水泥配料用泥岩、保温材料用粘土） | 原矿或者选矿 | 1%～5%或者每吨（或者每立方米）0.1～5元 |

续表

<table>
<tr><th colspan="3">税目</th><th>征税对象</th><th>税率</th></tr>
<tr><td rowspan="3">非金属矿产</td><td rowspan="2">岩石类</td><td>大理岩、花岗岩、白云岩、石英岩、砂岩、辉绿岩、安山岩、闪长岩、板岩、玄武岩、片麻岩、角闪岩、页岩、浮石、凝灰岩、黑曜岩、霞石正长岩、蛇纹岩、麦饭石、泥灰岩、含钾岩石、含钾砂页岩、天然油石、橄榄岩、松脂岩、粗面岩、辉长岩、辉石岩、正长岩、火山灰、火山渣、泥炭</td><td>原矿或者选矿</td><td>1%~10%</td></tr>
<tr><td>砂石</td><td>原矿或者选矿</td><td>1%~5%或者每吨（或者每立方米）0.1~5元</td></tr>
<tr><td>宝玉石类</td><td>宝石、玉石、宝石级金刚石、玛瑙、黄玉、碧玺</td><td>原矿或者选矿</td><td>4%~20%</td></tr>
<tr><td rowspan="2">水气矿产</td><td colspan="2">二氧化碳气、硫化氢气、氦气、氡气</td><td>原矿</td><td>2%~5%</td></tr>
<tr><td colspan="2">矿泉水</td><td>原矿</td><td>1%~20%或者每立方米1~30元</td></tr>
<tr><td rowspan="3">盐</td><td colspan="2">钠盐、钾盐、镁盐、锂盐</td><td>选矿</td><td>3%~15%</td></tr>
<tr><td colspan="2">天然卤水</td><td>原矿</td><td>3%~15%或者每吨（或者每立方米）1~10元</td></tr>
<tr><td colspan="2">海盐</td><td>——</td><td>2%~5%</td></tr>
</table>

【提示】国务院根据国民经济和社会发展需要，依法对取用地表水或者地下水的单位和个人试点征收水资源税。

## 经典题解

【例题45·多选题】下列各项中，属于资源税征税范围的有(　　)。

A. 石灰岩　　B. 钠盐

C. 粘土　　D. 砂石

【答案】ABCD

【例题46·判断题】海盐属于资源税征税范围。(　　)

【答案】√

【例题47·单选题】根据资源税法律制度的规定，下列各项中，不属于资源税征税范围的是(　　)。

A. 天然卤水　　B. 轻稀土

C. 金　　D. 柴油

【解析】选项D：柴油属于成品油，不属于资源税的应税产品，但属于应税消费品。

【答案】D

## 23 考点23 资源税的纳税环节（★★）

1. 在中华人民共和国领域和中华人民共和国管辖的其他海域开发应税资源的单位和个人，为资源税的纳税人。

【提示1】资源税在开发销售（包括国内销售和出口销售）时缴纳，进口、批发、零售环节不缴纳资源税。

【提示2】资源税实行一次课征制度。

【提示3】资源税应税产品也属于有形动产（货物），资源税与增值税、消费税征税范围的关系如下图：

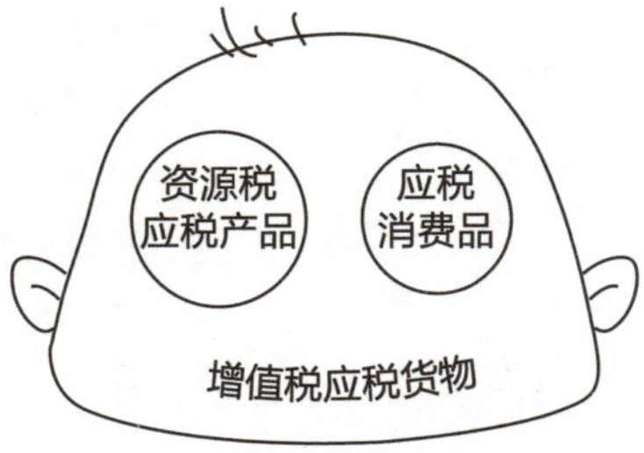


图6（2）－1

【案例】

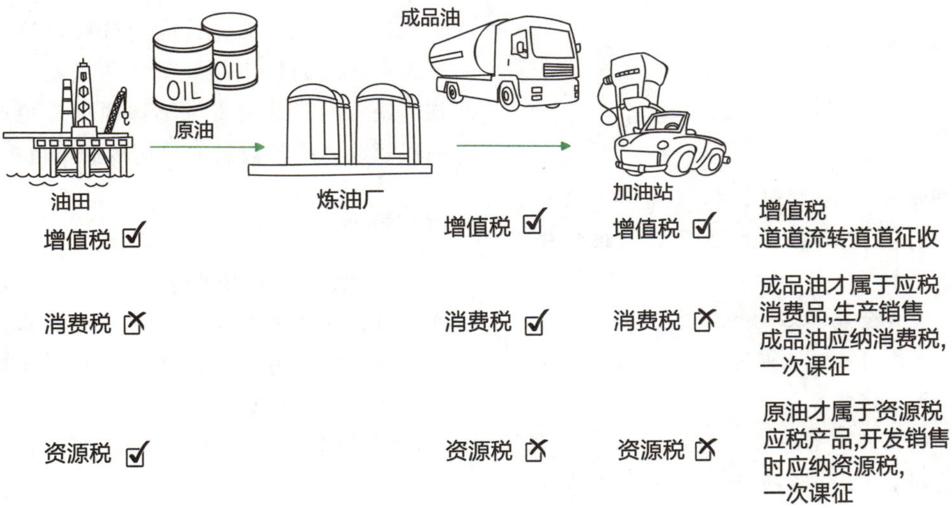


图6（2）－2

2. 纳税人开采或者生产应税产品自用的，应当依法缴纳资源税；但是，自用于连续生产应税产品的，不缴纳资源税。

【提示1】纳税人自用应税产品应当缴纳资源税的情形，包括纳税人以应税产品用于非货币性资产交换、捐赠、偿债、赞助、集资、投资、广告、样品、职工福利、利润分配或者连续生产非应税产品等。

【案例】某煤矿将所属矿井开采的原煤分别用于下表各项用途，对应的税务处理：

| | 增值税 | 资源税 |
|---|---|---|
| 移送洗选煤车间加工、生产洗选煤 | × | × |
| 移送附设的博物馆加工成对外销售的“原煤模型”文创产品 | × | √ |
| 移送本煤矿锅炉房用于食堂、职工宿舍供暖 | √ | √ |
| 销售给市政供暖公司 | √ | √ |
| 移送给债权人抵偿所欠债务 | √ | √ |

【提示2】由于资源税实行一次课征制度，如果以外购的已税原矿生产选矿，销售选矿时不需要再缴纳资源税。

## 经典题解

【例题48·单选题】根据资源税法律制度的规定，下列各项中，不属于资源税征税范围的是( )。

A. 开采的原煤

B. 开采的原油

C. 以空气加工生产的液氧

D. 开采的天然气

【解析】液氧、空气均不属于资源税的应税产品。

【答案】C

【例题49·单选题】根据资源税法律制度的规定，下列各项中，属于资源税纳税人的是( )。

A. 进口金属矿石的甲冶炼企业

B. 销售精盐的乙超市

C. 开采销售原煤的丙公司

D. 销售石油制品的丁加油站

【解析】(1) 选项A：进口矿产品不征收资源税；(2) 选项BD：应税产品在生产销售环节缴纳资源税，在批发、零售等环节不征收资源税(当然，精盐与石油制品也不属于资源税的征税范围)。

【答案】C

【例题50·判断题】纳税人将开采的原煤自用于连续生产洗选煤的，在原煤移送使用环节缴纳资源税。( )

【答案】×

## 24 考点24 资源税的税率(★)

1.《税目税率表》中规定实行幅度税率的，其具体适用税率由省、自治区、直辖市人民政府统筹考虑该应税资源的品位、开采条件以及对生态环境的影响等情况，在《税目税率表》规定的税率幅度内提出，报同级人民代表大会常务委员会决定，并报全国人民代表大会常务委员会和国务院备案。

2.《税目税率表》中规定征税对象为原矿或者选矿的，应当分别确定具体适用税率。

3. 纳税人开采或者生产不同税目应税产品的，应当分别核算不同税目应税产品的销售额或者销售数量；未分别核算或者不能准确提供不同税目应税产品的销售额或者销售数量的，从高适用税率。

4. 纳税人开采或者生产同一税目下适用不同税率应税产品的，应当分别核算不同税率应税产品的销售额或者销售数量；未分别核算或者不能准确提供不同税率应税产品的销售额或者销售数量的，从高适用税率。

## 经典题解

【例题51·判断题】纳税人开采或者生产不同税目应税产品的，未分别核算或者不能准确提供不同税目应税产品的销售额或者销售数量的，从高适用税率。( )

【答案】√

## 25 考点25 资源税应纳税额计算的基本规定(★★)

1. 从价计征还是从量计征

(1) 资源税按照《税目税率表》实行从价计征或者从量计征。

(2)《税目税率表》中规定可以选择实行从价计征或者从量计征的，具体计征方式由省、自治区、直辖市人民政府提出，报同级人民代表大会常务委员会决定，并报全国人民代表大会常务委员会和国务院备案。

2. 从价计征

(1) 实行从价计征的，应纳税额按照应税产品的销售额乘以具体适用税率计算。

（2）销售额确定的基本规则

①应税产品的销售额，按照纳税人销售应税产品向购买方收取的全部价款确定，不包括增值税税款。

②计入销售额中的相关运杂费用，凡取得增值税发票或者其他合法有效凭据的，准予从销售额中扣除。相关运杂费用是指应税产品从坑口或者洗选（加工）地到车站、码头或者购买方指定地点的运输费用、建设基金以及随运销产生的装卸、仓储、港杂费用。

**【案例】**某石化企业为增值税一般纳税人，2020 年 8 月开采原油 10000 吨，对外销售 6000 吨，取得含增值税销售额 2260 万元。已知，增值税税率为 13%，资源税税率为 6%。

**【分析】**①增值税销项税额＝2260÷（1+13%）×13%＝260（万元）；②资源税应纳税额＝2260÷（1+13%）×6%＝120（万元）。

（3）核定销售额

纳税人申报的应税产品销售额明显偏低且无正当理由的，或者有自用应税产品行为而无销售额的，主管税务机关可以按下列方法和顺序确定其应税产品销售额：

①按纳税人最近时期同类产品的平均销售价格确定。

②按其他纳税人最近时期同类产品的平均销售价格确定。

③按后续加工非应税产品销售价格，减去后续加工环节的成本利润后确定。

④按应税产品组成计税价格确定。

组成计税价格＝成本×（1＋成本利润率）÷（1−资源税税率）

⑤按其他合理方法确定。

**【案例】**某石化企业为增值税一般纳税人，2020 年 8 月发生以下业务：①从国外某石油公司进口原油 50000 吨，关税完税价格 9000 万元；②用开采的原油 2000 吨加工生产 1300 吨汽油。已知，进口原油关税税率为 85 元/吨，增值税税率为 13%，资源税税率为 6%，该企业原油的平均含税售价为 0.339 万元/吨。

**【分析】**①进口原油关税应纳税额＝50000×85÷10000＝425（万元）；进口原油增值税应纳税额＝（9000＋425）×13%＝1225.25（万元）；进口原油不需要缴纳资源税。②将自产原油移送用于生产，移送时不需要缴纳增值税；将自采资源税应税产品（原油）移送用于连续生产非应税产品（汽油），移送时应征资源税、核定销售额，资源税应纳税额＝0.339×2000÷（1+13%）×6%＝36（万元）。

3. 从量计征

（1）实行从量计征的，应纳税额按照应税产品的销售数量乘以具体适用税率计算。

（2）应税产品的销售数量，包括纳税人开采或者生产应税产品的实际销售数量和自用于应当缴纳资源税情形的应税产品数量。

**【案例】**某砂石厂是增值税一般纳税人，2020 年 8 月开采砂石 10000 立方米，对外销售 6000 立方米，不含增值税销售额为 60 万元。已知，该砂石厂全部销售业务采用简易办法计征增值税，当地砂石资源税税率为 3 元/立方米，增值税征收率为 3%。

**【分析】**①增值税应纳税额＝60×3%＝1.8（万元）；②资源税应纳税额＝6000×3÷10000＝1.8（万元）。

## 26 考点 26 外购应税产品的资源税处理（★★）

1. 纳税人外购应税产品与自采应税产品混合销售或者混合加工为应税产品销售的，在计算应税产品销售额或者销售数量时，准予扣减外购应税产品的购进金额或者购进数量；当期不足扣减的，可结转下期扣减。

2. 扣减要求：准确核算+合法有效凭据

（1）纳税人应当准确核算外购应税产品

的购进金额或者购进数量，未准确核算的，一并计算缴纳资源税。

（2）纳税人核算并扣减当期外购应税产品购进金额、购进数量，应当依据外购应税产品的增值税发票、海关进口增值税专用缴款书或者其他合法有效凭据。

3. 扣减方法

| 原料 | 混合后的销售对象 | 应税产品销售额或者销售数量的计算方法 |
|---|---|---|
| 外购原矿+自采原矿 | 混合为原矿销售 | 在应税产品销售额或者销售数量中直接扣减外购原矿或者外购选矿产品的购进金额或者购进数量 |
| 外购选矿产品+自产选矿产品 | 混合为选矿产品销售 | |
| 外购原矿+自采原矿 | 混合洗选加工为选矿产品销售 | （1）第1顺位方法：<br>准予扣减的外购应税产品购进金额（数量）=外购原矿购进金额（数量）×（本地区原矿适用税率÷本地区选矿产品适用税率）<br>（2）第2顺位方法：<br>不能按照上述方法计算扣减的，按照主管税务机关确定的其他合理方法进行扣减 |

**【案例】**甲铁矿厂，其铁矿原矿适用资源税税率为1%，铁矿选矿适用资源税税率为2%，对外购应税产品能够准确核算并提供合法凭证。2020年11月发生了下列业务：

| 业务 | 应纳资源税税额的计算 |
|---|---|
| （1）将外购的铁矿原矿（不含增值税购进价3万元）和自采的铁矿原矿混合后直接销售，不含增值税售价10万元 | （10−3）×1%＝0.07（万元） |
| （2）将外购的铁矿选矿（不含增值税购进价8万元）和自产的铁矿选矿混合后直接销售，不含增值税售价15万元 | （15−8）×2%＝0.14（万元） |
| （3）将外购的铁矿原矿（不含增值税购进价3万元）和自采的铁矿原矿混合，加工成铁矿选矿销售，不含增值税售价25万元 | （25−3×1%÷2%）×2%＝0.47（万元） |

## 27 考点27 以原矿或选矿为征税对象的资源税处理（★）

1. 纳税人以自采原矿（经过采矿过程采出后未进行选矿或者加工的矿石）直接销售，或者自用于应当缴纳资源税情形的，**按照原矿计征资源税**。

2. 纳税人以自采原矿洗选加工为选矿产品（通过破碎、切割、洗选、筛分、磨矿、分级、提纯、脱水、干燥等过程形成的产品，包括富集的精矿和研磨成粉、粒级成型、切割成型的原矿加工品）销售，或者将选矿产品自用于应当缴纳资源税情形的，**按照选矿产品计征资源税，在原矿移送环节不缴纳资源税**。

## 28 考点28 资源税的税收优惠（★）

1. 法定免征

有下列情形之一的，免征资源税：

（1）开采原油以及在油田范围内运输原油过程中用于加热的原油、天然气；

（2）煤炭开采企业因安全生产需要抽采的煤成（层）气。

2. 法定减征

有下列情形之一的，减征资源税：

（1）从低丰度油气田开采的原油、天然气，减征20%资源税；

（2）高含硫天然气、三次采油和从深水油气田开采的原油、天然气，减征30%资源税；

（3）稠油、高凝油减征40%资源税；

（4）从衰竭期矿山开采的矿产品，减征30%资源税；

（5）自2018年4月1日至2021年3月31日，对页岩气资源税减征30%；

（6）自2014年12月1日至2023年8月31日，对充填开采置换出来的煤炭，资源税减征50%。

【提示】根据国民经济和社会发展需要，国务院对有利于促进资源节约集约利用、保护环境等情形可以规定免征或者减征资源税，报全国人民代表大会常务委员会备案。

3. 由地方酌定减免征

有下列情形之一的，省、自治区、直辖市可以决定免征或者减征资源税：

（1）纳税人开采或者生产应税产品过程中，因意外事故或者自然灾害等原因遭受重大损失；

（2）纳税人开采共伴生矿、低品位矿、尾矿。

【提示】上述规定的免征或者减征资源税的具体办法，由省、自治区、直辖市人民政府提出，报同级人民代表大会常务委员会决定，并报全国人民代表大会常务委员会和国务院备案。

4. 税收优惠管理

（1）纳税人的免税、减税项目，应当单独核算销售额或者销售数量；未单独核算或者不能准确提供销售额或者销售数量的，不予免税或者减税。

（2）纳税人开采或者生产同一应税产品，其中既有享受减免税政策的，又有不享受减免税政策的，按照免税、减税项目的产量占比等方法分别核算确定免税、减税项目的销售额或者销售数量。

（3）纳税人开采或者生产同一应税产品同时符合两项或者两项以上减征资源税优惠政策的，除另有规定外，只能选择其中一项执行。

## 29 考点29 资源税的征收管理（★）

1. 纳税义务发生时间

（1）纳税人销售应税产品，纳税义务发生时间为收讫销售款或者取得索取销售款凭据的当日；

（2）自用应税产品的，纳税义务发生时间为移送应税产品的当日。

2. 纳税地点

纳税人应当在矿产品的开采地或者海盐的生产地（或称“应税产品开采地或者生产地”）缴纳资源税。

3. 纳税期限

（1）资源税按月或者按季申报缴纳；不能按固定期限计算缴纳的，可以按次申报缴纳。

（2）纳税人按月或者按季申报缴纳的，应当自月度或者季度终了之日起15日内，向税务机关办理纳税申报并缴纳税款；按次申报缴纳的，应当自纳税义务发生之日起15日内，向税务机关办理纳税申报并缴纳税款。

## 交不交 & 交多少（核心要点综述）

<table>
<tr><th>税种</th><th colspan="2">征税范围核心点</th><th colspan="2">计税公式</th></tr>
<tr><td>车辆购置税</td><td colspan="2">购置应税车辆</td><td colspan="2">应纳税额=计税价格×税率</td></tr>
<tr><td>车船税</td><td colspan="2">拥有应税车船</td><td colspan="2">应纳税额=辆数或者整备质量吨位数或者净吨位数或者艇身长度×适用年基准税额</td></tr>
<tr><td>船舶吨税</td><td colspan="2">自中国境外港口进入境内港口的船舶</td><td colspan="2">应纳税额=应税船舶净吨位×适用税率</td></tr>
<tr><td rowspan="3">环境保护税</td><td rowspan="3">直接向环境排放应税污染物</td><td>大气污染物、水污染物</td><td colspan="2">应纳税额=污染当量数×具体适用税额</td></tr>
<tr><td>固体废物</td><td colspan="2">应纳税额=固体废物排放量×具体适用税额</td></tr>
<tr><td>工业噪声</td><td colspan="2">应纳税额=超过国家规定标准的分贝数对应的具体适用税额</td></tr>
<tr><td>城市维护建设税</td><td colspan="2" rowspan="2">缴纳增值税、消费税</td><td colspan="2">应纳税额=（实际缴纳的增值税+实际缴纳的消费税）×适用税率</td></tr>
<tr><td>教育费附加</td><td colspan="2">应纳教育费附加=（实际缴纳的增值税+实际缴纳的消费税）×3%</td></tr>
<tr><td>烟叶税</td><td colspan="2">收购晾晒烟叶、烤烟叶</td><td colspan="2">应纳税额=烟叶价款总额×税率=烟叶收购价款×（1+10%）×20%</td></tr>
<tr><td rowspan="4">关税</td><td colspan="2" rowspan="4">进出口货物、物品</td><td>从价税</td><td>应纳税额=应税进（出）口货物数量×单位完税价格×适用税率</td></tr>
<tr><td>从量税</td><td>应纳税额=应税进口货物数量×关税单位税额</td></tr>
<tr><td>复合税</td><td>应纳税额=应税进口货物数量×关税单位税额+应税进口货物数量×单位完税价格×适用税率</td></tr>
<tr><td>滑准税</td><td>进口商品价格越高，（比例）税率越低；税率与商品进口价格反方向变动，计算方法与从价税计算方法相同</td></tr>
<tr><td rowspan="2">资源税</td><td colspan="2" rowspan="2">开发销售应税资源</td><td>从价计征</td><td>应纳税额=不含增值税销售额或者组成计税价格×税率</td></tr>
<tr><td>从量计征</td><td>应纳税额=销售数量×适用税率</td></tr>
</table>

## ⑧ 经典大题精析

【例题 52·不定项选择题】

甲公司主要从事卷烟的生产和销售业务，是增值税的一般纳税人，2020 年 10 月有关经营情况如下：

（1）甲公司向农民收购烟叶支付不含税价款 70000 元，价外补贴 7000 元。

（2）委托乙公司将收购的烟叶加工成烟丝，支付不含税加工费 35700 元，乙公司同类同数量的烟丝不含税价格是 230000 元，甲公司收回后作为原料用于加工卷烟。

已知：烟叶税税率为 20%，增值税税率为 13%，烟丝的消费税税率为 30%。

要求：

根据上述资料，不考虑其他因素，分析回答下列小题。

1. 甲公司向农民收购烟叶应交烟叶税的下列说法中，正确的是（　　）。

A. 甲公司是纳税人，应交烟叶税 =（70000+7000）×20%

B. 甲公司是纳税人，应交烟叶税 = 70000×20%

C. 销售烟叶的农民是纳税人，应交烟叶税 =（70000+7000）×20%

D. 销售烟叶的农民是纳税人，应交烟叶税 = 70000×20%

2. 甲公司委托乙公司加工烟丝应交增值税的下列说法中，正确的是（　　）。

A. 甲公司是纳税人，应交增值税 = 35700×13%

B. 甲公司是纳税人，应交增值税 = 230000×13%

C. 乙公司是纳税人，应交增值税 = 35700×13%

D. 乙公司是纳税人，应交增值税 = 230000×13%

3. 有关甲公司委托乙公司加工烟丝应交消费税的下列说法中，正确的是（　　）。

A. 由甲公司收回烟丝后自行缴纳消费税

B. 在乙公司向甲公司交付烟丝时代收代缴消费税

C. 甲公司收回的烟丝用于连续生产卷烟，委托加工时所纳消费税税款准予全部在当期销售卷烟的应纳消费税税额中扣除

D. 甲公司收回的烟丝用于连续生产卷烟，委托加工时所纳消费税税款准予按当期生产领用数量计算在当期销售卷烟的应纳消费税税额中扣除

4. 甲公司委托乙公司加工烟丝应交消费税的下列计算列式中，正确的是（　　）。

A. 70000×30%

B. （70000+7000）×30%

C. （70000+7000+35700）×30%

D. 230000×30%

【例题 53·不定项选择题】

甲公司为增值税一般纳税人，主要从事高档化妆品生产和销售业务。2020 年 9 月有关经营情况如下：

（1）进口一批高档香水精，海关审定的货价 240 万元，运抵我国关境内输入地点起卸前的包装费 13 万元、运输费 21 万元、保险费 5 万元。

（2）接受乙公司委托加工一批高档粉饼，不含增值税加工费 32 万元，乙公司提供原材料成本 87 万元，该批高档粉饼无同类产品销售价格。

（3）向丙商场销售高档香水，取得不含增值税价款 724 万元，因丙商场延期付款收取延期付款利息 8.56 万元。

已知：高档化妆品消费税税率为 15%，关税税率为 10%，增值税税率为 13%。

要求：

根据上述资料，不考虑其他因素，分析

回答下列小题。

1. 甲公司进口高档香水精的下列各项支出中，应计入进口货物关税完税价格的是(　　)。
   A. 包装费13万元
   B. 保险费5万元
   C. 运输费21万元
   D. 货价240万元
2. 甲公司进口高档香水精应缴纳消费税税额的下列计算列式中，正确的是(　　)。
   A. (240+21)×(1+10%)×15%
   B. (240+13+5)×(1+10%)×15%
   C. (240+13+21+5)×(1+10%)÷(1-15%)×15%
   D. (13+21+5)×(1+10%)÷(1-15%)×15%
3. 关于甲公司受托加工高档粉饼应代收代缴消费税税额的下列计算列式中，正确的是(　　)。
   A. (87+32)×15%
   B. (87+32)÷(1-15%)×15%
   C. [87÷(1-15%)+32]×15%
   D. [87+32÷(1-15%)]×15%
4. 关于甲公司销售高档香水应缴纳消费税税额的下列计算列式中，正确的是(　　)。
   A. 724÷(1+13%)×15%
   B. [724+8.56÷(1+13%)]×15%
   C. (724+8.56)×15%
   D. 724×15%

**【例题54·不定项选择题】**

甲煤矿为增值税一般纳税人，主要从事煤炭开采和销售业务，2020年9月有关经营情况如下：

(1) 购进开采煤炭用原材料一批，取得增值税专用发票注明税额17500元。

(2) 购进井下挖掘机一台，取得增值税专用发票注明税额82300元。

(3) 聘请乙公司进行洗煤设备清洗服务，取得增值税专用发票注明税额5890元。

(4) 销售自产原煤1800吨，职工食堂领用自产原煤70吨，职工宿舍供暖领用自产原煤120吨，向丙公司移送自产原煤15吨抵偿之前所欠债务，原煤不含增值税单价530元/吨。

已知：原煤增值税税率为13%，资源税适用税率为8%。

要求：

根据上述资料，不考虑其他因素，分析回答下列小题。

1. 计算甲煤矿当月允许抵扣增值税进项税额的下列算式中，正确的是(　　)。
   A. 17500+5890=23390(元)
   B. 17500+82300+5890=105690(元)
   C. 82300+5890=88190(元)
   D. 17500+82300=99800(元)
2. 甲煤矿发生的下列业务中，应计算增值税销项税额的是(　　)。
   A. 销售自产原煤1800吨
   B. 向丙公司移送自产原煤15吨
   C. 职工食堂领用自产原煤70吨
   D. 职工宿舍供暖领用自产原煤120吨
3. 计算甲煤矿当月应缴纳增值税税额的下列算式中，正确的是(　　)。
   A. (70+120+15)×530×13%-23390
   B. (1800+120)×530×13%-88190
   C. (1800+70+120+15)×530×13%-105690
   D. (1800+70+15)×530×13%-99800
4. 计算甲煤矿当月应缴纳资源税税额的下列算式中，正确的是(　　)。
   A. (1800+70+15)×530×8%
   B. (1800+70+120)×530×8%
   C. (1800+120+15)×530×8%
   D. (1800+70+120+15)×530×8%

## 经典大题精析参考答案及解析

"扫码看解析"

使用"微信"或"会计云课堂"App扫右方二维码，对答案、看解析、掌握解题思路，开启轻松过关之旅。

【例题52·不定项选择题】

1.【答案】A

解析：（1）烟叶税的纳税人为在中华人民共和国境内收购烟叶的单位，选项CD错误；（2）选项AB：应纳烟叶税税额=纳税人支付给烟叶生产销售单位和个人的烟叶收购价款和价外补贴×烟叶税税率。

2.【答案】C

解析：乙公司向甲公司销售加工劳务，乙公司是纳税人，应交增值税=不含增值税的加工费×增值税税率。

3.【答案】BD

解析：（1）选项AB：委托加工的应税消费品，除受托方为个人外，由受托方在向委托方交货时代收代缴消费税；（2）选项CD：以委托加工收回的已税烟丝为原料生产的卷烟，准予从卷烟应纳消费税税额中按当期生产领用数量计算扣除委托加工收回的烟丝已纳消费税税款。

4.【答案】D

解析：委托加工的应税消费品，按照受托方的同类消费品的销售价格计算纳税，没有同类消费品销售价格的，按照组成计税价格计算纳税。在本题中，"乙公司同类同数量的烟丝不含税价格是230000元"，直接以乙公司同类同数量的烟丝不含税价格计税即可。

【例题53·不定项选择题】

1.【答案】ABCD

解析：一般贸易项下进口的货物以海关审定的成交价格为基础的到岸价格作为完税价格；"到岸价格"是指包括货价以及货物运抵我国关境内输入地点起卸前的包装费、运费、保险费和其他劳务费等费用构成的一种价格。

2.【答案】C

解析：进口环节的消费税=关税完税价格×(1+关税税率）÷（1-消费税税率）×消费税税率。

3.【答案】B

解析：由于没有同类产品销售价格，委托加工应税消费品受托方应代收代缴的消费税=（材料成本+加工费）÷（1-消费税税率）×消费税税率。

4.【答案】B

解析：收取的延期付款利息属于价外费用，应价税分离后并入销售额中计征消费税。

【例题54·不定项选择题】

1.【答案】B

解析：（1）有合法扣税凭证吗？业务（1）～（3）均取得了增值税专用发票；（2）用于可抵扣项目吗？业务（1）～（3）均用于生产性用途，未涉及法定不得抵扣进项税额的项目。因此，业务（1）～（3）所涉及的进项税额均可抵扣。

2.【答案】ABCD

解析：（1）选项A：属于销售货物，应计缴增值税；（2）选项B：自产产品用于抵偿债务，属于特殊销售行为，应计缴增值税；（3）选项CD：自产产品用于集体福利，视同销售计缴增值税。

3. 【答案】C

**解析**：参考第1、2 小题解析。

4. 【答案】D

**解析**：（1）自产原煤用于销售，应当缴纳资源税；（2）以应税产品用于非货币性资产交换、捐赠、偿债、赞助、集资、投资、广告、样品、职工福利、利润分配或者连续生产非应税产品等，视同应税产品销售，在应税产品移送时计算缴纳资源税。

**扫一扫　“码”上做题**

本部分习题均配备二维码，使用“微信”或“会计云课堂”App 扫一扫左侧二维码，即可在线做题并获取详尽的答案解析、解题思路点拨等超值服务，助您轻松过关。

**【“会计云课堂”App 安装二维码详见封底页】**

## 同步强化练习题

### 一、单项选择题

1. 甲汽车 4S 店本月购进 4 辆小汽车并作下列处置，其中应当由甲汽车 4S 店缴纳车辆购置税的是(　　)。
   A. 赠送给乙企业 1 辆
   B. 自用为通勤车 1 辆
   C. 作为有奖销售奖品奖励客户 1 辆
   D. 加价转让给丙企业 1 辆
2. 2020 年 10 月，甲企业从乙汽贸公司（增值税一般纳税人）购进一辆小汽车自用，实际支付含增值税购车款 207800 元。已知车辆购置税税率 10%，增值税税率 13%。下列有关车辆购置税的说法中，正确的是(　　)。
   A. 甲企业应当缴纳的车辆购置税 = 207800÷（1+13%）×10%
   B. 甲企业应当缴纳的车辆购置税 = 207800×10%
   C. 乙汽贸公司应当缴纳的车辆购置税 = 207800÷（1+13%）×10%
   D. 乙汽贸公司应当缴纳的车辆购置税 = 207800×10%
3. 根据车船税法律制度的规定，下列各项中，不属于车船税征税范围的是(　　)。
   A. 自行车
   B. 摩托车
   C. 挂车
   D. 商用车
4. 根据车船税法律制度的规定，下列各项中，免征车船税的是(　　)。
   A. 家庭自用的燃料电池乘用车
   B. 国有企业的公用汽油动力乘用车
   C. 外国驻华使领馆的自用商用客车
   D. 个体工商户自用的摩托车
5. 根据车船税法律制度的规定，下列各项中，以“辆数”为计税依据的是(　　)。
   A. 商用货车
   B. 轮式专用机械车
   C. 商用客车
   D. 专用作业车
6. 根据车船税法律制度的规定，下列各项中，属于拖船计税依据的是(　　)。
   A. 艇身长度
   B. 整备质量吨位数
   C. 辆数
   D. 净吨位数
7. 2020 年 6 月 15 日，甲公司购买 2 辆乘用车。已知乘用车发动机汽缸容量（排气量）为 2.0 升，当地规定的车船税年基准税额为 490 元/辆，甲公司 2020 年应纳车船税税额的下列计算中，正确的是（ ）。

A. 2×490÷12×7

B. 2×490÷12×（6+15÷30）

C. 2×490÷12×6

D. 2×490

8. 根据车船税法律制度的规定，下列关于车船税纳税申报的表述中，不正确的是（ ）。

A. 没有扣缴义务人的，纳税人应当向主管税务机关自行申报缴纳车船税

B. 保险机构为扣缴义务人的，应当在收取保险费时依法代收车船税，并出具代收税款凭证

C. 已缴纳车船税的车船在同一纳税年度内办理转让过户的，可以退税

D. 在一个纳税年度内，已完税的车船被盗抢、报废、灭失的，纳税人可以凭有关管理机关出具的证明和完税凭证，向纳税所在地的主管税务机关申请退还自被盗抢、报废、灭失月份起至该纳税年度终了期间的税款

9. 船舶吨税应当向（ ）缴纳。

A. 海关

B. 税务机关

C. 航道管理机关

D. 海事管理机关

10. 有关我国船舶吨税的相关规定，下列表述正确的是（ ）。

A. 吨税实行从价加从量的复合税率

B. 吨税纳税义务发生时间为应税船舶进入境内港口的当日

C. 吨税以应税船舶的所有权人为纳税义务人

D. 吨税应当自船舶到港之日起 15 日内缴清

11. 2020 年 10 月甲生产企业产生炉渣 200 吨，其中 60 吨贮存在符合国家和地方环境保护标准的设施中，80 吨综合利用且符合国家和地方环境保护标准，其余的直接倒弃于周边空地。已知炉渣环境保护税税率为 25 元/吨。计算甲生产企业当月所产生炉渣应缴纳环境保护税税额的下列算式中，正确的是（ ）。

A. 200×25

B. （200−60−80）×25

C. （200−80）×25

D. （200−60）×25

12. 根据城市维护建设税法律制度的规定，下列关于城市维护建设税税收优惠的表述中，不正确的是（ ）。

A. 对出口货物退还增值税的，可同时退还已缴纳的城市维护建设税

B. 对进口货物或者境外单位和个人向境内销售劳务、服务、无形资产缴纳的增值税、消费税税额，不征收城市维护建设税

C. 对增值税实行先征后退办法的，除另有规定外，不予退还增值税附征的城市维护建设税

D. 对增值税实行即征即退办法的，除另有规定外，不予退还增值税附征的城市维护建设税

13. 甲企业位于 X 市，本月应缴纳的增值税为 8000 元，实际缴纳的增值税为 6000 元；本月应缴纳的消费税为 5000 元，实际缴纳的消费税为 4500 元。已知，适用的城市维护建设税税率为 7%。该企业本月应缴纳城市维护建设税税额的下列计算列式中，正确的是（ ）。

A. （8000+5000）×7%

B. （6000+4500）×7%

C. （8000+5000）×5%

D. （6000+4500）×5%

14. 甲企业（位于市区）销售产品实际缴纳增值税 110 万元，实际缴纳消费税 80 万元；进口产品实际缴纳增值税 30 万元。

已知，适用的城市维护建设税税率为7%，甲企业当月应缴纳城市维护建设税税额的下列计算列式中，正确的是（ ）。

A. （110+80+30）×7%

B. （110+30）×7%

C. （110+80）×7%

D. 80×7%

15. 2020年10月甲企业向税务机关应缴纳增值税42万元，实际缴纳37万元，向税务机关应缴纳消费税25万元，实际缴纳12万元。已知教育费附加征收比率为3%。计算甲企业当月应缴纳教育费附加的下列算式中，正确的是（ ）。

A. （42+25）×3%

B. （37+12）×3%

C. 42×3%

D. 25×3%

16. 2020年11月甲公司向烟农收购烟叶一批，支付收购价款1210000元，支付价外补贴121000元，已开具农产品收购发票。已知，烟叶税税率为20%。计算甲公司当月该笔业务应缴纳烟叶税税额的下列算式中，正确的是（ ）。

A. （1210000−121000）×20%

B. （1210000+121000）×20%

C. 1210000×（1+20%）×20%

D. 1210000×20%

17. 根据关税法律制度的规定，对原产于与我国签订含有关税优惠条款的区域性贸易协定的国家或地区的进口货物征收关税时，适用的税率形式是（ ）。

A. 最惠国税率　B. 普通税率

C. 特惠税率　D. 协定税率

18. 下列各项中，计征关税时实行从价加从量的复合税率的是（ ）。

A. 啤酒　B. 化妆品

C. 原油　D. 摄像机

19. 根据关税法律制度的规定，一般贸易项下进口的货物以海关审定的成交价格为基础的到岸价格作为完税价格。下列关于成交价格的表述中，正确的是（ ）。

A. 在货物成交过程中，向境外采购代理人支付的买方佣金，应计入成交价格，如已包括在成交价格中不需要扣除

B. 在货物成交过程中，进口人在成交价格外另支付给卖方的佣金，应计入成交价格

C. 卖方付给进口人的正常回扣，应计入成交价格

D. 卖方违反合同规定延期交货的罚款，可以从成交价格中扣除

20. 2020年9月甲公司进口一批服装，海关审定的成交价格为1500万元，服装运抵我国境内输入地点起卸前的运费96万元、保险费4万元。已知关税税率为10%。计算甲公司该笔业务应缴纳的关税税额的下列算式中，正确的是（ ）。

A. （1500+96+4）×10%

B. （1500+4）×10%

C. 1500×10%

D. （1500+96）×10%

21. 根据关税法律制度的规定，下列关于出口货物关税完税价格的计算公式中，正确的是（ ）。

A. 关税完税价格＝离岸价格÷（1−出口税率）

B. 关税完税价格＝离岸价格÷（1+出口税率）

C. 关税完税价格＝离岸价格×（1−出口税率）

D. 关税完税价格＝离岸价格×（1+出口税率）

22. 甲公司进口一批高档粉底液，对此业务的税务处理，下列说法正确的是（ ）。

A. 甲公司进口高档粉底液无须缴纳增值税

B. 甲公司进口高档粉底液无须缴纳消费税

C. 甲公司进口高档粉底液无须缴纳城市维护建设税

D. 甲公司进口高档粉底液无须缴纳关税

23. 进出口货物完税后，如发现少征或漏征税款，海关有权在一定期限内予以补征；如因收发货人或其代理人违反规定而造成少征或漏征关税税款的，海关在一定期限内可以追缴。根据关税法律制度的规定，该两项期限分别为（　　）。

A. 1年，1年　　B. 1年，3年

C. 3年，3年　　D. 3年，1年

24. 某砂石厂是增值税一般纳税人，2020年8月开采砂石60000立方米，对外销售55000立方米，不含增值税销售单价为100元/立方米。已知，当地砂石资源税税率为3元/立方米。有关该砂石厂本月应纳资源税的下列计算列式中，正确的是（　　）。

A. 55000×3

B. 60000×3

C. 100×55000×3

D. 100×60000×3

25. 某铅矿开采企业为一般纳税人，2020年11月开采并销售铅矿原矿，取得不含增值税销售额600万元；销售以自采铅矿原矿生产的选矿取得含增值税销售额1200万元。已知，适用的铅矿原矿资源税税率为4%，铅矿选矿资源税税率为6%，增值税税率为13%。有关该铅矿开采企业2020年11月应缴纳的资源税税额，下列计算列式正确的是（　　）。

A. 600×4%

B. 600×4%+1200×6%

C. 600×4%+1200÷（1+13%）×6%

D. 600÷（1+13%）×4%+1200÷（1+13%）×6%

## 二、多项选择题

1. 下列各项中，属于车辆购置税应税车辆的有（　　）。

A. 汽车　　B. 有轨电车

C. 地铁　　D. 电动摩托车

2. 下列各项中，免征车辆购置税的有（　　）。

A. 中国人民武装警察部队列入装备订货计划的车辆

B. 悬挂应急救援专用号牌的国家综合性消防救援车辆

C. 设有固定装置的非运输专用作业车辆

D. 城市公交企业购置的公共汽电车辆

3. 根据车船税法律制度的规定，下列各项中，属于车船税计税单位的有（　　）。

A. 整备质量每吨

B. 艇身长度每米

C. 每辆

D. 净吨位每吨

4. 根据车船税法律制度的规定，下列关于车船税纳税地点的表述中，正确的有（　　）。

A. 依法不需要办理登记的车船，纳税地点为车船的所有人或者管理人所在地

B. 纳税人自行申报纳税的车船，纳税地点为车船登记地的主管税务机关所在地

C. 需要办理登记的车船，纳税地点为车船生产地

D. 扣缴义务人代收代缴税款的车船，纳税地点为扣缴义务人所在地

5. 下列船舶中，免征船舶吨税的有（　　）。

A. 应纳税额在人民币150元以下的船舶

B. 吨税执照期满后24小时内不上下客货的船舶

C. 捕捞、养殖渔船

D. 警用船舶

6. 根据环境保护税法律制度的规定，下列各项中，属于环境保护税征税范围的有（　　）。

A. 噪声　　B. 固体废物

C. 大气污染物　　D. 水污染物

7. 下列有关环境保护税的表述中，正确的有（　　）。

A. 环境保护税实行定额税率

B. 环境保护税由环境保护机关征收

C. 环境保护税应当按月向企业机构所在地税务机关申报缴纳

D. 环境保护税的纳税义务发生时间为纳税人排放应税污染物的当日

8. 有关我国烟叶税的相关规定，下列说法正确的有(　　)。

A. 烟叶税实行比例税率

B. 烟叶税在烟叶收购环节征收

C. 纳税人应当自烟叶验收入库之日起30日内申报缴纳烟叶税

D. 烟叶税由税务机关征收

9. 根据关税法律制度的规定，下列进口货物中，实行从量计征关税的有(　　)。

A. 汽车　　B. 服装

C. 原油　　D. 啤酒

10. 根据关税法律制度的规定，下列各项中，属于法定减免关税的有(　　)。

A. 进出境运输工具装载的途中必需的燃料、物料和饮食用品

B. 国际组织无偿赠送的物资

C. 无商业价值的广告品

D. 无商业价值的货样

11. 下列各项中，属于资源税应税产品的有(　　)。

A. 天然气　　B. 汽油

C. 金项链　　D. 硫铁矿原矿

12. 下列各项中，属于资源税纳税义务人的有(　　)。

A. 开采销售原油的油田

B. 进口铝土矿的企业

C. 销售切割好的钻石裸石的首饰店

D. 销售自采原煤的企业

13. 某天然气生产企业将其自采的天然气用于下列用途，其中需要征收资源税的有(　　)。

A. 销售给市政供气企业

B. 本企业职工食堂领用

C. 与货车生产企业交换货车

D. 作为出资设立子公司

## 三、判断题

1. 纳税人申报的应税车辆计税价格明显偏低，又无正当理由的，由税务机关依法核定其应纳税额。(　　)

2. 对购置已征车辆购置税的车辆，不再征收车辆购置税。(　　)

3. 纳税人应当自购置应税车辆之日起40日内申报缴纳车辆购置税。(　　)

4. 免税、减税车辆因转让、改变用途等原因不再属于免税、减税范围的，纳税人应当在办理车辆转移登记或者变更登记前缴纳车辆购置税。(　　)

5. 购置的新车船，购置当年车船税的应纳税额自纳税义务发生的次月起按月计算。(　　)

6. 车船税纳税义务发生时间为取得车船所有权或者管理权的当月。(　　)

7. 扣缴义务人已代收代缴车船税的，纳税人不再向车辆登记地的主管税务机关申报缴纳车船税。(　　)

8. 已缴纳车船税的车船在同一纳税年度内办理转让过户的，不另纳税，也不退税。(　　)

9. 在一个纳税年度内，已完税的车船被盗抢、报废、灭失的，纳税人可以凭有关管理机关出具的证明和完税凭证，向纳税所在地的主管税务机关申请退还自被盗抢、报废、灭失次月起至该纳税年度终了期间的税款。(　　)

10. 中国国籍的应税船舶在计算船舶吨税时适用普通税率。(　　)

11. 船舶吨税纳税义务发生时间为应税船舶进入港口的当日。(　　)

12. 环境保护税纳税义务发生时间为纳税人排放应税污染物的当日。(　　)

13. 企业事业单位和其他生产经营者向依法设立的污水集中处理、生活垃圾集中处理场所排放应税污染物，应当缴纳环境保护税。(　　)

14. 环境保护税的纳税人为在中华人民共和国领域和中华人民共和国管辖的其他海域，直接向环境排放应税污染物的单位和个人。（ ）
15. 烟叶税在烟叶收购环节征收。（ ）
16. 无商业价值的广告品及货样，经海关审查无误后可以免征关税。（ ）
17. 对从境外采购进口的原产于中国境内的货物，应按规定征收进口关税。（ ）
18. 对原产于与我国签订含有关税优惠条款的区域性贸易协定的国家或地区的进口货物，按特惠税率征收关税。（ ）
19. 关税的计征方法有从价计征，从量计征，复合计征和滑准税。（ ）
20. 滑准税是指关税的税率随着进口商品价格的变动而反方向变动的一种税率形式，即价格越高，税率越低。（ ）
21. 在进口货物成交的过程中，卖方付给进口人的正常回扣，在计算进口货物完税价格时不得从成交价格中扣除。（ ）
22. 进出境运输工具装载的途中必需的燃料、物料和饮食用品，经海关审查无误后可以免予缴纳关税。（ ）
23. 纳税人开采或者生产不同税目应税产品的，未分别核算或者不能准确提供不同税目应税产品的销售额或者销售数量的，从高适用税率计征资源税。（ ）

## 同步强化练习题参考答案及解析

“扫码看解析”

使用“微信”或“会计云课堂”App扫右方二维码，对答案、看解析、掌握解题思路，开启轻松过关之旅。

### 一、单项选择题

1. 【答案】B

**解析：**（1）选项A：应由受赠并自用的乙企业缴纳车辆购置税；（2）选项C：应由获奖并自用的客户缴纳车辆购置税；（3）选项D：应由购买并自用的丙企业缴纳车辆购置税。

2. 【答案】A

**解析：**（1）甲企业是购买并自用车辆的一方，应当由甲企业缴纳车辆购置税，排除选项CD；（2）购买并自用应税车辆的车辆购置税计税价格为：纳税人实际支付给销售者的全部价款，不包括增值税税款，选项A正确。

3. 【答案】A

**解析：**车船税的税目分为6大类，包括乘用车、商用车、挂车、其他车辆、摩托车和船舶，不包括自行车（不论人力的，还是电动的）、火车、拖拉机。

4. 【答案】C

**解析：**（1）选项A：纯电动乘用车和燃料电池乘用车，不属于车船税的征税范围（而非免税）；（2）选项C：依照法律规定应当予以免税的外国驻华使领馆、国际组织驻华代表机构及其有关人员的车船，免征车船税。

5. 【答案】C

**解析：**（1）选项ABD：以“整备质量吨位数”为计税依据；（2）选项C：乘用车、商用客车、摩托车均以“辆数”为计税依据。

6. 【答案】D

**解析：**拖船以“净吨位数”为计税依据。

7. 【答案】A

**解析：**（1）排气量为2.0升，不属于节约能源车辆；（2）车船税纳税义务发生时间为取得车船所有权或者管理权的当月；（3）应纳车船税税额＝2×490÷12×7。

8.【答案】C

解析：选项C：已缴纳车船税的车船在同一纳税年度内办理转让过户的，不另纳税，也不退税。

9.【答案】A

解析：船舶吨税由海关负责征收。

10.【答案】B

解析：（1）选项A：我国吨税采用定额税率，并实行复式税率（包括普通税率和优惠税率）；（2）选项C：我国的船舶吨税，以应税船舶负责人为纳税人；（3）选项D：应税船舶负责人应当自海关填发吨税缴款凭证之日起15日内缴清税款。

11.【答案】B

解析：（1）企业事业单位和其他生产经营者在符合国家和地方环境保护标准的设施、场所贮存或者处置固体废物的（60吨），不属于直接向环境排放污染物，不缴纳相应污染物的环境保护税；（2）纳税人综合利用的固体废物，符合国家和地方环境保护标准的（80吨），暂予免征环境保护税。

12.【答案】A

解析：选项A：对出口货物、劳务和跨境销售服务、无形资产退还增值税、消费税的，不退还已缴纳的城市维护建设税。

13.【答案】B

解析：城市维护建设税的计税依据，是纳税人“实际缴纳的”增值税、消费税税额。

14.【答案】C

解析：对进口货物或者境外单位和个人向境内销售劳务、服务、无形资产缴纳的增值税、消费税税额（30万元），不征收城市维护建设税。

15.【答案】B

解析：教育费附加的计征依据，为纳税人实际缴纳（而非应当缴纳）的增值税、消费税税额之和。

16.【答案】B

解析：（1）烟叶税应纳税额＝价款总额×烟叶税税率；（2）价款总额＝烟叶收购价款＋价外补贴（统一按烟叶收购价款的10%计算）。

17.【答案】D

解析：对原产于与我国签订含有“关税优惠条款”的区域性贸易“协定”的国家或地区的进口货物，按协定税率征收关税。

18.【答案】D

解析：（1）对广播用录像机、放像机、摄像机等实行从价加从量的复合关税税率；（2）对啤酒、原油等少数货物实行从量计征关税。

19.【答案】B

解析：（1）选项A：向境外采购代理人支付的买方佣金不得计入进口关税完税价格，如已包括在成交价格中应予以扣除；（2）选项C：卖方付给进口人的正常回扣，应从成交价格中扣除；（3）选项D：卖方违反合同规定延期交货的罚款，卖方在货价中冲减时，罚款则不能从成交价格中扣除。

20.【答案】A

解析：货物运抵我国关境内输入地点起卸前的包装费、运费（96万元）、保险费（4万元）和其他劳务费等费用均应计入关税完税价格。

21.【答案】B

解析：出口货物应当以海关审定的货物售予境外的离岸价格，扣除出口关税后作为完税价格。计算公式为：出口货物完税价格＝离岸价格÷（1＋出口税率）。

22.【答案】C

解析：（1）选项A：应缴纳增值税，进

口货物的增值税由海关代征；（2）选项B：应缴纳消费税，进口应税消费品（如高档粉底液），进口环节的消费税由海关代征；（3）选项C：城市维护建设税及教育费附加，进口不征，出口不退；（4）选项D：凡准许进出口的货物，除国家另有规定的以外，均应由海关征收进口关税或出口关税。

23. 【答案】B

**解析**：进出口货物完税后，如发现少征或漏征税款，海关有权在1年内予以补征；如因收发货人或其代理人违反规定而造成少征或漏征税款的，海关在3年内可以追缴。

24. 【答案】A

**解析**：（1）从已知条件给出的税率形式完全可以判断出来，该砂石厂砂石资源税从量计征，排除选项CD；（2）应当用销售量计算，而非开采量，选项A正确，选项B错误。

25. 【答案】C

**解析**：（1）铅的资源税征税对象为原矿或者选矿，各项销售额均应依法计税，选项A错误；（2）资源税的计税销售额应为不含增值税销售额，“600万元”题目明确交代为不含增值税销售额，不必价税分离，“1200万元”题目明确交代为含增值税销售额，应当价税分离。

## 二、多项选择题

1. 【答案】AB

**解析**：车辆购置税的应税车辆（征收范围）包括汽车、有轨电车、汽车挂车、排气量超过150毫升的摩托车。

2. 【答案】ABCD

3. 【答案】ABCD

**解析**：（1）选项A：商用货车、挂车、专用作业车和轮式专用机械车，以“整备质量每吨”为计税单位；（2）选项B：游艇以“艇身长度每米”为计税单位；（3）选项C：乘用车、商用客车、摩托车以“每辆”为计税单位；（4）选项D：机动船舶、非机动驳船、拖船以“净吨位每吨”为计税单位。

4. 【答案】ABD

**解析**：车船税的纳税地点：（1）车船税的纳税地点为车船的登记地或者车船税扣缴义务人所在地（选项C错误）；（2）扣缴义务人代收代缴车船税的，纳税地点为扣缴义务人所在地（选项D正确）；（3）纳税人自行申报缴纳车船税的，纳税地点为车船登记地的主管税务机关所在地（选项B正确）；（4）依法不需要办理登记的车船，其车船税纳税地点为车船所有人或者管理人所在地（选项A正确）。

5. 【答案】BCD

**解析**：选项A：应纳税额在人民币“50元以下”的船舶，免征吨税。

6. 【答案】ABCD

**解析**：环境保护税的征税范围是法定的大气污染物、水污染物、固体废物和噪声。

7. 【答案】AD

**解析**：（1）选项B：环境保护税由税务机关征收；（2）选项C：环境保护税按月计算，按季申报缴纳，纳税人应当向“应税污染物排放地”的税务机关申报缴纳。

8. 【答案】ABD

**解析**：选项C：烟叶税按月计征，纳税人应当于纳税义务发生月终了之日起15日内申报并缴纳税款。

9. 【答案】CD

**解析**：进口关税一般采用比例税率，实行从价计征的办法，但对啤酒、原油等少数货物则实行从量计征，对广播用录像机、放像机、摄像机等实行从价加从量的复合税率。

10. 【答案】ABCD

11. 【答案】AD

**解析**：（1）选项B：“原油”属于资源税应税产品；“汽油”“柴油”等均为成

品油，不属于资源税应税产品，属于消费税应税产品。(2) 选项 C：“金”（包括原矿、选矿）为资源税应税产品；但“金项链”已经是深加工的工艺品了，不属于资源税应税产品，属于应税消费品（零售环节缴纳消费税）。

12. 【答案】AD

解析：(1) 选项 B：资源税进口不征；(2) 选项 C：首饰店销售的钻石裸石已经是经过切割的工艺品，不属于资源税应税产品。

13. 【答案】ABCD

解析：自产的资源税应税产品只有用于连续生产应税产品时才不征收资源税，用于其他情况（包括但不限于：销售、职工福利、非货币性资产交换、投资）均应在移送时征收资源税。

### 三、判断题

1. 【答案】√
2. 【答案】√
3. 【答案】×

解析：车辆购置税的纳税义务发生时间为纳税人购置应税车辆的当日，纳税人应当自纳税义务发生之日起60 日内申报缴纳车辆购置税。

4. 【答案】√
5. 【答案】×

解析：购置的新车船，购置当年车船税的应纳税额自纳税义务发生的当月起按月计算。

6. 【答案】√
7. 【答案】√
8. 【答案】√
9. 【答案】×

解析：在一个纳税年度内，已完税的车船被盗抢、报废、灭失的，纳税人可以凭有关管理机关出具的证明和完税凭证，向纳税所在地的主管税务机关申请退还自被盗抢、报废、灭失月份起至该纳税年度终了期间的税款。

10. 【答案】×

解析：中国国籍的应税船舶在计算船舶吨税时适用“优惠税率”。

11. 【答案】√
12. 【答案】√
13. 【答案】×

解析：企业事业单位和其他生产经营者向依法设立的污水集中处理、生活垃圾集中处理场所排放应税污染物的，不属于直接向环境排放污染物，不缴纳相应污染物的环境保护税。

14. 【答案】×

解析：环境保护税的纳税人为在中华人民共和国领域和中华人民共和国管辖的其他海域，直接向环境排放应税污染物的企业事业单位和其他生产经营者（不包括其他个人）。

15. 【答案】√
16. 【答案】√
17. 【答案】√

解析：对从境外采购进口的原产于中国境内的货物，按照最惠国税率征税。

18. 【答案】×

解析：对原产于与我国签订含有关税优惠条款的区域性贸易协定的国家或地区的进口货物，按“协定税率”征收关税。

19. 【答案】√

解析：关税应纳税额的计算方法包括：从价税计算方法、从量税计算方法、复合税计算方法和滑准税计算方法。

20. 【答案】√
21. 【答案】×

解析：在进口货物成交的过程中，卖方付给进口人的正常回扣，在计算进口货物完税价格时应当从成交价格中扣除。

22. 【答案】√
23. 【答案】√

# 第七章　税收征收管理法律制度

## 考情分析

根据考生们的回忆，本章在每套考卷中的分值约为 4 分，通常不涉及大题。另外，“税务行政复议”相关考点已经与“行政复议”相关考点合并在第 1 章中介绍完毕，本章不再提及（下表题型题量及分值计算不含税务行政复议相关）。

**2020 年典型考卷题型题量分析表**

| | 卷 1 | | 卷 2 | | 卷 3 | | 卷 4 | | 卷 5 | |
|---|---|---|---|---|---|---|---|---|---|---|
| | 题量 | 分值 | 题量 | 分值 | 题量 | 分值 | 题量 | 分值 | 题量 | 分值 |
| 单项选择题 | 0 | 0 | 1 | 2 | 1 | 2 | 1 | 2 | 0 | 0 |
| 多项选择题 | 1 | 2 | 1 | 2 | 0 | 0 | 0 | 0 | 1 | 2 |
| 判断题 | 1 | 1 | 0 | 0 | 1 | 1 | 2 | 2 | 1 | 1 |
| 不定项选择题 | 0 | 0 | 0 | 0 | 0 | 0 | 0 | 0 | 0 | 0 |
| 合计 | 2 | 3 | 2 | 4 | 2 | 3 | 3 | 4 | 2 | 3 |

2021 年本章考点的主要变化为：对“发票适用的范围”进行了调整。

## 考点框架

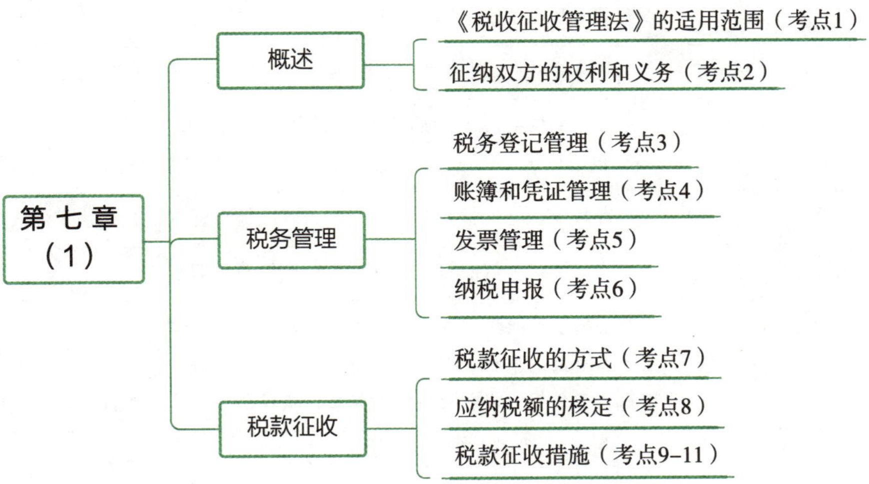

第七章（2）— 其他考点
- 税务检查（考点12）
- 税收法律责任（考点13）
- 重大税收违法失信案件信息公布制度（考点14）

## 考点剖析

### 第1单元　税收征收管理法概述

查看本单元视频
使用“会计云课堂”App/微信扫描

#### 01 考点1 《税收征收管理法》的适用范围（★）

1. 凡依法由税务机关征收的各种税收的征收管理，均适用《税收征收管理法》。

【提示】由海关负责征收（代征）的各种税收的征收管理，不直接适用《税收征收管理法》，而是依其相关规定执行。

【相关链接】关税、船舶吨税由海关负责征收，进口环节的增值税、消费税由海关代征。

2. 我国同外国缔结的有关税收的条约、协定同《税收征收管理法》有不同规定的，依照条约、协定的规定办理。

**经典题解**

**【例题1·判断题】**我国同外国缔结的有关税收的条约、协定同《中华人民共和国税收征收管理法》有不同规定的，依照征管法规定办理。（　　）

**【答案】**×

#### 02 考点2 征纳双方的权利和义务（★）

| | | | |
|---|---|---|---|
| 征税主体 | 职权 | 税收立法权 | 包括参与起草税收法律法规草案，提出税收政策建议，在职权范围内制定、发布关于税收征管的部门规章等 |
| | | 税务管理权 | 包括对纳税人进行税务登记管理、账簿和凭证管理、发票管理、纳税申报管理等 |
| | | 税款征收权 | （1）是征税主体享有的最基本、最主要的职权<br>（2）包括依法计征权、核定税款权、税收保全和强制执行权、追征税款权等 |
| | | 税务检查权 | 包括查账权、场地检查权、询问权、责成提供资料权、存款账户核查权等 |
| | | 税务行政处罚权 | 对税收违法行为依照法定标准予以行政制裁的职权 |
| | | 其他职权 | 如在法律、行政法规规定的权限内，对纳税人的减、免、退、延期缴纳的申请予以审批的权利；阻止欠税纳税人离境的权利；委托代征权；估税权；代位权与撤销权；定期对纳税人欠缴税款情况予以公告的权利；上诉权等 |

续表

| | | |
|---|---|---|
| 征税主体 | 义务 | (1) 宣传税收法律、行政法规，普及纳税知识，无偿为纳税人提供纳税咨询服务<br>(2) 依法为纳税人、扣缴义务人的情况保守秘密，为检举违反税法行为者保密。纳税人、扣缴义务人的税收违法行为不属于保密范围<br>(3) 加强队伍建设，提高税务人员的政治业务素质<br>(4) 秉公执法，忠于职守，清正廉洁，礼貌待人，文明服务，尊重和保护纳税人、扣缴义务人的权利，依法接受监督<br>(5) 税务人员不得索贿受贿、徇私舞弊、玩忽职守、不征或者少征应征税款；不得滥用职权多征税款或者故意刁难纳税人和扣缴义务人<br>(6) 税务人员在核定应纳税额、调整税收定额、进行税务检查、实施税务行政处罚、办理税务行政复议时，与纳税人、扣缴义务人或者其法定代表人、直接责任人有利害关系，包括夫妻关系、直系血亲关系、三代以内旁系血亲关系、近姻亲关系、可能影响公正执法的其他利害关系的，应当回避<br>(7) 建立、健全内部制约和监督管理制度 |
| 纳税主体 | 权利 | (1) 知情权<br>(2) 要求保密权<br>(3) 依法享受税收优惠权<br>(4) 申请退还多缴税款权<br>(5) 申请延期申报权<br>(6) 纳税申报方式选择权<br>(7) 申请延期缴纳税款权<br>(8) 索取有关税收凭证的权利<br>(9) 委托税务代理权<br>(10) 陈述权、申辩权<br>(11) 对未出示税务检查证和税务检查通知书的拒绝检查权<br>(12) 依法要求听证的权利<br>(13) 税收法律救济权<br>(14) 税收监督权 |
| | 义务 | (1) 按期办理税务登记，及时核定应纳税种、税目<br>(2) 依法设置账簿、保管账簿和有关资料以及依法开具、使用、取得和保管发票的义务<br>(3) 财务会计制度和会计核算软件备案的义务<br>(4) 按照规定安装、使用税控装置的义务<br>(5) 按期、如实办理纳税申报的义务<br>(6) 按期缴纳或解缴税款的义务<br>(7) 接受税务检查的义务<br>(8) 代扣、代收税款的义务<br>(9) 及时提供信息的义务，如纳税人有歇业、经营情况变化、遭受各种灾害等特殊情况的，应及时向征税机关说明等<br>(10) 报告其他涉税信息的义务，如企业合并、分立的报告义务等 |

### 经典题解

【例题2·多选题】根据税收征收管理法律制度的规定，下列各项中，属于纳税人权利的有（　　）。

A. 陈述权

B. 核定税款权

C. 税收监督权

D. 税收法律救济权

【解析】选项B：属于征税主体的职权。

【答案】ACD

【例题3·单选题】根据税收征收管理法律制度的规定，下列各项中，不属于纳税主体权利的是（　　）。

A. 税收立法权

B. 要求保密权

C. 纳税申报方式选择权

D. 知情权

【解析】选项A：属于征税主体的职权。

【答案】A

## 第2单元　税务管理



### 03 考点3 税务登记管理（★）

1. 从事生产、经营的纳税人

企业，企业在外地设立的分支机构和从事生产、经营的场所，个体工商户和从事生产、经营的事业单位，都应当办理税务登记。

2. 非从事生产经营但依法负有纳税义务的单位和个人

（1）国家机关、个人和无固定生产经营场所的流动性农村小商贩，不办理税务登记；

（2）其他非从事生产经营但依法负有纳税义务的单位和个人，应当办理税务登记。

### 经典题解

【例题4·判断题】企业在外地设立从事生产、经营的场所不需要办理税务登记。（　　）

【答案】×

3. 扣缴义务人

依法负有扣缴税款义务的扣缴义务人（国家机关除外），应当办理扣缴税款登记。

4. 税务登记主管机关

县以上税务局（分局）是税务登记的主管机关，负责税务登记的设立登记、变更登记、注销登记以及非正常户处理、报验登记等有关事项。

5. 多证合一、一照一码

将工商营业执照、组织机构代码证、税务登记证、社会保险登记证、统计登记证等整合到营业执照上，实现“多证合一、一照一码”。使“一照一码”营业执照成为企业唯一的“身份证”，使统一社会信用代码成为企业唯一的身份代码，实现企业“一照一码”走天下。

### 04 考点4 账簿和凭证管理（★★）

1. 从事生产、经营的纳税人应当自领取营业执照或者发生纳税义务之日起15日内，按照国家有关规定设置账簿。

2. 生产、经营规模小又确无建账能力的纳税人，可以聘请经批准从事会计代理记账业务的专业机构或者财会人员代为建账和办理账务。聘请上述机构或者人员有实际困难的，经县以上税务机关批准，可以按照税务机关的规定，建立收支凭证粘贴簿、进货销货登记簿或者使用税控装置。

3. 扣缴义务人应当自税收法律、行政法规规定的扣缴义务发生之日起10日内，按照所代扣、代收的税种，分别设置代扣代缴、代收代缴税款账簿。

## 经典题解

【例题5·单选题】根据税收征收管理法律制度的规定，从事生产、经营的纳税人应当自领取营业执照或者发生纳税义务之日起一定期限内，按照国家有关规定设置账簿，该期限是(　　)。

A. 10日　　B. 15日

C. 7日　　D. 30日

【答案】B

【例题6·单选题】扣缴义务人应当在法定扣缴义务发生之日起(　　)内，按所代扣、代收的税种，分别设置代扣代缴、代收代缴税款账簿。

A. 15日　　B. 10日

C. 30日　　D. 60日

【答案】B

## 05 考点5 发票管理(★★★)

1. 发票适用的范围（2021年调整）

（1）增值税一般纳税人发生应税销售行为，使用增值税发票管理系统开具增值税专用发票、增值税普通发票、增值税电子普通发票、收费公路通行费增值税电子普通发票、机动车销售统一发票、二手车销售统一发票。

【提示1】单位和个人可以登录“全国增值税发票查验平台”对新系统开具的发票信息进行查验。

【提示2】增值税普通发票（卷票）由纳税人自愿选择使用。纳税人可依法书面向税务机关要求使用印有本单位名称的增值税普通发票（折叠票）或增值税普通发票（卷票），税务机关按规定确认印有该单位名称发票的种类和数量。纳税人通过新系统开具印有本单位名称的增值税普通发票（折叠票）或增值税普通发票（卷票）。

（2）小规模纳税人（其他个人除外）发生增值税应税行为，需要开具增值税专用发票的，可以自愿使用增值税发票管理系统自行开具。选择自行开具增值税专用发票的小规模纳税人，税务机关不再为其代开增值税专用发票。

（3）门票、过路（过桥）费发票、定额发票、客运发票继续使用。

（4）餐饮行业增值税一般纳税人购进农业生产者自产农产品，可以使用税务机关监制的农产品收购发票。

2. 发票的开具

（1）开具方向

销售商品、提供服务以及从事其他经营活动的单位和个人，对外发生经营业务收取款项，收款方应当向付款方开具发票；但下列情况，由付款方向收款方开具发票：

①收购单位和扣缴义务人支付个人款项时；

②国家税务总局认为其他需要由付款方向收款方开具发票的。

（2）取得发票时，不得要求变更品名和金额。

（3）任何单位和个人不得有下列虚开发票的行为：

①为他人、为自己开具与实际经营业务情况不符的发票；

②让他人为自己开具与实际经营业务情况不符的发票；

③介绍他人开具与实际经营业务情况不符的发票。

3. 发票使用中的禁止行为

任何单位和个人应当按照发票管理规定使用发票，不得有下列行为：

（1）转借、转让、介绍他人转让发票、发票监制章和发票防伪专用品；

（2）知道或者应当知道是私自印制、伪造、变造、非法取得或者废止的发票而受让、开具、存放、携带、邮寄、运输；

（3）拆本使用发票；

（4）扩大发票使用范围；

（5）以其他凭证代替发票使用。

4. 开具发票的单位和个人应当建立发票使用登记制度，设置发票登记簿，并定期向主管税务机关报告发票使用情况。

5. 已开具的发票存根联和发票登记簿，应当保存5年；保存期满，报经税务机关查验后销毁。

6. 购买方纳税人识别号的填写

购买方为企业（包括公司、非公司制企业法人、企业分支机构、个人独资企业、合伙企业和其他企业）的，索取增值税普通发票时，应向销售方提供纳税人识别号或统一社会信用代码；销售方为其开具增值税普通发票时，应在“购买方纳税人识别号”栏填写购买方的纳税人识别号或统一社会信用代码。不符合规定的发票，不得作为税收凭证。

7. 发票领用分类分级管理制度

（1）对于税收风险程度较低的纳税人，按需供应发票。

（2）对于税收风险程度中等的纳税人，正常供应发票，加强事中事后监管。

（3）对于税收风险程度较高的纳税人，严格控制其发票领用数量和最高开票限额，并加强事中事后监管。

8. 发票的检查

（1）税务机关在发票管理中有权进行下列检查：

①检查印制、领购、开具、取得、保管和缴销发票的情况；

②调出发票查验；

【提示】税务机关需要将“已开具”的发票调出查验时，应当向被查验的单位和个人开具“发票换票证”。税务机关需要将“空白发票”调出查验时，应当开具“收据”，经查无问题的，应当及时返还。

③查阅、复制与发票有关的凭证、资料；

④向当事各方询问与发票有关的问题和情况；

⑤在查处发票案件时，对与案件有关的情况和资料，可以记录、录音、录像、照相和复制。

（2）税务人员进行检查时，应当出示税务检查证。

## 经典题解

【例题7·判断题】收购单位支付个人款项时，由付款方向收款方开具发票。（　　）

【答案】√

【例题8·多选题】根据税收征收管理法律制度的规定，下列各项中，不符合发票使用规定的有(　　)。

A. 拆本使用发票

B. 扩大发票使用范围

C. 转借发票监制章

D. 以其他凭证代替发票使用

【答案】ABCD

【例题9·单选题】根据税收征收管理法律制度的规定，开具发票的单位和个人应当依照税务机关的规定存放和保管发票，已经开具的发票存根联和发票登记簿应当至少保存一定期限。该期限为(　　)。

A. 20年　　B. 15年

C. 10年　　D. 5年

【答案】D

【例题10·多选题】根据税收征收管理法律制度的规定，下列各项中，属于税务机关发票管理权限的有（ ）。

A. 检查印制、领购、开具、取得、保管和缴销发票的情况

B. 查阅、复制与发票有关的凭证、资料

C. 调出发票查验

D. 向当事各方询问与发票有关的问题和情况

【答案】ABCD

【例题11·单选题】根据税收征收管理法律制度的规定，关于发票开具、使用和保管的下列表述中，正确的是（ ）。

A. 销售货物开具发票时，可按付款方要求变更品名和金额

B. 经单位财务负责人批准后，可拆本使用发票

C. 已经开具的发票存根联保存期满后，开具发票的单位可直接销毁

D. 收购单位向个人支付收购款项时，由付款方向收款方开具发票

【解析】(1) 选项A：取得发票时，不得要求变更品名和金额；(2) 选项B：禁止拆本使用发票；(3) 选项C：保存期满，应报经税务机关查验后销毁。

【答案】D

## 06 考点6 纳税申报（★★★）

1. 纳税申报的内容

纳税人、扣缴义务人的纳税申报或者代扣代缴、代收代缴税款报告表的主要内容包括税种、税目；应纳税项目或者应代扣代缴、代收代缴税款项目；计税依据；扣除项目及标准；适用税率或者单位税额；应退税项目及税额、应减免税项目及税额；应纳税额或者应代扣代缴、代收代缴税额；税款所属期限、延期缴纳税款、欠税、滞纳金等。

2. 纳税申报的方式

| 申报方式 | 要点 |
| --- | --- |
| 自行申报 | 指纳税人、扣缴义务人在规定的申报期限内，自行直接到主管税务机关指定的办税服务场所办理纳税申报手续 |
| 邮寄申报 | (1) 指经税务机关批准，纳税人、扣缴义务人使用统一的纳税申报专用信封，通过邮政部门办理交寄手续，并以邮政部门收据作为申报凭据的纳税申报方式<br>(2) 邮寄申报以寄出的邮戳日期为实际申报日期 |
| 数据电文申报 | (1) 指经税务机关批准，纳税人、扣缴义务人以税务机关确定的电话语音、电子数据交换和网络传输等电子方式进行纳税申报<br>(2) 采取数据电文方式办理纳税申报的，其申报日期以税务机关计算机网络系统收到该数据电文的时间为准 |
| 其他方式申报 | 实行定期定额缴纳税款的纳税人，可以实行简易申报、简并征期等方式申报纳税 |

3. 纳税人在纳税期内没有应纳税款的，也应当按照规定办理纳税申报。

4. 纳税人享受减税、免税待遇的，在减税、免税期间应当按照规定办理纳税申报。

5. 延期办理纳税申报

(1) 因自身原因需要延期：事前申请

①纳税人、扣缴义务人按照规定的期限办理纳税申报或者报送代扣代缴、代收代缴税款报告表确有困难，需要延期的，应当在规定的期限内向税务机关提出书面延期申请，经税务机关核准，在核准的期限内办理。

②经核准延期办理纳税申报、报送事项

的，应当在纳税期内按照上期实际缴纳的税额或者税务机关核定的税额预缴税款，并在核准的延期内办理税款结算。

（2）因不可抗力需要延期：事后报告

纳税人、扣缴义务人因不可抗力，不能按期办理纳税申报或者报送代扣代缴、代收代缴税款报告表的，可以延期办理；但是，应当在不可抗力情形消除后立即向税务机关报告。

## 经典题解

**【例题12·多选题】** 根据税收征收管理法律制度的规定，下列各项中，属于纳税申报方式的有（ ）。

A. 邮寄申报

B. 数据电文申报

C. 自行申报

D. 简易申报

**【答案】** ABCD

**【例题13·多选题】** 根据税收征收管理法律制度的规定，下列纳税申报方式中，符合规定的有（ ）。

A. 甲公司在规定的申报期限内，自行到主管税务机关指定的办税服务大厅申报

B. 经税务机关批准，乙公司以网络传输方式申报

C. 经税务机关批准，丙公司使用统一的纳税申报专用信封，通过邮局交寄

D. 实行定期定额缴纳税款的丁店（个体工商户），采用简易申报方式申报

**【解析】**（1）选项A：属于自行申报；（2）选项B：属于数据电文申报；（3）选项C：属于邮寄申报；（4）选项D：属于其他方式申报，即实行定期定额缴纳税款的纳税人，可以实行简易申报、简并征期等方式申报纳税。

**【答案】** ABCD

**【例题14·判断题】** 纳税人办理纳税申报采用邮寄方式的，以到达的邮戳日期为实际申报日期。（ ）

**【答案】** ×

**【例题15·单选题】** 根据税收征收管理法律制度的规定，下列关于纳税申报的表述中，正确的是（ ）。

A. 纳税人享受减税待遇的，在减税期间无须办理纳税申报

B. 纳税人在纳税期内没有应纳税款的，也应当按照规定办理纳税申报

C. 纳税人享受免税待遇的，在免税期间无须办理纳税申报

D. 经核准延期办理纳税申报的，在纳税期内无须预缴税款

**【解析】**（1）选项AC：纳税人享受减税、免税待遇的，在减税、免税期间应当按照规定办理纳税申报；（2）选项D：经核准延期办理纳税申报、报送事项的，应当在纳税期内按照上期实际缴纳的税额或者税务机关核定的税额预缴税款，并在核准的延期内办理税款结算。

**【答案】** B

**【例题16·判断题】** 经核准延期办理纳税申报、报送事项的，应当在纳税期内按照上期实际缴纳的税额或者税务机关核定的税额预缴税款，并在核准的延期内办理税款结算。（ ）

**【答案】** √

# 第 3 单元　税款征收

查看本单元视频
使用"会计云课堂"App/ 微信扫描

## 07 考点 7 税款征收的方式（★）

| 征收方式 | 适用范围 |
| --- | --- |
| 查账征收 | 适用于财务会计制度健全，能够如实核算和提供生产经营情况，并能正确计算应纳税款和如实履行纳税义务的纳税人 |
| 查定征收 | 适用于生产经营规模较小、产品零星、税源分散、会计账册不健全，但能控制原材料或进销货的小型厂矿和作坊 |
| 查验征收 | 适用于纳税人财务制度不健全，生产经营不固定，零星分散、流动性大的税源 |
| 定期定额征收 | 适用于经主管税务机关认定和县以上税务机关（含县级）批准的生产、经营规模小，达不到规定设置账簿标准，难以查账征收，不能准确计算计税依据的个体工商户（包括个人独资企业） |

### 经典题解

**【例题 17 · 单选题】**根据税收征收管理法律制度的规定，对财务会计制度健全、能够如实核算和提供生产经营情况，并能正确计算应纳税款和如实履行纳税义务的纳税人，适用的税款征收方式是(　　)。

A. 查账征收　　B. 查定征收

C. 定期定额征收　　D. 查验征收

**【答案】**A

**【例题 18 · 单选题】**根据税收征收管理法律制度的规定，下列税款征收方式中，适用于纳税人财务制度不健全，生产经营不固定，零星分散、流动性大的税源的是(　　)。

A. 定期定额征收

B. 查定征收

C. 查验征收

D. 查账征收

**【答案】**C

## 08 考点 8 应纳税额的核定（★）

纳税人有下列情形之一的，税务机关有权核定其应纳税额：

1. 依照法律、行政法规的规定可以不设置账簿的；

2. 依照法律、行政法规的规定应当设置但未设置账簿的；

3. 擅自销毁账簿或者拒不提供纳税资料的；

4. 虽设置账簿，但账目混乱或者成本资料、收入凭证、费用凭证残缺不全，难以查账的；

5. 发生纳税义务，未按照规定的期限办理纳税申报，经税务机关责令限期申报，逾期仍不申报的；

6. 纳税人申报的计税依据明显偏低，又无正当理由的。

### 经典题解

【例题19·多选题】根据税收征收管理法律制度的规定，下列情形中，税务机关有权核定纳税人应纳税额的有（ ）。

A. 纳税人设置的账簿账目混乱难以查账

B. 纳税人按法律、行政法规规定应当设置但未设置账簿的

C. 纳税人虽设置账簿，但成本资料、收入凭证、费用凭证残缺不全，难以查账的

D. 纳税人未按照规定的期限缴纳税款，经税务机关责令限期缴纳，逾期仍不缴纳的

【解析】选项D：欠缴税额已经明确，不需要核定应纳税额，而是经责令限期缴纳逾期仍不缴纳，考虑采取税收强制执行措施。

【答案】ABC

【例题20·判断题】依照法律、行政法规的规定纳税人可以不设置账簿的，税务机关有权核定其应纳税额。（ ）

【答案】√

【例题21·判断题】纳税人发生纳税义务，未按照规定的期限办理纳税申报，经税务机关责令限期申报，逾期仍不申报，税务机关有权核定其应纳税额。（ ）

【答案】√

## 09 考点9 税款征收措施（★★★）

（一）概览

- 责令缴纳
- 责令提供纳税担保
- 采取税收保全措施
- 采取强制执行措施
- 阻止出境

【提示】注意区分“税款征收**措施**”和“税款征收的**方式**”。

### 经典题解

【例题22·单选题】根据税收征收管理法律制度的规定，下列各项中，属于税款征收措施的是（ ）。

A. 查账征收

B. 税务行政复议

C. 税收保全

D. 自行申报

【解析】选项A：属于**税款征收的方式**；选项B：属于税务争议纠纷的解决途径；选项D：属于**纳税申报的方式**。

【答案】C

【例题23·单选题】根据税收征收管理法律制度的规定，税务机关可以采取的税款征收措施不包括（ ）。

A. 责令缴纳

B. 责令提供纳税担保

C. 取消税收优惠

D. 采取税收保全措施

【解析】税务机关可以采取的税款征收措施共5种：责令缴纳、责令提供纳税担保、采取税收保全措施、采取强制执行措施和阻止出境（不包括取消税收优惠）。

【答案】C

（二）责令缴纳

1. 基本适用情形

**纳税人未按照规定期限缴纳税款的，扣缴义务人未按照规定期限解缴税款的**，税务机关可责令限期缴纳，并从滞纳税款之日起，按日加收滞纳金。

（1）滞纳金的加收标准：从滞纳税款之日起，按日加收滞纳税款**万分之五**的滞纳金。

（2）加收滞纳金的起止时间：自税款**法定缴纳期限**届满**次日起**至纳税人、扣缴义务人实际缴纳或者解缴税款之日止。

【案例】甲公司8月份应纳增值税30万元，甲公司迟迟未缴，税务机关责令其缴纳

并加收滞纳金，甲公司直到10月15日才缴清上述税款。已知，甲公司的增值税纳税期限为1个月，不考虑其他因素。

**【分析】**（1）增值税纳税期限为1个月的，应于次月1日起15日内申报纳税并结清上月应纳税款；因此，甲公司应缴纳税款的最晚期限是9月15日；（2）加收滞纳金的起止时间为9月16日（含）至10月15日（含），共计15+15=30（天）；（3）甲公司应缴纳的税款滞纳金=30×0.5‰×30=0.45（万元）。

## 经典题解

**【例题24·单选题】**按照规定甲公司最晚应于2020年9月15日缴纳应纳税款，甲公司逾期未缴纳，主管税务机关责令其于当年10月30日前缴纳，并加收滞纳金，甲公司最终于11月14日缴纳税款。关于主管税务机关对甲公司加收滞纳金的起止时间的下列表述中，正确的是(　　)。

A. 2020年10月15日至2020年11月15日

B. 2020年10月30日至2020年11月15日

C. 2020年9月16日至2020年11月14日

D. 2020年11月1日至2020年11月14日

**【解析】**加收滞纳金的起止时间：自税款法定缴纳期限届满次日（9月16日）起至纳税人、扣缴义务人实际缴纳或者解缴税款之日（11月14日）止。

**【答案】**C

2. 其他适用情形

（1）对未按照规定办理税务登记的从事生产、经营的纳税人以及临时从事生产经营的纳税人，由税务机关核定其应纳税额，责令其缴纳应纳税额。

（2）税务机关有根据认为从事生产、经营的纳税人有逃避纳税义务行为的，可以在规定的纳税期之前，责令限期缴纳应纳税款。

（3）纳税担保人未按照规定的期限缴纳所担保的税款，税务机关可以责令其限期缴纳应纳税款。

**【提示】**在上述情形下，经税务机关责令缴纳逾期仍不缴纳税款的，税务机关有权依法采取税收保全措施、税收强制执行措施。

（三）责令提供纳税担保

1. 纳税担保的主要适用情形

（1）税务机关有根据认为从事生产、经营的纳税人有逃避纳税义务行为，在规定的纳税期之前经责令其限期缴纳应纳税款，在限期内发现纳税人有明显的转移、隐匿其应纳税的商品、货物，以及其他财产或者应纳税收入的迹象，责成纳税人提供纳税担保的；

（2）欠缴税款、滞纳金的纳税人或者其法定代表人需要出境的；

（3）纳税人同税务机关在纳税上发生争议而未缴清税款，需要申请行政复议的。

**【相关链接1】**申请人对征税行为不服申请行政复议的，必须依照税务机关根据法律、行政法规确定的税额、期限，先行缴纳或者解缴税款及滞纳金，或者提供相应的担保，方可在实际缴清税款和滞纳金后或者所提供的担保得到作出具体行政行为的税务机关确认之日起60日内提出行政复议申请。

**【相关链接2】**申请人对税务机关作出逾期不缴纳罚款加处罚款的决定不服的，应当先缴纳罚款和加处罚款，再申请行政复议。

2. 纳税担保的方式：保证、抵押、质押。

3. 纳税担保的范围：税款、滞纳金和实现税款、滞纳金的费用。

## 经典题解

**【例题25·多选题】**根据税收征收管理法律制度的规定，下列各项中，属于纳税担保方式的有(　　)。

A. 抵押　　B. 留置

C. 质押　　D. 保证

**【答案】**ACD

**【例题26·单选题】**根据税收征收管理法律制度的规定，下列情形中，税务机关可以责令纳税人提供纳税担保的是(　　)。

A. 纳税人同税务机关在纳税上发生争议而未缴清税款，需要申请行政复议的

B. 纳税人按照规定应设置账簿而未设置

C. 纳税人开具与实际经营业务情况不符的发票

D. 纳税人对税务机关作出逾期不缴纳罚款加处罚款的决定不服，需要申请行政复议的

**【解析】**（1）选项B：属于税务机关有权“核定其应纳税额”的情形；（2）选项C：属于“虚开发票”；（3）选项D：应当先缴纳罚款和加处罚款，再向作出行政处罚决定的税务机关申请行政复议，不需要提供纳税担保。

**【答案】**A

**【例题27·单选题】**根据税收征收管理法律制度的规定，下列费用中，不属于纳税担保范围的是(　　)。

A. 罚款

B. 税款

C. 实现税款、滞纳金的费用

D. 税收滞纳金

**【答案】**A

（四）阻止出境

欠缴税款的纳税人或者其法定代表人在出境前未按规定结清应纳税款、滞纳金或者提供纳税担保的，税务机关可以通知出境管理机关阻止其出境。

### 经典题解

**【例题28·单选题】**税务机关在查阅甲公司公开披露的信息时发现，其法定代表人周某有一笔财产转让收入未申报缴纳个人所得税，要求周某补缴税款80万元，滞纳金3.8万元。周某未结清应纳税款、滞纳金的情况下，拟出国，且未提供纳税担保，税务机关知晓后对周某可以采取的税款征收措施是(　　)。

A. 查封豪华住宅

B. 查封股票交易账户

C. 通知出境管理机关阻止出境

D. 冻结银行存款

**【解析】**选项ABD：属于税收保全措施。

**【答案】**C

**【例题29·单选题】**根据税收征收管理法律制度的规定，对欠缴税款、滞纳金的纳税人或其法定代表人需要出境的，税务机关可以采取的措施是(　　)。

A. 书面通知其开户银行从其存款中扣缴税款

B. 责令提供纳税担保

C. 核定、调整应纳税额

D. 依法拍卖其价值相当于应纳税款的商品

**【解析】**本题揭示了“责令提供纳税担保”和“阻止出境”的联系：如果该纳税人或其法定代表人拒绝或无力提供纳税担保，税务机关可以通知出境管理机关阻止其出境。

**【答案】**B

## 10 考点10 税款征收措施——税收保全（★★★）

1. 适用税收保全的情形及措施

（1）税务机关责令具有税法规定情形的纳税人提供纳税担保而纳税人拒绝提供纳税担保或无力提供纳税担保的，经县以上税务局（分局）局长批准，税务机关可以采取下列税收保全措施：

①书面通知纳税人开户银行或者其他金融机构冻结纳税人的金额相当于应纳税款的存款；

②扣押、查封纳税人的价值相当于应纳税款的商品、货物或者其他财产。

（2）对未按照规定办理税务登记的从事生产、经营的纳税人，以及临时从事经营的纳税人，由税务机关核定其应纳税额，责令

缴纳；不缴纳的，税务机关可以扣押其价值相当于应纳税款的商品、货物。

（3）税务机关对从事生产、经营的纳税人以前纳税期的纳税情况依法进行税务检查时，发现纳税人有逃避纳税义务行为，并有明显的转移、隐匿其应纳税的商品、货物以及其他财产或者应纳税的收入的迹象的，可以依法定批准权限采取税收保全措施或者强制执行措施。

2. 不适用税收保全措施的财产

（1）个人及其所扶养家属维持生活必需的住房和用品（不包括机动车辆、金银饰品、古玩字画、豪华住宅或者一处以外的住房），不在税收保全措施的范围之内。

（2）税务机关对单价5000元以下的其他生活用品，不采取税收保全措施。

3. 税务机关采取税收保全措施的期限一般不得超过6个月。

## 经典题解

【例题30·单选题】下列属于税收保全措施的是（　　）。

A. 责令提供纳税担保

B. 以纳税人财产拍卖所得抵缴税款

C. 通知银行冻结纳税人相当于应纳税款的银行存款

D. 阻止出境

【解析】（1）选项B：属于税收强制执行措施；（2）选项ABCD：均属于税款征收措施。

【答案】C

【例题31·多选题】税务机关拟对个体工商户业主吴某采取税收保全措施，吴某的下列财产中，可以采取税收保全措施的有（　　）。

A. 价值100万元的小汽车

B. 价值2万元的金银首饰

C. 价值1000元的洗衣机

D. 维持自己生活必需的唯一普通住房

【解析】（1）选项AB：机动车辆、金银饰品、古玩字画、豪华住宅或者一处以外的住房（不论价值几何），可以采取税收保全措施；（2）选项C：属于单价5000元以下的生活用品，不得采取税收保全措施；（3）选项D：属于个人维持生活必需的住房，不得采取税收保全措施。

【答案】AB

【例题32·单选题】根据税收征收管理法律制度的规定，下列各项中，属于税收保全措施的是（　　）。

A. 扣押纳税人价值相当于应纳税款的货物

B. 变卖纳税人价值相当于应纳税款的货物，以变卖所得抵缴税款

C. 向纳税人加收滞纳金

D. 责令纳税人提供纳税担保

【解析】（1）选项B：属于“税收强制执行措施”；（2）选项C：属于“责令缴纳”；（3）选项D：属于“责令提供纳税担保”；（4）选项ABCD以及“阻止出境”均属于税款征收措施。

【答案】A

【例题33·单选题】税务机关采取税收保全措施的期限一般最长不得超过（　　）。

A. 3个月　　B. 6个月

C. 1年　　D. 3年

【答案】B

## 11 考点11 税款征收措施——税收强制执行（★★★）

1. 适用强制执行的情形及措施

从事生产、经营的纳税人、扣缴义务人未按照规定的期限缴纳或者解缴税款，纳税担保人未按照规定的期限缴纳所担保的税款，由税务机关责令限期缴纳，逾期仍未缴纳的，经县以上税务局（分局）局长批准，税务机

关可以采取下列强制执行措施：

（1）书面通知其开户银行或者其他金融机构从其存款中扣缴税款（强制扣款）；

（2）扣押、查封、依法拍卖或者变卖其价值相当于应纳税款的商品、货物或者其他财产，以拍卖或者变卖所得抵缴税款。

2. 强制执行的范围

（1）税务机关采取强制执行措施时，对上述纳税人、扣缴义务人、纳税担保人未缴纳的滞纳金同时强制执行。

（2）个人及其所扶养家属维持生活必需的住房和用品（不包括机动车辆、金银饰品、古玩字画、豪华住宅或者一处以外的住房），不在强制执行措施的范围之内。

（3）税务机关对单价 5000 元以下的其他生活用品，不采取强制执行措施。

## 经典题解

**【例题 34 · 单选题】** 根据税收征收管理法律制度的规定，下列各项中，属于税务机关可以采取的强制执行措施是（　　）。

A. 责令缴纳

B. 通知出境管理机关阻止出境

C. 责令提供纳税担保

D. 拍卖变卖

**【解析】** 选项 ABC：属于其他的税款征收措施，与强制执行措施是并列关系。

**【答案】** D

**【例题 35 · 单选题】** 根据税收征收管理法律制度的规定，税务机关依法采取强制执行措施时，对个人及其所扶养家属维持生活必需的住房和用品，不在强制执行措施的范围之内。对单价在一定金额以下的其他生活用品，不采取强制执行措施。该金额为（　　）元。

A. 5000　　B. 10000

C. 20000　　D. 15000

**【答案】** A

**【例题 36 · 判断题】** 税务机关有权对个人及其所扶养家属维持生活必需的住房和用品采取强制执行措施。（　　）

**【解析】** 个人及其所扶养家属维持生活必需的住房和用品，既不在税收保全措施的范围内，也不在强制执行措施的范围内。

**【答案】** ×

**税收保全 VS 税收强制执行**

| | | 税收保全 | 税收强制执行 |
|---|---|---|---|
| 措施 | | （1）冻结<br>（2）扣押、查封 | （1）强制扣款<br>（2）拍卖、变卖 |
| 金额 | | 相当于应纳税款 | 未缴纳的滞纳金同时强制执行 |
| 是否适用 | 个人及其所扶养家属维持生活必需的住房和用品 | × | × |
| | 机动车辆、金银饰品、古玩字画、豪华住宅或者一处以外的住房 | √ | √ |
| | 单价 5000 元以下的生活用品 | × | × |
| 期限 | | 一般不得超过 6 个月 | 不存在期限的问题 |

# 第4单元　其他考点

查看本单元视频
使用"会计云课堂"App/微信扫描

## 12 考点12 税务检查（★★）

1. 税务检查的职权

（1）查账权

检查纳税人的账簿、记账凭证、报表和有关资料，检查扣缴义务人代扣代缴、代收代缴税款账簿、记账凭证和有关资料。

（2）场地检查权

到纳税人的生产、经营场所和货物存放地（不包括生活场所）检查纳税人应纳税的商品、货物或者其他财产，检查扣缴义务人与代扣代缴、代收代缴税款有关的经营情况。

（3）责成提供资料权

责成纳税人、扣缴义务人提供与纳税或者代扣代缴、代收代缴税款有关的文件、证明材料和有关资料。

（4）询问权

询问纳税人、扣缴义务人与纳税或者代扣代缴、代收代缴税款有关的问题和情况。

（5）交通邮政检查权

到车站、码头、机场、邮政企业及其分支机构检查纳税人托运、邮寄应纳税商品、货物或者其他财产的有关单据、凭证和有关资料（不包括自带物品）。

（6）存款账户查询权

①经县以上税务局（分局）局长批准，指定专人负责，凭全国统一格式的检查存款账户许可证明，查询从事生产、经营的纳税人、扣缴义务人在银行或者其他金融机构的存款账户，并有责任为被检查人保守秘密；

②税务机关在调查税收违法案件时，经设区的市、自治州以上税务局（分局）局长批准，可以查询案件涉嫌人员的储蓄存款。

2. 税务机关调查税务违法案件时，对与案件有关的情况和资料，可以记录、录音、录像、照相和复制。

3. 税务机关依法进行税务检查时，有权向有关单位和个人调查纳税人、扣缴义务人和其他当事人与纳税或者代扣代缴、代收代缴税款有关的情况。

4. 税务机关派出的人员进行税务检查时，应当出示税务检查证和税务检查通知书，并有责任为被检查人保守秘密；未出示税务检查证和税务检查通知书的，被检查人有权拒绝检查。

### 经典题解

**【例题37·判断题】**税务机关派出的人员进行税务检查时，应当出示税务检查证和税务检查通知书。（　　）

**【答案】**√

**【例题38·多选题】**根据税收征收管理法律制度的规定，下列各项中，属于税务机关派出人员在税务检查中应履行的职责有（　　）。

A. 出示税务检查通知书

B. 出示税务机关组织机构代码证

C. 为被检查人保守秘密

D. 出示税务检查证

**【答案】**ACD

**【例题39·多选题】**根据税收征收管理法律制度的规定，下列各项中，属于税务机关税务检查职权的有（　　）。

A. 检查扣缴义务人代扣代缴、代收代缴税款账簿、记账凭证和有关资料

B. 检查纳税人托运、邮寄应税商品、货物或者其他财产的有关单据

C. 检查纳税人存放在生产、经营场所应

纳税的货物

D. 检查纳税人的账簿、记账凭证、报表和有关资料

【答案】ABCD

## 13 考点13 税收法律责任（★★）

（一）违反税务管理规定

1. 账簿、凭证管理

（1）纳税人未按照规定设置、保管账簿或者保管记账凭证和有关资料的，由税务机关责令限期改正，可以处2000元以下的罚款；情节严重的，处2000元以上10000元以下的罚款。

（2）扣缴义务人未按照规定设置、保管代扣代缴、代收代缴税款账簿或者保管代扣代缴、代收代缴税款记账凭证及有关资料的，由税务机关责令限期改正，可以处2000元以下的罚款；情节严重的，处2000元以上5000元以下的罚款。

2. 纳税申报

纳税人未按照规定的期限办理纳税申报和报送纳税资料的，或者扣缴义务人未按照规定的期限向税务机关报送代扣代缴、代收代缴税款报告表和有关资料的，由税务机关责令限期改正，可以处2000元以下的罚款；情节严重的，处2000元以上10000元以下的罚款。

3. 纳税人、扣缴义务人编造虚假计税依据的，由税务机关责令限期改正，并处5万元以下的罚款。

4. 非法印制、转借、倒卖、变造或者伪造完税凭证的，由税务机关责令改正，处2000元以上1万元以下的罚款；情节严重的，处1万元以上5万元以下的罚款；构成犯罪的，依法追究刑事责任。

5. 扣缴义务人应扣未扣、应收而不收税款的，由税务机关向纳税人追缴税款，对扣缴义务人处应扣未扣、应收未收税款50%以上3倍以下的罚款。

6. 税务代理人违反税收法律、行政法规，造成纳税人未缴或者少缴税款的，除由纳税人缴纳或者补缴应纳税款、滞纳金外，对税务代理人处纳税人未缴或者少缴税款50%以上3倍以下的罚款。

（二）逃税行为

1. 逃税行为的界定

逃税行为，是指纳税人采取欺骗、隐瞒手段进行虚假纳税申报或者不申报，逃避缴纳税款的行为。

2. 行政责任

（1）纳税人采取伪造、变造、隐匿、擅自销毁账簿、记账凭证，或者在账簿上多列支出或者不列、少列收入，或者经税务机关通知申报而拒不申报或者进行虚假的纳税申报的手段，不缴或者少缴应纳税款的，由税务机关追缴其不缴或者少缴的税款、滞纳金，并处不缴或者少缴的税款50%以上5倍以下的罚款。

（2）扣缴义务人采取上述手段，不缴或者少缴已扣、已收税款，由税务机关追缴其不缴或者少缴的税款、滞纳金，并处不缴或者少缴的税款50%以上5倍以下的罚款。

3. 刑事责任

（1）纳税人采取欺骗、隐瞒手段进行虚假纳税申报或者不申报，逃避缴纳税款数额较大并且占应纳税额10%以上的，处3年以下有期徒刑或者拘役，并处罚金；数额巨大并且占应纳税额30%以上的，处3年以上7年以下有期徒刑，并处罚金。对多次实施前述行为，未经处理的，按照累计数额计算。

（2）有逃税行为，经税务机关依法下达追缴通知后，补缴应纳税款，缴纳滞纳金，已受行政处罚的，不予追究刑事责任；但是，5年内因逃避缴纳税款受过刑事处罚或者被税务机关给予2次以上行政处罚的除外。

（三）欠税行为

纳税人欠缴应纳税款，采取转移或者隐匿财产的手段，妨碍税务机关追缴欠缴的税

款的，由税务机关追缴欠缴的税款、滞纳金，并处欠缴税款50%以上5倍以下的罚款；构成犯罪的，依法追究刑事责任。

（四）抗税行为

纳税人、扣缴义务人以暴力、威胁方法拒不缴纳税款的，除由税务机关追缴其拒缴的税款、滞纳金外，依法追究刑事责任。情节轻微，未构成犯罪的，由税务机关追缴其拒缴的税款、滞纳金，并处拒缴税款1倍以上5倍以下的罚款。

（五）骗税行为

1. 纳税人以假报出口或者其他欺骗手段，骗取国家出口退税款的，由税务机关追缴其骗取的退税款，并处骗取税款1倍以上5倍以下的罚款；构成犯罪的，依法追究刑事责任。

2. 为纳税人、扣缴义务人非法提供银行账户、发票、证明或者其他方便，骗取国家出口退税款的，税务机关除没收其违法所得外，可以处未缴、少缴或者骗取的税款1倍以下的罚款。

（六）不配合税务检查

税务检查期间，纳税人、扣缴义务人发生不配合税务机关进行税务检查的下列行为，由税务机关责令改正，可以处1万元以下的罚款；情节严重的，处1万元以上5万元以下的罚款：

1. 逃避、拒绝或者以其他方式阻挠税务机关检查的；

2. 提供虚假资料，不如实反映情况，或者拒绝提供有关资料的；

3. 拒绝或者阻止税务机关记录、录音、录像、照相和复制与案件有关的情况和资料的；

4. 转移、隐匿、销毁有关资料的；

5. 有不依法接受税务检查的其他情形的。

## 经典题解

**【例题40·单选题】**根据税收征收管理法律制度的规定，纳税人发生的下列行为中，属于逃税行为的是（　　）。

A. 以暴力、威胁方法，拒不缴纳税款的

B. 在账簿上多列支出、少列收入，少缴应纳税款的

C. 未按照规定的期限办理纳税申报和报送纳税资料的

D. 假报出口，骗取国家出口退税款的

**【解析】**（1）选项A：属于抗税行为；（2）选项C：属于违反税务管理规定的行为；（3）选项D：属于骗税行为。

**【答案】**B

**【例题41·单选题】**根据税收征收管理法律制度的规定，纳税人有骗税行为，由税务机关追缴其骗取的退税款，并处骗取税款一定倍数的罚款，该倍数为（　　）。

A. 5倍以上10倍以下

B. 1倍以上5倍以下

C. 10倍

D. 10倍以上15倍以下

**【答案】**B

**【例题42·判断题】**纳税人有骗税行为，由税务机关追缴其骗取的退税款并按照规定处以罚款；构成犯罪的依法追究刑事责任。（　　）

**【答案】**√

**【例题43·判断题】**税收法律责任分为行政责任和刑事责任两种。（　　）

**【答案】**√

**【例题44·判断题】**纳税人编造虚假计税依据的，由税务机关责令限期改正，并处以罚款。（　　）

**【答案】**√

## 14 考点14 重大税收违法失信案件信息公布制度（★）

1. 税务机关依照规定，向社会公布重大税收违法失信案件信息，并将信息通报相关

部门，共同实施严格监管和惩戒。

2. 重大税收违法失信案件是指符合下列标准之一的案件：

（1）纳税人伪造、变造、隐匿、擅自销毁账簿、记账凭证，或者在账簿上多列支出或者不列、少列收入，或者经税务机关通知申报而拒不申报或者进行虚假的纳税申报，不缴或者少缴应纳税款100万元以上，且任一年度不缴或者少缴应纳税款占当年各税种应纳税总额10%以上的；

（2）纳税人欠缴应纳税款，采取转移或者隐匿财产的手段，妨碍税务机关追缴欠缴的税款，欠缴税款金额10万元以上的；

（3）骗取国家出口退税款的；

（4）以暴力、威胁方法拒不缴纳税款的；

（5）虚开增值税专用发票或者虚开用于骗取出口退税、抵扣税款的其他发票的；

（6）虚开普通发票100份或者金额40万元以上的；

（7）私自印制、伪造、变造发票，非法制造发票防伪专用品，伪造发票监制章的；

（8）具有逃税、逃避追缴欠税、骗取出口退税、抗税、虚开发票等行为，经税务机关检查确认走逃（失联）的；

（9）其他违法情节严重、有较大社会影响的。

3. 公布途径

省以下税务机关应及时将符合公布标准的案件信息录入相关税务信息管理系统，通过省税务机关门户网站向社会公布，同时可以根据本地区实际情况，通过本级税务机关公告栏、报纸、广播、电视、网络媒体等途径以及新闻发布会等形式向社会公布。国家税务总局门户网站设立专栏链接省税务机关门户网站的公布内容。

4. 案件信息一经录入相关税务信息管理系统，作为当事人的税收信用记录永久保存。

### 经典题解

**【例题45·单选题】** 纳税人欠缴应纳税款，采取转移或者隐匿财产的手段，妨碍税务机关追缴欠缴税款，欠缴税款金额（　　）以上的，属于重大税收违法失信案件。

A. 100万元　　B. 50万元

C. 20万元　　D. 10万元

**【答案】** D



## 同步强化练习题

### 一、单项选择题

1. 根据税收征收管理法律制度的规定，下列各项中，属于纳税人享有的权利是（　　）。

A. 委托代征权　　B. 税收立法权

C. 税收监督权　　D. 税务管理权

2. 根据税收征收管理法律制度的规定，从事生产、经营的纳税人应当自领取营业执照或者发生纳税义务之日起（　　）内，按规定设置账簿。

A. 7 日　　B. 10 日

C. 15 日　　D. 30 日

3. 根据税收征收管理法律制度的规定，扣缴义务人应当自法定扣缴义务发生之日起(　　)内，按照所代扣、代收的税种，分别设置代扣代缴、代收代缴税款账簿。

A. 7 日　　B. 10 日

C. 15 日　　D. 30 日

4. 根据税收征收管理法律制度的规定，下列关于纳税申报方式的表述中，不正确的是(　　)。

A. 邮寄申报以税务机关收到的日期为实际申报日期

B. 数据电文方式的申报日期以税务机关计算机网络系统收到该数据电文的时间为准

C. 实行定期定额缴纳税款的纳税人，可以实行简易申报、简并征期等方式申报纳税

D. 自行申报是指纳税人、扣缴义务人按照规定的期限自行直接到主管税务机关指定的办税服务场所办理纳税申报手续

5. 某公司 2020 年 8 月应缴纳增值税 60000 元，城市维护建设税 4200 元。该公司在规定期限内未进行纳税申报，税务机关责令其缴纳税款并加收滞纳金，该公司在 9 月 30 日办理了申报缴纳手续。税务机关核定该公司增值税和城市维护建设税均以 1 个月为一个纳税期。该公司应缴纳的滞纳金金额是(　　)元。

A. $60000 \times 0.5‰ \times 15 = 450$

B. $(60000+4200) \times 0.5‰ \times 15 = 481.5$

C. $60000 \times 0.5‰ \times 30 = 900$

D. $(60000+4200) \times 0.5‰ \times 30 = 963$

6. 甲公司为大型国有独资公司，财务会计制度健全，能够如实核算和提供生产经营情况，并能正确计算应纳税款和如实履行纳税义务，其适用的税款征收方式是(　　)。

A. 定期定额征收　　B. 查账征收

C. 查定征收　　D. 查验征收

7. 根据税收征收管理法律制度的规定，下列各项中，属于税款征收措施的是(　　)。

A. 税务行政复议　　B. 税收保全

C. 自行申报　　D. 查账征收

8. 某宾馆 2020 年 8 月份取得餐饮收入 50 万元，客房出租收入 100 万元，该宾馆未在规定期限内进行纳税申报，经税务机关责令限期申报，逾期仍不申报。根据税收征收管理法律制度的规定，税务机关有权对该宾馆采取(　　)。

A. 税收保全措施

B. 责令提供纳税担保

C. 税务人员到宾馆直接征收税款

D. 核定其应纳税额

9. 根据税收征收管理法律制度的规定，下列各项中，不属于纳税担保方式的是(　　)。

A. 保证　　B. 扣押

C. 质押　　D. 抵押

10. 根据税收征收管理法律制度的规定，下列各项中，属于税收保全措施的是(　　)。

A. 查封纳税人价值相当于应纳税款的货物

B. 停止出口退税权

C. 书面通知纳税人开户银行从其存款中扣缴税款

D. 拍卖纳税人价值相当于应纳税款的货物，以拍卖所得抵缴税款

11. 根据税收征收管理法律制度的规定，下列各项中，不适用税收保全措施的财产是(　　)。

A. 纳税人收藏的古玩字画

B. 纳税人的别墅

C. 纳税人的豪华小汽车

D. 纳税人的家庭唯一普通住房

12. 税务机关采取税收保全措施的期限一般不得超过(　　)。

A. 3个月　　B. 6个月

C. 12个月　　D. 24个月

13. 下列各项中，属于妨碍税务机关追缴欠税行为的是(　　)。

A. 欠缴应纳税款的纳税人，转移或者隐匿财产

B. 纳税人擅自销毁账簿以不缴应纳税款

C. 纳税人在账簿上多列支出以少缴应纳税款

D. 纳税人进行虚假的纳税申报以少缴应纳税款

14. 纳税人、扣缴义务人以暴力、威胁方法拒不缴纳税款的行为，属于(　　)。

A. 骗税行为　　B. 抗税行为

C. 逃税行为　　D. 欠税行为

15. 纳税人欠缴应纳税款，采取转移或者隐匿财产的手段，妨碍税务机关追缴欠缴的税款，欠缴税款金额(　　)以上的，构成重大税收违法失信案件。

A. 10万元　　B. 40万元

C. 50万元　　D. 100万元

## 二、多项选择题

1. 根据税收征收管理法律制度的规定，下列各项中，属于税务机关税款征收权的有(　　)。

A. 追征税款权　　B. 税务检查权

C. 依法计征权　　D. 核定税款权

2. 根据税收征收管理法律制度的规定，下列各项中，可以不办理税务登记的有(　　)。

A. 国家机关

B. 企业在外地设立的分支机构

C. 无固定生产经营场所的流动性农村小商贩

D. 负有个人所得税纳税义务的自然人

3. 下列各项中，属于虚开发票行为的有(　　)。

A. 为自己开具与实际经营业务情况不符的发票

B. 为他人开具与实际经营业务情况不符的发票

C. 让他人为自己开具与实际经营业务情况不符的发票

D. 介绍他人开具与实际经营业务情况不符的发票

4. 根据税收征收管理法律制度的规定，下列行为中，属于未按照规定使用发票的有(　　)。

A. 扩大发票使用范围

B. 拆本使用发票

C. 以其他凭证代替发票使用

D. 转借发票

5. 根据税收征收管理法律制度的规定，下列关于发票开具和保管的表述中，符合法律规定的有(　　)。

A. 不得为他人开具与实际经营业务不符的发票

B. 已经开具的发票存根联和发票登记簿应当保存3年

C. 取得发票时，不得要求变更品名和金额

D. 开具发票的单位和个人应当建立发票使用登记制度，设置发票登记簿

6. 根据税收征收管理法律制度的规定，纳税申报方式包括(　　)。

A. 自行申报　　B. 邮寄申报

C. 数据电文申报　　D. 简并征期

7. 根据税收征收管理法律制度的规定，下列各项中，属于税款征收方式的有(　　)。

A. 查验征收　　B. 定期定额征收

C. 查账征收　　D. 查定征收

8. 根据税收征收管理法律制度的规定，下列情形中，税务机关有权核定纳税人应纳税额的有(　　)。

A. 纳税人按照法律、行政法规的规定应当设置但未设置账簿的

B. 纳税人虽设置账簿，但账目混乱难以查账的

C. 纳税人申报的计税依据明显偏低，但

有正当理由的

D. 纳税人发生纳税义务，未按照规定的期限办理纳税申报的

9. 根据税收征收管理法律制度的规定，下列情形中，税务机关有权责令纳税人提供纳税担保的有(　　)。

A. 税务机关有根据认为从事生产、经营的纳税人有逃避纳税义务行为的

B. 欠缴税款、滞纳金的纳税人或者其法定代表人需要出境的

C. 纳税人同税务机关在纳税上发生争议而未缴清税款，需要申请行政复议的

D. 未按照规定的期限办理纳税申报，经税务机关责令限期申报，逾期仍不申报的

10. 根据税收征收管理法律制度的规定，纳税担保范围包括(　　)。

A. 税款

B. 罚款

C. 滞纳金

D. 实现税款的费用

11. 根据税收征收管理法律制度的规定，下列各项中，属于税收保全措施的有(　　)。

A. 拍卖纳税人的价值相当于应纳税款的财产

B. 责令纳税人提供纳税担保

C. 书面通知纳税人开户银行冻结纳税人的金额相当于应纳税款的存款

D. 扣押纳税人的价值相当于应纳税款的商品

12. 根据税收征收管理法律制度的规定，税务机关在实施税务检查时，可以采取的措施有(　　)。

A. 检查纳税人的财务会计资料

B. 检查纳税人货物存放地的应纳税货物

C. 检查纳税人托运、邮寄应纳税货物的单据、凭证

D. 到车站检查旅客自带物品

13. 根据税收征收管理法律制度的规定，纳税人的下列行为中，属于逃税行为的有(　　)。

A. 采取转移或隐匿财产的手段，妨碍税务机关追缴欠缴税款

B. 伪造账簿，不缴应纳税款

C. 进行虚假纳税申报，少缴应纳税款

D. 按照规定应设置账簿而未设置的

## 三、判断题

1. 海关征收关税，适用《税收征收管理法》。(　　)

2. 销售商品、提供服务以及从事其他经营活动的单位和个人，对外发生经营业务收取款项，应当由付款方向收款方开具发票。(　　)

3. 已开具的发票，税务机关有权调出查验；空白发票，税务机关无权调出查验。(　　)

4. 纳税人在纳税期内没有应纳税款的，不需办理纳税申报。(　　)

5. 甲企业按照国家规定享受2年内免缴企业所得税的优惠待遇，甲企业在这2年内不需办理企业所得税的纳税申报。(　　)

6. 对生产经营规模较小、产品零星、税源分散、会计账册不健全，但能控制原材料或进销货的小型厂矿和作坊，税务机关可以采用查账征收的方式征收税款。(　　)

7. 发生纳税义务，未按照规定的期限办理纳税申报，经税务机关责令限期申报，逾期仍不申报的，税务机关可以采取税收强制执行措施。(　　)

8. 欠缴税款的纳税人或者其法定代表人在出境前未按规定结清应纳税款、滞纳金或者提供纳税担保的，税务机关可以通知出境管理机关阻止其出境。(　　)

9. 税务机关调查税务违法案件时，对与案件有关的情况和资料，可以记录、录音、录像、照相和复制。(　　)

10. 纳税人对税务检查人员未出示税务检查证和税务检查通知书的，有权拒绝检查。(　　)

## 同步强化练习题参考答案及解析

“扫码看解析”

使用“微信”或“会计云课堂”App扫右方二维码，对答案、看解析、掌握解题思路，开启轻松过关之旅。

### 一、单项选择题

1. 【答案】C

解析：选项ABD：属于征税主体的职权。

2. 【答案】C

3. 【答案】B

4. 【答案】A

解析：选项A：邮寄申报以寄出的邮戳日期为实际申报日期。

5. 【答案】B

解析：（1）纳税人未按照规定期限缴纳税款的，税务机关可责令限期缴纳，并从滞纳税款之日起，按日加收滞纳税款万分之五的滞纳金；（2）加收滞纳金的起止时间，为法律、行政法规规定或者税务机关依照法律、行政法规的规定确定的税款缴纳期限届满次日起至纳税人实际缴纳税款之日止；（3）增值税纳税人以1个月为一个纳税期的，自期满之日起15日内申报纳税。城建税由纳税人在缴纳增值税、消费税的同时缴纳，其纳税期限与增值税、消费税的纳税期限一致。在本题中，8月份应缴纳的增值税、城建税应当最晚于9月15日缴纳，该公司实际缴纳税款的日期为9月30日，滞纳天数为15天，应缴纳的滞纳金金额 = （60000 + 4200）×0.5‰×15 = 481.5（元）。

6. 【答案】B

解析：查账征收，适用于财务会计制度健全、能够如实核算和提供生产经营情况，并能正确计算应纳税款和如实履行纳税义务的纳税人。

7. 【答案】B

解析：（1）选项A：属于税务行政争议纠纷的解决途径；（2）选项C：属于纳税申报方式；（3）选项D：属于税款的征收方式。

8. 【答案】D

解析：纳税人发生纳税义务，未按照规定的期限办理纳税申报，经税务机关责令限期申报，逾期仍不申报的，税务机关有权核定其应纳税额。

9. 【答案】B

解析：选项B：“扣押、查封”“冻结存款”属于税收保全措施。

10. 【答案】A

解析：（1）选项B：属于税务机关作出的行政处罚行为；（2）选项CD：属于税收强制执行措施。

11. 【答案】D

解析：（1）个人及其所扶养家属维持生活必需的住房和用品，不在税收保全措施范围之内；（2）个人及其所扶养家属维持生活必需的住房和用品不包括机动车辆（选项C）、金银饰品、古玩字画（选项A）、豪华住宅（选项B）或一处以外的住房（选项D是“唯一”“普通”住房，不适用税收保全措施）。

12. 【答案】B

解析：税务机关采取税收保全措施的期限一般不得超过6个月；重大案件需要延长的，应当报国家税务总局批准。

13. 【答案】A

解析：（1）选项A：纳税人欠缴应纳税款，采取转移或者隐匿财产的手段，妨碍税务机关追缴欠缴税款的，属于欠税行为；（2）选项 BCD：属于逃税行为。

14. 【答案】B

15. 【答案】A

## 二、多项选择题

1. 【答案】ACD

解析：税款征收权与税务检查权都属于税务行政管理权的内容。税款征收权是征税主体享有的最基本、最主要的职权，包括依法计征权、核定税款权、税收保全和强制执行权、追征税款权等。

2. 【答案】ACD

解析：（1）选项 B：从事生产、经营的纳税人（包括企业，企业在外地设立的分支机构和从事生产、经营的场所，个体工商户和从事生产、经营的事业单位）都应当办理税务登记；（2）选项 ACD：非从事生产经营但依照规定负有纳税义务的单位和个人，也应当办理税务登记，但国家机关、个人和无固定生产经营场所的流动性农村小商贩除外。

3. 【答案】ABCD

解析：选项 ABCD 均为虚开发票的行为，任何单位和个人禁止虚开发票。

4. 【答案】ABCD

5. 【答案】ACD

解析：选项 B：已经开具的发票存根联和发票登记簿，应当保存“5 年”。

6. 【答案】ABCD

解析：纳税申报的方式包括自行申报、邮寄申报、数据电文申报和其他方式申报（如简易申报、简并征期）。

7. 【答案】ABCD

解析：税款征收方式包括：查账征收、查定征收、查验征收、定期定额征收。

8. 【答案】AB

解析：（1）选项 C：纳税人申报的计税依据明显偏低，又无正当理由的，税务机关有权核定其应纳税额；（2）选项 D：纳税人发生纳税义务，未按照规定的期限办理纳税申报，经税务机关责令限期申报，逾期仍不申报的，税务机关有权核定其应纳税额。

9. 【答案】BC

解析：（1）选项 A：税务机关有根据认为从事生产、经营的纳税人有逃避纳税义务行为时，可以责令纳税人在规定的纳税期之前限期缴纳应纳税款；只有在限期内，发现纳税人有明显的转移、隐匿其应纳税的商品、货物以及其他财产或者应纳税收入迹象的，税务机关才有权责令纳税人提供纳税担保。（2）选项 D：纳税人发生纳税义务，未按照规定的期限办理纳税申报，经税务机关责令限期申报，逾期仍不申报的，税务机关有权核定其应纳税额。

10. 【答案】ACD

解析：纳税担保范围包括税款、滞纳金和实现税款、滞纳金的费用。

11. 【答案】CD

解析：（1）选项 A：“拍卖”属于税收强制执行措施；（2）选项 B：“责令提供纳税担保”和“税收保全措施”均属于税款征收措施，二者是并列关系；（3）选项 CD：“冻结”和“扣押、查封”均为常见的税收保全措施。

12. 【答案】ABC

解析：选项 D：税务机关有权到车站、码头、机场、邮政企业及其分支机构检查纳税人托运、邮寄应纳税商品、货物或者其他财产的有关单据、凭证和有关资料（不包括自带物品）。

13. 【答案】BC

解析：（1）选项 A：属于欠税行为；（2）选项 D：属于由税务机关核定应纳税额的情形。

## 三、判断题

1. 【答案】×

解析：凡依法由“税务机关征收的”各

种税收的征收管理，均适用《税收征收管理法》。

2. 【答案】×

**解析：**销售商品、提供服务以及从事其他经营活动的单位和个人，对外发生经营业务收取款项，收款方应当向付款方开具发票；但下列情况，由付款方向收款方开具发票：（1）收购单位和扣缴义务人支付个人款项时；（2）国家税务总局认为其他需要由付款方向收款方开具发票的。

3. 【答案】×

**解析：**税务机关需要将空白发票调出查验时，应当开具收据，经查无问题的，应当及时返还。

4. 【答案】×

**解析：**纳税人在纳税期内没有应纳税款的，也应当按照规定办理纳税申报。

5. 【答案】×

**解析：**纳税人享受减税、免税待遇的，在减税、免税期间应当按照规定办理纳税申报。

6. 【答案】×

**解析：**查定征收，适用于生产经营规模较小、产品零星、税源分散、会计账册不健全，但能控制原材料或进销货的小型厂矿和作坊。

7. 【答案】×

**解析：**发生纳税义务，未按照规定的期限办理纳税申报，经税务机关责令限期申报，逾期仍不申报的，税务机关有权核定其应纳税额。

8. 【答案】√

9. 【答案】√

10. 【答案】√

# 第八章　劳动合同与社会保险法律制度

## 考情分析

根据考生们的回忆，本章在每套考卷中的分值约为 14 分，其中有 10 分左右为劳动合同法律制度的分值，社会保险法律制度的分值通常在 3 分左右。在 2020 年 18 个批次考试中，有 7 个批次涉及本章大题。

**2020 年典型考卷题型题量分析表**

| | 卷 1 | | 卷 2 | | 卷 3 | | 卷 4 | | 卷 5 | |
|---|---|---|---|---|---|---|---|---|---|---|
| | 题量 | 分值 | 题量 | 分值 | 题量 | 分值 | 题量 | 分值 | 题量 | 分值 |
| 单项选择题 | 4 | 8 | 4 | 8 | 4 | 8 | 4 | 8 | 4 | 8 |
| 多项选择题 | 3 | 6 | 2 | 4 | 3 | 6 | 3 | 6 | 2 | 4 |
| 判断题 | 1 | 1 | 1 | 1 | 1 | 1 | 1 | 1 | 1 | 1 |
| 不定项选择题 | 0 | 0 | 0 | 0 | 0 | 0 | 0 | 0 | 0 | 0 |
| 合计 | 8 | 15 | 7 | 13 | 8 | 15 | 8 | 15 | 7 | 13 |

2021 年本章考点的主要变化有：

（1）调整了“失业登记的流程”；

（2）新增“延长大龄失业人员领取失业保险金期限”的有关内容。

## 考点框架

- 第八章（1）
  - 劳动合同（1）
    - 劳动合同的订立
      - 订立主体（考点1）
      - 劳动关系的建立与书面劳动合同的签订（考点2、3）
      - 劳动合同的效力（考点4）
    - 劳动合同的内容
      - 必备条款
        - 总述（考点5）
        - 期限、工时、年休假、工资的具体规定（考点6–11）
      - 可备条款
        - 试用期（考点12）
        - 服务期（考点13）
        - 竞业限制（考点14）

- 第八章（2）
  - 劳动合同（2）
    - 劳动合同的履行与重大变故
      - 履行和变更（考点15）
      - 劳动合同的解除、终止及其法律后果（考点16–19）
    - 特殊种类的劳动合同
      - 非全日制用工（考点20）
      - 集体合同（考点21）
      - 劳务派遣（考点22）
  - 劳动争议的解决机制
    - 什么是劳动争议（考点23）
    - 劳动争议的解决方法（考点24）
    - 劳动调解程序（考点25）
    - 劳动仲裁（考点26）
  - 职工基本社会保险
    - 职工基本养老保险
      - 覆盖范围（考点27）
      - 缴费机制（考点28）
      - 待遇（考点29）
    - 职工基本医疗保险
      - 覆盖范围（考点30）
      - 缴费机制（考点31）
      - 待遇
        - 费用结算（考点32）
        - 医疗期（考点33）
    - 工伤保险
      - 缴费机制（考点34）
      - 工伤认定与劳动能力鉴定（考点35）
      - 待遇（考点36）
      - 其他规定（考点37）
    - 失业保险（考点38）
    - 其他考点
      - 职工基本社会保险缴费机制（总述）（考点39）
      - 基本社会保险的体系（考点40）
      - 基本社会保险的征管机制（考点41）

# 考点剖析

## 第 1 单元　劳动合同的订立

查看本单元视频
使用"会计云课堂"App/微信扫描

### 01 考点 1 劳动合同的订立主体（★★）

（一）劳动者

1. 劳动年龄

禁止用人单位招用未满16周岁的未成年人；文艺、体育、特种工艺单位招用未满 16 周岁的未成年人，必须依照国家有关规定，履行审批手续，并保障其接受义务教育的权利。

2. 就业权利平等

（1）劳动者就业，不因民族、种族、性别、宗教信仰不同而受歧视。

（2）妇女享有与男子平等的就业权利。在录用职工时，除国家规定的不适合妇女的工种或者岗位外，不得以性别为由拒绝录用妇女或者提高对妇女的录用标准。

3. 如实告知

用人单位有权了解劳动者与劳动合同直接相关的基本情况，劳动者应当如实说明。

（二）用人单位

1. 用人单位设立的分支机构

用人单位设立的分支机构，依法取得营业执照或者登记证书的，可以作为用人单位与劳动者订立劳动合同；未依法取得营业执照或者登记证书的，受用人单位委托可以与劳动者订立劳动合同。

2. 如实告知

用人单位招用劳动者时，应当如实告知劳动者工作内容、工作条件、工作地点、职业危害、安全生产状况、劳动报酬，以及劳动者要求了解的其他情况。

3. 不得扣押证件、收取财物

（1）用人单位招用劳动者，不得扣押劳动者的居民身份证和其他证件。用人单位扣押劳动者居民身份证等证件的，由劳动行政部门责令限期退还劳动者本人，并依照有关法律规定给予处罚。

（2）用人单位招用劳动者，不得要求劳动者提供担保或者以其他名义向劳动者收取财物。用人单位以担保或者其他名义向劳动者收取财物的，由劳动行政部门责令限期退还劳动者本人，并以每人500 元以上 2000 元以下的标准对用人单位处以罚款；给劳动者造成损害的，应当承担赔偿责任。

4. 用人单位招用与其他用人单位尚未解除或者终止劳动合同的劳动者，给其他用人单位造成损失的，应当承担连带赔偿责任。

#### 经典题解

**【例题 1·单选题】**用人单位招用劳动者的下列情形中，符合法律规定的是(　　)。

A. 甲超市与刚满 14 周岁的初中毕业生赵某签订劳动合同

B. 乙公司以只招男性为由拒绝录用应聘者王女士从事会计工作

C. 丙公司设立的分公司已领取营业执照，该分公司与张某订立劳动合同

D. 丁公司要求李某提供 1000 元保证金后才与其订立劳动合同

**【解析】**（1）选项 A：赵某未满 16 周岁，甲超市不属于文艺、体育、特种工艺单位，不得招用未满 16 周岁的未成年人；（2）选项 B："会计"不属于国家规定的不适合妇女的岗位，不得拒绝录用女性；（3）选项 C：该分公司已依法取得营业执照，可以作为用人单位与劳动者订立劳动合同；

(4) 选项D：用人单位招用劳动者，不得扣押劳动者的居民身份证和其他证件，不得要求劳动者提供担保或者以其他名义向劳动者收取财物。

【答案】C

【例题2·多选题】根据劳动合同法律制度的规定，下列各项中，属于用人单位订立劳动合同时应当承担的义务的有(　　)。

A. 告知劳动者工作内容、工作条件、工作地点、职业危害、安全生产状况、劳动报酬等情况

B. 不得扣押劳动者相关证件

C. 不得向劳动者索取财物

D. 不得要求劳动者提供担保

【答案】ABCD

【例题3·单选题】乙公司认为甲公司员工小张是其急需的人才，于是不顾小张与甲公司订有劳动合同，高薪聘请小张到该公司上班，并与小张签订了劳动合同，造成甲公司直接遭受重大经济损失。对甲公司的经济损失，下列各项正确的是(　　)。

A. 甲公司自担

B. 小张与乙公司应承担连带责任

C. 甲公司只能要求小张承担责任

D. 小张与乙公司均不承担责任

【答案】B

## 02 考点2 劳动关系的建立(★★★)

用人单位自用工之日起即与劳动者建立劳动关系；用人单位与劳动者在用工前订立劳动合同的，劳动关系自用工之日起建立。

【提示】劳动关系的建立时间只与“用工之日”有关，与是否签订了书面劳动合同、书面劳动合同的签订时间（先签合同后用工或先用工后签合同）、书面劳动合同约定的合同期限起算点、试用期满时间、发放第一笔工资的时间等均无关。

### 经典题解

【例题4·单选题】2020年6月1日，甲公司向郭某发出书面录用通知。6月6日，郭某到甲公司上班。6月10日，甲公司与郭某签订劳动合同，约定劳动合同期限3年，试用期3个月。甲公司与郭某劳动关系建立的时间为(　　)。

A. 2020年6月1日

B. 2020年6月6日

C. 2020年6月10日

D. 2020年9月1日

【答案】B

【例题5·单选题】2020年6月，吴某应聘到甲公司工作，双方口头约定了2个月试用期，但未订立书面劳动合同。根据劳动合同法律制度的规定，关于双方劳动关系建立的下列表述中，正确的是(　　)。

A. 甲公司应与吴某补签书面劳动合同，双方之间的劳动关系自合同补签之日起建立

B. 吴某与甲公司未订立书面劳动合同，双方之间未建立劳动关系

C. 吴某与甲公司之间的劳动关系自吴某进入公司开始工作时建立

D. 吴某与甲公司之间的劳动关系自试用期满时建立

【答案】C

## 03 考点3 书面劳动合同的签订（★★★）

| 情形 | | 用人单位的处理以及后果 |
|---|---|---|
| 自用工之日起1个月内 | 订立书面劳动合同 | 合法，双方依法依约继续履行劳动合同即可 |
| | 经用人单位书面通知，劳动者不与用人单位订立书面劳动合同 | 用人单位：<br>（1）应当书面通知劳动者终止劳动关系<br>（2）无须向劳动者支付经济补偿金<br>（3）应当依法向劳动者支付其实际工作时间的劳动报酬 |
| 自用工之日起超过1个月不满1年 | 用人单位与劳动者补订了书面劳动合同 | 应当依法向劳动者每月支付2倍的工资（1倍正常工资+1倍工资补偿）；起算时间为用工之日起满1个月的次日，截止时间为补订书面劳动合同的前1日 |
| | 劳动者不与用人单位订立书面劳动合同 | 用人单位：<br>（1）应当书面通知劳动者终止劳动关系<br>（2）应向劳动者支付经济补偿金 |
| 自用工之日起满1年 | 用人单位仍未与劳动者订立书面劳动合同 | （1）视为自用工之日起满1年的当日已经与劳动者订立无固定期限劳动合同，应立即与劳动者补订书面劳动合同<br>（2）应当依法向劳动者每月支付2倍的工资；支付时限为自用工之日起满1个月的次日至满1年的前1日（共计11个月，不论最终何时补订了书面劳动合同） |

### 经典题解

**【例题6·单选题】**2018年8月1日，赵某到甲公司上班。2019年8月1日，甲公司尚未与赵某签订劳动合同，下列关于甲公司未与赵某签订书面劳动合同法律后果的表述中，正确的是（　　）。

A. 视为双方自2019年8月1日起已经订立无固定期限劳动合同

B. 甲公司应向赵某支付2018年8月1日至2019年7月31日期间的2倍工资

C. 双方尚未建立劳动关系

D. 视为2018年8月1日至2019年7月31日为试用期

**【解析】**（1）选项B："2倍工资"的支付起算点为用工之日起满1个月的次日（2018年9月1日）；（2）选项C：劳动关系自用工之日（2018年8月1日）起建立；（3）选项D：如果该选项正确，用人单位将集体"乐疯"。

**【答案】**A

**【例题7·多选题】**2020年9月1日，甲公司向周某发出录用通知，9月6日，周某到甲公司上班，截至2020年10月31日，甲公司一直未与周某签订劳动合同。关于甲公司未与周某签订书面劳动合同法律后果的下列表述中，正确的有（　　）。

A. 甲公司与周某之间视为自2020年10月6日起已订立无固定期限劳动合同

B. 甲公司应当与周某补订书面劳动合同

C. 甲公司与周某之间未建立劳动关系

D. 甲公司与周某之间的劳动关系自2020年9月6日起建立

【解析】(1)选项AB：用人单位自用工之日起超过1个月不满1年未与劳动者订立书面劳动合同的，应当向劳动者每月支付2倍的工资并与劳动者补订书面劳动合同（还未满1年，不存在视为订立无固定期限劳动合同的问题）；(2)选项CD：用人单位自用工之日起（2020年9月6日）即与劳动者建立劳动关系。

【答案】BD

## 04 考点4 劳动合同的效力（★）

1. 生效时间

劳动合同由用人单位与劳动者协商一致，并经用人单位与劳动者在劳动合同文本上签字或者盖章生效。

【相关链接】用人单位自用工之日起即与劳动者建立劳动关系。

2. 下列劳动合同无效或者部分无效：

（1）以欺诈、胁迫的手段或者乘人之危，使对方在违背真实意思的情况下订立或者变更劳动合同的；

（2）用人单位免除自己的法定责任、排除劳动者权利的；

（3）违反法律、行政法规强制性规定的。

3. 无效劳动合同的法律后果

（1）无效劳动合同，从订立时起就没有法律约束力；劳动合同部分无效，不影响其他部分效力的，其他部分仍然有效。

（2）劳动合同被确认无效，劳动者已付出劳动的，用人单位应当向劳动者支付劳动报酬。

（3）劳动合同被确认无效，给对方造成损害的，有过错的一方应当承担赔偿责任。

### 经典题解

【例题8·多选题】根据劳动合同法律制度的规定，下列情形中，可导致劳动合同无效或部分无效的有（　　）。

A. 劳动合同条款违反法律、行政法规强制性规定的

B. 劳动合同欠缺必备条款的

C. 一方当事人以胁迫的手段，使对方在违背真实意思的情况下订立的

D. 劳动合同签订后，用人单位发生分立的

【解析】(1)选项B：不导致劳动合同无效，而是由劳动行政部门责令改正，给劳动者造成损害的，应当承担赔偿责任；(2)选项D：用人单位发生合并或者分立等情况，原劳动合同继续有效，劳动合同由承继其权利和义务的用人单位继续履行。

【答案】AC

【例题9·多选题】根据劳动合同法律制度的规定，下列关于无效劳动合同的表述中，正确的有（　　）。

A. 无效劳动合同，从订立时起就没有法律约束力

B. 劳动合同部分无效，不影响其他部分效力的，其他部分仍然有效

C. 劳动合同被确认无效，劳动者已付出劳动的，用人单位应当向劳动者支付劳动报酬

D. 劳动合同被确认无效，给对方造成损害的，有过错的一方应当承担赔偿责任

【答案】ABCD

# 第 2 单元 劳动合同的必备条款

查看本单元视频
使用“会计云课堂”App/ 微信扫描

## 05 考点 5 劳动合同主要内容总述（★）

| 类型 | 具体条款 |
|---|---|
| 必备条款 | 用人单位的名称、住所和法定代表人或者主要负责人 |
| | 劳动者的姓名、住址和居民身份证或者其他有效身份证件号码 |
| | 劳动合同期限 |
| | 工作内容和工作地点 |
| | 工作时间和休息休假 |
| | 劳动报酬 |
| | 社会保险 |
| | 劳动保护、劳动条件和职业危害防护 |
| 可备条款 | 试用期 |
| | 服务期 |
| | 保守商业秘密和竞业限制 |
| | 其他约定事项（例如，补充保险） |

### 经典题解

**【例题 10 · 多选题】**根据劳动合同法律制度的规定，下列各项中，属于劳动合同可备条款的有（　　）。

A. 竞业限制　　B. 劳动合同期限

C. 服务期　　D. 休息休假

**【答案】** AC

**【例题 11 · 多选题】**根据劳动合同法律制度的规定，下列各项中，属于劳动合同必备条款的有（　　）。

A. 社会保险　　B. 劳动报酬

C. 服务期　　D. 劳动合同期限

**【答案】** ABD

## 06 考点 6 无固定期限劳动合同（★）

（一）何谓“无固定期限劳动合同”

1. 用人单位与劳动者协商一致，可以选择订立固定期限劳动合同、无固定期限劳动合同或以完成一定工作任务为期限的劳动合同。

2. 无固定期限劳动合同，是指用人单位与劳动者约定无确定终止时间的劳动合同。该合同只是“无确切终止时间”，而非“无终止时间”，一旦出现了法定解除情形或者双方协商一致解除的，无固定期限劳动合同同样也能够解除。

【提示】订立无固定期限劳动合同主要有3种情形：（1）双方自由协商、一致同意订立；（2）依照法律规定，直接视为订立了无固定期限劳动合同；（3）出现法定情形时，法律强制用人单位与劳动者订立无固定期限劳动合同（除非劳动者有相反意愿）。

（二）视为订立无固定期限劳动合同的情形

用人单位自用工之日起满1年不与劳动者订立书面劳动合同的，视为用人单位自用工之日起满1年的当日已经与劳动者订立无固定期限劳动合同。

（三）应当订立无固定期限劳动合同

有下列情形之一，劳动者提出或者同意续订、订立劳动合同的，除劳动者提出订立固定期限劳动合同外，应当订立无固定期限劳动合同：

1. 10年

（1）劳动者在该用人单位连续工作满10年的；

（2）用人单位初次实行劳动合同制度或者国有企业改制重新订立劳动合同时，劳动者在该用人单位连续工作满10年且距法定退休年龄不足10年的。

2. 2次

劳动者和用人单位已经连续订立2次固定期限劳动合同，且劳动者没有下述情形（以下简称“劳动者法定情形”），续订劳动合同的：

（1）严重违反用人单位的规章制度的；

（2）严重失职，营私舞弊，给用人单位造成重大损害的；

（3）劳动者同时与其他用人单位建立劳动关系，对完成本单位的工作任务造成严重影响，或者经用人单位提出，拒不改正的；

（4）劳动者以欺诈、胁迫的手段或者乘人之危，使用人单位在违背真实意思的情况下订立或者变更劳动合同，致使劳动合同无效的；

（5）被依法追究刑事责任的；

（6）劳动者患病或者非因工负伤，在规定的医疗期满后不能从事原工作，也不能从事由用人单位另行安排的工作的；

（7）劳动者不能胜任工作，经过培训或者调整工作岗位，仍不能胜任工作的。

3. 法律责任

用人单位违反规定不与劳动者订立无固定期限劳动合同的，自应当订立无固定期限劳动合同之日起向劳动者每月支付2倍的工资。

【提示】区别于用人单位未按照法定期限签订书面劳动合同，此处的“2倍工资”没有最多11个月的限制。

### 经典题解

**【例题12·多选题】**2010年以来，甲公司与下列职工均已连续订立2次固定期限劳动合同，再次续订劳动合同时，除职工提出订立固定期限劳动合同外，甲公司应与之订立无固定期限劳动合同的有（　　）。

A. 不能胜任工作，经过培训能够胜任的张某

B. 因交通违章承担行政责任的王某

C. 患病休假，痊愈后能继续从事原工作的范某

D. 同时与乙公司建立劳动关系，经甲公司提出立即改正的李某

**【解析】**本题针对“劳动者法定情形”的细节出题。（1）选项A：劳动者不能胜任工作，经过培训或者调整工作岗位，仍不能胜任工作的（张某经培训能够胜任）；（2）选项B：被依法追究刑事责任（而非行政责任）的；（3）选项C：劳动者患病或者非因工负伤，在规定的医疗期满后不能从事原工作，也不能从事由用人单位另行安排的工作的（范某可以从事原工作）；（4）选项D：劳动者同时与其他用人单位建立劳动关系，对完成本单位的工作任务造成严重影响，或者经用人单位提出，拒不改正的（李某已经立即改正）。

**【答案】**ABCD

## 07 考点7 工时制度（★）

1. 我国目前实行的工时制度主要有标准工时制、不定时工作制和综合计算工时制三种类型。

2. 标准工时制

（1）国家实行劳动者每日工作 8 小时、每周工作 40 小时的标准工时制度。

（2）有些企业因工作性质和生产特点不能实行标准工时制度，应保证劳动者每天工作不超过 8 小时，每周工作不超过 40 小时，每周至少休息 1 天。

（3）用人单位由于生产经营需要，经与工会和劳动者协商后可以延长工作时间，一般每日不得超过 1 小时；因特殊原因需要延长工作时间的，在保障劳动者身体健康的条件下延长工作时间，每日不得超过 3 小时，每月不得超过 36 小时。

（4）有下列情形之一的，延长工作时间不受上述规定的限制：

①发生自然灾害、事故或者因其他原因，威胁劳动者生命健康和财产安全，需要紧急处理的；

②生产设备、交通运输线路、公共设施发生故障，影响生产和公众利益，必须及时抢修的；

③法律、行政法规规定的其他情形。

## 08 考点8 带薪年休假（以下简称“年休假”）（★★★）

1. 职工在年休假期间享受与正常工作期间相同的工资收入。

2. 能否休？

（1）机关、团体、企业、事业单位、民办非企业单位、有雇工的个体工商户等单位的职工连续工作 1 年以上（而非“在本单位工作 1 年以上”）的，享受年休假。

（2）不能享受当年的年休假的情形：

①职工依法享受寒暑假，其休假天数多于年休假天数的；

②职工请事假累计 20 天以上且单位按照规定不扣工资的；

③累计工作满 1 年不满 10 年的职工，请病假累计 2 个月以上的；

④累计工作满 10 年不满 20 年的职工，请病假累计 3 个月以上的；

⑤累计工作满 20 年以上的职工，请病假累计 4 个月以上的。

3. 怎么休？

（1）职工累计工作已满 1 年不满 10 年的，年休假5 天；已满 10 年不满 20 年的，年休假10 天；已满 20 年的，年休假15 天。

（2）国家法定休假日、休息日不计入年休假的假期。

（3）年休假在 1 个年度内可以集中安排，也可以分段安排，一般不跨年度安排；单位因生产、工作特点确有必要跨年度安排职工年休假的，可以跨 1 个年度安排。

（4）“年中跳槽”

职工新进用人单位且符合享受带薪年休假条件的，当年度年休假天数按照在本单位剩余日历天数折算确定，折算后不足 1 整天的部分不享受年休假。

**【小口诀】**“1 年 10 年往前计，5 天 5 天盼休息；因事 20 钱照给，因病 234 个月；休息休假不计入，带薪年假记准确”。*

---

* 该口诀用于确定职工享受的带薪年休假天数：（1）职工累计工作 1 年以上开始可以享受带薪年休假，每 10 年一个区段，共 3 个区段，此谓“1 年 10 年往前计”；（2）带薪年休假天数下限是 5 天，每一工作年限区段递增 5 天，此谓“5 天 5 天盼休息”；（3）“因事 20 钱照给，因病 234 个月”对不能享受带薪年休假的情形作了概括；（4）国家法定休假日、休息日不计入年休假假期，此谓“休息休假不计入”。

## 经典题解

**【例题13·单选题】**甲公司职工李某累计工作年限已满15年，在甲公司工作满5年。根据劳动合同法律制度的规定，李某可享受的年休假法定天数为(　　)。

A. 10天　　B. 15天

C. 0　　D. 5天

**【解析】**职工“累计”（而非在本单位）工作已满10年不满20年的，年休假10天。

**【答案】**A

**【例题14·单选题】**甲公司职工孙某今年已享受带薪年休假3天，同年10月，孙某又向公司提出补休当年剩余年休假的申请。已知，孙某首次就业即到甲公司工作，工作已满10年，且不存在不能享受当年年休假的情形。孙某可享受剩余当年年休假的天数为(　　)。

A. 2天　　B. 5天

C. 7天　　D. 12天

**【解析】**职工累计工作已满10年不满20年的，年休假10天，孙某可享受剩余当年年休假的天数＝10－3＝7（天）。

**【答案】**C

**【例题15·单选题】**王某工作已满12年，2019年上半年在甲公司已休带薪年休假5天；下半年调到乙公司工作，提出补休年休假的申请。已知，王某调到乙公司工作时当年剩余日历天数占全年日历天数的比例约为1/2。乙公司对王某补休年休假申请符合法律规定的答复是(　　)。

A. 不可以补休年休假

B. 可补休5天年休假

C. 可补休10天年休假

D. 可补休15天年休假

**【解析】**（1）王某累计工作已满12年，可以享受10天的带薪年休假；（2）王某调到乙公司时，当年剩余日历天数占全年日历天数的比例约为1/2，王某可以在乙公司补休的年休假＝10×1/2＝5（天）。

**【答案】**B

**【例题16·多选题】**根据劳动合同法律制度的规定，下列关于职工带薪年休假制度的表述中，正确的有(　　)。

A. 职工连续工作1年以上方可享受年休假

B. 机关、团体、企业、事业单位、民办非企业单位、有雇工的个体工商户等单位的职工均可依法享受年休假

C. 国家法定休假日、休息日不计入年休假的假期

D. 职工在年休假期间享受与正常工作期间相同的工资收入

**【解析】**（1）选项AB：机关、团体、企业、事业单位、民办非企业单位、有雇工的个体工商户等单位的职工连续工作1年以上的，享受带薪年休假；（2）选项CD：职工在年休假期间享受与正常工作期间相同的工资收入，国家法定休假日、休息日不计入年休假的假期。

**【答案】**ABCD

**【例题17·多选题】**根据劳动合同法律制度的规定，下列情形中，职工不能享受当年的带薪年休假的有(　　)。

A. 依法享受寒暑假，其休假天数多于年休假天数的

B. 请事假累计20天以上，且单位按照规定不扣工资的

C. 累计工作满1年不满10年，请病假累计2个月以上的

D. 累计工作满20年以上，请病假累计满3个月的

**【解析】**选项D：累计工作满20年以上的职工，请病假累计4个月以上的，不得享受当年的带薪年休假。

**【答案】**ABC

## 09 考点9 劳动报酬的基本规定（★★★）

| 支付形式 | 工资应当以法定货币支付，不得以实物及有价证券替代货币支付 |
|---|---|
| 支付时间 | 工资必须在用人单位与劳动者约定的日期支付，如遇节假日或休息日，则应提前在最近的工作日支付 |
| 支付频率 | 工资至少每月支付一次，实行周、日、小时工资制的可按周、日、小时支付工资<br>【相关链接1】对完成一次性临时劳动或某项具体工作的劳动者，用人单位应按有关协议或合同规定在其完成劳动任务后即支付工资<br>【相关链接2】非全日制用工：用人单位可以按小时、日或周为单位结算工资，但非全日制用工劳动报酬结算支付周期最长不得超过15日<br>【相关链接3】劳务派遣：劳务派遣单位应当按月向被派遣劳动者支付劳动报酬 |
| 救济措施 | 用人单位拖欠或者未足额支付劳动报酬的，劳动者可以依法向当地人民法院申请支付令，人民法院应当依法发出支付令 |

### 经典题解

**【例题18·多选题】**根据劳动合同法律制度的规定，下列关于劳动报酬支付的表述中，正确的有（　　）。

A. 工资至少每月支付一次，实行周、日、小时工资制的，可按周、日、小时支付工资

B. 用人单位依法安排劳动者在日标准工作时间以外延长工作时间的，按照不低于劳动合同规定的劳动者本人小时工资标准的150%支付劳动者工资

C. 用人单位与劳动者约定的支付日期遇节假日或休息日，应提前在最近的工作日支付

D. 工资应当以法定货币支付，不得以实物及有价证券替代货币支付

**【答案】**ABCD

**【例题19·多选题】**根据劳动合同法律制度的规定，下列关于不同用工形式劳动报酬结算支付周期的表述中，正确的有（　　）。

A. 非全日制用工劳动者的劳动报酬结算支付周期最长不得超过15日

B. 全日制用工劳动者的劳动报酬至少每周支付一次

C. 被派遣劳动者的劳动报酬，在结束劳务派遣用工时支付

D. 对完成一次性临时劳动或某项具体工作的劳动者，用人单位应按有效协议或者合同规定在其完成劳动任务后即支付劳动报酬

**【答案】**AD

## 10 考点10 加班工资（★★★）

1. 基本规定

（1）加班工资的支付标准

①用人单位依法安排劳动者在日标准工作时间以外延长工作时间的，按照不低于劳动合同规定的劳动者本人小时工资标准的150%支付劳动者工资；

②用人单位依法安排劳动者在休息日工作，不能安排补休的，按照不低于劳动合同规定的劳动者本人日或小时工资标准的200%支付劳动者工资；

③用人单位依法安排劳动者在法定休假日工作的，按照不低于劳动合同规定的劳动者本人日或小时工资标准的300%支付劳动者工资。

加班时间、补休与加班工资

| 加班时间 | 是否可以补休作补偿 | 加班工资支付标准 |
| --- | --- | --- |
| 日标准工作时间以外延长工作时间（工作日加班） | × | 150% |
| 休息日工作（周末加班） | √ | 200% |
| 法定休假日工作（春节等法定休假日加班） | × | 300% |

（2）法律责任

用人单位安排加班不支付加班费的，由劳动行政部门责令限期支付加班费；逾期不支付的，责令用人单位按应付金额50%以上100%以下的标准向劳动者加付赔偿金。

## 经典题解

【例题20·单选题】2020年5月，甲公司安排职工周某于15日（周五）延长工作2小时，于16日（周六）加班1天，之后安排其补休1天。已知，甲公司实行标准工时制，周某的日工资为480元。计算甲公司应支付周某5月份最低加班工资的下列算式中，正确的是（　　）。

A. 480÷8×150%×2+480×150%×1

B. 480÷8×200%×2

C. 480÷8×200%×2+480×200%×1

D. 480÷8×150%×2

【解析】（1）周末加班有补休：无须支付加班工资，选项AC错误；（2）晚上加班，加班工资支付标准为150%，选项B错误，选项D正确。

【答案】D

【例题21·单选题】2020年5月，甲公司安排周某于5月1日（国际劳动节）、5月10日（周日）分别加班1天，事后未安排补休。已知甲公司实行标准工时制，周某的日工资为250元。计算甲公司应支付周某5月最低加班工资的下列算式中，正确的是（　　）。

A. 250×300%+250×200%

B. 250×200%+250×150%

C. 250×100%+250×200%

D. 250×300%+250×300%

【解析】（1）5月1日加班，属于在法定休假日加班，应按不低于劳动合同规定的劳动者本人日或小时工资标准的300%支付劳动者工资；（2）5月10日加班，属于在休息日加班，由于甲公司未安排补休，应按不低于劳动合同规定的劳动者本人日或小时工资标准的200%支付劳动者工资。（注意：法定“休假日”加班，不论是否安排补休，均应依法支付加班工资；“休息日”加班，如果能安排补休不支付加班工资，不能安排补休的，应依法支付加班工资）

【答案】A

2. 用人单位应当依法支付劳动者在法定休假日和婚丧假期间以及依法参加社会活动期间的工资。

【案例】王某本月如果每个工作日均到单位上班，应发放工资4000元，但王某本月休婚假10天、请假参加人大会议3天，本月法定工作日为20天。

【分析】虽然王某本月实际在单位上班的天数屈指可数，但单位仍应发放全月工资4000元，不得以休婚假、参加人大会议为由扣减王某工资。

3. 在部分公民放假的节日期间（如妇女节、青年节），对参加社会活动或单位组织庆祝活动和照常工作的职工，单位应支付工资报酬，但不支付加班工资。如果该节日恰逢星期六、星期日，单位安排职工加班工作，则应当依法支付“休息日”的加班工资（200%）。

【案例】张女士的工作为标准工时制，全月工资为4000元，本月法定工作日为20天。由于工作需要，本月单位安排其在妇女节照常工作（本来可以休半天）。

【分析】（1）如果3月8日为周一，单位本月应向张女士发放工资 = 4000 + 4000 ÷ 20×0.5 = 4100（元）；（2）如果3月8日为周六且单位不能安排补休，单位本月应向张女士发放工资 = 4000 + 4000 ÷ 20 × 1 × 200% = 4400（元）（按照规定，部分公民放假的节日，如果适逢星期六、星期日，不补休，应支付加班工资）。

## 经典题解

【例题22·多选题】根据劳动合同法律制度的规定，下列关于劳动报酬支付的表述中，正确的有（  ）。

A. 对在国际劳动妇女节（工作日）照常工作的女职工，用人单位应支付加班工资

B. 用人单位应当支付劳动者在法定休假日期间的工资

C. 用人单位与劳动者约定的支付工资日期遇节假日的，应提前在最近的工作日支付

D. 用人单位不得以有价证券替代货币支付工资

【解析】选项A：在部分公民放假的节日期间（如妇女节），对参加社会活动或单位组织庆祝活动和照常工作的职工，单位应支付“工资报酬”，但不支付“加班工资”。

【答案】BCD

## 11 考点11 最低工资制度（★★★）

1. 最低工资标准是指劳动者在法定工作时间或依法签订的劳动合同约定的工作时间内提供了正常劳动的前提下，用人单位依法应支付的最低劳动报酬。

2. 最低工资不包括延长工作时间的工资报酬，以货币形式支付的住房补贴和用人单位支付的伙食补贴，中班、夜班、高温、低温、井下、有毒、有害等特殊工作环境和劳动条件下的津贴，国家法律、法规、规章规定的社会保险福利待遇。

3. 国家实行最低工资保障制度；最低工资的具体标准由各省、自治区、直辖市人民政府确定，报国务院备案。

4. 劳动合同履行地与用人单位注册地不一致的，有关劳动者的最低工资标准，按照劳动合同履行地的有关规定执行；用人单位注册地的有关标准高于劳动合同履行地的有关标准，且用人单位与劳动者约定按照用人单位注册地的有关规定执行的，从其约定。

5. “扣工资”

因劳动者本人原因给用人单位造成经济损失的，用人单位可以按照劳动合同的约定要求其赔偿经济损失。经济损失的赔偿，可从劳动者本人的工资中扣除，但每月扣除的部分不得超过劳动者当月工资的20%。若扣除后的剩余工资部分低于当地月最低工资标准，则按最低工资标准支付。

【提示】在上述情形下，该劳动者当月实得工资应当按照当月应得工资的80%（标准1）和当地月最低工资标准（标准2）的孰高值发放。

## 经典题解

【例题23·单选题】甲公司职工汪某因违章操作给公司造成了10000元的经济损失。甲公司按照劳动合同的约定要求汪某赔偿，并每月从其工资中扣除。已知，汪某月工资4800元，当地月最低工资标准2400元。甲公司每月可从汪某工资中扣除的最高限额为（  ）。

A. 960元　　B. 4800元

C. 2200元　　D. 440元

【解析】标准1（劳动者当月工资的80%）= 4800×80% = 3840（元），标准2（最低工资标准）为2400元；甲公司每月至少应按标准1和标准2中的孰高值（3840元）向

汪某发放工资，因此，可扣除的最高限额＝4800－3840＝960（元）。

【答案】A

【例题24·多选题】最低工资是指劳动者在法定工作时间或依法签订的劳动合同约定的工作时间内提供了正常劳动的前提下，用人单位依法应当支付的最低劳动报酬。下列用人单位支付的款项中，不包括在最低工资中的有(　　)。

A. 加班工资　　B. 伙食补贴

C. 夜班津贴　　D. 高温津贴

【解析】最低工资不包括延长工作时间的工资报酬，以货币形式支付的住房补贴和用人单位支付的伙食补贴，中班、夜班、高温、低温、井下、有毒、有害等特殊工作环境和劳动条件下的津贴，国家法律、法规、规章规定的社会保险福利待遇。

【答案】ABCD

## 第3单元　劳动合同的可备条款

查看本单元视频
使用"会计云课堂"App/微信扫描

### 12　考点12 试用期（★★★）

1. 试用期属于劳动合同可备条款，双方可以约定，也可以不约定试用期。

2. 试用期的期限

（1）最多可以约定多长时间的试用期？

| 合同类型 | 试用期期限 |
| --- | --- |
| ①劳动合同期限<3个月<br>②以完成一定工作任务为期限的劳动合同<br>③非全日制用工 | 不得约定试用期 |
| 3个月≤劳动合同期限<1年 | 约定的试用期应当≤1个月 |
| 1年≤劳动合同期限<3年 | 约定的试用期应当≤2个月 |
| ①劳动合同期限≥3年<br>②无固定期限劳动合同 | 约定的试用期应当≤6个月 |

（2）试用期包含在劳动合同期限内；劳动合同仅约定试用期的，试用期不成立，该期限为劳动合同期限。

（3）同一用人单位与同一劳动者只能约定一次试用期。

（4）法律责任

用人单位违反规定与劳动者约定试用期的，由劳动行政部门责令改正；违法约定的试用期已经履行的，由用人单位以劳动者试用期满月工资为标准，按已经履行的超过法定试用期的期间向劳动者支付赔偿金。

### 经典题解

【例题25·多选题】甲公司与其职工对试用期期限的下列约定中，符合法律规定的有(　　)。

A. 刘某的劳动合同期限4年，双方约定的试用期为6个月

B. 林某的劳动合同期限1年，双方约定的试用期为1个月

C. 钱某的劳动合同期限2年，双方约定的试用期为3个月

D. 王某的劳动合同期限5个月，双方约定的试用期为10日

**【答案】** ABD

**【例题26·单选题】** 根据劳动合同法律制度的规定，下列劳动合同中，双方当事人可约定试用期的是(　　)。

A. 无固定期限劳动合同

B. 非全日制用工合同

C. 以完成一定工作任务为期限的劳动合同

D. 期限不满3个月的劳动合同

**【解析】**（1）3类劳动合同不得约定试用期：选项BCD；（2）选项A：无固定期限劳动合同可以约定试用期，但约定的试用期不得超过6个月。

**【答案】** A

**【例题27·判断题】** 劳动合同仅约定试用期没有约定劳动合同期限的，劳动合同无效。(　　)

**【解析】** 劳动合同仅约定试用期的，试用期不成立，该期限为劳动合同期限（劳动合同仍然是有效的）。

**【答案】** ×

3. 试用期工资

劳动者在试用期的工资不得低于本单位相同岗位最低档工资的80%或者劳动合同约定工资（试用期满后工资）的80%，并不得低于用人单位所在地的最低工资标准。

【提示】由于同工同酬的要求，劳动合同约定工资应当大于等于本单位相同岗位最低档工资：（1）劳动合同明确约定工资数额，且该数额符合同工同酬的要求的，试用期工资不低于“约定工资的80%”和“当地最低工资标准”二者的孰高数；（2）劳动合同未约定具体工资数额而是约定参照执行本单位相同岗位的工资制度的，或者约定了具体工资数额但不符合同工同酬要求的，试用期工资不低于“本单位相同岗位最低档工资的80%”和“当地最低工资标准”二者的孰高数。

## 经典题解

**【例题28·单选题】** 李某与甲公司签订劳动合同，约定试用期满月工资6000元。已知，当地月最低工资标准为2600元，甲公司上年度该职位月平均工资4500元。根据劳动合同法律制度的规定，李某试用期最低工资为(　　)。

A. 3600元　　B. 4500元

C. 4800元　　D. 2600元

**【解析】**（1）劳动合同约定了“试用期满工资”，试用期工资应当不低于试用期满工资的80% = 6000×80% = 4800（元）和用人单位所在地最低工资标准（2600元）的孰高数(4800元)；（2）本题的“甲公司上年度该职位月平均工资4500元”纯属干扰条件。

**【答案】** C

## 13 考点13 服务期（★★）

1. 约定条件

用人单位为劳动者提供专项培训费用，对其进行专业技术培训的，可以与该劳动者订立协议，约定服务期（可备条款）。

2. 服务期待遇

（1）用人单位与劳动者约定服务期的，不影响按正常的工资调整机制提高劳动者在服务期期间的劳动报酬。

（2）劳动合同期满，但是用人单位与劳动者约定的服务期尚未到期的，劳动合同应当续延至服务期满；双方另有约定的，从其约定。

3. 违约责任

（1）劳动者违反服务期约定的，应当按照约定向用人单位支付违约金。

（2）违约金的数额

①约定时：违约金的数额不得超过用人

单位提供的培训费用。

②支付时：用人单位要求劳动者支付的违约金不得超过服务期尚未履行部分所应分摊的培训费用。

**【案例】**王某与甲公司订立劳动合同，期限为3年，约定服务期为5年，如果王某违反服务期约定，应当向甲公司支付5万元的违约金。合同签订后，甲公司为王某提供培训，支付培训费为3万元（有合法支付凭证）。在本案中：①3年的劳动合同期限届满时，服务期仍有2年时间，劳动合同应当续延至服务期满；②如果劳动合同刚履行了2年，王某违反了服务期的约定要求解除劳动合同，甲公司有权要求王某支付违约金，但不得超过服务期尚未履行部分（3年）所应分摊的培训费；③由于甲公司提供的培训费仅为3万元，双方约定的违约金5万元中仅3万元为有效违约金；④甲公司有权要求王某支付的违约金＝3×3/5＝1.8（万元）。

（3）是否需要支付违约金

| 情形 | | 是否支付违约金 |
|---|---|---|
| 用人单位提出解除劳动合同 | 劳动者存在下列法定过错情形：<br>①劳动者严重违反用人单位的规章制度的<br>②劳动者严重失职，营私舞弊，给用人单位造成重大损害的<br>③劳动者同时与其他用人单位建立劳动关系，对完成本单位的工作任务造成严重影响，或者经用人单位提出，拒不改正的<br>④劳动者以欺诈、胁迫的手段或者乘人之危，使用人单位在违背真实意思的情况下订立或者变更劳动合同致使劳动合同无效的<br>⑤劳动者被依法追究刑事责任的 | √ |
| | 劳动者并无法定过错情形 | × |
| 劳动者提出解除劳动合同 | 用人单位存在下列法定过错情形：<br>①用人单位未按照劳动合同约定提供劳动保护或者劳动条件的<br>②用人单位未及时足额支付劳动报酬的<br>③用人单位未依法为劳动者缴纳社会保险费的<br>④用人单位的规章制度违反法律、法规的规定，损害劳动者权益的<br>⑤用人单位以欺诈、胁迫的手段或者乘人之危，使劳动者在违背真实意思的情况下订立或者变更劳动合同致使劳动合同无效的<br>⑥用人单位在劳动合同中免除自己的法定责任、排除劳动者权利的<br>⑦用人单位违反法律、行政法规强制性规定的<br>⑧法律、行政法规规定劳动者可以解除劳动合同的其他情形 | × |
| | 用人单位并无法定过错情形 | √ |

## 经典题解

**【例题29·单选题】**甲公司为员工李某支付培训费用6万元，约定服务期3年。2年后，李某以甲公司自其入职之日起从未按照合同约定提供劳动保护为由，向甲公司提出解除劳动合同。根据劳动合同法律制度的规定，下列说法正确的是(　　)。

A. 李某违反了服务期的约定

B. 甲公司可以要求李某支付6万元的违约金

C. 甲公司可以要求李某支付2万元的违约金

D. 李某无须支付违约金

【解析】用人单位存在法定过错情形（未依约提供劳动保护）而劳动者解除劳动合同的，劳动者不需支付违约金。

【答案】D

【例题 30 · 单选题】张某受甲公司委派出国参加技术培训，公司为此支付培训费用 15 万元。培训前双方签订协议，约定张某自培训结束后 5 年内不得辞职，否则应支付违约金 15 万元。张某培训完毕后在甲公司连续工作满 2 年时辞职。甲公司依法要求张某支付的违约金数额最高为(　　)。

A. 0　　B. 15 万元

C. 9 万元　　D. 6 万元

【解析】(1) 约定的违约金（15 万元）未超过公司支付的培训费用（15 万元）；(2) 约定的服务期共计 5 年，已履行 2 年。因此，甲公司依法要求张某支付的违约金最高额 = 15×（5-2）/5 = 9（万元）。

【答案】C

【例题 31 · 单选题】甲公司将尚有 4 年劳动合同期限的职工吴某派出参加 6 个月的专业技术培训，提供 20 万元专项培训费用，并与其签订了服务期协议。双方约定，吴某培训结束后须在甲公司工作满 5 年，否则应向公司支付违约金，吴某培训结束工作 3 年时因个人原因向公司提出解除劳动合同。下列关于吴某服务期约定及劳动合同解除的表述中，正确的是(　　)。

A. 服务期约定因限制了吴某的自主择业权而无效

B. 双方不得在服务期协议中约定违约金

C. 甲公司有权要求吴某支付违约金

D. 5 年服务期的约定因超过劳动合同剩余期限而无效

【解析】(1) 选项 B：服务期违约金、竞业限制违约金是劳动合同法律制度认可的 2 种违约金；(2) 选项 C：吴某因个人原因在服务期未满时解除劳动合同，属于劳动者违反服务期约定，应按照约定向用人单位支付违约金；(3) 选项 D：劳动合同期满，但是用人单位与劳动者约定的服务期尚未到期的，劳动合同应当续延至服务期满；双方另有约定的，从其约定。

【答案】C

## 14 考点 14 竞业限制（★★）

1. 适用范围

(1) 竞业限制的人员限于用人单位的高级管理人员、高级技术人员和其他负有保密义务的人员。

(2) 竞业限制的范围、地域、期限由用人单位与劳动者约定（可备条款），竞业限制的约定不得违反法律、法规的规定。

(3) 在解除或者终止劳动合同后，竞业限制人员到与本单位生产或者经营同类产品、从事同类业务的有竞争关系的其他用人单位工作，或者自己开业生产或者经营同类产品、从事同类业务的竞业限制期限，不得超过 2 年。

2. 竞业限制补偿金

(1) 竞业限制补偿金是用人单位对劳动者履行竞业限制义务的经济补偿，用人单位应当在劳动合同解除或终止后，在竞业限制期内按月支付。

(2) 当事人在劳动合同或保密协议中约定了竞业限制和经济补偿，当事人解除劳动合同时，除另有约定外，用人单位要求劳动者履行竞业限制义务，或者劳动者履行了竞业限制义务后要求用人单位支付经济补偿的，人民法院应予支持。

(3) 当事人在劳动合同或者保密协议中约定了竞业限制，但未约定解除或者终止劳动合同后给予劳动者经济补偿，劳动者履行了竞业限制义务，要求用人单位按照劳动者在劳动合同解除或者终止前 12 个月平均工资的 30%(低于劳动合同履行地最低工资标准的，按照劳动合同履行地最低工资标准）按月支付经济补偿的，人民法院应予支持。

【提示】司法解释并未将“劳动合同解除或者终止前12个月平均工资的30%”规定为竞业限制补偿金的下限，如果约定的竞业限制补偿金低于劳动合同解除或者终止前12个月平均工资的30%的，如何处理要具体看当地的有关规定，有些地方的确规定如果出现前述情形，有关竞业限制补偿金的约定无效（将劳动合同解除或者终止前12个月平均工资的30%规定为下限），但有些地方标准更高一些。由于没有明确的统一规定，考试应当回避该内容，考生只需要知道没有约定如何处理，不必深究约定过低是否无效的问题。

3. 竞业限制违约金

（1）劳动者违反竞业限制约定，向用人单位支付违约金后，用人单位要求劳动者按照约定继续履行竞业限制义务的，人民法院应予支持。

（2）禁止用人单位对劳动合同服务期和竞业限制之外的其他事项与劳动者约定由劳动者承担违约金。

4. 竞业限制协议的解除

（1）当事人在劳动合同或者保密协议中约定了竞业限制和经济补偿，劳动合同解除或者终止后，因用人单位的原因导致3个月未支付经济补偿，劳动者请求解除竞业限制约定的，人民法院应予支持。

（2）在竞业限制期限内，用人单位请求解除竞业限制协议时，人民法院应予支持。在解除竞业限制协议时，劳动者请求用人单位额外支付劳动者3个月的竞业限制经济补偿的，人民法院应予支持。

## 经典题解

【例题32·多选题】根据劳动合同法律制度的规定，下列关于竞业限制的表述中，正确的有（　　）。

A. 竞业限制的人员限于用人单位的高级管理人员、高级技术人员和其他负有保密义务的人员

B. 竞业限制期限不得超过2年

C. 在竞业限制期限内用人单位应给予劳动者经济补偿

D. 劳动者违反竞业限制约定的，应当按照约定向用人单位支付违约金

【答案】ABCD

【例题33·多选题】下列各项中，人民法院适用竞业限制条款处理劳动争议案件时应予支持的有（　　）。

A. 在竞业限制期限内，用人单位解除竞业限制协议时，劳动者要求用人单位额外支付3个月竞业限制经济补偿的

B. 劳动者违反竞业限制约定，向用人单位支付违约金后，用人单位要求劳动者按照约定继续履行竞业限制义务的

C. 劳动合同解除后，履行了竞业限制义务的劳动者按照协议约定要求用人单位支付竞业限制经济补偿的

D. 劳动合同解除后，因用人单位的原因导致3个月未支付竞业限制经济补偿，劳动者要求解除竞业限制约定的

【答案】ABCD

【例题34·多选题】根据劳动合同法律制度的规定，关于用人单位和劳动者对竞业限制约定的下列表述中，正确的有（　　）。

A. 用人单位应按照双方约定，在竞业限制期限内按月给予劳动者经济补偿

B. 劳动者违反竞业限制约定的，应按照约定向用人单位支付违约金

C. 用人单位和劳动者约定的竞业限制期限不得超过2年

D. 竞业限制约定适用于用人单位与其高级管理人员、高级技术人员和其他负有保密义务的人员之间

【答案】ABCD

【例题 35·单选题】根据劳动合同法律制度的规定，下列情形中，用人单位可在劳动合同中约定由劳动者承担违约金的是(　　)。

A. 劳动者同时与其他用人单位建立劳动关系，对完成本单位的工作任务造成严重影响的

B. 劳动者严重失职，营私舞弊，给用人单位造成重大损害的

C. 劳动者违反服务期约定的

D. 劳动者不能胜任工作的

【解析】劳动合同法只允许用人单位在 2 种情况下与劳动者约定违约金：（1）服务期；（2）竞业限制。

【答案】C

**服务期 VS 竞业限制（综述）**

| | | 服务期 | 竞业限制 |
|---|---|---|---|
| 约定条件 | | 用人单位为劳动者提供专项培训服务，对其进行专业技术培训 | 劳动者属于用人单位的高级管理人员、高级技术人员和其他负有保密义务的人员 |
| 与劳动合同期限的关系 | | 劳动合同期限届满而服务期尚未届满的，劳动合同应当延续至服务期满（另有约定除外） | 适用于劳动合同解除或终止后 |
| 最长期限 | | 无法定限制 | 不得超过 2 年 |
| 劳动者履行约定 | | （1）按约定支付工资<br>（2）服务期不影响按正常的工资调整机制提高劳动者的劳动报酬 | 按月按约定支付竞业限制补偿金，如未约定，按劳动合同解除或终止前 12 个月平均工资的 30% 和当地月最低工资标准二者的孰高值支付 |
| 违约金 | 数额上限 | 不得超过用人单位提供的培训费用 | 无法定上限 |
| | 支付条件 | （1）劳动者提出解除而用人单位不存在法定过错<br>（2）用人单位提出解除而劳动者存在法定过错 | 违反竞业限制约定 |
| | 支付要求 | 不得超过服务期尚未履行部分所应分摊的培训费用 | 支付后用人单位仍可要求劳动者继续履行竞业限制义务 |

## 第 4 单元　劳动合同的履行与重大变故



### 15 考点 15 劳动合同的履行和变更（★）

1. 劳动者拒绝用人单位管理人员违章指挥、强令冒险作业的，不视为违反劳动合同；劳动者对危害生命安全和身体健康的劳动条件，有权对用人单位提出批评、检举和控告。

2. 用人单位变更名称、法定代表人、主要负责人或者投资人等事项，不影响劳动合同的履行。

3. 用人单位发生合并或者分立等情况，原劳动合同继续有效，劳动合同由承继其权利和义务的用人单位继续履行。

### 经典题解

【例题 36·判断题】用人单位发生合并或者分立，原劳动合同自动终止。( )

【答案】×

【例题 37·多选题】关于劳动合同的履行与变更，下列各项中，正确的有( )。

A. 劳动者拒绝用人单位管理人员强令冒险作业的，不视为违反劳动合同

B. 用人单位变更法定代表人不影响劳动合同的履行

C. 用人单位发生合并，原劳动合同继续有效

D. 用人单位的加班时间及加班费可以随意制定

【解析】选项 D：加班时间（3 小时、36 小时）、加班费（150%、200%、300%）均有法定限制。

【答案】ABC

4. 劳动规章制度

（1）合法有效的劳动规章制度是劳动合同的组成部分，对用人单位和劳动者均有法律约束力。

（2）用人单位在制定、修改或者决定直接涉及劳动者切身利益的规章制度和重大事项时，应当经职工代表大会或者全体职工讨论，提出方案和意见，与工会或者职工代表平等协商确定。在规章制度和重大事项决定实施过程中，工会或者职工认为不适当的，有权向用人单位提出，通过协商予以修改完善。

（3）用人单位应当将直接涉及劳动者切身利益的规章制度和重大事项决定公示，或者告知劳动者（例如，张贴通告、员工手册送达、会议精神传达等）；如果用人单位的规章制度未经公示或者未对劳动者告知，该规章制度对劳动者不生效。

（4）用人单位直接涉及劳动者切身利益的规章制度违反法律、法规规定的，由劳动行政部门责令改正，给予警告；给劳动者造成损害的，应当承担赔偿责任。

### 经典题解

【例题 38·多选题】根据劳动合同法律制度的规定，关于用人单位直接涉及劳动者切身利益的规章制度的下列表述中，正确的有( )。

A. 因规章制度违反法律、法规规定给劳动者造成损害的，用人单位应承担赔偿责任

B. 制定时应经职工代表大会或全体职工讨论，提出方案和意见，与工会或职工代表平等协商确定

C. 实施过程中工会或职工认为不适当的，有权向用人单位提出，通过协商予以修改完善

D. 用人单位应公示或告知劳动者

【答案】ABCD

5. 劳动合同的变更

（1）用人单位与劳动者协商一致，可以变更劳动合同约定的内容。

（2）变更劳动合同应当采用书面形式；变更劳动合同未采用书面形式，但已经实际履行了口头变更的劳动合同超过 1 个月，且变更后的劳动合同内容不违反法律、行政法规、国家政策以及公序良俗，当事人以未采用书面形式为由主张劳动合同变更无效的，人民法院不予支持。

### 经典题解

【例题 39·单选题】2019 年 3 月，韩某到甲公司工作。2020 年 1 月，甲公司与韩某口头商定将其月工资由原来的 4500 元提高至 6000 元。双方实际履行 3 个月后，甲公司法定代表人变更。新任法定代表人认为该劳动合同内容变更未采用书面形式，变更无效，决定仍按原每月 4500 元的标准向韩某支付工资。关于双方口头变更劳动合同效力的下列

表述中，正确的是(　　)。

A. 双方口头变更劳动合同且实际履行已超过1个月，该劳动合同变更有效

B. 劳动合同变更在实际履行3个月期间有效，此后无效

C. 因双方未采取书面形式，该劳动合同变更无效

D. 双方口头变更劳动合同但实际履行未超过6个月，该劳动合同变更无效

【答案】A

## 16 考点16 劳动合同的解除（★★★）

（一）劳动合同解除的类型

- 协商解除（双方协商一致解除）
- 法定解除（单方解除）
  - 劳动者
    - 提前通知解除
    - 随时通知解除
    - 不需事先告知解除
  - 用人单位
    - 随时通知解除
    - 无过失性辞退（预告解除）
    - 经济性裁员（裁员解除）

（二）协商解除

| 类型 | 适用情形 | 是否支付经济补偿金 |
|---|---|---|
| 用人单位提出解除劳动合同 | 双方自愿协商一致 | √ |
| 劳动者主动辞职 | | × |

（三）法定解除

1. 劳动者的法定解除

| 类型 | 适用情形 | 是否支付经济补偿金 |
|---|---|---|
| 提前通知解除（“不想干”） | （1）劳动者提前30日以书面形式通知用人单位<br>（2）劳动者在试用期内提前3日通知用人单位<br>【提示】如果劳动者没有履行通知程序，属于违法解除，因此对用人单位造成损失的，劳动者应对用人单位的损失承担赔偿责任 | × |
| 随时通知解除（“没法干”） | （1）用人单位未按照劳动合同约定提供劳动保护或者劳动条件的<br>（2）用人单位未及时足额支付劳动报酬的<br>（3）用人单位未依法为劳动者缴纳社会保险费的<br>（4）用人单位的规章制度违反法律、法规的规定，损害劳动者权益的<br>（5）用人单位以欺诈、胁迫的手段或者乘人之危，使劳动者在违背真实意思的情况下订立或者变更劳动合同致使劳动合同无效的<br>（6）用人单位在劳动合同中免除自己的法定责任、排除劳动者权利的<br>（7）用人单位违反法律、行政法规强制性规定的<br>【提示】劳动者无须提前通知用人单位解除劳动合同 | √ |

续表

| 类型 | 适用情形 | 是否支付经济补偿金 |
| --- | --- | --- |
| 不需事先告知解除（“没命干”） | （1）用人单位以暴力、威胁或者非法限制人身自由的手段强迫劳动者劳动的<br>（2）用人单位违章指挥、强令冒险作业危及劳动者人身安全的<br>【提示】根本不必告知，再不走命就没了…… | √ |

## 经典题解

**【例题40·单选题】**根据劳动合同法律制度的规定，下列情形中，劳动者可立即解除劳动合同，不需事先告知用人单位的是（　　）。

A. 用人单位未按照劳动合同约定提供劳动保护的

B. 用人单位违章指挥、强令冒险作业危及劳动者人身安全的

C. 用人单位未及时足额支付劳动报酬的

D. 用人单位在劳动合同中免除自己的法定责任、排除劳动者权利的

**【解析】**选项ACD：属于劳动者可“随时通知”解除劳动合同的情形。

**【答案】**B

**【例题41·多选题】**甲公司与吴某签订了3年期限劳动合同。合同履行1年时，吴某因自主创业而向甲公司提出解除劳动合同。下列关于吴某单方解除劳动合同方式及后果的表述中，正确的有（　　）。

A. 吴某应向甲公司支付违约金

B. 吴某应提前3日以书面形式通知甲公司

C. 吴某应提前30日以书面形式通知甲公司

D. 甲公司不需向吴某支付经济补偿

**【解析】**（1）选项A：在劳动合同法律制度中，只有2种违约金合法，服务期违约金和竞业限制违约金，本题既不涉及服务期，也不涉及竞业限制，不存在支付违约金的问题；（2）选项BC：本题属于吴某“不想干”，属于提前通知解除劳动合同的情形，吴某明显不在试用期内，应提前30日以书面形式通知甲公司；（3）选项D：吴某自己“不想干”，对劳动合同解除存在过错，甲公司无须支付经济补偿金。

**【答案】**CD

2. 用人单位的法定解除

| 类型 | 适用情形 | 是否支付经济补偿金 |
| --- | --- | --- |
| 随时通知解除（“不能用”） | （1）劳动者在试用期间被证明不符合录用条件的<br>（2）劳动者严重违反用人单位的规章制度的<br>（3）劳动者严重失职，营私舞弊，给用人单位造成重大损害的<br>（4）劳动者同时与其他用人单位建立劳动关系，对完成本单位的工作任务造成严重影响，或者经用人单位提出，拒不改正的<br>（5）劳动者以欺诈、胁迫的手段或者乘人之危，使用人单位在违背真实意思的情况下，订立或者变更劳动合同致使劳动合同无效的<br>（6）劳动者被依法追究刑事责任的 | × |

续表

| 类型 | 适用情形 | 是否支付经济补偿金 |
| --- | --- | --- |
| 无过失性辞退（“没法用”） | 有下列情形之一的，用人单位提前30日以书面形式通知劳动者本人或者额外支付劳动者1个月工资后，可以解除劳动合同：<br>（1）劳动者患病或者非因工负伤，在规定的医疗期满后不能从事原工作，也不能从事由用人单位另行安排的工作的<br>（2）劳动者不能胜任工作，经过培训或者调整工作岗位，仍不能胜任工作的<br>（3）劳动合同订立时所依据的客观情况发生重大变化，致使劳动合同无法履行，经用人单位与劳动者协商，未能就变更劳动合同内容达成协议的 | √ |
| 经济性裁员（“没办法”） | （1）经济性裁员的适用情形：<br>①依照《企业破产法》规定进行重整的<br>②生产经营发生严重困难的<br>③企业转产、重大技术革新或者经营方式调整，经变更劳动合同后，仍需裁减人员的<br>④其他因劳动合同订立时所依据的客观经济情况发生重大变化，致使劳动合同无法履行的<br>（2）特别程序<br>①需要裁减人员20人以上或者裁减不足20人但占企业职工总数10%以上的，用人单位提前30日向工会或者全体职工说明情况，听取工会或者职工的意见后，裁减人员方案经向劳动行政部门报告，可以裁减人员<br>②裁减人员不足20人且占企业职工总数不足10%的，无须执行上述程序<br>（3）裁减人员时，应当优先留用下列人员：<br>①与本单位订立较长期限的固定期限劳动合同的<br>②与本单位订立无固定期限劳动合同的<br>③家庭无其他就业人员，有需要扶养的老人或者未成年人的<br>（4）用人单位裁减人员后，在6个月内重新招用人员的，应当通知被裁减的人员，并在同等条件下优先招用被裁减的人员 | √ |

【提示】在上述法定解除的情形中，用人单位最怕“没”（没法干、没命干、没法用、没办法），只要一沾“没”，用人单位的钱就没了（支付经济补偿金）。

## 经典题解

【例题42·多选题】根据劳动合同法律制度的规定，劳动者出现的下列情形中，用人单位可随时通知劳动者解除劳动合同的有（　　）。

A. 被依法追究刑事责任的

B. 在试用期间被证明不符合录用条件的

C. 严重失职，营私舞弊，给用人单位造成重大损害的

D. 严重违反用人单位规章制度的

【答案】ABCD

**【例题43·判断题】** 劳动者不能胜任工作岗位，用人单位应先经过培训或者调整工作岗位，仍不能胜任工作的，方可按程序与其解除劳动合同。(　　)

**【答案】** √

**【例题44·多选题】** 根据劳动合同法律制度的规定，下列各项中，属于用人单位可依据法定程序进行经济性裁员的情形有(　　)。

A. 企业转产，经变更劳动合同后，仍需裁减人员的

B. 依照企业破产法规定进行重整的

C. 企业重大技术革新，经变更劳动合同后，仍需裁减人员的

D. 生产经营发生严重困难的

**【答案】** ABCD

**【例题45·单选题】** 甲公司现有职工150人，因生产经营发生严重困难需裁员，根据劳动合同法律制度的规定，该公司裁减人员达到一定人数或者一定比例以上，甲公司应向工会或者全体职工说明情况，听取工会或者职工的意见，并将裁减人员方案向劳动行政部门报告，甲公司可不执行该程序的裁减人员的最多数量是(　　)。

A. 16人　　B. 13人

C. 14人　　D. 15人

**【解析】** 执行特别程序的情形：(1) 需要裁减人数为“20人以上”；(2) 裁减人数不足20人但占企业职工总数为“10%以上”。迅速浏览本题发现4个备选项均不足20人，可见进攻点为“10%以上”，即裁减人数大于等于15人（150×10%）时应执行特别程序，反过来，在不执行特别程序的前提下，可裁减的人数最多为14人。

**【答案】** C

**【例题46·多选题】** 根据劳动合同法律制度的规定，用人单位进行经济性裁员时，应优先留用具有法定情形的人员。下列各项中，属于该法定情形的有(　　)。

A. 家庭无其他就业人员，有需要扶养的未成年人的

B. 与本单位订立较长期限的固定期限劳动合同的

C. 家庭无其他就业人员，有需要扶养的老人的

D. 与本单位订立无固定期限劳动合同的

**【解析】** 裁减人员时，应当优先留用下列人员：(1) 与本单位订立较长期限的固定期限劳动合同的（选项B）；(2) 与本单位订立无固定期限劳动合同的（选项D）；(3) 家庭无其他就业人员，有需要扶养的老人或者未成年人的（选项AC）。

**【答案】** ABCD

**【例题47·判断题】** 用人单位裁减人员后，在6个月内重新招用人员的，应当通知被裁减的人员，并在同等条件下优先招用。(　　)

**【答案】** √

## 17　考点17 劳动合同的终止（★★）

**【提示】** 解除是一方或者双方，“主动”“人为”地提前结束合同；终止是出现法定事由后，“被动”地提前或如期结束合同。

1. 劳动合同终止的情形

| 情形 | | 是否支付经济补偿金 |
|---|---|---|
| 劳动合同期满 | 用人单位维持或提高原条件续订而劳动者拒绝 | × |
| | 用人单位决定不续订或降低条件续订（“不留用”） | √ |

续表

| 情形 | 是否支付经济补偿金 |
|---|---|
| 劳动者开始依法享受基本养老保险待遇的 | × |
| 劳动者达到法定退休年龄的 | × |
| 劳动者死亡，或者被人民法院宣告死亡或者宣告失踪的 | × |
| 用人单位被依法宣告破产的（“不营业”） | √ |
| 用人单位被吊销营业执照、责令关闭、撤销或者用人单位决定提前解散的（“不营业”） | √ |

【提示】在上述劳动合同终止的情形中，只要一沾“不”（不留用、不营业），用人单位的钱就没了。

2. 劳动者有下列情形之一的，用人单位既不得对其进行无过失性辞退或经济性裁员，也不得以劳动合同期满为由与其终止劳动合同：

（1）从事接触职业病危害作业的劳动者未进行离岗前职业健康检查，或者疑似职业病患者在诊断或者医学观察期间的；

（2）在本单位患职业病或者因工负伤并被确认丧失或者部分丧失劳动能力的；

（3）患病或者非因工负伤，在规定的医疗期内的；

（4）女职工在孕期、产期、哺乳期的；

（5）在本单位连续工作满15年，且距法定退休年龄不足5年的。

【提示】若符合因劳动者存在法定过错情形解除劳动合同（用人单位随时通知解除）的情形，则不受上述限制性规定的影响。在解题时，如果题目未明确交代劳动者存在法定过错情形，按劳动者不存在法定过错处理。

## 经典题解

【例题 48 · 单选题】甲公司与韩某订立了 2 年期限劳动合同，韩某上班 3 个月后，不能胜任工作，经甲公司培训后仍不能胜任，甲公司欲解除与韩某的劳动合同，此时韩某发现自己已怀孕 1 个月。下列关于甲公司解除与韩某劳动合同的表述中，正确的是(　　)。

A. 甲公司提前 30 日以书面形式通知韩某可解除劳动合同

B. 甲公司不得解除劳动合同

C. 甲公司可随时通知韩某解除劳动合同

D. 甲公司额外支付韩某 1 个月工资后可解除劳动合同

【解析】（1）女职工在孕期、产期、哺乳期的，用人单位既不得对其进行无过失性辞退或经济性裁员，也不得以劳动合同期满为由与其终止劳动合同；（2）劳动者不能胜任工作，经过培训或者调整工作岗位，仍不能胜任工作的属于无过失性辞退的情形（而非用人单位随时通知解除劳动合同的情形）。

【答案】B

【例题 49 · 多选题】下列情形中，用人单位可单方面解除劳动合同的有(　　)。

A. 张某同时与其他用人单位建立劳动关系，经用人单位提出，拒不改正

B. 李某被依法追究刑事责任

C. 王某严重违反用人单位的规章制度

D. 钱某因怀孕无法胜任工作

【解析】（1）选项 ABC：属于用人单位随时通知劳动者解除劳动合同的情形；（2）选项 D：女职工在孕期、产期、哺乳期的，用人单位既不得对其进行无过失性辞退

或经济性裁员，也不得以劳动合同期满为由与其终止劳动合同。

【答案】ABC

【例题50·判断题】劳动者开始依法享受基本养老保险待遇的，劳动合同终止。(　　)

【答案】√

## 18 考点18 经济补偿金（★★★）

（一）什么是经济补偿金？

1. 经济补偿金，是按照劳动合同法的规定，在劳动者无过错的情况下，用人单位与劳动者解除或终止劳动合同时，应给予劳动者的经济上的补助。

【提示1】是否支付经济补偿金与用人单位对劳动合同的解除或终止是否存在过错无关，关键看劳动者对劳动合同的解除或终止是否存在过错。

【提示2】在无过失性辞退的情形中，劳动者也属于“无过失”，用人单位应当依法支付经济补偿金。

2. 经济补偿金VS违约金VS赔偿金

| | 经济补偿金 | 违约金 | 赔偿金 |
|---|---|---|---|
| 产生原因 | 法定 | 约定 | 法定 |
| 适用情形 | 劳动合同解除或终止，而劳动者无过错 | 劳动者违反服务期或者竞业限制的约定 | 由于自己过错给对方造成损害 |
| 支付方 | 用人单位 | 劳动者 | 过错方，可能是用人单位，也可能是劳动者 |

### 经典题解

【例题51·单选题】根据劳动合同法律制度的规定，下列关于经济补偿金和违约金的表述中，不正确的是(　　)。

A. 违约金的支付主体是劳动者

B. 经济补偿金只能由用人单位和劳动者在劳动合同中约定

C. 违约金只能在服务期和竞业限制条款中约定

D. 经济补偿金的支付主体只能是用人单位

【答案】B

（二）是否应付经济补偿金？

1. 应当支付经济补偿金的情形

（1）劳动者符合随时通知解除和不需要事先通知即可解除劳动合同规定情形而解除劳动合同的；

（2）由用人单位提出解除劳动合同并与劳动者协商一致而解除劳动合同的；

（3）用人单位符合提前30日以书面形式通知劳动者本人或者额外支付劳动者1个月工资后，可以解除劳动合同规定情形而解除劳动合同的；

（4）用人单位符合可裁减人员规定而解除劳动合同的；

（5）除用人单位维持或者提高劳动合同约定条件续订劳动合同，劳动者不同意续订的情形外，劳动合同期满终止固定期限劳动合同的；

（6）用人单位被依法宣告破产或者用人单位被吊销营业执照、责令关闭、撤销或者用人单位决定提前解散而终止劳动合同的；

（7）以完成一定工作任务为期限的劳动合同因任务完成而终止的。

2. 不支付经济补偿金的特殊情况

地方各级人民政府及县级以上人民政府有关部门为安置就业困难人员提供的给予岗位补贴和社会保险补贴的公益性岗位，其劳动合同不适用劳动合同法有关支付经济补偿的规定。

## 经典题解

**【例题 52 · 多选题】** 根据劳动合同法律制度的规定。下列情形中，用人单位应向劳动者支付经济补偿的有（　　）。

A. 劳动者提前 30 日以书面形式通知用人单位解除劳动合同的

B. 用人单位提出并与劳动者协商一致而解除劳动合同的

C. 以完成一定工作任务为期限的劳动合同因任务完成而终止的

D. 劳动者在试用期内被证明不符合录用条件而被解除劳动合同的

**【解析】** 选项 AD：属于劳动者对劳动合同的解除存在过错，用人单位不需要支付经济补偿金。

**【答案】** BC

**【例题 53 · 多选题】** 根据劳动合同法律制度的规定，下列情形中，用人单位应当向劳动者支付经济补偿的有（　　）。

A. 用人单位被依法宣告破产而终止劳动合同的

B. 由用人单位提出并与劳动者协商一致而解除劳动合同的

C. 固定期限劳动合同期满，用人单位维持或者提高劳动合同约定条件续订劳动合同，劳动者不同意续订的

D. 劳动者不能胜任工作，经过培训仍不能胜任工作而被解除劳动合同的

**【解析】** 选项 C：劳动合同期满，如果用人单位维持或者提高劳动合同约定条件续订劳动合同而劳动者不同意续订，用人单位不需支付经济补偿金；其他情形下，因劳动合同期满终止固定期限劳动合同的，用人单位应当向劳动者支付经济补偿金。

**【答案】** ABD

**【例题 54 · 多选题】** 根据劳动合同法律制度的规定，劳动合同解除或者终止的下列情形中，用人单位应向劳动者支付经济补偿的有（　　）。

A. 劳动者提前 30 日以书面形式通知无过错用人单位而解除劳动合同的

B. 劳动者提出并与无过错用人单位协商一致解除劳动合同的

C. 劳动者符合不需事先告知用人单位即可解除劳动合同的情形解除劳动合同的

D. 用人单位符合可裁减人员规定而解除劳动合同的

**【解析】** 选项 AB：均属于劳动者主动辞职（选项 A 为提前通知的法定解除，选项 B 为协商解除），劳动者对劳动合同的解除存在过错，用人单位不需支付经济补偿金。

**【答案】** CD

（三）支付多少经济补偿金？——经济补偿金的计算

1. 基本思路

经济补偿金按劳动者在本单位工作的年限，每满 1 年支付 1 个月工资的标准向劳动者支付。计算公式：

经济补偿金 = 劳动合同解除或终止前劳动者在本单位的工作年限×每工作 1 年应得的经济补偿金

= 工作年限×月工资

2. 工作年限的确定

除整数年限外，工作年限“零头”部分按以下标准计算：

（1）6 个月以上不满 1 年的，按 1 年计算；

（2）不满 6 个月的，向劳动者支付半个月工资标准的经济补偿（按半年计算）。

【提示】劳动者非因本人原因从原用人单位被安排到新用人单位工作的，劳动者在原用人单位的工作年限合并计入新用人单位的工作年限。原用人单位已经向劳动者支付经济补偿的，新用人单位在依法解除、终止劳动合同计算支付经济补偿的工作年限时，不再计算劳动者在原用人单位的工作年限。

3. 月工资的确定

（1）月工资是指劳动者在劳动合同解除或者终止前 12 个月的平均工资；按照劳动者应得工资计算，包括计时工资或者计件工资以及奖金、津贴和补贴等货币性收入。

（2）劳动者在劳动合同解除或者终止前 12 个月的平均工资低于当地最低工资标准的，按照当地最低工资标准计算。

（3）高工资的特殊处理

劳动者月工资高于用人单位所在直辖市、设区的市级人民政府公布的本地区上年度职工月平均工资 3 倍的，向其支付经济补偿金的标准按职工月平均工资 3 倍的数额支付，向其支付经济补偿金的年限最高不超过 12 年。计算公式为：

经济补偿金

=工作年限（≤12 年）×当地上年度职工月平均工资 3 倍

【案例】

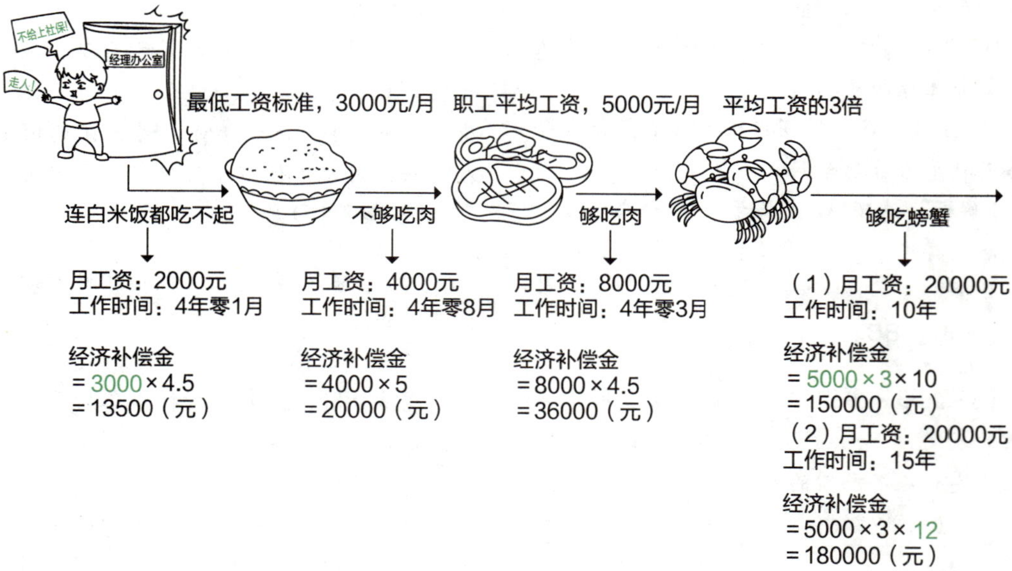


图 8-1

## 经典题解

【例题 55 · 单选题】2016 年 5 月 1 日，甲公司招用刘某并与其签订了劳动合同。2019 年 12 月 31 日，劳动合同到期，甲公司不再与刘某续订。已知，刘某在劳动合同终止前 12 个月的平均工资为 15000 元，甲公司所在地月最低工资标准为 3000 元，当地上年度职工月平均工资为 4500 元。计算劳动合同终止时甲公司依法应向刘某支付经济补偿数额的下列算式中，正确的是（　　）。

A. 15000×4＝60000（元）

B. 4500×3×4＝54000（元）

C. 3000×3×3.5＝31500（元）

D. 15000×3.5＝52500（元）

【解析】（1）刘某本人月工资“15000 元”，属于高工资，应以“当地上年度职工月平均工资的 3 倍”为基数计算，选项 ACD

全部排除；（2）刘某的工作年限为3年零8个月，由于工作年限“零头”不满6个月的按半年计算，6个月以上不满1年的按1年计算，因此，甲公司应支付4个月标准的经济补偿金。

【答案】B

【例题56·单选题】2012年6月1日，张某到甲公司工作，2018年11月1日，双方的劳动合同期满，甲公司不再与张某续签。已知劳动合同终止前12个月，张某月平均工资5000元，甲公司所在地职工月平均工资4000元。计算劳动合同终止后甲公司应向张某支付经济补偿的下列公式中，正确的是（ ）。

A. 4000×6　　B. 4000×7

C. 5000×6.5　　D. 5000×7

【解析】（1）工作年限：每满1年支付1个月工资标准的经济补偿金；6个月以上不满1年的，按1年算；不满6个月的，按半年算；本题张某在甲公司工作6年零5个月，工作年限应为6.5年。（2）计算方法：张某的工资（5000元）未超过当地职工月平均工资（4000元）的3倍，正常计算即可，即甲公司应当向张某支付的经济补偿金＝工作年限×月工资＝6.5×5000＝32500（元）。

【答案】C

## 19 考点19 劳动合同解除和终止的其他法律后果（★）

1. 劳动合同解除和终止后，用人单位和劳动者双方不再履行劳动合同，劳动关系消灭。

2. 手续

（1）劳动合同解除或终止的，用人单位应当在解除或者终止劳动合同时出具解除或者终止劳动合同的证明，并在15日内为劳动者办理档案和社会保险关系转移手续。

（2）用人单位应当在解除或者终止劳动合同时向劳动者支付经济补偿金的，在“办结”工作交接时支付。

3. 用人单位对已经解除或者终止的劳动合同文本，至少保存2年备查。

4. 违法解除或终止劳动合同的法律责任

（1）用人单位违反规定解除或者终止劳动合同，劳动者要求继续履行劳动合同的，用人单位应当继续履行；劳动者不要求继续履行劳动合同或者劳动合同已经不能继续履行的，用人单位应当依照《劳动合同法》规定的经济补偿金标准的2倍向劳动者支付赔偿金，支付了赔偿金的，不再支付经济补偿金。

（2）劳动者违法解除劳动合同，给用人单位造成损失的，应当承担赔偿责任。

### 经典题解

【例题57·多选题】劳动合同期限内，甲公司的职工郑某怀孕，虽然郑某一直表现优秀，但甲公司以孕期影响工作效率为由提出解除劳动合同。根据劳动合同法律制度的规定，下列表述中，正确的有（ ）。

A. 甲公司不能解除劳动合同

B. 甲公司可以解除劳动合同

C. 如果甲公司提出解除劳动合同，郑某提出继续履行劳动合同的，应当继续履行

D. 如果甲公司提出解除劳动合同，郑某也同意不继续履行劳动合同的，解除劳动合同后，甲公司应当向郑某支付赔偿金和经济补偿金

【解析】（1）选项AB：女职工在孕期、产期、哺乳期的，用人单位既不得对其进行无过失性辞退或经济性裁员，也不得以劳动合同期满为由与其终止劳动合同；（2）选项CD：如果用人单位违法解除劳动合同的，劳动者可以要求继续履行劳动合同，享受在劳动关系存续期间的待遇；如果劳动者不愿继续履行劳动合同或者劳动合同的履行已经不可能，用人单位应当依照《劳动合同法》规定的经济补偿金标准的2倍向劳动者支付

“赔偿金”，支付了赔偿金的，“不再支付”经济补偿金。

**【答案】** AC

**【例题58·多选题】** 根据劳动合同法律制度的规定，下列关于用人单位违法解除劳动合同法律后果的表述中，正确的有(　　)。

A. 用人单位支付了赔偿金的，不再支付经济补偿

B. 违法解除劳动合同赔偿金的计算年限自用工之日起计算

C. 劳动者要求继续履行且劳动合同可以继续履行的，用人单位应当继续履行

D. 劳动者不要求继续履行劳动合同的，用人单位应按经济补偿标准的2倍向劳动者支付赔偿金

**【解析】** 选项B：违法解除劳动合同的赔偿金按照经济补偿金的2倍计算，经济补偿金的计算年限从用工之日起计算。

**【答案】** ABCD

## 第5单元　特殊种类的劳动合同



### 20 考点20 非全日制用工（★★）

1. 非全日制用工，是指以小时计酬为主，劳动者在同一用人单位一般平均每日工作时间不超过4小时，每周工作时间累计不超过24小时的用工形式。

2. 非全日制用工双方当事人可以订立口头协议。

3. 从事非全日制用工的劳动者可以与一个或者一个以上用人单位订立劳动合同；但后订立的劳动合同不得影响先订立的劳动合同的履行。

4. 非全日制用工双方当事人不得约定试用期。

5. 非全日制用工双方当事人任何一方都可以随时通知对方终止用工；终止用工，用人单位不向劳动者支付经济补偿金。

6. 工资

（1）非全日制用工小时计酬标准不得低于用人单位所在地人民政府规定的最低小时工资标准；

（2）用人单位可以按小时、日或周为单位结算工资，但非全日制用工劳动报酬结算支付周期最长不得超过15日。

### 经典题解

**【例题59·单选题】** 甲饭店以非全日制用工形式聘用钱某，双方口头约定：钱某每天到饭店工作4小时，每周周五休息，按小时计酬，按月结算支付劳动报酬。甲饭店与钱某的下列约定中，不符合法律规定的是(　　)。

A. 钱某每天到饭店工作4小时

B. 钱某每周周五休息

C. 按小时计酬

D. 按月结算支付劳动报酬

**【解析】** 选项D：非全日制用工劳动报酬结算支付周期最长不得超过15日。

**【答案】** D

**【例题60·单选题】** 根据劳动合同法律制度的规定，下列关于非全日制用工形式的表述中，正确的是(　　)。

A. 小时计酬标准不得低于用人单位所在地人民政府规定的最低小时工资标准

B. 双方当事人任何一方终止用工均应提前3天通知对方

C. 劳动报酬可按月结算

D. 双方当事人可以约定试用期

【解析】(1)选项B：非全日制用工双方当事人任何一方都可以“随时通知”对方终止用工；(2)非全日制用工劳动报酬结算支付周期最长不得超过15日；(3)选项D：非全日制用工双方当事人不得约定试用期。

【答案】A

【例题61·单选题】根据劳动合同法律制度的规定，下列关于非全日制用工的表述中，不正确的是(　　)。

A. 非全日制用工劳动报酬结算支付周期最长不得超过15日

B. 非全日制用工双方当事人可以订立口头协议

C. 用人单位终止非全日制用工，应向劳动者支付经济补偿

D. 非全日制用工双方当事人不得约定试用期

【解析】选项C：非全日制用工双方当事人任何一方都可以随时通知对方终止用工；终止用工，用人单位不向劳动者支付经济补偿。

【答案】C

【例题62·多选题】根据劳动合同法律制度的规定，下列关于非全日制用工的表述中，正确的有(　　)。

A. 双方当事人任何一方都可以随时通知对方终止用工

B. 双方当事人可以约定试用期

C. 劳动报酬结算支付周期最长不得超过15日

D. 小时计酬标准不得低于用人单位所在地人民政府规定的最低小时工资标准

【解析】选项B：非全日制用工双方当事人不得约定试用期。

【答案】ACD

## 21 考点21 集体合同(★)

1. 集体合同，包括(综合性)集体合同和专项集体合同，在特殊行业、区域，还可以订立行业性集体合同、区域性集体合同。

2. 各种标准的关系

(1)集体合同中劳动报酬和劳动条件等标准不得低于当地人民政府规定的最低标准。

(2)用人单位与劳动者订立的劳动合同中劳动报酬和劳动条件等标准不得低于集体合同规定的标准。

### 经典题解

【例题63·判断题】用人单位与劳动者订立的劳动合同中劳动报酬和劳动条件等标准不得低于集体合同规定的标准。(　　)

【解析】劳动合同约定的标准≥集体合同规定的标准≥当地最低标准。

【答案】√

## 22 考点22 劳务派遣(★★★)

1. 劳务派遣的三方关系

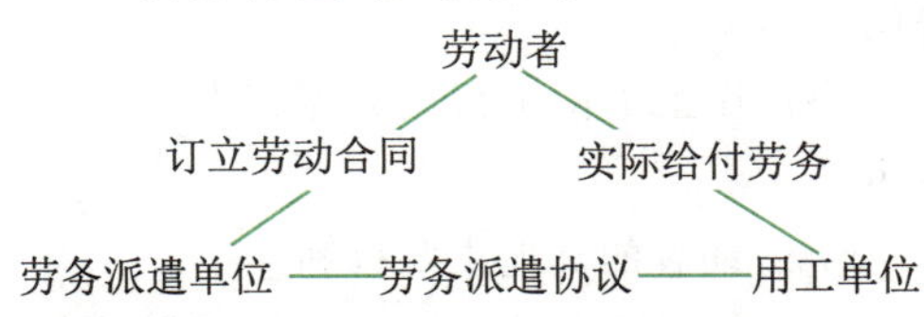


2. 劳务派遣的适用

劳动合同用工是我国企业的基本用工形式，劳务派遣用工是补充形式，只能在临时性(存续时间“不超过6个月”)、辅助性或者替代性的工作岗位上实施。

3. 对劳务派遣单位（用人单位）的要求

（1）用人单位不得设立劳务派遣单位向本单位或者所属单位派遣劳动者。

（2）劳务派遣单位不得以非全日制用工形式招用被派遣劳动者。

（3）劳务派遣单位应当与被派遣劳动者订立2年以上固定期限劳动合同。

（4）劳务派遣单位应当按月向劳动者支付报酬；被派遣劳动者在无工作期间，劳务派遣单位应当按照所在地人民政府规定的最低工资标准，向其按月支付报酬。

（5）劳务派遣单位应当将劳务派遣协议的内容告知被派遣劳动者，不得克扣用工单位按劳务派遣协议支付给被派遣劳动者的劳动报酬。

（6）劳务派遣单位不得向被派遣劳动者收取费用。

4. 对用工单位的要求

（1）用工单位不得将被派遣劳动者再派遣到其他用人单位。

（2）用工单位使用的被派遣劳动者数量不得超过其用工总量（订立劳动合同的人数+派遣用工的人数）的10%。

（3）用工单位应当根据工作岗位的实际需要与劳务派遣单位确定派遣期限，不得将连续用工期限分割订立数个短期劳务派遣协议。

（4）用工单位不得向被派遣劳动者收取费用。

5. 劳动者的其他重要权利

（1）被派遣劳动者享有与用工单位的劳动者同工同酬的权利。

（2）被派遣劳动者有权在劳务派遣单位或者用工单位依法参加或者组织工会，维护自身的合法权益。

## 经典题解

**【例题64·单选题】**下列关于劳务派遣的表述中，正确的是（　　）。

A. 劳务派遣公司可以与劳动者签订1年的劳动合同

B. 被派遣劳动者在无工作期间，劳务派遣公司不向其支付工资

C. 劳动者与劳务派遣公司应当签订劳动合同

D. 劳务派遣公司可以向劳动者收取费用

**【解析】**（1）选项AC：劳务派遣单位应当与被派遣劳动者订立“2年以上”固定期限劳动合同；（2）选项B：被派遣劳动者在无工作期间，劳务派遣单位应当按照所在地人民政府规定的最低工资标准，向其按月支付报酬；（3）选项D：劳务派遣单位不得向被派遣劳动者收取费用。

**【答案】**C

**【例题65·多选题】**下列劳务派遣用工形式中，不符合法律规定的有（　　）。

A. 甲公司设立劳务派遣公司向其所属分公司派遣劳动者

B. 乙公司将使用的被派遣劳动者又派遣到其他公司工作

C. 丙劳务派遣公司以非全日制用工形式招用被派遣劳动者

D. 丁公司使用的被派遣劳动者数量达到其用工总量的5%

**【解析】**选项D：用工单位使用的被派遣劳动者数量不得超过其用工总量（订立劳动合同的人数+派遣用工的人数）的10%。

**【答案】**ABC

**【例题66·单选题】**乙劳务派遣公司安排职工刘某到用工单位甲公司工作。下列关于该劳务派遣用工的表述中，不正确的是（　　）。

A. 刘某只能在甲公司从事临时性、辅助性或者替代性的工作

B. 甲公司应按月向刘某支付报酬

C. 甲公司不得再将刘某派遣到其他用人单位

D. 乙劳务派遣公司应当与甲公司订立劳务派遣协议

【解析】选项B：劳务派遣公司（乙公司）应当按月向劳动者（刘某）支付劳动报酬。

【答案】B

【例题67·单选题】甲劳务派遣公司应乙公司要求，将张某派遣到乙公司工作。根据劳动合同法律制度的规定，下列关于该劳务派遣用工的表述中，正确的是(　　)。

A. 甲公司应向张某按月支付劳动报酬

B. 乙公司将张某再派遣到其他用人单位

C. 甲公司可向张某收取劳务中介费

D. 乙公司与张某之间存在劳动合同关系

【解析】(1)选项A：劳务派遣单位(甲公司)应当履行用人单位对劳动者的义务(按月支付劳动报酬)；(2)选项B：用工单位(乙公司)不得将被派遣劳动者再派遣到其他用人单位；(3)选项C：劳务派遣单位(甲公司)和用工单位(乙公司)均不得向被派遣劳动者(张某)收取费用；(4)选项D：劳务派遣单位(甲公司)应当与被派遣劳动者(张某)订立劳动合同，用工单位(乙公司)与张某之间并不存在劳动合同关系。

【答案】A

## 第6单元　劳动争议的解决机制



### 23 考点23 什么是劳动争议(★)

劳动争议是指劳动关系当事人之间因实现劳动权利、履行劳动义务发生分歧而引起的争议，也称劳动纠纷、劳资争议。包括：

1. 因确认劳动关系发生的争议；

2. 因订立、履行、变更、解除和终止劳动合同发生的争议；

3. 因除名、辞退和辞职、离职发生的争议；

4. 因工作时间、休息休假、社会保险、福利、培训以及劳动保护发生的争议；

5. 因劳动报酬、工伤医疗费、经济补偿金或者赔偿金等发生的争议；

6. 法律、法规规定的其他劳动争议。

### 24 考点24 劳动争议的解决方法(★★)

1. 劳动争议解决的方法有协商(和解)、调解、仲裁和诉讼。

2. 协商(和解)、劳动调解、劳动仲裁——互相独立

(1)用人单位与劳动者发生劳动争议，劳动者可以与用人单位协商，也可以请工会或者第三方共同与用人单位协商，达成和解协议。

(2)当事人不愿协商、协商不成或者达成和解协议后不履行的，可以向调解组织申请调解。

(3)不愿调解、调解不成或者达成调解协议后不履行的，可以向劳动争议仲裁委员会申请仲裁。

【提示】当事人完全可以不经协商，直接向调解组织申请调解；或者不经协商、调解，直接申请劳动仲裁。

3. 劳动仲裁、劳动诉讼——先裁后诉

(1)劳动者对劳动争议的终局裁决不服的，可以自收到仲裁裁决书之日起15日内向人民法院提起诉讼。

(2)当事人(包括劳动者和用人单位)对终局裁决情形之外的其他劳动争议案件的仲裁裁决不服的，可以自收到仲裁裁决书之日起15日内提起诉讼。

(3)对劳动争议仲裁委员会不予受理或

者逾期未作出决定的，申请人可以就该劳动争议事项向人民法院提起诉讼。

（4）终局仲裁裁决被人民法院裁定撤销的，当事人可以自收到裁定书之日起15日内就该劳动争议事项向人民法院提起诉讼。

【相关链接1】根据《仲裁法》的规定，只有在没有仲裁协议或者仲裁协议无效，或者当事人放弃仲裁协议的情况下，法院才可以行使管辖权。（“或裁或诉”）

【相关链接2】对税务机关作出的征税行为不服，应当“先议后诉”；对行政机关作出的其他具体行政行为不服，“或议或诉”。

## 25 考点25 劳动调解程序（★）

1. 劳动争议调解组织

（1）企业劳动争议调解委员会；

（2）依法设立的基层人民调解组织；

（3）在乡镇、街道设立的具有劳动争议调解职能的组织。

2. 当事人申请劳动争议调解可以书面申请，也可以口头申请。

3. 经调解达成协议

（1）经调解达成协议的，应当制作调解协议书，调解协议书由双方当事人签名或者盖章，经调解员签名并加盖调解组织印章后生效。

（2）达成调解协议后，一方当事人在协议约定期限内不履行调解协议的，另一方当事人可以依法申请劳动仲裁。

（3）因支付拖欠劳动报酬、工伤医疗费、经济补偿或者赔偿金事项达成调解协议，用人单位在协议约定期限内不履行的，劳动者可以持调解协议书依法向人民法院申请支付令，人民法院应当依法发出支付令。

4. 未达成调解协议

自劳动争议调解组织收到调解申请之日起15日内未达成调解协议的，当事人可以依法申请劳动仲裁。

### 经典题解

【例题68·判断题】当事人可以口头形式向劳动争议调解组织申请调解。（ ）

【答案】√

## 26 考点26 劳动仲裁（★★★）

1. 劳动仲裁当事人的确定

（1）发生劳动争议的劳动者和用人单位为劳动争议仲裁案件的双方当事人。

（2）劳务派遣单位或者用工单位与劳动者发生劳动争议的，劳务派遣单位和用工单位为共同当事人。

（3）劳动者与个人承包经营者发生争议，依法向劳动争议仲裁委员会申请仲裁的，应当将发包的组织和个人承包经营者作为共同当事人。

（4）发生争议的用人单位未办理营业执照、被吊销营业执照、营业执照到期继续经营、被责令关闭、被撤销以及用人单位解散、歇业，不能承担相关责任的，应当将用人单位和其出资人、开办单位或者主管部门作为共同当事人。

2. 劳动仲裁的申请

（1）向谁申请？

①劳动争议由劳动合同履行地或者用人单位所在地的劳动争议仲裁委员会管辖；双方当事人分别向劳动合同履行地和用人单位所在地的劳动争议仲裁委员会申请仲裁的，由劳动合同履行地的劳动争议仲裁委员会管辖。

②劳动争议仲裁委员会不按行政区划层层设立。

③劳动争议仲裁不收费，劳动争议仲裁委员会的经费由财政予以保障。

【相关链接】行政复议机关受理行政复议申请，不得向申请人收取任何费用。

（2）申请时效

①劳动争议申请仲裁的时效期间为1年，从当事人知道或者应当知道其权利被侵害之日起计算。

②劳动关系存续期间因拖欠劳动报酬发生争议的，劳动者申请仲裁不受1年仲裁时效期间的限制；但是，劳动关系终止的，应当自劳动关系终止之日起1年内提出。

## 经典题解

**【例题69·单选题】** 2019年7月10日，孙某到甲公司上班，公司自9月10日起一直拖欠其劳动报酬，直至2020年1月10日双方劳动关系终止。下列关于孙某申请劳动仲裁的期间的表述中，正确的是（　　）。

A. 应自2019年9月10日起1年内提出申请

B. 应自2019年9月10日起3年内提出申请

C. 应自2020年1月10日起1年内提出申请

D. 应自2019年7月10日起3年内提出申请

**【答案】** C

（3）申请形式

申请人申请仲裁应当提交书面仲裁申请；但书写仲裁申请确有困难的，可以口头申请。

3. 劳动仲裁的基本制度

（1）先行调解

仲裁庭在作出裁决前，应当先行调解。调解达成协议的，仲裁庭应当制作调解书。调解书经双方当事人签收后，发生法律效力。

（2）公开仲裁

劳动争议仲裁公开进行，但当事人协议不公开或者涉及商业秘密和个人隐私的，经相关当事人书面申请，仲裁委员会应当不公开审理。

（3）仲裁庭

劳动争议仲裁的仲裁庭由3名仲裁员组成，设首席仲裁员；简单劳动争议案件可以由1名仲裁员独任仲裁。

（4）回避

仲裁员有下列情形的，应当回避，当事人也有权以口头或者书面方式提出回避申请：

①是本案当事人或者当事人、代理人的近亲属的；

②与本案有利害关系的；

③与本案当事人、代理人有其他关系，可能影响公正裁决的；

④私自会见当事人、代理人，或者接受当事人、代理人请客送礼的。

（5）仲裁庭裁决劳动争议案件，原则上应当自仲裁委员会受理仲裁申请之日起45日内结束。

4. 劳动仲裁裁决的一般规定

（1）裁决应当按照多数仲裁员的意见作出，少数仲裁员的不同意见应当记入笔录；仲裁庭不能形成多数意见时，裁决应当按照首席仲裁员的意见作出。

（2）劳动仲裁裁决的生效

当事人对终局裁决情形之外的其他劳动争议案件的仲裁裁决不服的，可以自收到仲裁裁决书之日起15日内提起诉讼；期满不起诉的，仲裁裁决书发生法律效力。

**【相关链接1】** 根据《仲裁法》的规定，仲裁裁决书自作出之日起发生法律效力；仲裁调解书经双方当事人签收后，即发生法律效力。

**【相关链接2】** 当事人不服法院第一审民事判决的，有权在判决书送达之日起15日内向上一级法院提起上诉；如果在上诉期内当事人不上诉，期满后第一审判决生效。

**【相关链接3】** 行政复议决定书自送达之日起生效。

**【相关链接4】** 行政诉讼当事人不服人民法院第一审行政判决的，有权在判决书送达之日起15日内向上一级人民法院提起上诉。

5. 劳动仲裁的终局裁决

（1）适用情形

下列劳动争议，除法律另有规定的外，仲裁裁决为终局裁决，裁决书自作出之日起发生法律效力：

①追索劳动报酬、工伤医疗费、经济补偿金或者赔偿金，不超过当地月最低工资标准12个月金额的争议；

②因执行国家的劳动标准在工作时间、休息休假、社会保险等方面发生的争议。

【提示】如果仲裁裁决涉及数项，对单项裁决数额不超过当地月最低工资标准12个月金额的事项，应当适用终局裁决。

## 经典题解

**【例题70·多选题】**根据劳动争议调解仲裁法律制度的规定，下列劳动争议中，劳动仲裁机构作出的仲裁裁决，除劳动者提起诉讼外，该裁决为终局裁决的有（　　）。

A. 因执行国家的劳动标准在休息休假方面发生的争议

B. 因确认劳动关系发生的争议

C. 因订立劳动合同发生的争议

D. 追索工伤医疗费，不超过当地月最低工资标准12个月金额的争议

**【答案】**AD

（2）能否进一步寻求救济？——劳动者可以依法提起劳动诉讼

"劳动者"对劳动争议的终局裁决不服的，可以自收到仲裁裁决书之日起15日内向人民法院提起诉讼。

（3）能否进一步寻求救济？——用人单位可以依法撤销裁决

用人单位有证据证明劳动争议仲裁终局裁决有下列情形之一，可以自收到仲裁裁决书之日起30日内向劳动争议仲裁委员会所在地的中级人民法院申请撤销裁决：

①适用法律、法规确有错误的；

②劳动争议仲裁委员会无管辖权的；

③违反法定程序的；

④裁决所根据的证据是伪造的；

⑤对方当事人隐瞒了足以影响公正裁决的证据的；

⑥仲裁员在仲裁该案件时有索贿受贿、徇私舞弊、枉法裁决行为的。

终局仲裁裁决被人民法院裁定撤销的，当事人可以自收到裁定书之日起15日内就该劳动争议事项向人民法院提起诉讼。

（4）如果裁决内容同时涉及终局裁决和非终局裁决的，应当分别制作裁决书，并告知当事人相应的救济权利。

6. 劳动仲裁裁决的执行

（1）仲裁庭对追索劳动报酬、工伤医疗费、经济补偿金或者赔偿金的案件，根据当事人的申请，可以裁决先予执行，移送人民法院执行，劳动者申请先予执行的，可以不提供担保。

（2）当事人对发生法律效力的调解书、裁决书，应当依照规定的期限履行。一方当事人逾期不履行的，另一方当事人可以依照《民事诉讼法》的有关规定向人民法院申请执行。

**《仲裁法》规定的仲裁VS劳动仲裁（综述）**

| | 《仲裁法》规定的仲裁 | 劳动仲裁 |
|---|---|---|
| 是否以仲裁协议有效存在为前提 | √ | × |
| 与诉讼的关系 | 或裁或审 | 原则上先裁后审 |
| 仲裁机构与行政机构的关系 | 完全独立 | 经费由财政保障 |
| 仲裁机构不按行政区划层层设立 | √ | √ |

续表

| | 《仲裁法》规定的仲裁 | 劳动仲裁 |
|---|---|---|
| 管辖 | 既不实行级别管辖，也不实行地域管辖，仲裁委员会由当事人在仲裁协议中选定 | 实行地域管辖（劳动合同履行地或用人单位所在地） |
| 申请仲裁的时效 | 除另有规定，适用民事诉讼时效的规定 | (1) 当事人知道或者应当知道其权利被侵害之日起1年<br>(2) 拖欠劳动报酬的，劳动关系存续期间不受仲裁时效限制；劳动关系终止的，自终止之日起计算1年 |
| 是否收费 | √ | × |
| 能否口头申请 | × | √ |
| 先行调解 | 可以 | 应当 |
| 公开仲裁 | × | √ |
| 开庭审理 | √ | √ |
| 回避制度 | √ | √ |
| 一裁终局 | √ | 终局裁决的劳动争议：<br>(1) 劳动者不服，15日内起诉<br>(2) 用人单位不能提起劳动诉讼；裁决符合撤销情形的，可以申请撤销，撤销后可15日内起诉 |
| | | 其他劳动争议：15日内起诉 |
| 强制执行 | 人民法院 | |

## 经典题解

**【例题71·判断题】** 用人单位和劳动者分别向用人单位所在地和劳动合同履行地的劳动争议仲裁委员会申请劳动仲裁的，由用人单位所在地的仲裁委员会管辖。(　　)

**【解析】** 劳动争议由劳动合同履行地或者用人单位所在地的劳动争议仲裁委员会管辖；双方当事人分别向劳动合同履行地和用人单位所在地的劳动争议仲裁委员会申请仲裁的，由“劳动合同履行地”的劳动争议仲裁委员会管辖。

**【答案】** ×

**【例题72·多选题】** 下列关于仲裁与劳动仲裁相同点的表述中，不正确的有(　　)。

A. 均实行回避制度

B. 仲裁裁决作出后，双方当事人均不得向人民法院提起诉讼

C. 均以双方当事人达成的书面仲裁协议为前提

D. 仲裁机构均不按行政区划层层设立

**【解析】** (1) 选项B：一般经济纠纷的仲裁实行“一裁终局”制度；而劳动争议仲裁，当事人对裁决不服的，除法律规定的几类特殊劳动争议外，可以向人民法院起诉。(2) 选项C：一般经济纠纷的仲裁，当事人

必须在事先或事后达成仲裁协议，才能据此向仲裁机构提出仲裁申请；而劳动争议的仲裁，则不要求当事人达成仲裁协议，只要一方当事人提出申请，有关仲裁机构即可受理。

**【答案】** BC

**【例题73·单选题】** 根据劳动争议调解仲裁法律制度的规定，下列关于劳动争议终局裁决效力的表述中，正确的是(　　)。

A. 一方当事人逾期不履行终局裁决的，另一方当事人可以向劳动仲裁委员会申请强制执行

B. 终局裁决被人民法院裁定撤销的，当事人可以自收到裁定书之日起15日向人民法院提起诉讼

C. 劳动者对终局裁决不服的，不得向人民法院提起诉讼

D. 用人单位对终局裁决不服的，应向基层人民法院申请撤销

**【解析】** (1) 选项A：不论是(经济)仲裁的裁决，还是劳动仲裁的裁决，一方当事人逾期不履行裁决时，另一方当事人均可以向“人民法院”申请强制执行，(经济)仲裁委员会、劳动仲裁委员会均无强制执行权。(2) 选项C：“劳动者”(仅限于劳动者一方)对劳动争议的终局裁决不服的，可以自收到仲裁裁决书之日起15日内向人民法院提起诉讼。(3) 选项D：用人单位有证据证明终局裁决“有法定情形”的，可以自收到仲裁裁决书之日起30日内向仲裁委员会所在地的“中级”人民法院申请撤销裁决。

**【答案】** B

**【例题74·多选题】** 根据劳动仲裁法律制度的规定，下列各项中，属于仲裁员在仲裁劳动争议案件时应当回避的情形有(　　)。

A. 私自会见争议案件代理人

B. 私自接受争议案件的当事人请客送礼

C. 是争议案件代理人的近亲属

D. 是争议案件当事人的近亲属

**【解析】** 仲裁员有下列情形之一的，应当回避，当事人也有权以口头或者书面方式提出回避申请：(1) 是本案当事人或者当事人、代理人的近亲属(选项CD)；(2) 与本案有利害关系的；(3) 与本案当事人、代理人有其他关系，可能影响公正裁决的；(4) 私自会见当事人、代理人，或者接受当事人、代理人请客送礼的(选项AB)。

**【答案】** ABCD

**【例题75·多选题】** 根据劳动合同法律制度的规定，用人单位与劳动者发生争议，可以采取的解决方法包括(　　)。

A. 协商

B. 调解

C. 仲裁

D. 诉讼

**【解析】** 劳动争议的解决方法：协商(和解)、劳动调解、劳动仲裁、劳动诉讼。

**【答案】** ABCD

**【例题76·判断题】** 发生争议的用人单位未办理营业执照、被吊销营业执照、营业执照到期继续经营、被责令关闭、被撤销以及用人单位解散、歇业，不能承担相关责任的，应当将用人单位和其出资人、开办单位或者主管部门作为共同当事人。(　　)

**【答案】** √

**【例题77·多选题】** 根据劳动合同法律制度的规定，下列劳动争议中，劳动者可以向劳动仲裁部门申请劳动仲裁的有(　　)。

A. 确认劳动关系争议

B. 工伤医疗费争议

C. 劳动保护条件争议

D. 社会保险争议

**【解析】** 选项ABCD均属于劳动争议，均可申请劳动仲裁。

**【答案】** ABCD

# 第 7 单元　职工基本养老保险

查看本单元视频
使用"会计云课堂"App/ 微信扫描

## 27 考点 27 职工基本养老保险的覆盖范围（★）

1. 覆盖

（1）职工基本养老保险费的征缴范围：国有企业、城镇集体企业、外商投资企业、城镇私营企业和其他城镇企业及其职工，实行企业化管理的事业单位及其职工。

（2）无雇工的个体工商户、未在用人单位参加基本养老保险的非全日制从业人员以及其他灵活就业人员可以参加职工基本养老保险，由个人缴纳基本养老保险费。

2. 不覆盖

（1）公务员和参照公务员管理的工作人员养老保险的办法由国务院规定。

（2）年满 16 周岁（不含在校学生），非国家机关和事业单位工作人员及不属于职工基本养老保险制度覆盖范围的城乡居民，可以在户籍地参加城乡居民养老保险。

### 经典题解

**【例题 78 · 多选题】**根据社会保险法律制度的规定，下列各项中，属于职工基本养老保险费征缴范围的有（　　）。

A. 国有企业及其职工

B. 实行企业化管理的事业单位及其职工

C. 外商投资企业及其职工

D. 城镇私营企业及其职工

**【答案】**ABCD

## 28 考点 28 职工基本养老保险的缴费机制（★★）

1. 职工基本养老保险实行社会统筹与个人账户相结合（以下简称"统账结合"），基本养老保险基金由用人单位和个人缴费以及政府补贴（基本养老保险基金出现支付不足时，政府给予补贴）等组成。

2. 单位缴费

用人单位应当按照国家规定的本单位职工工资总额的比例缴纳基本养老保险费，记入基本养老保险统筹基金。

**【提示】**职工基本养老保险单位缴费比例一般为 16%，考试由题目已知条件告知。

3. 个人缴费

（1）职工个人按照本人月缴费工资的 8% 缴费，记入个人账户。

（2）缴费工资的确定

①缴费工资一般为职工本人上一年度月平均工资。

②本人月平均工资低于当地职工月平均工资 60% 的，按当地职工月平均工资的 60% 作为缴费基数。

③本人月平均工资高于当地职工月平均工资 300% 的，按当地职工月平均工资的 300% 作为缴费基数；超过部分不计入缴纳工资基数，也不计入计发养老金的基数。

**【案例】**甲公司所在地职工月平均工资为 2400 元：（1）职工王某，月缴费工资 1400 元，甲公司每月应从王某工资中代扣代缴的基本养老保险费数额 $=2400\times60\%\times8\%=115.2$（元）；（2）职工李某，月缴费工资为 8500 元，甲公司每月应从李某工资中代扣代缴的基本养老保险费数额 $=2400\times3\times8\%=576$（元）。

（3）个人缴费不计征个人所得税，在计算个人所得税的应税收入时，应当扣除个人缴纳的养老保险费。

（4）个人账户

①个人账户不得提前支取。

②个人账户记账利率不得低于银行定期存款利率，免征利息税。

③参加职工基本养老保险的个人死亡后，其个人账户中的余额可以全部依法继承。

4. 城镇个体工商户和灵活就业人员

（1）缴费基数

各省应以本省城镇非私营单位就业人员平均工资和城镇私营单位就业人员平均工资加权计算的全口径城镇单位就业人员平均工资，核定社保个人缴费基数上下限。城镇个体工商户和灵活就业人员按照上述口径计算的本地全口径城镇单位就业人员平均工资核定社保个人缴费基数上下限，允许缴费人在60%至300%之间选择适当的缴费基数。

（2）缴费比例为20%，其中8%记入个人账户。

### 经典题解

**【例题79·单选题】**根据社会保险法律制度的规定，下列关于职工基本养老保险个人账户的表述中，不正确的是（　　）。

A. 个人账户记账利息计征利息税

B. 参保职工死亡后，其个人账户中的余额可以全部依法继承

C. 个人账户不得提前支取

D. 职工按照国家规定缴纳的基本养老保险费记入个人账户

**【解析】**选项A：个人账户记账利率不得低于银行定期存款利率，免征利息税。

**【答案】**A

**【例题80·单选题】**甲公司职工韩某已参加职工基本养老保险，月工资15000元。已知甲公司所在地职工月平均工资为3500元，月最低工资标准为2500元。计算甲公司每月应从韩某工资中扣缴基本养老保险费的下列算式中，正确的是（　　）。

A. 15000×8%　　B. 3500×3×8%

C. 2500×3×8%　　D. 3500×8%

**【解析】**（1）韩某本人的月工资高于当地职工月平均工资（3500元）的300%，应以当地职工月平均工资的300%作为缴费基数；（2）职工基本养老保险的个人缴费率为8%。因此，本题韩某应当缴纳的基本养老保险费为3500×3×8%＝840（元）。

**【答案】**B

## 29 考点29 职工基本养老保险待遇（★★）

（一）职工基本养老保险的享受条件

1. 年龄条件：达到法定退休年龄

2. 缴费年限条件：15年

参加职工基本养老保险的个人，达到法定退休年龄时累计缴费满15年的，按月领取基本养老金。

（二）职工基本养老保险的待遇

1. 基本养老金

对符合基本养老保险享受条件的人员，国家按月支付基本养老金。

2. 丧葬补助金和遗属抚恤金

（1）参加职工基本养老保险的个人，因病或者非因工死亡的，其遗属可以领取丧葬补助金和抚恤金，所需资金从基本养老保险基金中支付；

（2）如果个人死亡同时符合领取职工基本养老保险丧葬补助金、工伤保险丧葬补助金和失业保险丧葬补助金条件的，其遗属只能选择领取其中的一项。

3. 病残津贴

参加职工基本养老保险的个人，在未达到法定退休年龄时因病或者非因工致残完全丧失劳动能力的，可以领取病残津贴，所需资金从基本养老保险基金中支付。

（三）跨统筹地区就业

个人跨统筹地区就业的，其基本养老保险关系随本人转移，缴费年限累计计算。个人达到法定退休年龄时，基本养老金分段计算、统一支付。

## 经典题解

**【例题81·多选题】**根据社会保险法律制度的规定，下列关于职工基本养老保险待遇的表述中，正确的有（　　）。

A. 参保职工未达到法定退休年龄时因病致残完全丧失劳动能力的，可以领取病残津贴

B. 参保职工死亡后，其个人账户中的余额可以全部依法继承

C. 参保职工达到法定退休年龄时累计缴费满15年，按月领取基本养老金

D. 参保职工死亡同时符合领取基本养老保险丧葬补助金、工伤保险丧葬补助金和失业保险丧葬补助金条件的，其遗属可以同时领取

**【解析】**选项D：参保职工死亡同时符合领取基本养老保险丧葬补助金、工伤保险丧葬补助金和失业保险丧葬补助金条件的，其遗属只能选择领取其中的一项。

**【答案】**ABC

**【例题82·单选题】**根据社会保险法律制度的规定，参保人员跨统筹地区就业的，职工基本养老保险关系随本人转移，其缴费年限（　　）。

A. 中止计算

B. 重新计算

C. 累计计算

D. 分段计算

**【答案】**C

**【例题83·判断题】**个人跨统筹地区就业的，其基本养老保险关系随本人转移，缴费年限累计计算。个人达到法定退休年龄时，基本养老金分段计算、统一支付。（　　）

**【答案】**√

## 第8单元　职工基本医疗保险



### 30 考点30 职工基本医疗保险的覆盖范围（★）

1. 职工基本医疗保险费的征缴范围：国有企业、城镇集体企业、外商投资企业、城镇私营企业和其他城镇企业及其职工，国家机关及其工作人员，事业单位及其职工，民办非企业单位及其职工，社会团体及其专职人员。

2. 无雇工的个体工商户、未在用人单位参加基本医疗保险的非全日制从业人员以及其他灵活就业人员可以参加职工基本医疗保险，由个人按照国家规定缴纳基本医疗保险费。

3. 除职工基本医疗保险应参保人员以外的其他所有城乡居民，由城乡居民基本医疗保险制度覆盖。

### 31 考点31 职工基本医疗保险的缴费机制（★★）

1. 全面推进生育保险和职工基本医疗保险合并实施，统一参保登记，即参加职工基本医疗保险的在职职工同步参加生育保险。统一基金征缴和管理，生育保险基金并入职工基本医疗保险基金，按照用人单位参加生育保险和职工基本医疗保险的缴费比例之和确定新的用人单位职工基本医疗保险费率，个人不缴纳生育保险费。两项保险合并实施后实行统一定点医疗服务管理，统一经办和信息服务。确保职工生育期间的生育保险待遇不变。

2. 职工基本医疗保险也采用“统账结合”模式，即分别设立社会统筹基金和个人账户基金。

3. 单位缴费

（1）单位缴费率一般为职工工资总额的6%左右；

（2）用人单位缴纳的基本医疗保险费分为两部分，一部分用于建立统筹基金，一部分划入个人账户；用人单位缴费部分划入个人账户的具体比例，一般为30%左右。

4. 个人缴费：个人缴费率一般为本人工资收入的2%。

**【案例】**假定某企业基本医疗保险的单位缴费率为职工工资总额的6%，个人缴费率为本人工资收入的2%，单位所缴医疗保险费划入个人医疗账户的具体比例为30%；该企业职工王某月工资为5000元，则：

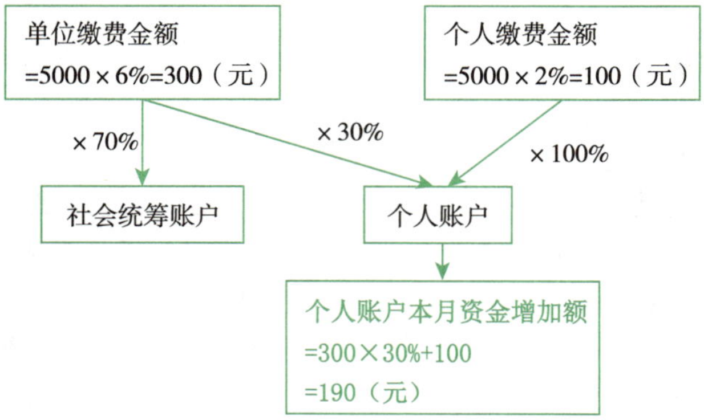


图 8-2

## 经典题解

**【例题84·单选题】**甲公司职工周某的月工资为6500元，已知当地职工基本医疗保险的单位缴费率为6%，职工个人缴费率为2%，用人单位所缴医疗保险费划入个人医疗账户的比例为30%。根据社会保险法律制度的规定，关于周某个人医疗保险账户每月资金增加额的下列算式中，正确的是（　　）。

A. 6500×6%×30%

B. 6500×2%+6500×6%×30%

C. 6500×2%

D. 6500×2%+6500×6%

**【解析】**基本医疗保险个人账户的资金来源：(1)个人缴费部分（6500×2%）；(2)用人单位缴费的划入部分（6500×6%×30%）。

**【答案】**B

## 32 考点32 职工基本医疗保险的费用结算（★）

1. 参保人员必须到基本医疗保险的定点医疗机构就医、购药或定点零售药店购买药品；参保人员在看病就医过程中所发生的医疗费用必须符合基本医疗保险药品目录、诊疗项目、医疗服务设施标准的范围和给付标准。

2. 下列医疗费用不纳入基本医疗保险基金支付范围：

（1）应当从工伤保险基金中支付的；

（2）应当由第三人负担的（第三人不支付或者无法确定第三人的，由基本医疗保险基金先行支付，然后向第三人追偿）；

（3）应当由公共卫生负担的；

（4）在境外就医的。

3. 基本医疗保险支付范围的医疗费用的支付

（1）参保人员符合基本医疗保险支付范

围的医疗费用中，在社会医疗统筹基金起付标准（一般为当地职工年平均工资的10%左右）以上与最高支付限额（一般为当地职工年平均工资的6倍左右）以下的费用部分，由社会医疗统筹基金按一定比例（一般为90%）支付。

（2）参保人员符合基本医疗保险支付范围的医疗费用中，在社会医疗统筹基金起付标准以下的费用部分，由个人账户资金支付或个人自付；参保人员在封顶线以上的医疗费用部分，可以通过单位补充医疗保险或者参加商业保险等途径解决。

**【案例】** 假定甲市职工年平均工资为28800元，基本医疗保险起付标准为当地职工年平均工资的10%，最高支付限额为当地职工年平均工资的6倍，医保报销比例为90%；下列参保人（田某、刘某、王某）发生的医疗费用均在规定的医疗目录内，无其他补充社会保险或商业保险。

**【分析】**

（1）田某发生的医疗费用200000元

医保负担：（172800－2880）×90%＝152928（元）

个人负担：200000－152928＝47072（元）

（2）刘某发生的医疗费用8000元

医保负担：（8000－2880）×90%＝4608（元）

个人负担：8000－4608＝3392（元）

（3）王某发生的医疗费用：1000元（全额个人负担）

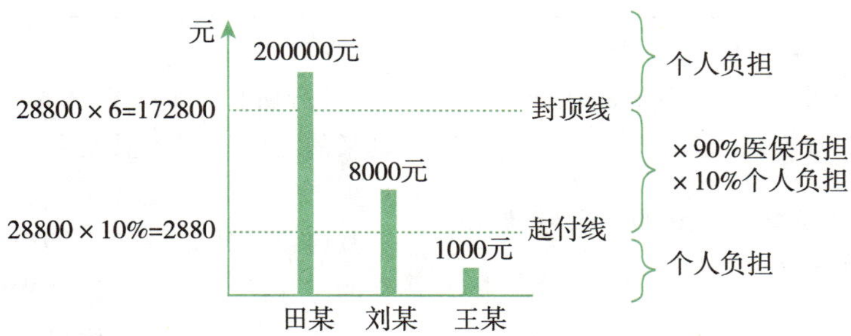


图 8-3

## 33 考点33 医疗期（★★★）

1. 概念

医疗期是指企业职工因患病或非因工负伤停止工作，治病休息，但不得解除劳动合同的期限。

2. 医疗期期间

（1）医疗期期间

企业职工因患病或非因工负伤，需要停止工作，进行医疗时，根据本人实际参加工作年限和在本单位工作年限，给予3个月到24个月的医疗期：

①实际工作年限10年以下的，在本单位工作年限5年以下的为3个月；5年以上的为6个月。

②实际工作年限10年以上的，在本单位工作年限5年以下的为6个月；5年以上10年以下的为9个月；10年以上15年以下的为12个月；15年以上20年以下的为18个月；20年以上的为24个月。

（2）医疗期的计算方法

① 3个月的按6个月内累计病休时间计算；

② 6个月的按12个月内累计病休时间计算；

③ 9个月的按15个月内累计病休时间计算；

④ 12 个月的按 18 个月内累计病休时间计算；

⑤ 18 个月的按 24 个月内累计病休时间计算；

⑥ 24 个月的按 30 个月内累计病休时间计算。

【提示】医疗期的计算从病休第一天开始，累计计算。

**医疗期期间的计算**

| 实际工作年限 | 在本单位工作年限 | 医疗期期间 | 计算方法 |
|---|---|---|---|
| <10 年 | <5 年 | 3 个月 | 6 个月 |
| | ≥5 年 | 6 个月 | 12 个月 |
| ≥10 年 | <5 年 | | |
| | 5 年≤Y<10 年 | 9 个月 | 15 个月 |
| | 10 年≤Y<15 年 | 12 个月 | 18 个月 |
| | 15 年≤Y<20 年 | 18 个月 | 24 个月 |
| | ≥20 年 | 24 个月 | 30 个月 |

（3）病休期间，公休、假日和法定节日包括在内。

【相关链接】国家法定休假日、休息日不计入带薪年休假的假期。

**【案例 1】**至 2020 年年初，王某自大学毕业在甲公司就职已经 3 年：（1）王某享受 3 个月的医疗期，在 6 个月内累计计算；（2）如果 2020 年 1 月 6 日，王某因病住院治疗，一口气住了 3 个月，则至 2020 年 4 月 6 日医疗期届满；（3）如果王某 2020 年 1 月 6 日起因病住院治疗 1 个月，2020 年 3 月 10 日再次因病住院治疗 2 个月，则医疗期至 2020 年 5 月 10 日届满。

**【案例 2】**刘某于 2018 年 7 月 1 日大学毕业后，首次就业在甲公司，与甲公司签订了 2 年期劳动合同。2020 年 3 月 1 日，刘某因病住院治疗 1 个月；2020 年 6 月 1 日，刘某再次因病住院。2020 年 7 月 1 日，刘某收到甲公司发来的解除劳动合同通知。2020 年 9 月 1 日，刘某治愈出院，向甲公司主张违法解除劳动合同的赔偿金。

**【分析】**（1）至刘某因病住院治疗时，刘某的实际工作年限及在甲公司的工作年限均少于 2 年，享受 3 个月医疗期期间，在 6 个月内累计计算；（2）2020 年 7 月 1 日，刘某的医疗期未满（自第一次病休 3 月 1 日起刚满 4 个月，累计病休仅 2 个月；按本题案情，刘某至 8 月 1 日才满足自第一次病休起 6 个月内累计病休 3 个月，医疗期至 8 月 1 日届满）；（3）甲公司在刘某医疗期未满时解除劳动合同，构成违法解除劳动合同，刘某不要求继续履行劳动合同的，甲公司应当按照法定经济补偿金标准的 2 倍向劳动者支付赔偿金。

## 经典题解

**【例题 85 · 单选题】**甲公司职工夏某实际工作年限为 9 年，在甲公司工作年限为 7 年。因患病住院治疗，夏某可享受的医疗期最长不得超过法定期限，该期限为（　　）。

A. 3 个月　　B. 6 个月
C. 9 个月　　D. 12 个月

**【解析】**实际工作年限 10 年以下的，在本单位工作年限5年以上的，医疗期期间为6个月。

【答案】B

【例题86·单选题】王某2002年大学毕业后一直在甲公司从事维修工作，2019年因患心脏病需要停止工作，进行治疗。根据社会保险法律制度的规定，王某最长可以享受的医疗期期间为(　　)。

A. 6个月　　B. 12个月

C. 18个月　　D. 24个月

【解析】实际工作年限10年以上的，在本单位工作年限15年以上20年以下的，医疗期期间为18个月。

【答案】C

3. 医疗期内的待遇

(1) 病假工资或疾病救济费可以低于当地最低工资标准支付，但最低不能低于最低工资标准的80%。

(2) 医疗期内不得解除或终止劳动合同，用人单位符合随时通知解除劳动合同的除外。如医疗期内遇合同期满，则合同必须续延至医疗期满，职工在此期间仍然享受医疗期内待遇。

【相关链接】劳动合同期满，但是用人单位与劳动者约定的服务期尚未到期的，劳动合同应当续延至服务期满；双方另有约定的，从其约定。

(3) 对医疗期满尚未痊愈者，或者医疗期满后，不能从事原工作，也不能从事用人单位另行安排的工作，被解除劳动合同的，用人单位需按经济补偿金规定给予其经济补偿金。

## 经典题解

【例题87·单选题】根据社会保险法律制度的规定，下列关于企业职工医疗期待遇的表述中，不正确的是(　　)。

A. 医疗期满职工尚未痊愈而被解除劳动合同的，用人单位应支付经济补偿

B. 病假工资或疾病救济费不得低于当地最低工资标准支付

C. 医疗期内，用人单位不得解除无过错职工的劳动合同

D. 病休期间，公休、假日和法定节日包括在内

【解析】选项B：病假工资或疾病救济费可以低于当地最低工资标准支付，但最低不能低于最低工资标准的80%。

【答案】B

【例题88·多选题】2013年王某初次就业到甲公司工作。2020年年初，王某患重病向公司申请病休。关于王某享受医疗期待遇的下列表述中，正确的有(　　)。

A. 医疗期内，甲公司应按照王某病休前的工资待遇向其支付病假工资

B. 王某可享受不超过6个月的医疗期

C. 公休、假日和法定节日包括在医疗期内

D. 医疗期内，甲公司不得与王某解除劳动合同

【解析】(1) 选项A：病假工资或疾病救济费可以低于当地最低工资标准支付，但最低不能低于最低工资标准的80%（VS停工留薪期：原工资福利待遇不变）；(2) 选项B：王某的实际工作年限小于10年，在甲公司的工作年限为5年以上，其医疗期为6个月，按12个月内累计病休时间计算；(3) 选项C：公休、假日和法定节日包括在医疗期内（VS带薪年休假：国家法定休假日、休息日不计入）；(4) 选项D：医疗期内不得解除劳动合同，用人单位符合随时通知解除劳动合同的除外（本题案情无迹象表明甲公司符合随时通知解除劳动合同的条件）。

【答案】BCD

【例题89·多选题】根据社会保险法律制度的规定，关于职工患病应享受医疗期及医疗期内待遇的下列表述中，正确的有(　　)。

A. 实际工作年限10年以下，在本单位

工作年限5年以下的，医疗期期间为3个月

B. 实际工作年限10年以下，在本单位工作年限5年以上的，医疗期期间为6个月

C. 医疗期内遇劳动合同期满，则劳动合同必须续延至医疗期满

D. 病假工资不得低于当地最低工资标准支付

【解析】(1) 选项AB：实际工作年限10年以下的，在本单位工作年限5年以下的为3个月；5年以上的为6个月。(2) 选项C：医疗期内遇劳动合同期满，则劳动合同必须续延至医疗期满，职工在此期间享受医疗期待遇。(3) 选项D：病假工资可以低于当地最低工资标准支付，但不得低于当地最低工资标准的80%。

【答案】ABC

## 第9单元　工伤保险

查看本单元视频
使用"会计云课堂"App/微信扫描

### 34 考点34 工伤保险的缴费机制(★★★)

1. 征缴范围

中华人民共和国境内的企业、事业单位、社会团体、民办非企业单位、基金会、律师事务所、会计师事务所等组织的职工和个体工商户的雇工，均有依法享受工伤保险待遇的权利。

2. 职工应当参加工伤保险，由用人单位缴纳工伤保险费，职工不缴纳工伤保险费。

3. 用人单位缴纳工伤保险费的数额为本单位职工工资总额乘以单位缴费费率之积。

4. 工伤保险基金由用人单位缴纳的工伤保险费、工伤保险基金的利息和依法纳入工伤保险基金的其他资金构成。

#### 经典题解

【例题90·判断题】职工参加工伤保险由用人单位和职工共同缴纳工伤保险费。(　　)

【解析】用人单位缴纳工伤保险费，职工不缴纳。

【答案】×

【例题91·多选题】根据社会保险法律制度的规定，下列人员中，属于工伤保险覆盖范围的有(　　)。

A. 律师事务所的职工

B. 国有企业职工

C. 事业单位职工

D. 民办非企业单位职工

【解析】中华人民共和国境内的企业(选项B)、事业单位(选项C)、社会团体、民办非企业单位(选项D)、基金会、律师事务所(选项A)、会计师事务所等组织的职工和个体工商户的雇工，均有依照规定享受工伤保险待遇的权利。

【答案】ABCD

### 35 考点35 工伤认定与劳动能力鉴定(★★★)

1. 应当认定为工伤的情形

(1) 在工作时间和工作场所内，因工作原因受到事故伤害的；

(2) 工作时间前后在工作场所内，从事与工作有关的预备性或收尾性工作受到事故伤害的；

(3) 在工作时间和工作场所内，因履行工作职责受到暴力等意外伤害的；

(4) 患职业病的；

(5) 因工外出期间，由于工作原因受到伤害或者发生事故下落不明的；

(6) 在上下班途中，受到非本人主要责

任的交通事故或者城市轨道交通、客运轮渡、火车事故伤害的；

（7）法律、行政法规规定应当认定为工伤的其他情形。

2. 视同工伤的情形

（1）在工作时间和工作岗位，突发疾病死亡或者在48小时内经抢救无效死亡的；

（2）在抢险救灾等维护国家利益、公共利益活动中受到伤害的；

（3）原在军队服役，因战、因公负伤致残，已取得革命伤残军人证，到用人单位后旧伤复发的。

3. 不认定为工伤的情形

（1）故意犯罪；

（2）醉酒或者吸毒；

（3）自残或者自杀。

【提示】所受伤害与工作有直接因果关系的，应当认定为工伤；所受伤害与工作仅有间接关系的，视同工伤；所受伤害纯属自找的，不认定为工伤。

4. 劳动能力鉴定

（1）职工发生工伤，经治疗伤情相对稳定后存在残疾、影响劳动能力的，应当进行劳动能力鉴定（包括劳动功能障碍程度和生活自理障碍程度）。

（2）劳动功能障碍分为十个伤残等级，最重的为一级，最轻的为十级；生活自理障碍分为三个等级，生活完全不能自理、生活大部分不能自理和生活部分不能自理。

## 经典题解

【例题92·多选题】根据社会保险法律制度的规定，职工出现伤亡的下列情形中，视同工伤的有（　　）。

A. 在工作时间和工作岗位，突发疾病在48小时内经抢救无效死亡的

B. 在抢险救灾等维护国家利益、公共利益活动中受到伤害的

C. 在工作时间和工作场所内，因履行工作职责受到暴力伤害的

D. 在工作时间和工作岗位，突发疾病死亡

【解析】选项C：在工作时间和工作场所内，因履行工作职责受到暴力等意外伤害的，“应当认定”为工伤。

【答案】ABD

【例题93·单选题】根据社会保险法律制度的规定，职工出现伤亡的下列情形中，应当认定为工伤的是（　　）。

A. 在下班途中受到本人负主要责任交通事故伤害的

B. 因本人故意犯罪导致在工作中伤亡的

C. 在工作时间和工作岗位，突发疾病72小时后死亡的

D. 工作时间前在工作场所内，从事与工作有关的预备性工作受到事故伤害的

【解析】（1）选项A：在上下班途中，受到“非本人”主要责任的交通事故或者城市轨道交通、客运轮渡、火车事故伤害的，应当认定为工伤；（2）选项B：职工因故意犯罪导致本人在工作中伤亡的，不认定为工伤；（3）选项C：在工作时间和工作岗位，突发疾病死亡或者在“48小时内”经抢救无效死亡的，视同工伤；（4）选项D：工作时间前后在工作场所内，从事与工作有关的预备性或收尾性工作受到事故伤害的，应当认定为工伤。

【答案】D

## 36 考点36 工伤保险待遇（★★）

1. 工伤医疗待遇

（1）条件

职工因工作原因受到事故伤害或者患职业病，且经工伤认定的，享受工伤医疗待遇。

（2）内容

①治疗工伤的医疗费用（诊疗费、药费、住院费）；

②住院伙食补助费、交通食宿费；

③康复性治疗费；

④停工留薪期工资福利待遇。

（3）停工留薪期

【提示】医疗期 VS 停工留薪期：医疗期是企业职工因患病或非因工负伤停止工作，治病休息，但不得解除劳动合同的期限；而停工留薪期是职工因工作遭受事故伤害或者患职业病需要暂停工作、接受工伤医疗的期间。

①职工因工作遭受事故伤害或者患职业病需要暂停工作接受工伤医疗的，在停工留薪期内，职工的原工资福利待遇不变，由所在单位按月支付。

**各种工资（综述）**

| 项目 | 具体规定 |
|---|---|
| 停工留薪期 | 原工资福利待遇不变 |
| 医疗期病假工资或疾病救济费 | 可以低于当地最低工资标准，但最低不得低于当地最低工资标准的 80% |
| 试用期 | （1）约定了试用期满本人工资：不得低于试用期满本人工资的 80% 和当地最低工资标准的孰高数<br>（2）未约定试用期满本人工资：不得低于相同岗位最低档工资的 80% 和当地最低工资标准的孰高数 |
| 劳动者给单位造成经济损失，需要通过“扣工资”赔偿损失的 | 至少向劳动者发放本人月工资 80% 和当地最低工资标准的孰高值 |
| 带薪年休假 | 享受与正常工作期间相同的工资收入 |
| 服务期 | 不影响按照正常的工资调整机制提高劳动者在服务期期间的劳动报酬 |
| 竞业限制期 | （1）有约定按约定支付补偿金<br>（2）约定了竞业限制但未约定补偿金的，劳动者履行了竞业限制义务，有权要求用人单位按照劳动者在劳动合同解除或者终止前 12 个月平均工资的 30% 和劳动合同履行地最低工资标准的孰高值按月支付补偿金 |

②停工留薪期一般不超过 12 个月；伤情严重或者情况特殊，经设区的市级劳动能力鉴定委员会确认，可以适当延长，但延长不得超过 12 个月。

③工伤职工评定伤残等级后，停止享受停工留薪期待遇，按照规定享受伤残待遇；工伤职工在停工留薪期满后仍需治疗的，继续享受工伤医疗待遇。

④生活不能自理的工伤职工在停工留薪期需要护理的，由所在单位负责。

⑤工伤职工治疗非工伤引发的疾病，不享受工伤医疗待遇，按照基本医疗保险办法处理。

2. 辅助器具装配费

3. 伤残待遇

（1）条件

经劳动能力鉴定委员会鉴定，评定伤残等级的工伤职工，享受伤残待遇。

（2）内容

①生活护理费

工伤职工已经评定伤残等级并经劳动能

力鉴定委员会确认需要生活护理的，从工伤保险基金按月支付生活护理费。

②一次性伤残补助金

职工因工致残被鉴定为一级至十级伤残的，从工伤保险基金按伤残等级支付一次性伤残补助金。

③伤残津贴、一次性工伤医疗补助金和一次性伤残就业补助金的支付：

| 伤残等级 | 能否解除劳动合同 | 领取内容 |
| --- | --- | --- |
| 1~4 级 | × | 伤残津贴（工伤保险基金负担） |
| 5~6 级 | 本人提出：√ | （1）一次性工伤医疗补助金（工伤保险基金负担）<br>（2）一次性伤残就业补助金（用人单位负担） |
| | 本人未提出：× | （1）能适当工作：工资<br>（2）难以安排工作：伤残津贴（用人单位负担） |
| 7~10 级 | 劳动合同期满：√<br>本人提出：√ | （1）一次性工伤医疗补助金（工伤保险基金负担）<br>（2）一次性伤残就业补助金（用人单位负担） |
| | 其他情形：× | 正常工作、正常领取工资 |

4. 工亡待遇

（1）条件及内容

①职工因工死亡，或者伤残职工在停工留薪期内因工伤导致死亡的，其近亲属依法从工伤保险基金领取丧葬补助金、供养亲属抚恤金和一次性工亡补助金。

②1~4 级伤残职工在停工留薪期满后死亡的，其近亲属可以领取丧葬补助金和供养亲属抚恤金，不享受一次性工亡补助金待遇。

（2）标准

①丧葬补助金，为6 个月的统筹地区上年度职工月平均工资；

②供养亲属抚恤金，按照职工本人工资的一定比例发放给由因工死亡职工生前提供主要生活来源、无劳动能力的亲属；

③一次性工亡补助金，为上一年度全国城镇居民人均可支配收入的 20 倍。

5. 工伤职工有下列情形之一的，停止享受工伤保险待遇：

（1）丧失享受待遇条件的；

（2）拒不接受劳动能力鉴定的；

（3）拒绝治疗的。

## 经典题解

**【例题 94 · 单选题】**根据社会保险法律制度的规定，职工因工死亡，其近亲属可按照上一年度全国城镇居民人均可支配收入的一定倍数领取一次性工亡补助金，该倍数为(　　)。

A. 5 倍

B. 10 倍

C. 15 倍

D. 20 倍

**【答案】**D

**【例题 95 · 多选题】**根据社会保险法律制度的规定，职工因工死亡的，其近亲属可享受遗属待遇。下列各项中，属于该待遇的有(　　)。

A. 一次性工亡补助金

B. 供养亲属抚恤金

C. 遗属慰问金

D. 丧葬补助金

**【答案】**ABD

## 37 考点37 工伤保险的其他规定（★★）

1. 工伤保险费用支付途径

工伤保险待遇中，工伤保险基金支付大部分费用，按照国家规定由用人单位支付的费用包括：

（1）治疗工伤期间的工资福利待遇；

（2）5～6级伤残职工按月领取的伤残津贴；

（3）终止或解除劳动合同时，应当享受的一次性伤残就业补助金。

### 经典题解

**【例题96·单选题】**根据社会保险法律制度的规定，参保职工因工伤事故发生的下列费用中，应由用人单位支付的是（　　）。

A. 治疗工伤的医疗费用

B. 一次性伤残补助金

C. 住院伙食补助费

D. 停工留薪期工资福利待遇

**【答案】**D

**【例题97·多选题】**根据社会保险法律制度的规定，参保职工因工伤发生的下列费用中，应从工伤保险基金中支付的有（　　）。

A. 治疗工伤的医疗费用

B. 住院伙食补助费

C. 劳动能力鉴定费

D. 治疗工伤的康复费用

**【解析】**建议考生着重记由用人单位支付的费用，用排除法解题。具体而言，由工伤保险基金支付的费用：（1）治疗工伤的医疗费用和康复费用（选项AD）；（2）住院伙食补助费（选项B）；（3）到统筹地区以外就医的交通食宿费；（4）安装配置伤残辅助器具所需费用；（5）生活不能自理的，经劳动能力鉴定委员会确认的生活护理费；（6）一次性伤残补助金和一至四级伤残职工按月领取的伤残津贴；（7）终止或者解除劳动合同时，应当享受的一次性医疗补助金；（8）因工死亡的，其遗属领取的丧葬补助金、供养亲属抚恤金和一次性工亡补助金；（9）劳动能力鉴定费（选项C）。

**【答案】**ABCD

2. 工伤保险基金先行支付制度

（1）职工所在用人单位未依法缴纳工伤保险费，发生工伤事故的，由用人单位支付工伤保险待遇；用人单位不支付的，从工伤保险基金中先行支付，由用人单位偿还；用人单位不偿还的，社会保险经办机构可以追偿。

（2）由于第三人的原因造成工伤，第三人不支付工伤医疗费用或者无法确定第三人的，由工伤保险基金先行支付；工伤保险基金先行支付后，有权向第三人追偿。

3. 工伤职工符合领取基本养老金条件的，停发伤残津贴，享受基本养老保险待遇。基本养老保险待遇低于伤残津贴的，由工伤保险基金补足差额。

4. 职工（包括非全日制从业人员）在两个或者两个以上用人单位同时就业的，各用人单位应当分别为职工缴纳工伤保险费。职工发生工伤，由职工受到伤害时工作的单位依法承担工伤保险责任。

### 经典题解

**【例题98·判断题】**职工发生工伤事故但所在用人单位未依法缴纳工伤保险费的，不享受工伤保险待遇。（　　）

**【答案】**×

# 第 10 单元　失业保险及基本社会保险的征管制度



## 38 考点 38 失业保险（★★）

1. 征缴范围

国有企业、城镇集体企业、外商投资企业、城镇私营企业和其他城镇企业及其职工、事业单位及其职工。

2. 失业保险费的缴纳

职工应当参加失业保险，由用人单位和职工按照国家规定共同缴纳失业保险费。

【提示】用人单位和职工失业保险缴费比例总和已经降至1%，个人费率不得超过单位费率（考试由题目已知条件告知费率）。

3. 失业保险待遇的享受条件

（1）失业前用人单位和本人已经缴纳失业保险费满 1 年的。

（2）非因本人意愿中断就业。

【提示】非因本人意愿中断就业，包括：①终止劳动合同的；②被用人单位解除劳动合同的；③被用人单位开除、除名和辞退的；④用人单位以暴力、威胁或者非法限制人身自由的手段强迫劳动，劳动者解除劳动合同的；⑤用人单位未按照劳动合同约定支付劳动报酬或者提供劳动条件，劳动者解除劳动合同的；⑥法律、行政法规另有规定的。

（3）已经进行失业登记，并有求职要求的。

4. 失业登记的流程（2021 年调整）

（1）用人单位应当及时为失业人员出具终止或解除劳动关系的证明，并将失业人员的名单自终止或解除劳动关系之日起 7 日内报受理其失业保险业务的经办机构备案，并按要求提供终止或解除劳动合同证明等有关材料。

（2）失业人员到公共就业服务机构或社会保险经办机构申领失业保险金，受理其申请的机构都应一并办理失业登记和失业保险金发放。失业人员可凭社会保障卡或身份证件申领失业保险金，可不提供解除或者终止劳动关系、失业登记证明等材料。

（3）失业保险金自办理失业登记之日起计算。

5. 失业保险金的领取期限

（1）基本规定

| 用人单位和本人的累计缴费年限 | 领取失业保险金的最长期限 |
| --- | --- |
| 满 1 年不足 5 年（1 年≤Y<5 年） | 自办理失业登记之日起 12 个月 |
| 满 5 年不足 10 年（5 年≤Y<10 年） | 自办理失业登记之日起 18 个月 |
| 10 年以上（Y≥10 年） | 自办理失业登记之日起 24 个月 |

【小口诀】“1 年 5 年 3 段计，1 年 6 月吃救济”。*

（2）自 2019 年 12 月起，延长大龄失业人员领取失业保险金期限，对领取失业保险金期满仍未就业且距法定退休年龄不足 1 年的失业人员，可继续发放失业保险金至法定退休年龄。（2021 年新增）

---

* 该口诀用于确定职工失业保险金的领取期限：（1）双方共同缴费满 1 年，1 年为起点，1~5 年是第一个段，以后每 5 年区段递增，共 3 个区段，此谓“1 年 5 年 3 段计”；（2）领取期限最低是 12 个月（1 年），每区段递增 6 个月，此谓“1 年 6 月吃救济”。

6. 失业保险金的发放标准

失业保险金的标准，不得低于城市居民最低生活保障标准；一般也不高于当地最低工资标准，具体数额由省、自治区、直辖市人民政府确定。

7. 失业保险待遇

（1）领取失业保险金

（2）领取失业保险金期间享受基本医疗保险待遇

失业人员在领取失业保险金期间，参加职工基本医疗保险，享受基本医疗保险待遇；失业人员应当缴纳的基本医疗保险费从失业保险基金中支付，个人不缴纳基本医疗保险费。

（3）领取失业保险金期间的死亡补助

失业人员在领取失业保险金期间死亡的，参照当地对在职职工死亡的规定，向其遗属发给一次性丧葬补助金和抚恤金。所需资金从失业保险基金中支付。

（4）职业介绍与职业培训补贴

（5）国务院规定或者批准的与失业保险有关的其他费用

8. 失业人员在领取失业保险金期间有下列情形之一的，停止领取失业保险金，并同时停止享受其他失业保险待遇：

（1）重新就业的；

（2）应征服兵役的；

（3）移居境外的；

（4）享受基本养老保险待遇的；

（5）被判刑收监执行的；

（6）无正当理由，拒不接受当地人民政府指定部门或者机构介绍的适当工作或者提供的培训的；

（7）有法律、行政法规规定的其他情形的。

## 经典题解

**【例题99·单选题】**2017年3月，张某首次就业到甲公司工作，并与甲公司共同缴纳失业保险费。2020年9月，张某因甲公司解除其劳动合同失业，随即办理了失业登记和失业保险金领取手续。张某领取失业保险金的期限自办理失业登记之日起不得超过一定期限。该期限为（　　）。

A. 6个月　　B. 12个月

C. 18个月　　D. 24个月

**【解析】**用人单位和本人的累计缴费年限满1年不足5年的，领取失业保险金的期限为自办理失业登记之日起12个月。

**【答案】**B

**【例题100·多选题】**根据社会保险法律制度的规定，失业人员在领取失业保险金期间发生特定情形时，停止领取失业保险金，并同时停止享受其他失业保险待遇。下列各项中，属于该特定情形的有（　　）。

A. 重新就业的

B. 享受基本养老保险待遇的

C. 被判刑收监执行的

D. 移居境外的

**【解析】**失业人员在领取失业保险金期间有下列情形之一的，停止领取失业保险金，并同时停止享受其他失业保险待遇：（1）重新就业的（选项A）；（2）应征服兵役的；（3）移居境外的（选项D）；（4）享受基本养老保险待遇的（选项B）；（5）被判刑收监执行的（选项C）；（6）无正当理由，拒不接受当地人民政府指定部门或者机构介绍的适当工作或者提供的培训的；（7）有法律、行政法规规定的其他情形的。

**【答案】**ABCD

**【例题101·单选题】**根据社会保险法律制度的规定，下列关于失业保险待遇的表述中，正确的是（　　）。

A. 失业人员领取失业保险金期间不享受基本医疗保险待遇

B. 失业人员领取失业保险金期间重新就业的，停止领取失业保险金并同时停止享受其他失业保险待遇

C. 失业保险金的标准可以低于城市居民最低生活保障标准

D. 失业时用人单位和本人已经累计缴纳失业保险费满 6 个月的，失业人员可以申请领取失业保险金

**【解析】**（1）选项 A：失业人员在领取失业保险金期间，参加职工基本医疗保险，享受基本医疗保险待遇；失业人员应当缴纳的基本医疗保险费从失业保险基金中支付，个人不缴纳基本医疗保险费。（2）选项 C：失业保险金的标准，不得低于城市居民最低生活保障标准，一般也不高于当地最低工资标准。（3）选项 D：失业前用人单位和本人已经缴纳失业保险费满 1 年的，失业人员可以申请领取失业保险金并享受其他失业保险待遇。

**【答案】** B

## 39 考点 39 职工基本社会保险缴费机制（总述）（★★）

| | 单位缴费 | 个人缴费 |
|---|---|---|
| 职工基本养老保险 | 本单位职工工资总额×题目给定比例（一般为 16%） | 个人养老账户月存储额＝本人月缴费工资×8% |
| 职工基本医疗保险 | 本单位职工工资总额×题目给定比例（一般为 6%） | 个人医疗保险账户月储存额＝单位缴费数额×题目给定的强制划入比例（一般为 30%）＋本人工资×题目给定比例（一般为 2%） |
| 工伤保险 | 本单位职工工资总额×题目给定的缴费率 | × |
| 失业保险 | 本单位工资总额×题目给定的单位缴费率 | 本人工资×（题目给定的总费率－题目给定的单位缴费率）＝本人工资×题目给定的个人缴费率 |

**【案例】** 甲公司职工郑某月工资 5000 元，已知该企业适用的职工基本养老保险费率为职工工资总额的 16%、职工基本医疗保险费率为 6%、失业保险总费率为 1%、失业保险的单位缴费率为 0.8%、工伤保险费率为 0.8%；医疗保险个人缴费率为 2%。

**【分析】**（1）应由郑某个人负担的基本社会保险费（由用人单位代扣代缴）：养老保险费 5000×8%＝400（元）；医疗保险费 5000×2%＝100（元）；失业保险费 5000×（1%－0.8%）＝10（元）；共缴社会保险费 400＋100＋10＝510（元），或者 5000×（8%＋2%＋0.2%）＝510（元）。（2）单位应为其缴纳的社会保险费：养老保险费 5000×16%＝800（元）；医疗保险费 5000×6%＝300（元）；失业保险费 5000×0.8%＝40（元）；工伤保险费 5000×0.8%＝40（元）；共缴社会保险费 800＋300＋40＋40＝1180（元），或者 5000×（16%＋6%＋0.8%＋0.8%）＝1180（元）。（3）需要注意的是，在现行的 4 个职工基本社会保险中，工伤保险完全由单位缴费，个人并不需要缴纳工伤保险费用。

### 经典题解

**【例题 102 · 多选题】** 根据社会保险法律制度的规定，下列社会保险项目中，由用人单位和职工共同缴纳社会保险费的有（　　）。

A. 工伤保险

B. 职工基本医疗保险

C. 失业保险

D. 职工基本养老保险

【答案】BCD

【例题103·单选题】根据社会保险法律制度的规定，下列社会保险项目中，只需由用人单位缴纳保险费的是(　　)。

A. 工伤保险

B. 职工基本养老保险

C. 职工基本医疗保险

D. 失业保险

【答案】A

## 40 考点40 基本社会保险的体系（★）

1. 体系概览

- 基本养老保险
  - 职工基本养老保险
  - 城乡居民基本养老保险
- 基本医疗保险
  - 职工基本医疗保险
  - 城乡居民基本医疗保险
- 工伤保险
- 失业保险

2. 城乡居民基本养老保险制度

年满16周岁（不含在校学生），非国家机关和事业单位工作人员及不属于职工基本养老保险制度覆盖范围的城乡居民，可以在户籍地参加城乡居民养老保险。

3. 城乡居民基本医疗保险

城乡居民基本医疗保险制度覆盖除职工基本医疗保险应参保人员以外的其他所有城乡居民。

4. 无雇工的个体工商户、未在用人单位参加基本养老保险、基本医疗保险的非全日制从业人员以及其他灵活就业人员可以参加职工基本养老保险、职工基本医疗保险，由个人缴纳职工基本养老保险费、职工基本医疗保险费。

### 经典题解

【例题104·多选题】根据社会保险法律制度的规定，无雇工的个体工商户可按国家规定由个人缴费参加基本社会保险。其可以参加的社会保险项目包括(　　)。

A. 失业保险　　B. 基本养老保险

C. 基本医疗保险　　D. 工伤保险

【答案】BC

## 41 考点41 基本社会保险的征管机制（★★）

（一）社会保险登记

1. 单位的社会保险登记

企业在办理登记注册时，同步办理社会保险登记。企业以外的缴费单位应当自成立之日起30日内，向当地社会保险经办机构申请办理社会保险登记。

2. 个人的社会保险登记

（1）用人单位应当自用工之日起30日内为其职工向社会保险经办机构申请办理社会保险登记。

（2）自愿参加社会保险的无雇工的个体工商户、未在用人单位参加社会保险的非全日制从业人员以及其他灵活就业人员，应当向社会保险经办机构申请办理社会保险登记。

（二）社会保险费用的缴纳

1. 用人单位应当自行申报、按时足额缴纳社会保险费，非因不可抗力等法定事由不得缓缴、减免。

2. 职工应当缴纳的社会保险费由用人单位代扣代缴，用人单位应当按月将缴纳社会保险费的明细情况告知本人。

3. 无雇工的个体工商户、未在用人单位参加社会保险的非全日制从业人员以及其他灵活就业人员，可以直接向社会保险费征收机构缴纳社会保险费。

4. 从2019年1月1日起，将基本养老保险费、基本医疗保险费、失业保险费、工伤保险费等各项社会保险费交由税务部门统一征收。

（三）社会保险基金的管理

1. 分别建账、分账核算

除基本医疗保险基金与生育保险基金合并建账及核算外，其他各项社会保险基金按照社会保险险种分别建账、分账核算，执行国家统一的会计制度。

2. 社会保险基金专款专用，任何组织和个人不得侵占或者挪用。

3. 预算

（1）社会保险基金存入财政专户，按照统筹层次设立预算，通过预算实现收支平衡。

（2）除基本医疗保险基金与生育保险基金预算合并编制外，其他社会保险基金预算按照社会保险项目分别编制。

4. 社会保险经办机构应当定期向社会公布参加社会保险情况以及社会保险基金的收入、支出、结余和收益情况。

5. 社会保险基金的保值增值

（1）社会保险基金在保证安全的前提下，按照国务院规定投资运营实现保值增值。

（2）不得用于违规用途：

①不得违规投资运营；

②不得用于平衡其他政府预算；

③不得用于兴建、改建办公场所和支付人员经费、运行费用、管理费用；

④不得违反法律、行政法规规定挪作其他用途。

## 经典题解

**【例题105·多选题】**根据社会保险法律制度的规定，下列关于社会保险费征缴的表述中，正确的有（　　）。

A. 已在用人单位参加社会保险的非全日制从业人员可以直接向社会保险费征收机构缴纳社会保险费

B. 职工应缴纳的社会保险费由用人单位代扣代缴

C. 用人单位应当自用工之日起30日内为其职工向社会保险经办机构申请办理社会保险登记

D. 用人单位应当按月将缴纳社会保险费的明细情况告知本人

**【解析】**（1）选项A：未在用人单位参加社会保险的非全日制从业人员以及其他灵活就业人员，可以直接向社会保险费征收机构缴纳社会保险费。（2）选项BD：职工应当缴纳的社会保险费由用人单位代扣代缴，用人单位应当按月将缴纳社会保险费的明细情况告知本人。（3）选项C：用人单位应当自用工之日起30日内为其职工向社会保险经办机构申请办理社会保险登记。

**【答案】**BCD

## ⑧ 经典大题精析

313029

**【例题106·不定项选择题】**

2018年4月1日，赵某到甲公司工作，7月1日甲公司与赵某签订了2年期限劳动合同。

2019年10月，因工作需要，甲公司安排赵某分别于10月1日（国庆节）加班1天，于10月13日（周六）、10月14日（周日）各加班1天，之后未安排其补休。

2020年2月，赵某告知公司已怀孕的事实并递交了医院证明。2020年6月30日，因劳动合同期限届满，甲公司不再与赵某续签并通知其劳动合同终止，仍处于孕期的赵某对此存有异议。

已知：甲公司实行标准工时制；赵某日工资为220元。甲公司已为赵某办理了社会保险登记并按月从其工资中扣缴相关社会保险费用。

要求：

根据上述资料，不考虑其他因素，分析回答下列小题。

1. 关于甲公司与赵某劳动关系建立及未及时订立书面劳动合同的下列表述中，正确的是(　　)。

A. 劳动关系自2018年4月1日起建立

B. 劳动关系自2018年7月1日起建立

C. 赵某有权要求甲公司支付自2018年5月1日至2018年6月30日期间2倍工资

D. 甲公司不需向赵某支付未及时签订书面劳动合同的2倍工资

2. 下列社会保险项目中，甲公司应从赵某工资中代扣代缴保险费的是(　　)。

A. 失业保险

B. 工伤保险

C. 职工基本养老保险

D. 职工基本医疗保险

3. 计算甲公司依法应向赵某支付的2019年10月最低加班工资的下列算式中，正确的是(　　)。

A. 220×200%×1+220×150%×2

B. 220×300%×1+220×300%×2

C. 220×200%×1+220×200%×2

D. 220×300%×1+220×200%×2

4. 关于甲公司终止劳动合同及其法律后果的下列表述中，不正确的是(　　)。

A. 甲公司终止劳动合同后，赵某要求继续履行的，甲公司应当继续履行

B. 因赵某在孕期，甲公司不得终止劳动合同

C. 甲公司终止该劳动合同后，赵某不要求继续履行，甲公司应当向其支付赔偿金

D. 甲公司可以终止劳动合同，无须支付赔偿金

**【例题107·不定项选择题】**

2018年9月3日，张某到甲公司工作，9月10日双方订立了书面劳动合同，合同约定：合同期限2年（试用期除外），试用期2个月；试用期月工资2200元，试用期满月工资3000元；试用期内张某若被证明不符合录用条件，甲公司可随时通知其解除劳动合同。

2019年7月，甲公司派张某去国外接受2个月的高级技术培训，双方补充协议约定：公司支付培训费用100000元，张某的服务期为6年，违反服务期约定的违约金为100000元，培训结束后月工资提高至6000元。张某培训期满回国后，成为公司的技术骨干，并与公司签订了竞业限制协议。

2020年5月11日，甲公司得知张某私下与乙公司也建立了劳动关系，遂要求张某解除与乙公司的劳动关系，张某拒绝并于次日离开甲公司到乙公司工作，由此给甲公司造成重大经济损失。

已知：甲公司所在地月最低工资标准为2000元。

要求：

根据上述资料，不考虑其他因素，分析回答下列小题。

1. 张某与甲公司之间劳动关系建立的时间是(　　)。

A. 2018年9月3日

B. 2018年9月10日

C. 2018年11月3日

D. 2018年11月10日

2. 双方在劳动合同中对试用期所作的下列约定中，符合法律规定的是(　　)。

A. 试用期2个月

B. 试用期内张某若被证明不符合录用条件，甲公司可随时通知其解除劳动合同

C. 试用期月工资2200元

D. 试用期不包含在劳动合同期限内

3. 双方在补充协议中所作的下列约定中，符合法律规定的是(　　)。

A. 张某的服务期为6年

B. 违反服务期约定的违约金100000元

C. 甲公司支付培训费用100000元

D. 张某月工资提高至6000元

4. 下列关于张某离开甲公司到乙公司工作法律后果的表述中，正确的是(　　)。
A. 甲公司无须向张某支付经济补偿金
B. 甲公司无权要求张某支付违约金
C. 甲公司无权要求张某支付经济补偿金
D. 甲公司有权要求张某支付违约金

【例题 108 · 不定项选择题】
2017 年 6 月 30 日，李某与甲公司为期 2 年的劳动合同期限届满。次日，李某应聘到乙公司工作，双方签订了书面劳动合同。合同约定，合同期限 2 年（含试用期期限），李某每月工资 3500 元；试用期 3 个月，每月工资 2400 元；因生产经营需要，公司可不经李某同意直接安排其加班，但每月加班时间不超过 36 小时，李某在公司连续工作满 1 年后，每年可休年假 3 天。
2018 年 2 月，乙公司提供培训费，派李某参加了为期 1 个月的专业技术培训，双方约定了 5 年服务期及违约金。
2018 年 8 月 1 日，因乙公司一直未给李某缴纳社会保险费，李某提出解除劳动合同并要求乙公司支付经济补偿金。
已知：李某与甲公司已约定过试用期，乙公司所在地月最低工资标准为 2200 元。
要求：
根据上述资料，不考虑其他因素，分析回答下列小题。

1. 对试用期约定的下列表述中，正确的是(　　)。
A. 甲公司已经与李某约定过试用期，乙公司不得再与其约定试用期
B. 乙公司与李某可以约定试用期月工资为 2400 元
C. 乙公司与李某可以约定 3 个月的试用期
D. 乙公司与李某约定的试用期包含在劳动合同期限内

2. 乙公司与李某对休息休假的下列约定中，符合法律规定的是(　　)。
A. 因生产经营需要，公司可不经李某同意直接安排其加班
B. 李某须在乙公司连续工作满 1 年后方可享受年假
C. 每月加班时间不超过 36 小时
D. 李某每年休年假 3 天

3. 对乙公司与李某约定的服务期及违约金的下列表述中，正确的是(　　)。
A. 李某以公司未缴纳社会保险费为由解除劳动合同，无须向乙公司支付违约金
B. 双方约定的 5 年服务期超过劳动合同期限，该约定无效
C. 双方约定的违约金数额不得超过乙公司提供的培训费用
D. 李某以公司未缴纳社会保险费为由解除劳动合同，乙公司有权要求李某支付违约金，但不得超过服务期内未履行部分所分摊的培训费用

4. 对李某提出解除劳动合同并要求乙公司支付经济补偿金的下列表述中，正确的是(　　)。
A. 李某应提前 30 日书面通知乙公司后解除劳动合同
B. 李某通知乙公司后即可解除劳动合同
C. 乙公司应向李某支付 2 个月工资标准的经济补偿金
D. 李某有权要求乙公司支付经济补偿金

【例题 109 · 不定项选择题】
张某曾应聘在甲公司工作，试用期满后从事技术工作，2 年的劳动合同期限届满后跳槽至乙企业成为该企业的业务骨干。甲公司为实施新的战略，拟重新聘请张某担任公司高级管理人员。经协商，双方签订了劳动合同，约定：
(1) 劳动合同期限为 3 年，试用期为 6 个月；
(2) 合同期满或因其他原因离职后，张某在 3 年内不得从事与甲公司同类的业务

工作，公司在张某离职时应一次性支付补偿金 15 万元。

在劳动合同期满前 2 个月时，张某因病住院。3 个月后，张某痊愈，到公司上班时，公司通知张某劳动合同已按期终止，病休期间不支付工资，也不向其支付 15 万元补偿金。张某同意公司不支付 15 万元补偿金，但要求公司延续劳动合同期至病愈，并支付病休期间的病假工资和离职的经济补偿。甲公司拒绝了张某的要求，张某随即进入同一行业的丙公司从事与甲公司业务相竞争的工作。甲公司认为张某违反了双方在劳动合同中的竞业限制约定，应承担违约责任。

已知，张某实际工作年限 13 年。

要求：

根据上述资料，不考虑其他因素，分析回答下列小题。

1. 对甲公司第二次与张某约定的劳动合同条款所作的下列判断中，正确的是(　　)。

A. 甲公司与张某不应约定试用期

B. 甲公司与张某可以约定试用期

C. 甲公司与张某可以约定离职后不得从事同类行业

D. 甲公司与张某约定离职后不得从事同类行业的时间超过法定最长期限

2. 张某可以享受的法定医疗期是(　　)。

A. 1 个月　　B. 3 个月

C. 6 个月　　D. 12 个月

3. 对劳动合同终止及张某病休期间工资待遇的下列判断中，正确的是(　　)。

A. 张某与公司约定的劳动合同期满时，劳动合同自然终止

B. 张某与公司的劳动合同期限应延续至张某病愈出院

C. 公司只需支付张某劳动合同期满前 2 个月的病假工资

D. 公司应支付张某 3 个月病休期间的病假工资

4. 对甲公司与张某各自责任的下列判断中，符合法律规定的是(　　)。

A. 张某应遵守竞业限制约定，承担违约责任

B. 竞业限制约定已失效，张某不需要承担违约责任

C. 甲公司应支付张某离职的经济补偿

D. 甲公司不需支付张某离职的经济补偿

**【例题 110 · 不定项选择题】**

2019 年 3 月，乙劳务派遣公司与甲公司签订劳务派遣协议，将周某派遣到甲公司工作。

2019 年 7 月，周某在甲公司的工作结束。此后甲公司、乙公司未给周某安排工作，也未向其支付任何报酬。

2019 年 9 月，周某得知自 2019 年 3 月被派遣以来，甲公司、乙公司均未为其缴纳社会保险费，遂提出解除劳动合同。

要求：

根据上述资料，不考虑其他因素，分析回答下列小题。

1. 下列各项中，属于乙劳务派遣公司和甲公司签订的劳务派遣协议中应当约定的是(　　)。

A. 派遣岗位　　B. 派遣期限

C. 违反协议的责任　　D. 劳动报酬

2. 下列关于周某无工作期间报酬支付及标准的表述中，正确的是(　　)。

A. 周某无权要求支付报酬

B. 甲公司应向其按月支付报酬

C. 周某报酬标准为支付单位所在地的最低工资标准

D. 乙公司应向其按月支付报酬

3. 下列关于周某解除劳动合同方式的表述中，正确的是(　　)。

A. 不需要事先告知公司即可解除劳动合同

B. 可随时通知解除劳动合同

C. 应提前 30 日以书面形式提出方能解除劳动合同

D. 应提前 30 日通知公司方能解除劳动合同

4. 下列关于周某解除劳动合同法律后果的表述中，正确的是（　　）。

A. 周某无权要求经济补偿

B. 乙公司应向周某支付经济补偿

C. 乙公司可要求周某支付违约金

D. 甲公司应向周某支付违约金

【例题 111 · 不定项选择题】

2019 年 5 月 31 日，甲公司录用张某担任出纳，双方口头约定了 2 年期劳动合同，试用期 2 个月，月工资 4000 元，公司在试用期间可随时解除合同；试用期满考核合格，月工资提高至 5000 元，如考核不合格，再延长试用期 1 个月。2019 年 7 月 15 日，双方签订了书面劳动合同。2019 年 7 月 31 日，因未通过公司考核，张某试用期延长 1 个月。

因甲公司连续 2 个月无故拖欠劳动报酬，2020 年 3 月 1 日，张某单方面解除了劳动合同并向当地劳动争议仲裁机构申请仲裁，该机构作出终局裁决。

已知：甲公司实行标准工时制，当地月最低工资标准为 3000 元。

要求：

根据上述资料，不考虑其他因素，分析回答下列小题。

1. 甲公司与张某对试用期的下列约定中，符合法律规定的是（　　）。

A. 试用期 2 个月

B. 试用期满张某考核不合格，再延长 1 个月试用期

C. 试用期月工资 4000 元

D. 试用期内甲公司可随时解除劳动合同

2. 因甲公司无故拖欠劳动报酬，张某单方面解除劳动合同采取的方式是（　　）。

A. 应提前 30 日书面通知甲公司而解除

B. 可随时通知甲公司而解除

C. 应提前 3 日通知甲公司而解除

D. 不需通知甲公司即可解除

3. 张某申请劳动仲裁要求甲公司支付的下列款项中，符合法律规定的是（　　）。

A. 未及时签订书面劳动合同的 2 倍工资

B. 拖欠的劳动报酬

C. 解除劳动合同的经济补偿

D. 试用期赔偿金

4. 对该劳动争议终局裁决的下列表述中，正确的是（　　）。

A. 对该终局裁决不服，甲公司和张某均不得提起诉讼

B. 该终局裁决自作出之日起生效

C. 对该终局裁决不服，甲公司有权提起诉讼

D. 对该终局裁决不服，张某有权提起诉讼

【例题 112 · 不定项选择题】

2019 年下半年，实行标准工时制的甲公司在劳动用工方面发生下列事实：

（1）8 月 5 日，已累计工作 3 年且本年度从未请假的赵某向公司提出年休假申请。

（2）因工作需要，公司安排钱某在国庆期间加班 4 天，其中占用法定休假日 3 天，占用周末休息日 1 天，钱某日工资为 300 元。

（3）10 月 20 日，尚处于试用期的杨某在上班途中受到非本人主要责任的交通事故伤害，住院治疗 1 个月。

（4）11 月 10 日，公司通过口头协议聘用周某从事非全日制用工，试用期 1 个月；12 月 25 日公司发现周某与乙公司也订立了非全日制用工劳动合同，虽然周某与乙公司的合同不影响其履行与甲公司的合同，但甲公司仍通知周某终止用工。

要求：

根据上述资料，不考虑其他因素，分析回答下列小题。

1. 赵某可依法享受的最长年休假期限是（　　）。

A. 15 天　　B. 5 天

C. 20 天　　D. 10 天

2. 甲公司向钱某支付国庆期间加班工资拟采取的下列方案中，符合法律规定的是（　　）。

A. 甲公司事后安排钱某补休国庆节3天法定休假日，向其支付2400元的加班工资

B. 甲公司事后安排钱某补休国庆节3天法定休假日，向其支付600元的加班工资

C. 甲公司事后未安排钱某补休，向其支付3300元的加班工资

D. 甲公司事后安排钱某补休周末休息日，向其支付2700元的加班工资

3. 关于杨某受伤住院治疗法律后果，下列表述正确的是（　　）。

A. 甲公司可按照不低于当地最低工资标准的80%向杨某支付治疗期间的工资

B. 因在上班途中，杨某此次受伤不能认定为工伤

C. 因尚处于试用期，杨某此次受伤不能认定为工伤

D. 甲公司应按照双方在劳动合同中约定的劳动报酬向杨某支付治疗期间的工资

4. 关于甲公司与周某之间非全日制用工劳动关系，下列表述正确的是（　　）。

A. 甲公司与周某可订立口头用工协议

B. 周某可以与甲公司和乙公司分别订立劳动合同

C. 甲公司可以随时通知周某终止用工

D. 甲公司与周某可约定试用期

**【例题113·不定项选择题】**

2017年1月4日，甲公司初次录用李某并安排其担任车间操作工，月工资5000元，双方签订了5年期劳动合同。

2020年1月5日，李某在工作中突发心脏病入院治疗，1个半月后出院上班。住院治疗期间，公司按月向李某支付工资。

2020年10月10日，李某在下班后做收尾性工作时，被车间坠落物砸伤腿部致残并被确认部分丧失劳动能力（被鉴定为5级伤残），住院治疗2个月后出院。因李某腿部伤残不能从事原工作，甲公司欲解除双方的劳动合同。

已知：李某实际工作年限6年，甲公司已为其办理社会保险，甲公司所在地月最低工资标准为2000元。

要求：

根据上述资料，不考虑其他因素，分析回答下列小题。

1. 关于李某在工作中突发心脏病入院治疗的法律后果，下列表述正确的是（　　）。

A. 李某在工作中突发心脏病应视同工伤

B. 李某可享受3个月的医疗期待遇

C. 李某在工作中突发心脏病不应认定为工伤

D. 李某应享受停工留薪期待遇

2. 李某突发心脏病住院期间，甲公司按月向其支付的工资不得低于（　　）。

A. 2000元　　B. 4000元

C. 1600元　　D. 5000元

3. 关于李某下班后做收尾性工作被车间坠落物砸伤的法律后果，下列表述正确的是（　　）。

A. 李某受伤住院期间的工资福利待遇保持不变

B. 李某受伤住院期间的工资福利待遇，由甲公司按月支付

C. 李某受伤应认定为工伤

D. 李某受伤是在下班之后，不应认定为工伤

4. 甲公司解除劳动合同的下列表述中，正确的是（　　）。

A. 甲公司可提前30日以书面形式通知李某解除劳动合同

B. 甲公司可额外支付李某1个月工资后解除劳动合同

C. 甲公司不得单方面解除与李某的劳动合同

D. 甲公司无须提前通知李某即可解除劳动合同

【例题 114·不定项选择题】

2014 年 6 月 1 日，王某（35 周岁）首次就业即到甲公司工作。2017 年 8 月 25 日，甲公司依法进行经济性裁员，解除了与王某的劳动合同。9 月 1 日王某办理了失业登记和申领失业保险金手续。

2017 年 12 月 1 日，王某被乙公司聘用而重新就业。2019 年 12 月王某向乙公司提出当年年休假申请，遭到拒绝。双方因此发生劳动争议。

已知：劳动合同解除前 12 个月王某在甲公司月平均工资为 5000 元。王某与甲、乙公司均按时缴纳社会保险费。

要求：

根据上述资料，不考虑其他因素，分析回答下列小题。

1. 甲公司解除王某劳动合同时应向其支付的经济补偿数额是(　　)。

A. 20000 元　　B. 0

C. 15000 元　　D. 17500 元

2. 王某于 2017 年 8 月 25 日失业后实际领取失业保险金的期限为(　　)。

A. 18 个月　　B. 3 个月

C. 24 个月　　D. 12 个月

3. 2019 年王某在乙公司可享受的年休假法定天数是(　　)。

A. 0　　B. 5 天

C. 10 天　　D. 15 天

4. 王某解决与乙公司的劳动争议可采取的方式是(　　)。

A. 与乙公司协商，达成和解协议

B. 直接向人民法院提起诉讼

C. 向劳动争议调解组织申请调解

D. 向劳动争议仲裁机构申请劳动仲裁

## 经典大题精析参考答案及解析

“扫码看解析”

使用“微信”或“会计云课堂”App 扫右方二维码，对答案、看解析、掌握解题思路，开启轻松过关之旅。

【例题 106·不定项选择题】

1. 【答案】AC

**解析：**（1）选项 AB：用人单位自用工之日（2018 年 4 月 1 日）起即与劳动者建立劳动关系；（2）选项 CD：用人单位自用工之日起超过 1 个月不满 1 年未与劳动者订立书面劳动合同的，应当向劳动者每月支付 2 倍的工资，并与劳动者补订书面劳动合同。用人单位向劳动者每月支付 2 倍工资的起算时间为用工之日起满 1 个月的次日（2018 年 5 月 1 日），截止时间为补订书面劳动合同的前 1 日（2018 年 6 月 30 日）。

2. 【答案】ACD

**解析：**工伤保险费由用人单位缴纳，职工不缴纳工伤保险费。

3. 【答案】D

**解析：**（1）10 月 1 日加班属于法定休假日加班，按照 300% 支付加班工资，选项 AC 错误；（2）周六、周日加班且未安排补休的，按 200% 支付加班工资，选项 B 错误，选项 D 正确。

4. 【答案】D

**解析：**（1）选项 B：女职工在孕期、产期、哺乳期的，用人单位既不得对其进行无过失性辞退或经济性裁员，也不得以劳动合同期满为由与其终止劳动合同；（2）选项 ACD：如果用人单位违法解除或终止劳动合同的，劳动者可以要求继续履行劳动合同，享受在劳动关系存续期间的待遇；如果劳动者不愿继续履行劳动合同或者劳动合同的履行已经不可能，用人单位应当依照法定经济补偿金标准的2倍向劳动者支付“赔偿金”，支付了赔偿金的，不再支付经济补偿金。

【例题107·不定项选择题】

1. 【答案】A

**解析：**用人单位自“用工之日”起即与劳动者建立劳动关系。

2. 【答案】AB

**解析：**（1）选项A：劳动合同期限1年以上不满3年的，试用期不得超过2个月（≤2个月）。（2）选项B：劳动者在试用期间被证明不符合录用条件的，用人单位可以随时通知劳动者解除劳动合同。（3）选项C：劳动者在试用期的工资不得低于本单位相同岗位最低档工资的80%或者劳动合同约定工资的80%，并不得低于用人单位所在地的最低工资标准；在本题中，张某的试用期工资低于试用期满月工资的80%（2400元）。（4）选项D：试用期包含在劳动合同期限内。

3. 【答案】ABCD

**解析：**（1）选项AC：服务期的期限、用人单位支付的培训费金额均由用人单位和劳动者自由约定；（2）选项B：约定的违约金的数额不得超过用人单位提供的培训费用；（3）选项D：用人单位与劳动者约定服务期的，不影响按照正常的工资调整机制提高劳动者在服务期期间的劳动报酬。

4. 【答案】ACD

**解析：**（1）选项A：张某在甲公司任职期间与其他单位（乙公司）建立劳动关系，经甲公司提出，拒不改正，甲公司有权单方通知张某解除劳动合同，且无须向张某支付经济补偿金；（2）选项C：经济补偿金应由用人单位（甲公司）向劳动者（张某）支付，而非由张某向甲公司支付；（3）选项BD：因劳动者严重违纪，用人单位与劳动者解除约定服务期的劳动合同的，劳动者应当按照劳动合同的约定，向用人单位支付违约金。

【例题108·不定项选择题】

1. 【答案】D

**解析：**（1）选项A：同一用人单位与同一劳动者只能约定一次试用期；在本题中，李某与甲公司约定过试用期，并不妨碍李某与另一用人单位乙公司约定试用期。（2）选项B：劳动者在试用期的月工资不得低于本单位相同岗位最低档工资的80%或者劳动合同约定工资的80%，并不得低于用人单位所在地的月最低工资标准；在本题中，李某的试用期月工资2400元<劳动合同约定的试用期满月工资3500元的80%（2800元）。（3）选项C：劳动合同期限1年以上不满3年的，试用期不得超过2个月。（4）选项D：试用期包含在劳动合同期限内。

2. 【答案】C

**解析：**（1）选项AC：用人单位由于生产经营需要，经与工会和劳动者协商后可以延长工作时间，一般每日不得超过1小时；因特殊原因需要延长工作时间的，在保障劳动者身体健康的条件下延长工作时间，每日不得超过3小时，每月不得超过36小时。（2）选项B：在确定年休假的天数时，依据的是劳动者自参加工作以来的累计工作年限，而非在现单位的工作年限。（3）选项D：职工累计（而非“在本单位”）工作已满1年不满10年的，年休假5天。

3. 【答案】AC

**解析：**（1）选项AD：用人单位与劳动者约定了服务期，劳动者以用人单位未依法为劳动者缴纳社会保险费为由解除劳动合同的，不属于违反服务期的约定，用人单位不得要求劳动者支付违约金。（2）选项 B：服务期的期限可以超过劳动合同期限；劳动合同期满，但是用人单位与劳动者约定的服务期尚未到期的，劳动合同应当延续至服务期满；双方另有约定的，从其约定。(3) 选项 C：约定的违约金数额不得超过用人单位提供的培训费用。

4. 【答案】BD

**解析**：(1) 选项 ABD：用人单位未依法为劳动者缴纳社会保险费的，劳动者可随时“通知解除”劳动合同，且可以要求用人单位支付经济补偿金。(2) 选项 C：李某在乙公司工作的期间为 2017 年 7 月 1 日至 2018 年 7 月 31 日，共计 1 年零 1 个月，乙公司应按1.5 个月的标准向李某支付经济补偿金。

【例题 109 · 不定项选择题】

1. 【答案】ACD

**解析**：(1) 选项 AB：同一用人单位与同一劳动者只能约定一次试用期；(2) 选项 CD：竞业限制约定是劳动合同法律制度准许的，但最长期限不得超过 2 年。

2. 【答案】C

**解析**：实际工作年限 10 年以上的，在本单位工作年限 5 年以下的，医疗期为 6 个月。

3. 【答案】BD

**解析**：医疗期内不得无过失性辞退或经济性裁员解除劳动合同，如医疗期内遇合同期满，则合同必须续延至医疗期满，职工在此期间仍然享受医疗期内待遇（例如，领取病假工资）。

4. 【答案】BC

**解析**：(1) 选项 AB：甲公司拒绝支付竞业限制的补偿金，而张某同意，视为竞业限制协议已经解除，张某进入丙公司从事与甲公司业务相竞争的工作，不违反其与甲公司的竞业限制协议。(2) 选项 CD：劳动合同期满终止固定期限劳动合同的，用人单位应当向劳动者支付经济补偿，用人单位维持或者提高劳动合同约定条件续订劳动合同，劳动者不同意续订的除外。

【例题 110 · 不定项选择题】

1. 【答案】ABCD

**解析**：劳务派遣协议应当约定：(1) 派遣岗位和人员数量（选项 A）；(2) 派遣期限（选项 B）；(3) 劳动报酬和社会保险费的数额与支付方式（选项 D）；(4) 违反协议的责任（选项 C）。

2. 【答案】CD

**解析**：被派遣劳动者在无工作期间，劳务派遣单位（乙公司）应当按照所在地人民政府规定的最低工资标准，向其按月支付报酬。

3. 【答案】B

**解析**：用人单位未依法为劳动者缴纳社会保险费的，劳动者可随时通知用人单位解除劳动合同。

4. 【答案】B

**解析**：(1) 选项 AB：本题劳动者周某对劳动合同的解除不存在过错，乙公司应当依法支付经济补偿金；(2) 选项 CD：劳动合同法律制度认可的违约金限于竞业限制违约金和服务期违约金，本题既不涉及竞业限制，也不涉及服务期，不存在违约金的支付问题。

【例题 111 · 不定项选择题】

1. 【答案】AC

**解析**：(1) 选项 A：劳动合同期限 1 年以上不满 3 年的，试用期不得超过 2 个月（≤2 个月）。(2) 选项 B：劳动合同法律制度并未禁止用人单位和劳动者协商一致延长试用期（属于劳动合同变更），但双方协商一致且延长后的试用期总期限不应超过法定的最长期限；本题在合同中约定延长事项，但法定最长期限为 2 个月，延长后试用期为 3 个月，不合法。(3) 选项 C：张某的试用期工资不低于劳动合同约定工资的 80% = 5000 × 80% = 4000（元），也不低于用人单位所在地的最低工资标准（3000 元），合法。（4）选项 D：劳动者在试用期间“被证明不符合录用条件的”，用人单位可以随时通知解除劳动合同。

2. 【答案】B

**解析：**用人单位未及时足额支付劳动报酬的，劳动者可“随时通知”解除劳动合同。

3. 【答案】ABCD

**解析：**（1）选项 A：从“2019 年 7 月 31 日，因未通过公司考核，张某试用期延长 1 个月”的案情推测，甲公司对张某的“用工之日”为 2019 年 6 月 1 日，而书面劳动合同于 2019 年 7 月 15 日签订，超过了用工之日起 1 个月，甲公司应依法支付 2 倍工资；（2）选项 D：违法约定的试用期已经履行的，由用人单位以劳动者试用期满月工资为标准，按已经履行的超过法定试用期的期间向劳动者支付赔偿金。

4. 【答案】BD

**解析：**（1）选项 B：追索劳动报酬、工伤医疗费、经济补偿金或者赔偿金，不超过当地月最低工资标准 12 个月金额的争议，其劳动仲裁裁决为终局裁决，裁决书自“作出”之日起发生法律效力；（2）选项 ACD：“劳动者”对劳动争议的终局裁决不服的，可以自收到仲裁裁决书之日起 15 日内向人民法院提起诉讼（对终局裁决，用人单位无权起诉）。

【例题 112 · 不定项选择题】

1. 【答案】B

**解析：**职工累计工作已满 1 年不满 10 年的，年休假 5 天。

2. 【答案】CD

**解析：**（1）选项 AB：法定休假日加班，不得以补休作为补偿而减少加班工资的支付，因此，不论甲公司事后是否安排钱某补休国庆节 3 天法定休假日，甲公司均应向钱某支付加班工资 = 300 × 300% × 3 = 2700（元）；（2）选项 D：休息日加班，可以以补休作为补偿而不支付加班工资，因此，如果甲公司事后安排钱某补休周末休息日，则甲公司只需向钱某支付国庆节 3 天的加班工资 2700 元；（3）选项 C：如果甲公司事后未安排钱某补休，则甲公司应向钱某支付的加班工资 = 300×300%×3 + 300×200%×1 = 3300（元）。

3. 【答案】D

**解析：**（1）选项 BC：在上下班途中（不论员工是否尚在试用期），受到非本人主要责任的交通事故或者城市轨道交通、客运轮渡、火车事故伤害的，应当认定为工伤；（2）选项 AD：在停工留薪期内，职工的原工资福利待遇不变，由所在单位按月支付。

4. 【答案】ABC

**解析：**（1）选项 A：非全日制用工双方当事人可以订立口头协议。（2）选项 B：从事非全日制用工的劳动者可以与一个或者一个以上用人单位订立劳动合同；但后订立的劳动合同不得影响先订立的劳动合同的履行。（3）选项 C：非全日制用工双方当事人任何一方都可以随时通知对方终止用工。（4）选项 D：非全日制用工双方当事人不得约定试用期。

【例题 113 · 不定项选择题】

1. 【答案】BC

**解析：**（1）选项 AC：职工在工作时间和工作岗位，突发疾病“（当场）死亡”或者“在 48 小时内经抢救无效死亡”的，视同工伤；（2）选项 B：实际工作年限 10 年以下的（李某的实际工作年限已知条件告知为 6 年），在本单位工作年限为 5 年以下的（2017 年 ~ 2020 年），医疗期为 3 个月；（3）选项 D：李某不构成工伤，享受医疗期待遇，而非工伤保险待遇。

2. 【答案】C

**解析：**病假工资或疾病救济费可以低于当

地最低工资标准支付，但最低不能低于最低工资标准的80%，即2000×80%=1600（元）。

3.【答案】ABC

**解析**：（1）选项AB：职工因工作遭受事故伤害或者患职业病需要暂停工作接受工伤医疗的，在停工留薪期内，原工资福利待遇不变，由所在单位按月支付；（2）选项CD：职工工作时间前后在工作场所内，从事与工作有关的预备性或收尾性工作受到事故伤害的，应当认定为工伤。

4.【答案】C

**解析**：李某因工伤被认定为5级伤残，除非李某本人提出，否则甲公司不得解除或终止其劳动合同。

【例题114·不定项选择题】

1.【答案】D

**解析**：（1）王某在甲公司的工作年限将近3年零3个月，应按3.5个月标准支付经济补偿金；（2）甲公司应向王某支付的经济补偿金=5000×3.5=17500（元）。

2.【答案】B

**解析**：（1）王某与甲公司的失业保险缴费年限为将近3年零3个月，王某可以自办理失业登记之日起领取12个月（2017年9月1日～2018年8月31日）的失业保险金；（2）由于王某于2017年12月1日重新就业，应停止领取失业保险金，因此，王某实际领取失业保险金的期限为3个月（2017年9月1日～2017年11月30日）。

3.【答案】B

**解析**：王某的工作年限已满1年，但不足10年，享受5天带薪年休假（注意本题提问的是2019年度的带薪年休假，不是2017年度的，不存在年中跳槽如何处理的问题）。

4.【答案】ACD

**解析**：选项B：我国劳动争议纠纷解决采用“先裁后诉”制度，不经劳动仲裁直接向人民法院提起劳动诉讼的，人民法院不予受理。



## 同步强化练习题

### 一、单项选择题

1. 2020年8月5日，李某到甲公司工作。8月8日甲公司与李某签订劳动合同，约定合同期限自2020年8月9日起～2022年8月8日止，每月20日发放工资。甲公司与李某劳动关系建立的时间为（　　）。

A. 2020年8月9日

B. 2020年8月20日

C. 2020年8月8日

D. 2020年8月5日

2. 2019年5月12日，张某应聘到甲公司工作，每月领取工资20000元，直至2020年4月12日甲公司方与其订立书面劳动合同。根据劳动合同法律制度的规定，甲公司应依法向张某支付未及时订立书面劳动合同的工资补偿为(　　)。

A. 220000元　　B. 200000元

C. 440000元　　D. 190000元

3. 根据劳动合同法律制度的规定，下列关于无效劳动合同法律后果的表述中，不正确的是(　　)。

A. 劳动合同被确认无效，给对方造成损害的，有过错的一方应承担赔偿责任

B. 无效劳动合同从订立时起就没有法律约束力

C. 劳动合同被确认无效，劳动者已付出劳动的，用人单位无须支付劳动报酬

D. 劳动合同部分无效，不影响其他部分效力的，其他部分仍然有效

4. 赵某于2015年1月首次就业后一直在甲公司工作，2020年赵某可以享受的当年年休假天数为(　　)。

A. 0　　B. 10天

C. 15天　　D. 5天

5. 关于我国标准工时制的下列表述中，正确的是(　　)。

A. 每日工作8小时，每周工作40小时

B. 每日工作8小时，每周工作48小时

C. 每日工作10小时，每周工作40小时

D. 每日工作10小时，每周工作50小时

6. 甲公司依法安排职工孙某于2020年9月5日（周五）延长工作2小时，9月6日（周六）加班1天，事后未安排其补休。已知甲公司实行标准工时制，孙某日工资200元。计算甲公司依法应支付孙某9月最低加班工资的下列算式中，正确的是(　　)。

A. 200÷8×150%×2+200×150%×1

B. 200÷8×200%×2+200×200%×1

C. 200÷8×200%×2+200×300%×1

D. 200÷8×150%×2+200×200%×1

7. 2020年10月甲公司安排职工王某于10月1日（国庆节）、10月17日（周六）分别加班1天，事后未安排其补休。已知甲公司实行标准工时制，王某的日工资为200元。计算甲公司应支付王某10月最低加班工资的下列算式中，正确的是(　　)。

A. 200×300%+200×300%

B. 200×300%+200×200%

C. 200×100%+200×200%

D. 200×200%+200×150%

8. 甲公司职工李某因违章操作给公司造成了10000元的经济损失，甲公司按照双方劳动合同的约定要求李某赔偿，并每月从其工资中扣除。已知李某月工资3000元，当地月最低工资标准2200元，甲公司每月可以从李某工资中扣除的法定最高限额为(　　)。

A. 200元　　B. 3000元

C. 600元　　D. 800元

9. 公司职工吴某因工作疏忽给公司造成经济损失20000元，已知吴某每月工资收入为2500元，当地月最低工资为1800元。根据劳动合同法律制度的规定，该公司可从吴某每月工资中扣除的最高限额为(　　)元。

A. 500　　B. 700

C. 800　　D. 1000

10. 甲公司与周某签订3年期限劳动合同，并约定试用期。根据劳动合同法律制度的规定，该试用期期限最长不得超过(　　)。

A. 3个月　　B. 1个月

C. 6个月　　D. 2个月

11. 根据劳动合同法律制度的规定，对负有保密义务的劳动者，用人单位可以在劳动合同或者保密协议中与劳动者约定竞业限制条款，但竞业限制不得超过一定期限。该期限为(　　)。

A. 3年　　B. 2年

C. 5年　　D. 1年

12. 赵某和公司签订了合同期限为2年的劳动合同，劳动合同满1年时，赵某因为出国留学需要解除劳动合同。根据劳动合同法律制度的规定，下列各项正确的是(　　)。

A. 赵某不得解除劳动合同
B. 用人单位应当支付 1 个月补偿金
C. 提前 3 日以书面形式通知用人单位
D. 提前 30 日以书面形式通知用人单位

13. 根据劳动合同法律制度的规定，下列各项情形中，不能导致劳动合同终止的是(　　)。
A. 劳动者开始依法享受基本养老保险待遇的
B. 劳动者医疗期内遇劳动合同期满的
C. 劳动者达到法定退休年龄的
D. 劳动者被人民法院宣告死亡的

14. 根据劳动合同法律制度的规定，劳动合同解除的下列情形中，用人单位不需向劳动者支付经济补偿金的是(　　)。
A. 劳动者因用人单位未及时足额支付劳动报酬而解除劳动合同的
B. 由用人单位提出并与劳动者协商一致而解除劳动合同的
C. 劳动者不能胜任工作，经过培训或者调整工作岗位，仍不能胜任而被用人单位解除劳动合同的
D. 劳动者在试用期间被证明不符合录用条件的

15. 2019 年 6 月 30 日，甲公司与王某的劳动合同期满，甲公司不再与其续订。已知王某在甲公司工作年限为 5 年，劳动合同终止前 12 个月的平均工资为 15000 元，甲公司所在地上年度职工月平均工资为 4000 元，当地月最低工资标准为 2000 元。劳动合同终止时，甲公司依法应向王某支付的经济补偿数额为(　　)。
A. 10000 元　　B. 65000 元
C. 20000 元　　D. 60000 元

16. 2016 年 4 月 1 日，韩某到甲公司工作。2019 年 7 月 31 日，甲公司向韩某提出解除劳动合同，双方协商一致后于 8 月 3 日解除。已知韩某在劳动合同解除前 12 个月的月平均工资为 4000 元（当地最低月工资标准为 3500 元）。根据劳动合同法律制度的规定，解除劳动合同时，甲公司应依法向韩某支付的经济补偿金为(　　)。
A. 16000 元　　B. 14000 元
C. 4000 元　　D. 12000 元

17. 根据劳动合同法律制度的规定，下列关于非全日制用工的表述中，不正确的是(　　)。
A. 双方当事人任何一方可以随时通知对方终止用工
B. 双方当事人不得约定试用期
C. 双方当事人可以订立口头协议
D. 用人单位可以按月结算劳动报酬

18. 根据劳动合同法律制度的规定，用工单位应当严格控制劳务派遣用工数量，使用的被派遣劳动者数量不得超过其用工总量的一定比例，该比例为(　　)。
A. 15%　　B. 10%
C. 30%　　D. 20%

19. 根据劳动合同法律制度的规定，下列关于劳务派遣用工形式的表述中，不正确的是(　　)。
A. 被派遣劳动者在无工作期间，劳务派遣单位应当按照所在地人民政府规定的最低工资标准，向其按月支付报酬
B. 劳务派遣单位可与被派遣劳动者订立 1 年期劳动合同
C. 用人单位不得设立劳务派遣单位向本单位或者所属单位派遣劳动者
D. 被派遣劳动者享有与用工单位的劳动者同工同酬的权利

20. 甲公司录用赵某 6 个月后开始无故拖欠其工资，赵某向甲公司多次催要未果，直至双方劳动关系终止，甲公司仍未结清所欠工资。根据劳动合同法律制度的规定，赵某就甲公司拖欠工资申请劳动仲裁的时效期间是(　　)。
A. 自甲公司开始无故拖欠工资之日起 1 年
B. 自双方劳动关系终止之日起 1 年

C. 自赵某到甲公司工作之日起 2 年

D. 自赵某向甲公司最后一次催要工资未果之日起 2 年

21. 甲公司高级管理人员王某 2019 年度月平均工资为 15000 元，公司所在地职工月平均工资为 4000 元。2020 年甲公司每月应扣缴王某基本养老保险费的下列计算列式中，正确的是(　　)。

A. 4000×2×8%　　B. 15000×8%

C. 4000×8%　　D. 4000×3×8%

22. 根据社会保险法律制度的规定，参加基本养老保险的个人，达到法定退休年龄并且累计缴费满(　　)年的，按月领取基本养老金。

A. 10　　B. 15

C. 20　　D. 25

23. 高某的实际工作年限为 8 年，在甲公司的工作年限为 6 年。根据社会保险法律制度的规定，高某享有的医疗期期间为(　　)。

A. 1 个月　　B. 2 个月

C. 3 个月　　D. 6 个月

24. 根据社会保险法律制度的规定，参加工伤保险的职工因工死亡，其近亲属可以按照一定标准从工伤保险基金领取一次性工亡补助金，该标准为(　　)。

A. 上一年度全国城镇居民人均可支配收入的 5 倍

B. 上一年度全国城镇居民人均可支配收入的 10 倍

C. 上一年度全国城镇居民人均可支配收入的 15 倍

D. 上一年度全国城镇居民人均可支配收入的 20 倍

25. 根据社会保险法律制度的规定，用人单位应当自用工之日起(　　)内为其职工向社会保险经办机构申请办理社会保险登记。

A. 60 日　　B. 30 日

C. 45 日　　D. 90 日

26. 孙某 2015 年 4 月 1 日，大学毕业首次就业在甲公司，2018 年 3 月 31 日与甲公司解除劳动合同，及时办理了失业登记。2020 年 4 月 1 日，孙某找到了新工作，在乙公司重新就业。已知，孙某自在甲公司入职之日起即与甲公司共同缴纳失业保险费。根据社会保险法律制度的规定，孙某失业期限共计可领取失业保险金(　　)。

A. 6 个月　　B. 12 个月

C. 18 个月　　D. 24 个月

27. 根据社会保险法律制度的规定，下列关于失业保险待遇的表述中，不正确的是(　　)。

A. 参加职工基本医疗保险的失业人员在领取失业保险金期间，不享受基本医疗保险待遇

B. 劳动者开始享受基本养老保险待遇的，应当停止领取失业保险金，同时停止享受其他失业保险待遇

C. 失业保险金的领取期限最长为 24 个月

D. 失业人员在领取失业保险金期间死亡的，其遗属可以领取一次性丧葬补助金和抚恤金

## 二、多项选择题

1. 根据劳动合同法律制度的规定，特定用人单位招用未满 16 周岁的未成年人应按规定履行审批手续并保障其接受义务教育的权利。下列用人单位中，可招用未满 16 周岁未成年人的有(　　)。

A. 文艺单位

B. 物流配送单位

C. 体育单位

D. 餐饮单位

2. 2018 年 7 月 9 日，钱某到甲公司上班，但甲公司未与其签订书面劳动合同。甲公司该行为法律后果的下列表述中，正确的有(　　)。

A. 甲公司和钱某之间尚未建立劳动关系

B. 甲公司应在 2018 年 8 月 9 日前与钱某签订书面劳动合同

C. 若甲公司在 2018 年 10 月 9 日与钱某补订了书面劳动合同，钱某有权要求甲公司向其支付 2 个月的双倍工资

D. 若甲公司在 2019 年 10 月 9 日与钱某补订了书面劳动合同，钱某有权要求甲公司向其支付 11 个月的双倍工资

3. 根据劳动合同法律制度的规定，下列情形中，可导致劳动合同无效或者部分无效的有(　　)。

A. 用人单位免除自己的法定责任、排除劳动者权利的

B. 以欺诈的手段，使对方在违背真实意思的情况下订立的

C. 劳动合同签订后，用人单位发生合并的

D. 劳动合同条款违反法律、行政法规强制性规定的

4. 根据劳动合同法律制度的规定，下列各项中，属于劳动合同可备条款的有(　　)。

A. 劳动报酬　　B. 试用期

C. 社会保险　　D. 服务期

5. 根据劳动合同法律制度的规定，下列各项中，除劳动者提出订立固定期限劳动合同外，用人单位与劳动者应当订立无固定期限劳动合同的情形有(　　)。

A. 劳动者在该用人单位连续工作满 10 年的

B. 连续订立 2 次固定期限劳动合同，续订劳动合同的

C. 国有企业改制重新订立劳动合同时，劳动者在该用人单位连续工作满 10 年且距法定退休年龄不足 10 年的

D. 用人单位初次实行劳动合同制度时，劳动者在该用人单位连续工作满 10 年且距法定退休年龄不足 10 年的

6. 根据劳动合同法律制度的规定，下列关于用人单位支付劳动报酬的表述中，不正确的有(　　)。

A. 劳动者在婚丧假期间，用人单位不向其支付工资

B. 对在部分公民放假的节日期间照常工作的职工，用人单位应向其支付工资报酬，但不支付加班工资

C. 工资可以实物及有价证券替代货币支付

D. 约定的工资支付日期遇节假日或休息日的，工资应在节假日或休息日后最近的工作日支付

7. 根据劳动合同法律制度的规定，关于用人单位未按照劳动合同约定或者国家规定支付劳动者劳动报酬应承担法律责任的下列表述中，正确的有(　　)。

A. 由用人单位向劳动者支付违约金

B. 劳动报酬低于当地最低工资标准的，用人单位应当支付其差额的部分

C. 用人单位按照应付劳动报酬金额 200% 的标准向劳动者加付赔偿金

D. 由劳动行政部门责令用人单位限期支付劳动报酬

8. 用人单位与劳动者对试用期所作的下列约定中，符合法律规定的有(　　)。

A. 甲公司与赵某订立以完成一定工作任务为期限的劳动合同，约定其试用期 2 个月

B. 乙公司与钱某订立无固定期限劳动合同，约定其试用期 4 个月

C. 丙公司与孙某订立 1 年期劳动合同，约定其试用期 2 个月

D. 丁公司聘请李某从事非全日制用工，约定其试用期 1 个月

9. 根据劳动合同法律制度的规定，下列关于试用期的表述中，正确的有(　　)。

A. 订立固定期限劳动合同应当约定试用期

B. 同一用人单位与同一劳动者只能约定一次试用期

C. 试用期包含在劳动合同期限内

D. 订立无固定期限劳动合同不应约定试用期

10. 根据劳动合同法律制度的规定，下列情形中，劳动者需要向用人单位支付违约金的有（　　）。
A. 劳动者违反商业秘密和竞业限制约定的
B. 劳动者违反试用期约定的
C. 劳动者违反休息休假约定的
D. 劳动者违反服务期约定的

11. 根据劳动合同法律制度的规定，下列关于劳动合同履行的表述中，正确的有（　　）。
A. 用人单位拖欠劳动报酬的，劳动者可以依法向人民法院申请支付令
B. 用人单位发生合并或者分立等情况，原劳动合同不再继续履行
C. 劳动者拒绝用人单位管理人员违章指挥、强令冒险作业的，不视为违反劳动合同
D. 用人单位变更名称的，不影响劳动合同的履行

12. 根据劳动合同法律制度的规定，下列情形中，劳动者不需要通知用人单位即可解除劳动合同的情形有（　　）。
A. 用人单位未及时足额支付劳动报酬的
B. 用人单位以暴力、威胁或者非法限制人身自由的手段强迫劳动者劳动的
C. 用人单位违章指挥、强令冒险作业危及劳动者人身安全的
D. 用人单位未依法为劳动者缴纳社会保险的

13. 根据劳动合同法律制度的规定，下列情形中，劳动者可以单方面与用人单位解除劳动合同的有（　　）。
A. 用人单位未为劳动者缴纳社会保险费
B. 用人单位未及时足额支付劳动报酬
C. 用人单位未按照劳动合同约定提供劳动保护
D. 用人单位未按照劳动合同约定提供劳动条件

14. 根据劳动合同法律制度的规定，下列各项中，可导致劳动合同终止的情形有（　　）。
A. 劳动合同期满
B. 用人单位决定提前解散
C. 用人单位被依法宣告破产
D. 劳动者达到法定退休年龄

15. 根据劳动合同法律制度的规定，下列职工中，属于用人单位经济性裁员应优先留用的有（　　）。
A. 与本单位订立较短期限的固定期限劳动合同的
B. 家庭无其他就业人员，有需要扶养的老人或者未成年人的
C. 与本单位订立无固定期限劳动合同的
D. 与本单位订立较长期限的固定期限劳动合同的

16. 根据劳动合同法律制度的规定，因下列情形解除劳动合同的，用人单位应向劳动者支付经济补偿的有（　　）。
A. 劳动者不能胜任工作，经过培训或者调整工作岗位，仍不能胜任工作的
B. 用人单位未按照劳动合同约定提供劳动保护或者劳动条件的
C. 劳动者同时与其他用人单位建立劳动关系，经用人单位提出，拒不改正的
D. 用人单位未及时足额支付劳动报酬的

17. 根据劳动合同法律制度的规定，关于劳务派遣用工形式的下列表述中，正确的有（　　）。
A. 劳务派遣用工形式只能在临时性、辅助性或者替代性的工作岗位上实施
B. 劳务派遣单位和用工单位可以向被派遣劳动者收取费用
C. 劳务派遣单位不得以非全日制用工形式招用被派遣劳动者
D. 被派遣劳动者享有与用工单位的劳动者同工同酬的权利

18. 根据劳动合同法律制度的规定，关于劳务派遣的下列表述中，正确的有（　　）。
A. 劳动合同关系存在于劳务派遣单位与

被派遣劳动者之间
B. 劳务派遣单位是用人单位，接受以劳务派遣形式用工的单位是用工单位
C. 被派遣劳动者的劳动报酬可低于用工单位同类岗位劳动者的劳动报酬
D. 被派遣劳动者不能参加用工单位的工会

19. 关于经济仲裁和劳动仲裁共同点的表述中，正确的有(　　)。
A. 仲裁庭仲裁案件均适用回避制度
B. 当事人均须在事前或事后达成仲裁协议，仲裁委员会方可受理
C. 仲裁委员会均不按行政区划层层设立
D. 当事人对仲裁裁决不服，均可向人民法院起诉

20. 根据社会保险法律制度的规定，下列关于职工基本养老保险制度的表述中，正确的有(　　)。
A. 职工基本养老保险实行社会统筹与个人账户相结合
B. 城镇个体工商户和灵活就业人员的缴费基数为当地上年度在岗职工月平均工资
C. 职工基本养老保险基金由用人单位和个人缴费以及政府补贴等组成
D. 个人缴纳的基本养老保险费应计征个人所得税

21. 根据社会保险法律制度的规定，下列关于职工基本养老保险待遇的表述中，正确的有(　　)。
A. 对符合基本养老保险享受条件的人员，国家按月支付基本养老金
B. 参保职工因病死亡的，其遗属可以领取丧葬补助金
C. 参保职工非因工死亡的，其遗属可以领取抚恤金
D. 参保职工在未达到法定退休年龄时因病致残而完全丧失劳动能力的，可以领取病残津贴

22. 根据社会保险法律制度的规定，下列表述中，不正确的有(　　)。
A. 未在用人单位参加基本养老保险的非全日制从业人员缴纳的养老保险金全部划入个人账户
B. 企业职工与单位缴纳的养老保险金全部划入个人账户
C. 养老保险个人账户中的存款免征利息税
D. 养老保险个人账户不得提前支取

23. 甲公司职工王某非因工负伤住院治疗。已知王某月工资4500元，当地最低月工资标准为2500元，王某医疗期内工资待遇的下列方案中，甲公司可依法采用的有(　　)。
A. 4000元/月　　B. 3600元/月
C. 1800元/月　　D. 2500元/月

24. 根据社会保险法律制度的规定，职工出现的下列伤亡中，视同工伤的有(　　)。
A. 在上班途中，受到非本人主要责任的交通事故伤害
B. 在抢险救灾等维护国家利益、公共利益活动中受到伤害
C. 在因工外出期间，由于工作原因受到伤害
D. 在工作时间和工作岗位，突发疾病死亡

25. 下列失业人员中，应停止领取失业保险金并同时停止享受其他失业保险待遇的有(　　)。
A. 重新就业的赵某
B. 移居境外的韩某
C. 已享受基本养老保险待遇的杜某
D. 应征服兵役的陈某

26. 根据社会保险法律制度的规定，下列社会保险项目中，应由用人单位和劳动者共同缴纳保险费的有(　　)。
A. 工伤保险
B. 职工基本养老保险
C. 职工基本医疗保险
D. 失业保险

27. 根据社会保险法律制度的规定，关于社会保险基金管理运营的下列表述中，正确的有（ ）。
A. 社会保险基金专款专用
B. 除基本医疗保险基金与生育保险基金合并建账及核算外，其他各项社会保险基金按照社会保险险种分别建账、分账核算
C. 社会保险基金存入财政专户，通过预算实现收支平衡
D. 可以用于支付社会保险机构的人员经费、运行费用、管理费用

## 三、 判断题

1. 甲公司招用张某时，要求其缴纳 1000 元的工作服押金，甲公司的做法不符合法律规定。（ ）
2. 用人单位与劳动者自签订书面劳动合同之日起建立劳动关系。（ ）
3. 机关、团体、企业、事业单位、民办非企业性单位、有雇工的个体工商户等单位的职工连续工作 6 个月以上的，享受带薪年休假。（ ）
4. 用人单位与劳动者约定的支付工资日期，如遇节假日或休息日，则应该延迟至最近的工作日。（ ）
5. 最低工资标准包括以货币形式发放的住房补贴。（ ）
6. 用人单位应将直接涉及劳动者切身利益的规章制度和重大事项决定公示或者告知劳动者。（ ）
7. 违法约定的试用期已经履行的，由用人单位以劳动者试用期满月工资为标准，按已经履行的超过法定试用期的期间向劳动者支付赔偿金。（ ）
8. 同一用人单位与同一劳动者只能约定一次试用期。（ ）
9. 用人单位与劳动者约定服务期的，不影响按照正常的工资调整机制提高劳动者在服务期期间的劳动报酬。（ ）
10. 用人单位发生合并或者分立，原劳动合同终止，不再履行。（ ）
11. 集体合同中劳动报酬和劳动条件等标准不得低于当地人民政府规定的最低标准。（ ）
12. 劳动者和用人单位发生劳动争议，可以不经劳动仲裁直接向人民法院提起劳动诉讼。（ ）
13. 用人单位与劳动者发生劳动争议，劳动者可以与用人单位协商，也可以请工会或者第三方共同与用人单位协商，达成和解协议。（ ）
14. 参加基本养老保险的个人，在未达到法定退休年龄时因病或非因工致残完全丧失劳动能力的，可以领取病残津贴。（ ）
15. 用人单位应按季度将代扣代缴社会保险费的明细情况告知职工本人。（ ）
16. 职工基本医疗保险费全部由用人单位缴纳。（ ）
17. 参加职工基本养老保险的个人死亡后，其个人账户中的余额可以全部依法继承。（ ）
18. 职工非因工负伤享受医疗期待遇的，公休、假日和法定节日不包括在病休期间。（ ）
19. 医疗期是指企业职工因工负伤停止工作，治病休息的期限。（ ）
20. 失业保险费由用人单位和职工共同缴纳。（ ）

## 四、 不定项选择题

**【案例 1】**

2017 年 12 月 10 日，周某与甲公司订立了书面劳动合同，双方约定：合同期限 1 年（含试用期期限），试用期 1 个月；试用期月工资 2000 元，试用期满月工资 2600 元；试用期内周某若被证明不符合录用条件，甲公司可随时通知其解除劳动合同。

2018 年 10 月，甲公司派周某去国外接受 2 个月的高级技术培训，双方达成补充协议约定：公司支付培训费用 100000 元，周某的服务期为 6 年，违反服务期约定应支付违约金 80000 元，培训结束后月工资提高至 4000 元。

周某培训期满回国后，成为甲公司的技术骨干，并与甲公司签订竞业限制协议，双方约定竞业限制期限为 2 年，竞业限制补偿金 800 元/月，竞业限制违约金为 1000000 元，甲公司有权随时通知周某终止竞业限制协议并不支付任何费用。

2019 年 8 月 11 日，周某主动提出辞职，经甲公司同意后双方解除了劳动关系。2019 年 10 月 12 日，周某到甲公司的竞争对手乙公司工作，甲公司发现后要求周某支付违约金并离开乙公司直至竞业限制期限届满。

已知：甲公司所在地月最低工资标准为 1800 元。

要求：

根据上述资料，不考虑其他因素，分析回答下列小题。

1. 周某与甲公司在劳动合同中对试用期所作的下列约定中，符合法律规定的是(　　)。

A. 试用期 1 个月

B. 试用期内周某若被证明不符合录用条件，甲公司可随时通知其解除劳动合同

C. 试用期月工资 2000 元

D. 试用期包含在劳动合同期限内

2. 周某与甲公司在补充协议中所作的下列约定中，符合法律规定的是(　　)。

A. 周某的服务期为 6 年

B. 周某违反服务期约定应支付违约金 80000 元

C. 甲公司支付培训费用 100000 元

D. 周某月工资提高至 4000 元

3. 周某与甲公司在竞业限制协议中所作的下列约定中，不符合法律规定的是(　　)。

A. 竞业限制期限为 2 年

B. 竞业限制补偿金 800 元/月

C. 竞业限制违约金为 1000000 元

D. 甲公司有权随时通知周某终止竞业限制协议并不支付任何费用

4. 有关周某主动辞职并到乙公司工作的法律后果，下列说法正确的是(　　)。

A. 由于服务期未满，甲公司有权要求周某支付服务期违约金

B. 由于周某主动提出辞职，甲公司无须向周某支付经济补偿金

C. 由于竞业限制期限未满，甲公司有权要求周某支付竞业限制违约金，并继续履行竞业限制协议

D. 由于竞业限制期限未满，周某应向甲公司支付竞业限制违约金，但支付完违约金后周某和甲公司的竞业限制协议即告终止

**【案例 2】**

2017 年 5 月 4 日，李某到甲公司上班，并与甲公司订立了 5 年期书面劳动合同。双方在劳动合同中就试用期、劳动报酬、工作时间和社会保险等内容作了约定，并约定李某若提前解约须向甲公司支付违约金 10000 元。

2019 年 12 月 1 日，决定自主创业的李某向甲公司递交了书面辞职报告，甲公司未给予答复。2019 年 12 月 6 日，李某离开甲公司。李某提前解约给甲公司造成了 10000 元的经济损失，双方由此发生劳动争议。

要求：

根据上述资料，不考虑其他因素，分析回答下列小题。

1. 甲公司与李某在劳动合同中约定的下列条款，属于劳动合同必备条款的是(　　)。

A. 工作时间条款

B. 试用期条款

C. 社会保险条款

D. 劳动报酬条款

2. 关于李某提前解约的法律后果，下列表述正确的是（　　）。
A. 甲公司有权要求其按约定支付违约金，也有权要求其赔偿经济损失
B. 甲公司无权要求其按约定支付违约金，但有权要求其赔偿经济损失
C. 甲公司无权要求其按约定支付违约金，也无权要求其赔偿经济损失
D. 甲公司有权要求其按约定支付违约金，但无权要求其赔偿经济损失
3. 甲公司就该劳动争议可采取的解决方法是（　　）。
A. 直接向人民法院提起诉讼
B. 向劳动争议调解组织申请调解
C. 直接向劳动争议仲裁委员会申请仲裁
D. 与李某协商解决
4. 关于甲公司在李某离职后应履行的义务，下列表述正确的是（　　）。
A. 应向李某出具解除劳动合同的证明
B. 应为李某办理档案的转移手续
C. 对与李某订立的劳动合同文本，至少保存2年备查
D. 应为李某办理社会保险关系的转移手续

**【案例3】**

甲公司为劳务派遣单位，2017年3月10日，周某被甲公司招用。同日被派遣至乙公司工作6个月。期间周某被乙公司派遣至丙公司（乙公司的子公司）工作15天。2017年9月周某派遣期满，甲公司未为其安排其他工作。

要求：

根据上述资料，不考虑其他因素，分析回答下列小题。

1. 下列关于甲公司与周某之间法律关系的表述中，正确的是（　　）。
A. 甲公司应为周某向社会保险经办机构申请办理社会保险登记
B. 甲公司应与周某订立2年以上的固定期限劳动合同
C. 甲公司是用人单位
D. 甲公司可以非全日制用工的形式招用周某
2. 下列关于乙公司与周某之间法律关系的表述中，正确的是（　　）。
A. 周某享有与乙公司劳动者同工同酬的权利
B. 乙公司是用工单位
C. 乙公司可将周某派遣至丙公司工作
D. 乙公司应与周某签订6个月期限的劳动合同
3. 乙公司下列工作岗位中，周某可从事的是（　　）。
A. 主营业务岗位
B. 临时性岗位
C. 辅助性岗位
D. 替代性岗位
4. 下列关于劳动合同期内周某无工作期间报酬支付的表述中，正确的是（　　）。
A. 甲公司应当按照所在地人民政府规定的最低工资标准向周某支付工资
B. 甲公司无须向周某支付工资
C. 应当由乙公司向周某支付工资
D. 甲公司应当按照当地最低工资标准的80%向周某支付工资

**【案例4】**

2019年7月18日，钱某到甲公司应聘，双方口头约定合同期限2年，试用期1个月。8月1日，钱某到甲公司上班，8月20日，领取当月工资。2020年11月，钱某因工受伤后，得知公司未为其缴纳工伤保险费，遂要求甲公司支付工伤保险待遇。甲公司对钱某工伤没有异议，但以双方未订立书面劳动合同为由拒绝支付。双方遂发生争议。

要求：

根据上述资料，不考虑其他因素，分析回答下列小题。

1. 钱某与甲公司劳动关系建立的时间为(　　)。
   A. 2019 年 9 月 1 日
   B. 2019 年 7 月 18 日
   C. 2019 年 8 月 1 日
   D. 2019 年 8 月 20 日
2. 关于双方未订立书面劳动合同的法律后果，下列表述正确的是(　　)。
   A. 因已经与钱某达成口头协议，甲公司无须向钱某支付工资补偿
   B. 2020 年 8 月 1 日起视为双方已经订立无固定期限劳动合同
   C. 甲公司应向钱某支付未及时订立书面劳动合同的工资补偿
   D. 甲公司应与钱某补订书面劳动合同
3. 关于钱某因工受伤的法律后果，下列表述正确的是(　　)。
   A. 因甲公司未为其缴纳工伤保险费，钱某无权享受工伤保险待遇
   B. 因双方未订立书面劳动合同，钱某无权享受工伤保险待遇
   C. 钱某有权享受工伤保险待遇，由甲公司向其支付一部分，剩余部分由钱某自行承担
   D. 钱某有权享受工伤保险待遇，由甲公司支付
4. 对双方发生的劳动争议，钱某可选择的解决途径是(　　)。
   A. 直接与甲公司协商
   B. 向劳动争议调解组织申请调解
   C. 向劳动争议仲裁委员会申请仲裁
   D. 请工会或者第三方共同与甲公司协商

**【案例 5】**

甲公司职工韩某在工作中因先天性心脏病突发住院治疗 3 个月，住院期间甲公司按月向其支付病假工资。出院后，韩某回公司上班。因该疾病导致活动受限，韩某已不能从事原工作。公司又为其另行安排了其他工作岗位，但韩某仍不能从事该工作。甲公司拟单方面解除与韩某之间尚未到期的劳动合同。

已知：韩某月工资为 3000 元，实际工作年限 6 年，在甲公司工作 3 年；甲公司所在地月最低工资标准为 2400 元。

要求：

根据上述资料，不考虑其他因素，分析回答下列小题。

1. 关于韩某在工作中突发先天性心脏病法律后果的下列表述中，正确的是(　　)。
   A. 韩某在工作中突发先天性心脏病应认定为工伤
   B. 韩某可享受的医疗期应按 6 个月内累计病休时间计算
   C. 韩某可享受 3 个月的医疗期待遇
   D. 韩某可享受 12 个月的停工留薪期待遇
2. 韩某住院期间，甲公司每月向其支付的病假工资不得低于(　　)。
   A. 3000 元　　B. 2000 元
   C. 1920 元　　D. 2400 元
3. 甲公司单方面解除与韩某的劳动合同采用的下列方式中，符合法律规定的是(　　)。
   A. 甲公司无须通知韩某即可解除劳动合同
   B. 甲公司可随时通知韩某解除劳动合同且不向其额外支付工资
   C. 甲公司可提前 30 日书面通知韩某解除劳动合同
   D. 甲公司可额外支付韩某 1 个月工资后解除劳动合同
4. 关于甲公司单方面解除与韩某劳动合同法律后果的下列表述中，正确的是(　　)。
   A. 应向韩某支付违约金
   B. 应向韩某支付一次性伤残就业补助金
   C. 应向韩某支付合同解除赔偿金
   D. 应向韩某支付经济补偿金

## 同步强化练习题参考答案及解析

“扫码看解析”

使用“微信”或“会计云课堂”App扫右方二维码，对答案、看解析、掌握解题思路，开启轻松过关之旅。

### 一、单项选择题

1.【答案】D

解析：劳动关系的建立时间为“用工之日”，与其他时点无关。

2.【答案】B

解析：(1)用人单位自用工之日起超过1个月不满1年（至补订劳动合同时，甲公司已经用工11个月）未与劳动者订立书面劳动合同的，应当向劳动者每月支付2倍的工资；(2)用人单位向劳动者每月支付2倍工资的起算时间为用工之日起满1个月的次日，截止时间为补订书面劳动合同的前一日，即2019年6月12日～2020年4月11日，共计10个月。

3.【答案】C

解析：选项C：劳动合同被确认无效，劳动者已付出劳动的，用人单位应当向劳动者支付劳动报酬。

4.【答案】D

解析：职工累计工作已满1年不满10年的，年休假5天。

5.【答案】A

解析：我国实行劳动者每日工作8小时，每周工作40小时的标准工时制度；有些企业因工作性质和生产特点不能实行标准工时制度，应保证劳动者每天工作不超过8小时，每周工作不超过40小时，每周至少休息1天。

6.【答案】D

解析：(1)工作日加班：150%，排除选项BC；(2)休息日加班且无补休：200%，排除选项A。

7.【答案】B

解析：(1)用人单位依法安排劳动者在法定休假日（如国庆节）工作的，无论是否安排补休，按照不低于劳动合同规定的劳动者本人日或小时工资标准的“300%”支付劳动者工资，排除选项CD；(2)用人单位依法安排劳动者在休息日（周六日）工作，不能安排补休的，按照不低于劳动合同规定的劳动者本人日或小时工资标准的“200%”支付劳动者工资，排除选项A。

8.【答案】C

解析：标准1（劳动者当月工资的80%）= 3000×80% = 2400（元），标准2（最低工资标准）为2200元；公司每月至少应按标准1和标准2中的孰高值（2400元）向李某发放工资，因此，可扣除的最高限额 = 3000－2400 = 600（元）。

9.【答案】A

解析：标准1（劳动者当月工资的80%）= 2500×80% = 2000（元），标准2（最低工资标准）为1800元；公司每月至少应按标准1和标准2中的孰高值（2000元）向吴某发放工资，因此，可扣除的最高限额 = 2500－2000 = 500（元）。

10.【答案】C

解析：3年以上（≥3年）固定期限劳动合同、无固定期限的劳动合同，试用期不得超过6个月。

11.【答案】B

解析：在解除或者终止劳动合同后，竞业限制人员到与本单位生产或者经营同类产品、从事同类业务的有竞争关系的其他用人单位工作，或者自己开业生产或者经营同类产品、从事同类业务的竞业限制期限，不得超过“2 年”。

12. 【答案】D

**解析：** 劳动者“不想干”：（1）不在试用期内，提前 30 日以书面形式通知；（2）仍在试用期内，提前 3 日通知。

13. 【答案】B

**解析：** 选项 B：劳动者在医疗期内遇合同期满，合同必须续延至医疗期满，职工在此期间仍然享受医疗期内待遇。

14. 【答案】D

**解析：**（1）选项 ABC：均属于劳动者一方无过错的情形，用人单位应当依法支付经济补偿金；（2）选项 D：属于用人单位可以“随时通知解除劳动合同”（劳动者一方存在一定程度过错）的情形，用人单位无须向劳动者支付经济补偿金。

15. 【答案】D

**解析：** 劳动者月工资高于用人单位所在直辖市、设区的市级人民政府公布的本地区上一年度职工月平均工资 3 倍 = 4000×3 = 12000（元）的，向其支付经济补偿的标准按职工月平均工资 3 倍的数额支付，向其支付经济补偿的年限最高不超过 12 年。因此，甲公司依法向王某支付的经济补偿 = 4000 × 3 × 5 = 60000（元）。

16. 【答案】B

**解析：**（1）韩某的月工资 4000 元，既不低于当地最低月工资标准，又不高于当地职工平均工资的 3 倍，按月工资 4000 元为标准支付经济补偿金；（2）韩某在甲公司工作 3 年零 4 个月，工作年限应为3.5 年；（3）甲公司应当向韩某支付的经济补偿金 = 3.5×4000 = 14000（元）。

17. 【答案】D

**解析：** 选项 D：非全日制用工劳动报酬结算支付周期最长不得超过 15 日。

18. 【答案】B

**解析：** 用工单位使用的被派遣劳动者数量不得超过其用工总量（订立劳动合同的人数+派遣用工的人数）的10%。

19. 【答案】B

**解析：** 选项 B：劳务派遣单位应当与被派遣劳动者订立“2 年以上”的固定期限劳动合同。

20. 【答案】B

**解析：** 劳动关系存续期间因拖欠劳动报酬发生争议的，劳动者申请仲裁不受 1 年仲裁时效期间的限制；但是，劳动关系终止的，应当自劳动关系终止之日起1年内提出。

21. 【答案】D

**解析：**（1）职工个人按照本人缴费工资的 8%缴费，记入个人账户；（2）本人月平均工资高于当地职工月平均工资 300%的，按当地职工月平均工资的 300%作为缴费基数。在本题中，甲公司每月应扣缴王某基本养老保险费的数额 = 4000×3×8% = 960（元）。

22. 【答案】B

**解析：** 职工基本养老保险享受条件：（1）达到法定退休年龄；（2）累计缴费满 15 年。

23. 【答案】D

**解析：** 实际工作年限 10 年以下的，在本单位工作年限 5 年以上的医疗期期间为 6 个月。

24. 【答案】D

25. 【答案】B

**解析：** 用人单位应当自用工之日起30 日内为其职工向社会保险经办机构申请办理社会保险登记。

26. 【答案】B

**解析：** 失业人员失业前用人单位和本人累计缴费满 1 年不足 5 年的，领取失业保险金的期限最长为 12 个月。

27. 【答案】A

解析：选项A：失业人员在领取失业保险金期间，参加职工基本医疗保险，享受基本医疗保险待遇；失业人员应当缴纳的基本医疗保险费从失业保险基金中支付，个人不缴纳基本医疗保险费。

## 二、多项选择题

1. 【答案】AC

解析：禁止用人单位招用未满16周岁的未成年人；“文艺、体育、特种工艺单位”招用未满16周岁的未成年人，必须依法履行审批手续，并保障其接受义务教育的权利。

2. 【答案】BCD

解析：（1）选项A：劳动关系自用工之日起建立，钱某和甲公司之间已于2018年7月9日建立了劳动关系；（2）选项B：书面劳动合同应当自用工之日起1个月内签订；（3）选项C：补订书面劳动合同的时间在用工之日起1年内，每月支付2倍工资的起算时间为用工之日起满1个月的次日（8月9日），截止时间为补订书面劳动合同的前1日（10月8日）；（4）选项D：补订书面劳动合同的时间已经超过用工之日起1年，钱某只能要求自用工之日起满1个月的次日至满1年的前一日（共计11个月）的2倍工资。

3. 【答案】ABD

解析：选项C：用人单位发生合并或者分立等情况，原劳动合同继续有效，劳动合同由承继其权利和义务的用人单位继续履行。

4. 【答案】BD

解析：选项AC：属于劳动合同必备条款。

5. 【答案】ACD

解析：选项B：连续订立2次固定期限劳动合同，并且劳动者不具有严重违反用人单位的规章制度等法定情形，续订劳动合同的，应当订立无固定期限劳动合同。

6. 【答案】ACD

解析：（1）选项A：用人单位应当依法支付劳动者在法定休假日和婚丧假期间以及依法参加社会活动期间的工资；（2）选项B：在部分公民放假的节日期间（如妇女节、青年节），对参加社会活动或者单位组织庆祝活动和照常工作的职工，单位应支付工资报酬，但不支付加班工资；（3）选项C：工资应当以法定货币支付，不得以实物及有价证券替代货币支付；（4）选项D：约定支付工资的日期遇节假日或者休息日的，工资应提前在最近的工作日支付。

7. 【答案】BD

解析：（1）选项A：劳动合同法律制度意义上的“违约金”，特指劳动者违反服务期和竞业限制的约定向用人单位支付的违约补偿；（2）选项C：按照应付金额“50%以上100%以下”的标准向劳动者加付赔偿金。

8. 【答案】BC

解析：选项AD：非全日制用工、以完成一定工作任务为期限的劳动合同、劳动合同期限不满3个月的，不得约定试用期。

9. 【答案】BC

解析：（1）选项A：试用期属于劳动合同的可备条款，双方可以约定，也可以不约定试用期；（2）选项D：无固定期限的劳动合同，约定的试用期不得超过6个月。

10. 【答案】AD

解析：劳动合同法禁止用人单位对劳动合同服务期和竞业限制之外的其他事项（例如试用期、休息休假）约定违约责任；因此，就选项BC所述情形所约定的违约金条款无效，即使劳动者违反相关约定，亦无须支付违约金。

11. 【答案】ACD

解析：选项B：用人单位发生合并或者分立等情况，原劳动合同继续有效，劳动合同由承继其权利和义务的用人单位继续履行。

12. 【答案】BC

**解析**：选项 AD：属于劳动者可以随时通知解除劳动合同的情形。

13. 【答案】ABCD

**解析**：选项 ABCD 均属于劳动者可随时通知解除劳动合同的情形。

14. 【答案】ABCD

**解析**：劳动合同终止的情形包括：（1）劳动合同期满的（选项 A）；（2）劳动者开始依法享受基本养老保险待遇的；（3）劳动者达到法定退休年龄的（选项 D）；（4）劳动者死亡，或者被人民法院宣告死亡或者宣告失踪的；（5）用人单位被依法宣告破产的（选项 C）；（6）用人单位被吊销营业执照、责令关闭、撤销或者用人单位决定提前解散的（选项 B）。

15. 【答案】BCD

**解析**：用人单位裁减人员时应当优先留用的人员限于选项 BCD 三种情况。

16. 【答案】ABD

**解析**：选项 C：因劳动者存在法定过错，用人单位可随时通知解除劳动合同的，无须支付经济补偿金。

17. 【答案】ACD

**解析**：选项 B：劳务派遣单位和用工单位不得向被派遣劳动者收取费用。

18. 【答案】AB

**解析**：（1）选项 C：被派遣劳动者享有与用工单位的劳动者同工同酬的权利；（2）选项 D：被派遣劳动者有权在劳务派遣单位或者用工单位依法参加或者组织工会，维护自身的合法权益。

19. 【答案】AC

**解析**：（1）选项 B：一般经济纠纷的仲裁，当事人必须在事先或事后达成仲裁协议，才能据此向仲裁机构提出仲裁申请；而劳动争议的仲裁，则不要求当事人达成仲裁协议，只要一方当事人提出申请，有关仲裁机构即可受理。（2）选项 D：一般经济纠纷的仲裁实行“一裁终局”制度；而劳动争议仲裁，当事人对裁决不服的，除法律规定的几类特殊劳动争议外，可以向人民法院起诉。

20. 【答案】AC

**解析**：（1）选项 B：城镇个体工商户和灵活就业人员按照法定口径计算的本地全口径城镇单位就业人员平均工资核定社保个人缴费基数上下限，允许缴费人在 60% 至 300% 之间选择适当的缴费基数。（2）选项 D：个人缴费不计征个人所得税，在计算个人所得税的应税收入时，应当扣除个人缴纳的养老保险费。

21. 【答案】ABCD

22. 【答案】AB

**解析**：（1）选项 A：无雇工的个体工商户、未在用人单位参加基本养老保险的非全日制从业人员以及其他灵活就业人员可以参加基本养老保险的，应当按照国家规定缴纳基本养老保险费，分别记入基本养老保险统筹基金和个人账户；（2）选项 B：用人单位按照国家规定的本单位职工工资总额的比例缴纳基本养老保险费，记入基本养老保险统筹基金。职工按照国家规定的本人缴费工资的 8% 缴纳基本养老保险费，记入个人账户；（3）选项 CD：基本养老保险的个人账户不得提前支取，记账利率不得低于银行定期存款利率，免征利息税。

23. 【答案】ABD

**解析**：企业职工医疗期的病假工资或疾病救济费可以低于当地最低工资标准支付，但最低不能低于最低工资标准的 80%；在本题中，不低于 2000 元/月（2500×80%）的方案即可采用。

24. 【答案】BD

**解析**：选项 AC：应当认定为工伤。

25. 【答案】ABCD

**解析**：失业人员在领取失业保险金期间有下列情形之一的，停止领取失业保险金，并同时停止享受其他失业保险待遇：（1）重新就业的（选项 A）；（2）应征服兵役的（选项 D）；（3）移居境外的（选项 B）；（4）享受基本养老保险待遇的（选项 C）；（5）被判刑收监执行的；（6）无正当理由，拒不接受当地人民政府指定部门或者机构介绍的适当工作或者提供的培训的；（7）有法律、行政法规规定的其他情形的。

26. 【答案】BCD

**解析：**工伤保险费由用人单位缴纳，职工不需要缴纳工伤保险费。

27. 【答案】ABC

**解析：**选项 D：社会保险基金不得用于违规用途（例如，兴建、改建办公场所和支付人员经费、运行费用、管理费用）。

## 三、判断题

1. 【答案】√

2. 【答案】×

**解析：**用人单位自“用工之日”起即与劳动者建立劳动关系。

3. 【答案】×

**解析：**机关、团体、企业、事业单位、民办非企业性单位、有雇工的个体工商户等单位的职工连续工作1 年以上的，享受带薪年休假。

4. 【答案】×

**解析：**工资必须在用人单位与劳动者约定的日期支付，如遇节假日或休息日，则应提前在最近的工作日支付。

5. 【答案】×

**解析：**最低工资不包括延长工作时间的工资报酬，以货币形式支付的住房补贴和用人单位支付的伙食补贴，中班、夜班、高温、低温、井下、有毒、有害等特殊工作环境和劳动条件下的津贴，国家法律、法规、规章规定的社会保险福利待遇。

6. 【答案】√

7. 【答案】√

8. 【答案】√

9. 【答案】√

10. 【答案】×

**解析：**用人单位发生合并或者分立等情况，原劳动合同继续有效，劳动合同由承继其权利和义务的用人单位继续履行。

11. 【答案】√

**解析：**劳动合同约定的标准≥集体合同规定的标准≥当地最低标准。

12. 【答案】×

**解析：**劳动仲裁是劳动争议当事人向人民法院提起诉讼的前置程序。

13. 【答案】√

14. 【答案】√

15. 【答案】×

**解析：**职工应当缴纳的社会保险费由用人单位代扣代缴，用人单位应当按月将缴纳社会保险费的明细情况告知本人。

16. 【答案】×

**解析：**职工基本医疗保险费用由用人单位和职工共同承担。单位缴费率，一般为职工工资总额的 6%左右；个人缴费率，一般为本人工资收入的 2%。

17. 【答案】√

18. 【答案】×

**解析：**病休期间，公休、假日和法定节日包括在内。

19. 【答案】×

**解析：**（1）医疗期，是指企业职工因患病或非因工负伤停止工作，治病休息，但不得解除劳动合同的期限；（2）停工留薪期，是指职工因工作遭受事故伤害或者患职业病需要暂停工作接受工伤医疗的期间。

20. 【答案】√

## 四、不定项选择题

**【案例 1】**

1. 【答案】ABD

**解析：**（1）选项 A：劳动合同期限 1 年以

上（≥1 年）不满 3 年（<3 年）的，试用期不得超过 2 个月（≤2 个月）。（2）选项 B：劳动者在试用期间被证明不符合录用条件的，用人单位可以随时通知劳动者解除劳动关系。（3）选项 C：劳动者在试用期的工资不得低于本单位相同岗位最低档工资的 80%或者劳动合同约定工资的 80%，并不得低于用人单位所在地的最低工资标准；在本题中，周某的试用期工资低于试用期满月工资的 80%（2080 元）。（4）选项 D：试用期包含在劳动合同期限内。

2. 【答案】ABCD

解析：（1）选项 AC：服务期的期限、用人单位支付的培训费金额均由用人单位和劳动者自由约定；（2）选项 B：违约金的数额不得超过（≤）用人单位提供的培训费用；（3）选项 D：用人单位与劳动者约定服务期的，不影响按照正常的工资调整机制提高劳动者在服务期期间的劳动报酬。

3. 【答案】D

解析：（1）选项 A：竞业限制期限不得超过 2 年（≤2 年）；（2）选项 B：竞业限制补偿金由用人单位在竞业限制期内按月支付，数额由双方约定；（3）选项 C：竞业限制违约金数额由用人单位和劳动者自行约定，法律并未规定上限金额；（4）选项 D：在竞业限制期限内，用人单位有权请求解除竞业限制协议；在解除竞业限制协议时，劳动者有权请求用人单位额外支付 3 个月的竞业限制经济补偿。

4. 【答案】ABC

解析：（1）选项 A：在服务期内，劳动者提出解除劳动合同而用人单位并无法定过错情形的，劳动者应当向用人单位支付服务期违约金；（2）选项 B：劳动者主动辞职并与用人单位协商一致解除劳动合同的，用人单位无须向劳动者支付经济补偿金；（3）选项 CD：劳动者违反竞业限制约定，向用人单位支付违约金后，用人单位要求劳动者按照约定继续履行竞业限制义务的，人民法院应予支持。

【案例 2】

1. 【答案】ACD

解析：劳动合同的可备条款主要有：试用期、服务期、保守商业秘密和竞业限制。

2. 【答案】B

解析：（1）李某和甲公司之间不涉及竞业限制条款或服务期的约定，所约定的违约金属于无效违约金，甲公司无权要求李某支付违约金；（2）李某如欲单方面通知解除劳动合同，应当提前 30 日以书面形式通知甲公司，而实际上李某从递交辞职报告到自行离职仅 6 天时间，属于违法解除劳动合同，应当就其给用人单位造成的损失承担赔偿责任。

3. 【答案】BCD

解析：在我国，劳动仲裁是劳动争议当事人向人民法院提起诉讼的前置程序，甲公司不能未经劳动仲裁而直接向人民法院提起诉讼。

4. 【答案】ABCD

解析：（1）选项 ABD：劳动合同解除或者终止的，用人单位应当出具解除或者终止劳动合同的证明，并在 15 日内为劳动者办理档案和社会保险关系的转移手续；（2）选项 C：用人单位对已经解除或者终止的劳动合同的文本，至少保存 2 年备查。

【案例 3】

1. 【答案】ABC

解析：选项 D：劳务派遣单位不得以非全日制用工形式招用被派遣劳动者。

2. 【答案】AB

解析：（1）选项 C：用工单位不得将被派遣劳动者再派遣到其他用人单位；（2）选项 D：劳务派遣单位（甲公司）应当与被派遣劳动者（周某）订立劳动合同，用工单位（乙公司）与周某之间并不存在劳动合同关系。

3. 【答案】BCD

**解析**：劳务派遣用工是企业用工的补充形式，只能在临时性（存续时间“不超过6个月”）、辅助性或者替代性的工作岗位上实施。

4. 【答案】A

**解析**：劳务派遣单位应当按月向劳动者支付报酬；被派遣劳动者在无工作期间，劳务派遣单位应当按照所在地人民政府规定的最低工资标准，向其按月支付报酬。

**【案例4】**

1. 【答案】C

**解析**：劳动关系自用工之日起（2019年8月1日）建立。

2. 【答案】BCD

**解析**：用人单位自用工之日起满1年未与劳动者订立书面劳动合同的，自用工之日起满1个月的次日至满1年的前一日应当向劳动者每月支付2倍的工资（2019年9月1日至2020年7月31日，共11个月），并视为自用工之日起满1年的当日已经与劳动者订立无固定期限劳动合同，且应当立即与劳动者补订书面劳动合同。

3. 【答案】D

**解析**：职工所在用人单位未依法缴纳工伤保险费，发生工伤事故的，由“用人单位”支付工伤保险待遇；用人单位不支付的，从工伤保险基金中先行支付，由用人单位偿还；用人单位不偿还的，社会保险经办机构可以追偿。

4. 【答案】ABCD

**解析**：劳动争议的解决方法包括：（1）通过协商达成和解协议，由劳动者直接与用人单位协商，或者请工会或第三方共同与用人单位协商，达成和解协议；（2）向劳动争议调解组织（包括企业劳动争议调解委员会、依法设立的基层人民调解组织和在乡镇、街道设立的具有劳动争议调解职能的组织）申请调解；（3）向劳动争议仲裁委员会申请劳动仲裁；（4）经劳动仲裁仍不服的（除用人单位不得对终局裁决提起诉讼外），可以自收到裁决书之日起15日内向人民法院提起劳动诉讼。

**【案例5】**

1. 【答案】BC

**解析**：（1）选项A：在工作时间和工作岗位，突发疾病死亡或者在48小时内经抢救无效死亡的，视同工伤；（2）选项BC：实际工作年限10年以下的，在本单位工作年限为5年以下的，医疗期为3个月，按6个月内累计病休时间计算；（3）选项D：停工留薪期属于工伤保险待遇，本题韩某不构成工伤。

2. 【答案】C

**解析**：病假工资或疾病救济费可以低于当地最低工资标准支付，但最低不得低于最低工资标准的80%，即2400×80%＝1920（元）。

3. 【答案】CD

**解析**：劳动者患病或者非因工负伤，在规定的医疗期满后不能从事原工作，也不能从事由用人单位另行安排的工作的，用人单位提前30日以书面形式通知劳动者本人或者额外支付劳动者1个月工资后，可以解除劳动合同。

4. 【答案】D

**解析**：（1）选项AC：甲公司依法享有法定解除权，不存在违约或过错的情形；另外，在劳动合同法律制度中，违约金特指劳动者违反了“服务期和竞业限制”的约定而向用人单位支付的违约补偿。（2）选项B：一次性伤残就业补助金属于工伤保险待遇，韩某不构成工伤。（3）选项D：用人单位符合提前30日以书面形式通知劳动者本人或者额外支付劳动者1个月工资后，可以解除劳动合同规定情形而解除劳动合同的，应当向劳动者支付经济补偿。

# 第三部分

# 全真模拟测试题及参考答案

# 2021 年初级会计专业技术资格考试全真模拟测试题（一）

**扫一扫 “码”上做题**

本部分习题均配备二维码，使用“微信”或“会计云课堂”App 扫一扫左侧二维码，即可在线做题并获取详尽的答案解析、解题思路点拨等超值服务，助您轻松过关。

313033

**【“会计云课堂”App 安装二维码详见封底页】**

**一、单项选择题**（本类题共 23 小题，每小题 2 分，共 46 分。每小题备选答案中，只有一个符合题意的正确答案。错选、不选均不得分。）

1. 下列各项中，属于法律行为的是(　　)。

A. 流星陨落　　B. 签发支票

C. 火山爆发　　D. 台风登陆

2. 根据会计法律制度的规定，记账凭证的保管时间应达到法定最低期限。该期限为(　　)。

A. 5 年　　B. 30 年

C. 10 年　　D. 20 年

3. 下列各项中，不属于年度财务会计报告的组成部分的是(　　)。

A. 现金流量表　　B. 资产负债表

C. 记账凭证　　D. 利润表

4. 根据支付结算法律制度的规定，下列票据中，付款人不是银行的是(　　)。

A. 本票　　B. 支票

C. 银行汇票　　D. 商业承兑汇票

5. 王某购买了一张记名预付卡，根据支付结算法律制度的规定，该张预付卡内的资金最高限额为(　　)。

A. 1000 元　　B. 5000 元

C. 10000 元　　D. 50000 元

6. 下列税种中，由海关负责征收和管理的是(　　)。

A. 房产税　　B. 个人所得税

C. 契税　　D. 关税

7. 甲厂为增值税一般纳税人，2020 年 11 月销售食品取得不含增值税价款 113 万元，另收取包装物押金 2.26 万元。已知，增值税税率为 13%。甲厂当月销售食品应缴纳增值税的下列计算中，正确的是(　　)。

A. $(113+2.26)\div(1+13\%)\times13\%=13.26$（万元）

B. $113\div(1+13\%)\times13\%=13$（万元）

C. $113\times13\%=14.69$（万元）

D. $[113+2.26\div(1+13\%)]\times13\%=14.95$（万元）

8. 下列各项中，属于消费税纳税人的是(　　)。

A. 乘用车进口商

B. 玉饰品零售商

C. 酒精生产商

D. 涂料批发商

9. 甲地板厂为增值税一般纳税人，2020 年 10 月销售自产实木地板取得含增值税销售额 107.35 万元。已知，实木地板增值税税率为13%，消费税税率为5%。甲地板厂当月该业务应缴纳消费税税额的下列算式中，正确的是(　　)。

A. 107.35÷（1+13%）×5%

B. 107.35÷（1-5%）×5%

C. 107.35×5%

D. 107.35÷（1+13%）÷（1-5%）×5%

10. 某酒厂2020年10月研发生产一种新型粮食白酒800公斤，成本为20万元，作为礼品赠送给客户品尝，没有同类售价。已知，粮食白酒的成本利润率10%，粮食白酒消费税税率为20%加0.5元/斤，则该批粮食白酒应纳消费税金额为(　　)万元。

A. 4.80　　B. 5.60

C. 8.20　　D. 4.78

11. 根据企业所得税法律制度的规定，下列各项中，属于不征税收入的是(　　)。

A. 国债利息收入

B. 违约金收入

C. 股息收入

D. 财政拨款收入

12. 根据企业所得税法律制度的规定，下列各项中，在计算企业所得税应纳税所得额时准予扣除的是(　　)。

A. 向投资者支付的股息

B. 税收滞纳金

C. 违反合同的违约金

D. 违法经营的行政罚款

13. 根据企业所得税法律制度的规定，关于在中国境内未设立机构、场所的非居民企业取得的来源于中国境内的所得，其应纳税所得额确定的下列表述中，不正确的是(　　)。

A. 股息所得以收入全额为应纳税所得额

B. 转让财产所得以收入全额为应纳税所得额

C. 特许权使用费所得以收入全额为应纳税所得额

D. 租金所得以收入全额为应纳税所得额

14. 根据企业所得税法律制度的规定，下列关于确定销售收入实现时间的表述中，正确的是(　　)。

A. 销售商品采用托收承付方式的，在收到货款时确认收入

B. 销售商品需要安装和检验的，在销售合同签订时确认收入

C. 销售商品采用支付手续费方式委托代销的，在发出代销商品时确认收入

D. 销售商品采用预收款方式的，在发出商品时确认收入

15. 根据房产税法律制度的规定，下列房屋中，不属于房产税免税项目的是(　　)。

A. 宗教寺庙自用的房产

B. 高校学生公寓

C. 个人出租的住房

D. 军队自用的房产

16. 根据契税法律制度的规定，下列各项中，不征收契税的是(　　)。

A. 张某受赠房屋

B. 王某与李某互换房屋并向李某补偿差价款10万元

C. 赵某抵押房屋

D. 夏某购置商品房

17. 2020年10月，某企业销售房产取得不含增值税售价5000万元，扣除项目金额合计为3000万元。已知，适用的土地增值税税率为40%，速算扣除系数为5%。该企业应缴纳土地增值税(　　)万元。

A. 650　　B. 700

C. 1850　　D. 1900

18. 2020年10月，甲公司进口一批货物。海关核定的货价为90万元，货物运抵我国关境内输入地点起卸前的包装费2万元，运费5万元，保险费0.3万元。已知，关税税率为10%。甲公司当月进口该批货物应缴纳关税税额的下列计算列式中，正确的是(　　)。

A. （90+2+5）×10%=9.7（万元）

B. （90+5+0.3）×10%=9.53（万元）

C. （90+2）×10%＝9.2（万元）

D. （90+2+5+0.3）×10%＝9.73（万元）

19. 张某2020年10月份购置摩托车一辆，并在当月取得相应的发票，已知当地摩托车车船税年税额为每辆60元。根据车船税法律制度的规定，张某2020年就该摩托车应纳车船税(　　)元。

A. 0　　B. 10

C. 15　　D. 60

20. 甲煤矿发生的下列行为中，不征收资源税的是(　　)。

A. 将自采的原煤移送锅炉房用于本企业供暖

B. 将自采的原煤销售给市政供暖公司用于市政供暖

C. 将自采的原煤移送车间加工洗选煤

D. 将自采的原煤用于抵偿到期债务

21. 甲企业生产150吨炉渣，30吨在符合国家和地方环境保护标准的设施中贮存，100吨综合利用且符合国家和地方环境保护标准，其余倒置弃于空地。已知炉渣适用的环境保护税税额为25元/吨。下列计算环境保护税的列式中，正确的是(　　)。

A. （150-100-30）×25＝500（元）

B. （150-30）×25＝3000（元）

C. （150-100）×25＝1250（元）

D. 150×25＝3750（元）

22. 周某于2019年4月11日进入甲公司就职，经周某要求，公司于2020年4月11日才与其签订劳动合同。已知，周某每月工资2000元，已按时足额领取。甲公司应向周某支付工资补偿的金额是(　　)元。

A. 0　　B. 2000

C. 22000　　D. 24000

23. 刘某在甲公司工作3年。已知刘某累计工作18年且符合享受年休假条件。刘某可享受的当年年休假天数为(　　)。

A. 10天　　B. 5天

C. 15天　　D. 20天

**二、多项选择题**（本类题共10小题，每小题2分，共20分。每小题备选答案中，有两个或两个以上符合题意的正确答案。请至少选择两个答案，全部选对得满分，少选得相应分值，多选、错选、不选均不得分。）

1. 下列各项纠纷中,可以提请仲裁的有(　　)。

A. 合同纠纷　　B. 财产权益纠纷

C. 关于继承的纠纷　　D. 关于收养的纠纷

2. 根据会计法律制度的规定，下列各项中，属于会计职业道德内容的有(　　)。

A. 坚持准则　　B. 客观公正

C. 参与管理　　D. 廉洁自律

3. 根据增值税法律制度的规定，一般纳税人购进的下列服务中，准予抵扣进项税额的有(　　)。

A. 贷款服务　　B. 住宿服务

C. 餐饮服务　　D. 广告服务

4. 根据消费税法律制度的规定，纳税人自产应税消费品的下列用途中，应以同类消费品最高销售价格作为计税依据的有(　　)。

A. 用于投资入股

B. 用于抵偿债务

C. 用于换取生产资料

D. 用于换取消费资料

5. 根据企业所得税法律制度的规定，下列依照中国法律在中国境内设立的企业，属于企业所得税纳税人的有(　　)。

A. 股份有限公司　　B. 有限责任公司

C. 国有独资公司　　D. 个人独资公司

6. 根据个人所得税法律制度的规定，下列情形中，纳税人应当依法办理纳税申报的有(　　)。

A. 取得综合所得需要办理汇算清缴的

B. 取得应税所得，扣缴义务人未扣缴税款的

C. 取得境外所得的

D. 因移居境外注销中国户籍的

7. 下列各项中，应征收印花税的有(　　)。

A. 企业与政府签订的土地使用权出让合同

B. 企业签订的法律咨询合同

C. 企业签订的仓储保管合同

D. 企业签订的货物运输合同

8. 下列各项中，属于逃税手段的有（　　）。

A. 伪造、变造账簿、记账凭证

B. 以暴力拒不缴纳税款

C. 隐匿、擅自销毁账簿和记账凭证

D. 转移或者隐匿财产

9. 根据劳动合同法律制度的规定,下列各项中,劳动合同无效或者部分无效的有（　　）。

A. 以欺诈手段，使对方在违背真实意思的情况下订立的劳动合同

B. 用人单位免除自己的法定责任、排除劳动者权利的劳动合同

C. 违反法律、行政法规强制性规定的劳动合同

D. 劳动合同订立后，用人单位变更名称的

10. 甲公司与职工对试用期期限的下列约定中，符合法律规定的有（　　）。

A. 赵某的劳动合同期限2年，双方约定的试用期为2个月

B. 钱某的劳动合同期限6个月，双方约定的试用期为20日

C. 孙某的劳动合同期限2个月，双方约定的试用期为1个月

D. 李某的劳动合同期限4年，双方约定的试用期为4个月

**三、判断题**（本类题共10小题，每小题1分，共10分。请判断每小题的表述是否正确。每小题答题正确的得1分，错答、不答均不得分，也不扣分。）

1. 国务院发布的《企业财务会计报告条例》属于行政法规。（　　）

2. 会计工作岗位可以一人一岗、一人多岗或者一岗多人。（　　）

3. 财政部门可以代表国家对各单位实施会计工作的政府监督，而审计、税务、人民银行等部门对各单位的会计工作实施的监督属于会计工作的社会监督。（　　）

4. 付款人账户内资金不足的，银行应当为付款人垫付资金。（　　）

5. 存款人因迁址需要变更开户银行的，应向原开户银行提出撤销银行结算账户的申请。（　　）

6. 企业种植蔬菜、谷物的所得，免征企业所得税。（　　）

7. 从事机动车第三者责任强制保险业务的保险机构为机动车车船税的扣缴义务人。（　　）

8. 甲企业受乙企业委托代为加工应税消费品，甲企业向乙企业交货时应当依法代收代缴消费税、城市维护建设税和教育费附加，其中，城市维护建设税的税率应按乙企业所在地适用税率执行。（　　）

9. 税务机关派出的人员进行税务检查时，应当出示税务检查证和税务检查通知书。（　　）

10. 职工因病或非因工负伤停止工作、治病休息，在规定的医疗期内，用人单位不可以适用无过失性辞退或经济性裁员与其解除劳动合同。（　　）

**四、不定项选择题**（本类题共12小题，每小题2分，共24分。每小题备选答案中，有一个或一个以上符合题意的正确答案。每小题全部选对得满分，少选得相应分值，多选、错选、不选均不得分。）

**【资料1】**

甲公司于2015年5月在W市注册成立，在当地P银行开立基本存款账户，并长期保持良好支付记录。2020年12月10日，甲公司向李某签发一张金额为2万元的现金支票，P银行为付款人。在支票提示付款期限内，李某向P银行提示付款，P银行工作人员发现甲公司的账户余额为1万元，遂告知李某甲公司存款余额不足以支付票款。

要求：

根据上述资料，不考虑其他因素，分析回答下列小题。

1. 下列事项中，甲公司向李某签发支票必须

记载的是(　　)。

A. 付款地W市

B. 甲公司预留P银行签章

C. 付款银行名称P银行

D. 出票日期

2. 下列日期中，在该支票提示付款期限内的是(　　)。

A. 2020年12月19日

B. 2021年1月10日

C. 2021年2月10日

D. 2020年12月12日

3. 下列事项中，李某向P银行提示付款时应当办理的是(　　)。

A. 支票背面签章

B. 在支票背面注明证件名称

C. 向P银行交验身份证件

D. 在支票背面注明证件号码

4. 关于甲公司存款余额不足以支付票款的下列表述中，正确的是(　　)。

A. 李某有权要求甲公司支付赔偿金

B. P银行应向李某支付现金1万元

C. 李某应接受P银行退票并要求P银行出具拒绝付款证明

D. 李某有权要求P银行支付现金2万元

**【资料2】**

甲公司为增值税一般纳税人，主要从事空调生产和销售业务。2020年7月有关经营情况如下：

(1) 采取预收货款方式向乙公司销售X型空调100台，每台含税售价为3390元，甲公司给予每台339元折扣额的价格优惠。双方于7月2日签订销售合同。甲公司7月6日收到价款，7月20日发货并向对方开具发票，销售额和折扣额在同一张发票上的“金额”栏分别注明，乙公司7月22日收到空调。

(2) 销售Y型空调3000台，每台含税售价为2825元。公司业务部门领用10台Y型空调用于奖励优秀员工，公司食堂领用2台Y型空调用于防暑降温。

(3) 购进原材料一批，取得增值税专用发票注明税额102000元；向丙公司支付新产品设计费，取得增值税专用发票注明税额3000元；支付销售空调运输费用，取得增值税专用发票注明税额550元；支付招待客户餐饮费用，取得增值税普通发票注明税额120元。

已知：销售货物增值税税率为13%。

要求：

根据上述资料，不考虑其他因素，分析回答下列小题。

1. 甲公司销售X型空调，其增值税纳税义务发生时间是(　　)。

A. 7月22日　　B. 7月6日

C. 7月2日　　D. 7月20日

2. 计算甲公司当月销售X型空调增值税销项税额的下列算式中，正确的是(　　)。

A. 100×（3390－339）÷（1＋13%）×13%＝35100（元）

B. 100×3390×13%＝44070（元）

C. 100×3390÷（1+13%）×13%＝39000（元）

D. 100×（3390−339）×13%＝39663（元）

3. 计算甲公司当月销售及领用Y型空调增值税销项税额的下列算式中，正确的是(　　)。

A. （3000+2）×2825÷（1+13%）×13%＝975650（元）

B. （3000＋10＋2）×2825÷（1＋13%）×13%＝978900（元）

C. 3000×2825×13%＝1101750（元）

D. (3000+2)×2825×13%＝1102484.5(元)

4. 甲公司的下列进项税中，准予从销项税额中抵扣的是(　　)。

A. 购进原材料的进项税额102000元

B. 支付新产品设计费的进项税额3000元

C. 支付销售空调运输费用的进项税额550元

D. 支付招待客户餐饮费用的进项税额120元

**【资料3】**

作家吴某任职于国内甲公司，2020年3

月有关收入情况如下：

（1）从乙出版社取得小说稿酬 30000 元；

（2）国内公开拍卖自己的小说手稿所得 120000 元；

（3）在丙大学讲学，取得一次性讲学收入 4500 元；

（4）符合国家规定标准的城镇房屋拆迁补偿款 350000 元；

（5）境内 A 上市公司股票转让所得 13000 元；

（6）体育彩票一次中奖收入 10000 元。

已知：吴某每月从甲公司取得工资收入 32000 元，且每月由任职单位扣缴“3 险 1 金”1620 元；吴某夫妇正在偿还首套住房贷款，约定住房贷款利息专项附加扣除每月 1000 元定额扣除由吴某全额扣除；吴某已由甲公司累计预扣预缴个人所得税 2356 元。

要求：

根据上述资料，不考虑其他因素，分析回答下列小题。

1. 有关甲公司 2020 年 3 月应当为吴某预扣预缴的个人所得税税额，下列算式正确的是(　　)。

A. （32000×3－1620×3－1000×3）×10%－2520－2356

B. （32000×3－5000×3－1620×3－1000×3）×10%－2520

C. （32000×3－5000×3－1620×3－1000×3－2356）×10%－2520

D. （32000×3－5000×3－1620×3－1000×3）×10%－2520－2356

2. 吴某拍卖小说手稿所得 120000 元，在计缴个人所得税时适用的税目是(　　)。

A. 劳务报酬所得

B. 特许权使用费所得

C. 财产转让所得

D. 偶然所得

3. 吴某的下列收入中，纳入居民个人综合所得，按年计算个人所得税的是(　　)。

A. 从乙出版社取得小说稿酬 30000 元

B. 国内公开拍卖自己的小说手稿所得 120000 元

C. 在丙大学讲学，取得一次性讲学收入 4500 元

D. 体育彩票一次中奖收入 10000 元

4. 吴某的下列收入中，免予（暂不）征收个人所得税的是(　　)。

A. 讲学收入 4500 元

B. 拆迁补偿款 350000 元

C. 股票转让所得 13000 元

D. 体育彩票一次中奖收入 10000 元

# 全真模拟测试题（一）参考答案及解析

“扫码看解析”　使用“微信”或“会计云课堂”App 扫右方二维码，对答案、看解析、掌握解题思路，开启轻松过关之旅。

## 一、单项选择题

1. 【答案】B

**解析**：选项 ACD：属于法律事件。

2. 【答案】B

**解析**：企业和其他组织的会计凭证、会计账簿（固定资产卡片除外）和会计档案移交清册，自会计年度终了后第一天算起保管30 年。

3. 【答案】C

解析：年度、半年度企业财务会计报告包括会计报表（包括资产负债表、利润表、现金流量表及相关附表）、会计报表附注和财务情况说明书。

4. 【答案】D

解析：(1) 选项AC：本票、银行汇票均以出票银行为付款人；(2) 选项B：支票以出票人的开户银行为付款人；(3) 选项D：商业承兑汇票由银行以外的付款人承兑。

5. 【答案】B

解析：单张记名预付卡资金限额不得超过5000元。

6. 【答案】D

解析：海关主要负责下列税收的征收和管理：(1) 关税；(2) 船舶吨税。另外，进口环节的增值税、消费税由海关代征。

7. 【答案】C

解析：(1) 本题销售的是“食品”，其单独记账核算的包装物押金在收取时不作销售处理，不必并入销售额中征税，排除选项AD；(2) 113万元为“不含”增值税价款，不必作价税分离处理，选项B错误，选项C正确。

8. 【答案】A

解析：(1) 选项B：玉饰品属于“金银铂钻”以外的其他贵重首饰和珠宝玉石，不在零售环节缴纳消费税，在生产销售、进口或委托加工环节缴纳消费税；(2) 选项C：酒精不属于应税消费品；(3) 选项D：在批发环节涉及消费税的只有卷烟，涂料的消费税在生产销售、进口或委托加工环节缴纳。

9. 【答案】A

解析：(1) “107.35万元”为含增值税的销售额，必须价税分离，选项BC错误；(2) “107.35÷（1+13%）”已经为含消费税金额，为计税销售额，不必再行处理，选项D错误，选项A正确。

10. 【答案】B

解析：(1) 组成计税价格＝［成本×（1+成本利润率）+自产自用数量×消费税定额税率］÷（1－消费税比例税率）＝［20×（1+10%）+800×2×0.5÷10000］÷（1－20%）＝27.6（万元）；(2) 应纳消费税＝27.6×20%+800×2×0.5÷10000＝5.6（万元）；(3) 假定该酒厂为一般纳税人，增值税税率为13%，增值税销项税额＝27.6×13%＝3.588（万元）。

11. 【答案】D

解析：(1) 选项A：属于免税收入；(2) 选项B：属于应税收入；(3) 选项C：股息收入如果符合免税条件，属于免税收入，否则属于应税收入。

12. 【答案】C

解析：(1) 选项A：向企业投资者支付的股息、红利等权益性投资收益款项不得在税前扣除；(2) 选项BD：属于企业承担的“行政责任”，不得在企业所得税前扣除；(3) 选项C：属于企业承担的“民事责任”，可以据实在企业所得税前扣除。

13. 【答案】B

解析：选项B：转让财产所得以收入全额减除财产净值后的余额为应纳税所得额。

14. 【答案】D

解析：(1) 选项A：销售商品采用托收承付方式的，在“办妥托收手续时”确认收入。(2) 选项B：销售商品需要安装和检验的，在“购买方接受商品以及安装和检验完毕时”确认收入；如果安装程序比较简单，可在发出商品时确认收入。(3) 选项C：销售商品采用支付手续费方式委托代销的，在“收到代销清单时”确认收入。

15. 【答案】C

解析：个人出租住房，不区分用途，按照4%的税率缴纳房产税。

16. 【答案】C

解析：土地、房屋典当、分拆（分割）、抵押（选项C）以及出租等行为，不属于契税的征税范围。

17. 【答案】A

解析：该企业应缴纳土地增值税=增值额×适用的土地增值税税率-扣除项目金额×适用的速算扣除系数=（5000-3000）×40%-3000×5%=650（万元）。

18. 【答案】D

解析：货价以及货物运抵我国关境内输入地点起卸前的包装费、运费、保险费和其他劳务费等均应计入关税完税价格。

19. 【答案】C

解析：车船税纳税义务发生时间为取得车船所有权或者管理权的当月。购置当年的应纳税额自纳税义务发生的“当月起”按月计算。在本题中，张某的摩托车于10月份购进并在当月取得发票，2020年度应当缴纳3个月的车船税，应纳车船税=60÷12×3=15（元）。

20. 【答案】C

解析：纳税人开采或者生产应税产品自用于连续生产应税产品（选项C）的，不缴纳资源税；自用于其他方面（选项ABD），应当于移送时缴纳资源税。

21. 【答案】A

解析：（1）企业事业单位和其他生产经营者在符合国家和地方环境保护标准的设施、场所贮存或者处置固体废物的，不属于直接向环境排放污染物，不缴纳相应污染物的环境保护税；因此，甲企业在符合国家和地方环境保护标准的设施中贮存的30吨炉渣，不缴纳环境保护税。（2）纳税人综合利用的固体废物，符合国家和地方环境保护标准的，暂予免征环境保护税；因此，甲企业综合利用且符合国家和地方环境保护标准的100吨炉渣，暂免征收环境保护税。综上，甲企业应纳环境保护税=（150-30-100）×25=500（元）。

22. 【答案】C

解析：用人单位自用工之日起满1年未与劳动者订立书面劳动合同的（不论劳动者要求晚订，还是因用人单位过失晚订），自用工之日起满一个月的次日至满一年的前一日（共11个月）应当向劳动者每月支付2倍的工资，并视为自用工之日起满1年的当日已经与劳动者订立无固定期限劳动合同，应当立即与劳动者补订书面劳动合同。

23. 【答案】A

解析：职工累计工作（而非在本单位工作）已满10年不满20年的，年休假10天。

## 二、多项选择题

1. 【答案】AB

解析：选项CD：关于婚姻、收养、监护、扶养、继承的纠纷不得提请仲裁。

2. 【答案】ABCD

解析：会计职业道德主要包括爱岗敬业、诚实守信、廉洁自律（选项D）、客观公正（选项B）、坚持准则（选项A）、提高技能、参与管理（选项C）、强化服务等内容。

3. 【答案】BD

解析：纳税人购进的贷款服务（选项A）、餐饮服务（选项C）、居民日常服务和娱乐服务，不得抵扣进项税额。

4. 【答案】ABCD

解析：纳税人用于换取生产资料（选项C）和消费资料（选项D），投资入股（选项A）和抵偿债务（选项B）等方面的应税消费品，应当以纳税人同类应税消费品的最高销售价格作为计税依据计算消费税。

5. 【答案】ABC

解析：企业所得税纳税人包括各类企业、事业单位、社会团体、民办非企业单位和从事经营活动的其他组织；但依照中国法律、行政法规成立的个人独资企业、合伙企业，不适用《企业所得税法》，不属于企业所得税纳税义务人。

6. 【答案】ABCD

解析：有下列情形之一的，纳税人应当依法办理纳税申报：（1）取得综合所得需要办理汇算清缴；（2）取得应税所得没有扣缴义务人；（3）取得应税所得，扣缴义务人未扣缴税款；（4）取得境外所得；（5）因移居境外注销中国户籍；（6）非居民个人在中国境内从两处以上取得工资、薪金所得；（7）国务院规定的其他情形。

7. 【答案】ACD

解析：（1）选项 A：属于“产权转移书据”；（2）选项 B：一般的法律、会计、审计等方面的咨询合同不属于技术咨询合同，其所立合同不贴印花；（3）选项 CD：属于应税合同。

8. 【答案】AC

解析：（1）选项 B：属于抗税；（2）选项 D：纳税人欠缴应纳税款，采取转移或者隐匿财产的手段，妨碍税务机关追缴欠缴的税款的行为，属于欠税行为。

9. 【答案】ABC

解析：选项 D：用人单位变更名称、法定代表人、主要负责人或者投资人等事项，不影响劳动合同的履行。

10. 【答案】ABD

解析：（1）选项 A：劳动合同期限 1 年以上不满 3 年的，试用期不得超过 2 个月；（2）选项 B：劳动合同期限 3 个月以上不满 1 年的，试用期不得超过 1 个月；（3）选项 C：劳动合同期限不满 3 个月的，不得约定试用期；（4）选项 D：3 年以上固定期限和无固定期限的劳动合同，试用期不得超过 6 个月。

## 三、判断题

1. 【答案】√
2. 【答案】√
3. 【答案】×

解析：财政部门是会计工作政府监督的重要主体，但除财政部门外，审计、税务、人民银行、证券监管、保险监管等部门依照有关法律、行政法规规定的职责和权限，可以对有关单位的会计资料实施监督检查。

4. 【答案】×

解析：付款人账户内没有资金或资金不足，或者收款人应收的款项由于付款人的原因不能收回时，银行的中介职责可以不履行，因为银行没有为存款人垫付资金的义务；银行与存款人另有约定的除外（银行不垫款原则）。

5. 【答案】√
6. 【答案】√
7. 【答案】√
8. 【答案】×

解析：由受托方代扣代缴、代收代缴增值税、消费税的单位和个人，其代扣代缴、代收代缴的城市维护建设税按受托方（甲企业）所在地适用税率执行。

9. 【答案】√
10. 【答案】√

## 四、不定项选择题

【资料 1】

1. 【答案】BCD

解析：付款地不属于支票出票行为的必须（绝对）记载事项；支票上未记载付款地的，付款人的营业场所为付款地。

2. 【答案】AD

解析：支票的提示付款期限自出票日（2020 年 12 月 10 日）起 10 日，李某应于 2020 年 12 月 20 日前提示付款。

3. 【答案】ABCD

解析：收款人持用于支取现金的支票向付款人提示付款时，应在支票背面收款人签章处签章，持票人为个人的，还需交验本人身份证件，并在支票背面注明证件名称、号码及发证机关。

4. 【答案】AC

**解析**：（1）选项 BD：对于空头支票，付款银行有权拒绝付款；（2）选项 A：空头支票的持票人（李某）有权要求出票人赔偿支票金额 2%的赔偿金。

【资料 2】

1. 【答案】D

**解析**：采取预收货款方式销售货物的，其纳税义务发生时间为“发出货物的当天”（7 月 20 日），但先开发票的为开具发票的当天。

2. 【答案】A

**解析**：（1）纳税人采取折扣方式销售货物，如果销售额和折扣额在同一张发票上的“金额”栏中分别注明，可以按折扣后的销售额征收增值税，选项 BC 均未减除折扣额，排除。（2）题目明确交代“3390 元”为含税售价，应当价税分离，排除选项 D。

3. 【答案】B

**解析**：将自产货物用于职工福利（包括但不限于奖励优秀员工、用于食堂防暑降温），应当视同销售货物，计缴增值税，因此 Y 型空调的销售及视同销售数量 = 3000+10+2，选项 B 正确。

4. 【答案】ABC

**解析**：选项 D：纳税人的交际应酬消费属于个人消费；购进服务用于个人消费的，不得从销项税额中抵扣进项税额。

【资料 3】

1. 【答案】D

**解析**：（1）累计预扣预缴应纳税所得额 = 累计收入 32000×3－累计免税收入 0－累计减除费用 5000×3－累计专项扣除 1620×3－累计专项附加扣除 1000×3－累计依法确定的其他扣除 0 = 73140（元）；（2）查表确定适用预扣率为 10%，速算扣除数为 2520，本题 4 个选项使用同一预扣率和速算扣除数，不必查表；（3）本期应预扣预缴税额 =（累计预扣预缴应纳税所得额 73140 元 × 预扣率 10% － 速算扣除数 2520）－累计减免税额 0－累计已预扣预缴税额 2356 元。

2. 【答案】B

**解析**：作者将自己的文字作品手稿原件或复印件公开拍卖（竞价）取得的所得，属于提供著作权的使用权所得，按“特许权使用费所得”税目征收个人所得税。

3. 【答案】ABC

**解析**：（1）选项 A 属于稿酬所得，选项 B 属于特许权使用费所得，选项 C 属于劳务报酬所得，选项 D 属于偶然所得；（2）居民个人只有 4 个征税项目（工资、薪金所得，劳务报酬所得，稿酬所得，特许权使用费所得）纳入综合所得，不包括偶然所得。

4. 【答案】BCD

**解析**：（1）选项 B：个人按规定标准取得的拆迁补偿款，免征个人所得税。（2）选项 C：对境内上市公司股票转让所得，暂不征收个人所得税。（3）选项 D：对个人购买福利彩票、体育彩票，一次中奖收入在 1 万元以下的（含 1 万元）暂免征收个人所得税；超过 1 万元的，“全额”征收个人所得税。

# 2021 年初级会计专业技术资格考试全真模拟测试题（二）

**扫一扫　“码”上做题**

本部分习题均配备二维码，使用“微信”或“会计云课堂”App 扫一扫左侧二维码，即可在线做题并获取详尽的答案解析、解题思路点拨等超值服务，助您轻松过关。

**【“会计云课堂”App 安装二维码详见封底页】**

**一、单项选择题**（本类题共 23 小题，每小题 2 分，共 46 分。每小题备选答案中，只有一个符合题意的正确答案。错选、不选均不得分。）

1. 根据民事诉讼法律制度的规定，因港口作业发生纠纷提起的诉讼，由（　　）管辖。
A. 港口所在地法院
B. 被告住所地法院
C. 原告住所地法院
D. 港口所在地或者被告住所地法院

2. 下列各项中，属于会计核算根据的是（　　）。
A. 实际发生的会计业务事项
B. 实际发生的经济业务事项
C. 计划发生的会计业务事项
D. 计划发生的经济业务事项

3. 根据会计法律制度的规定，下列单位中，任用会计人员应当实行回避制度的是（　　）。
A. 国家机关、国有企业、事业单位
B. 国家机关、国有独资公司、企事业单位
C. 国有企业、企事业单位、外资企业
D. 国有企业、事业单位、外资企业

4. 某票据的出票日期为“2020 年 8 月 15 日”，其规范写法是（　　）。
A. 贰零贰零年零捌月壹拾伍日
B. 贰零贰零年捌月壹拾伍日
C. 贰零贰零年零捌月拾伍日
D. 贰零贰零年捌月拾伍日

5. A 银行在甲商户布放了 POS 机具，双方签订银行卡受理协议，约定 A 银行按照交易金额的 1.25%、单笔 80 元封顶的标准收取结算手续费。客户王某持 B 银行的借记卡在甲商户刷卡消费 10000 元。根据支付结算法律制度的规定，甲商户上述交易实际到账的金额为（　　）。
A. 10000 元
B. 10000×1.25% = 125（元）
C. 10000－80 = 9920（元）
D. 10000×（1－1.25%）= 9875（元）

6. 根据支付结算法律制度的规定，发卡银行给予持卡人一定的信用额度，持卡人可在信用额度内先消费、后还款的信用卡是（　　）。
A. 贷记卡　　B. 转账卡
C. 专用卡　　D. 准贷记卡

7. 关于单位银行卡账户及交易管理要求的下列表述中，不正确的是（　　）。
A. 单位人民币卡账户的资金一律从其基本存款账户转账存入

B. 单位外币卡账户的资金应从其单位的外汇账户转账存入

C. 单位人民币卡账户不得存取现金

D. 单位人民币卡账户可以存入销货收入

8. 根据增值税法律制度的规定，下列各项中，不属于免税项目的是(　　)。

A. 养老机构提供的养老服务

B. 装修公司提供的装饰服务

C. 婚介所提供的婚姻介绍服务

D. 托儿所提供的保育服务

9. 根据增值税法律制度的规定，下列各项中，应征收增值税的是(　　)。

A. 商业银行提供直接收费金融服务收取的手续费

B. 物业管理单位代收的住宅专项维修资金

C. 被保险人获得的保险赔付

D. 存款人取得的存款利息

10. 根据消费税法律制度的规定，企业发生的下列经营行为中，外购应税消费品已纳消费税税额不准从应纳消费税税额中扣除的是(　　)。

A. 以外购已税白酒生产白酒

B. 以外购已税烟丝生产卷烟

C. 以外购已税高档化妆品为原料生产高档化妆品

D. 以外购已税实木地板为原料生产实木地板

11. 根据消费税法律制度的规定，下列各项中，采取从价定率和从量定额相结合的复合计征办法征收消费税的是(　　)。

A. 黄酒　　B. 啤酒

C. 果木酒　　D. 白酒

12. 下列各项中，不征收消费税的是(　　)。

A. 将自产白酒赠送给其他企业

B. 将自产的卷烟发放给员工当福利

C. 零售金银首饰

D. 零售高档化妆品

13. 2020年10月，张某为国内某公司提供设计服务，取得劳务报酬所得5000元。已知，劳务报酬所得每次收入不超过4000元的，减除费用按800元计算；每次收入4000元以上的，减除费用按20%计算；预扣预缴应纳税所得额不超过20000元的，预扣率为20%。根据个人所得税法律制度的规定，该公司为张某预扣预缴的个人所得税税额为(　　)元。

A. 1000　　B. 840

C. 800　　D. 0

14. 郑某2020年10月在某公司举行的有奖销售活动中获得奖金12000元，领奖时发生交通费600元、食宿费400元（均由郑某承担）。在领奖现场郑某直接向某大学图书馆捐款3000元。已知，偶然所得适用的个人所得税税率为20%。郑某中奖收入应缴纳的个人所得税税额为(　　)元。

A. 0　　B. 1600

C. 1800　　D. 2400

15. 根据个人所得税法律制度的规定，对个人转让自用一定期限并且是家庭唯一生活用房取得的所得暂免征收个人所得税。该一定期限指的是(　　)。

A. 1年以上　　B. 3年以上

C. 2年以上　　D. 5年以上

16. 假设中国公民张某2020年每月从单位取得工资8000元，张某每月按照规定负担的基本社会保险费用1800元，住房公积金960元。根据个人所得税法律制度的规定，计算张某2020年综合所得的应纳税所得额时，专项扣除项目金额为(　　)元。

A. 81600　　B. 21600

C. 93120　　D. 33120

17. 赵某原有两套住房，2020年10月，出售其中一套，成交价格为70万元（不含增值税）；将另一套以市场价格60万元（不含增值税）与钱某的住房进行了等价置换；又以100万元（不含增值税）购置了一套新住房。已知，契税的税率为3%。根据契税法律制度的规定，赵某计算应缴纳的契税的下列算式中，正确的是(　　)。

A. 100×3%＝3（万元）

B. （100+60）×3%＝4.8（万元）

C. （100+70）×3%＝5.1（万元）

D. （100+70+60）×3%＝6.9（万元）

18. 根据税收征收管理法律制度的规定，下列各项中，不属于征税主体职权的是(　　)。

A. 依法享受税收优惠权

B. 委托代征权

C. 税务检查权

D. 税务管理权

19. 甲公司职工李某因违章操作给公司造成经济损失 30000 元，甲公司按照劳动合同约定要求李某赔偿该损失，并按月从其工资中扣除。已知，李某月工资 2400 元，当地月最低工资标准为 2200 元，甲公司每月可以从李某工资中扣除的最高限额为(　　)元。

A. 480　　B. 2400

C. 2200　　D. 200

20. 2020 年 10 月甲公司安排职工刘某在日标准工作时间以外延长工作时间累计 12 小时。已知，甲公司实行标准工时制度，刘某日工资为 160 元。计算甲公司应支付刘某 10 月最低加班工资的下列算式中，正确的是(　　)。

A. 160÷8×12×100%＝240（元）

B. 160÷8×12×150%＝360（元）

C. 160÷8×12×200%＝480（元）

D. 160÷8×12×300%＝720（元）

21. 甲公司职工王某实际工作 8 年，在甲公司工作 3 年。因患病住院治疗，王某可享受的医疗期期间为(　　)。

A. 12 个月　　B. 3 个月

C. 6 个月　　D. 9 个月

22. 根据社会保险法律制度的规定，参加职工基本养老保险的个人，达到法定退休年龄时累计缴费满一定年限的，可按月领取基本养老金。该年限为(　　)。

A. 10 年　　B. 15 年

C. 5 年　　D. 12 年

23. 吴某（35 周岁）因劳动合同终止而失业。已知，吴某工作年限已满 6 年，与所在单位共同缴纳失业保险费的时间已满 4 年，且符合失业保险待遇享受条件。吴某领取失业保险金的最长期限为(　　)。

A. 12 个月　　B. 24 个月

C. 6 个月　　D. 18 个月

**二、多项选择题**（本类题共 10 小题，每小题 2 分，共 20 分。每小题备选答案中，有两个或两个以上符合题意的正确答案。请至少选择两个答案，全部选对得满分，少选得相应分值，多选、错选、不选均不得分。）

1. 下列关于我国仲裁制度的表述中，符合《仲裁法》规定的有(　　)。

A. 仲裁庭作出的仲裁裁决为终局裁决

B. 当事人不服仲裁裁决可以向法院起诉

C. 当事人协议不开庭的，仲裁可以不开庭进行

D. 仲裁的进行以双方当事人自愿达成的书面仲裁协议为条件

2. 根据税收征收管理法律制度的规定，纳税人对税务机关作出的下列具体行政行为不服，可以提出行政复议申请的有(　　)。

A. 确认计税依据

B. 加收滞纳金

C. 征收税款

D. 确认纳税主体

3. 根据支付结算法律制度的规定，下列各项中，属于票据权利丧失的补救途径的有(　　)。

A. 扣留、提取票款

B. 挂失止付

C. 公示催告

D. 强制出票人交付票据存根

4. 根据支付结算法律制度的规定，我国国内信用证为(　　)。

A. 不可取现信用证

B. 不可修改信用证

C. 不可撤销信用证

D. 不可转让信用证

5. 王某在甲银行开立了一个按Ⅱ类户管理的个人银行账户，王某可以通过该账户办理的事项有(　　)。

A. 支取任意金额的现金

B. 购买投资理财产品等金融产品

C. 限定金额的缴费支付

D. 任意金额的消费支付

6. 根据增值税法律制度的规定，商业企业一般纳税人零售的下列货物中，不能开具增值税专用发票的有(　　)。

A. 劳保用品　　B. 食品

C. 烟　　D. 酒

7. 甲礼花厂将其生产的焰火以分期收款方式对外销售，合同约定不含税销售额 36 万元，6 月 28 日收取货款的 70%、7 月 28 日收取货款的 30%。6 月份的应收货款当月收讫，而 7 月份的应收货款直至 8 月初仍未收到。已知，鞭炮、焰火适用消费税税率为 15%。根据消费税法律制度的规定，下列说法正确的有(　　)。

A. 甲礼花厂 6 月份应缴纳的消费税 = 36×15% = 5.4（万元）

B. 甲礼花厂 6 月份应缴纳的消费税 = 36×70%×15% = 3.78（万元）

C. 甲礼花厂 7 月份应缴纳的消费税 = 36×30%×15% = 1.62（万元）

D. 由于未收到货款，甲礼花厂 7 月份不需要缴纳消费税

8. 根据企业所得税法律制度的规定，下列各项中，在计算企业所得税应纳税所得额时，不得扣除的有(　　)。

A. 诉讼费用　　B. 罚金

C. 税收滞纳金　　D. 罚款

9. 根据个人所得税法律制度的规定，下列各项中，免征个人所得税的有(　　)。

A. 保险赔款

B. 国家发行的金融债券利息

C. 军人转业费

D. 劳动分红

10. 某铁矿开采企业为增值税一般纳税人，2020 年 10 月将一部分自采的铁矿原矿直接对外销售，取得含增值税销售额 565 万元；将另一部分自采的铁矿原矿移送车间加工为铁矿选矿并销售，取得含增值税销售额 339 万元。已知，增值税税率为 13%，铁矿原矿的资源税税率为 1%，铁矿选矿的资源税税率为 2%。根据相关法律制度的规定，下列计算列式正确的有(　　)。

A. 该企业应确认的增值税销项税额 = (565+339)×13%

B. 该企业应确认的增值税销项税额 = (565+339)÷(1+13%)×13%

C. 该企业应纳资源税税额 = 565×1% + 339×2%

D. 该企业应纳资源税税额 = 565÷(1+13%)×1%+339÷(1+13%)×2%

**三、判断题**（本类题共 10 小题，每小题 1 分，共 10 分。请判断每小题的表述是否正确。每小题答题正确的得 1 分，错答、不答均不得分，也不扣分。）

1. 在行政复议中，申请人为举证义务人。(　　)

2. 会计档案的保管期限，从会计资料建档的第一天算起。(　　)

3. 单位合并后原各单位解散的，原各单位的会计档案应当由合并后的单位全部销毁。(　　)

4. 电子商业汇票的付款期限，最长不得超过 6 个月。(　　)

5. 汇款回单是银行将款项确已收入收款人账户的凭据。(　　)

6. 根据增值税法律制度的规定，设有两个以上机构并实行统一核算的纳税人，将货物

从一个机构移送至本县的其他机构用于销售的，视同销售货物。（ ）

7. 根据企业所得税法律制度的规定，外购的生产性生物资产，以购买价款和支付的相关税费为计税基础。（ ）

8. 某农场占用苗圃修建水渠用于灌溉，不缴纳耕地占用税。（ ）

9. 个体工商户享受减税、免税待遇的，在减税、免税期间应当按照规定办理纳税申报。（ ）

10. 劳动合同期满，但用人单位与劳动者约定的服务期尚未到期的，除双方另有约定外，劳动合同应当续延至服务期满。（ ）

**四、不定项选择题**（本类题共 12 小题，每小题 2 分，共 24 分。每小题备选答案中，有一个或一个以上符合题意的正确答案。每小题全部选对得满分，少选得相应分值，多选、错选、不选均不得分。）

**【资料 1】**

甲商业银行 M 支行为增值税一般纳税人，主要提供相关金融服务，乙公司为其星级客户。甲商业银行 M 支行 2020 年第 3 季度有关经营业务的收入如下：

（1）提供贷款服务，取得含增值税利息收入 6491.44 万元。

（2）提供票据贴现服务，取得含增值税利息收入 874.5 万元。

（3）提供资金结算服务，取得含增值税服务费收入 37.1 万元。

（4）提供账户管理服务，取得含增值税服务费收入 12.72 万元。

已知：金融服务增值税税率为 6%，乙公司为增值税一般纳税人。

要求：

根据上述资料，不考虑其他因素，分析回答下列小题。

1. 甲商业银行 M 支行 2020 年第 3 季度取得的下列收入中，应按照“金融服务——直接收费金融服务”税目计缴增值税的是（ ）。

A. 贷款利息收入 6491.44 万元

B. 票据贴现利息收入 874.5 万元

C. 资金结算服务费收入 37.1 万元

D. 账户管理服务费收入 12.72 万元

2. 乙公司向甲商业银行 M 支行购进的下列金融服务中，不得从销项税额中抵扣进项税额的是（ ）。

A. 贷款服务

B. 票据贴现服务

C. 资金结算服务

D. 账户管理服务

3. 计算甲商业银行 M 支行 2020 年第 3 季度贷款服务增值税销项税额的下列算式中，正确的是（ ）。

A. （6491.44+874.5）÷（1+6%）×6% = 416.94（万元）

B. 37.1×6% + 12.72÷（1+6%）×6% = 2.95（万元）

C. 37.1÷（1+6%）×6% + 874.5×6% = 54.57（万元）

D. （6491.44+37.1）×6% = 391.71（万元）

4. 计算甲商业银行 M 支行 2020 年第 3 季度直接收费金融服务增值税销项税额的下列算式中，正确的是（ ）。

A. 37.1÷（1+6%）×6% + 12.72×6% = 2.86（万元）

B. （37.1 + 12.72）÷（1+6%）×6% = 2.82（万元）

C. （6491.44+37.1）÷（1+6%）×6% = 369.54（万元）

D. 874.5×6% + 12.72÷（1+6%）×6% = 53.19（万元）

**【资料 2】**

甲公司为居民企业，主要从事工艺品生产和销售业务，从业人数 150 人，资产总额 3000 万元。2020 年有关经营情况如下：

（1）销售产品收入 2000 万元，出租设备租金收入20万元，接受捐赠收入10万元，国债利息收入2万元，转让商标权收入60万元。

（2）将价值50万元的产品用于换取乙公司生产的货物，将价值34万元的产品用于抵偿信用公司欠款，将价值3.5万元的产品用于馈赠客户，将价值10万元的产品用于奖励优秀职工。

（3）捐赠支出27万元，其中直接向丁中学捐赠3万元，通过市民政部门用于目标脱贫地区的扶贫捐赠24万元。

（4）违反规定被市场监督管理局罚款2.5万元，缴纳税收滞纳金1万元，非广告性赞助支出3万元。

（5）预缴企业所得税税款33万元。

（6）全年会计利润为190万元。

要求：

根据上述资料，不考虑其他因素，分析回答下列小题。

1. 甲公司的下列收入中，属于免税收入的是（　　）。

A. 接受捐赠收入10万元

B. 国债利息收入2万元

C. 转让商标权收入60万元

D. 出租设备租金收入20万元

2. 甲公司的下列业务中，在计算2020年度企业所得税应纳税所得额时，应视同销售计算所得税的是（　　）。

A. 将价值34万元的产品用于抵偿信用公司欠款

B. 将价值50万元的产品用于换取乙公司生产的货物

C. 将价值3.5万元的产品用于馈赠客户

D. 将价值10万元的产品用于奖励优秀职工

3. 甲公司在计算2020年度企业所得税应纳税所得额时，准予扣除的公益性捐赠支出金额是（　　）万元。

A. 22.8　　B. 24

C. 27　　D. 25

4. 甲公司在计算2020年度企业所得税应纳税所得额时，下列各项中，不得扣除的是（　　）。

A. 违反规定被市场监督管理局罚款2.5万元

B. 预缴企业所得税税款33万元

C. 缴纳税收滞纳金1万元

D. 非广告性赞助支出3万元

【资料3】

2019年1月，甲公司与乙公司签订劳务派遣协议，派遣刘某到乙公司从事临时性工作。2019年5月，临时性工作结束，两公司未再给刘某安排工作，也未再向其支付任何报酬。2019年7月，刘某得知自2019年1月被派遣以来，两公司均未为其缴纳社会保险费，遂提出解除劳动合同。

要求：

根据上述资料，不考虑其他因素，分析回答下列小题。

1. 关于刘某劳动关系的建立，下列表述正确的是（　　）。

A. 刘某与乙公司建立劳动关系

B. 刘某与甲公司建立劳动关系

C. 刘某与甲公司、乙公司均未建立劳动关系

D. 刘某与甲公司、乙公司均建立劳动关系

2. 关于刘某无工作期间的劳动报酬，下列表述正确的是（　　）。

A. 刘某不享受报酬

B. 乙公司应当按月向其支付报酬

C. 甲公司应按所在地的最低工资标准向刘某支付报酬

D. 甲公司应按月向其支付报酬

3. 刘某解除劳动合同应采取的方式是（　　）。

A. 无须事先告知公司即可解除

B. 应提前30日通知公司解除

C. 可随时通知公司解除

D. 应提前3日通知公司解除

4. 关于该劳动合同解除时经济补偿金的支付，下列表述正确的是(　　)。
A. 甲、乙两公司均无须向刘某支付经济补偿金
B. 乙公司应向刘某支付经济补偿金
C. 甲公司应向刘某支付经济补偿金
D. 甲、乙两公司均应向刘某支付经济补偿金

# 全真模拟测试题（二）参考答案及解析

“扫码看解析”

使用“微信”或“会计云课堂”App 扫右方二维码，对答案、看解析、掌握解题思路，开启轻松过关之旅。

## 一、单项选择题

1. 【答案】A
**解析**：因港口作业中发生纠纷提起的诉讼，由港口所在地法院专属管辖。
2. 【答案】B
**解析**：各单位必须根据“实际发生的经济业务事项”进行会计核算，填制会计凭证，登记会计账簿，编制财务会计报告。
3. 【答案】A
**解析**：“国家机关、国有企业、事业单位”任用会计人员应当实行回避制度。
4. 【答案】B
**解析**：是否加“零”或“壹”是从防止变造的目的出发的，其实无须死背，结合本题：（1）4 个选项关于年份的表述完全一致，无须考虑；（2）“8 月”，如果变造为“18 月”或“81 月”“82 月”，蒙不了人，不必加“壹”或“零”，排除选项 AC；（3）“15 日”，如果只写为“拾伍日”，则非常容易被变造为“贰拾伍日”，为了防止变造，应当写为“壹拾伍日”，选项 B 正确，选项 D 错误。
5. 【答案】C
**解析**：由于 10000×1.25% = 125（元）超过了封顶线 80 元，A 银行只能按 80 元向甲商户收取结算手续费。因此，甲商户的实际到账金额 = 10000－80 = 9920（元）。
6. 【答案】A
**解析**：（1）选项 BC：属于借记卡，不具有透支功能；（2）选项 AD：贷记卡和准贷记卡的区分关键在于是否需要事先交存一定金额的备用金。其中准贷记卡必须按照要求事先交存一定金额的备用金。
7. 【答案】D
**解析**：（1）选项 ACD：单位人民币卡账户的资金一律由基本存款账户转账存入，不得存取现金，不得将销货收入存入单位卡账户；（2）选项 B：单位外币卡账户的资金应从其单位的外汇账户转账存入，不得在境内存取外币现钞。
8. 【答案】B
**解析**：（1）选项 A：养老机构提供的养老服务，免征增值税；（2）选项 B：装修公司提供的装饰服务，按“建筑服务”计缴增值税；（3）选项 C：婚姻介绍服务免征增值税；（4）选项 D：托儿所、幼儿园提供的保育和教育服务，免征增值税。
9. 【答案】A
**解析**：（1）选项 A：按照“金融服务——直接收费金融服务”缴纳增值税；（2）选项 B：房地产主管部门或者其指定机构、

公积金管理中心、开发企业以及物业管理单位代收的住宅专项维修资金，不征收增值税；(3) 选项C：被保险人获得的保险赔付，不征收增值税；(4) 选项D：存款利息不征收增值税。

10. 【答案】A

解析：用外购或委托加工收回的已税"酒""摩托车""小汽车""高档手表""游艇""电池""涂料"连续生产应税消费品的，不涉及消费税抵扣的问题。

11. 【答案】D

解析：(1) 选项AB：从量定额计征消费税；(2) 选项C：从价定率计征消费税；(3) 选项D：实行复合计征办法征收消费税的，目前仅限于白酒和卷烟。

12. 【答案】D

解析：(1) 选项AB：纳税人自产自用的应税消费品，用于连续生产应税消费品以外的其他方面（例如，赠送、发放职工福利）的，于移送使用时征收消费税；(2) 选项CD："金银铂钻"在零售环节缴纳消费税，超豪华小汽车在零售环节加征一道消费税，其他应税消费品在零售环节不征收消费税。

13. 【答案】C

解析：应预扣预缴的个人所得税税额=5000×（1-20%）×20%=800（元）。

14. 【答案】D

解析：(1) 直接向某大学图书馆捐款不得税前扣除；(2) 个人所得税应纳税额=12000×20%=2400（元）。

15. 【答案】D

解析：个人转让自用达5年以上，并且是唯一的家庭生活用房取得的所得，暂免征收个人所得税。

16. 【答案】D

解析：综合所得的专项扣除，包括居民个人按照国家规定的范围和标准缴纳的基本养老保险、基本医疗保险、失业保险等社会保险费和住房公积金等。计算张某2020年综合所得的应纳税所得额时，专项扣除项目金额合计=（1800+960）×12=33120（元）。

17. 【答案】A

解析：(1) 契税由房屋权属承受人缴纳，赵某将其房屋直接出售时，由对方缴纳契税；赵某以100万元购置新住房时，应缴纳契税=100×3%=3（万元）。(2) 房屋进行交换的，若交换价格相等，免征契税。

18. 【答案】A

解析：选项A：属于纳税主体的权利。

19. 【答案】D

解析：标准1（劳动者当月工资的80%）=2400×80%=1920（元），标准2（最低工资标准）为2200元；公司每月至少应按标准1和标准2中的孰高值（2200元）向李某发放工资，因此，可扣除的最高限额=2400-2200=200（元）。

20. 【答案】B

解析："在日标准工作时间之外延长工作时间"，即工作日加班，加班工资的支付标准为150%。

21. 【答案】B

解析：实际工作年限10年以下的，在本单位工作年限5年以下的，医疗期为3个月。

22. 【答案】B

23. 【答案】A

解析：(1) 失业保险金的领取期限取决于用人单位和本人的累计缴费年限，与本人工作年限无关。(2) 失业人员失业前用人单位和本人累计缴费满1年不足5年的，领取失业保险金的期限最长为12个月。

## 二、多项选择题

1. 【答案】ACD

解析：选项B：仲裁实行一裁终局制度，仲裁裁决作出后，当事人就同一纠纷再申请仲裁或向人民法院起诉的，人民法院或者仲裁委员会不予受理。

2. 【答案】ABCD

**解析：**(1)选项 ABCD 均属于征税行为，应当先议后诉；(2)不论适用先议后诉的案件，还是或议或诉的案件，申请行政复议都是可以的。因此，除非本题出现不属于行政复议受案范围的选项，否则答案均为 ABCD。

3. 【答案】BC

**解析：**票据权利丧失的补救途径有三种：挂失止付、公示催告和普通诉讼。

4. 【答案】AC

**解析：**（1）选项 A：信用证只限于转账结算，不得支取现金；（2）选项 C：我国信用证为以人民币计价、不可撤销的跟单信用证；（3）选项 BD：信用证目前可以按照法律规定的条件进行修改和转让。

5. 【答案】BC

**解析：**（1）选项 A：Ⅱ类户取出现金的日累计限额合计为 1 万元，年累计限额合计为 20 万元；（2）选项 CD：Ⅱ类户和Ⅲ类户均可办理限额的消费和缴费支付。

6. 【答案】BCD

**解析：**商业企业一般纳税人零售的烟、酒、食品、服装、鞋帽（不含劳保用品）、化妆品等消费品不能开具增值税专用发票。

7. 【答案】BC

**解析：**纳税人销售应税消费品，采取赊销和分期收款结算方式的，消费税纳税义务发生时间为书面合同约定的收款日期当天；书面合同没有约定收款日期或者无书面合同的，为发出应税消费品的当天。

8. 【答案】BCD

**解析：**（1）选项 A：法院判决由企业承担的诉讼费属于民事性质的款项，可以据实在企业所得税税前扣除；（2）选项 BCD：税收滞纳金、罚金和罚款不得在企业所得税税前扣除。

9. 【答案】ABC

**解析：**选项 D：按“工资、薪金所得”依法缴纳个人所得税。

10. 【答案】BD

**解析：**“565 万元”“339 万元”均为含增值税销售额，不论计算增值税销项税额，还是计算从价计征的资源税税额，均应价税分离，使用不含增值税金额进行相应的计算。

## 三、判断题

1. 【答案】×

**解析：**行政复议的举证责任，由被申请人承担。

2. 【答案】×

**解析：**会计档案保管期限，从会计年度终了后的第一天算起。

3. 【答案】×

**解析：**单位合并后原各单位解散或者一方存续其他方解散的，原各单位的会计档案应当由合并后的单位统一保管；单位合并后原各单位仍存续的，其会计档案仍应当由原各单位保管。

4. 【答案】×

**解析：**“纸质”商业汇票，付款期限最长不得超过 6 个月；“电子”商业汇票，付款期限最长不得超过 1 年。

5. 【答案】×

**解析：**“收账通知”是银行将款项确已收入收款人账户的凭据。

6. 【答案】×

**解析：**设有两个以上机构并实行统一核算的纳税人，将货物从一个机构移送至其他机构用于销售的，视同销售货物，但相关机构设在同一县（市）的除外。

7. 【答案】√

8. 【答案】√

**解析：**占用园地、林地、草地、农田水利用地、养殖水面、渔业水域滩涂以及其他农用地建设直接为农业生产服务的生产设施的，不缴纳耕地占用税。

9. 【答案】√

10. 【答案】√

## 四、不定项选择题

【资料1】

1. 【答案】CD

解析：选项AB：属于“金融服务——贷款服务”。

2. 【答案】AB

解析：一般纳税人购进贷款服务、餐饮服务、居民日常服务和娱乐服务，不得抵扣进项税额。

3. 【答案】A

解析：（1）参考第1小题解析；（2）题目交代的收入均为含增值税收入，应当价税分离。

4. 【答案】B

解析：（1）参考第1小题解析；（2）题目交代的收入均为含增值税收入，应当价税分离。

【资料2】

1. 【答案】B

解析：

| | 收入类型 | 是否计入收入总额 | 应/免/不征税收入？ | 是否计入销售（营业）收入 |
|---|---|---|---|---|
| 选项A | 接受捐赠收入 | √ | 应税收入 | × |
| 选项B | 利息收入 | √ | 免税收入 | × |
| 选项C | 转让财产收入 | √ | 应税收入 | × |
| 选项D | 租金收入 | √ | 应税收入 | √ |

2. 【答案】ABCD

解析：企业发生非货币性资产交换（选项B），以及将货物、财产、劳务用于捐赠（选项C）、偿债（选项A）、赞助、集资、广告、样品、职工福利（选项D）或者利润分配等用途的，应当视同销售货物、转让财产或者提供劳务，但国务院财政、税务主管部门另有规定的除外。

3. 【答案】B

解析：（1）自2019年1月1日至2022年12月31日，企业通过公益性社会组织或者县级（含县级）以上人民政府及其组成部门，用于目标脱贫地区的扶贫捐赠支出，准予在计算企业所得税应纳税所得额时据实扣除。（2）直接向丁中学的捐赠，不属于公益性捐赠，不得税前扣除。

4. 【答案】ABCD

【资料3】

1. 【答案】B

解析：在劳务派遣关系中，劳动合同关系存在于劳务派遣单位（甲公司）与被派遣劳动者（刘某）之间，被派遣劳动者不与用工单位（乙公司）签订劳动合同、发生劳动关系。

2. 【答案】CD

解析：被派遣劳动者在无工作期间，劳务派遣单位（甲公司）应当按照所在地人民政府规定的最低工资标准，向其按月支付报酬。

3. 【答案】C

解析：选项C：用人单位未依法为劳动者缴纳社会保险费的，劳动者可以“随时通知”用人单位解除劳动合同。

4. 【答案】C

解析：劳务派遣单位（甲公司）是劳动合同法所称用人单位，应当履行用人单位对劳动者的义务（包括但不限于依法支付经济补偿金）。

# 附 录

## 考点清单

❖中教科（保定）印刷股份有限公司

## 个人所得税专项附加扣除要点简图

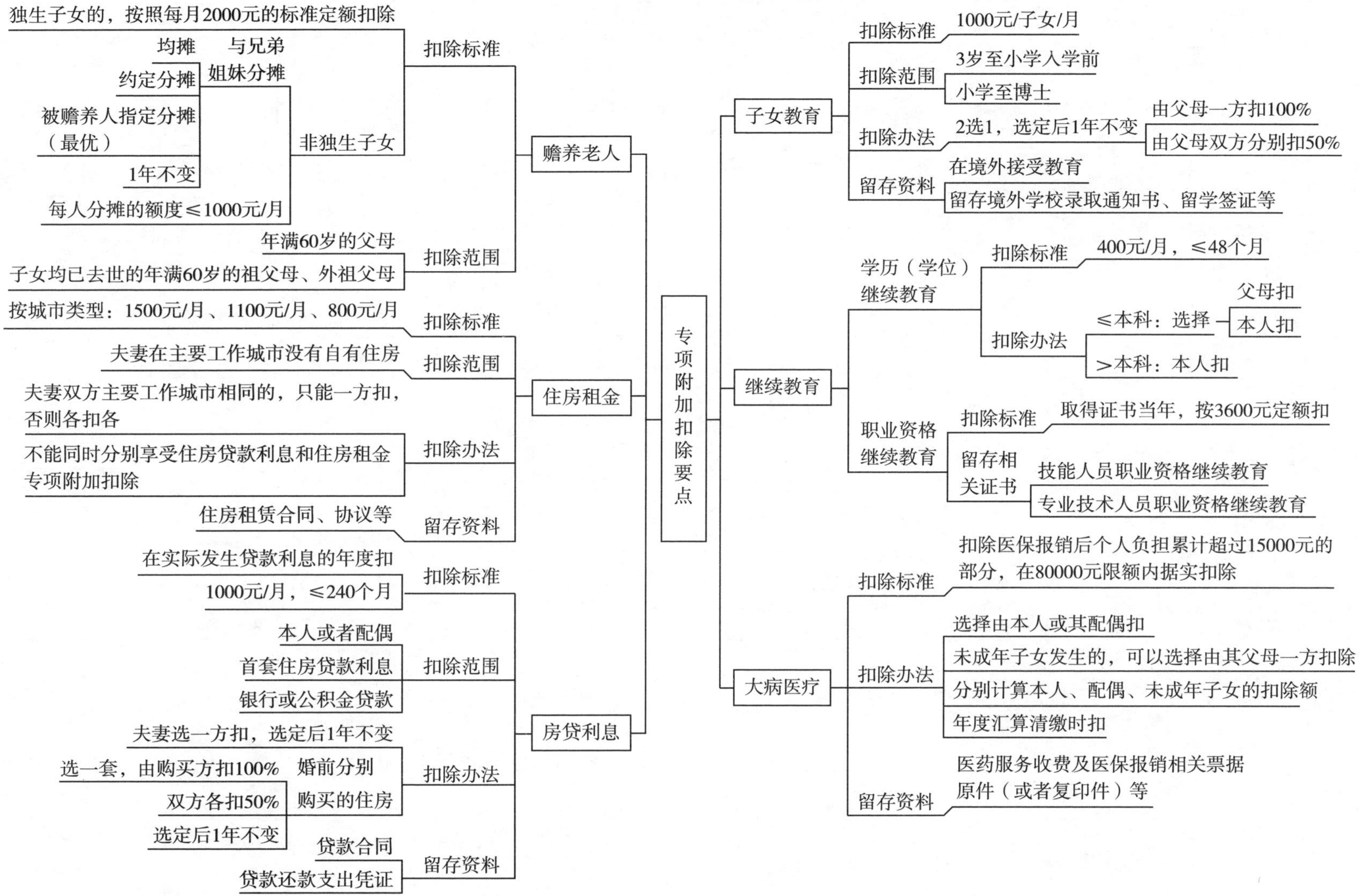